KB202713

천지인신학

— 한국신학의 새로운 모색

천지인신학 — 한국신학의 새로운 모색

2020년 11월 23일 초판 1쇄 인쇄
2020년 11월 30일 초판 1쇄 발행

지은이 | 허호익
펴낸이 | 김영호
편 집 | 김구 박연숙 전영수 김율 디자인 | 황경실
펴낸곳 | 도서출판 동연
등 록 | 제1-1383호(1992. 6. 12)
주 소 | 서울시 마포구 월드컵로 163-3
전 화 | (02)335-2630
전 송 | (02)335-2640
이메일 | yh4321@gmail.com
블로그 | https://blog.naver.com/dong-yeon-press

ISBN 978-89-6447-610-9 94200
ISBN 978-89-6447-609-3 94200 (세트번호)

허호익 신학마당 1

한국신학의 새로운 모색

허호익 지음

동연

머리말

저자가 1970년대 초 대학 입학 당시는 토착화신학에 관한 논쟁이 한창이었다. 이즈음 '나는 한국인이며 동시에 기독교인이다'는 자각이 생겨났다. 그래서 한국인으로서 한국문화의 고유성과 특이성에 대한 관심을 가지고 관련된 내용들을 연구하는 과정에서 단군신화에 나타나는 삼재론三才論 또는 삼태극론으로도 표현되는 '천지인 조화론'이 한국문화의 원초적인 구성 원리로서 면면히 전승되어 왔다는 것을 알게 되었다.

천지인 조화론은 통시적으로 한국문화의 원형이고, 공시적으로 한국문화의 전승 모체이며, 기층문화와 표층문화를 모두를 통전하면서 오늘날까지 전승되어 온 한국문화의 요체라 할 수 있다.

천지인 조화론을 통해 드러나는 통전적 조화성hoiisticl harmony, 순환적 역동성dynamic circulation, 자연친화성natiral affinity은 한국의 한옥·한복·한식이라는 한국의 의식주衣食住의 기층문화뿐 아니라 한국의 철학·종교·예술이라는 표층문화를 통해서도 줄기차게 전승되어 왔다. 최근 문화 강국으로 각광을 받고 있는 각종 한류의 문화적 기초 역시 한국인의 고유하고 특이한 역동적인 천지인 조화론이라고 본다.

신학을 배우고 가르치면서 성서와 신학의 중심 주제 역시 하늘·땅·사람이라는 것을 알게 되었다. 브루지만W. Brueggemann은 "성서는 하나님의 백성과 하나님의 땅 사이의 관계에 대한 이야기"라고 하였고, 스텍John H. Steck도 "하나님 · 인간 · 땅 이 셋은 성경에서 위대한 삼중적 조화를 이룬다"고 하였다. 하벨Norman Habel의 말대로 구약성서에서는 '하나님과 사람과 땅은 서로 공생 관계symbilsis'를 지닌다고 했으니, 이는 한국문화의 구성원리인 천지인 조화론과 상응하는 것이 아닌가?

그리하여 저자가 5천 년 역사를 통해 면면히 이어져온 천지인 조화론의 골자를 정리한 것이 『한국문화와 천지인 조화론』(2020)이다. 그리고 천지인 조화론을 해석학적 원리로 삼아 성서와 신학의 주요 주제를 새롭게 풀어 본 것이 『천지인신학 — 한국신학의 새로운 모색』(2020)이다 . 이 두 책은 '한국인이면서 동시에 신학자'로서 평생 동안 추구해온 학문적 작업의 결실이기도 하다.

먼저 '천지인신학'을 모색하면서 시론적으로 쓴 책이 『단군신화와 기독교 — 단군신화의 문화전승사적 해석과 천지인신학 서설』(2003)이다. 다행히도 원로 조직신학자 박순경 교수께서 "비본체론적 일원론과 비시원적 원리"로 함축하고 있는 단군신화의 천지인 삼태극적 구조를 해석학적 원리로 삼은 천지인신학의 시도를 "윤성범과 유동식의 토착화신학의 틀보다 더 진전한 것"[1]으로 평가해 주셔서, 다음과 같은 질문을 염두에 두고 나름대로 '천지인신학' 서술에 박차를 가하였다.

첫째로 한국신학은 과연 한국적인가? 한국적이란 것은 무엇인가?
둘째로 한국신학은 성서적인가?
셋째로 한국신학은 신학적인가?

---

1 박순경, "한국신학을 회고하고 미래를 전망하면서", 『한국기독교학회 30년사』 (서울: 대한기독교서회, 2002), 31.

넷째로 한국신학은 목회적인가?

다섯째로 한국신학은 통전적인가?

여섯째로 한국신학은 서양 신학에 대해 대안적인가?

하나님·땅·사람 이 셋 중 하나님을 어떻게 신앙하느냐에 따라 나머지 둘인 인간과 자연(또는 물질)에 대한 이해가 달라진다. 천지인신학은 하나님과의 영성적 수직 관계, 자연(또는 물질)과의 친화적(공유적) 순환 관계, 이웃과의 연대적 수평 관계의 조화를 지향한다. 그리고 이러한 '천지인의 삼중적 삼중관계'를 개인적이고 영적인 차원뿐 아니라 사회적으로, 제도적으로도 실현하는 것을 지향한다.

신을 제사의 대상으로 보느냐, 순종의 대상으로 믿느냐에 따라서 종교제도가 달라진다. 자연을 숭배나 정복의 대상으로 보느냐, 친화의 대상으로 보느냐 그리고 물질을 공유의 대상으로 보느냐, 독점의 대상으로 보느냐에 따라 경제제도가 달라진다. 인간을 지배의 대상으로 보느냐 섬김의 대상으로 보느냐에 따라 정치제도가 달라진다.

배타적인 율법주의의 차별적 종교에서 하나님을 두려워하는 모든 자들에게 자비를 베푸는 '자비와 은혜의 종교'로, 강자의 억압의 정치에서 보잘것없는 약자가 존중받는 '섬김의 정치'로, 부자의 착취의 경제에서 가난한 자가 배불리 먹는 '평등의 경제'로, 자연과의 관계에서는 자연 숭배나 자연 정복에서 '자연 친화'로 발상의 대전환과 제도적 혁신을 이루어야 한다는 것이 천지인신학에서 주장하려는 골자이다.

대부분 서양 신학의 전통은 신과 인간, 자연과 인간, 몸과 마음, 정신과 물질을 이원론적 실체로 보았다. 결과적으로 신성(神聖)의 포기, 자연의 파괴, 파격의 파탄이라는 초래하는 원인이 되었다. 그러므로 천지인의 삼중적 삼중관계의 회복과 강화를 지향하는 천지인 신학이 서양 신학에 대한 대안이 될 수 있다. 왜냐하면 신과 인간의 수직적 영성적 관계를 통해 마음과 몸, 물질과 정신의 균형적인 발전을 지향하는 영성신학, 사람과 사람 사이의 수평적 연대적 관계를 통해 정의와 평화를 이루려는 상생신학이나, 남성과 여성의 바른 관계를 지향하는 여성신학, 자연과 인간의 순환적 친화적 관계를 지향하는 창조의 보전과 생태학적 신학을 모두 하나로 아우르는 해석학적 신학을 모색하려는 것이 천지인신학의 시도이기 때문이다.

다행히 길선주, 최병헌, 이용도, 유영모, 서남동, 한태동, 유동식 등 여러 신학자들이 단편적으로나마 천지인 조화론을 신학적으로 언급한 전례가 있고, 외국신학자 중에는 파니카R. Panikkar의 우주신인론적 영성Cosmotheandric Spirituality이 천지인신학의 발상과 유사하므로 천지인신학Theocosmoandric Theology의 구체적 모색의 신학적 타당성이 더욱 크다고 여겨진다.

그러나 파니카의 우주신인론적 원리는 힌두교와의 대화를 통해 불이론不二論의 극복에 치중하여 우주신인론적 원리를 삼위일체의 원리로 동일시하였을 뿐, 우주신인론적 신학은 성서적, 신학적 근거 제시에 빈약하고, 사회적, 제도적 적용 과제는 제시하지 못했다. 그리고 그의 우주신인론적 원리는 '자연-신-인간'의 순서로 전개되었으나, 천지인신학에서는 자연의 정점을 인간으로 보는 서양 신학의 오랜 전통인 '신-인간-자연'의 순서를 따르지 않고, 인간도 자연의 일부라는 동양적 자연친화적 세계관에 따라 '신-자연-인간'의 순서를 따른다.

따라서 저자는 이 책에서 한국신학을 새로이 모색하기 위해 한국문화의 구성원리인 천지인 조화론을 한국신학의 해석학적 원리로 삼아 천지인신학의 성서적 기초 제시하고, 아울러 신론(하나님의 형상론), 기독론, 구원론, 영성신학 등 신학의 기본적인 주제들에 대한 천지인신학적 해석을 모색하였다.

이 책의 부록에는 지난 해 한국기독교학회 48차 정기학술대회에서 발표한 "통일 이후의 통일신학의 과제 – 대한민국임시정부의 좌우합작의 삼균제도와 초기 이스라엘 계약공동체의 대안국가의 이상"을 실었다. 대한민국의 임시정부가 조선왕조의 봉건제도와 일제 식민지의 제국주의를 거부하고 독립운동이 좌우로 대립되어 있는 상황을 극복하기 위해 제시한 정치적 균권·경제적 균부·교육적 균학의 삼균제도三均制度가 한국의 전통적인 천지인 삼재론에 기초하고 있기 때문이다.

최근 한국교회는 교인이 줄어들고 고령화와 교세의 양극화의 내적 위기와 더불어 사회적 영향력과 공신력이 저하되는 외적 위기를 겪고 있다. 이러한 내적·외적 위기의 근저에는 문자주의, 물량주의, 세속주의에 편승하는 신학적 극단과 빈곤과 편협이 도사리고 있다. 더군다나 코로나19 사태로 인해 교회 중심의 신앙 활동이 크게 위축되어가는 상황이다. 부디 이 책이 신학적 통전성과 신앙의 역동성과 공공성을 회복하는 데에 조금이나마 도움이 되었으면 한다.

끝으로 이 책을 세심하게 윤문·교정해 준 둘째 딸 효빈이와 아름답게 꾸며 출판해 준 도서출판 동연의 김영호 사장을 비롯한 여러 직원들에게도 깊이 감사드린다.

2020년 가을

허호익

차 례

제9장 파니카의 '우주신인론적 영성'과 천지인신학 533

제1장

한국신학 방법론과
천지인신학의 모색

I. 한국신학의 신학적 타당성

한국 땅에 기독교가 전래된 과정을 교회사적으로 살펴보면, 독특하게도 외국 선교사들이 입국하기 이전에 이미 한국인에 의한 구도(求道)의 과정이 있었다. "복음의 씨앗이 순전히 조선 사람의 손에 의해 조선에 소개되었다"[1]는 것이다. 이어서 선교사들의 도래와 더불어 기독교 신앙은 놀라울 정도로 빠르게 확산되었다. 그러나 한국교회사와 더불어 한국신학사가 시작되었겠지만, 선교 초기에는 한국신학에 대한 자의식이 아직 싹트지 않았다. 단지 "예수께서 온 갈릴리를 두루 다니시며 회당에서 가르치고 복음을 선포하시며 백성 가운데서 병자와 허약한 사람들을 모두 고쳐주신"(마 4:23) 것처럼, 최초의 한국교회도 선교사들과 더불어 학교를 세워 신교육 운동을 일으키고, 서양식 병원을 지어 수많은 병자들을 고쳐주었으며, 교회를 세워 복음을 전하였던 것이다. 이러한 초기 선교 활동이 한국의 발전에 끼친 영향에 대한 역사적 연구는 이미 많이 나와 있다.

소위 "조선적 신학"에 대한 자의식이 표명된 것은 1930년대에 들어서였다. 백낙준은 조선인의 신앙을 표현한 찬송과 성서 해석, 조선인의 신학과 논문의 필요성을 역설하였다.

---

1 민경배, 『한국기독교회사』(서울: 대한기독교출판사, 1982), 53에서 재인용.

조선예수교장로회가 있지만 그 신경은 조선 사람의 신앙의 결정이 아닌 듯하고, 그 정치 제도도 조선 예수교도의 창작은 아니라고 한다. 더욱이 우리가 부르는 찬송가에는 조선 예수교인의 오묘한 신앙을 시적으로 표현한 것이 별로 없다. 성서 해석은 배워서 아는 이와 스스로 연구하여 아는 이가 많으나, 아직까지 그 결과를 집합한 주석과 논문이 없어 기독교사상에 새로운 공헌은 없다.[2]

김인서 역시 "번역 신학과 고용 신학에서 조선의 영을 움직일 활력이 나오기 어렵다. 정통이라 할지라도 조선인 신앙 정신에서 쏟아져 나오는 조선인 독창의 신학, 조선인 손으로 발행하는 조선인 독립의 신학이라야 조선의 영을 움직일 수 있다"[3]고 하였다.

1930년대에 이미 서양 신학이 많이 번역되고 도입된 것을 알 수 있지만, 그때까지만 해도 한국적 신학이 구체화될 여건이 무르익지 못한 실정이었다. 다시금 30여 년이 흐르는 동안 무비판적으로 도입한 서양 신학에 대한 반성과 더불어 한국적 신학에 대한 자의식이 분출되면서 1960년대에 활발한 토착화신학논쟁[4]과 1970년대에 민중신학[5]이 주도적으로 모색되었다.

선교 100주년을 맞이하여 한국기독교100주년기념분과위원회

---

2 같은 책, 409에서 재인용.

3 같은 책, 409에서 재인용.

4 심일섭, 『한국민족운동과 기독교 수용사고』 (서울: 아세아문화사, 1982); 김광식, "토착화신학의 해석학적 국면에 대한 연구", 「성곡논총」 16 (1985), 175-222.

5 NCC신학연구위원회 편, 『민중과 한국신학』 (서울: 한국신학연구소, 1982); 서남동, 『민중신학의 탐구』 (서울: 한국신학연구소, 1983); 민영진외 3인 공저, 『한국민중신학의 조명』 (서울: 대화출판사,1983); 김용복, 『한국 민중과 기독교』 (서울: 형성사, 1981).

의 위촉으로 유동식의『한국신학의 광맥 -한국신학사상사 서설』(1982)이 출판되었고, 대한기독교서회의 위촉으로 송길섭의『한국신학사상사』(1987)가 간행되었다. 한숭홍의『한국신학사상의 흐름 I-II』(1991-3)도 출간되었다.[6] 이들의 선구자적 연구를 발판으로 삼아 한국신학을 새롭게 서술할 수 있는 방법론적 시각의 일단을 비판적으로 재정립해 보려고 한다.

먼저 문제가 되는 것은 왜 하필이면 '한국신학'인가 하는 것이다. '한국'과 '신학'을 묶어 조어造語할 때, 그 개념 정의와 그에 따르는 신학적 타당성이 신학적으로 검토가 선행되어야 할 것이다. 한국신학은 한국의 그리스도인이 스스로 자신이 "그리스도인이며 동시에 한국인"이라는 자각하는 것에서 출발한다. 이런 의미에서 미국신학, 독일신학, 남미신학처럼 한국신학의 모색 가능성은 열려 있다.

먼저 서양 신학사에서 이러한 전례가 있는지를 찾아보았더니, 루터의 경우가 발견되었다. 루터는 1516년 독일어로 쓰인 익명의 신학책 일부를 발견하고 크게 감동을 받아 그것을 출판하였다. 저자와 표제表題가 알려지지 않은 이 익명의 책자에 루터는『독일신학Deuchen Theologie』라는 제목을 붙이고 직접 서문을 썼다.[7] 2년 후 그 나머지 부분이 발견되어 완전판을 출판하면서, 루터가 다시 서문을 썼다. 그는 "성서와 어거스틴 이외에 나로 하여금, 하나님과 그리스도와 인간과 그 밖의 모든 것에 관하여 더욱 많이 배울 수 있도록, 나의 관심을 끈 책이 이것밖에 하나도 없다"[8]고 하였다. 이 책자가 루터의 신학관

---

6 한숭홍,『한국신학사사의 흐름』I-II (서울: 한국신학사상연구원, 1991-93).
7 지원용 편,『루터선집』제5권 (서울: 컨콜디아사, 1984), 253-262.
8 같은 책, 257.

형성에 결정적인 영향을 끼친 것으로 평가된다.

> 이제 나의 하나님에 대하여 독일말로서 들을 수 있고 배울 수 있게 된 것을 하나님께 감사한다. 사실 지금까지는 나 자신도 다른 사람들과 마찬가지로 라틴어나 그리스어나 히브리말로써 하나님을 발견하지 못하였던 것이다. 이 작은 책이 널리 알려지도록 하나님께서 하락하시길 바란다. 그렇게 될 때 우리 독일 신학자들이 틀림없이 가장 우수한 신학자임을 발견하게 될 것이다.[9]

무엇보다도 루터는 이 익명의 책자가 라틴어가 아니라 '독일어'로 저술된 최초의 신학서라는 사실에 주목하였다. 그는 하나님에 대하여 자신의 모국어인 독일말로 접할 수 있다는 사실에 감격했고, 이 감격이 그로 하여금 성서를 독일어로 번역하도록 영향을 주었을 것이다.

교회사가 하르낙A. Harnack은 종교개혁 자체가 독일정신의 창작인지 그리고 어느 정도로 그러한지에 대한 복잡한 논쟁을 상기시키고, 이어서 그리스적 기독교, 로마적 기독교, 독일적 기독교의 타당성을 방법론적으로 인정했다. 그리고 '프로테스탄트'의 기독교를 독일적이라고 주장하였다.

> 그[루터]는 독일인이요, 그의 역사는 독일 역사 외에 다른 것이 아니다. 독일인이 그들에게 전해 내려온 종교를 진정으로 그들 자신의 것으로 삼으려 노력했던 때부터 그들도 역시 종교개혁의 준비를 해왔던

---

9 같은 책, 258.

> 것이다. 그리고 사람들이 정당하게 동방의 기독교를 그리스적이라고 부르고 중세적 서양 라틴민족의 기독교를 로마적이라고 부른다면, 사람들은 그와 마찬가지로 '프로테스탄트'의 기독교를 독일적이라고 부를 수 있다.[10]

이스라엘이 중동 지역이므로 예수는 넓은 의미에서 동양인이며 기독교는 동양종교인 유대교를 모체로 하여 동양종교로 시작하였다. 하르낙의 주장처럼 기독교는 유대교의 경전인 구약성서를 받아들였고, 유대교 공동체인 회당과 유사한 교회 제도를 형성하여 유대교와의 관계를 단절하지 않았다. 초기 기독교는 2세기를 거치는 과정에서 더욱 적극적이고 지속적으로 서양문화와 정신에 속하는 그리스-로마의 사상과 법과 제도와 언어에 동화同化하였고, 이를 다른 말로 하면 '토착화'한 것이다. 이렇게 형성된 서양 신학이 오랜 역사를 거쳐 오면서 기독교 신앙의 주류를 형성한 것이다.

근대에 와서 동양의 고등종교가 서양에 소개되고, 현대에 와서 남미, 아프리카, 아시아에서 제삼세계의 신학이 등장하면서 서양 신학이 서양문화와 사상에 기초하여 형성된 것이라는 비판이 여러 측면에서 다양하게 제기되었다.

첫째로 동양의 종교가 서양사회에 소개됨으로써 비교종교학적인 입장에서 서양의 기독교와 동양의 종교 사이의 차이점에 대한 인식이 싹트기 시작하였다.

둘째로 비서양문화권에 대한 선교과정에서 종교 간의 대화의 필

---

10 A. Harnack/ 윤성범 역, 『기독교의 본질』 (서울: 삼성문화재단출판부, 1975). 202.

요성이 요구되었다. 특히 제2차 바티칸 공의회를 통해 '교회 밖에 있는 자들의 구원'의 문제와 '익명의 그리스도인'의 문제가 제기되어 비서구문화와 종교에 관한 관심이 더 높아지게 되었다.

셋째로 비서양문화권의 기독교인들도 자기들의 문화의 토양에 기독교 신앙의 뿌리를 깊이 내리려는 이른바 토착화신학의 시도를 통해 기독교신학의 문화적 기초에 대한 자의식이 생겨나게 되었다.

넷째로 기독교의 중심지가 서양사회에서 비서양사회에로의 전환되리라는 통계적인 전망이 제시됨으로써 비서양문화에 기초한 새로운 신학의 필요성이 새롭게 제기되고 있다.

다섯째로 서양 중심의 기독교신학이 사회계층의 차별, 성차별, 인종차별, 문화적 차별의 문제를 해결하기 위한 '신앙실천'보다 정통적인 교리에 우선하는 것을 비판하고 '이론신학'에서 '행동신학'으로 나아가기 위해 정통적인 서양 신학으로부터의 '신학의 해방'[11]을 촉구하는 제삼세계의 신학이 등장하였다. 남미의 해방신학이나 한국의 토착화신학이나 민중신학도 이런 배경에서 모색된 것이다.

여섯째로 현대물리학은 플라톤의 본체론적인 이원론에 기초한 옛 패러다임을 비판하고, 비본체론적인 일원론적에 근거한 새로운 패러다임으로 제시하였다. 이 새로운 세계관은 동양사상과의 유사성이 더 많다는 주장이 제시되고 있다. 이런 배경에서 미국의 과정신학이 생겨났다.

---

11 Juan Luis Segundo, *The Liberation of Theology* (New York: Orbis Books, 1976).

II. 동·서 신학의 차이와 한국신학의 특이성

앞서 살펴본 바와 같이 서양 신학이 타당한 것처럼 동양신학도 타당하다면, 동서신학을 구분할 수 있는 개념의 틀에 대한 신학적 검토가 이루어져야 할 것이다. 이는 신학의 보편성과 특수성에 관한 질문과도 연결될 것이다.

동서의 문화나 철학의 보편성과 특수성에 대한 비교연구는 그 자체로도 엄청난 학문적 과제임을 생각할 때, 서양과 동양의 신학을 비교 연구하는 것도 쉽지 않은 과제이다.[12] 그러나 신학 역시 철학처럼 시간과 공간의 제약성과 특수성 하에서 일정한 문화권 안에 살고 있는 사람들의 기독교 신앙을 표상한 것이라는 점을 전제한다면, 동양적 서양적이란 일반적 구분에 큰 무리가 없으리라 생각된다.

일반적으로 동서양의 구분에 대해서 김용옥은 "서양을 헤브라이즘, 헬레니즘, 게르마니즘이 서양철학사에서 표현된 것으로 이해하고, 동양을 유가, 불가, 도가의 3대 사상을 회통會通하여 그 공통성을 찾아 묶어 이해한다면, 서양적 동양적이란 구분 근거가 성립할 수 있다"[13]고 보았다.

그러나 이러한 구분을 신학에 그대로 적용시키기에는 어려움이

---

12 허호익, 『단군신화와 기독교』 (서울: 대한기독교서회, 2003), 15-24.

13 김용옥, 『동양학 어떻게 할 것인가』 (서울: 민음사, 1985), 177.

있어 보인다. 서양 신학은 서양철학과 어우러진 면이 많으므로 헤브라이즘, 헬레니즘, 게르마니즘이 서양 신학사에 표현된 것으로 이해할 수 있다. 그러나 동양신학은 유불선 3대 사상이 기독교신학과 만난 역사도 짧은 데다가, 서로 어울려서 복음의 동양적 이해와 진술의 체계를 이룬 신학적 노작도 많지 않으므로 여전히 낯설게 느껴지는 것이다.

동양학이 중국, 한국, 일본의 학문체계를 의미하는 '동아시아학East Asian Studies'[14]으로 정의되기도 하지만, 동양적인 것을 유불선 세 가지로만 취급할 때 동양 속에서 한국학Korea Studies의 고유성과 특수성이 어느 정도 고려되는지 살펴보아야 할 문제이다.

한국학은 넓은 의미에서 한국에 관한 학문이지만, 좁은 의미로는 '한국적인 것'에 관한 학문이다. 이 경우 한국적인 것에 대한 고유한 특징, 다시 말하면 한국적인 것이라는 '일관된 핵심Coherent Core'에 관한 선행적 연구가 필요하다.

이러한 시도는 방법론적으로 크게 두 가지로 대별된다. 동양 3국의 유불선의 특징을 서로 비교하여 한국에 전래된 유불선 3교의 '공통되는 차이점'을 한국적인 것으로 축출하거나, 아니면 유불선 전래 이전의 한국 고래古來의 고유한 사상성을 찾아내는 것이다.[15]

한국유교, 한국불교, 한국도교에 대한 개별적인 연구는 적지 않다. 이러한 연구들을 종합하여 중국이나 일본의 유불선에서는 드러나지 않지만, 한국의 유불선 3교에 공통적으로 나타나는 한국종교적

---

14 같은 책, 25.

15 첫 번째 것을 공시적 방법(Synchronic Method)이라 한다면, 후자의 방법을 통시적 방법(Diachronic)이라 이름 붙일 수 있을 것이다.

특징을 찾아내려는 연구 작업들이 아직까지는 활발한 것 같지 않다.

또한 유교와 기독교, 불교와 기독교, 도교와 기독교에 대한 연구들도 있어 왔지만, 이러한 연구들 역시 동양의 보편적 종교로서 유불선과 기독교를 관련시켰을 뿐 한국의 유불선 3교의 특징을 분석하여 한국 기독교와 비교 연구하는 단계에는 이르지 못한 것 같다. 그러므로 동양신학이 아니라 한국신학을 거론하자면 연구 방법론이 진일보하여야 할 것이다.[16]

루터와 하르낙의 주장처럼 '라틴어, 그리스어, 히브리어로 발견치 못한 하나님을 독일말로서 듣고 배우는 것'과 '독일인이 그들에게 전해 내려온 종교를 진정으로 그들 자신의 것으로 삼는 노력'을 독일신학의 신학적 근거로 삼았다면, 우리 한국인들도 똑같은 의미에서 '한국신학'을 주장할 수 있다. 중국이나 일본과 달리 한자나 일본어가 아닌 한글로 하나님에 관해 말하고, 한국인들의 마음 밭에 전해진 기독교를 우리 자신의 것으로 삼으려는 시도가 한국신학의 신학적 근거라 할 수 있다.

유동식의 '풍류도'[17]나 김상일의 '한 철학'[18]은 한국 고유의 사상성에 기반한 방법론을 통해 고래古來의 '한국적인 것'을 찾으려는 구체적인 업적이다. 그러나 이러한 공시적 방법으로 한중일 동양 3국

---

16 김용옥, "아시아 신학 속의 한국신학", 「기독교사상」 1971년 9월호, 54. 김용옥 박사 역시 한국신학을 아시아 신학에 편입시켜 ① 아시아인에 의한 신학, ② 아시아의 당면문제를 아시아의 입장에서 보는 신학, ③ 아시아인의 중요한 철학과 종교를 원용한 신학으로 규정했다.

17 유동식, "한국문화와 신학사상: 풍류신학의 의미", 「신학사상」 47집 (1984년 가을).

18 김상일, 『한 철학』 (서울: 전망사, 1983); Sang Yil Kim (ed), *Hanism as Korean Mind-Interpretation of Han Philosophy* (LA: The Eastern Academy of Sciences, 1984).

의 유불선 3교를 비교하여 한국적인 것을 찾거나, 통시적으로 유불선과 다른 한국 고래의 고유하고 시원적인 특성을 찾는 것 자체가 본격적인 신학적인 작업일 수는 없다. 그것은 다만 한국신학을 위한 정지整地 작업일 뿐이다. 또한 한국 유불선 3교와 기독교를 각각 비교 연구하여 개념이나 용어의 유사성을 찾는 것 자체도 본격적인 한국신학이라 할 수 없다. 이러한 비교종교학의 방법 역시 정지작업에 불과하므로 선불리 신학이라 명명하기가 주저된다.

한국신학은 우선 '한국적인 것' 즉 한국 종교나 문화나 사상이 고유하고 특수한 내용들의 충분한 연구를 바탕으로 그러한 한국적 심성으로 성서를 읽고 서구적 심성으로는 볼 수도 없었고 보지도 못한 '성서 안의 놀랍고 새로운 가르침'을 찾아내고, 이를 한국적인 논리로 새롭게 풀어내어야 한다. 그리고 서양문화에 기초한 서양 신학 자체의 한계와 약점을 보완하는 한국신학적 대안을 제시하여야 한다.[19] 이런 관점에서 우선 이전에 시도된 몇 가지 한국신학의 여러 유형을 검토하면서 새로운 한국신학 모색의 방법과 과제들을 찾아보려고 한다.

19 이는 좁은 의미의 한국신학에 대한 정의이며, 넓은 의미의 '한국신학'에 대해서는 저자의 글 "한국신학사 방법론 서설"(「한국교회사 학회지」 제2호 [1985], 65-92)을 참고하기 바란다.

III. 한국신학의 방법론 유형

한국신학의 방법론에 관해서도 여러 이론들이 제시되었다. 유동식은 한국신학의 사상사적 시대 구분을 함에 있어서 태동기(1900년대를 중심으로), 전초기(1930년대를 중심으로), 전개기(1960-70년대를 중심으로)로 나누었으며, 내용적으로는 세 유형으로 구분하였다. 그리고 이 세 흐름을 그가 한국 사상의 기초 이념으로 파악한 "한 · 멋진 · 삶"과 대응시켰다.[20]

첫째 유형으로 구분한 근본주의 신학은 '한'의 초월성에 입각한 하나님 중심주의 신학이다. 이 신학 사상은 성서의 무오성과 개인의 영적 구원을 강조하여 교회의 비정치화를 초래하는 경향을 낳았는데, 초기의 길선주와 1930년대의 박형룡 두 사람을 이러한 신학 사상의 초석을 놓은 인물로 보았다. 교파적으로는 한국 예수교장로회의 공식 신학의 전통이 여기에 속한다고 했다.

둘째 유형인 진보적 사회 참여의 신학은 하나님의 말씀이 인간이 되신 성육신의 "삶"의 역사적 실현을 지향하여 예언자적 참여의 신학을 전개하여 왔다. 초기 감리교의 윤치호와 1930년대 장로교의 김재준 두 사람이 이러한 신학 전통의 초석을 놓았으며, 오늘날 기독교 장

20 유동식, 『한국신학의 광맥 -한국신학사상사 서설』 (서울: 전망사, 1982), 28-30.

로교의 신학적 전통이 이를 계승했다.

셋째 유형인 문화적 자유주의 신학은 한국 전통 사상과 기독교 사상의 조화의 "멋"을 모색하는 토착화신학 운동으로써 감리교의 신학적 전통이 되었다. 초기의 최병헌과 1930년대의 정경옥이 그 초석을 놓았다고 보았다. 이러한 세 유형의 신학이 초석이 되어 1960년대 이후의 토착화신학, 민중신학, 종교신학 등이 전개되었다는 것이다.

송길섭은 교회사와 사상사의 분명한 구분 없이 한국 신앙 운동을 "포괄적인 민족사관"에 입각하여 서술하였으나, 1910년 일제의 침략을 전후로 시대를 구분하고, 해방 이후는 다루지 않았다. 그는 한국 기독교는 언제나 당시 민족의 과제를 인식하면서 선교를 진행시켰는데, 1907년의 대부흥운동이 처음부터 있어 왔던 민족구원 신앙과 대응되는 개인구원 신앙형태를 형성하였다고 보았다. 그 결과 "2대二大 신앙 유형"[21] 이 생겨났으니, 개인구원의 신앙 노선은 보수주의 신학을 수립하게 되었고, 사회 참여적 사회개혁 의지가 강한 민족구원 신앙은 자유주의 신학 발전에 기여하였다는 것이다.

김경재는 한국교회의 선교 역사 100년에 형성된 '네 가지 유형의 선교신학적 모델'을 해석학적 입장에서 분석하였다. 씨 뿌리는 자의 비유(막 4:1-32)에 기초한 '박형룡의 파종 모델', 밀가루 반죽의 비유(마 13:33 눅 13:20-21)에 근거한 '김재준의 발효 모델', 돌감람 나무와 참감람 나무의 접목의 비유(롬 11:16-18)에 바탕을 둔 '유동식의 접목 모델', 한국민중 전통과 성서의 전통이 서로 만나는 '서남동의 합류의 모델'이나 '성령의 공시론적 해석'이 그것이다. 그리고 "한국문

21 송길섭, 『한국신학사상사』 (서울: 대한기독교출판사 1987).

화사 만이 아니라, 동북아시아 종교들의 발전사가 종교 간의 지평융합의 과정"이므로 김경재가 전개하는 '지평융합의 문화 신학'은 "비유적으로 말하면 접목모델"이라고 하였다.[22]

김경재의 이러한 분석에 유동식의 '자기 비움과 화육 모델'과 윤성범의 한 알의 밀알이 땅이 떨어져 많은 열매를 맺는다는 '밀알 모델'과 김광식의 '지상 명령과 약속 모델' 또는 '한국인이면서 동시인 기독교인'이라는 '칭의론적 모델'도 추가될 수 있을 것이다.

한국의 신학 사상을 근본주의, 진보주의, 자유주의라는 3대 유형으로 분류하거나, 개인구원과 사회구원의 2대 유형으로 구분해서는 한국신학 사상의 다양성을 충분히 분석하기에는 방법론적인 한계가 있다. 단순히 인물 중심의 신학사 역시 한국신학을 포괄적으로 서술하기 어렵다. 한국신학사를 전개하려면 먼저 한국신학을 포괄적으로 개념으로 새롭게 정의定義하고, 그 기준에 따라 방법론적 틀을 세워야 할 것이다.

첫째로 한국신학의 개념을 한국에서 복음 선교 과정의 창조적 변증과 변론(정립)으로 정의하려고 한다. 신학은 어의상語義上 신에 관한 학문(Theology)이지만, 넓은 뜻으로는 예수 그리스도에게서 비롯된 기독교 신앙에 대한 학문이다. 기독교 신앙의 원초적인 진술자이면서 신앙의 대상이 되는 예수께서 마지막으로 그의 제자들에게 명한 것은 "모든 족속을 제자로 삼고 아버지와 아들과 성령의 이름으로 세례를 주고 내가 너희에게 분부한 모든 것을 가르쳐 지키게"(마 28:19-20) 하며, "땅끝까지 이르러 내 증인이 되라"(행 1:8)는 복음 선교

22 김경재, 『해석학과 종교신학』 (서울: 한국신학연구소, 1994), 187-223.

의 과제였다. 이 일을 위해 부르심을 받은 사람들이 바로 교회Ecclesia 인 것이다.

교회가 복음 선교의 열정을 가지고 예수께서 분부한 모든 것을 모든 족속에게 가르쳐 지키게 하려는 과정은 순탄치 못했다. 첫 세기부터 여러 내적, 외적 장애에 부딪히게 되었기 때문이다.[23]

첫 세기의 기독교 신앙이 선교되는 과정에서 부딪힌 외적 장애 요인들은 크게 세 유형으로 구분할 수 있다. 첫째로는 로마 제국의 정치적 사회적 박해이며, 둘째는 그리스 철학의 사상적 비판이고, 셋째는 기존의 타종교들의 종교적 공격이었다.

내적인 장애 요인 또한 적지 않았다. 기독교의 일파가 복음을 왜곡하거나 일방적으로 극단화하여 이단 종파로 나타났으니 에비온파, 영지주의, 말시온의 개혁운동, 몬타너스 운동 등이 그것이었다.[24]

기독교 교회의 선교지평이 확대되고 그 역사가 전개됨에 따라 늘 새로운 형태의 내적 혹은 외적 장애 요인에 부딪혀 왔고, 그때마다 기독교 신앙의 재진술이 거듭 요청되었다. 교회 내의 이단을 반박하고 교회 밖의 박해와 비판과 공격에 잘 대처하며 기독교 신앙의 잘 요약하여 가르치는 과정을 통해 신앙에 대한 이해가 넓어지고 신앙의 진술이 체계화되어 왔으니, 이것이 바로 기독교신학 형성의 역사인 것이다.

복음이 그리스 문화권에 전파되면서 성서가 기원전 4세기 그리스어 칠십인역(LXX)으로 번역되었고 이를 기초로 그리스신학이 생겨나고, 복음이 라틴 민족에게 전해져서 서기 405년 히에로니무스에 의

23 허호익, "한국신학사 방법론서설", 「한국교회사학회지」 제2집 (1985), 65-91.
24 S. L. Neve/ 서남동 역, 『기독교교리사』 (서울: 대한기독교서회, 1976), 94-109.

해 성서가 라틴어Vulgate로 번역되었고 이를 기초로 라틴신학이 형성되었다. 성서의 자국어 번역을 통해 독일신학이나 영미신학도 생겨났다.[25] 마찬가지로 복음이 한민족에게 전해져서 성경이 한국어로 번역되고, 그 선교 과정에서 외적 변증과 내적 정립을 통해 복음을 재진술한 것을 한국신학이라 정의할 수 있다.

따라서 한국의 선교 역사를 통해 드러난 내외의 장애 요인이 무엇이었으며, 어떻게 창조적으로 복음을 변증하고 정립하여 왔는지를 방법론적 기준으로 삼아 한국신학의 역사를 서술할 수 있을 것이다.

둘째로, 한국에 전래된 기독교 신앙은 처음부터 서양인들에 의해 재진술된 서양 신학으로 서술된 신앙이었다. 다양한 서양의 여러 신학이 계속하여 무비판적으로 도입되었기 때문에 한국신학에 대한 자의식이 생기기 이전에는 한국신학과 서양 신학의 차이를 인식하지 못하였다. 한국신학사의 이러한 특수성 때문에 저자는 한국신학을 성격상 세 가지로 구분하려고 한다.[26]

(1) 한국신학에 대한 분명한 자의식이나 체계적이고 방법론적인 도구 없이, 단지 선교의 장애 요인에 대해 능동적으로 변증하고 변론(정립)한 창조적인 한국신학으로 한국에서 '자생적으로 전개된 신학'이다. 길선주, 이용도, 최병헌의 신학이 이 범주에 속할 것이다.

(2) 한국의 선교과정에서 서양의 여러 신학을 한국에 '주도적으로 도입한 신학'을 들 수 있는데, 그것이 비록 도입된 서양 신학이긴 하나 한국교회에서 활발하게 논의된 것이라면 한국신학의 범주에

---

25 A. Harnack/ 윤성범역, 『기독교의 본질』 (서울: 삼성문화재단출판부, 1975), 202.
26 허호익, "한국신학사 방법론 서설", 75-81.

넣어 그것들이 한국의 선교 상황에서 어느 정도 창조적인 공헌을 했는지를 분석해 보아야 할 것이다. 김재준, 박형룡의 신학이 여기에 포함된다.

(3) 한국신학에 대한 분명한 자의식뿐 아니라, 해석학적 방법론을 갖추고 한국에서 '주체적으로 모색된 신학'이다. 이 역시 아무리 한국적 개념과 방법을 지녔다 해도 한국의 선교 상황에 바탕을 둔 것인지의 여부에 따라 그 평가가 좌우될 것이다. 서남동의 민중신학이나 유동식의 풍류신학 등은 모두 이러한 성격을 지닌 신학이다.

한국신학을 유형상 크게 이상의 세 범주로 나누고, 이를 다시 한국에서의 선교를 위한 복음의 변증과 변론을 위해 창조적으로 공헌한 정도에 따라 그 내용들을 분석한다면 모든 한국신학 사상을 서술, 분석, 비판할 수 있는 방법론적인 틀이 될 수 있을 것이다. 이러한 방법론이 한국신학사 서술에 어떤 방식으로 적용될 수 있는지 그 가능성을 가늠해 보려고 한다.

1. 자생적으로 전개한 한국신학

한국 땅에 기독교가 전래된 과정을 교회사적으로 살펴보면, 외국 선교사들이 입국하기 이전에 이미 한국인에 의한 구도求道의 과정이 있었으니 "복음의 씨앗이 순전히 조선 사람의 손에 의해 조선에 소개되었다"고 한다.[27] 그러나 신구교를 막론하고 선교사들의 도래와 더

27 민경배, 『한국기독교회사』 (서울: 대한기독교출판사, 1982), 53.

불어 기독교 신앙은 본격적으로 확산되었다.

서양 신학으로 형성된 기독교 신앙이 한국에 전래된 초기부터 이 외래 종교에 대한 박해와 비판과 공격이 적지 않았다. 하지만 그때까지만 해도 내부적인 문제는 아직 생겨나지 않았다. 왜냐하면 내적인 복음의 왜곡화와 극단화는 선교가 어느 정도 진행된 이후에 생길 수 있는 일이기 때문이다. 초기 서양 신학의 경우와 마찬가지로 한국의 초기 신학에서도 기독교 신앙에 대한 외부의 정치적 박해, 철학적 비판, 종교적 공격의 유형을 그대로 찾아볼 수 있다.

정치적 박해로는 초기 천주교의 여러 교난教難을 들 수 있다. 1871년 윤지충과 권상연이 제사를 폐하고 신주를 불사른 일이 벌어졌다. 이를 계기로 조정에서는 기독교(西教)를 인륜과 충의를 무시하는 사교邪教로 규정짓고, 금사교서禁邪教書, 토사교문討邪教文, 척사윤음斥邪綸音 등을 반포하였다. 곳곳에 척사비를 세우고 전국적으로 3차에 걸친 조직적 박해를 통해 무수한 기독교인을 처형하였다. 이러한 상황에서 정하상은 1839년 「상재상서上宰相書」를 통해 다음과 같이 변증하였다.

> 아비를 업신여기고 임금을 업신여긴다 하나 聖教[성교]의 뜻을 모르는 것입니다. 십계명의 第四律[제4률]이 부모를 효도로 공경하라는 것입니다. 대저 충효의 두 글자는 만대에 변할 수 없는 도리입니다. … 이래도 과연 無父無君[무군무부]의 가르침이라 하겠습니까?[28]

「상재상서」는 한국신학사에 있어서 최초의 변증서라 할 수 있다.

---

28 같은 책, 78 재인용.

개신교가 전래되었을 때에도 수구적인 당시의 지배세력들은 개신교 역시 천주교와 같은 무부무군의 교리라 비난했다. 이에 대해 「조선 그리스도인 회보」는 다음과 같이 변증하였다.

> 그 교를 믿는 자는 제 부모도 배신하고 임금께도 불충하고 단지 하나님만 믿는 고로 오륜과 삼강이 아주 없다 하나니, 진실로 우습고 미련하도다. … 하나님의 도를 믿는 자라야 임금에게도 충성하며 부모에게도 효도하나니… 하나님을 섬길 줄 모르는 백성들은 입으로는 오륜과 삼강을 말하되 마음에는 자기 몸만 생각하는 고로….[29]

1910년 일제의 침략 이후에도 조선의 기독교회는 계속되는 일제의 탄압에 시달려야 했다. 105인 사건과 3.1운동으로 교회의 지도자들에 대한 박해는 가중되었다. 1925년부터는 미션학교의 성경 과목과 예배가 금지되었다. 1930년대의 신사참배 강요는 로마 제국의 황제숭배 강요와 성격을 같이하는 복음 선교의 치명적인 도전이었다. 기독교 신앙을 바탕으로 국권 회복을 주장하고 신사참배를 반박한 단편적인 글이나마 발견된다면 이 역시 한국교회의 중요한 변증 신학에 해당할 것이다. 이런 입장에서 1938년 장로교 총회의 신사참배에 대한 결의도 비판적으로 평가될 것이다.[30]

한국 선교 초기의 또 다른 선교 장애는 한국 전래의 유불선 세 종교의 비판과 공격이었다. 서구의 기독교와 한국의 재래 종교 및 사상과

---

29 같은 책.

30 허호익, 『이자익 목사의 영성과 리더십』 (서울: 동연, 2014), 188-231. 신사참배의 발단과 경위 그리고 신학적 논쟁에 대한 내용을 참고할 것.

의 만남과 그에 따른 갈등은 한국 선교 과정상 불가피한 것이었다. 기독교와 그리스 철학의 만남을 클레멘트와 오리겐이 진지하게 문제 삼고 양자의 조화를 시도했듯이, 한국교회의 초기 선각자들도 한국의 재래 종교의 공격에 대해 기독교 신앙을 변증하는 과제에 앞장섰다.

최병헌(1858-1927)은 한국 재래 종교의 공격에 대해 기독교 신앙을 변증하는 과제에 앞장섰다. 그는 그리스도를 "만종萬宗의 성취"로 보고 "孔夫子공부자도 基督기독의 理리를 見견하셨다면 必也필야 信徒신도이시오, 釋迦氏석가씨도 損己利人손기이인의 善果선과를 회하였다면 苦行林中고행임중에 六年 風霜풍상을 虛榮허영치 아니실지니"[31]라고 주장하였다. 그의 『셩산유람긔』와 『종교변증론』은 한국신학 최초로 전개된 변증서들이다.[32]

길선주(1886-1935)는 유불선을 두루 섭렵하였고 특히 10년간의 선도 수련을 하던 중 기독교로 개종하여 1907년 대부흥운동을 계기로 한국교회의 신앙유형의 기초가 된 새벽기도, 십일조, 심방 등을 확산시켰으며 해타론懈惰論이나 말세삼계론과 같은 독창적인 신학을 수립하였다.[33]

이용도(1901-1933)의 신학적 독특성이 돋보이는 것은 '천과 빈과 비의 예수론'이라고 할 수 있다. 이용도는 영적인 것은 곧 인간의 고난에 참여하는 것이라는 '고난의 영성'을 주장하였다. 서양의 케노시스 기독론이 전통적인 양성론의 틀에서 벗어나지 못한 채, 예수의

31 유동식, 『한국신학의 광맥』, 54, 71-97.

32 최병헌의 신학에 대해서는 이 책 2장 2절 "최병헌의 삼륜론과 천지인신학"을 참고할 것.

33 허호익, 『길선주의 목사의 목회와 신학사상』 (서울: 대한기독교서회, 2009).

고난과 죽음을 '신성의 은폐'나 '신성의 포기'로 해석하면서 논쟁하였고 그 대안으로 바르트는 예수의 고난을 '신성의 헌신'으로 해석하였다. 그러나 이용도는 영榮의 예수, 부富의 예수, 고高의 예수가 아니라 "영靈의 예수, 천賤의 예수, 빈貧의 예수, 비卑의 예수"(일기, 1930. 2. 20.)를 주장하였다. 그는 역사적 예수가 가장 고통당하는 자, 즉 가장 비천하고, 가난한 자와 자신을 일치시키고 무차별적인 사랑을 실천한 것을 부각시켰다.

유영모(1890-1981)의 여러 사상 중에 효자 기독론이 가장 한국적이고 독창적이다. 그는 사람이 천명天命을 알 때 하나님의 아들이 되는데, "예수는 이미 30대에 천명을 아는 하나님의 아들이 되었"으며 이때부터 하나님을 아버지로 모셨다고 한다.[34] 그리고 예수를 효자의 극치로 보고 하나님을 아버지라 부르는 데서 신앙의 본질을 찾았다. 이런 점에 있어서 기독교는 사람의 부모에게 국한하여 효와 부자유친을 중심으로 삼는 유교와 사고무친의 불교를 넘어서는 종교라고 주장하였다.[35]

윤성범(1961-1980)은 "예수는 모름지기 효자다"라고 주장하였다. "예수가 효자라고 말한 서양 신학은 아직 들어보지 못했다"고 하였으며, 효자 기독론의 한국적 독특성을 강조했다.[36]

---

34 박영호 엮음, 『다석 유영모 어록』 (서울: 두레, 2002), 153.

35 박영호, 『다석 유영모의 생애와 사상』 (서울: 홍익재, 1985), 313. "예수가 제일 좋다. 부자유친(父子有親), 한아님 아버지와의 부자유친이 기독교다. 유교를 제치고 한아님 아버지와의 부자유친을 세웠다. 한아님 아버지께 유친하자 드리 덤벼야 한다. 불서(佛書)는 사고무친(四顧無親)이다. 한아님 아버지와의 부자유친은 신약전서에 나타나 있다."

36 한영숙, "예수는 모름지기 효자인가?", 「기독교사상」 제218호 (1976. 8), 136-139; 윤성범, "예수는 모름지기 효자다", 「기독교사상」 제217호 (1976. 7), 20-31; 윤성

한편 최초의 신앙의 왜곡은 김익두 목사의 부흥운동을 통한 이적 신앙과 극단적인 종말론의 형태로 나타났다. 1907년의 대부흥운동과 달리 1920년대 김익두 목사의 부흥운동은 '예수 천당'을 구호를 내세운 철저하게 내세지향적 성격을 띠었으므로 성서에 나타난 하나님 나라의 뜻을 크게 왜곡시켰다.

사실상 성서에는 천당이란 말이 없으며, 마태만 하나님이 다스리신다는 뜻의 '하나님 나라'를 에둘러 하늘나라天國로 표기했다. 이는 하나님의 이름을 함부로 부르지 않는 유대적 관습에 기인한 것이었다. 따라서 천당이라는 재래의 한국적 용어 사용으로 비롯된 기독교 신앙의 천국관을 바로 정립하기 위해서 『개편 찬송가』(1963)는 이전의 찬송가 가사 중에 아무런 신학적 비판 없이 사용해 오던 천당이란 용어를 비로소 모두 천국으로 바꾸었다(예: 502장 등).[37] 이미 당시의 황해노회와 김익두가 담임하고 있던 남대문 교회의 신도들은 그의 신앙의 미신화와 극단화를 비판하였다.

1930년대 이용도의 신비주의 운동도 복음의 한국적 왜곡의 한 유형이 이었다. 이용도가 1932년에 접신녀 유명화의 계시를 믿고 예수교[38]를 세우는 등 '이로써 이단異端의 난亂'이 커졌다는 비판을 받았

범, "효와 종교", 『윤성범전집 3』 (서울: 감신대 출판부, 1998), 342-356.

37 허호익, "천당, 천국 그리고 하나님의 나라", 「한국기독교신학논총」 제41집 (2005.10).

38 김인서, "龍道敎會의 내막 조사 발표- 4. 降神문제와 柳女史의 歸正", 「신앙생활」 1934년 5월호, 『김인서 저작선집』 2 (서울: 신망애사, 1974), 130. 유명화는 그녀가 전하는 말씀이 곧 '주님'이라고 믿었던 병약한 이용도에게 "용도야, 너는 조선 제일의 나의 사자(使者)이니 너는 무병(無病)하다. 73세를 너와 함께 하리라. 너는 내 교회를 따로 세워라. 이놈 네가 교회를 분립하지 않으면 나를 위하여 십자가를 진다는 것이 무엇이냐"고 하였다. 이 계시를 받고 이용도는 감리교를 떠나 1933년 6월 평양에서 '예수교회'를 세웠으나 그해 10월 2일 사망하였으니, 73세는 고사

다.[39] 그는 아가서의 성애적 모티브를 강조하여 그리스도와의 '혈청주사'나 '혈관적 연결'[40]을 주장한 것은 그 당시 황국주 등의 '피가름' 교리에 직간접적인 영향을 주었다. 그럼에도 불구하고 그의 '고와 천과 빈과 비의 예수론'에 나타나는 고난과 비천의 영성은 중요한 한국 신학의 요소가 아닐 수 없다.

이처럼 한국교회가 점차 성장해가는 과정에서 기독교 신앙이 재래 종교와 야합하여 크게 왜곡된 형태의 이단적 종파들이 생겨나기도 하였다. 한국 고대의 민족 신앙 또는 샤머니즘적 종교 심성은 놀라우리만치 기독교 신앙과 유사한 측면이 있어, 기독교 신앙을 우리 겨레가 쉽게 받아들이는 유리한 통로가 된 반면에 기독교 신앙을 왜곡하고 극단화시키는 결과를 낳기도 했다. 이용도 목사는 일제 치하의 참혹한 시절에 고난의 신비주의를 지향했으나, 말년에는 무녀巫女와 같은 유명화를 예수의 친림親臨이라 주장하는 원산의 입류접신入流接神의 신비주의자 백남주, 한준명 일파와 합류함으로써 사이비 성령운동가로 전락하고 말았다. 그가 속한 감리교에서는 성서의 별묵시別默示 즉, 특별 계시를 주장한 이용도 목사의 신앙의 건전성을 의심하여 휴직 처분을 내리고 말았다.[41] 따라서 김익두와 이용도의 부흥 운동과 신학적 주장이 한국적인 것이긴 하지만, 초기 서양 신학의 몬타너

하고 33세에 요절하였다.

39 김인서, "龍道教會의 내막 조사 발표", 「신앙생활」 1934년 3월호, 『김인서저작선집』 2, 122.

40 변종호 편, 『이용도 목사 서간집』 (서울: 심우원, 1953), 150, 참고 107. 158. "예수의 혈청주사를 맞아 영육이 강건하기를 바란다"(변종호에게 보낸 편지, 1932. 2. 6), "주님의 내용이 우리에게 더욱더 넘쳐 나오게 되도록 그와 혈관적 연락을 이루어 족할 것이 없습니다"(이호빈에게 보낸 편지).

41 민경배, 『한국개신교회사』, 386-395.

스파와 유형을 같이하는 복음의 한국적 왜곡이므로 신학적 비판의 대상이 되어야 할 것이다.

이러한 복음의 왜곡 형태는 해방 후 문선명의 통일교와 박태선의 전도관과 같이 무수한 이단 사이비 기독교 종파를 통해 더욱 조직적이고도 체계적인 형태로 등장하여 많은 기독교인을 미혹하였으며, 이들이 빚어낸 사회적인 물의는 기독교 선교의 큰 장애 요인이 되었다. 이러한 사이비 토착화를 신학적으로 비판한 글 역시 한국신학의 복음 정립을 전개한 창조적인 한국신학으로 평가되어야 할 것이다.[42]

2. 주도적으로 도입한 한국신학

1935년을 전후해서 장로교 총회에서 일어난 성서의 고등비판과 자유주의 신학에 대한 논쟁은 해외 유학을 통해 그들이 배운 서양 신학을 한국적 상황을 고려하지 않고 주체적으로 도입한 신학자들이 상당수 있었기 때문에 야기된 것이었다. 이것은 한국신학계 내에서 벌어진 최초의 신학적 논쟁이었다.

유동식은 1933년을 전후하여 이미 성서관에 있어서 근본주의, 진보주의, 자유주의 노선은 각각 그 대표적 신학자인 박형룡, 김재준, 정경옥에 의해 형성되었다고 주장한다. 이들의 성서관과 신앙노선에 따라 한국에서의 최초의 신학 논쟁이 야기되었고, 그로 인해 신학교의 분열과 교파 분열이라는 비극이 이어지게 되었다고 볼 수 있다.

---

42 허호익, 『한국의 이단기독교』 증보판 (서울: 동연, 2020).

한국신학의 3대 노선을 정착시킨 이들의 신학 노선의 차이는 그들이 각각 수용한 서양 신학의 노선 차이에서 기인되었다. 이들 최초의 해외 유학파 신학자들은 그들이 배운 서양 신학을 거의 절대적인 것으로 수용·신봉하였기 때문에 서로 간의 신학적 노선의 차이를 좁히지 못하였다. 이로 인해 한국신학의 노선 논쟁과 교파분열이라는 나쁜 전통을 심어 놓은 것이다.

한국교회의 신학 논쟁은 박형룡과 김재준의 대결로 그 절정에 달하였다. 이들은 모두 미국 프린스턴신학교에서 수학한 동문이지만, 치열했던 신학 노선의 논쟁으로 결국은 프린스톤신학교의 분리까지 초래한 양 계보에서 각각 서로 다른 노선의 신학을 전수받았다. 결과적으로 이들로 인해 한국신학계의 노선 논쟁은 프린스턴신학교에서 있었던 논쟁의 재판이 되고 말았다. 한국 땅에서 미국 신학계의 논쟁을 재연한 것이다.

박형룡(1897-1978)은 대표적인 미국 근본주의 신학자인 메이첸G. Machen의 신학 사상이 지배하던 1924-1926년까지 구 프린스턴신학교에서 수학했다.[43] 그는 성서의 고등비판을 맹공하던 소위 미국의 근본주의 신학의 노선을 그대로 수용하여 한국에 전파한 기수가 되었다.

공교롭게도 김재준(1901-1990)은 메이첸 일파가 소수파로 전락하여 악전고투하다가 1929년 9월에 프린스턴신학교에서 분리해 나가서 웨스터민스터신학교를 세우게 된 해에 신 프린스턴신학교에

---

43 "박형룡", 『기독교대백과사전』 제3권 (서울: 교문사, 1982), 279; 장동민, 『박형룡 : 한국 보수신앙의 수호자』 (서울: 살림 2006); 이상웅, 『박형룡 박사와 개혁신학』 (서울: 목양, 2013).

입학한 것이다.[44] 그는 근본주의 신학에 정면으로 도전하여 신정통주의 신학을 수용하고 교회일치 운동에 적극 참여한 미국의 진보주의 신학을 수용하여 그 노선을 대변하는 기수가 된 것이다. 이들은 둘 다 서양 신학을 폭넓게 이해하거나 다양하게 수용하지 못했으며, 결과적으로 자신들이 수학한 범위에서 벗어나지 못하였다. 서양 신학의 분파적 한계를 벗어나지 못한 것이다.

박형룡은 서양 신학자들이 전하여 준 그대로의 바른 신학을 전달하려고 분투했다. 그가 전수받은 서양 신학만을 바른 신학이라 확신했기 때문에, 그 외의 다양한 서양 신학을 모두 이단으로 정죄하는데 조금도 주저하지 않았다.

김재준은 한국교회의 선교적 상황을 충분히 고려하지 못했다. 서구의 역사 비판적인 학문의 발달과 더불어 현존하는 성경은 구전과 단편적인 문전의 과정을 거쳐 편집된 것이라는 문서설은 독일을 중심으로 100여 년간의 논의의 과정을 거쳐 하나의 학설로 수용된 것이다. 이 문서설은 성경의 영감설을 부정하는 것이므로 미국에서조차 찬반의 대립이 심화되어 프린스톤신학교의 분열이라는 엄청난 파장을 초래했다.

그럼에도 불구하고 무리하게 고등비평을 도입한 것은 이제 겨우 50년의 역사를 지닌 한국교회가 감당하기에는 버거운 일이었다. 경전經典을 숭상하던 유교문화권에 속한 한국교회로서는 아직 성서 비평학을 도입할 채비가 되어 있지 않았다고도 볼 수 있다. 김재준의 선구자적 학문적 열정과 선한 의도에도 불구하고 결과적으로 교파

---

44 김기홍, 『프린스톤 신학과 근본주의』 (서울: 창조성, 1988), 162-163.

분열의 나쁜 선례를 남긴 것은 불행한 일이 아닐 수 없다.[45] 김재준과 박형룡의 대립은 서양 신학의 한국교회의 선교의 상황을 고려하지 않고 무분별하게 도입한 결과가 빚은 한국신학사의 어두운 면이라고 볼 수 있다.

독일의 자유주의 신학을 도입한 정경옥(1903-1945)의 경우도 서양 신학 수용의 문제점이 드러난다. 미국의 개렛신학교에서 독일의 자유주의 신학자 슐라이어마허, 리츨, 바르트를 배우고 돌아온 정경옥은 "신앙에 있어서는 보수주의요, 학문에 있어서는 자유주의"라는 새로운 노선의 신학을 주장하였다. 그는 한국 최초로 『기독교신학 개론』(1939)을 저술했으나, 그것은 슐라이어마허나 리츨A. Ritschle을 배경으로 하는 서구의 자유주의 신학을 소개한 것에 지나지 않는다. 또한 그는 바르트와 불트만의 신학을 처음으로 소개했으며, 자신이 칸트를 좋아하지만 '리츨파'는 아니며 바르트 신학의 근본정신에 찬동한다고 했다.

그러나 그가 칼 바르트의 신학을 한국 최초로 소개하고, 자신을 바르트 찬동자로 주장하면서도 바르트의 신학이 마치 자유주의 신학인 것으로 이해하고 있다.[46] 칼 바르트의 로마서 강해를 "자유주의 신학자들의 놀이터에 떨어진 폭탄"이라고 한 유명한 칼 아담스의 말을 인용치 않더라도, 바르트 신학의 근본 관심은 소위 슐라이어마허, 리츨 등의 자유주의 신학에 대한 맹공격이었음을 충분히 이해했다

---

45 천사무엘, 『김재준』 (천안: 살림, 2003); 장공김재준목사기념사업회, 『장공 김재준의 신학세계』 (서울: 한신대학교출판부, 2006).

46 허호익, "칼 바르트의 「로마서 강해」에 나타난 하나님의 변증법", 「신학과 문화」 제9집 (2000.12).

면 그럴 수 없을 것이다. 바르트는 분명한 신정통주의자인데도 불구하고, "칼 바르트의 신학이 아직도 자유주의 신학으로 매도되고, 정통 보수신학을 파괴하는 위험이라 규정짓는 오늘의 교계 및 신학을 보고 놀라운 충격을 금할 수 없다"[47]고 김경재가 지적한 바 있다.

서양의 신정통주의 신학이 왜 한국에 도입되면서는 자유주의 신학으로 오인받게 되었을까? 이 질문은 서양 신학의 도입이 안고 있는 문제의 성격들을 밝혀준다. 무엇보다도 서양 신학이 생겨난 삶의 자리에 대한 전이해 없이 서양 신학이 도입되었기 때문이다. 서양 신학이 생겨난 서양교회의 선교 상황과 그러한 신학을 도입한 한국교회의 선교 상황에 대한 상황적 인식이 철저히 구분되지 못했다.

바르트는 성서의 고등비평을 받아들였지만, 그렇다고 성서를 단지 인간의 말뿐인 역사적 고문서로만 취급하여 인간의 이성을 통해 해석하려는 당시의 편만한 자유주의적 신학 풍조에는 찬성하지 않았다. 그렇다고 근본주의자들처럼 성서의 문자적 무오를 통해 성서가 하나님의 말씀인 것을 논증하려는 주장할 수 없다고 하였다. 바르트는 자유주의 신학의 '과격한 합리주의'와 근본주의의 '천박한 초자연주의'를 양쪽 모두 다 경계하고 비판하였다. 그리고 이 진퇴양난의 신학적 문제를 극복하기 위해 바르트는 양성론의 원리와 종교개혁 신학의 의인론의 원리를 원용하였다. 예수 그리스도가 인성과 신성을 동시에 지닌 것처럼 그리고 우리 인간이 죄인임에도 불구하고 의인으로 인정받을 수 있는 것처럼, '성경도 인간의 말인 동시에 하나님의 말씀이라는 역설'을 받아들였다. 그는 인간의 말로 기록된 성경은 오

---

47 한국 바르트 학회 편, 『바르트 신학 연구』 (서울: 대한기독교서회, 1968); 김경재, "전환기에 선 한국기독교신학", 「신학사상」 제28집 (1980), 25.

류가 있음에도 불구하고 하나님의 계시의 말씀이라고 한 것이다.[48]

하나님 말씀의 이러한 역설적인 성격을 해명하기 위해 바르트는 성경이 단지 문자로 기록된 말씀만을 뜻하는 것이 아니라고 하였다. 하나님의 말씀은 설교 선포된 말씀, 그리스도를 통해 계시된 말씀, 성서에 기록된 말씀이라는 삼중적 양태로 지녔다고 주장하였다.[49]

그러나 한철하는 이러한 바르트 신학의 선교적 상황은 무시하고, 단지 바르트가 성서의 무오설과 문자적 영감설을 받아들이지 않는다는 이유로 신정통주의가 아니라 신근대주의이므로 자유주의와 동류인 것으로 치부하였다.[50]

이러한 사례들은 서양 신학을 한국에 도입할 경우 서양 신학이 서양에서 서술된 배경에 대한 분명한 이해가 없이는 왜곡하여 수용할 수 있다는 사실을 보여준다. 또한 서양 신학의 창조적인 이해와 도입을 위해서는 도입 과정에서 생길 수 있는 '문화적 충격'을 충분히 고려하여야 할 것이다. 그리고 한국의 선교 상황에 가장 도움이 되는 신학을 우선적으로 도입해야 할 것이다. 그럼에도 불구하고 한국신학을 회고해 볼 때 이러한 한국적 선교 상황을 고려하지 않은 채 서구적인 문제 상황에서 빚어진 신학들이 무분별하게 도입되어 왔다는 것도 부정할 수 없다.

48 허호익, 『신앙, 성서, 교회를 위한 기독교신학』 (서울: 동연, 2010). 제3장 "4. 성서 영감설과 성서비평학"을 참고할 것.

49 K. Barth, *Church Dogmatics*, vol. I.1 (New York: Charles Scriber's Son), 98-140.

50 한철하, "신정통주의란?", 상·중·하, 「크리스챤신문」 1979년 10월 6일-11월 3일

3. 해석학적으로 모색한 한국신학

한국신학에 대한 자의식은 1930년대에 이미 국학진흥의 기운을 타고 싹텄으나, 결실로 나타난 것은 1960년대의 토착화 논쟁[51]과 1970년대의 민중신학 운동이다. 이런 과정에서 한국신학의 가능성과 필요성에 대한 여러 찬반 논의가 활발해졌고 많은 논저들이 쏟아져 나왔다.

윤성범은 단군신화의 삼위일체론에 관한 두 논문을 통해 "환인 환웅 환검은 곧 하나님이다"[52]라고 주장하고, "단군신화는 Vestigium Trinitatis삼위일체의 흔적이다"[53]라고 했다. 『기독교와 한국사상』[54]에서는 감, 솜씨, 멋을 삼위일체론의 내용적 유비로 해석하였다. 『한국적 신학 -성誠의 해석학』에서는 "한국적인 '성'의 개념은 서양 신학에서 말하는 '계시啓示'개념과 동등한 성격을 가지고 있다"[55]고 전제하고, '誠성'을 '말씀言의 이루어짐成'으로 해석하여 율곡의 誠성의 개념을 칼 바르트 신학의 '말씀의 3중성'에 해당한다고 보았다. 그리고 『효』[56]

---

51 심일섭, "한국신학 형성사 서설"(上中下), 「기독교사상」 1972년 10-11월호, 1973년 5월호. 1960년대의 토착화 논쟁과정을 정리한 것을 참고할 수 있다. 민중신학 전부에 관해서는 기독교 사상 편집부편, 『한국의 신학사상』 (서울: 기독교사상사, 1984)을 참조할 것.

52 윤성범, "단군신화는 Vestigium Trinitatis이다", 「사상계」 1963년 7월호.

53 윤성범, "환인 환웅 환검은 곧 하나님이다", 「사상계」 1963년 5월호.

54 윤성범, 『기독교와 한국사상』 (서울: 대한기독교서회, 1964).

55 윤성범, 『한국적 신학 -성의 해석학』 (서울: 선명문화사, 1972), 13. 윤 박사는 한국 유교의 誠 개념 만을 서양 신학적으로 해석했다. 대종교의 3대 경전 중의 하나인 『參佺戒經』 제1장에 나타나는 '誠論'은 유교의 誠 이해와 근본적으로 다른 의미를 담고 있다. 특히 제5절 '至感'은 至誠이면 感天이라는 한국적인 신앙론의 가장 체계적인 진술로 여겨진다. 송호수 엮음, 『겨레얼 3대 원전』 (서울: 가람출판사, 1983), 16-49.

에서는 孝효, 仁인, 誠성 세 개념을 중심으로 서양윤리, 기독교윤리, 유교윤리를 비교 연구하였다.

먼저 윤성범은 단군신화에 환인, 환웅, 단군이 등장하는 것은 당나라 시절 중국에 소개된 기독교의 일파인 경교景敎의 삼위일체 신학의 영향을 받은 흔적이라고 하였다. 이러한 주장에 대해 여러 신학자들의 반론이 있었다.[57] 가장 큰 문제는 기독교와 단군신화라는 서로 상이한 과거의 자료가 지닌 형식상 유사성을 확대하여 양자의 관련성을 가설로 세워 토착화의 전 이해로 제시했을 뿐 그 내용적 관련성은 전혀 언급하지 않았다는 점이다.[58]

이에 반해 誠성의 해석학은 誠성과 계시啓示 곧 하나님의 말씀의 내용적 유사성을 찾아 그것을 '한국적 신학'이라 명명했다. 윤성범은 바르트의 하나님 말씀론과 율곡의 誠성 개념을 내용적으로 유비시킨 것은 단군신화와 기독교를 사이의 형식적 유비보다는 나은 바 있겠지만, 그것은 비교종교학의 범주를 벗어 날 수 없으며 신학이라 이름하기 어려울 것이다. 이는 김광식의 적절한 비판처럼 "윤 박사가 본

---

56 윤성범, 『효』 (서울: 서울문화사, 1982).

57 박봉랑, "기독교와 단군신화", 「사상계」 1963년 7월호; 전경연, "소위 전이해와 단군신화", 「기독교 사상」 1963년 8-9월호.

58 내용적인 관련성을 해석하려면, 단군시대의 저술로 알려진 대종교의 3대경전 『天符經』(造化經), 『三一神誥』(敎化經), 『參佺戒經』(治化經)의 내용을 다루어야 할 것이다. 김상일 박사의 『한 철학』은 앞의 두 책의 내용만을 다루었으나 저자는 세 번째 경전인 『참전계경』의 기독교신학적 수용의 가능성이 무척 크다고 생각한다. 이 책은 모두 8장 366항목으로 되어있는데 특히 제1장 誠과 제2장 信, 제3장 愛의 내용적 깊이는 서양 신학적 진술을 능가하고 있다. 예를 들면 제3장 愛에서 사랑을 크게 여섯 가지 즉 恕, 容, 施, 育, 敎, 待로 나누고 있다. 말하자면 하나님 사랑과 이웃사랑의 구체적 의미와 방식을 49가지로 설명하고 있다. 송호수 엮음, 『겨레얼 3대 원전』, 17-99.

래 서양 신학의 개념이 우리 동양인에게 난해하기 때문에 동양적 개념으로 서양 신학을 설명하겠다고 했는데 그 본래의 의도는 아랑곳없이 유교연구가로 전락되어가고 있지 않는가 하는 의심이 든다."[59]

이와 마찬가지로 토착화 문제를 최초로 거론한 유동식은 『한국종교와 기독교』[60]에서 한국종교사를 서술하였다. 후에 한국종교의 본질을 무교에서 찾아 『한국무교의 역사와 구조』(1979)[61]라는 역저를 내었는데, 무교연구서에 해당한다. 유동식은 단군을 무군巫君으로 해석하고 단군신화의 삼태극적 구조를 밝혔다. 그리고 최치원의 '난랑비서'를 해석학적 근거로 삼아 "한 멋진 삶"의 '풍류 신학'을 전개하였다.[62] 한 멋진 삶을 내용으로 하는 풍류도를 한국 고유의 종교적 심성으로 보아 이를 삼위일체의 신학적 내용과 유비시켰다. 이 역시 김광식의 비판처럼 윤성범이 한국 유교사상을 기독교화하려 했듯이 유동식은 한국 종교를 기독교화하려 한 것이었다.[63]

위의 두 신학자는 한국신학에 대한 자의식과 그들의 선구적 시도를 계승해야겠지만, 몇 가지 문제를 야기한다. 첫째로, 한국의 토착화신학도 기독교신학이어야 한다는 점에서 볼 때, 신학과 종교학 또는 신학과 철학은 내용과 방법에 있어서 무엇이 다른가 하는 신학의 학문적 고유성에 대한 문제이다. 성서를 한국어로 번역하고 한국인

---

59 김광식, 『선교와 토착화』 (서울: 한국신학연구소, 1975), 39.

60 유동식, 『한국종교와 기독교』 (서울: 대한기독교서회, 1965).

61 유동식, 『한국무교의 역사와 구조』 (서울: 연세대학교출판부, 1975).

62 유동식, 『풍류신학으로의 여로』 (서울: 전망사, 1983); 『풍류도와 한국신학』 (서울: 전망사, 1992); 『素琴 柳東植 全集』 제7-9권 , 「풍류신학」 1-3 (서울: 한들, 2009).

63 김광식, "토착화신학의 해석학적 국면에 대한 연구", 「성곡논총」 제16집 (1985), 175-222.

의 심성으로 읽고 한국적인 사고방식으로 해석하는 것과 단군신화나 誠성의 개념이나 풍류도를 서양 신학 사상이나 개념으로 재해석하여 그 기독교적 의미나 기독교신학과의 유사성을 찾으려는 것은 근본적으로 상이한 학문적 영역에 속하는 것이 아닌가 생각된다. 전자는 텍스트Text가 성서요 후자는 기본 텍스트가 단군신화이며 전자는 엄밀한 의미의 신학연구이지만 후자는 비교종교학이나 철학에 속하기 때문이다.

둘째로, 한국철학이나 한국종교학이 한국신학을 위한 보조학문이 될 수는 있으나, 그것 자체가 신학의 고유한 연구 분야일 수 없다.는 것이다. 마찬가지로 단군신화나 풍류도가 고유한 '한국적인 것'일 수 있으나, 그러한 연구 결과를 신학이라 명명하기에는 부족하다. 이러한 점에서 볼 때 한국의 고유한 것을 '한 사상'에서 찾아 그것을 과정신학적 개념으로 해석한 김상일은 그러한 작업의 결과를 '한 신학'이라 명명하지 않고 『한 철학』[64]이라고 하고, 부제를 '한국철학의 과정신학적 해석'이라 붙인 것은 타당해 보인다. 신학이 신학이 되기 위해서는 성서적 기초와 신학적 근거로써 최소한 기독론과 구원론이 해석학적으로 뒷받침되어야 하기 때문이다.

김광식은 성誠을 언행일치로 풀이한 『선교와 토착화: 언행일치의 신학』[65](1975)을 전개하였다. 한국사상이나 한국종교를 서양 신학으로 해석한 윤성범과 유동식의 한국신학을 비판하고 그들의 방법론을 역전시켜 먼저 동양과 서양의 사상적 차이를 '소외동기' 여부로 구

---

64 김상일, 『한 철학: 한국 철학의 과정신학적 해석』 (서울: 전망사, 1983).

65 김광식, 『선교와 토착화: 언행일치의 신학』 (서울: 한국신학연구소 출판부, 1975); 『언행일치의 신학』 (서울: 종로서적, 2000).

분하고, 소외동기가 내포된 서양의 언물일치와 다르게 소외동기가 없는 언행일치가 동양과 한국 사상의 고유성이므로 이 고유한 언행일치의 개념으로 기독교신학의 신론, 기독론, 교회론을 서술하였다. 특히 죄-구원론의 서양 신학의 핵심적인 기독론이 서구사상의 본질인 소외개념에서 비롯된 것이라고 비판하고 언행일치의 기독론을 재창하였다.[66] 이러한 시도는 한국신학 방법론의 일대 전환이므로 긍정적으로 그 방법론을 받아들여야 할 것이다. 그러나 김광식은 동양사상과 한국사상을 엄격히 구분하지 않음으로써 자신의 언행일치의 신학을 동양신학에 편입시켰다.

김광식이 동서사상을 소외동기 여부로 구분한 것에 비해, 김상일은 서양사상은 이원론과 본체론에 철저한 반면에 동양사상은 비이원론적이며 비본체론적이라 전제하였다. 한 걸음 더 나아가서 이러한 동양사상 중에서도 중국과 일본은 이원론을 철저히 극복하지 못했지만, 한국의 '한 사상'은 그것이 비시원적이며Nonorientable, 경계가 없다는 점No Boundary[67]이 동서 모든 사상 중에서 독특한 점이며, 그것은 이원론을 철저히 극복한 사상이라고 했다. 김상일은 이 '한 사상'을 다시 비실체론적인 과정신학Process Theology 개념과 비시원적인 '뫼비우스의 띠'로[68] 설명한다. 이러한 '한 사상'은 수메르 문화와 동시대의 인류 최고의 문화인 동이족의 고유한 사상이며, 이 동이족이 우리 한민족의 조상이라는 것을 수메르와 동이족에 관한 여러 연구 결과

---

66 김광식, "기독론 토착화 시안", 「기독교사상」 1973년 2월호.
67 Sang Yil Kim (ed), *Hanism as Korean Mind -Interpretation of Han Philosophy* (Los Angeles, Calif: The Eastern Academy of Human Sciences, c1984), 22.
68 김상일, 『뫼비우스 고리와 한복바지』 (서울: 새글사, 1974).

로 논증하였다.

토착화신학이 한국의 재래 종교와 사상의 비판에 대한 기독교신학의 변증이요 새로운 재진술이라면, 민중신학은 1970년대의 한국의 정치적 상황의 도전에 대한 신학적 반응이라 할 수 있다. 그리고 토착화신학이 복음의 한국적 해석을 시도했다면, 민중신학은 한국적 행동신학doing theology으로서 복음의 한국적 실천에 더 큰 관심을 두어 왔다. 민중신학 논의에 참여한 수많은 학자 중에서 창조적인 해석학적 신학을 제시한 신학자로는 서남동, 안병무, 김용복을 들 수 있다.

1970년대 민중신학은 한국적 정치 상황에 대한 한국 기독교의 신학적 응답을 위해 해석학적으로 모색된 한국적 정치신학이다.[69] 서남동(1918-1984)은 "'민중'을 신학의 핵심적인 주제로 설정하고, 그것을 체계화하고, 그렇게 하여 이룩된 민중신학이 모든 신학의 중심이 되어야겠다고 주장한 사람은 나라고 자부한다"고 자평하였다. 그의 민중신학의 가장 창의적인 핵심은 '고난받는 민중의 메시아성'과 가해자의 죄와 피해자의 한을 구분한 '한恨의 속량적 성격'[70]과 '한의 사제'로 이어지는 '한'에 대한 신학적 해석이다.[71]

그러나 서남동은 '두 이야기의 합류'나 '성령의 공시적 해석'들을 통해 성서를 신학의 텍스트Text로 보지 않았고 텍스트라는 말 대신에 레프런스Reference(典據)라는 용어를 사용하며 성서뿐만 아니라 민중 체

---

69 NCC 신학연구위원회,『민중과 한국신학』(서울: 한국신학연구소, 1982); 서남동,『민중신학의 탐구』(서울: 한국신학연구소, 1983); 민영진 외,『한국민중신학의 조명』(서울: 대화출판사, 1983); 한국신학연구소 편,『1980년대 한국민중신학의 전개』(서울: 한국신학연구소, 1990).

70 서남동, "恨의 형상화와 그 신학적 성찰",『민중신학의 탐구』(서울: 한길사, 1983), 108, 110, 119.

71 같은 글, 174.

험을 담고 있는 한국의 민담이나 민중운동사 그리고 민중의 한을 주제로 한 김지하 시인의 단상들까지도 민중신학의 준거로 성서와 동일한 비중을 둔 것은 성경이 기독교 신앙의 원초적 진술로서 지니는 원영감original inspiration의 중요성을 간과한 것이다. 그의 이러한 성서관은 "성경은 신앙과 행위에 관한 유일무이한 법칙"이라는 개신교의 전통적인 성경관에서 비켜간 것으로 보인다.[72] 이러한 비판에 대해 그는 자신의 신학을 '방외方外 신학'이라고 반응하였다.

안병무(1923-1996)는 신약성서에서 오클로스oxlos라는 개념을 발견하고 이들 민중의 '민중 사건'이 곧 예수 사건이라고 해석하였다. 그리고 1980년 광주 민주화 운동 과정에서 경험한 유언비어에 대한 체험을 전승사적으로 해석하여 불트만이 주장한 초대교회의 케리그마와 민중들의 유언비어를 구분하여 최초의 복음이 유언비어였다는 전승사의 원초적 형태를 제안한 점은 탁월한 발상으로 여겨진다.[73]

김용복은 복음서가 예수에 대한 개인적 전기가 아니라 집단인격으로서 민중의 사회전기라는 독특한 주장을 제시하기도 하였다. [74]

토착화신학과 민중신학 모두가 한국적 신학을 시도이면서도 양자가 서로 공유의 여지가 없었다는 점도 지적되었다. 한국인이며 동

---

72 신학은 신앙의 학문이요, 성서의 학문이요, 교회의 학문이다. 이런 관점에서 특히 서남동의 민중신학이 성경을 신학적 전거로 취급하게 되면 성경의 권위를 강조하는 한국 기독교인들을 설득하기 어려울 수 있다는 점도 고려해야 할 것이다. 성서 안에서는 민중들의 다양한 신앙의 적나라하게 전개되어 있기 때문에 성서 안에 나타나는 민중의 삶과 신앙과 한을 보다 면밀하게 제시하는 것이 신앙의 학문이요 성서의 학문으로서의 신학의 과제라고 여긴다.

73 안병무, "예수 사건의 전승 모체", 「神學思想」 47 (1984), 735-761.

74 김용복, 『한국민중의 사회전기: 민족의 현실과 기독교운동』 (서울: 한길사, 1987); 『지구화시대 민주의 사회전기: 하나님의 정치경제와 디아코니아 선교』 (서울: 한국신학연구소, 1998).

시에 기독교인인 우리가 한국 고유의 종교사상과 서양 신학사상의 만남을 통한 '문화적 충격'뿐만 아니라 한국의 정치현실이 부과한 '정치적 갈등'을 동시에 겪고 있음이 분명한데 기왕의 한국신학자들은 두 문제 중 한쪽으로 치우친 것으로 보인다. 한국신학은 이 문제 종합하여 하나의 문제로 다룰 수 있어야 할 것이다.[75] 그리고 한국교회의 현실에서 신학적인 쟁점으로 부각된 주요 주제들을 다루는 것도 한국신학의 필수적인 과제라고 여긴다. 그래서 저자는 최초의 신학자 길선주(『길선주 목사의 목회와 신학사상』, 2009)와 최초의 선교 귀츨라프(『귀츨라프의 생애와 조선선교활동』, 2009)에 관한 책을 저술하였다. 단군상 문제가 대두되었을 때 『단군신화와 기독교』(2003)를 저술하였고, 평화, 통일과 관련하여 남남갈등 및 남북 갈등이 심하여서 『통일을 위한 기독교 신학』(2010)을 출판하였으며, 이단 사이비 문제가 심각하여 『한국의 이단 기독교』(2016)를 저술하였고, 최근 동성애가 논란이 되어서 『동성애는 이단인가』(2019)를 출판하였다. 그리고 한국교회의 현장에서 성서적 조직신학의 필요성이 절실하여 『예수 그리스도 1-2권』(2010)과 『야훼 하나님』(2014)을 저술하였다.

이처럼 한국신학의 한국적 과제를 모색하기 위해서는 먼저 '신학이 무엇인가?' 하는 신학 자체에 대한 신학적 질문을 던지고 이에 대한 한국신학의 특수한 과제를 새롭게 검토하여야 할 것이다.

---

75 김경재, "복음의 문화적 토착화와 정치적 토착화", 「기독교사상」 1979년 9월호.

IV. 한국신학의 해석학적 원리 및 방법의 재검토

1960년대 이후 '주체적으로 모색된 한국신학'에는 여러 가지 해석학적 원리들이 제시되었다.[76] 윤성범의 '誠성의 신학'과 '효의 신학', 서남동의 '민중신학'과 '恨한의 신학', 유동식의 '풍류의 신학', 김광식의 '언행일치의 신학' 등이 주장되었다. 이어서 토착화 신학 2세대들이 새로운 해석학적 원리와 방법을 제시하였는데, 박종천의 『相生상생의 신학』[77]과 김흡영의 『道도의 신학』,[78] 이세형의 『道도의 신학』[79], 한숭홍의 '신토불이의 신학'[80]과 이정용의 『易역의 신학』[81] 이은선의 '聖성·性성·誠성의 여성신학'[82]등 그것이다. 이제까지 다양하게 전개되어 온 한국신학의 해석학적 원리와 방법들을 비판적으로 재검토하

---

76 허호익, "한국신학사 방법론 서설", 「한국교회사학회지」 제2집 (1985.9), 65-91. 한국신학은 성격상 신학적 자의식 없이 자연발생적으로 전개된 신학과 신학적 주체의식과 방법론을 가지고 시도한 신학과 그리고 한국에 도입된 신학으로 구분할 수 있다.

77 세계신학연구원 편, 『상생신학-한국신학의 새 패러다임』 (서울: 세계신학연구원. 1992); 박종천, 『상생의 신학』 (서울: 한국신학연구소, 한국신학연구소, 1991).

78 김흡영, 『道의 신학』 (서울: 다산글방, 2001); 『道의 신학』 2 (서울: 동연, 2012).

79 이세형, 『道의 신학』 (서울: 한들출판사, 2002).

80 한숭홍, 『신토불이 신학의 본질과 현상』 (서울: 북코리아, 2014).

81 이정용, 『易의 신학: 동양의 관점에서 본 하나님에 대한 기독교적 개념』 (서울: 대한기독교서회, 2001)

82 이은선, 『한국 여성조직신학 탐구: 聖·性·誠의 여성신학』 (서울: 대한기독교서회, 2004).

기 위해 다음과 같은 질문을 제기할 수 있다.

블라이허J. Blicher는 해석학은 세 가지 차원을 가진다고 하였다.[83] 첫째는 원리로서의 해석학이다. 전제 없는 해석이 없듯이 모든 해석에는 일정한 원리나 신학이 전제되어 있다. 둘째로 방법으로서의 해석학이다. 일관된 방법론이 없는 해석은 해석학으로서의 타당성을 지니지 못한다. 셋째로 비판으로서의 해석학이다. 새로운 해석학은 항상 기존의 해석의 원리와 방법을 일정한 정도로 비판하는 특징을 지닌다.

이러한 세 가지 해석적인 차원을 모두 갖춘 대표적인 신학자는 불트만이라고 할 수 있다. 불트만 신학이 제시한 '실존론적 해석'은 해석의 원리에 해당하고, 전승의 양식을 분석하여 그 삶의 자리를 찾는 '양식비평론'은 해석의 방법이며, 신약성서의 '비신화화론'은 성서의 원시 주술적 세계관을 비판하고 이를 현대과학적 세계관으로 해석하려는 비판으로서의 해석학이다.

이제까지 전개되어 온 한국신학의 여러 유형을 블라이허가 제시한 해석학의 세 요소에 비추어 볼 때, 해석의 원리, 방법, 비판을 모두 갖춘 경우가 많지 않다. 윤성범의 성의 신학이나 서남동의 민중신학이나 유동식의 풍류신학은 나름대로 해석학적 원리와 해석학적 방법이 적용되어 있다. 특히 서남동의 한의 신학과 김광식의 언행일치의 신학은 서양 신학에 대한 '비판으로서의 해석학적인 시도'임이 분명하다. 서남동은 선한 사마리아인의 비유를 통해 강도 만난 자를 메시아로 해석함으로써 서양 전통신학이 사마리아인을 메시아로 해석

---

83 J. Blicher/ 권순홍 역, 『현대해석학: 방법 · 철학 · 비판으로서의 해석학』 (서울: 한마당, 1993).

한 것을 비판한 것이다. 그리고 한의 신학에서는 가해와 죄와 피해의 한을 구분하고 한의 속량적 성격을 제시함으로써 서양 신학의 속죄론의 한계를 비판하였다.

이런 면에서 김광식의 언행일치의 신학 역시 서양 신학의 소외동기에 근거한 언물일치를 비판하려는 해석학적 시도로서 아주 돋보이는 사례이다. 그는 "토착화 재론"(1984)에서 동서 문화의 차이에 따르는 해석학적인 문제를 구체적으로 개념화했다.[84] 슐라이어마허와 불트만 그리고 키에르케고르와 바르트로 대변되는 서양 신학의 해석학은 과거 본문의 저자와 현재 해석자 사이에 있는 '시간적 차이와 간격'을 성서 본문 이해를 가로막는 장애로 보았음을 지적하였다.[85]

김광식은 서양의 옛 해석학이나 새로운 해석학이 모두 간과한 해석학적 간격에 착안하였다. "서양 신학의 이러한 해석학적 시도에서는 아직 문화와 종교, 인종과 역사 차이에서 오는 공간적 차이와 간격이 주목되지 못하였다"[86]는 것이다. 다시 말하면, 서양사람은 복음을 서양식으로 받아들이고, 동양사람은 동일한 복음을 동양식으로 받아들인다는 사실에 착안해야 한다는 것이다. 서양문화의 아프리오리a Priorie로서 서양의 종교성이 있고, 동양문화의 아프리오리로서 동양의 종교성이 서로 다르기 때문에, 해석자의 종교성이라는 공간

---

84 허호익, "김광식의 해석학적 토착화론과 언행일치의 신학", 김광식교수회갑기념논문집 간행위원회 편, 『해석학과 토착화』 (서울: 한들, 1999).

85 김광식, "토착화 재론", 416. 전자는 본문 저자와 해석자 사이의 인간적 공통성(감정이입을 통해서이든지 혹은 실존의 자기 이해를 위한 결단을 통해서든지)이 성서 해석의 전제 조건이 된다고 주장함으로써 그 시간적 간격에 가교를 놓았고, 후자는 그리스도의 영(靈)의 음성을 본문으로부터 듣고자 함으로써 그 시간적 차이와 간격을 대화적 동시성으로 바꿀 수 있었다고 한다.

86 같은 글, 416.

적인 차이에 따라 복음이 다르게 들리므로, '문화적 공간의 차이와 간격'에 따른 토착화신학이 불가피하다고 하였다.[87]

김광식은 문화적 공간의 차이와 간격을 한국 기독교인의 실존적인 문제로 규정하였다. 우리는 기독교인이기 이전에는 한국인이었고, 기독교인이 된 이후에도 한국인으로 살아가기 때문이다. 따라서 "한국인이며 동시에 기독교인"이라는 존재론적 역설을 "죄인이며 동시에 의인"이라는 루터의 칭의론적 역설에 상응하는 토착화신학의 해석학적 원리라고 보았다. 여기에서 오트(H. Ott)의 대화의 신학에서 제시한 상호조명의 방법을 적용하여 기독교인이며 동시에 한국인이라는 대화적 실존을 축점으로 하여 토착화신학의 칭의론적 모델를 제시하였다.

그렇다면 한국인을 한국인답게 하는 것은 무엇인가? 김광식이 해석학에서의 공간적 차이에 착안한 것과 칭의론적 역설을 해석학적 원리로 채용한 것은 높이 평가할 만하다. 그러나 김광식은 한국인을 동양인에 포함시켰다. 동양문화 속에서도 한국문화가 지니는 차별적 독자성을 간과하였던 것이다.

> 한국문화를 동북아 문화 전체로부터 따로 떼어 별개의 것으로 다루는 점에서 설득력이 약하다. 한국 종교의 아프리오리는 한국, 중국, 일본 등 동북아의 종교사 내지 문화사의 관계에서만 바르게 이해될 수 있다.[88]

---

87 김광식, "토착화의 모델로서 교파유형", 『현대와 신학』 22 (1997), 108-121. 이 글에서 그는 로마 가톨릭 교회, 그리스 정교회, 알프스 이북의 개신교회 그리고 동아시아의 장자교회인 한국교회를 4대 토착화 모델이라고 하였다.

88 김광식, 『조직신학』 IV (서울: 대한기독교서회, 1997), 119.

김광식은 보다 포괄적인 의미에서 서양문화와 동양문화의 아프리오리 사이의 근본적인 차이점이 무엇인지 질문하고, 동서문화의 차이를 밝히려고 하였다.[89] 그는 서양문화의 아프리오리는 言物一致언물일치와 소외동기에 기초한 원연합-분리-재연합으로 나아가는 분석종합의 구조이고, 동양문화의 아프리오리는 言行一致언행일치와 소외동기가 없는 불완전에서 완전으로 나아가는 조화 전개의 과정이라고 하였다.[90]

그렇다면 동서의 문화적 차이만 구분되고, 동양문화 속에서의 한국문화의 아프리오리와 그 독자성을 인정할 수 없는가? 천지인신학을 모색하기 위한 해석학적 전제로서 다음과 같은 방법론적 질문을 제기한다.[91]

1. 한국신학은 과연 한국적인가? 한국적이란 것은 무엇인가?

예를 들면 성誠이나 도道나 효나 언행일치는 한국적 고유성proprium Coreanum이라기보다는 동양적인 보편성에 속한다. 동양 삼국의 문화

---

89 김광식, 『선교와 토착화-언행일치의 신학』, 112-113.

90 김광식, "分析綜合과 調和展開 사이에 선 神學의 課題", 「조직신학논총」 1 (1995), 119-146. 김광식은 복음이 서양문화 속에 뿌리내리는 과정에서 서양문화의 소외동기(estrange motif)에 근거한 원연합-분리-재결합의 논리구조를 통해 죄-구원론적 서양 신학을 발전시킨 것으로 보았다. 서양 신학이 특별히 이러한 죄론을 기초로 하였기 때문에 기독론에 있어서도 그리스도를 죄를 용서해 주시는 분으로만 첨예화시켰다. 이에 관한 자세한 논의는 아래의 글 참고. 허호익, "김광식의 해석학적 토착화론과 언행일치의 신학", 김광식교수회갑기념논문집 간행위원회 편, 『해석학과 토착화』 (서울: 한들, 1999), 496-498.

91 "천지인신학의 성서적 신학적 근거 모색: 한국신학은 한국적이고 신학적인가"(「문화와신학」 12 [2008])를 보완 재정리한 것임.

를 비교해서 한국적인 고유성과 보편성을 다시금 질문하여야 한다. 최근 여러 학자들은 동서의 문화를 구분하고 동양 삼국의 문화를 다시 세분화하여 중국 및 일본과 전적으로 다른 '한국문화의 구성원리'가 천지인 조화의 삼재사상이라고 보았다.

한국인들은 예부터 한 인간이 태어나기 위해서는 하늘이 점지點指해 주어야 잉태가 되고, 땅이 갓난아이를 받아주어야 순산하여 출생出生하고, 일곱 칠과 백일과 돌이 지나 성인이 될 때까지 사람들이 잘 키우고 잘 가르쳐養育야 인간다운 인간이 될 수 있다고 믿었다. 이처럼 인간이 인간이 되기 위해서는 천지인의 조화로운 보살핌이 있어야 한다는 독특한 인간관을 전승하여 왔다.

또한 우리나라는 사철이 변화무상하고 땅이 척박한 풍토에서 벼농사 중심으로 생존해야 했다. 홍수와 가뭄이 생산성을 좌우하기 때문에 하늘이 날씨로 도와야 하며, 비좁고 척박한 농지마저 홍수나 산사태로 휩쓸려가지 않도록 땅이 도와야 하며, 모심기와 벼베기의 노동집약적인 특성으로 인해 이웃의 도움이 있어야만 벼농사가 가능하였다. 따라서 하늘이 돕고, 땅이 돕고, 이웃이 도와주어야만 농사를 지어 생계를 이어 갈 수 있었다.

이러한 주어진 환경을 반영하는 직관적인 인간관과 세계관이 삼족오와 삼태극 문양으로 전승되고 단군신화로 기록되었다. 단군신화가 말하려고 한 것은 단군은 환웅天子神과 웅녀地母神 사이에서 태어난 인신人神으로서 天地人천지인 三才삼재의 조화를 이룬 이상적인 통치자이며 '이상적인 인간'(仙人)이라는 것이다. 이러한 천지인 조화론은 가장 시원적인 한국사상이면서 동시에 지난 5000년 동안 다양한 문화 형태로 전승 발전되어 왔다.[92]

중국이나 일본과 달리 우리나라는 삼족오, 단군신화와 삼신제사와 삼신신앙, 한글 창제 원리[93]를 통해 천지인 조화의 삼재론이 통시적diachronic이고 공시적synchronic으로 나타난다. 무엇보다도 삼재론을 표상하는 삼태극 문양은 사찰, 서원, 향교에 이어 조선왕조의 공식문양으로 등장하면서 궁전의 계단석, 숭례문 등의 대창大窓, 종묘의 문설주, 왕릉의 홍살문, 황실의 각종 악기 등에 사용되었다. 아울러 천지인의 조화를 상징하는 삼태극 문양은 전통적인 민속 품과 각종 생활물품과 현대의 공예품과 도안에 이르기까지 다방면에서 전방위적으로 사용되었다.[94]

근대 민족 종교는 단군신앙을 되살려 천도교에서는 최시형이 '천지인 삼경론三敬論'을 통해 천지인 조화의 실천적인 삶의 자세를 가르쳤고, 단군교에서는 『천부경』 및 『참천계경』을 통해 천지인 조화의 철학적 종교적 원리를 제시하였다.

대한민국 임시정부는 조선왕조의 봉건주의, 일본의 제국주의 그리고 이념적 좌우대립을 극복하기 위해 정치적 균권, 경제적 균부, 교육적 균학의 삼균제도를 국가의 이상으로 삼았다.[95] 하늘을 잘 섬기기 위해서는 모든 사람이 균등한 교육을 받을 수 있도록 교육을

---

92 허호익, 『한국문화와 천지인 조화론』 (서울: 동연, 2020) 제4장 "단군신화의 천지인 조화론의 문화전승사적 이해"에서 자세히 다루었다.

93 허호익, "훈민정음의 천지인 조화의 원리와 천지인신학 가능성 모색", 「신학과 문화」 13 (2004), 226-252.

94 저자의 홈페이지 '한국신학 마당'(www.theologia.kr)의 '천지인신학'과 '삼태극'의 게시판 문양 600여 개 참조할 것.

95 이에 대한 자세한 내용은 이 책 부록 "통일 이후의 통일신학의 과제 - 대한민국임시정부의 좌우합작의 삼균제도와 초기 이스라엘 계약공동체의 대안국가의 이상"을 참고할 것.

제도화하여야 하며, 물질을 소수가 독점하거나 착취하지 않도록 하기 위해서는 부를 가능한 균등하게 분배하는 경제제도를 세워야 하며, 사람을 지배의 대상이 아니라 섬김의 대상으로 삼게 하기 위해서 모든 사람의 권리를 가능한 균등하게 하는 정치제도를 마련해야 한다는 것이었다. 이러한 삼균제도는 현재의 헌법 전문에도 반영되어 "자율과 조화를 바탕으로 자유민주적 기본질서를 더욱 확고히 하여 정치·경제·사회·문화의 모든 영역에 있어서 각인의 기회를 균등히 하고"라고 명시되어 있다.

조소앙의 삼균주의가 쑨원(孫文)의 민족·민주·민생의 삼민주의의 영향을 받은 것으로 보는 이들도 있지만,[96] 정영훈은 조소앙의 삼균주의가 민족 고유의 홍익인간사상·균평흥방론·삼일사상에 기초해 있다고 분석하였다.[97] 조소앙은 고조선의 건국정신 역시 평등을 기조로 하였다고 보았다. 특히 두 가지의 근거를 든다. 단군신화에 나오는 홍익인간론과 「신지비사」에 나오는 균평흥방론均平興邦論이 그것이다.[98] 그는 '홍'은 '널리' 또는 '균등'이라는 뜻이며, 홍익인간을 인간세상(국가)을 균등하게 운영하라는 의미로 이해하였다. 홍익인간은 '우리 민족이 지킬 바 최고 공리'로서 세상을 균등하게 다스리라는 명제로 받아들인 것이다. 이같이 이해된 홍익인간은 삼균주의의 '역사적 근거'의 하나가 된다.[99]

---

96 중화민국(1912) 헌법 제1조는 "중화민국은 삼민주의에 기초한 민유(民有), 민치(民治), 민향(民享)의 민주공화국이다"로 되어 있다.

97 정영훈, "민족고유사상에서 도출된 통일민족주의 —삼균주의와 신민족주의를 중심으로—", 145-155.

98 같은 글, 147.

99 같은 글, 145.

해월 최시형이 우리 문화의 구성원리인 천지인 삼재론을 되살려 경천, 경물, 경인의 개인적 영성적 종교적 삶의 지표로 제시했다면, 대한민국 임시정부의 삼균제도는 천지인 삼재론를 정치·경제·교육 제도로 시행하려고 했다는 점에서 높이 평가하여야 할 것이다.

무엇보다도 한국의 태극 문양은 중국 성리학자 주염계의 『태극도설』에 그려진 '대립대칭'이 아니라, '회전대칭'이며, 이태극보다 삼태극이 더 광범위하게 사용되었다. 한국의 삼태극은 중국 원단의 '삼원의 중첩'이나, 불교 사원의 '삼원의 집합'이나, 유대교 카발라의 '삼원의 나열'[100]과 달리 삼원의 '파상적波狀的 결합'으로 이루어져 있는 삼태극은 천지인 삼재의 '비이원성과 비시원성'이라는 '우주의 궁극적 원리太極'[101]가 함축되어 있을 뿐 아니라, 통전적 조화성holistic harmony, 순환적 역동성dynamic circulation, 자연친화성natural affinity이라는 한국문화의 고유한 특징이 모두 함축되어 있는 상징이다.

천지인 삼재는 주역에 처음 등장하지만 중국이나 일본과 달리 한국의 삼족오와 단군신화와 삼신신앙과 한글[102]과 무수한 삼태극 문양과 그리고 『천부경』 및 『참천계경』을 통해 다양하게 전승되어 왔다. 이러한 삼수분화의 세계관은 조자용[103]과 우실하[104]와 이은봉[105], 김

---

100 J. Moltmann, 『삼위일체와 하나님의 역사』 (서울: 대한기독교서회, 1990), 213-124.

101 허호익, 『단군신화와 기독교』 (서울: 대한기독교서회, 2003), 19-33. 서양문화의 뿌리인 플라톤의 '동굴의 비유'와 동양문화의 뿌리인 주역의 '음양의 비유'에 대한 비교분석 내용을 참고할 것.

102 허호익, "훈민정음의 천지인 조화의 원리와 천지인신학 가능성 모색", 「신학과 문화」 13 (2004), 226-252.

103 조자용, 『삼신민고』 (서울: 가나아트, 1995).

104 우실하, 『전통문화의 구성원리』 (서울: 소나무, 1999); 우실하, "최초의 태극관념은 음양태극이 아니라 삼태극/삼원태극이다", 「동양사회사상」 8 (2004), 5-37.

지하,[106] 안창범[107] 등에 의해 한국문화의 구성원리로 주장된다. 이에 관한 자세한 내용은 저자의 『한국문화와 천지인 조화론』에서 다루었다.[108]

'성 또는 효'나 '풍류'나 '민중 또는 한'이나 '상생 또는 도'나 '언행일치'보다 훨씬 한국적 고유성을 지니고 있으며 현대적이고 전향적인 의미를 함축하고 있는 것이 천지인 조화론이다. 따라서 천지인 삼태극론을 '한국적인 너무나 한국적인' 한국신학의 새로운 해석학적 원리로 제시하려는 것이다.[109]

2. 한국신학은 성서적인가?

한국신학은 한국적이기 이전에 성서적이어야 한다. 신학은 성서의 학문이기 때문이다. 단지 한국신학의 주제를 설정하기 위해 성서와 상응하는 몇몇 구절을 증빙구proof text로 제시하는 수준을 넘어서 성서의 핵심적인 주제들을 해석할 수 있는 해석학적 원리와 방법과 비판을 갖추어야 한다. 민중신학은 성서적 기초를 단단히 확보하기 위한 여러 시도가 있었지만 서남동의 경우 성서의 신학의 텍스트로 보지 않고 한국교회사나 한국민중사와 동등한 신학의 전거로 보았다. 그리고 도道

---

105 이은봉, 『한국고대종교사상 -천신, 지신, 인신의 구조』 (서울: 집문당, 2002).

106 김지하, 『생명학』 1-2 (서울: 도서출판 화남, 2003).

107 안창범, 『천지인 사상에서 한국본원사상이 나왔다 : 잃어버린 한국본원사상 최초 공개』 (서울: 삼진출판사, 2011).

108 허호익, 『한국문화와 천지인 조화론』 (서울: 동연, 2020).

109 허호익, "최치원의 「난랑비서」의 해석의 여러 쟁점: 풍류의 현묘지도(玄妙之道)와 천지인 묘합의 삼재지도(三才之道)", 「한국조직신학논총」 31 (2011), 255-284.

의 신학, 상생신학, 풍류신학 등도 성서적 기초가 부족하다.

브루지만은 "성서는 하나님의 백성과 하나님의 땅 사이의 관계에 대한 이야기"라고 하였다.[110] 스텍 역시 "성경은 하나님과 인간을 땅으로부터 분리한 채 언급하지 않으며, 또한 땅을 하나님과 인간으로부터 분리한 채 언급하지 않는다"[111]고 했으며, 따라서 "하나님, 인간, 땅의 셋은 성경의 위대한 삼중적 조화를 이룬다"[112]고 주장하였다.

따라서 창조와 타락, 시내산 계약과 십계명, 주기도문과 복음, 하나님 나라 등 성서의 중요한 주제들을 천지인신학의 원리로 재해석하할 필요가 있다.[113] 천지인신학의 성서신학적 근거를 모색하기 위해 창조 설화를 삼재론적 관점에서 당시의 평균적인 신관, 자연관, 인간관과 비교하여 그 전향적인 의미를 밝힐 필요가 있다. 원죄론도 천지인의 삼중적 관계의 소외와 단절로 해석하고, 하나님의 형상도 천지인 삼중적 관계론으로 해석하려고 한다.

그리고 히브리서의 전승에 의하면 성막에서 가장 중요한 것은 지성소에 계약공동체의 가장 중요한 종교적 상징물 셋을 넣어두었는데, 십계명 두 돌판을 담은 언약궤(출 25:16)와 만나 항아리(출 16:33)와 아론의 싹난 지팡이(민 17:4), 이 세 가지 상징은 이제까지 서양 신학자들이 별로 주목하지 않았지만, 십계명 두 돌판은 하나님과의 바른 관계를 상징하고, 만나 항아리는 물질과의 바른 관계를 상징하고, 아론의 지팡이는 인간과의 바른 관계를 상징하는 것이며, 그러

---

110 W. Brueggemann, 『성서로 본 땅』 (서울: 나눔사, 1992), 24.
111 John H. Steck, 『구약신학』 (서울: 솔로몬, 2000), 170.
112 같은 책, 169.
113 허호익, 『예수 그리스도』 I-2 (서울: 동연, 2010). 하나님의 나라와 관련한 6-9장 참조할 것.

므로 성막에 보관된 이 세 가지 상징이야말로 십계명에 함축된 천지의 삼중적 삼중관계의 조화의 구체적인 상징이라는 사실을 주목해야 한다.[114]

하나님, 자연, 인간 이 셋 중 하나님을 어떻게 신앙하느냐에 따라 나머지 둘인 인간과 자연(또는 물질)에 대한 이해가 달라진다. 그리고 신을 제사의 대상으로 보느냐, 순종의 대상으로 믿느냐에 따라서 종교제도가 달라진다. 물질을 공유의 대상으로 보느냐 독점의 대상으로 보느냐에 따라 경제제도가 달라진다. 그리고 인간을 지배의 대상으로 보느냐 섬김의 대상으로 보느냐에 따라 정치제도가 달라진다. 따라서 성서적 신관에 비추어 자연관과 인간관을 살피고 이어서 초기 이스라엘 계약공동체의 종교제도, 경제제도, 정치제도를 분석함으로써 천지인신학의 성서적 기초를 확립할 수 있다.

주역에서 비롯한 천지인 삼재론은 최시형의 삼경론의 경우처럼 종교적인 조화의 원리로만 제시되었다는 약점이 없지 않다. 그러나 역사적 전승으로 이어온 성서의 가르침에서 우리가 새롭게 발견해야 할 것은 성서의 신관, 자연관, 인간관이 당시의 고대 근동의 다른 종교의 평균적인 신관, 자연관, 인간관과는 전적 다른 전향적 의미를 지니고 있는 것이 사실이다. 그리고 이러한 전향적 신관, 자연관, 인간관이 각각 전향적인 종교제도, 정치제도, 경제제도로 역사적 전개과정을 거쳐 왔다는 사실을 새롭게 규명해야 한다.

이에 대한 좀 더 자세한 내용은 제3장 "천지인신학의 성서적 기초"에서 다룬다. 이러한 관점에서 '천지인신학의 성서적 조직신학'으

---

114 허호익, 『단군신화와 기독교 - 단군신화의 문화사적 해석과 천지인신학 서설』, 264-274.

로 모색한 구체적인 내용들은 저자의 『야웨 하나님』(동연, 2014)과 『예수 그리스도』 1, 2(동연, 2010)에서 상세히 논증한 바 있다.

3. 한국신학은 신학적인가?

김광식은 동양과 서양의 종교성의 차이에도 불구하고 복음의 동일성을 유지시켜 주는 것은 복음이 드러내는 구원론과 기독론이라고 하였다. 진정한 한국신학은 구원론과 기독론을 다루더라도 그리스도의 인격성과 초월성, 보편성과 내재성을 모두 포함하는 것이어야 한다고 하였다.[115] 그리고 이제까지의 토착화신학과 민중신학에서는 그리스도의 보편성 내지는 내재성이 강조되었으나, 그리스도의 인격성과 초월성은 도외시되고 있다고 비판하였다.

기독교신학의 자기 동일성을 위해서는 구원론과 기독론뿐 아니라 그 외에도 성서와 기독교신학의 전통적인 주제들이 천지인의 해석학적 원리로 다루어져야 한다. 하나님 형상의 삼중적 관계론적 해석이나, 하나님과 자연과 인간에게 작용하는 구약성서의 영ruah이해 그리고 수직적, 수평적, 순환적 영성을 통전하는 영성신학을 통해 천지인신학의 신학적 근거를 제시할 필요성이 있다.

김인서는 1939년 세계적인 토착화신학 논의를 접하고 서양에서 배운 신학이 서양적 토색土色을 띠고 있어 한국의 정조情操와 맞지 않는 것이 적지 않다고 하여서 함부로 '조선적 신학'를 제조하는 것을 조심해야 한다고 하였다. "서양인의 토색적 종교가 2천년의 역사와

115 김광식, 『조직신학 』 II (서울: 대한기독교서회, 1990), 342.

기억만인幾億萬人의 정신력의 결정임을 알아야 한다. 근래에 함부로 제조하는 동양적 기독교나 조선적 신학 등등의 시대적 부산물은 위종교僞宗教를 면치 못하거나 부자연한 토색으로 도리어 기독교 본색을 흐려 버리는 위험이 있다"는 김인서의 경고는 한국신학을 모색하는 모두가 귀담아 들어야 할 지침이라고 여겨진다.[116]

4. 한국신학은 목회적인가?

칼 바르트는 신학은 교회를 섬기는 학문이라고 하였다. 따라서 신학은 궁극적으로 목회적이어야 한다. 한국교회를 지배하는 목회신학은 교파를 초월하여 삼박자 축복론이 대세를 이루고 있다. 이에 반해 민중교회론의 경우 대안적 목회의 성격을 모색하여 왔다는 점에서 높이 평가된다. 천지인신학은 이미 직관적으로 목회 지침으로 수용되고 있다. 일부 부흥사들은 신통, 물통, 인통이라는 삼통을 하나님의 은총으로 주어지는 형통함이라고 선포하기도 하였다. 최홍종 목사(1880-1966)의 삼애 사상 즉 하나님 사랑愛神, 나라사랑愛土, 이웃 사랑愛隣도 삼재사상이 반영되어 있다.[117] 저자의 모교회인 포항제일교회(김광웅 목사)의 표어가 "하나님과 함께, 이웃과 함께, 자연과 함께"이며, 협동목사로 섬긴 적인 있는 새벽교회(이승영 목사)의 표어는 "하나님께 영광, 이웃과 평화, 자연에게 긍휼"이다. 생명목회를 지향하

---

116 김인서, "마드래스 회의의 정통적 결안(決案)을 환영함", 「신앙생활」 1939년 12월호, 『김인서저작전집』 2, 329.

117 차종순, "최홍종 목사의 버림의 삶을 통한 사회적 실천신앙", 「농촌과 목회」 2013년 봄호, 18-31.

는 덕수교회(손인웅 목사)의 목회철학 역시 삼애(三愛) 목회를 "하나님 사랑, 이웃사랑, 자연사랑"이라고 하였다.

이영훈 목사(여의도순복음교회)도 "하나님이 사람을 이처럼 사랑하사라고 말씀하지 않으시고 세상을 사랑한다고 하신 것은 하나님의 구원 역사가 사람에만 국한되지 않고 온 우주만물에 미친다는 의미"라며 "우리는 지금까지 인간의 개인구원, 혹은 사회구원에 많은 관심을 가졌지만 생태계와 자연구원에 대해선 깊이 관심 갖지 못했다"고 말했다. 그는 "과거 생태계의 구원에 대해 이야기하는 사람들은 항상 소수였다. 그러나 지금은 시대가 바뀌어 모든 교회의 지도자들이 하나님의 구원 사역을 생태계까지 확장해야 한다고 말한다"며 이는 시대적 요청이자 우리에게 주어진 사명이며, "성령은 사람만이 아니라 자연에도 동일하게 역사하신다"고 하였다.[118] 생태계의 파괴로 말미암아 지구가 병들고 있고 인간에게도 그 피해가 돌아오고 있으므로, "하나님께서 맡기시고 관리하라고 주신 자연을 사랑하고 잘 돌볼 책임이 있다"고 덧붙였다. 이처럼 한국교회를 이끄는 목회자들도 개인구원 및 사회구원과 더불어 생태구원을 포함하는 전인적인 구원의 필요성을 역설하였다.

따라서 한국교회 내에서 이미 적용되고 있는 천지인 조화의 목회 신학의 내용을 좀 더 구체화할 필요가 있다고 생각된다.

---

118 "하나님은 사람만이 아닌 모든 생태계 구원하신다", 「크리스천투데이」 2010. 06.22.

5. 한국신학은 통전적인가?

김경재가 지적한 것처럼 1970년대 이후에 시도된 토착화신학과 민중신학은 한국신학을 양극화시키는 경향이 없지 않았다. 민중신학은 '정치적 토착화'에 집중하였고, 풍류신학 등은 '문화적 토착화'로 편향되었다는 비판이다.[119] 김광식 역시 "토착화신학은 사회경제적인 측면에 대하여 거의 침묵하고 있고 민중신학은 문화적 종교적인 전통마저 사회경제사적인 측면으로 해석하고자 한다"[120]고 지적하였다.

1960년대부터의 토착화신학은 기독교 신앙이 한국문화 속에 선교되는 과정에 드러난 문화적인 충격에 초점을 둔다고 하면서도, 실제로는 기층문화 속에 이미 뿌리를 깊이 박고 있는 종말론적 내세신앙이나 무속적 기복신앙이 기독교의 본래적인 신앙내용을 크게 왜곡하거나 극단화하고 있는 선교의 심각한 현실에는 큰 관심을 보이지 않았다. 1960년대의 토착화신학은 선교적 관심에서 한국의 고유한 종교사상이 서양 신학과 만남에서 야기되는 '문화적 충격'의 문제를 진지하게 다루었으나, 한국의 정치 현실에서 제기되는 '정치적 갈등'의 문제는 상대적으로 소홀히 취급하였다.[121]

1970년대에 접어들면서 암울한 정치적인 상황이 빚어낸 사회적인 여러 고난의 현장에서 예수께서 가르치신 세상에서의 빛과 소금의 사명을 감당하기 위해 앞장섰던 기독교인들에 의해 '예수는 고난

---

119 김경재, "복음의 문화적 정치적 토착화", 「기독교사상」 1979년 9월호, 58-67.
120 김광식, 『土着化와 解釋學』 (서울: 대한기독교출판사, 1987), 34.
121 김경재, "복음의 문화적 토착화와 정치적 토착화", 58-67.

받는 이 땅의 민중들과 함께 고난당하는 민중이다'는 고백이 민중신학의 형태로 제시되었다. 민중신학은 민중의 고난과 한恨을 진지하게 취급함으로써 기독교인의 사회 변혁의 정치적 책임을 강조했다는 점에서 시의적절하였다. 대부분의 보수적인 기독교인들은 정교분리를 주장하면서 교회의 정치적 비판 정치참여라는 이름으로 매도하였다. 반면에 1970년대 이후의 민중신학은 한국 민중의 고난과 한의 정치적인 차원을 강조하였으나, 반면에 그리스도교의 유일성을 해치고, 기독교의 자기동일성을 약화시킨다는 비판을 받기도 하였다.[122]

1980년대를 전후하여 지구 생태계의 위기가 결국은 일부 동식물의 멸종뿐 아니라 인류의 생존과 직결된 문제로 부각되기 시작한 것이다. 신학자들도 생태계의 위기를 신학적인 관점에서 조명하기 시작했다. 1983년부터 세계교회협의회WCC에서는 현대에 와서 새롭게 부각된 생태계의 파괴와 멸종의 문제를 신학적으로 수용하여 '창조의 보전'을 주요한 신학적 주제로 삼아 논의하였다. 그리하여 '정의·평화·창조의 보전Justice, Peace and Integrity of Creation'이라는 주제로 1989년과 1990에 걸쳐 2차 신학자대회를 개최하였다. 1989년 서울에서 '정의·평화·창조의 보전JPIC'이라는 주제로 세계개혁교회연맹WARC의 제22차 총회가 열렸다.[123]이어서 서울에서 개최된 세계교회협의회가 주

---

122 김광식, 『土着化와 解釋學』, 109. 김광식은 토착화신학과 민중신학의 해석학적 국면을 검토한 후 그 결론에서 이 양자는 "신학적 해석학의 입장에서 볼 때, 너무 인간학적으로만 치우쳐 있어서 신학 자체의 동일성을 위험스럽게 만든다"고 비판하였다.

123 세계개혁교회연맹 편, 『정의 · 평화 · 창조질서의 보전』 (서울: 대한기독교서회, 1989), 213.

관하는 '1990년 정의·평화·창조의 보전JPIC 세계대회'[124]에서도 종 다양성의 문제와 멸종의 문제를 신학적인 관점에서 검토하고 정의와 평화의 실현과 함께 하나님께서 창조한 세계를 온전히 보전하는 것이 시급한 신학적 과제임을 선언하였다. 그도 그럴 것이 생태계의 파괴와 오염으로 생태계의 위기로 인해 하나님이 창조한 인간을 포함한 무수한 생명들이 생존의 위기와 함께 멸종의 위협에 놓이게 되었기 때문이다. "피조물이 다 이제까지 함께 탄식하며 함께 고통하는 것"(롬 8:22)이 눈앞에 다가온 현실을 직시하게 된 것이다.

현대에 와서야 비로소 개인적으로 예수를 영접하는 신앙의 결단을 통해 복음화를 이루는 '개인구원'이나, 삶의 질을 향상하기 위해 사회의 구조악을 혁파하고 인간화를 지향하는 '사회구원'보다도, 생태계 위기를 극복하고 창조의 보존을 지향하는 '생태구원'의 필요성이 더 강조되기 시작하였다.[125]

그런 의미에서 천지인신학은 하나님과의 수직적 바른 관계를 지향하는 '개인구원', 이웃과 수평적 바른 관계를 지향하는 민중신학적 측면의 '사회구원', 자연과의 바른 관계를 지향하는 '생태구원'을 아우를 수 있는 통전적 신학이라 할 수 있다. 이에 대한 자세한 내용은 이 책 제8장 "구원론의 유형과 천지인신학의 구원론"에서 자세히 다룬다.

---

124 한국기독교사회문제연구원 편, 『정의 · 평화 · 창조질서의 보전 세계대회자료집』 (서울: 민중사, 1990).

125 서남동, "생태학적 신학 서설", 「기독교사상」 1970년 11월호, 84.

6. 한국신학은 서응 신학에 대해 대안적인가?

한국신학이 지역적 특수성에서 벗어나 세계적 보편성을 지니려면 서양 신학의 한계에 대한 대안적인 성격과 현대적이고 미래적인 전향적 성격을 갖추어야 한다.

화이트헤드는 "유럽의 철학적 전통을 확실하게 일반적으로 특징짓는다면, 그것은 그 전통이 플라톤에 대한 일련의 각주로 이루어졌다는 것이다"[126]라고 하였다. 그는 플라톤의 이데아론의 영향력에 의해 이룩된 2000여 년의 서구 문화에 대한 "최소한의 변화를 반영하려고 한다면, 유기체철학Philosophy of organism의 구축을 착수해야 할 것이다"고 하였다. 그가 말한 유기체철학은 동양의 사상의 근원인 천지인 조화론과 맞닿아 있다.

서양사상과 동양사상을 비교할 수 있는 두 가지 상징이 있다. 서양사상의 뿌리인 플라톤의 이데아론은 동굴의 비유에 나오는 '빛과 그림자'의 상징이고, 동양의 경우는 태극론에 나오는 "음과 양"의 상징이다.[127]

이데아론의 공간이해(존재론)에 따르면 이 세계는 변화무상한 현상의 세계와 영원불변의 이데아의 세계, 다시 말하면 변화하는 것(물질)과 변화하지 않는 것(영혼)으로 구별되는 세계이다. 이데아의 세계와 현상 세계는 빛 어두움처럼 절대적으로 구분되는 것이기 때문

---

126 A. N. Whitehead, *Process and Reality: An Essay in Cosmology* (Cambridge University Press; Corrected edition, New York: The Free Press, 1978), 39.

127 이에 관한 자세한 내용은 『한국문화와 천지인 조화론』 (서울: 동연, 2020) 제1장 서양의 이데아론과 동양의 태극론을 참고할 것.

에 이데아론은 존재론적으로 이원론적 본체론substantialism인 것이다. 따라서 전통적인 서구의 이원론은 신과 인간, 자연과 인간, 몸과 마음, 정신과 물질을 대립적인 실체로 보았다. 이러한 본체론적 사고의 경향은 서구 기독교신학에도 그대로 반영되어 예수 그리스도가 본질적으로 인간이냐 신이냐는 양성론 논쟁, 성부와 성자와 성령이 동일본질homoousios인지 아니면 유사본질homoiousios인지에 관한 삼위일체론 논쟁, 성찬론에 있어서 화체설transubstantialism과 동재설consubstantialism 같은 신학적 논쟁에도 그대로 적용되어 왔다.

이데아의 세계와 현상세계를 본체론적으로 나눈 플라톤은 전자에서 후자가 기원했다고 보았다. 서양의 본체론적 이원론이라는 존재론에는 비시원론적 위계론이라는 생성론이 함축되어 있다. 이러한 서양의 시원적인 사고는 원연합-분리-재결합의 소외론적 도식과 차별 및 적대를 제도화한 위계적hierachical인 구조를 띠고 있다. 따라서 백인우위의 유색인종에 대한 인종차별racism, 남성우위의 성 차별sexism, 서양문화 중심의 문화적 차별은 모두 서양철학의 위계적인 시원적론의 영향으로 분석된다. 이러한 위계적인 시원론은 서양 신학에도 그대로 나타난다. 아레오바고의 디오니시우스는 시원적인 위계론을 천상의 계급과 교회의 계급에 적용하기도 하였다. 토마스 아퀴나스는 『신학대전』에서 천상의 계급은 그 위계에 따라 스랍Saraphim, 그룹Cherubim, 보좌Thrones, 주관자Dominations, 능력Virtues, 권세Powers, 정사Principalites, 천사장Archangel, 천사Angel로 일곱 단계의 계급적 차별로 구분된다. 교회의 계급은 감독, 사제, 부제, 수사, 평신도, 입문자로 차별화된다.

반면에 동양의 '음양의 상징'을 표상한 태극에 관하여 『주역』에서는 '역유태극易有太極'하였으니 태극은 변화의 원리 그 자체를 뜻한다. 다시 말하면 음과 양은 빛과 어둠처럼 본체론으로 둘로 나뉘는 것이 아니라서 둘이 둘이면서 하나라는 것이다. 따라서 음과 양은 본체론적으로 비이원론적이다. 태극은 움직임(動)과 머뭄(靜)에 따라 음양이 생겨난다. 생성론적으로 동과 정의 관계는 비시원적이다. 빛과 어두움처럼 선후가 선험적으로 규정되어 있는 것이 아니다. 움직이면 양이 되고 머물면 음이 된다. 따라서 음과 양은 생성론적으로 비시원적인 것이다. 그리고 이태극론 보다 삼태극론이 이러한 비시원적이고 비본체론적인 원리를 가장 잘 드러내고 있다. 한국의 경우 중국이나 일본과 달리 음양 이태극보다 천지인 삼태극이 주류를 이룬다. 따라서 삼태극론을 함축하고 있는 천지인 조화론은 서양철학의 대안이 될 수 있다.128

서구에도 알려진 파니카R. Panikkar의 우주신인론적 영성Cosmotheandric Spirituality은 천지인 조화론의 방법론과 유사하다. 따라서 이러한 천지인 조화론은 한국문화의 구성원리일 뿐 아니라 서양 신학의 새로운 대안이 될 수 있으므로 천지인 조화를 해석학적 원리로 삼아 '천지인 신학'Theocosmoandric Theology을 구체적으로 모색할 수 있는 근거가 더욱 공고하다고 본다.

---

128 허호익, "화이트헤드의 유기체적 세계관과 단군신화의 천지인 조화론", 『정행업 명예총장 고희 기념논문집: 한국적 신학 형성 모색』 (서울: 장로교출판사, 2005), 169-201. 제5차 국제화이트헤드학회(2004.5.25)에서 발표한 논문이다.

V. 천지인신학의 과제

천지인신학을 전개하기 위해 천지인신학의 성서적 근거와 신학적 기초를 마련해야 할 필요성을 느끼고 그러한 시도를 전개해 왔다. 이러한 '천지인신학의 모색'을 박순경은 "윤성범과 유동식의 토착화적 신학의 틀보다 더 진전한"[129] 것으로 평가하였다. 이와 함께 천지인신학의 문제점으로 지적한 다섯 가지에 대해 신학적 응답을 하려고 한다.

첫째로 박순경은 "신학은 궁극적으로 일원론 혹은 이원론이라고 규정될 수 없다. 서양사상의 실체론은 궁극적으로 신과 우주사물, 신과 인간의 구별에서 비롯되는데, 이러한 존재론적 구별과 질서는 이원론을 의미하는 것은 아니니, 왜냐하면 신이 우주사물과 인간의 창조자라는 신앙이기 때문이며 동시에 이 구별은 일원론적 순환관계의 자연원리에서 도출될 수 없기 때문이다"고 지적하였다.

물론 서양사상사를 살펴보면 그 중에도 일원적인 사상이 있고, 동양사상의 경우도 이원론적이 사상이 있겠지만, 화이트헤드가 평가한 것처럼 서양사상의 주류는 "플라토니즘의 풋노트footnote"로서 본체론적 이원론에서 크게 벗어나지 않은 것이라고 볼 수 있다. 반면에

129 박순경, "한국신학을 회고하고 미래를 전망하면서", 31-32.

천지인신학은 동양사상이 비본체론적인 천지인 조화론의 풋노트라는 대전제를 수용한다. 그러나 동양의 천지인 조화의 원리와 성경의 하나님에 의한 천지인 창조의 원리의 차이점에 대한 지적은 전적으로 동감한다. 이 문제에 대해서는 세 번째와 네 번째 질문과 관련하여 다시 언급하겠다.

둘째로 박순경은 "신학이든 철학이든 서양사상이 동양사상에서의 조화로운 대물관계보다는 사람의 지배력을 부각시켜 왔기 때문에 자연파괴, 인격파탄, 인류문명의 위기를 초래하는 계기를 가져온 것 같지만, 자연파괴, 인격파탄, 인류문명의 위기의 주범은 이원론이 아니라 사람의 지배욕과 점유욕이라고 규정되어야 한다는 점이다. 다시 말하자면 오늘의 '지구자본주의'가 그 주범이다"라고 비판하였다.

그러나 다른 한편으로 보면 사람의 지배욕과 점유욕은 근본적으로 인간과 인간, 인간과 자연을 차별과 적대와 대립의 관계로 보는 본체론적 이원론과 위계론적 시원론에서 비롯된 것이 아닌가 하는 생각이 들기도 한다.

셋째로 박순경은 "하나님과 우주사물, 하나님과 인간의 존재론적 구별은 단군신화 혹은 삼태극 순환관계에서부터 도출될 수 없으며, 하나님 자신에 의해서, 말하자면 '내가 너희의 하나님이니…'라고 선포될 때에 성립되는 개념이라는(Karl Barth) 점이다"고 지적하였다.

그러나 단군신화를 비롯한 한국사상의 구성원리는 "천지인의 조화와 전개"의 원리이지만, 성서의 가르침은 "하나님에 의한 천지인의 창조와 계약의 관계"이기 때문이다. 그래서 "천지인의 조화와 순환적 전개"와 "천지인의 창조와 계약의 신앙적 관계"의 차이점을 밝히기 위해 창조와 계약의 천지인신학적 의미에 관해서는 이 책 제2장 "천지인신학의 성서적 기초"에서 다루었다.

넷째로 박순경에 의하면 성서의 가르침은 "의로운 하나님에 대한 인간의 불복종과 범죄와 결부되어 있는데, 이러한 인간의 상황에 대한 신적인 심판과 구원이라는 성서적 주제는 삼태극의 순환원리에 의해서 설명될 수 없다"고 비판하였다.

하나님의 심판에 관해서는 후천개벽 사상과의 신학적 지평융합의 과제가 남아 있다. 해월 최시형이 천지인 후천개벽사상, 즉 새 하늘과 새 땅과 새 인간의 개벽을 주장하였으므로 한국의 "순환적 개벽사상"과 성서의 "종말론적 심판사상"과의 차이점도 언젠가는 진지하게 다루어야 할 과제로 인식하고 있다.

이 점을 염두에 두고 "하나님과의 수직적 관계의 죄와 개인구원, 인간과의 수평적의 관계의 죄와 사회구원, 자연과의 순환적인 관계의 죄와 생태구원"을 천지인신학적 관점에서 통전적으로 전개한 "구원론의 유형과 천지인신학의 통전적 구원론'을 이 책 8장에 실었다.

다섯째로 박순경은 "단군신화와 삼태극에 대한 이상과 같은 신학적 해석들은 몰역사적인a-historical 신화와 상징의 차원에 머물러 있다. 단군신화의 의미는 민족사적으로 규명되어야 할 과제로 머물러 있다. 삼태극의 구조, 천·지·인 합일의 '한·멋진·삶', 궁극적인 조화의 순환원리는 하나님 나라의 종말적인 도래에 비추어서 재해석될 수 있는, 말하자면 종말론적인 비전의 한 요소로써 재해석될 수 있을 것 같다"고 언급하였다.

그러나 단군신화의 천지인의 조화는 몰역사적인 신화와 상징의 차원에만 머물러 있는 것인지, 아니면 건국신화의 성격을 띠고 있기 때문에 역사성을 지닌 것인지에 대해서는 역사가들 사이에서도 여전히 치열한 논쟁이 되고 있다. 단군신화가 단지 비역사적인 신화와 상징에 머문 것만은 아니다. 대한민국의 임시정부가 조선왕조의 봉건제도와 일제 식민지의 제국주의를 거부하고 독립운동이 좌우로 대립되어 있는 상황을 극복하기 위해 제시한 정치적 균권·경제적 균부·교육적 균학의 삼균제도三均制度가 한국의 전통적인 천지인 삼재론에 기초하고 있기 때문이다.[130] 단군신화는 건국신화로서의 원역사성原歷史性과 한국문화의 구성원리인 천지인 조화론을 담고 있음에 주목하여야 한다. 이러한 천지인 조화는 한국문화의 시원 사상이며, 기층문화 및 표층 문화를 통해 면면히 전승되어 한국문화의 구성 원리이다. 따라서 성誠이나, 풍류나, 한恨이나, 상생相生을 해석학적 원리로 삼아 한국신학을 전개한 것처럼 천지인 조화론를 해석학적 원리로 삼아 천지인신학을 시도하는 것은 한국신학의 새로운 모색이 될 것이다.

130 허호익, 『통일을 위한 기독교 신학』 개정증보판(서울: 동연, 2020), 395-410.

제2장

한국신학과 천지인신학의 사례

I. 길선주의 말세삼계설과 천지인 조화의 이상 세계*

1. 길선주의 말세삼계설

한국인들에게는 천지인 조화라는 원초적인 사유가 집단무의식 속에 흐르기 때문에 다수의 한국신학자들도 의식적으로나 무의식적으로 천지인의 조화를 신학적 주제나 방법론으로 언급하여 왔다.

영계 길선주(1869-1935)는 1935년 7월부터 다음 해 10월까지 14회에 걸쳐 「신앙생활」에 '말세학'을 연재하였다. 그는 1922년 출판한 소안론의 『묵시록 공부』[1]에 나타나는 세대주의적 전천년설을 한국토착적 개념으로 수용하여 말세에 이 땅에 이루어질 참된 평화의 세계는 '만물평화의 이상국'으로서 '천지인의 조화의 세계'라고 하였다. 천상·지상·지하의 삼계사상, 신천신지와 지구개조의 천지개벽사상, 지구 영존과 영원무궁 '낙원강산'의 선경 사상 그리고 지상 평화세계의 천지인의 조화 사상 등으로 구체화된 한국적 '말세삼계설'의 새로운 체계를 세운 것이다.

김인서는 "마지막 무궁세계편에 지옥계·낙원계·새 예루살렘계의

---

* 이 글은 『길선주 목사의 목회와 신학 사상』 (서울: 대한기독교서회, 2009)의 제6장의 일부를 재정리한 것임.

1 문백란, "길선주의 종말론 연구", 「교회와 역사」 4 (2000), 64-68.

삼계를 설함은 선생의 일가견이었다"[2]고 평가하였다. 다른 것은 그만 두고 재림을 갈망하며 묵시록을 만독萬讀한 학자는 역사상 없기 때문에 "예수 재림론으로 세계적 권위"이며, 1918년 한국 교계에 큰 영향을 끼친 내촌감삼內村鑑三의 「예수재림문제강연집」 조차도 "영계 선생의 말세론 중 예수 재림론에 비하여서는 매우 유치"하다고 하였다.[3] 이러한 평가를 받는 그의 '말세삼계설'에 드러나는 천지인신학의 한국신학적 면모를 살펴보려고 한다.

1) 길선주는 자신의 말세삼계설은 단테의 지옥·연옥·천국 삼계설과 다르다는 점을 강조하였다. 구원과 멸망 외의 중간 세계인 연옥은 없으며, 이 지구에 이루어질 천년왕국의 천년 안식 세계는 육신을 가지고 들어 온 의인들이 살 곳이고(마 25:46), 저 평화로운 새 예루살렘은 일찍이 예수를 독실히 믿고 죽었다가 다시 살아난 신자들과 육신으로 변화한 신자들이 거주할 곳이라고 하였다. 그는 영벌의 지옥계와 이 땅에 이뤄질 무궁세계와 천상의 새 예루살렘을 각각 지옥·지상·천상의 삼계라 하였다.[4] 이는 한국의 재래 민간신앙과 무속신앙에서 전승되어 온 천상계와 지상계와 지하계의 삼계설에 상응하는 것으로 평가된다. 따라서 길선주의 말세론에는 중세 이후 서양교회의 삼계설과 다르게 한국 재래 문화나 종교를 통해 전승된 전통적인 삼계설이 반영되어 있다고 볼 수 있다.

2) 길선주는 성서가 말하는 '새 하늘과 새 땅'(벧후 3:13, 계 21:1)을 신천신지新天新地의 천지개벽天地開闢의 개념으로 수용한다. 그는 현천

---

2 김인서, "영계선생 소전" 속1, 「신앙생활」 1936년 1월호, 27.

3 김인서, "영계선생의 말세학", 「신앙생활」 1935년 7월호, 12.

4 길선주, "말세학" 1, 「신앙생활」 1935년 7월호, 14.

현지現天現地는 소멸하고 새로운 창조가 이루어진다고 주장하는 이들과 달리, 자신은 "처음 하늘과 처음 땅이 변하여 처음 것대로는 없어지고 새 천지로 개벽"[5]한다고 하였다. 말세에는 하늘도 개벽하고 땅도 개벽하여 신천신지의 새 에덴이 된다고 본 것이다. 길선주가 1928년 6월 안동지역 사경회에서 "말세가 가갓웟스니 또는 정감록鄭鑑錄의 예언들을 부합시키어 가지고 강도講道"하였다는 사실을 당시의 「중외일보」가 보도한 바 있다.[6] 그가 10년 가까운 선도 수행을 하는 동안 「정감록」이나 동학을 통해 이러한 천지개벽사상을 익히 접했을 것이다.

이러한 한국 재래 후천개벽의 말세론에 익숙하였던 길선주는 성경을 읽으면서 '새 하늘과 새 땅'을 신천신지의 천지개벽으로 수용하게 된 것은 자연스러운 귀결이었다. 선천후천先天後天이라는 용어를 명시적으로 사용하지는 않았지만, 옛 에덴은 선천시대요, 새 에덴은 후천시대에 상응하는 것으로 보았을 가능성도 배제할 수 없다.

3) 길선주는 말세삼계 중 하나인 지상계에 관해서는 특이하게도 지구개조설과 지구영존설을 주장하였다. 지구가 최후 심판 시 멸망하여 사라져 없어진다고 하는 것은 "성경에 위반이며, 진리에 위반이며, 과학에 위반"[7]이라고 하였다. 요한계시록 21장 5절에도 '만물을 새롭게 하노라'고 선언했으며, 골로새서 1장 20절의 바울의 신학도

---

5 길선주, "말세학" 14, 「신앙생활」 1936년 11월호, 9.

6 "현대의 예언자, 원로목사 길선주", 「중외일보」 1928.6.5.

7 문백란, "길선주의 종말론 연구", 67-68. 1922년에 출판된 「묵시록공부」에서 소안론은 지구 개조(영존)성과 이중 낙원설을 전개하였다고 한다. 길선주의 다른 점은 소안론의 유보적인 표현을 확정적인 표현으로 바꾸고 새로운 설명을 첨가하여 다르게 구성했다는 것이었다.

만물 폐기가 아니라 '만물과의 화해를 통한 만물 통일과 만물 신조新造'라고 하였다. 이 세상에 이뤄질 영원무궁안식세계는 현재 이 세상과는 완전히 다른, 새롭게 개조된 세계라는 의미에서 지구개조설을 주장한 것이었다. 그래서 요한계시록에 나오는 최후의 불 심판은 '놋요강을 불로 녹여 밥그릇을 만드는 비유'로 재해석된다.

> 마치 놋요강을 새로 밥 바라를 주조鑄造하듯 우리나라에서 상용하는 놋요강을 녹이어 밥 바라를 만들 것이면, 이것은 본래의 형태는 없어지고 새로운 다른 물건이 된 것이다. 그러나 그것이 아주 새 물질로 새 체형이 창조된 것은 아니다. 그 본유의 물질을 가지고 필요에 응하여 개조한 것뿐이다. 이처럼 이 지구를 불에 녹이고 태운다는 것은 본유의 물질을 녹여서 새로운 세계를 개조하는 것에 불과한 것이다.[8]

이러한 지구개조설은 지구영존설으로 이어진다. 길선주는 천년왕국이 이루지면 이 지구는 태초의 에덴 안식세계에서 무궁안식세계 즉 극락세계로 변화하여 영원히 존재할 것이라고 보았다. 하나님은 사람을 영원히 죽게 하려고 내신 것이 아니라 부활하게 하려고 내셨고, 만물을 폐멸하기 위해 창조하신 것이 아니라, 하나님 보시에 좋았던 세계를 더욱 더 좋게 하기 위하여 새롭게 하실 것이라고 주장한다. 일부 종말론자들이 예수의 재림으로 이 세상의 역사는 끝나고 지구는 불바다가 되어 완전히 없어져버린다는 지구완전멸절론[9]을

---

8 길선주, 『영계 길선주 유고 선집』 (서울: 대한기독교서회, 1968), 136.

9 최홍석, "현대 교의학에서의 천년왕국과 종말", 「신학지남」 1992년 12월호, 43-44. 지구완전멸절론자들은 마태복음(24:29), 베드로후서(3:12)을 근거 구절로 삼는다.

주장하는 데 반해, 길선주는 하나님이 창조한 이 우주는 결코 없어지거나 사라지는 것이 아니고 영원히 존재하는 것이라 하였다. 이러한 맥락에서 지구가 폐멸하는 것이 아니라 새롭게 개조되어 영존한다고 주장했다.

> 예수 밟으시던 지구는 결코 폐멸廢滅되지 아니하고 예수의 피에 젖은 지구는 새 땅이 되여 영원히 있을 것이오. 에덴의 위치이던 지구는 소멸될 것이 아니라. 불꽃 검으로 수호하든 에덴은 다시 나타나서 이 지구는 무궁 안식세계의 장소가 될 것이다.[10]

길선주는 장차 이 지구가 행복한 장소로 변할 것이므로 나뭇가지 하나라도 꺾어서는 안 되며, 이 세상에 평화를 가져오기 위해서 서로 사랑하고 도와야 한다고 강조하였다. 그의 강력한 소망은 우리 민족이 택한 백성이 되고 삼천리 방방곡곡에 예배당을 세워 이 땅이 거룩한 땅 즉 성지가 되게 하는 것이었다.[11] 그렇게 되면 이 백성과 이 땅이 일제의 지배에서 벗어나 그리스도와 함께 영원히 남게 될 것이라고 믿었다.

이러한 지구영존설은 전통적인 새 하늘과 새 땅의 묵시문학적 종말론의 우주적 대파국이나 역사 자체의 종말로 인한 역사적 단절과 구분된다. 현존 세계가 망하거나 사라지거나 않고 영존한다는 역사적 연속성continuity을 인정하면서도, 동시에 현세를 초월하여 새롭게

길선주는 베드로후서 3장 12절만 인용하여 반박한다.

10 길선주, "말세학 14", 9.

11 길진경, 『영계 길선주』 (서울: 종로서적, 1980), 256.

개조된 새 예루살렘이 도래한다는 불연속성discontinuity을 견지한다. 이러한 역사적 단절과 초월의 변증법적 긴장은 당시에 유행하였던 '선천후천의 연속적 불연속성'의 토착적 역사관의 반영으로 보인다.

4) 말세삼계설의 또 다른 특징은 지상낙원설 또는 이중낙원설이다. 두 낙원 즉 지상의 낙원과 천상의 낙원이 있다는 주장이다. 길선주는 이 지상에 이루어질 무궁안식세계는 요한계시록의 묘사처럼 열두 보석으로 꾸며진 성채와 열두 진주 문과 황금 길과 수정 같은 생명수와 생명나무와 열두 종류의 과일을 아무나 먹을 수 있는 곳이라고 내다보았다. 그리고 이 땅에 이뤄질 무궁안식의 영원한 세계를 '극락 강산極樂江山'이라고 명시하였다.

> 이 나라 대궐 보좌 위에는 영생하시는 하나님과 성자 예수께서 앉아 계신 곳인데 빛나는 무지개가 보좌 사면에 항상 둘러 있고, 그 보좌 좌우편에는 옛날 성현군자들과 모든 성도들이며 천천만만 천사들이 다 머리에 금 면류관을 쓰고 손에 금 거문고를 잡고 구름 같이 시위하여 하나님의 크신 권능과 구주 예수의 지극히 인애하신 공덕을 찬송하며 영영무궁 쾌락성가를 노래하니 참 영생세계요 극락강산極樂江山이로다.[12]

이러한 이중낙원설은 길선주가 선도수행을 통해 꿈꾸던 노이불사老而不死와 무릉도원武陵桃源의 선경仙境과 맞닿아 있다고 분석할 수 있다. 실제로 그는 영생국을 묘사한 시에서 "속절없이 인간이 신선을

---

12 길선주, 『만ᄉᆞ셩취』 한국기독교고전시리즈 1 (서울 : 한국고등신학연구원, 2008), 114-115.

배웠도다空學人間仙"[13]라고 노래하였다. 천상의 안식세계는 믿음 안에서 죽은 자들이 영생불멸의 초월적인 안식세계이고, 지상의 안식세계는 살아 있는 성도들이 최후 심판 이후 노이불사하는 무릉도원과 같은 선경에 해당하는 것으로 보았다. 이처럼 지상에서 이뤄질 낙원을 '극락강산' 그리고 '극락세계'[14]라고 표현한 것은, 그가 요양을 위해 평양 용악사에 머물면서 심취한 불교의 극락정토極樂淨土의 개념이 은연중에 묻어 있는 것으로 볼 수 있다.[15]

5) 영원무궁한 지상계와 천상계는 단절되어 있지 않고, 믿는 신자들이 이 양계兩界를 내왕할 수 있다는 양계내왕설이다. 천년세계인 지상낙원의 주인공들은 혼인도 하며 육신으로 행복을 즐긴다. 길선주는 이 지상낙원은 천상낙원과도 통하여 양계를 자유롭게 내왕할 수 있다고 하였다.

> 변화하고 부활한 성도 즉 신부된 교인들은 영광스러운 새 예루살렘에서 살 뿐 아니라 무궁 에덴 세계를 마음대로 왕래하여 두 세계의 쾌락을 자유롭게 길이길이 누릴 것이다.[16]

6) 지상낙원과 천상낙원 양계에는 성도들뿐 아니라 동서양의 '옛

---

13 같은 책, 51.

14 같은 책, 45.

15 길진경, 『영계 길선주』, 24-26. 1885년 17세 되던 해에 윤학영(尹學榮) 일파의 기습을 받아 큰 상처를 입었는데 이 상처가 도져 평양 용악사에 들어가 휴양하게 되었다. 요양 중심적인 상처가 커져 점차 현실세계에 대해 염세적인 사상을 품게 되었고 이를 계기로 불문(佛門)을 접하였다.

16 길선주, "말세학", 14, 11.

날 성현군자'들도 모두 들어갈 수 있다고 하였다. 길선주가 쓴 『만사성취』(1916)에 의하면 '성취국'에 들어갈 수 있는 사람은 부지런하기 이를 데 없어, 해타의 짐승을 이긴 동서양의 성인들인 '동중서董仲舒, 요·순·우 임금, 이세택, 공자, 주매신朱賣臣, 석가모니, 사도 바울, 예수'[17]도 포함된다고 하였다. 이러한 생각이 그의 말세론에서도 그대로 이어지고 있다.

길선주의 회심에 중요한 역할을 한 게일J. S. Gale 선교사가 번역한 『텬로력뎡』(1895) 중 '텬국에 들어가다' 편에는 조선의 관복과 한복을 입은 남녀노소의 그림이 그려져 있는 것처럼, 길선주가 저술한 『만사성취』의 마지막 삽화에도 한복을 차려입은 사람들이 '소원성'과 '영생국'에 들어가는 모습이 등장한다.[18] 동양종교의 성현들에 대한 열린 자세와 그들조차도 '소원성'과 '영생국'에 들어갈 수 있다는 구원의 보편성을 강조한 것은 놀랄만한 일이다.

길선주의 말세삼계설은 서양 신학의 종말론적 이원론의 쟁점을 극복할 수 있는 하나의 한국신학적 대안으로 평가된다. 장윤재는 "길선주의 말세삼계설이 그 안에 한국신학적 요소와 특징 때문에 서양 묵시주의와 분명히 차별성을 가지고 있다"고 하였다.

> 길선주의의 말세삼계설은 아주 달랐다. 그의 말세 삼계설은 지옥과 천상의 이원론을 유지하면서도 (연옥이 아니라) 지상에 이루어질 영원무궁한 세계를 설정하고 있으며, '옛 성현'들에게도 열려 있는 이 지상의 천국은 하늘의 천국과 자유로운 왕래가 가능한 곳이다. 서구

17 길선주, 『만ᄉᆞ셩취』, 112.

18 같은 책, 5.

의 극단적인 이원론을 나름대로 극복하고 있다. 정말이지 매우 독특하게도 길선주의 말세삼계설은 한국의 무속적 우주관, 천지개벽사상, 지구 개조설과 영존설, 이중낙원설 그리고 천지인 조화의 세계관을 적극 수용함으로써 역사의 불연속성와 연속성을 인정하고 있다.[19]

김인수도 일반적으로 당시의 길선주의 말세학이 한국교회로 하여금 현실을 외면하고 내세지향적인 신앙으로 이끌고 갔다는 지탄이 있지만, 이것은 '그의 말세학을 잘 이해하지 못한 데서 나온 오해'라고 지적한다.

2. 길선주의 천지인 조화의 이상 세계와 천지인신학

말세에 이 땅에 이루어질 참된 평화의 세계는 '만물평화의 이상국'으로서 '천지인의 조화의 세계'라고 하였다. 길선주는 인간 본위의 현 세계에서는 진정한 평화가 없지만, 신-본위의 천년세계에는 평화의 낙원이 될 것이라는 일념으로 말세신앙을 강조하였다. 위로부터 하나님의 개입으로 이 땅에 이루어질 참된 평화의 세계의 표상을 이사야서에서 발견한 것이다. 이사야(11:6-9)가 예언한 '이리가 어린 양으로 더불어 거하고, 표범이 어린 염소로 더불어 누울 것이요, 송아지와 살찐 짐승이 다 함께 있으며, 젖 먹던 어린아이가 독사에 굴에 손을 넣어도 해함과 상함이 없는' 평화의 왕국이 말세에 예수의 마지막 재림과 하나님의 최후심판 이후에 이 땅에 이루어지리라 확

19 장윤재, "길선주의 목사의 '말세삼계설'의 한국신학적 특징'에 대한 논찬", 「제2차 한국조직신학자대회 논찬 자료」(2007.4.28.).

신한 것이다.[20]

길선주는 이사야가 예언한 이 '만물평화의 이상국'은 하나님과 사람, 사람과 사람, 사람과 자연의 삼중적 관계가 회복되어 완성되는 즉, 천지인의 화해가 온전히 이루어지는 세계라고 설명한다.

> 예수로 말미암아 하나님과 사람이 화목하고 사람과 사람이 화목하며 동물계도 화목하여져서 이사야가 예언한 것과 같이 어린아이가 사자와 독사로부터 유희하는 만물 평화의 이상국이 될 수 있다.[21]

21세부터 관성교를 포기하고 선도에 심취한 길선주는 수십 년 동안의 선도수행을 하면서 삼령신군三靈神君께 삼령주문三靈呪文[22]을 외우며 기도하였다.[23] 그는 이 주문을 몇 십만 번을 송독하였으며, 심산유곡을 찾아다니면서 21일, 49일, 100일에 걸쳐 불면불후不眠不休의 기도에 전념하였다. 그는 이 삼령신군三靈神君은 천지신명 하나님上帝이라고 하였으며, 한편으로 "삼령은 천지인을 말하기도 하고 천지인의

20 김인수, "길선주의 '나라사랑' 정신에 대한 고찰", 『한국교회사논총: 솔내 민경배교수화갑기념』(서울: 민경배교수화갑기념논문집 간행위원회, 1994), 119.

21 길선주, "말세학 12", 「신앙생활」 1936년 8-9월호, 11.

22 길진경, 『영계 길선주』, 30. 이 주문의 내용은 다음과 같다. "飛天 中天하니 三靈神君이라 三靈神三靈神 事事降於 弟子 吉善宙身 하소서 道有紳하고 神有通하니 天이라 天은 天에 天하니 事授事授 大하소서."

23 김인서, "영계선생소전 상" 「신학지남」 1931년 11월호, 40. 김인서는 "三靈은 上天靈寶天尊, 太淸道 德天尊, 雷聲普化天尊인데 三位天尊을 合稱하여 九天應元雷聲普化天尊"이라고 하였다. 이능화는 『조선도교사』(서울: 영신아카데미 한국학연구소, 1986) 266쪽에서 당시 풍속으로 槐黃紙에 朱沙를 갈아 48명의 神奬의 이름을 붉은 글씨로 썼는데 그 중 三天尊은 九天應元雷聲普化天尊, 上天靈寶天尊, 大淸道德天尊이라고 하였다.

신을 뜻"[24] 한다고도 한 바 있다. 한국 도교의 이상에 따라 천신·지신·인신의 삼신일체인 상제를 천지신명 하나님으로 섬겼고 천지인의 조화를 이상으로 여겼다.

길선주는 이러한 한국적 재래종교에 대한 전이해로 인해 개종 후 이사야서의 예언에서 만물 평화 이상국에서는 하나님과 사람과 자연의 온전한 화해를 통해 천지인 통전적 조화가 이루어질 것이라고 설파한 것이다. 그가 말세에 하늘로부터 이 땅에 이루어질 것으로 소망한 참된 평화의 세계는 천지인의 완벽한 조화가 이루어질 만물 평화의 세계였던 것이다.[25] 이런 관점에서 그는 말세삼계론을 통해 지구 폐멸론을 부정하고 지구개조론과 지구영속설을 주장하면서 이 땅에 지상낙원이 이루어진다고 한 것이다.

길선주는 요한계시록에 나타나는 말세의 표상인 '새 하늘와 새 땅과 새 사람이 완성되는 것'을 민족 종교가 주장해 온 천지인 개벽으로 이해하였다. 그의 '말세론'의 핵심은 말세에 완성될 하나님과 사람, 사람과 사람, 사람과 동물 사이에 화목이 이루어지는 '천지인 화목의 만물평화의 이상국'이었다. 이러한 길선주의 말세삼계론은 '천지인 신학'의 한 사례라 할 수 있다.

---

24 길선주, 『길선주 설교 및 약전집: 한국신앙저작집』 1 (서울: 혜문사, 1969), 232.

25 허호익, "천지인신학의 성서적 신학적 기초 - 한국신학은 한국적인가?", 「문화와신학」 12 (2008), 11-42.

II. 최병헌의 삼륜론과 천지인신학

1. 최병헌의 비교종교학의 방법론

탁사 최병헌(1858-1927)은 한국 재래 종교의 도전에 대해 기독교 신앙을 변증하는 과제에 앞장섰다. 그는 존 로스가 한국 최초 창간한 신학 잡지 「신학월보」에 1907년 연재한 '셩산유람긔'를 정리하여, 『聖山明鏡성산명경』(1909)[26]을 출판하였다. 1909년부터 1910년까지 자신이 편집을 맡고 있던 「신학월보神學月報」에 공자교孔子敎, 이슬람교, 힌두교, 불교 등을 논한 "사교고략四敎考略"을 연재하였고, 1916년부터 1920년까지 협성신학교 교지인 「신학세계」에 13회에 걸쳐 "종교변증설"이라는 제목으로 세계종교들을 소개하였다. 이를 모두 모아 『萬宗一臠만종일련』(1922)을 출판하였다.[27]

『성산명경』(1909)은 『천로역정』의 상징적 설화 방식을 차용한 신소설이다. 그 내용은 불교의 원각圓覺, 유교의 진도眞道, 선교의 백운白雲, 기독교의 신천옹信天翁이라는 네 사람의 가상 인물이 꿈속에서 만나 주고받은 종교적 논박을 기술한 몽유 대화체로 되어 있다. 소설에 등장하는 인물들은 길을 헤매고 있는 지성인들에게 구원의 길을 밝

26 최병헌, 『聖山明鏡』 (경성: 정동황화제, 1909).

27 최병헌, 『萬宗一臠』 (경성: 조선예수교서회, 1922).

힐 수 있을까 꿈을 꾸다가, 구도자 진도, 원각, 백운이 우연히 성산에 이르러 각각 자신들의 종교인 유불선의 종지인 득도, 수행, 치성을 주장한다.[28] 기독교도인 신천옹이 그들과 더불어 종교적 논쟁을 벌이면서 만종萬宗의 완성자 그리스도를 소개하니 마침내 "네 사람이 그 자리에 엎드려 기도하고 다 구세주의 신도가 되었다 하니 실로 성신의 도움"[29]이었다는 줄거리이다.

소설 속 기독교 사상의 대변자인 신천옹은 '기상이 늠름하고 청풍이 불불한' 젊은 소년이다. 원래 '을지학乙支學'이라는 본명을 지녔으나 우연히 보게 된 오리 같이 생긴 새가 "입은 항상 하늘로 우러러 물속에 고기들이 공중에 뛰어놀다가 우연히 입으로 들어오면, 주린 창자를 요기하고 일호一毫도 해물지심害物地心이 없어 사욕을 거절하고 천명을 순수循守하는지라",[30] 그 이름을 따라 신천옹으로 개명한 것이다. 최병헌은 『성산명경』 발문跋文 마지막 문단에서 "성산聖山은 곧 민

---

28 차봉준, "탁사 최병헌의 '萬宗一臠' 사상과 기독교 변증 —「聖山明鏡」에 나타난 대유교 논쟁을 중심으로—", 「어문연구」 39 (2011), 312-313. 문학적으로는 이 소설이 몽유록계(夢遊錄系) 소설의 기본 구조인 환몽(幻夢) 구조를 드러내고 있음을 확인할 수 있다. 서술자가 꿈속에서 목격한 네 사람의 대화를 잠에서 깨어난 후 기술한 것이라는 소설 말미의 진술은 전통사회의 서사문학에서 빈번하게 찾아볼 수 있는 전형적 양식의 답습이다.

29 최병헌, 『성산명경』 (서울: 한국고등신학연구원, 2010), 164

30 차봉준, "탁사 최병헌의 '萬宗一臠' 사상과 기독교 변증 —「聖山明鏡」에 나타난 대유교 논쟁을 중심으로—", 316. '信天翁'의 묘사와 작명에 대해 신광철은 "신천옹이 입을 벌리고 천명을 기다리는 것처럼, 기독교의 수용을 자연스럽게 받아들여야 한다는 최병헌의 생각이 반영된 작명"이라고 설명한다. 양진오는 "대양 횡단이 자유로운 거대한 새로 알려진 신천옹은 동서양의 지리적 경계를 자유롭게 횡단하며 선교하기를 바라는 기독교도의 상징"으로 설명하기도 한다. 한편 김인섭은 어부들에게 신천옹(Albatross)은 바다에서 길 잃은 자를 돕는 죽은 선원들의 영혼의 화신이라는 점에서 '구원의 새'로 풀이한다.

는 자의 몸이요, 영대靈臺는 곧 믿는 자의 마음이라, 유불선 삼도에서 공부하던 자라도 만일 성신이 인도하여 예수교인과 상종하면 마음이 교통하여 믿는 제자가 될 수 있음"[31]이라는 평생의 소원을 담아 이 책을 썼다고 한다. 기독교 전래 초기의 유불선이라는 다원 종교적 상황에서 기독교를 변증하기 위한 선교적 의도를 명확히 기록한 것이다.

『만종일련』(1922)은 모든 종교가 일련一臠 즉, '한 덩어리로 저민 고기'라는 뜻이다.[32] '宗'종은 하나이지만 이 진리를 나타내는 수단과 방편은 여럿이기 때문에 '敎'교는 무척이나 다양할 수밖에 없다. 그렇게 많은 敎교도 결국에는 하나의 근원적 진리인 宗종에 귀착하게 된다. 한 덩어리 고기의 맛을 봄으로써 온 솥의 요리의 맛을 알 수 있는 것처럼, 하나의 '단편一臠'으로 모든 종교 즉 만종萬宗을 알 수 있다는 것이다.

『만종일련』은 『성산명경』의 내용을 보충하고 방법론적으로 발전시킨 것인데, 유불선 포함한 여러 종교와 기독교를 종교비교학적 방법을 적용하여 서술하였다. 유불선 할 것 없이 모든 종교가 자신들이 최고 유일 종교라고 주장하는 다원 종교의 상황에서 최병헌은 어느 종교가 참된 종교인지를 비교하는 방법론적인 기준으로 종교의 근본 교리인 삼대관념, 즉 유신론·말세론·신앙론을 제시하였다.

> 종교의 이치는 삼대관념이 있으니 첫째 유신론의 관념이요, 둘째 내세론의 관념이요, 셋째 신앙의 관념이라. 어느 교를 막론하고 이 삼대관념에 하나라도 이즈러진다면 완전한 도리가 되지 못할 것이다.[33]

---

31 최병헌, 『성산명경』, 165.

32 최병헌/ 박혜선 역, 『만종일련』 (서울: 성광문화사, 1985), 8-9.

33 같은 책, 22.

최병헌의 주장에 따르면 모든 종교는 하나님이 창조한 세계 안에서의 문화현상일 뿐이고, 그리스도의 복음은 모든 종교의 완성점에 도달하여 유신론, 내세론, 신앙론을 다 갖춘 종교이다. 유교는 비록 불완전하긴 하지만 유신론과 신앙론이 나타난다. 그러나 내세론이 결여되어 있기 때문에 종교의 도리에 벗어나 있다. 불교는 내세관과 신앙관이 왜곡된 형태로 나타나고 있을 뿐 아니라, 무신론적 관념을 지향하기 때문에 참된 종교일 수가 없다.[34] 선교는 일견 세 가지 관념을 모두 갖추고 있는 듯하나, 엄밀히 본다면 불완전하고 왜곡된 형태로 전개되고 있기 때문에 이 역시 종교의 도리에 부합하지 않는다는 것이다.[35] 다만 기독교만이 유신론, 내세론, 신앙론이 완전하게 갖추어져 있다는 것이 최병헌의 핵심 논지이다. 이러한 그의 논지를 도표로 정리하면 다음과 같다.

4대 종교의 유신론, 내세론, 신앙론 비교

	유신론	내세론	신앙론
유교	불완전	결여	불완전
불교	결여	왜곡	왜곡
선교	불완전 왜곡	불완전 왜곡	불완전 왜곡
기독교	완전	완전	완전

따라서 기독교를 제외한 여타의 종교적 가르침 속에서는 참된 종교로서의 기준을 찾을 수 없다는 것이 최병헌의 일관된 주장이다. 이

34 변선환, "탁사 최병헌과 동양사상", 『한국적 신학 모색』 3집 (서울: 한국신학연구소, 1997), 161.

35 같은 책, 208.

런 이유에서 참된 종교에 대한 그의 결론은 아래 인용문에 드러난 바와 같이 간단명료하다.[36]

> 이것으로 말하건데 공자와 같으신 분으로 하여금 기독의 리理를 보았더라면 반드시 따르실 것이요. 석가로 하여금 자기를 덜어 타인을 이롭게 하는 선과善果를 맛보았더라면 숲속에서 고행하며 6년 풍상에 헛된 수고를 아니 하였을 것이다. 만일에 참된 종교의 교지가 자기의 이익만 구하고 타인을 사랑하고 구원할 줄을 모른다면, 기독이 괴로운 바다와 티끌같은 세상에 강생하실 이치도 없고 십자가에서 어려움을 받을 일도 없다고 하는 바이다.[37]

최병헌의 비교종교론적 변증은 기독교 중심의 만종일련을 보다 확고히 한다. 오직 기독교만이 동양의 유불선 세 종교가 지닌 결함을 온전하게 보완하고 완성하기 때문이다. 이 삼대관념을 모두 갖춘 종교는 기독교뿐이라는 의미에서 그리스도는 '만종萬宗의 성취자'라는 것이 그의 핵심 논지이다.

관심을 끄는 것은 최병헌이 『성산명경』에서 "천지간에 三大倫삼대륜이 있으니 天倫천륜과 人倫인륜과 物倫물륜"[38]이라고 하였고, 『만종일련』에서는 이 삼대륜은 하나님께서 창조한 것이라고 하였다는 사실이다.

---

36 차봉준, "최병헌의 불교 인식과 기독교 변증 - 「성산명경」의 불교 논쟁을 중심으로", 「대한무용학회논문집」 35 (2003), 215.

37 최병헌/ 박혜선 역, 『만종일련』, 121.

38 최병헌, 『성산명경』, 136.

이 세상에 세 가지 대륜大倫이 있으니 천륜天倫과 인륜人倫과 물륜物倫이다. 하늘과 사람의 윤倫이 어찌 물륜物倫의 이理와 같다고 할 수가 있겠는가. 상주上主께서 천상天上과 천하天下의 형체가 있고 없고의 윤倫을 창조하시니.39

최병헌이 주장한 천륜·인륜·물륜의 삼륜론 또는 삼대륜론은 단군신화의 천신·지신·인신의 삼신신앙의 영향으로 보인다. 그는 『만종일련』 제6장 서두에서 "조선은 환인-환웅-단군의 삼신三神을 한 몸으로 신교神教를 창립하여 이제 4천여 년을 국민들의 관습으로 신도神道를 유전하였다"40고 밝혔다. 그는 백련교, 태극교, 대종교, 천도교, 태을교, 경천교, 청림교, 제우교濟愚教와 같은 민족종교에 대한 해박한 지식도 가지고 있었다.41 그는 태극교의 여영조呂永祚가 태극도설에서 언급한 "태극이 판단되고 천天과 지地와 인人의 삼재三才가 있으니, 그러므로 태극이라는 것이 모든 이치의 근원"이라 한 것도 인용하였다. 이를 보아 그는 음양이태극이 아니라 천지인 삼태극을 태극의 원리로 본 것이 분명하다.

그리고 고금기古今記에 "환인은 천天이요, 환웅은 지地요, 단군은 신인神人이니, 이른바 삼신三神이라"42한 것을 인용하고 대종교의 삼신신앙을 아래와 같이 자세히 소개한다.

---

39 최병헌/ 박혜선 역, 『만종일련』, 50.

40 같은 책, 151.

41 김광식, "기독교와 한국문화의 만남 - 최병헌과 전덕기를 중심으로", 「신학논단」 18 (1989), 159.

42 같은 책, 160.

단조사고檀祖事考에서 이르기를 "환인·환웅·환검이 삼신三神이니, 환인은 신성神聖이라 더 없는 위에 위치하고 형이 없는 형을 몸으로 하며 함이 없는 함을 지으며, 말이 없는 말을 사용하여 큰 세계를 주재하니 바로 상제上帝시요, 환웅은 상제의 성품을 가지고 만물을 조화造化하시니 바로 천왕天王이요, 환검은 천왕의 명령을 가지고 만만을 교화하시니 바로 사람의 최고이시다. 이 삼신三神이 한 몸이 되시니 상제上帝의 삼신三神은 각기 그 몸을 가진 것이 아니라 주체로는 하나의 상제上帝가 되고 작용으로는 세 신神이 되는 것이다. 오직 신령하신 상제께서 무형無形으로 유형有形을 낳으시니 허공虛空에 존재하시며 세계로 나오시는 것이요, 오직 신령하신 상제께서 함이 없음을 가지고 함이 있음으로 변하시니 만물이 낳으며, 오직 신령하신 상제께서 말이 없음을 가지고 말이 있음을 이루시니 만인이 교화한다" 하였다.[43]

최병헌은 단군신화를 통해 전승된 천지인 삼재론의 영향으로 "삼대륜" 사상, 곧 천륜天倫·인륜人倫·물륜物倫을 비교종교학의 방법론적 기준으로 제시한 것이다. 그에 관한 많은 연구와 논저들이 있었지만, 그가 한국 문화와 종교의 근간으로 전승되어 온 천지인 삼재론에 착안하여 삼륜론의 유무를 통해 참된 종교를 가름하는 비교종교학의 방법론적 기준을 제시한 것에 특별히 주목하지 않은 것으로 보인다.

최병헌이 천지인 삼재의 순서를 따르지 않고 천륜 · 인륜 · 물륜의 순서로 삼륜론을 전개한 것은 자연이나 사물보다 인간을 우위에 두는 기독교적 인간관이 반영된 것으로 해석할 수 있다. 그는 하나님께서

43 최병헌/ 박혜선 역, 『만종일련』, 159-161.

사람을 창조하신 것은 사람으로 하여금 천륜과 인륜과 물륜의 이치를 깨달고 준수하게 함이라고 하였다.

2. 최병헌의 삼륜론

1) 천륜

최병헌이 "천륜이라 함은 하나님의 거룩하신 성태聖態와 신성하신 성품聖品을 말씀함"이라 하였다. 기독교신학의 신론에서 전통적으로 주장해온 '하나님의 신적 본질과 삼위일체론'과 같은 주제를 '하나님의 거룩한 성태와 신성하신 성품'으로 소개하고 이를 천륜이라 한 것이다. 신론이라는 말이 당시 조선인에게는 익숙하지 않아 변증적 방편으로 '천륜'이라는 용어를 차용한 것으로 보인다.

최병헌이 말하는 하나님의 신성하신 성품인 천륜은 토마스 아퀴나스 등이 제시한 스콜라 신학에서 말하는 하나님의 여러 본질이나 속성들을 말한다.

> 천륜이라 함은 하나님의 거룩하신 성태聖態와 신성하신 성품聖品을 말씀함이라. 하나님께서는 온전히 능하시고 지극히 거룩하시며 무소부지無所不知하시고 무소부재無所不在하시며 독일무이獨一無二하시고 무시무종無始無終하시사 천상천하에 못하실 일이 없으시며, 사람의 생전사후와 만물의 흥망성쇠를 다 주관하시니 성덕聖德과 공의公義와 인애仁愛와 자비慈悲와 진리眞理가 계시고 전능全能 중에 성기聖氣와 무시종無始終과 유일唯一과 편재偏在와 불역不易이 계신지라.[44]

이어서 이러한 신적 속성을 지닌 하나님은 성부, 성자, 성신 삼위일체로 존재한다고 설명한다. 성부는 창조주요, 성자는 죄를 대속하신 메시아요, 성신의 보혜사 영이시다. 그리고 예수를 믿어야 구원을 얻어 교회에 속하여 교인이 되고 천당 낙원에 이르는 이치도 천륜에 속한다는 것이다.

> 그 위를 말씀할진대 셋이 있으니 성부와 성자와 성신이시요, 그 체를 말씀할진대 하나이시니 독일무이하신 하나님이시라. 성부께서는 천지와 바다와 그 가운데 만유에 물건을 창조하신 이시요, 성자께서는 이 세상에 강생하여 무한한 고초를 받으시고 십자가에 못 박혀 죽으사 흘리신 피로 만국만민의 죄를 대속代贖하신 메시아弥賽亞시요, 성신께서는 이 세상에 오사 악한 사람의 마음을 감화感化하여 선하게 하시며, 이 누운 자의 마음을 밝게 하시고 어리석은 자의 성정을 지혜롭게 하시는 보혜사保惠師시라. 성자 예수께서 십자가에 죽으사 장사한지 제 삼일 만에 다시 일어나사 사십일 동안을 제자에게 전도하신 후에 승천하사 하나님 우편에 앉아계시니 가히 세상 말일에 무수한 천사를 거느리시고 재림再臨하사 만국만민의 선악을 심판審判하시되 악한 자는 지옥 불멸지화不滅之火에 던지시고 선한 자는 천당낙원樂園으로 보내사 무궁한 쾌락을 받게 하실지라, 이것이 이른바 천륜天倫이니 곧 하나님의 거룩하신 교회라.[45]

최병헌은 거룩한 성품을 지닌 삼위일체 하나님께서 사람들에게

---

44 같은 책, 139.

45 같은 책, 139.

무상무형의 영혼을 주셔서 하나님께서 우리 아버지가 되신 것과 하나님 아버지를 경배하고 하나님과 인간의 바른 관계를 맺는 것도 천륜이라고 하였다.

> 사람이 세상에 날 때 영혼을 하나님께 받았으니 하나님은 곧 우리의 큰 아버지시라. 사람이 부정모혈로 포태가 되어야 하거니와… 그 영혼은 반드시 하나님께서 주신 것이며 정작 참 사람은 무형무상無形無狀한 영혼이니 당초에 사람도 천륜으로 난 것이거늘 하나님을 경배하지 않음으로 천륜을 모른다 하나이다.[46]

따라서 최병헌은 천륜으로 난 인간이 하나님을 경배하지 않는 것은 천륜을 저버리는 것이라고 하였다.

2) 인륜

최병헌은 영혼론을 비롯한 인간과 인간 사이의 바른 관계에 관한 기독교적 인간학의 주제들을 인륜이라는 개념으로 소개하고 변증한다. 신천옹에 의해 제시된 그의 영혼관은 마테오 리치의 『천주실의』에 소개된 아리스토텔레스Aristoteles 이래 스콜라Schola신학의 영혼론인 '혼삼품설魂三品說'과 맥을 같이한다.[47]

최병헌에 의하면 태초에 하나님께서 흙으로 사람을 만드시고, 생기를 코로 들여 보내어 생명의 사람이 되게 하신 아담 이후, 천하 만민

---

46 같은 책, 139.

47 심광섭, "탁사 최병헌의 유교적 기독교신학", 「세계의 신학」 23 (2003), 102.

이 다 육체와 영혼이 합하여 사람이 된 것이다. 그는 먼저 인간의 육체의 여러 기능 즉 근골과 사지백체와 오장육부의 다양하고 조화롭고 신비로운 기능들을 자세히 설명하면서, "육체는 뼈와 살이 연합한 영리한 기계"라고 하였다.[48]

이어서 최병헌은 하나님께서 인간에게만 특별히 주신 영혼의 특징과 기능을 인류론적 관점에서 자세히 설명한다. 그의 이러한 영혼관은 노블W. A. Noble이 주장했던 "영혼론"의 내용과 거의 같다고 평가된다.[49]

최병헌은 "영혼이라 하는 것은 무형무상無形無狀한 중에 있는 허령虛靈" 즉, 잡된 생각을 비워 마음이 신령한 것을 뜻하며, 영혼은 육체를 다스리는 "일신一身의 군주君主"라고 하였다. 영혼은 또한 늙지도 아니하며 죽지도 아니하며 하나님께서 사람에게 붙여 주어서 육신의 주인이 되었다고 한다. 영혼과 육신은 서로 의지하며 물질이 늙어 죽을 때에 각각 떨어져서 "육신은 땅에 들어가 썩을 것이요 영혼은 하나님이 보내신 곳으로 돌아 갈 것"이라고 한다.[50]

최병헌은 인간의 영혼은 의견意見과 감성感性과 주의主意라는 지정의 세 요소로 되어 있다고 하였다. 그는 영혼의 이러한 세 요소와 특징을 11쪽에 걸쳐 자세하게 분석하고 복잡하게 서술한다.[51] 영혼의 첫째 요소인 의견은 만물의 비슷함과 다름을 깨닫는 지적인 능력이다. 이는 타고난 양지良志와 후천적이라 할 수 있는 능지能知가 있다.

---

48 최병헌, 『성산명경』, 146-148.

49 이덕주, 『한국 토착교회 형성사 연구』 (서울: 한국기독교역사연구소, 2000), 250.

50 최병헌, 『성산명경』, 148.

51 같은 책, 148-158.

그리고 이러한 영혼의 지적 능력에는 몸 밖에 있는 것을 깨닫는 각覺, 몸 안의 일을 아는 오悟, 과거를 기억하는 억憶, 생각을 통해 다르거나 같은 것을 분별하는 사思, 없는 것도 새롭게 상상하는 상想이 있다고 분석한다. 이 모든 것이 다 하나님이 주신 것이며, 하나님이 주신 영적 각성을 통해 "물리를 궁구하며 학문을 닦을수록 재예가 늘어 가나는 것"이라고 하였다. 하나님께서 특별히 사람에게 주신 생혼生魂과 각혼覺魂과 영혼靈魂을 통해 "능히 천리天理와 지리地理도 깨달으며 이왕에 지나간 상고上古 사적史蹟"을 깨닫는 것도 인륜에 해당하는 인간의 당연한 직분이라고 하였다.[52]

영혼의 두 번째 요소인 감성에 대해 최병헌은 갖가지 욕심, 희노애락애오욕의 칠정으로 구분되는 인정人情, 좋아하거나 미워하는 호오好惡, 옳고 그름을 구분하는 시비是非와 같은 네 가지 심재心才가 있다고 하였다. 이는 유교의 사단칠정四端七情에 해당한다. 그러나 영혼의 세 번째 요소인 의지에 관한 자세한 보충 설명은 빠져 있다.

최병헌은 이 세상에서 부모에게 효경孝敬하며 임금에게 충성하고, 타인 사랑하기를 내 몸과 같이 하고, 오륜삼강에 도리를 극진히 행하고, 수신제가修身齊家와 치국평천하治國平天下에 사업을 다하는 것 역시 인륜에 속하는 사람의 당연한 직분이라고 하였다.[53] 그는 기독교 신앙인들은 어느 나라, 어느 사람, 어느 등급, 어느 종자를 따지지 아니하고 형제와 자매로 상대하며, 원수마저 사랑하여 자기를 버리고 타인을 도와주며, 강자는 약자를 부호扶護하고 편안한 자는 불우한 자를 구휼하며, 어리석은 자를 가르치고 병든 자를 치료하여 근심도 같이

52 같은 책, 137.

53 최병헌, 『성산명경』, 137.

즐거움도 같이하는 것이니 인륜을 지닌 참 종교의 선과善果라고 하였다.[54]

그리고 영육이원론에 입각하여 영혼불사설을 주장한다. "정작 사람은 일신一身을 주장하는 영혼의 사람이요, 사지백체는 영혼을 사역하는 하인"이라고 본 것이다.[55] 그리하여 인간의 육체는 썩어 없어지고 영혼만 불사한다고 하였다.

> 이 세상 일로 말할지라도 신하가 황제폐하 앞에서 입시入侍할 때 하인배같이 갈 수 없으며 또한 육체는 영혼의 집이라. 집이 무너졌을 때에 그 집 주인이 반드시 다른 데로 갈 것이요. 집과 함께 망하지 아니하리니. 그런 고로 육신은 죽은 후 땅속으로 들어갈 것이요. 영혼은 형상이 없는 중에 참 사람인고로 영영히 죽지 아니할 것이라.[56]

최병헌은 "집이 없어질 때에 집주인이 다른 곳에 간다는 것"은 "영혼이 천국이나 지옥으로 간다는 뜻"[57]이라고 설명하였다. 그리고 성경이 말하는 지옥으로 갈 수밖에 없는 죄를 지은 자들의 목록을 제시한다. 이어서 천국에 가는 자들에 대해서는 "누구든지 예수를 믿는 자는 죄를 속하고 구원을 얻나니 죄가 없는 후에야 능히 하나님 앞에 갈 수 있는 것"[58]이라 하였다.

천국에 가는 자는 세상에서 구세주를 믿어 인애, 화평한 자와 환난

---

54 최병헌/ 박혜선 역, 『만종일련』, 171-172.
55 같은 책, 159.
56 최병헌, 『성산명경』, 159.
57 같은 책, 160.
58 같은 책, 161.

군축窘逐을 인내하던 자와 세상의 풍속과 육신의 정욕과 마귀의 유혹을 이기는 자와 온유, 겸손하고 순량順良하고, 충후忠厚한 자와 십자가를 지고 항상 예수를 좇는 자들이니….59

이어서 최병헌은 하나님께서 특별히 사람에게 생혼生魂과 각혼覺魂과 영혼靈魂을 주셨으니 능히 내세에 어디로 돌아가는지를 알아, "내생來生의 영혼까지 구원하여 천당복지에 무궁한 영화를 받는 것이 사람의 당연한 직분이라"60 하였다.

최병헌은 자신의 영혼불멸론을 근거로 선교의 노이불사老而不死와 장생불사長生不死를 반박한다. 그러나 그의 영혼불멸론은 철저한 영육이원론으로 육체는 영혼의 "기계와 사역"이라는 데카르트 이후의 근대 서양의 기계적 육체관을 아무런 여과 없이 그대로 반복하고 있음을 보여준다.

영혼을 창조하신 하나님을 믿고 영혼을 구원하실 예수를 믿어 하나님과 바른 관계를 맺고, 하나님이 주신 각혼과 영혼으로 천리와 지리를 깨닫고 지나간 과거의 사적史蹟과 현재의 당연히 행할 직분을 알아 수신제가하고 삼강오륜을 지키고 치국평천하하며 모든 사람들에게 무차별적인 사랑을 베풀고, 내세에 돌아갈 영혼불사의 길을 아는 것이 인간의 도리라는 것이 최병헌의 인륜론의 골자이다.

동물 중에 특별히 다른 것은 사람이라, 사람의 사람됨이 대단히 존귀한 것은 위로 하나님을 존경하고 구세주를 신봉하여 천륜天倫의 이치

59 같은 책, 160.

60 같은 책, 137.

를 순종하며, 아래로 초목금수와 곤충어민을 제어하고 다스려 물륜物倫의 이치를 궁구하고, 이 세상에서 부모에게 효경하며 임금에게 충성하고 타인 사랑하기를 내 몸과 같이 하여, 오륜삼강의 도리를 극진히 행하고 수신제가修身齊家와 치국평천하治國平天下에 사업을 다하며 내생來生의 영혼까지 구원하여 천당복지에 무궁한 영화를 받는 것이 사람의 당연한 직분〔人倫〕이라."[61]

이처럼 최병헌의 인륜론에는 기독교의 인간관과 유교의 인간관이 습합되어 있다.

3) 물륜

최병헌은 "물륜은 초목금수를 가르쳐 말함"이라고 전제한다. 그리고 천리와 지리와 사물의 이치를 깨닫고, 일체의 생산 작업과 가산家産의 관리와 세금 및 구제 등 물질과의 바른 관계를 모두 물륜이라 하였다.

최병헌은 『천주실의』 등에서 강조한 영혼 · 각혼 · 생혼의 삼혼설을 근거로 초목과 금수의 성질을 물륜으로 설명한다. 초목은 다만 생혼生魂만 있어 음양陰陽과 수토水土로 생장하고 각각의 씨를 통해 무성하는 것이고, 금수는 다만 생혼과 각혼이 있어 주리면 먹을 줄 알고 맞으면 아픈 줄 깨달아 능히 알지만 허령지각虛靈知覺이 없는 고로 학문상의 진보가 없다고 하였다. 그래서 그는 까마귀는 태고적 집짓는 모양

61 같은 책, 137.

과 지금 지은 집이 똑같다는 비유를 들어 물륜은 조금도 진보가 없다고 하였다.

> 물륜物倫이라 함은 초목금수를 가르쳐 말함이니, 초목은 다만 생혼生魂만 있어 음양수토陰陽水土의 기운으로 생장生長하다가 사람이 기계로 베면 아무 소리도 없이 말라 죽을 따름이로되, 각각 종류의 씨를 좇아 무성하게 되는 것이요, 금수禽獸는 다만 생혼과 각혼覺魂이 있는 고로 주리면 먹을 줄 알고 만지면 아픈 줄 깨달아 능히 소리도 하며 기틀 어떠한 일의 가장 중요한 고비를 보아 피화避禍도 할 줄 알되, 오직 허령지각虛靈知覺이 없는 고로 학문상에 진보가 없나니 — 이것은 하나님께서 금수를 내실 때부터 그 성질을 이렇게 마련하신 것이니, 이것은 이른바 물륜이요.[62]

최병헌은 불교를 비판하면서 불교가 물륜이 없음을 주장하였다. "석가의 제자들은 구름같이 사방으로 놀으며 가산家産을 다스리지 아니하고, 문마다 탁발시주를 요구함해서 인연 맺자고 공담空談하며, 노력과 수고한 타인의 식량을 수고 아니 하고 취득하니, 놀고먹는 책임이 없지도 아니하다"고 하였다. 불교에는 이처럼 '생산 작업과 가난 구제'가 없다는 것이다. 반면에 "예수의 신도는 재산을 다루는데 부지런하며 자녀를 교육하고 학교를 설립하여 타지방의 사람까지도 교육하는가 하면, 병원을 세워 환자를 구호하며 힘을 벌려 베풀기를 즐겨하여 가난함을 도와주며 세금과 부역에 앞서서 국민 됨의 의무를 지키

62 최병헌, 『성산명경』, 136-137

고 천리天理와 인사人事에 순하게 따른다"고 하였다.[63]

최병헌의 물륜에는 천리와 지리와 사물의 이치를 깨닫고, 생산 작업과 구제를 하는 물질과의 바른 관계가 잘 설명되어 있다.

3. 최병헌의 유불선에 대한 삼륜론적 해석과 천지인신학

1) 유교와 삼륜론

최병헌은 『만종일련』 제1장 유교 도리의 요소에서 유세계儒世界의 도서, 유교조儒教祖의 약사, 공자의 탄생, 공자의 출세, 공자의 찬익贊謚, 천인天人의 관계, 경외상제敬畏上帝, 심성 이론 등을 다룬다.[64]

유교와 기독교를 대변하는 진도와 신천옹 두 인물의 논쟁에는 '기독교의 신과 유가의 상제 개념을 어떻게 볼 것인가'를 중심으로 천지창조, 인간의 덕성, 천당 지옥과 영혼의 속성 등에 대한 매우 다채로운 논박이 오고간다.[65]

그러나 최병헌은 유교의 경우 유신론과 신앙론이 있으나 내세론은 없어 불완전하다고 하였다. 유교를 천륜이라는 유신론적 관점에서 볼 때, 옛적에 상제上帝에 대한 경외가 있었으나 후대에까지 존속되지 못했고, '천부와 자비의 주'나 '성신과 성신의 내주內住와 인도引導'의 개념이 없다. 따라서 삼위일체 개념도 없다. 유교에서 인간이 경

63 최병헌/ 박혜선 역, 『만종일련』, 103.

64 같은 책, 33 이하

65 차봉준, "탁사 최병헌의 '萬宗一臠' 사상과 기독교 변증 —「聖山明鏡」에 나타난 대 유교 논쟁을 중심으로—", 321.

외하는 상제는 인간을 사랑하는 상제가 아니라, 하늘의 이치에 불과하다는 것이다.

> 유교의 요소를 개론한다면, 옛날의 어진이와 성인이 상제上帝를 공경하고 두려워함은 유신론有神論의 관념이 있는 듯 하나 예수교의 '하늘의 아버지' 또는 '자비로우신 주님'이라고 일컬음이 없고, 다만 존엄하다 할 뿐이요, 친하고 사랑함이 없으니, 상주上主와 밀접한 이가 없고, 또 주님의 성신께서 우리들 마음 가운데 위치하여 몸은 성전聖殿이 되고 모든 일을 인도하여 주신다는 한 토막의 말도 없는 것이다.[66]

최병헌은 성리학의 태극설에 근거한 "태극의 이치에 양의兩儀와 사상四像이 생기고 오행의 기운으로 만물이 생기었다"는 유교의 창조론을 반박한다. 그는 유교의 대변인 진도眞道가 만물의 생성을 음양오행의 조화와 태극의 이치로 풀이하지만, 오랜 세월 유가사상의 근간을 이루어 온 이러한 인식체계에는 창조주 하나님 신앙이 없다는 점을 지적한다. 창조는 "반드시 전지전능하신 하나님의 조화로 천지만물을 창조하신 것이라. 음양오행은 천지일월과 금목수화토를 가르쳐 말씀함이오나, 천지오행은 하나님께서 만드심을 받은 물건으로 아무 권능이 없거늘 어찌 만물을 생하리요"[67]라고 반론한다. 유교에서 말하는 하늘天은 대주제자가 아니며 창조주 하나님의 피조물일 뿐 창조주가 될 수 없다는 것이다. 따라서 유교에서는 조화주造化主의 권능을 듣지도 알지도 못하여, 하늘과 사람과 주님을 혼돈하여 말하

---

66 최병헌/ 박혜선 역, 『만종일련』, 64.

67 같은 책,

는 다신교라고 하였다.

> 이것은 일월日月 성신星辰과 오악五岳과 사독四瀆[68]과 바람·비·우뢰의 귀신과 분묘와 구릉의 모든 귀신을 제사한 것이니, 또한 숭배하는 귀신이 많은 다신교多神教라고 해도 좋은 것이다.[69]

최병헌은 신앙론이라는 관점에서 볼 때, 유교에는 삼강오륜의 인륜은 있으나 사람됨과 물건됨의 본원인 창조주 하나님 신앙이 없어 자기 주관대로 완악한 삶을 산다고 비판한다.

> 이것은 사람이 사람 된 것과 사람과 물건의 본원本源이 되시는 대주재상주大主宰上主를 믿지 아니 함이다. 인생이 한 세상 자기가 자기를 주관하며, 욕심을 따라 고치지 아니하는 자는 완악頑惡하다.[70]

최병헌에 의하면 유교는 수신제가 치국평천하를 통해 성인의 경지에 이른다고 하지만, 탁류는 맑은 물이 주어져야 정화되며 인간이 스스로를 변화시킬 수 없다. 유교에는 하나님의 은혜의 약속과 그리스도의 구속의 도리가 없다고 하였다.

> 비록 그렇다고 하나 탁류濁流의 성품을 물이 스스로 맑게 할 능력이 없어서 받드시 사람을 기다려 흐린 것을 맑도록 변함과 같이, 인류가

68 네 개의 도랑(瀆) 즉 네 강을 뜻한다.
69 최병헌/ 박혜선 역, 『만종일련』, 64.
70 같은 책, 51.

자기의 힘이 없은즉 성신의 권능權能을 힘입어야 하며 구주救主의 은혜를 입으면 능히 원성原性의 맑고 깨끗함을 회복한다고 한다.[71]

최병헌은 유교에서는 "사람과 물건이 나와 동포同胞요 하늘과 땅이 나와 동근同根이라고 말하는 것"[72]도 잘못된 물륜이라고 비판한다. 인간과 사물은 전적으로 다른 성품으로 창조되었기 때문이다.

상주上主께서 만물을 창조하실 때 어떻게 사람의 성性과 물건의 성性을 같게 하였으랴. 산계山鷄: 꿩와 들의 따오기는 한가지로 나는 새이지마는 집에서 길들일 수가 없으니 그 타고난 성품이 그러한 것이오.[73]

한편 유교의 경우 "수신제가 치국평천하는 있으나 종말론은 없다. 천당과 지옥을 가르치지 않으며, 여름 벌레는 겨울 얼음을 모른다"고 하였다. 그에 의하면 유교는 내세의 영생복락에 대한 소망이 없고 천국백성과 영생의 도리가 없기 때문이다.

또 내세의 관념이 없어 다만 하늘의 길은 선을 복 주고 음란함을 재앙 주는 것으로만 여긴다. 그리고 그 재앙이 자손에게까지 마친다고 말하니 순전하고 결함이 없는 종교라고 일컫기는 어려울 것이라고 하였다.[74]

---

71 같은 책, 51.
72 같은 책, 63.
73 같은 책, 64.
74 같은 책, 65.

유학자에서 기독교로 개종한 최병헌이 유교의 인륜에 대해서는 비교적 우호적인 입장을 취하였지만, 유교는 천륜과 물륜이 없는 결함이 있는 종교라고 평가하였다.

2) 불교와 삼륜론

『만종일련』 제2장에서는 불교 도리의 요소로서 불세계佛世界의 도서, 세계만물의 원인, 불조佛祖의 탄생, 불타의 출가, 불타의 성도, 불타의 설법, 불타의 입적入滅, 중국 불교 약사, 한국불교 약사를 소개한다.

기독교와 불교를 각각 대변하는 신천옹과 원각의 논쟁 속에서 최병헌은 크게 세 가지 측면에서 불교에 대한 비판적 인식을 드러내고 있다. 그 첫 번째는 석가모니의 탄생에 얽힌 여러 이적들과 설화 등에 대한 비판적 해석이다. 두 번째는 불교의 창조론이 지닌 허구성에 대한 비판적 논쟁이다. 마지막 논쟁은 불교의 출가 의식에서 파생된 반사회적 윤리의식에 대한 쟁론이다.[75]

최병헌은 우선 강남해康南海 선생이 불교와 예수교의 같은 점이 20여 곳이 있어 "불교와 예수교가 서로 같다"고 한 주장을 인용하여 석천화상이 기독교를 평한 것을 논박한다. 최병헌은 불교와 예수교가 하늘과 땅처럼 다른 점을 세 가지로 설명하였다.

첫째로 불교에는 하나님의 능력에 대한 신앙이 없으며, 하나님이 주시는 자유의 즐거움이 없으므로 박해를 당할 때 산처럼 무너진다고 하였다.

---

75 차봉준, "최병헌의 불교 인식과 기독교 변증 - 「성산명경」의 불교 논쟁을 중심으로", 215.

상주上主의 능력과 자유를 들 수 있다. 불교는 하루아침에 임금의 탄압을 받으면 산처럼 무너지고 기와처럼 깨졌지만, 기독교도는 로마 황제 네로利老 때 혹살을 당하고 마다가스가馬達加斯加의 박해가 심하여 도륙이 처참하였지마는, 주님을 위해 목숨을 버리는 자 구름같이 모였으니 이것은 하늘이 낳은 자유의 즐거움을 상주께서 받은 것이다. 법계法界의 치도緇徒[76]로서는 비교가 아니 된다.[77]

둘째로 불교에는 성신의 도움과 전도 열정이 없으며, 주를 사랑하고 사람을 사랑하는 마음으로 동포같이 교육하다가 죽기를 각오하는 인륜이 없다는 것이다. 원수까지 사랑하는 예수의 가르침은 "약하고 겁이 많은 사문沙門의 비구니와는 비교가 안 된다"고 하였다.[78] 불교는 결혼도 하지 않고 심산유곡에서 타인을 도움만 받고 타인을 도우지 않으니 인륜이 없으며, 따라서 불교와 예수교는 하늘과 땅 차이라고 하였다.

일남一男과 일녀一女는 상주上主의 명령하심이요. 부부의 도道는 인류의 대륜大倫인데, 결혼을 아니 하고 혼자 살아 후사를 끊는 것으로 교의 근본을 삼으면서 성산 궁곡에 사찰을 세워 티끌 세상을 멀리 이별하니, 국민의 의무가 어디에 있는가. 염불에는 마음이 없고 젯밥에만 전심하는 것은 타인의 시주만 고대하는 한 오리 실과 한 톨의 곡식의 방책이 없으니 어느 겨를에 타인을 도와주리오. 이것은 불교와 예수교의 구별

---

76 검은 옷을 입은 무리 즉 불교도를 지칭한다.

77 최병헌, 『성산명경』, 136.

78 같은 책, 136.

이 하늘과 땅 같은 것이다.[79]

셋째로 불교는 재산과 가산家產을 관리하지 않으며, 교육과 병원도 하지 않고, 세금과 구제도 하지 않으며, 생산도 하지 않고 놀고먹으니 물륜이 없다고 하였다. 반면에 예수교는 생산과 구제를 장려하는 종교라는 것이다.

> 석가의 제자들은 구름같이 사방으로 놀며 가산家產을 다스리지 아니하고 문마다 탁발(시주를 요구함)해서 인연 맺자고 공담空談하며, 노력과 수고한 타인의 식량을 수고 아니 하고 취득하니, 놀고먹는 책임이 없지도 아니하다.[80]

최병헌에 의하면 석가가 천상천하유아독존天上天下唯我獨存이라 한 말은 상천의 대주재인 상주上主도 불타의 밑에 존재한다는 것이니 천륜을 어기는 것이다. "나도 없고 상대방도 없다는 사람에게 윤리를 말하는 것은 합당치 못한 것"[81]으로 인륜에 어긋난다. 무엇보다도 "만일에 무수한 중생으로 하여금 모두 불교세계로 돌아가서 농사도 장사도 아니하고 결혼도 생산도 아니하고 몸을 헌신짝 같이 보면 인종은 스스로 멸하고 윤리는 끊어질 것"[82]으로 우려하였다.

최병헌은 불교가 "부모와 처자, 형제와 자매와 군신상하를 일제

---

79 최병헌/ 박혜선 역, 『만종일련』, 103.
80 같은 책, 103.
81 같은 책, 169.
82 같은 책, 129.

히 거절하고 헌신 같이 버리고" 심산유곡으로 들어가 참선에 힘쓰니 "사람의 윤기와 세상의 의리"를 저버리는 것이라고 하였다.[83] "불교가 비록 크다 하나 삼강三綱 오상五常의 도를 능히 행치 못하나니 어찌 대도大道"라 할 수 있느냐고 지적한 것이다. 그리고 신라의 유학자 강수强首가 "불교는 세상 밖의 교라 숭상할 것이 없다" 하였으니, "인륜人倫과 천륜天倫을 좇는 자는 행치 못할 교"라 하였다.[84] 불교는 삼대륜이 모두 없으니 종교라고 할 수 없다고 하였다.

> 천지간에 삼대륜三大倫이 있으니 천륜과 인륜과 물륜이라. 불교인은 삼대륜을 알지 못하니 어찌 종교라 하리요. 천지가 나와 동근이라 하니 천지가 생길 때에 부처가 함께 생기지 못하였거늘 어찌 동근이라 하느뇨. 이것은 천륜天倫을 알지 못함이요. 만물이 나와 동포라 하니 사람이 어찌 초목금수더러 형제라 칭하며 곤충昆蟲 어민漁鱉더러 자매라 칭하겠느뇨. 이것은 인륜人倫과 물륜物倫을 분별치 못함이라 어찌 가련치 아니하리오"[85]

이처럼 불교에 대한 비판이 가장 가혹하다. 최병헌은 불교의 가르침을 통해서는 천륜도 알지 못하고 인륜과 물륜도 구분하지 못하니, 결국 삼대륜이 모두 없는 '가련한 종교'라고 하였다.

---

83 같은 책, 137-138.

84 같은 책, 135-136.

85 최병헌, 『성산명경』, 136.

3) 선교와 삼륜론

『만종일련』 제3장 선교도리仙教道理의 요소에서 최병헌은 선세계仙世界의 도서, 도조道祖의 약사, 노자 수련修練, 노자 유세遊世, 노자 은세隱世, 노자 출관出關, 노자의 이적, 노자의 화신은현化身隱賢, 선가이술仙家異術, 선도요결仙道要訣을 먼저 소개한다.

최병헌은 선교의 경우 유신론, 신앙론, 말세론이 모두 다 있는 듯하나 불완전하고 왜곡되어 있다고 하였다.[86] 유신론으로 보면 선교는 옥황상제나 원시천존을 숭배하나, 조화주재의 신이며 비인격적인 신이므로 천륜이 왜곡되어 있다는 것이다. 그러나 노자가 현묘의 이치를 말하면서 항상 하나님의 도를 칭한 것은 긍정적으로 평가했다.

최병헌은 선교를 인간이 외단과 내단을 통해 장생불사의 신선이 되고자 하는 수행修行의 도라고 하였다.

> 내외內外의 두 약藥으로 말하자면 수련하는 자는 먼저 밖의 약을 닦고 뒤에 안의 약을 닦을지니 고상高尙한 자는 일찌기 영근靈根을 심었음으로 해서 먼저 안의 약을 닦는 것이다. … 밖의 약은 병을 다스리며 장생하며 오래 볼 것이요, 안의 약은 초월할 것이며, 유有에 나가며 무無에 들어간다. 안과 밖內外 두 약을 겸하여 닦으면 원신原神과 사려思慮의 신神이 자연히 현안하고 고요하여 신선을 반듯이 이룬다고 하였다.[87]

---

86 안병렬, "초기 한국 기독교 지도자- 탁사 최병헌 목사의 이교관", 「민속연구」 8 (1998), 294.

87 최병헌/ 박혜선 역, 『만종일련』, 128.

그러나 최병헌은 인간이 단약을 먹어 기질이 변화하고 장생불사하는 것이 아니므로 이는 물륜에 맞지 않는 이치라고 보았다. 『열선보전列仙譜傳』을 자세히 살펴보면 옛날부터 오늘까지 신선이 된 사람이 십만 인이요, 발택拔宅: 昇天한 곳이 팔천여八千餘 곳이라 하지만,[88] 사람이 신선이 되어 장생불사한다는 것은 허탄하여 믿기가 어렵다고 하였다. 신선이라 하는 자는 하나도 죽지 아니한 이가 없고, 장생불사라는 말이 실로 어리석은 자를 속이는 거짓말이라고 하였다. 단군이 아사달 산에 들어가 신선이 되었고, 신라의 고운 최치원이 지리산에서 종적을 감추어 신선이 되었다는 야설이 있으나, "신선이 만약 장생불사한다면 지금 이 세상에 왕래할지라. 어찌 한 사람도 만나 본 적이 없느뇨"라고 반문한다.

사람이 승천한다는 말도 인륜에 어긋나는 거짓말이라고 한다. "날아서 하늘에 오른 자, 앉아서 시해屍解: 육체만 남김하는 자, 태를 빌리고 탈사奪舍[89]하는 자, 용을 타고 오른 사람, 구름을 타고 오른 사람, 난새를 타고 오른 사람, 학을 타고 오른 사람, 바람을 타고 오른 사람, 발택하여 날아오른 사람, 이 같은 신선은 수도 없다"[90]는 사례를 제시한 후 "사람이 육신을 변화한 후 천국에 들어감도 하나님의 권능이어늘 사람이 어찌 제 힘으로 혈기지신을 가볍게 하여 임의로 천상에 올라 가리요"라고 지적하였다.

최병헌에 의하면 "세계를 구원하는 종교는 이적에 있지 아니하고

---

88 같은 책, 128.

89 귀공자(鬼公子)는 신(神)의 집을 사(舍)라 했고, 회남자(淮南子)는 구주팔사(九州八舍)라 하였으나, 탈사는 미상이다.

90 최병헌/ 박혜선 역, 『만종일련』, 129.

죄를 속하고 영을 구원하는 데"[91]에 있다. 선도에서는 하나님의 도와 예수 그리스도의 구원의 은혜가 없다는 것이다. 따라서 삼륜의 기준으로 보았을 때 선교는 천륜과 인륜과 물륜이 모두 왜곡되어 있어 참된 종교가 되지 못한다고 하였다.

그러므로 유불선은 삼륜을 온전히 골고루 갖추지 못하였으므로 참된 종교가 아니고 삼륜을 온전히 골고루 갖춘 기독교만이 참된 종교라고 주장한다. 최병헌의 유불선에 대한 견해와 평가에 관해서는 여러 면에서 비판의 여지가 없지 않겠지만, 그가 삼륜을 기준으로 종교의 가르침을 비교 분석하려는 방법론을 제시했다는 점을 높이 평가한다. 삼륜론을 방법론으로 하여 4대종교를 비교한 내용을 간단히 도표화하면 다음과 같다.

4대 종교의 천륜 · 인륜 · 물륜 비교

	천륜	인륜	물륜
유교	불완전	있음	왜곡
불교	없음	없음	없음
선교	왜곡	불완전	불완전 왜곡
기독교	완전	완전	완전

최병헌이 천지인 삼재를 뜻하는 '삼륜'을 종교의 종지를 분석하는 해석학적 기준으로 삼은 것은, 고운 최치원이 '난랑비서'에서 천지인 삼신신앙을 유불선 삼교를 포함하는 논지로 삼은 것에 상응한다.[92] 아울러 해월 최시형의 경천 · 경물 · 경인의 삼경론을 상기시킨다.[93]

---

91 같은 책, 170.

92 안병렬, "초기 한국 기독교 지도자 - 탁사 최병헌 목사의 이교관", 255-284.

변선환은, 목사직을 은퇴한 후 최병헌이 종종 친구들과 더불어 자연을 음영吟詠하며 자연과 인간의 신비적 합일의 체험을 한시漢詩로 노래하였다고 전한다. 그는 지극히 동양적인 우주론적 넓은 시각에서 전개되고 있는 최병헌의 종교해방신학은 우주론적 틀 속에 있는 "신, 인간, 자연 삼재三才의 신학, cosmic theanthropic theology우주적 신-인간 신학"이라고 하였다.[94] 그는 최병헌이 "신과 인간과 자연, 이 세 범주 가운데서 신과 인간과의 관계만을 중요시하며 신학화하였던 서구(프로테스탄트) 신학의 좁은 틀은 동양의 지혜와 만남에서 새로운 전개를 펼친 것"[95]이라고 평하며 최병헌의 신학을 긍정하였다. 따라서 최병헌의 천륜·인륜·물륜의 삼륜론은 천지인신학의 주요한 사례라 할 수 있다.

---

93 허호익, "해월 최시형의 천지인 삼경론과 천지인신학", 437-466.

94 변선환, "탁사 최병헌 목사의 토착화 사상", 『한국적 신학의 모색』 변선환 전집 3권 (천안: 한국신학연구소, 1997), 238.

95 변선환, "탁사 최병헌과 동양사상", 「신학과 세계」 6집(1980), 340.

III. 서남동 신학의 삼태극적 구조와 천지인신학*

1. 서남동 신학의 삼태극적 구조와 통전적 자연신학

죽재 서남동(1918-1984)은 서양 신학의 새로운 주제를 그때그때 누구보다도 빨리 한국신학계에 소개한 '서양 신학의 안테나'로 알려졌으며, 이후에는 새로운 회심을 통해 서재에서 뛰쳐나와 거리로 나선 민중신학자로 평가되고 있다. 그러나 그는 자신의 신학수업의 여정을 돌이켜 보면서 총 네 번의 신학적인 큰 충격을 받은 것으로 회고하였다. 이를 근거로 김경재는 서남동의 신학 형성에 영향을 끼친 신학사상을 크게 네 가지 요소로 분석한 바 있다.97

첫째는 서남동 신학 사상의 기틀이라고 할 만한 그리고 가장 기본적이고 그의 신학 전체를 관통하는 틸리히와 불트만의 실존주의 신학사상이고, 둘째는 본회퍼의 「옥중서신」을 통해 받은 충격으로 이어지는 세속화론이며, 셋째는 과학과 종교의 화해와 통전을 시도한 떼이야르 샤르뎅의 진화론, 화이트헤드와 하트숀의 과정신학이고, 넷

---

* 이 글은 "죽재 서남동의 통전적 자연신학", 「한국기독교신학논총」 9 (1992. 10), 176-209의 논문 일부를 재정리한 것이다.

97 김경재, "죽재 서남동의 신학사상", 「신학사상」 46 (1984), 514-617. '서남동 박사의 논저 총목록'을 참고할 것(488-493).

째는 이 세 요소의 종합수렴이요, 완성인 정치신학으로 표출된 민중신학이라고 하였다.

김경재는 서남동의 신학 형성에 영향을 끼친 사상을 네 시기로 나누었지만, 크게는 민중신학 이전과 이후로 구분하고, 전기와 후기의 연속성을 누구보다도 강조하였다.

첫째로 서남동이 서양 신학의 안테나를 접고 한국신학의 현장으로 변신한 것이 아니라, 전기와 후기의 신학 여정을 이론과 실천의 합일이요 통전이라고 해석한다.

> 죽재의 신학이 초기에 이론(Theorie)에 치중하다가 후기에 민중신학을 하면서 이론을 버리고 '현장신학'에 알맞는 실천(Praxis)에로 강조점이 옮겨졌다고 말하나 더 정확히 말하면 이론과 실천의 신학하는 올바른 자세라고 생각하신 분이다.[98]

둘째로 김경재는 서남동 신학을 이 전기의 세 요소가 종합 수렴 완성되어 후기의 민중신학으로 표출되었으며, 그의 신학적 구조를 '삼태극의 통전적 조화holistic harmony'로 해석하였다.

> 죽재신학의 구조를 들여다 보면 언제나 거기엔 삼태극의 통전 시도가 나타난다. 죽재가 그의 신학순례 50년 동안 추구해 들어갔던 조직신학 자로서의 테마는 실존(영혼), 사회(역사), 우주(생명)였으며, 거기에 상응한 그의 신학방법론적 특색으로서는 실존론적 해석방법, 사회경제

98 같은 글, 494.

사적 해석방법, 성령론적 해석방법이 각각 거기 상응하여 나타난다.[99]

통전적으로 사고하라고 끊임없이 강조한 서남동의 가르침을 회상하며,[100] 김경재는 민중신학이 파당적이고 편파적이라는 비판을 받는 것에 대해 그것은 서남동 신학의 상황적인 선택일 뿐 그의 신학의 기본구조는 여전히 통전적인 것으로 해석하였다. 서구적인 양극적인 도식보다 한국적인 삼태극적 도식을 통해 실재의 통전적 모습을 파악한 서남동의 신학이 '삼태극의 통전'이라는 구조로 되어 있다는 것이다.[101]

서남동의 신학이 전기와 후기를 막론하고 통전성을 기본 성격으로 지니고 있다는 김경재의 해석을 받아들일 때, 다음과 같은 질문이 제기된다. 서남동은 네 번에 걸쳐 중요한 신학적인 충격을 받게 되었다고 고백하였는데, 서남동 신학이 통전성을 지니게 된 원초적인 신학적 충격은 무엇인가? 그리고 다양한 신학적 영향을 받아 다양한 신학적 순례를 관통하여 흐르는 통전적인 사유의 핵심 개념은 없는가? 이러한 신학적 모티브가 있다면 실제로 다양한 신학적 논의 가운데서 어떻게 표출되고 있는가?

관점에 따라 다양한 해석이 가능하겠지만, 서남동 신학이 통전적인 구조를 갖추게 한 원초적인 충격이 무엇이었는지 그리고 그의 신학 형성에 가장 크고 영속적인 힘을 지닌 것이 무엇이었는지 대해서

---

99 같은 글, 495.

100 "심포지움: 서남동 박사와 민중신학", 「신학사상」 46 (1984), 528.

101 죽재 서남동 목사 기념논문집 편집위원회편, "대토론: 변화된 현실 속에서 민중신학이 나갈 길", 『전환기의 민중신학』 (서울: 한국신학연구소, 1992), 62-63.

는 서남동 자신의 회고를 살펴보는 것이 필요할 것이다.

> 나의 신학형성에 가장 크고 영속적인 힘을 가진 것은 틸리히의 신학이었다. … 그의 논문들을 읽는 충격적인 경험 중에 가장 탈자적인 감명은 그의 '싸크라멘트적인 자연관'이었다. 산도 하늘도 구름도 물도 숲도 풀도 돌도 바람도 추움도 다 신비한 그 내면을 내게 열어보여 주고 속삭였다. 이러한 황홀경은 한참 동안 지속하였고… 뿐만 아니라 틸리히는 내 속에 생래적으로 깃들인 물활론 범신론을 촉발시켰는지도 모르겠다.[102]

서남동에게 가장 큰 충격을 가져다 준 것은 단지 틸리히와 불트만으로 대변되는 실존주의 신학의 실존적인 결단을 촉구하는 실존의식이 아니었다. 오히려 자신 속에 생래적으로 깃들어 있던 자연에 대한 한국적인 감성이 틸리히의 자연관을 통해 촉발된 것이 가장 큰 충격이었으며, 이러한 물활론적이고 범신론적인 통전적 자연관이 자신의 신학형성에 가장 크고 영속적인 힘을 행사하였다고 자평한 것이다. 물활론적이고 범신론적인 자연관이야말로 실재를 본체론이나 이원론으로 이해하지 않고 통전적이고 유기적이고 역동적으로 이해하는 한국인 생래의 자연관이기 때문이다.

그렇다면 틸리히에 의해 촉발된 생래적인 자연관이 그의 신학형성 전과정을 통해 실제로 어떻게 표출되었는가? 잘 알려진 것처럼 서남동이 자연에 관한 신학 또는 생태학적 신학에 몰두하는 동안은 그

102 서남동, 『전환시대의 신학』 (서울: 한국신학연구소, 1976), 저자의 머리말을 참고할 것.

의 이러한 자연관이 결정적인 영향을 행사한 것이라고 평가하는 데는 이의가 없을 것이므로 이 점에 대해 집중적으로 검토하려고 한다. 나아가서 생태신학 연구에 전념하기 이전과 이후에도 자연에 대한 서남동의 관심이 일관되었는가 여부도 물어야 할 것이다.

1969년부터 본격적으로 자연에 관한 신학적 탐구에 몰두하기 이전에 서남동이 신학적으로 논구하였던 주제는 기독교적 역사이해와 현대 기독교의 무신론에 관한 것이었다. 이 두 주제도 자연신학과 무관한 것이 아니었다. 먼저 서남동은 1958년부터 1959년까지 역사관에 관한 여러 편을 글 발표하였는데 그의 기본적인 관심은 자연적 세계관과 역사적 세계관을 통전적으로 전망하려는 것이었다. 역사를 탐구하는 근저에는 그의 통전적인 자연이해가 바탕이 되어있었다고 볼 수 있다.

이어서 1962년부터 1968년까지는 현대 기독교의 무신론, 세속화론, 비종교화론에 대한 여러 편의 논문을 저술하였는데, 이때의 기본 논지 역시 현대 기독교의 무신론이 전통적인 서양기독교의 자연신학의 한계에서 비롯된 것임을 논증하려는 것이었다. 그리고 이러한 무신론에서 제기되는 새로운 자연신학의 필요성을 역설하였다. 유신론과 무신론의 문제를 옛 자연신학과 새로운 자연신학의 문제로 분석한 서남동의 논지의 근저에도 역시 그의 일관된 자연에 관한 통전적인 이해가 드러나 있음을 알 수 있다.

자신이 회고한 것처럼 틸리히를 통해 생래적인 자연관이 통전적인 자연신학으로 발아하게 된 것이다. 또한 그는 틸리히를 통해 성령의 통전성과 피오레의 요아킴Joachim of Fiore의 "성령의 제삼시대"라는 공시적 역사관을 배울 수 있게 되었다. 통전적인 사유와 공시적인 사유는 서남동의 신학적 발상을 좌우하고 그의 신학형성을 결정지은 간과할 수 없는 두 개의 커다란 축으로 파악된다. 통전성은 공간적인 실재이해에 있어서 온갖 본체론적 이원론을 해소하며, 공시성은 시간적인 시원성이 빚어내는 온갖 소외론과 이원론을 해소하는 대안이기 때문이다.

1975년을 기점으로 생태학적 신학에서 민중신학으로 내몰리게 된 이후에는 자연에 관한 신학적 관심이 사라졌는가? 그렇지 않다. "내가 다시 상아탑에 복귀된다면 나는 아마도 다시 과학종교의 비전을 추구할 가망성이 큰 것 같다"[103]고 피력하였다. 김경재도 자연과학에 관한 그의 신학적 관심은 신학적 외도가 아니라, "우주와 생명의 살아있는 그 현실재 속에서, 그 과정과 전체 상에서, 생명체의 상보상생 유기체적 순환원리와 그 균형의 조화 신비 속에서… 그리스도교의 신학과 인류의 미래가 살아남을 새로운 총체적 · 유기적 · 순환적, 한 마디로 생명론적 사고를 할 수 있도록 돌파하려는 그의 신학적 사고의 당연한 결과라고 봐야 한다"[104]고 하였다.

따라서 서남동의 통전적 자연신학이라는 기본적인 발상이 그의 신학의 여러 주제 속에 어떻게 표출되어 나타나고 있는지를 분석하여 제시하려고 한다.

---

103 같은 글.

104 김경재, "죽재 서남동의 신학사상", 493.

2. 서남동의 역사와 자연의 통전적 역사관

서남동 신학의 제1기에 해당 주제는 기독교적 역사이해이다. 서남동은 1958년 이후부터, 역사를 주제로 하는, "역사적 실재란 어떤 것이냐", "그리스도교 역사관", "종말과 역사", "실존주의적 역사이해", "시간에서 영원에의 길", "역사적 존재란 어떤 것인가", "계시와 역사", "계시로서의 역사" 등의 논문을 발표하였다.[105]

특히 역사를 주제로 한 것 중에서 최초로 발표한 "역사적 실재란 무엇인가"라는 논문은 자연과 역사의 관계를 잘 밝혀주는 주목할 만한 연구이다. 이 글에서 그는 먼저 많은 학자들이 역사를 자연과 대립 개념으로 파악하려는 서양의 전통적인 역사관을 부정하였다.

> 사람들은 일반적으로 역사와 자연을 대립시킨다. 여기에서 우리는 우선 역사에 관한 소극적인 정의를 배울 수 있다. 사람들은 흔히 자연의 바탕을 공간이요, 역사의 바탕을 시간이라고 하는 모양이다. 물론 그렇지만 시간이 단지 객관적인 물리학적 시간인 한, 그것은 하나의 기본적인 자연의 소재에 불과하다. 오히려 시공간을 그 소재로 하는 자연이 역사의 바탕이라고 하여야 할 것이다.[106]

동양적인 자연관이면서 동시에 현대물리학의 자연관에 근거하여 시간과 공간을 분리하지 않고 시공간을 통전적 자연으로 본 것이다. 이러한 관점에서, 그리스 사상에서 자연적 세계관이 생겨났고 히

105 같은 글, 514-516. 자세한 내용의 서지 사항을 참고할 것.
106 서남동, "역사적 실재란 어떤 것이냐", 『전환시대의 신학』, 159.

브리 사상에서 역사적 세계관이 발생하였다는 일반적인 견해를 비판적으로 검토한 후, 자연과 역사의 대조가 공간과 시간의 대조가 아니듯이, "그리스 사상과 히브리 사상의 대조도 공간 범주와 시간 범주의 대조만은 아니다"[107]라고 주장한다.

서남동에 의하면 그리스의 사상처럼 영육이원법을 통해 자연과 초자연을 구별하는 것이나, 어거스틴의 서양 기독교적 역사관처럼 역사적인 것(civitas terrena)과 초역사적인 것(civitas Dei)을 구별하는 것은 둘 다 역사를 자연으로 환원할 우려가 있다. 역사를 구속사와 세속사로 분리시키려는 최근의 신학적인 시도 역시 같은 관점에서 비판적으로 평가한 후, 자연과 역사의 통전적 조화의 사례를 성서에서 찾으려고 하였다. 그는 구약성서의 예언자들이 외친 "여호와의 날을 기다린다"는 시간적 역사적 범주에는 "여호와를 기다린다"는 대상적 공간적인 범주가 통전적으로 함축되어 있다고 보았다.

> 여호와의 날을 기다린다는 것은 즉 여호와를 기다리는 것이요, 따라서 그 때의 신앙의 내용은 '하나님'이지 '미래' 시간은 아니다. 그것은 미래에 대한 신앙이라기보다 '하나님의 오심'에 대한 신앙이다. 히브리 예언자의 신앙에서 '오시는 하나님'을 추상하여 버리고 시간적 미래만을 개념화하여 이것을 그리스 사상과 대조시켜 보는 것은 피상적인 관찰이다.[108]

이러한 자연과 역사의 통합적 전망은 역사관의 주요 유형을 분석

---

107 같은 글, 161.
108 같은 글.

하여 통합적인 역사관을 제시한 "그리스도교의 역사관"이라는 논문에서도 그대로 드러나고 있다. 그는 역사의 두 유형 즉 동적인 역사관과 정적인 역사관을 구분하고 이 둘을 통합하여 조망한 것이 신약성서의 그리스도교 원시교단의 종말론적 역사관이라고 하였다.

> 예언자들의 역사적 소망이 그리스도에게서 성취되었지만 그러나 그 성취는 '역사의 끝'이 아니라 '역사 과정의 끝'이었다. 곧 묵시문학의 사관이 이바지 한 점이다. 그런데 이 '역사 과정의 끝'을 다시 역사 발전의 적용하려고 그 후의 그리스도의 교회가 시도했을 때 본래적인 종말사상은 변질되고 말았다.[109]

소망은 정적이고 성취는 동적이기 때문에 그리스도에 의해 성취된 예언자들의 소망은 원시교단의 묵시문학적 역사관에 의해 동적이며 동시에 정적인 역사관으로 통전되었다고 분석한 것이다. 이처럼 역사에 관한 여러 논의에서 역사와 자연의 통전이라는 기본적인 전망을 가지고 있었음에도 불구하고, 예언자들의 역사관이나 그리스도교 원시교단의 역사관이 역사와 자연의 통전적 조화를 드러내고 있다는 내용이 일관되게 제시되지는 못한 것 같다. 그러나 이원적인 역사관을 극복하기 위해 통전적인 기독교적 사관을 모색했다는 점은 분명하다. 즉, 자연적 세계관과 역사적 세계관의 이원론, 구원사와 세속사의 이원론, 이 시대와 오는 시대의 이원론을 통전적으로 조망하려고 한 것이다. 이런 관점에서 "그리스도적인 사관은 역사를 자연

---

109 서남동, "그리스도교의 역사관", 『전환시대의 신학』, 194.

으로 환원하지 않고 역사의 의미를 세계과정으로 세속화하지 않고 역사의 종말에로 객관화하지 아니한다"[110]고 하였다.

3. 서남동의 유신론과 무신론의 통전적 신관

서남동이 역사의 제 유형을 논의하면서 가졌던 자연과 역사의 통전적인 전망은 1962년부터 세속화론, 비종교화론, 무신론의 문제를 탐구하기 시작하면서 유신론과 무신론의 대화를 매개하는 신학적인 주제를 자연신학에서 찾으려고 했다는 점에서 통전적 자연신학이 내용적으로 더욱 분명히 드러난다.

서남동은 본회퍼의 『옥중서간』을 읽고 받은 충격으로 비종교화론, 세속화론, 현대의 무신론에 관한 연구에 몰두하기 시작했다. 그의 기본적인 관심은 현대의 무신론적 상황을 분석하고 무신론이 제기하는 신학적 쟁점을 수용하여 유신론과 무신론의 창조적인 대화를 모색하려는 것이었다. 그리하여 1962-1966년 사이에 "유신론과 무신론의 대화", "신을 아는 길", "복음의 전달과 그 세속적 해석", "그리스도론적 무신론", "세속화의 과정과 그리스도론", "신의 죽음의 신학 -알타이져를 중심으로" 등의 글을 발표하였다.[111]

서남동은 무엇보다도 현대의 무신론은 근대인의 자연관에서 비롯된 것으로서 '근대의 자연관의 부산물'[112]이라고 파악하였다. 고대인은 무신론을 상상하지 못했다. 자연과 초자연의 이중구조는 중세

---

110 같은 글, 199.

111 김경재, "죽재 서남동의 신학사상", 514-616의 서남동 논저 총목록을 참고할 것.

112 서남동, "유신론과 무신론의 대화", 『전환시대의 신학』, 15.

를 거쳐 근세 이전까지의 기본적인 사고 유형이었다. 초자연적인 존재를 전제하는 한 무신론이 설 자리가 없게 되는 것이다. 데카르트 이후로 자연은 그 자체가 신적인 것도 아니고, 신의 창조도 아니게 되었다. 자연의 신성은 박탈되고 '순수 객관으로서의 자연'에 대한 근대과학적 인식이 생겨나게 된 것이다.

> 현상의 설명에 시종하고 존재의 근거를 상실한 과학적인 태도가 마침내 허무감, 무신론에 귀착될 것은 당연하다. 이것이 또 하나의 무신론의 동기이다.[113]

서남동에 의하면 무신론뿐 아니라 현대의 반신론도 근본적으로는 근대의 자연관에서 비롯된 것이다. 근대인은 자연을 비신격화하여 정복해나간 나머지, 인간 자신마저 하나의 연구 대상인 객관으로 취급하게 되었다. 인격적 상호교통이 끊어지고 집단화된 사회는 강압적이고 악마적인 것이 되어간다. 인간이 도구화되고 물상화되어 가는 상황에서 자유와 주체성을 찾아 반항하게 된다. 그리고 이 반항의 궁극적인 대상은 신이다.

> 신은 인간을 얽매는 모든 외적 조건의 총화라고 생각된다. 인간의 자유와 신의 전지전능 사이에는 양자택일이 있을 뿐이다. 그래서 인간이 자유로우려면 신은 죽어야 한다고 생각한다.[114]

---

113 같은 글, 16.
114 같은 글, 16.

서남동은 하트만과 니체의 요청적 무신론의 근본 동기도 근대의 자연관이라고 파악한 것이다. 그는 20세기의 새로운 물리학은 자연을 구성하고 있는 기초적인 세 가지 개념 즉, 시공간·인과율·물질을 근본적으로 새롭게 파악했기 때문에 근대 이전에 자연을 이해하기 위해 전제한 신이라는 작업가설을 전적으로 배제했다는 분명한 특징을 지니고 있다고 한다.[115] 따라서 무신론의 극복을 위해서는 새로운 물리학의 자연관을 신학적으로 재검토하여야 한다. 현대물리학의 이러한 자연관도 자연에 대한 궁극적인 이해라고 할 수 없다. 단지 자연을 과학적인 방법으로 분석한 현대인의 자연관일 뿐이다. 그리고 '무신론의 극복의 正道정도는 여전히 자연신학을 추구하는 데'[116] 있기 때문이다.

현대의 무신론이 새로운 자연관을 바탕으로 무신론을 주장한 것처럼 전통적인 유신론은 자연을 통해 신의 존재를 증명하려고 하였다. 달리 말하면 자연을 설명하는 데 '신이라는 작업가설'을 필요로 하였다. 따라서 전통적인 유신론은 자연신학이라 불리게 된 것이다. 서남동은 현대 자연관으로 인해 제기된 무신론과의 대화를 위해 전통적인 자연신학을 재검토하고 새로운 자연신학을 모색하려고 하였다. 전통적인 자연신학의 세 방법 중에서도 목적론적 방법을 통해 신과 자연의 문제를 통전적으로 새롭게 전개할 수 있다고 본 것이다.

---

115 서남동, "신을 아는 길", 「현대와 신학」 2 (1976), 50-52. 현대물리학은 자연을 구성하는 근본 범주인 절대시간과 절대공간을 부정하였다. 따라서 시간과 공간의 절대 구별도 불가능하게 되었다. 자연의 객관적인 법칙으로 파악된 인과율도 붕괴되었고, 자연을 구성하는 물질에 대해서도 더 이상 분할할 수 없는 물질의 단위인 원자를 고정적 실체라는 주장도 불가능하게 되었다는 것이다.

116 서남동, "그리스도론적 무신론", 「기독교사상」 9 - 10 (1970), 41.

> 존재론적 방법은 신이 보이지 않게 심혼의 깊이에 내재한다고 하며, 우주론적 방법은 신은 역시 보이지 않게 자연을 초월해 있으며 자연은 신을 가리키고만 있다는 데 대해서, 목적론적 방법은 신의 현재의(지금 진행 중인) 역사(work)가 자연 가운데 작용하는 것을 본다는 것이다. 그리고 신은 자연을 포섭하면서도 자연을 넘어선다는 것이다.[117]

서남동은 자연신학의 장래는 목적론적 방법에 달려 있으며, 이러한 새로운 자연신학은 화이트헤드의 과정철학, 샤르뎅의 창조적 진화론, 하트숀의 범재신론에 의해 전개된 것으로 보았다.[118] 이 새로운 자연신학을 전통적인 유신론과 현대의 무신론을 이어주는 대화의 가교라고 여기는 것이다. 새로운 자연이해는 자연과 신, 자연과 인간, 인간과 신을 통전적으로 이해하므로 전통적인 유신론과 현대의 무신론을 둘 다 극복할 수 있는 대안이라고 보았다.

> 새로운 자연신학적 방법은 인간의 자연지식과 인간이해가 혁명적으로 달라진 데 따라서 그 신관도 거기에 상응해 가고 있는 새로운 신론이기 때문에 종래의 무신론의 공격 대상에서 완전히 벗어나고 말았다.[119]

서남동은 실론적 신존재 증명 방식 역시 자연신학, 소극적 자연신학에 포함시켜 논의하였다. 실존주의신학에서 자연신학의 접촉점 대

---

117 서남동, "神을 아는 길", 52.

118 같은 글, 52-53.

119 같은 글, 53.

신에 죄책과 불안이라는 실존의 한계상황을 신인식의 출발점으로 삼고 자연을 통해 '알려지는 신'보다는 실존을 통해 '만나지는 신'을 추구한다. 그에 따르면 죄책이나 불안도 인간존재의 일반적인 현상이며, 창조에서 타락하고 본질에서 소외된 실존의 정황은 문화적인 현상이다. 넓은 의미에서 보편적인 인간도 자연적인 현상이므로 실존주의 신학도 소극적인 자연신학으로 포함하였다.[120] 인간과 자연을 넓은 의미의 자연으로 통전한 것이다.

신의 존재를 증명하는 자연신학의 방식과 질적으로 다른 방식이 있는데, 계시신학이다. 역사적 실증주의와 달리 계시실증주의는 인간의 보편적인 질문에서 출발하지 않고 주어진 대답, 즉 예수 그리스도 사건에서 출발한다. '실증적으로 예수 그리스도의 존재가 신이 무엇이냐 하는 것을 보여 준다'는 것이다. 그렇다고 해서 영혼의 깊이에서 이성의 추리로 실존의 물음으로 신을 찾으려는 준비를 모두 부정할 수 없다. 따라서 서남동은 자연신학을 부정하고 계시신학만 주장하는 것은 '특정한 신학자들의 억지'라고 규정하고 자연신학과 계시신학을 질문과 대답, 준비와 성취의 관계로 파악하고 '그 모두를 하나의 완전한 신지식으로 통전시켜' 보려고 하였다.[121] 그리하여 "자연신학을 부활시키고 그리스도의 계시를 거기에 관련시키자고 제안"[122]하였다.

---

120 같은 글, 53-57.

121 같은 글, 57-61.

122 같은 글, 62.

4. 서남동의 개인 · 사회 · 자연 윤리의 통전과 천지인신학

전통적 유신론과 현대의 무신론의 쟁점을 새로운 통전적 자연신학을 통해 극복하려고 했던 서남동은 1972년 MIT 젊은 과학자 네 명이 발표한 '인류의 위기에 관한 프로젝트' 보고서를 바탕으로 엮은 책 『성장의 한계』를 통해 생태학적 위기라는 새로운 충격을 경험하게 된다. 이러한 생태학적 위기를 전망하면서 자연에 관한 새로운 신학을 본격적인 형태로 제시하게 된 것이다.

1969년부터 1974년 여름까지 서남동은 과학과 종교의 화해와 통전, 즉 현대자연과학과 새로운 자연신학의 문제에 몰두한다. 그 결과가 "생태학적 윤리를 지향하며", "생태학적 신학서설", "자연에 관한 신학", "성장과 균형의 윤리", "떼이야르 드 샤르뎅의 오메가 포인트", "새 기술과학의 인간화", "현대의 과학 기술과 기독교", "생명과학 발전과 인류의 미래" 등의 논문으로 나타났다.[123]

그가 1975년 유신헌법의 긴급조치 위반으로 연세대학교에서 해직된 후 다시 대학의 상아탑에 복귀한다면 계속 연구하고 싶은 주제가 '생태신학'이라고 피력했을 정도이다. 그리고 이는 그의 '신학적 외도'가 아니며, 단지 그의 고감도 '안테나'에 우연히 포착된 서양 신학의 일단도 아니었다. 틸리히의 자연관을 통해 촉발되어 영속적인 힘을 행사한 그의 한국인으로서의 생래적인 자연관이 표출된 그의 신학적 사고의 당연한 결과로 보아야 할 것이다.

이즈음 서남동에 의해 생태학적인 위기 문제가 한국신학계에 본

---

123 김경재, "생명현상에 있어서 인간의 영적 차원과 성령 - P. Tillich의 성령론", 「신학연구」 13 (1972.4), 514-516.

격적으로 제기되고 논의된 것이다. 생태학은 좁은 의미로는 '생체와 그 환경과의 상호작용을 연구'하는 생물학의 한 분과이지만 넓은 의미로는 '포괄적인 세계관'이다. 서남동에 의하면 생태학은 "모든 것을—자연과학적, 사회과학적, 정신과학적인 모든 측면, 나아가서 종교적 측면까지를 하나의 유기체적인 것으로, 통전적인 것(holistic)으로 보려는 종합적인(Synoptic) 관점을 의미한다."[124] 따라서 "정신-몸-사회-자연의 총체"[125]에 대한 생태학적 사유는 자신의 생래적이고 동양적인 자연관과 통전적 사유를 아울러 표출할 수 있는 결정적인 현대신학의 주제라고 할 수 있다.

서남동은 먼저 생태학적 위기의 요인과 생태학적 위기의 역사적 근원을 분석한 후 기독교의 철저한 재고를 통해 생태학적 위기를 극복할 수 있는 새로운 생태학적 윤리를 제시하였다.[126]

첫째로 인류환경의 생태학적 균형을 깨뜨려서 생태학적 종말의 가능성을 제기한 요인은 크게 세 가지로 분류된다고 하였다. 곧 인구의 급격한 팽창, 경제성장에 따른 자원의 탕진 그리고 성장과 소비지향의 가치관과 생활 양식으로 나타나는 인간의 태도이다.[127]

둘째로 생태학적 위기를 초래한 사상적인 근원은 '서양 현대사상의 기조인 진보사상과 또 그 연원인 기독교 신앙'[128]이라고 하였다. 진보 사상은 인간의 이용에 맞도록 자연을 변화시키는 과학적 발명을 권장했으며, 인간이 자연을 정복하는 과학의 탐험을 통해 인간의 좁

---

124 서남동, "생태학적 윤리를 지향하여", 「기독교사상」 1972년 5월호, 253.

125 서남동, "생태학적 신학 서설", 「기독교사상」 1970년 11월호, 84.

126 서남동, "생태학적 윤리를 지향하여", 260-284.

127 같은 글, 260-266.

128 같은 글, 266.

은 시야가 넓어진다고 종용해서 생태계의 파괴를 확대재생산한 것이다. 그리고 기독교신학의 인본주의와 역사중심주의 역시 자연의 위치를 평가절하하는 이념으로 작용하였다고 분석한다. 즉, 절대 초월적인 인격신이 천지를 무로부터 창조하시고 인간을 신의 형상으로 만드셨다는 기독교 신앙은 인간중심주의이기 때문에, 신도 인간의 형상으로 유추하고 자연도 비신성화하여 정복과 이용의 대상으로 전락시키는 위험성이 있다. 또한 기독교 신앙은 역사와 자연을 대립시켜 역사일변도의 경향을 띠게 되었다. 이러한 역사의 신은 자연의 신과는 다른 성격을 갖게 되는 것이다.

> 역사의 신 남성신은 그 성격이 능동적이고 정복적이고 초월적인 데에 비해서, 자연의 신 여성신은 진리와 가치에 대하여 수동적이고 응답적(responsive)이며, 내재적이다.[129]

따라서 남성 우위의 경향에 따라 자연의 정복을 당연시해 온 기독교의 부성신론은 재고되어야 한다고 역설한다. 이러한 과감한 주장에서 서남동의 '생태여성주의'(Eco-Feminism)의 면모를 읽을 수 있다.[130]

---

129 같은 글, 269.

130 김윤옥, "서남동의 생태학적 신학과 생태학적 여성신학", 죽재 서남동 목사 기념논문집편집위 편, 『전환기의 민중신학』 (서울: 한국신학연구소, 1992), 67-83. 서남동의 생태학적 신학을 다룬 보기 드문 논문이다. 그러나 김윤옥은 서남동이 "동양적 자연관을 제시하지만 여성해방적 관점에서 검토된 동양의 사상도 역시 이원론적이며 여성차별적"이라고 비판하였다. 그러나 서남동이 이처럼 남성중심의 가부장적인 신론의 재고를 주장하고 하나님의 여성성과 더불어 "Eco-Feminism"을 암시한 사실을 간과한 것을 지적하고 싶다.

셋째로 생태학적 위기를 극복하기 위해 자연에 대한 기독교의 철저한 재고가 필요하다고 역설하고, 그 네 가지 과제를 제시하였다.[131]

(1) 동양종교(원시종교까지 포함)를 배워서 참고하는 것이다. 서남동은 무엇보다도 "동양종교의 범신론적인 경향과 고대종교의 물활론(Aanimism)적이고 물신론적(Totemism)인 견해와 지금까지의 기독교가 이교(Paganism)라고 말한 것들을 기독교는 재고"[132]하여야 한다고 주장하였다.

(2) 동방정교회의 신학과 통합하는 일이다. 인간과 자연에 대한 동방교회의 이해는 서방교회와는 사뭇 다르다. 서방교회는 자연의 과학적인 법칙성이 신의 존재를 가리킨다고 생각했지만 동방교회에서는 일찍이 '자연이 심미적으로 신의 얼굴의 성상(icon)'이라고 생각했으므로 범예전주의(Pan-sacramentalism)를 추구하게 되었다는 것이다.[133] 따라서 자연과의 화해를 위해서는 동서기독교의 통합을 모색해야 한다는 것이다.

(3) 현대과학, 특히 생명과학의 발견들을 통전하는 일이다. 자연을 전체로서 하나의 "생명의 그물"이요, 유기체적인 총체(organic whole)라고 주장하는 떼이야르 드 샤르뎅의 우주관과 화이트헤드의 유기체 철학은 거시적으로는 전체로서의 자연을 범신론적으로 보며, 미시적으로는 자연계의 모든 존재는 범신적인 성격을 띤 "살아 있는 자연"으로 파악한다.[134] 이러한 최근의 자연관은 서양의 근대의 자연

131 서남동, "생태학적 윤리를 지향하여", 276-283.

132 같은 글, 271.

133 같은 글, 272.

134 같은 글, 273.

관과는 매우 대조적이므로 양자의 통전이 필요한 것이다.

(4) 성서를 다시 한 번 새롭게 읽는 일이다. 서남동은 성서 자체가 인간중심적이고 역사중심적인 것만이 아니므로 성서를 또 한 번 새롭게 읽기를 시도한다. 성서 중에서도 창세기 1장, 시편 104편, 창세기 9장 4절, 호세아 4장 1-5절, 로마서 8장 18-26절을 생태학적 신학의 관점에서 재검토하였다.[135] 바르트가 '성서 안에서 새롭고 놀라운 세계', 즉 하나님과 인간의 무한한 질적 차이를 드러내 보이는 세계를 발견했다면[136], 서남동이 성서에서 발견한 세계는 그와 다른 점에서 새로운 것이었다.

> 성서가 증거하는 신은 계속창조의 신이며(시 104:14-30)이며, 성서가 보는 신은 만유의 충만(엡 4:10)이며, 또 성서가 기다리는 신은 만유에 내재하는 만유(All in All, 고전 15:28)다.[137]

'만물 위에 계시는 신'은 초월적인 성부로서의 신이라면, '만물을 통하여 일하는 신'은 세계로 성육신하신 성자로서의 신이다. 그러나 '만물 안에 계시는 신'은 세계에 내재하는 성령이다. 삼위일체론은 신과 자연을 매개로 해석한 것이다. 그리고 이러한 신의 삼중적 존재양태를 다시 유신론, 진화의 신, 범신론과 상응시켰다. 따라서 성령과 범신론이 상응하게 되고, 유신론의 장점과 범신론의 장점을 종합한 화이트헤드의 범재신론을 자연스럽게 수용하게 된 것이다.[138] 이

---

135 같은 글, 276-283.

136 K. Barth/ 전경연 편역, 『성서 안의 새로운 세계』 (서울: 향린사, 1974).

137 서남동, "생태학적 윤리를 지향하여", 282-283.

네 가지 대안에서 서남동의 '생래적인 물활론과 범신론'이 자연스럽게 표출되었다는 것을 알 수 있다.

넷째로 생태학적 위기를 극복할 수 있는 새로운 신학적 윤리로서 생태학적 윤리를 제시하였다.[139] 개인윤리, 사회윤리, 생태학적 윤리의 구분은 서남동 신학의 통전적인 면모를 유감없이 발휘한 발상이라고 생각된다.[140] 전통사회에서는 개인의 "양심의 소리"가 윤리적 규범이었으며, 사회적 관계가 점차 복잡해짐으로써 제2의 윤리규범으로 "사회정의"가 요청된다. 그러나 앞으로 지구촌의 기술 사회에서는 새로운 제3의 규범이 요청되는데 그것은 곧 "생명의 보존 Survival of the Species"이라고 역설하였다. 특히 서남동은 창세기 6장을 생태학적 관점에서 새롭게 읽는다.

> 의인 노아는 이 생태학적 위기에 처하여 생명의 보존이라는 지상명령, 윤리적 규범을 듣게 된다(19절). 그래서 모든 생물 — 정결하거나 부정한 것을 불문하고(7: 2) — 곧, 지금까지의 인간중심주의적인 가치관을 넘어서 "생명의 보존Survival of the Species"에 나선다. 모든 생물학적 종을 한 쌍씩 그의 방주에 불러들인다(20절).[141]

---

138 같은 글, 280-282.

139 같은 글, 283-284.

140 서남동, "생태학적 신학서설", 87. "종교적 구원이란 개인의 영혼의 구원—어떤 분자는 천당에 가고 어떤 분자는 지옥에 간다는—에 제약되지 아니하고 인류 전체가 죽느냐 사느냐의 사회적 전체적 구원을 말하는데 나아가 우주 전체의 속량까지 의미한다."

141 서남동, "생태학적 윤리를 지향하여", 283.

이처럼 1980년대 후반에 와서야 비로소 세계 신학계의 화두로 등장한 "창조의 보전"[142]이라는 명제에 상응하는 "생명의 보전"이라는 새로운 윤리적 규범을 서남동이 1969년부터 주창했다는 사실은 높이 평가되어야 할 것이다. 세계 기독교계가 생태학적 위기 상황에 대한 문제를 창조신앙과 관련하여 신학적으로 논의하고 대처하기 시작한 것은 1975년 케냐 나이로비에서 열렸던 세계교회협의회 제5차 총회에서부터였다.[143] "예수 그리스도: 자유케 하시고 하나 되게 하신다"는 주제 아래 '창조 · 기술 · 인류의 생존'이라는 소주제가 다루어진 것이다.[144] 이어서 1983년 캐나다 밴쿠버에서 모인 제6차 총회의 주제는 "예수 그리스도 세상의 생명"이었는데 '평화와 생존의 위협에 대한 대처', '정의와 인간의 존엄성에 대한 투쟁'[145]을 다룬 소위원회의 제안을 받아들여 1984년에 "정의 · 평화 · 창조의 보전에 관한 워크숍"이 열리게 되었다. 이어서 글리온 세계대회(1986)를 거쳐 1990년 서울에서 "정의·평화·창조의 보전 세계대회"를 개최하게 된

---

142 한국기독교사회문제연구원 편, 『정의 · 평화 · 창조질서의 보전 세계대회자료집』 (서울: 민중사, 1990), 70-71. JPIC 세계대회 2차 초안문에서는 매시간 1,500명의 어린이가 굶주림과 영양실조로 죽어가고, 매일 한 종류의 종이 멸종되고, 매년 한반도의 3/4정도 크기에 달하는 열대 삼림이 황폐하게 된 생태계의 위기 상황을 서술하고 있다. 따라서 수질, 대기, 토양 오염의 문제가 심각한 것은 생명의 파괴에 있기 때문에 '창조질서의 보존'의 핵심은 '생명의 보존'이라고 할 수 있다.

143 이정배, "창조보존의 과제와 생태학적 노동신학", 「신학사상」 70 (1990), 664-665.

144 WCC, *Breaking Barriers -The Official of the Fifth Assembly of the World Council of Churches, Nairobi* (London: SPCK; Grand Rapids: Wm.B. Eerdmans, 1975), 10-23.

145 D. David (ed.), *Gathering for Life - Official Report VI Assembly World Council of Churches, Vancouver* (London: SPCK; Grand Rapids: Wm. B. Eerdmans, 1983), 21-29. 이 대회의 부제는 'Life,a Gift of God', 'Life confronting and overcoming Death','Life in Unity','Life in its Fullness'였다.

것이다.[146] 이에 앞서 1989년에는 세계개혁교회연맹의 주최 하에 서울에서 "정의·평화·창조의 보전 세계대회"가 열리기도 하였다.[147]

이처럼 세계 신학계를 조류에 앞서 서남동은 생태학적 신학을 새로운 자연신학이라는 점에서 "자연에 관한 신학"으로 전개하려고 하였다. 그는 "생태학적 신학서설"(1970), "생태학적 윤리를 지향하며"(1972), "자연에 관한 신학"(1972)을 잇달아 발표하였다. 이를 통해 '바르트 신학 이후 통행금지령에 묶여있던 자연신학에 대한 통금해제'[148]가 선언되고 자연신학이 새롭게 대두된 배경을 포괄적으로 조명하고, 창조교리와 구속교리의 문제, 신과 자연의 문제를 새롭게 설정하고, 신과 인간과 자연에 관한 그의 "통전적 자연신학"의 요체를 웅변적으로 묘사한다. 이처럼 그의 최초의 신학적 충격이며 그의 신학 형성에 영속적인 힘을 발휘한 생래적인 자연관이 표출된 것이다.

> 신을 거역하고 신을 피하여 숨은 아담과 이브에게 신의 음성은 '아담아, 너가 어디 있느냐' 곧 자기 상실의 반성으로 신을 심방한다. 그와 마찬가지로 자연을 상실한 사람은 신을 상실하게 되고 신을 상실한 사람은 자연을 상실하게 된다. 그리고 또 인간과 자연도 하나의 생태계(ecosystem)로 짜여져 있어서 인간상실은 자연상실이고, 자연상실은 인간상실이다. 이렇게 신, 인간, 자연은 하나의 생태계를 이루고 있다. 하나의 유기체적 현상을 정시(呈示)한다. 그러기에 신은 우주

---

146 한국기독교사회문제연구원 편, 『정의 · 평화 · 창조질서의 보전 세계대회 자료집』 (서울: 민중사, 1990), 17-35.

147 세계개혁교회연맹 편, 『정의 · 평화 · 창조질서의 보전』 (서울: 대한기독교서회, 1989).

148 서남동, "자연에 관한 신학", 「신학논단」 11 (1972.6), 285.

의 마음이고, 우주는 신의 몸이라는 은유는 더욱 적절한 것 같다. 여기에 성육신의 종교, 싸그라멘트의 자연이 알려진다.[149]

이 마지막 결론에서 서남동은 신의 상실과 인간상실뿐 아니라, 인간상실과 자연상실을 동전의 양면처럼 통전적으로 파악하였다. "신, 인간, 자연을 하나의 통전적인 생태계"라고 본 것이다. 그리고 하나님으로부터 주어지는 "양심의 소리"를 따르는 개인윤리, 사회정의를 실현하는 사회윤리에 이어 기술 사회에서는 새로운 제3의 규범인 "생명의 보존"(Survival of the Species)의 생태 윤리를 주장하였다.

서남동은 신과 자연, 자연과 인간, 인간과 신의 관계를 생태적 자연신학의 관점에서 통전하면서 전통적인 유신론과 현대의 무신론의 한계를 극복하려고 했다. "그의 신학순례 50년 동안 추구해 들어갔던 조직신학자로서의 테마는 실존(영혼), 사회(역사), 우주(생명)"이었으며, 무엇보다도 하나님과의 바른 관계를 이루는 개인윤리, 이웃과 바른 관계를 이루는 사회윤리, 자연과 바른 관계를 이루는 생태윤리의 통전을 주장함으로써 천지인 신학의 한 사례를 남겼다.

149 같은 글, 294.

IV. 유동식의 '한 멋진 삶'의 풍류신학과 천지인신학

소금素琴 유동식(1922-)은 '우리들의 영성靈性에 입각한 한국 토착화 신학으로서의 풍류신학의 모색'은 '평생에 걸친 나의 학문적 과제'[150] 라고 하였다.

> 나름대로의 신학적 사고를 하기 시작한 것은 60년 경부터였다. 그리고 신학적 관심은 60년대, 70년대, 80년대에 각각 조금씩 변해 왔다. 그러나 전체를 통괄한 신학적 주제는 하나였다. 곧 토착적인 한국신학의 모색이 그것이다. 그리고 80년대에 도달한 것이 풍류신학이다. 말하자면 나의 신학 여정은 '풍류신학으로의 여로旅路'였다.[151]

유동식은 자신의 신학적 여로가 1960년대의 선교신학으로서의 토착화론에서, 1970년대의 한국인의 영성과 종교 문화를 거쳐 1983년부터 풍류신학을 전개하기 시작한 것으로 자술한 바 있다.[152] 1980

150 유동식, 『풍류신학으로의 여로』 (서울: 전망사, 1988), 3. 머리말 참조.

151 같은 책, 9.

152 같은 책, 26-27. "'풍류신학'을 처음으로 발표한 것은 1983년 초여름 「신학사상」 제41호였다. 그 후 "풍류도와 기독교"를 「신학논단」 제16집 (1983. 11)에 실었다. 1984년 10월에는 전국 신학대학 협의회와 한국기독교학회가 주최하여 "한국기독교 100년 기념신학자대회"를 열었는데, 나는 주최자 측의 요청에 의해 "한국문

년대에는 풍류신학에 관한 논문을 모아 출판한 『풍류신학으로의 여로』(1988)를 출판하고 90년대는 풍류신학의 대로大路에 접어들어 두 권의 저서 『풍류도와 한국신학』(1992), 『풍류도와 한국의 종교사상』(1999)을 통해 풍류신학을 총정리하였다. 그리고 유동식의 풍류 신학을 소개한 논문을 모은 두 권의 책이 있다.[153]

1. 유동식의 풍류도와 한국의 종교사상

『풍류도와 한국의 종교사상』(1990)[154]은 연세대학교 국학연구원에서 개설한 다산기념강좌의 1995년도 강사로 초청받고, 일 년간 강의한 강의 노트로서 그동안 단편적인 논문으로 서술해온 풍류도와 풍류신학을 집대성한 것이라 할 수 있다. 그 구성은 크게 셋으로 되어 있다. 첫째는 한국 종교의 장場이 되는 한국인의 영성을 규명하는 일이요, 둘째는 우리의 전통적인 종교문화의 사상적 특징을 살펴보는 일이요, 셋째는 한국문화의 미래와 접촉되어 있는 기독교문화의 사상적 특성을 고찰하는 일이다. 이런 구성에 따라 전체 내용을 3장으로 전개하였다.

"제1장 한국인의 영성과 종교문화"에서는 종교와 영성, 기독교와 영성, 한국인의 영성과 같은 주제를 다룬다. 종교와 과학은 우주와 인

화와 신학사상: 풍류신학의 의미"를 발표했다. 이것이 후에 「신학사상」 제47집 (1984 겨울)에 실리게 된 것이다."

153 한국문화신학회 편, 『한국문화와 풍류신학: 유동식 신학의 조감도』 (서울: 한들출판사, 2002); 한국문화신학회 편, 『유동식의 풍류신학』 (서울: 한들출판사, 2007).

154 유동식, 『풍류도와 한국의 종교사상』 (서울: 연세대학교출판부, 1990).

생을 이해하는 과정에서 형성된 것인데, 우주는 과학이 다루는 '시공우주'와 종교가 다루는 '영성우주'로 구분한다. 영성우주는 시공우주를 초월한 실재인데 이 두 우주 사이의 통로는 도道이며, 이 도를 닦아 얻은 영성은 얼이라는 독특한 영성론을 제시한다(24쪽).

기독교에서 수도의 길은 믿음인데, 믿음의 대상이 그리스도를 통해 계시된 하나님의 형상이 우리의 얼이 되게 하는 것이다. 요한은 이를 세 가지 상징 즉, 자유의 영, 평화의 빛, 창조적 사랑으로 표시했다(26쪽).

유동식에 의하면 이러한 영성이 문화와 지역에 따라 도, 법, 성, 율법, 브라만, 무사도 등 다양한 양태로 나타났다. 고대의 신화와 제천의례, 화랑조직 등으로 다양하게 나타난 한국인의 영성을 최치원은 풍류도라고 하였다. 풍류는 '부루'라는 고대어의 이두식 표현이지만 가장 적절한 우리말은 '멋'이며, 여기에 흥과 자유와 조화의 특징이 드러난다. 최치원의 해석에 의하면 풍류도에는 포함삼교와 접화군생의 특징이 있다. 유동식은 최치원의 이러한 해석을 재해석한다. 포함삼교의 포함은 포월적인 성격을 나타내며 우리말로는 '한'에 해당한다. 한은 포월적인 전체라는 뜻에서 하늘, 한울, 하나님이다. 접화군생은 민중을 접해서 교화하여 사람다운 삶을 살게 하는 것이니 우리말의 '삶'이다. 유동식은 최치원이 「난랑비서문」에서 한국인의 영성이라 해석한 풍류도, 포함삼교, 접화군생을 재해석하여 '멋진 한 삶', 즉 '예술적인 멋'과 '종교적 포월적인 한'과 '인간적인 삶'을 우리 민족의 종교적 영성이라 하였다(63쪽). 그리고 천부경에도 발견되는 이러한 민족의 영성을 다음과 같은 체계로 도식하였다(67쪽).

우리 민족의 종교적 영성

문화자료 \ 영성	한	멋	삶
신 화	천신강림	신인합일	시조, 건국
제천의례	제천의식	가무강신	부강, 자유
화랑교육	유오산수 (遊娛山水)	상열이가락 (相悅以歌樂)	상마이도의 (相磨以道義)
현묘지도	포함삼교	풍류도	접화군생
천부경	한님사상	창조사상	사람됨
성격	포월적 종교성	멋의 예술성	삶의 인간성
본체론	체(體)	상(相)	용(用)

"제2장 한국인의 종교사상"은 우리 민족의 풍류도라는 고대의 영성이 외래종교가 수용되는 과정에서 어떠한 양상으로 드러나는지를 살핀다. 그리고 원효와 불교사상, 율곡과 유교사상, 수운과 동학사상에 나타나는 풍류도의 구체적인 사례들을 제시한다.

우리가 주목해야 할 것은 "제3장 풍류도와 기독교사상"이다. 제3장 머리말에서 저자는 '한 멋진 삶'의 풍류도의 한국적 영성을 기독교의 삼위일체 신앙에 상응시킨다.

> 한국에 전파된 복음의 첫 과제는 한국인의 영성인 풍류도를 회복케 하는 데 있다. 곧 '한 멋진 사람'이 되게 하는 데 있는 것이다. 그와 동시에 복음의 빛에 비추어 풍류도를 재해석함으로써 이를 승화시키는 과제를 지닌다. 곧 영이신 하나님의 창조성에 힘입은 '멋', 빛이신 하나님의 포월성에 입각한 '한', 사랑이신 하나님의 인격성에 입각한 '삶'으

로 승화시켜야 하는 것이다(173-174쪽).

2. 유동식의 풍류도와 한국신학

『풍류도와 한국신학』(1992)[155]은 1983년 "풍류도와 기독교"(「신학사상」 41집)라는 논문에서 '풍류신학'이란 말을 처음 사용한 후 10년 동안 발표한 논문들을 모은 것이다.

1980년대에 영성신학이 새롭게 등장하면서 비서양문화나 타종교 속에서 발견되는 다양한 영성에 관한 긍정적인 관심이 고조되었다. 이런 배경에서 유동식은 한국인의 영성 즉 민족적 영성의 원초적 형태를 단군신화와 풍류도에서 찾으려고 하였다. 한국인의 시원적 영성은 단군신화에 나타나는 하나님 신앙, 자기부정을 매개로 한 하나님과의 결합의 종교의례로서 가무강신의 신인융합 그리고 하나님과 하나된 인간의 생산과 문화 창조라고 보았다. 이는 "삼태극으로 표현되는 천·지·인 삼재의 원융구조"이기도 하다. 이 원시적인 영성이 형이상학적으로 승화된 것이 화랑도이며, 이 화랑도가 바로 최치원이 「난랑비서문」에서 말한 현묘지도玄妙之道, 포함삼교包含三教, 접화군생接化群生의 풍류도風流道라고 한다.

풍류란 말이 '불' 또는 '밝'의 하나님 신앙에서 유래한 것이지만 "풍류란 일반적으로 신선도神仙道 이상인 자연과 인생과 예술이 혼연일체된 삼매경에 대한 심적 표현"(18쪽)이라 정의한다. "풍류도는 고대 제천에 나타난 원시적인 영성이 삼교三教 문화를 매개로 승화된 한

155 유동식, 『풍류도와 한국신학』 (서울: 전망사, 1992)

국인의 영성"이라는 것이다. 풍류도는 고대 종교에 대한 명칭이 아니라 각 종교 문화의 장으로서 한국문화의 기초이며, 현대 한국인의 의식에도 살아 있는 불변의 정신적 원리와 구조라는 것이다.

유동식은 신라시대의 최치원이 한국인의 영성인 현묘지도를 풍류도, 포함삼교, 접화군생으로 해석한 것을 현대의 일상적인 용어로 재해석한다. 첫째로 풍류는 곧 '멋'이다. 멋이란 세속을 초월한 자유의 삶에 뿌리를 내린 생동감과 조화에서 나오는 미의식이다. 둘째로 포함삼교한다는 풍류도의 포월성包越性은 '한'이다. 셋째로 중생을 접하여 교화하여 사람 되게 하는 풍류도의 효용성은 '삶'이다. 이 '한 멋진 삶' 세 개념은 각각 독자적이면서도 상호내재적이며 포월적인 것이라고 한다(209쪽).

그리고 이 '멋·한·삶'의 원시종교의 풍류가 한국종교사를 통해 '멋'은 문화 예술적으로 전개되고, '한'은 종교 형이상학적으로 전개되고, '삶'은 윤리 사회적으로 전개되었는데, 불교는 초월적인 한이 지배적이고,[156] 유교는 현실치리적 삶의 성격이 지배적인 데 비해 기독교는 영적 초월과 역사적 현실의 조화를 강조하는 멋의 이념이 지배적인 종교라 분석하였다. 그리고 이러한 특징들을 나선삼각원추형으로 도해한다(23쪽).

이 도식은 점차 발전하여 148쪽의 도해에는 신흥종교인 화랑도와 팔성신앙八聖信仰과 동학이 추가되었고, 226쪽에서는 한국신학이 한의 신학, 멋의 신학, 삶의 신학으로 세분되고, 32쪽과 204쪽에서는 창조와 종말로 확대되어 종교·우주적신학의 구조로 발전한다.

---

156 유동식은 이 책 255-259쪽에서 원광(531-630)은 삶의 불교요, 의상(625-702)은 한의 불교요, 원효(617-686)는 멋의 불교를 전개하였다고 설명한다.

새로운 신학으로서 풍류신학을 제창하는 이유에 대해 유동식은 첫째는 복음의 진리를 우리의 주체적 영성인 풍류도의 눈으로 이해하기 위함이며, 둘째는 한국종교사가 불교는 한의 문화, 유교는 삶의 문화로 전개되어 왔기 때문에 "오늘날 기독교의 과제는 '멋의 문화 곧 풍류문화의 완성의 사명"(27쪽)이 있으며, 셋째로 새로운 선교적 상황에서 서구중심의 기독교에 대한 대안이 요청되기 때문이라고 하였다. 따라서 새로운 한국신학으로 모색된 풍류신학은 신인 통합에 기초한 '멋의 신학', 풍류객의 세계관인 포월적인 '한의 신학', 풍류객의 선교적 사명인 인간화를 위한 '삶의 신학'이 복음의 구성 요소라고 설명한다.

이러한 풍류신학은 요한복음을 그 성서적 기초로 제시한다. 한국인은 유독 요한복음을 많이 읽으므로 요한복음은 '풍류의 복음서'(1부 III장)이며, "풍류도의 경전이요 본문이라 해도 지나친 말이 아니다"(90쪽)라고 한다. 유동식은 일찍이 『요한서신 주석』(1962), 『도와 로고스』(1975)를 통해 요한복음에 집중한 바 있는데 요한복음에서 풍류도의 본질을 발견할 수 있다고 한다.

첫째는 풍류도의 도는 육신이 되신 말씀(logos) 즉 도道라는 것이다. "하나님의 말씀이 육신 되어 오신 이가 그리스도라고 믿는다면, 예수 그리스도야말로 풍류도의 화신"(93쪽)이며, 그의 인격과 삶은 풍류도 자체라고 한다.

둘째로 "그 이름을 믿는 자에게 하나님의 자녀가 되는 권세를 주셨다"(요 1:12)는 말씀에 비추어 볼 때, 믿음은 하나님과 하나 되어 하나님의 계명을 지키고 하나님을 사랑하는 것이다. 하나님과 하나 되는 것은 모든 종교의 본질이므로 풍류도의 화신이신 예수 그리스도를 믿음으로 인해 모든 종교의 본질을 다 우리 안에 포함하고 간직하게 된다. 그러므로 포함삼교하는 것이 믿음이라는 것이다.

셋째로 요한복음은 로고스가 곧 생명이라고 한다. 영생은 본래 하나님의 생명이며 또한 예수 그리스도 안에 있는 생명이며 그리고 자유와 기쁨과 평화를 주는 부활의 생명이다. 이는 접화군생의 생명을 추구하는 풍류도의 본질이라는 것이다.

요한복음의 성육신론은 풍류객 기독론으로 확장된다. "예수의 인격이야말로 신인 통합하여 하나된 풍류객이라 하지 않을 수 없다." 역사적 예수의 생애도 풍류객으로 묘사된다. 세례는 자기부정을 매개로 새로운 존재가 되는 종교의식이요, 하나의 영의 강림체험이다. 둘째로 수난예고 후의 변모사건은 영체로 변화하는 성령의 강림과 함께 하나님과 하나 된 예수의 진상이 드러나는 "풍류객의 번쩍이는 꿈의 순간적 현현顯現"이었다. 셋째로 십자가의 육체적 죽음과 영체로의 부활은 우리의 구원에 참여할 수 있는 궁극적인 길이다. "이러한 구원을 위해 풍류객 예수는 이 세상에서 나그네 길을 걸었던 것이다."

예수는 세상을 구원하기 위해 포월적 접근이 필요했고, 안식일 문제와 성전문제에 대한 풍류객 예수의 세상 접근 방식이었다. 삼교포함의 포월성에 대한 이러한 기독론적 해석에 이어 접화군생은 죄인과 천민들의 친구로서 그들과 더불어 먹고 마시기를 좋아한 풍류객 예수의 민중과의 사귐으로 풀이한다.

나아가서 한·멋·삶의 풍류도가 구조상 삼위일체관과 흡사하다는 점에 착안한다. "이 세 요소는 체·상·용의 관계구조를 이루고 있다. 그것은 마치 삼위일체신관과 흡사하다. 아버지 하나님은 그의 아들과 성령의 본체인 동시에 삼위의 한 분으로 존재한다고 보기 때문이다"(115쪽)고 하였다. 이러한 발상은 풍류신학의 삼위일체론으로 전개된다. 풍류도와 그리스도교의 만남은 결국은 그리스도교의 삼위일체의 하나님께 대한 신앙과의 만남일 수밖에 없기 때문이라는 것이다(178쪽 이하).

첫째로 한이 만나는 대상은 만유의 아버지이신 하나님이다. 하나님이 만유의 창조자요 섭리자이기 때문이다. 둘째로 멋이 만나는 대상은 성령이다. 영으로 난 사람이 주체적이며 창조적이며 자유한 예술가인 풍류객이기 때문이다. 셋째로 삶으로 만나야 할 대상은 그리스도이다. 풍류객 그리스도는 본래적인 인간으로 회복하여 사람이 사람 구실하며 살 수 있도록 새로운 존재가 되게 하는 인간 예술가이다.

유동식은 한국 기독교신학이 이러한 삼위일체론적 풍류신학으로 전개되어 왔다고 분석한다. "한과 성부와 보수주의 신학, 삶과 성자와 진보주의 신학, 멋과 성령과 자유주의 신학 등의 전개가 그것이다"(219쪽).

유동식이 『한국신학의 광맥 -한국신학사상사서설』(1982)[157]에서 한국신학의 실천적 사례들을 다음과 같이 구분한 적이 있다. 첫째 유형으로 구분한 근본주의 신학은 '한'의 초월성에 입각한 하나님 중심주의 신학이다. 이 신학 사상은 성서의 무오성과 개인의 영적 구원을 강조하여 교회의 비정치화를 초래하는 경향을 낳았는데, 초기의 길선주와 1930년대의 박형룡 두 사람을 이러한 신학 사상의 초석을 놓은 분으로 보았다. 교파적으로는 한국예수교장로회의 공식 신학

157 유동식, 『한국신학의 광맥 -한국신학사상사 서설』 (서울: 전망사, 1982), 28-30. 유동식은 한국신학의 사상사적 시대 구분을 함에 있어서 태동기(1900년대를 중심으로), 전초기(1930년대를 중심으로), 전개기(1960~1970년대를 중심으로)로 나누었으며, 내용적으로는 세 유형으로 구분하였다.

정통이라 했다.

둘째 유형인 진보적 사회 참여의 신학은 하나님의 말씀이 인간이 되신 성육신의 "삶"의 역사적 실현을 지향하여 예언자적 참여의 신학을 전개하여 왔는데, 초기 감리교의 윤치호와 1930년대 장로교의 김재준 두 사람이 이러한 신학 전통의 초석을 놓았으며, 오늘날 기독교 장로교의 신학적 전통이라 했다.

셋째 유형인 문화적 자유주의 신학은 한국 전통 사상과 기독교 사상의 조화의 "멋"을 모색하는 토착화신학 운동으로써 감리교의 신학적 전통이 되었고, 초기의 최병헌과 1930년대의 정경옥이 그 초석을 놓은 것으로 보았다. 이러한 세 유형의 신학이 초석이 되어 1960년대 이후의 토착화신학, 민중신학, 종교신학 등이 전개되었다고 서술하였다.

교회적 보수주의 신학은 한의 초월성과 절대성에 관련지을 수 있는 하나님 중심주의 사상이며, 사회적 진보주의 신학은 삶의 사회적 살림살이를 통해 인간의 본연의 모습을 실현하려는 이념이며, 문화적 자유주의 신학은 보수적인 서양 신학에 매이지 아니하고 한국문화 속에서 자유로이 작용하시는 성령을 믿고, 한국문화 전체의 흐름을 모색하는 신학이다.

유동식은 『한국신학의 광맥』(1982)에서 제시한 한국신학의 세 유형에 광택을 입혀 『풍류도와 한국의 종교사상』(1990)에서 좀 더 확충하여 설명한다. 첫째로 포함삼교의 '종교적 포월적 한'을 근대적이며 한국적인 '종교다원과 종교신학'으로 전개한 탁사 최병헌의 종교신학이다. 둘째로 접화군생의 '인간적인 삶'을 '민족목회와 민중신학'으로 전개한 윤치호의 구국신앙과 민족목회자 김재준의 민중신학이다. 셋째로 '예술적인 멋'의 풍류도를 기독교 신앙의 예술로 승화시킨 '신앙예술가 이용도'와 '풍류도인 함석헌' 그리고 '예술에 산 목회자 이연호'이다. 양자를 비교해보면 한의 초월성을 강조한 길선주와 박형룡의 신학이 "종교적 포월적 한"을 강조한 최병헌의 종교 신학으로 바뀌었다. 삶의 역사적 실천을 실현하는 신학자는 윤치호의 구국신앙과 김재준의 민중신학으로 동일하지만, "멋"을 모색하는 토착화신학 운동을 전개한 초기의 최병헌과 1930년대의 정경옥이 기독교 신앙을 예술로 승화시킨 '신앙예술가 이용도'와 '풍류도인 함석헌' 그리고 '예술에 산 목회자 이연호'로 바뀌었다. 최병헌의 경우는 '멋을 모색하는 토착화신학자'에서 '포월적 한의 종교 신학자'로 바뀐 것이다. 신학적 다양성을 한·멋진·삶이라는 신학적 틀에 굳이 맞추려다 보니 내용의 일관성과 엄밀성을 놓친 것으로 보인다.

이러한 풍류신학의 구조를 도표로 요약하면 다음과 같다.

풍류신학의 구조

	한	멋	삶
삼위일체	만유의 아버지 성부	멋으로 만나는 성령	삶으로 만나는 성자
기독교	빛이신 하나님	영이신 하나님	사랑이신 하나님
신학사상	한의 초월성 보수주의	서양 신학에 얽매이지 않는 자유주의	사회적 살림살이 진보주의
한국신학	최병헌의 포월적 종교신학	신앙 예술가 이용도 풍류도인 함석헌	윤치호의 구국신앙 김재준의 민중신학
한국신학	토착화신학	종교신학	민중신학

마지막으로 주목할 논문은 "장공과 풍류도"이다. 장공 김재준은 민중신학의 선구자로 해석되어 왔지만 유동식은 장공이 강화도 마

니산을 세 번이나 탐방한 것과 "한국민족은 한국정신과 기독교정신의 일체화만이 살길이다"고 주장한 것과 그리고 『환단고기』(1984)를 읽고 '전우주적 사랑의 공동체'를 주장하게 되었다는 것을 밝혀주었다. 유동식은 장공의 이러한 사상의 뿌리를 풍류도로 해석한다.

3. 유동식의 풍류신학의 쟁점과 천지인신학

1) 풍류를 '멋'과 '여유'로 해석한 것에 대하여

유동식은 풍류가 한국인의 원초적 영성이며 현대적 의미로는 멋으로 해석하고 최근에는 풍성한 여유라고 풀이하기도 하였다. 풍류의 옛 뜻은 유동식도 인정했듯이 '부루' 즉 밝은 하나님붉신에서 유래한 것이다. 현묘지도로서 풍류도는 인도人道가 아니라 신도神道로서 고신도古神道로 해석하는 이들이 적지 않다. 따라서 풍류를 신명神明으로 해석하는 많은 논저가 발표되었다. 풍류의 붉이 한자식으로 표현된 것이 신명神明이라 할 수 있다.

『삼국사기』에서 화랑도의 특징을 "서로 도의를 닦고, 서로 가악歌樂으로 즐겁게 하며, 명산과 대천大川을 찾아 멀리 가보지 아니한 곳이 없으며"라고 하였다. 고대문헌에 나오는 제천의식과 가무강신은 단순한 일상 예술적인 멋의 추구가 아니라 보다 종교적이고 초월적인 엑스타시를 추구하는 그야말로 무속적인 가무강신의 신명神明을 추구한 것이기 때문이다. 동양 삼국의 풍류를 비교해 보아도 한국의 경우 종교적인 신명에 가까운 것임을 알 수 있다.[158] 그렇다면 최치원이 말한 현묘지도로서 풍류도는 천지신명 하나님 신앙과 더 관련이 있는 것이 아닌가?

2) 포함삼교를 포월의 한과 성부 하나님으로 해석한 것에 대하여

포함삼교包含三敎는 풍류도의 민족주체적 성격에 대한 최치원의 '동인의식東人意識'의 표현으로도 해석된다.[159] 최치원은 아버지의 강권으로 12세에 자비 조기 유학한 당나라에서 급제하여 문명文名을 떨치고 16년 만에 귀국하였다. 최치원은 태백산에 있는 신지현덕의 전비문篆碑文에서 「천부경」을 발견하고 이를 번역하여 전하는 등 민족고유정신에 대한 자각이 싹터 '주체적 고대정신의 계승자'로 평가받는다.

이런 배경에서 볼 때 우리나라의 현묘지도는 중국의 유불선을 수용하여 습합 즉 '포함包涵' 한 것이 아니라, 삼교 유입 이전 고래로부터 있어 왔고 삼교를 포함包含 즉 포월하는 고유한 종교사상이라는 주체적 자의식의 선언이다. 따라서 '포함삼교'는 문맥과 배경으로 볼 때 비교종교학적 방법론의 개념인데 이를 내용적으로 수용하여 한, 하늘, 한울, 하나님으로 해석하고 이를 다시 삼위일체론에 적용하여 포월적인 존재인 성부 하나님과 상응시키는 것이 아닌가?

---

158 신은경, 『風流: 동아시아 美學의 근원』 (서울: 보고사, 1999), 64-65. 중국의 풍류개념이 주로 노장적(老莊的) "정신의 자유분방함"이 특징이고, 일본의 풍류개념이 사물의 외면에 미적 요소를 강조한다면, 한국의 풍류개념은 "종교성"을 강조한다고 한다.

159 최영성, 『최치원의 철학사상』 (서울: 아세아문화사, 2001), 397-447.

3) 접화군생을 인간교화로 해석한 것에 대하여

유동식은 최치원의 접화군생을 "모든 민중을 접하여 교화敎化하였다"(55쪽)고 해석하여 '인간화의 삶의 신학 또는 민중신학'에 상응시키지만, 최근에는 "중생을 접하여 감화시킨다"는 뜻으로도 해석된다. "접화군생은 홍익인간의 교화敎化보다 더 광범위한 재세이화在世理化의 '감화感化'로 해석되어야 한다"160는 것이다. 재세이화는 온 세상의 순리에 조화한다는 뜻의 '생명 친화'의 개념이다. 이는 화랑도에서는 명산대천의 오유산수遊娛山水로 실천되었고, 해월 최시형은 우주론적 경물론敬物論과 물오동포物吾同胞 사상으로 발전시켰고, 최근에는 김지하 등에 의해 우주생태학과 여성적 생명 모티브로 재해석되고 있다. 유동식이 밝힌 것처럼 장공 김재준도 일찍이 대종교의 「천부경」을 읽고 떼이야르 드 샤르뎅이 주장한 우주신인론적 영성에 나타나는 '전우주적 사랑의 공동체'의 이상을 발견하였다고 한다.

4) 한국인의 영성을 '한 멋진 삶'으로 해석한 것에 대하여

한국인의 영성의 뿌리가 '풍류'인가 하는 본질적인 질문이 제기된다. 그것은 나라의 현묘지도에 대한 최치원의 해석에 지나지 않으며, 유동식의 풍류신학은 최치원의 해석을 재해석한 것이거나, 김광식이 지적한 것처럼 신학적 해석이라기보다는 '기독교 교리의 무교적 예증Shamanistic illustraion'161이 아닌가 하는 질문이다. 최근 조자룡,162

---

160 같은 책, 437.

161 김광식, "샤머니즘과 풍류신학", 「신학논단」 21집 (1993), 79. 김광식은 칼 바르

우실하,[163] 이은봉,[164] 김지하 등은 단군신화와 삼신신앙 등을 통해 드러나는 한국문화의 구성원리는 이수분화의 음양론이 아니라 삼수분화 삼태극적인 삼재론이라는 것을 정교하고 다양하며 현실적합성이 있게 논증한 바 있다. 이 천지인 조화의 삼재론은 통시적이고, 공시적이며 동시에 기층 및 표층문화에 모두 나타는 통전적인 한국인의 영성이며 한국의 신화, 종교, 정치, 문화, 예술, 의식주뿐 아니라 한글 등에 사용되는 가장 보편적이고 현재에도 널리 통용되는 한국의 얼을 표상하는 대표적인 문양이기 때문이다.[165]

유동식 역시 단군신화를 비롯한 고대신화에 나타나는 삼태극적 구조와 천지인의 조화를 한국인의 영성이라고 하였지만, 최치원의 풍류도 해석에 집착한 나머지 천지인 조화의 영성을 '한 멋진 삶'이라는 개인적 실존적 의미로 축소한 것이 아닌가 하는 질문이 제기된다. 참고로 최치원이 최초로 전한 「천부경」에는 천지인 삼재론이 가장 구체적으로 서술되어 있으므로, 최치원이 발견한 현묘지도는 천부경에 나타난 천지인 조화론으로 보아야 할 것이다. 최치원은 국제적인 안목을 가지고 신라의 골품제도의 폐해를 개혁하기 위하여 과거제를 제안하는 등 많은 개혁적 글과 시를 쓰면 현묘지도를 정치 사회적으로 구현하려고 한 정치개혁가로 평가되기 때문이다.[166]

트가 해석과 예중을 구분한 것에 근거하여 풍류신학은 기독교의 무교적 해석이라기 보다는 무교적 예증이라고 설명한다.

162 조자룡, 『삼신민고』 (서울: 가나아트, 1995).

163 우실하, 『전통문화의 구성원리』 (서울: 소나무, 1999).

164 이은봉, 『한국고대종교사상-천신, 지신, 인신의 구조』 (서울: 집문당, 2002).

165 www.theologia.kr에 올려놓은 삼태극 관련 788개 사진 참조.

166 최영성, 『최치원의 철학사상』, 343-396.

결론적으로 유동식은 그의 저서 『한국무교의 역사와 구조』(1979)를 통해 단군신화의 천지인 삼태극적 구조를 밝힌 것도 저자로 하여금 『단군신화와 기독교 -단군신화의 문화사적 해석과 천지인신학 서설』을 저술하도록 한 계기가 되었다. 그리고 유동식이 최치원의 '난랑비서'를 해석학적 근거로 삼아 "한 멋진 삶"의 '풍류 신학'[167]을 전개하였으므로 저자는 "최치원의 「난랑비서」의 해석의 여러 쟁점"[168]에서 풍류의 현묘지도玄妙之道는 천지인 묘합의 삼재지도三才之道라고 밝히는 연구를 하게 되었다. '한 멋진 삶'의 인간학적 풍류신학은 방법론적으로는 삼태극적 구조를 유지하지만 내용적으로 삼태극의 본질적 상징인 하나님과의 수직적 관계, 인간과의 수평적 관계, 자연과의 친화적 순환적 관계를 살려내지 못한 아쉬움이 있다. 유동식은 "교회마다 십자가가 아니라 천지인天地人 '삼태극'의 상징을 다는 게 바람직하다"[169]고 하였다. 그러나 한국신학은 한국적이며 동시에 기독교적이어야 한다. 따라서 십자가 없는 삼태극은 한국적일 수 있으나 기독교적이라고 할 수 없을 것이다.

이 외에도 다석 유영모와 시무언 이용도 등도 천지인을 신학적인 주제로 언급하였다. 김진은 다석 유영모(1890-1981)의 출발점은 "하늘과 땅과 나, 즉 천지인 삼재天地人三才 나란히 생겨나므로 나와 만물이 일체라는 사상을 담고 있는 장자莊子의 제물론齊物論이다"고 하였다.[170]

---

167 유동식, 『風流神學으로의 旅路』 (서울: 전망사, 1983): 『풍류도와 한국신학』 (서울: 전망사, 1992); 『素琴 柳東植 全集』 제7-9권 (서울: 한들, 2009).

168 허호익, "최치원의 「난랑비서」의 해석의 여러 쟁점: 풍류의 현묘지도(玄妙之道)와 천지인 묘합의 삼재지도(三才之道)", 「조직신학논총」 31 (2011).

169 "유동식의 〈풍류도와 한국의 종교사상〉", 「한국일보」 2007.1.18.

170 김진, "다석의 종교다원주의와 파니카의 우주신인론", 「철학논총」 52 (2008),

유영모는 "님一하나二둘三셈이옵기"(「다석일지」 1962.08.02)라고 한 바 있다. 그는 인생을 포함한 모든 존재는 하나님으로부터 와서 하나님을 이고 살다가 하나님에게 돌아간다.

> 하늘과 땅과 나, 천지인 삼재天地人三才 본시 같은 데서 생겨났으며, 따라서 나와 만물과 하늘은 일체一体인 것이다. 하나의 종자種子에서 우주宇宙가 나오고, 하늘과 내가 존재하게 된 것이다. 이는 다석이 파니카에 앞서서 이미 우주신인론적 시각으로 존재를 파악했다는 결정적인 근거가 된다. 말씀이나 씨로부터 나온 우주 만물은 신비 그 자체이다. 이러한 생각은 다석의 기독교 해석에 그대로 적용되고 있다.[171]

유영모는 특이하게 천지인 삼재로 이루어진 한글 모음 기본음 '·ㅡㅣ'에 대한 신학적 풀이를 시도하였다. 그는 "ㅡ는 세상, ㅣ는 세상을 꿰뚫고 곧이 곧장 올라가는 고디신(인간), ·는 하나님 아버지의 사랑 평등 박애"로 보았다. 하나님의 음성의 모음 구조를 관통하는 삼재사상을 통해서도 전달된다고 하였다.

> 이는 세상 죄의 수평선(ㅡ)을 의의 수직선(ㅣ)으로 뚫고 올라가서 하나님 아버지의 가슴 한복판에 가온찍기(·)하라는 하나님의 명령인 것으로 생각했다.[172]

110.

171 같은 글, 110.

172 오정숙, 『다석 유영모의 한국적 기독교』 (서울: 미스바, 2005), 261.

유영모가 한글 모음의 제자원리로 수용된 천지인 삼재를 신학적으로 성찰한 것은 의미 있는 일이지만, 이를 수직, 수평, 가온찍기로 해석한 것은 해석학적 엄밀성이 떨어지는 자의적인 풀이라고 여겨진다.

이용도(1901-1933) 역시 천지인에 대하여 언급하였다. "하나님과 격이 날 때 사람 사이에 격이 생기고 금수와 사람 사이에 또 만물과 삶 사이에 격이 생기었나이다. 하나님과 합하면 사람끼리와 만물끼리가 다 합할 것입니다. 오, 주여, 합하게 하옵소서"(1930년 4월 4일 일기)[173]라고 하였다. 그리고 「예수교회 창립선언」(1933)에서는 예수 안에서의 '우주와 사회와 개성[인간]' 즉, '하늘과 땅과 인간'이 새로워지기를 기원하였다.

> 만유가 혁신되리라는 것이 인생의 공통한 이상이다. 그래서 우주가 새로워지고 사회가 새로워지고 개성이 새로워지기를 어제도 오늘도 내일도 간단없이 바라고 기다린다. 예수로서 만유가 혁신되기를 바라는 것은 예수인의 이상이다. 그래서 예수로서 하늘도 예수로서 땅도 예수로서 인간도 새로워지기를 바라는 것이다.[174]

성백걸은 이용도의 신학의 본질은 "구원세계의 삼일체적인 혹은 삼재三才일체적인 구조"라고 하였다. 그리고 신과의 합일, 인간과의 합일, 자연과의 합일로 이뤄진 "삼중적 혹은 삼태극적인 구원의 구조"를 지닌 이용도의 신학은 생태계의 위기 시대를 살아가는 전 인류

---

173 변종호 편, 『이용도 목사 서간집』(서울: 초석출판사, 1986), 105-106.

174 「예수교회 창립 선언」은 1933년 6월 3일 평안남도 평양부 대찰리에서 발표되었다.

에게 많은 시사를 하고 있다고 평가하였다.[175]

김흡영은 금장태가 분석한 퇴계의 '신-인간-우주적 경' 사상은 게리쉐Brain Gerrish가 정리한 칼빈의 '신-인간-우주의 비전'과 상응한다고 보았다.[176] 그리고 새로운 한국신학은 '한국인들의 영성의 기본틀인 천지인의 패러다임'을 수용하여 세 가지 모형전환이 수반되어야 한다고 주장한다. 먼저 서양 신학의 전통적인 구속사 중심의 신-역사적(구원론적) 패러다임에서 신-인간-우주적(창조론적, 성령론적) 패러다임으로, 형이상학적 패러다임에서 생태학적 패러다임으로 그리고 로고스 패러다임에서 프락시스 패러다임으로 전환하여야 한다[177]고 주장한다. 퇴계의 천지인 사상에서 한국신학의 출발점을 찾으려는 시도는 높이 평가한다. 그러나 그리고 한국사상 중에서 '신-인간-우주적 경' 사상은 퇴계보다는 단군신화가 원초적이고 해월 최시형의 경천, 경인, 경물의 삼경사상[178]이 더 구체적이다.

이영훈 목사도 순복음교회 창립 55주년을 맞이한 인터뷰에서 앞으로 "무엇보다 개인의 성화뿐만 아니라 사회를 변화시키려는 노력이 전개돼야 한다. 신앙과 삶을 일치시키고 개인구원뿐만 아니라 사회구원, 생태계구원에 힘써야 한다"고 역설한 바 있다.[179] 정종훈도

---

175 성백걸, "영원 향유: 이용도의 생애와 사상", 「문화신학」 제5집 (2001), 47.

176 김흡영, "신·인간·우주: 신학, 유학 그리고 생태학", 『도의 신학』 (서울: 다산글방, 2000), 326.

177 같은 책, 335. 김흡영은 세 가지 모형전환의 수반되어야 한다고 주장한다. 나머지 둘은 형이상학적 패러다임에서 생태학적 패러다임으로, 로고스 패러다임에서 프락시스 패러다임으로의 전환이라고 하였다.

178 허호익, "해월 최시형의 삼경론과 천지인신학", 「한국기독교신학논총」 제27집 (2003); "해월 최시형의 삼경론의 구조와 친지인 신관", 「한국기독교신학논총」 제28집 (2003).

최근 "십계명 재해석하기"에서 십계명을 각 계명을 하나님과의 관계, 이웃과의 관계, 자연관의 관계라는 천지인 삼중적 원리로 재해석하여 「현대종교」(2013)에 연재하였다. 이러한 단편적인 시도들도 모두 천지인신학의 한 사례로 여겨진다.

---

179 "여의도순복음교회 이영훈 목사 '성령운동 통해 소모적 갈등 막고 제2의 부흥 열겠다'", 「국민일보」, 2013.05.30.

제3장

천지인신학의 성서적 기초

I. 성서의 주제: 하나님·땅·사람

브루지만은 “성서는 하나님의 백성과 하나님의 땅 사이의 관계에 대한 이야기”라고 하였다.[1] 스텍 역시 “성경은 하나님과 인간을 땅으로부터 분리한 채 언급하지 않으며, 또한 땅을 하나님과 인간으로부터 분리한 채 언급하지 않는다”[2]고 했으며, 따라서 “하나님·인간·땅의 이 셋은 성경의 위대한 삼중적 조화를 이룬다”[3]고 하였다. 하벨의 말대로 구약성서에서는 ‘하나님과 사람과 땅은 서로 공생 관계(symbiosis)’를 지닌다.[4]

커밍스는 성경의 처음과 마지막이 하나님·인간·자연의 사이의 조화로운 관계를 강화하고 유지하고 지속하는 것으로 보았다. 성경은 하나님, 세상, 인간에 대한 이야기로 첫 장을 시작하며(창 1-3장) 그리고 끝은 새 하늘과 새 땅에 대한 만물이 새로워지는 비전을 제시하면 하나님, 인간, 자연에 대한 묘사로 끝나고 있다(계21장). 시작과 끝 사이에 인간에게 주어지는 사명은 조화로운 성장과 상호관계를 계속하기 위해 협조하는 것이다.[5]

---

1 W. Brueggemann, 『성서로 본 땅』 (서울: 나눔사, 1992), 24.

2 John H. Steck, 『구약신학』 (서울: 솔로몬, 2000), 170.

3 같은 책, 169.

4 기독교환경운동연대 편, 『녹색의 눈으로 읽는 성서』 (서울: 대한기독교서회, 2002), 22.

하나님·땅·사람 이 셋 중 하나님을 어떻게 신앙하느냐에 따라 나머지 둘인 인간과 자연(또는 물질)에 대한 이해가 달라진다. 그리고 신을 제사의 대상으로 보느냐, 순종의 대상으로 믿느냐에 따라서 종교제도가 달라진다. 물질을 공유의 대상으로 보느냐, 독점의 대상으로 보느냐에 따라 경제제도가 달라진다. 그리고 인간을 지배의 대상으로 보느냐, 섬김의 대상으로 보느냐에 따라 정치제도가 달라진다.

따라서 성서적 창조 신관에 비추어 자연관과 인간관을 살피고 이어서 초기 이스라엘 계약공동체가 다른 종교와 달리 지성소에 두었던 십계명 두 돌판과 만나 항아리와 아론의 지팡이가 지닌 상징은 각각 초기 이스라엘 계약공동체의 종교제도와 경제제도와 정치제도의 이상을 드러내는 표상으로 해석하려고 한다.

성서의 전향적인 신관과 인간관과 자연관에 따라 이스라엘 공동체가 전향적인 종교제도, 정치제도, 경제제도를 실현하려고 한 역사적 궤적으로 통해 성서적 신앙의 골자가 하나님과의 수직적 영성적 관계, 인간과의 수평적 연대적 관계 그리고 자연 또는 물질과의 친화적 순환적 관계를 지향하는 것이라는 점을 밝혀 보려고 한다.

동일한 해석학적 원리를 신약성서에 적용하여, 최초의 신앙고백인 마리아의 찬가, 주기도문과 팔복 그리고 예수의 3대 비유, 즉 탕자(아버지와 두 아들)의 비유, 선한 사마리아인의 비유, 포도원 품꾼의 비유를 각각 하나님 아버지와의 바른 관계, 이웃과의 바른 관계, 물질과의 바른 관계의 비유로 해석함으로써 천지인신학의 성서적

5 C. Cummings, *Eco-Spirituality* (NJ: Paulist Press, 1991), v.

근거로 제시하고자 한다. 예수의 가르침에 나타나는 하나님 아버지의 나라와 관련하여 하나님 나라의 종교제도, 정치제도, 종교제도를 천지인신학의 방법론으로 서술한 것에 관해서는『예수 그리스도』1 · 2권을 참고하길 바란다.[6]

6 허호익,『예수 그리스도』1 · 2 (서울: 동연, 2010).

II. 창조의 신관·인간관·자연관

창세기의 창조설화는 최소한 기원전 1,000년 전후부터 신앙고백으로 전승되고 기록된 것이다. 성서의 신관을 이해하려면 성서기자의 신관이 기록된 역사적 배경에 대한 지식과 더불어 그들이 '직관적으로 고백한 창조신앙'에 대한 '신학적 해석 과정'을 거쳐 개념적으로 재정리하여야 우리 시대의 독자에도 공감대를 형성할 수 있을 것으로 생각된다.[7] 스텐달은 좀 더 포괄적인 의미에서 성서 해석은 '본문이 무엇을 의미했는가?'(What it meant?)와 '본문은 무엇을 의미하는가?'(What it means?)를 종합하는 것이라고 하였다.[8] 성서 기록 당시의 본문의 의미를 살펴 오늘 우리에게 주는 의미를 찾는 것이 성서해석의 목적인 것이다.

마틴 부버는 "최초에 관계가 있었다"고 하였다. 따라서 '태초에 하나님께서 천지와 인간을 창조하였다'는 창세기의 직관적인 표현은 태초에 하나님이 하나님과 인간의 창조적 관계, 인간과 인간 사이의 창조적 관계 그리고 인간과 자연 사이의 창조적 관계를 창조한 것으

7 F. Schleiermacher, 『해석학과 비평: 신약성서와의 특별한 관계를 중심으로』 (서울: 철학과현실사, 2000).

8 Krister Stendahl, "Biblical Theology, Contemporary," *Interpreters Dictionary of the Bible*, Vol. 1 (New York and Nashville: Abingdon, 1962), 419.

로 개념화할 수 있다. 하나님께서 천지만물과 인간을 창조하였다는 창세기의 창조신앙은 생명의 위협에 처해 있는 이스라엘 백성에게 생명의 축복을 주시기 위해 하나님과 자연과 인간 사이의 새로운 생명의 질서가 생겨났음을 고백한 것을 의미한다.

창세기는 하나님과 인간, 인간과 인간, 인간과 자연 사이의 새로운 관계의 창조, 즉 천지인이라는 삼중적 삼중관계의 창조에 관한 직관적 고백이라고 할 수 있다.[9] 고대근동의 평균적인 신관과 인간관과 자연관에 비추어 볼 때 성서의 창조신앙은 가장 시대에 앞선 의식(Advanced Consciousness)임이 드러난다.

1. 창조의 신관

하나님께서 천지와 인간을 창조하였다는 신앙은 이스라엘 계약공동체의 뿌리 깊은 고백이었다. 이러한 창조신앙은 창조시편(시 8, 19, 104, 148편)이나 이사야서(40:12-31; 43:1-7; 45:9-13; 48:12-13)에도 기록으로 전승되어 있다. 창세기(1:1-2:4a)에 기록된 첫 번째 창조 이야기는 여러 방식으로 고백되고 전승되어 온 창조주 야웨 하나님에 대한 신앙고백이 바벨론 포로의 경험을 새롭게 반영하여 서기전 587년 포로기 이후에 현재의 형태로 최종 편집된 것으로 보인다. 그리고 이를 기록으로 남긴 이들이 포로로 잡혀갔던 이스라엘의 제사장 집단이라는 사실이 밝혀지면서 이들이 기록한 창세기 1장이 제사장 문서(Priest document)라고 불리게 된 것이다.[10] 폰 라트G. von Rad는 "창세기

---

9 허호익, 『성서의 앞선 생각 1』 (서울: 한국장로교출판사, 1998), 25-86.
10 W. H. Schmidt, 『역사로 본 구약성서』 (서울: 나눔사, 1988), 225.

1장을 읽는 모든 독자는… 그것이 신조라는 것을 알아야 한다"[11]고 하였다.

하나님이 태초에 말씀으로 천지와 인간을 창조하였다는 창세기의 내용과 바벨론, 이집트, 가나안의 고대근동의 신화를 비교해 보면 성서의 신관의 전향적인 의미를 알 수 있다.

1) 무엇보다도 바벨론의 창조신화는 무수한 신들이 등장하는 다신론적 구조이다. 그러나 성경은 신은 하나님 야웨는 한 분뿐이라는 것이 강조되어 있다.

「에누마 에리쉬」에는 "600명이나 되는 위대한 신들"이 등장한다. 북부 팔레스타인 지역인 에블라에서 발굴된 에블라 문서(서기전 2500-2250)에도 500여 명의 잡다한 신들이 등장한다.[12] 이집트의 다양한 피라미드 텍스트에서 언급된 신이 200명 이상이었다.[13] 스텍이 말한 것처럼 "신화들에는 하늘과 땅에, 바다와 땅 아래에 서로 다른 신들이 존재하지만, 하나님의 말씀에서는 오직 한 분이신, 창조주이며 동시에 구주인 야웨가 존재한다."[14] 창세기는 다신론적 신화를 극복하였다는 분명한 차이점이 드러난다.

2) 고대 근동의 여러 신화에 등장하는 신들은 부신과 모신, 남신과 여신이 있어 그들 사이에 복잡한 친족관계를 형성하고 있다. 바벨론 신화는 그 자체가 신의 가계요 계보이다.

---

11 John H. Stek, 『구약신학』 (서울: 솔로몬. 2000), 255. 또한 창조기사가 새해의 축제를 위해서 마련된 종교적 의식이라는 주장도 타당성이 없다.

12 엄원식, 『히브리 성서와 고대 근동문학의 비교연구』(서울: 한들, 2000), 128-130, 137-138. 에블라 창조설화는 단일신론적인 성격을 띠고 있는 것으로 주장된다.

13 K. C. Davis, 『세계의 모든 신화』(서울: 푸른숲, 2005), 94.

14 John. H. Steck, 『구약신학』, 241.

모든 주요 신은 여신과 짝을 이루고 있다. 가나안에는 신들의 아버지이며 가장 지고한 신인 엘은 아세라 여신의 짝이며, 폭풍과 비옥의 신인 바알의 배우자는 이쉬타르Ishtar이다. 바벨론의 아누는 아내를 여럿 두었다. 그의 아내로 나오는 여신은 아누의 여성형인 '안투Antu'(하늘의 여신), 금성의 여신 '이쉬타르'(수메르의 '인안나')이다. 이집트에는 땅의 여신 '키ki' 또는 '우라쉬uraš'가 있다.[15]

적어도 구약에 나타난 주요 전승에서는 이런 성 모델은 거부되었다. 야웨는 부인이나 배우자가 없다.[16] 앤더슨은 고대 종교의 두 가지 특징과 이스라엘이 이에 어떻게 반응했는지를 고려하면 야웨신앙의 독특성들은 분명해지는데 "첫째는 다신론이고 둘째는 신의 영역에서의 성"이라고 하였다.[17] 하나님을 남성적 요소와 여성적 요소로 나누는 일은 확고하게 배제되었으며 야웨 하나님은 양성을 초월하는 존재였다는 것은 주목할 가치가 있다.

3) 신들 사이는 친적관계뿐 아니라 계급관계가 형성되어 있다. 바벨론의 「에누마 엘리쉬」에는 상급신 아눈나키를 섬기는 하급신 '이기기'(Igigi)가 등장한다. 하급신은 상급신을 섬기는 노동자 집단으로 잡신(雜神)에 속한다.[18] 무수한 신들의 계보를 따지는 다양한 신화들이 전승되었다. 그러나 창세기는 한 분 하나님만을 유일한 신으로 고백하기 때문에 '신들' 사이의 계급이나 위계가 있을 수 없다.[19]

---

15 주원준, 『구약성경과 신들 :고대 근동 신화와 고대 이스라엘의 영성』(서울: 한님성서연구소, 2012), 37.

16 B. W. Anderson, 『구약신학』(서울: 한들출판사, 2001), 129.

17 같은 책, 124-125.

18 안성림 · 조철수, 『수메르 신화 I』(서울: 서문해집, 1996), 32 도표 참조.

19 노세영·박종수, 『고대 근동의 역사와 종교』(서울: 대한기독교서회, 2000), 258-

상급신들은 주요한 도시를 차지하고 그 도시를 대표한다. 수메르의 중요한 신들은 특정 도시의 주신(主神)이다. 따라서 신들은 특정한 지역에서만 영향력을 발휘하는 국지신(局地神)의 한계를 벗어나지 못한다. 초기 이집트는 '노메스'라는 42개의 행정구역으로 나누어져 있었는데, 각 노메스마다 섬기는 신이 따로 있었다. 또 도시나 마을마다 대개 그 지역신을 모시는 신전이 있었기 때문에, 신들의 수는 시간이 지나면서 수천으로 불어났다.[20]

이처럼 "고대 신화들에서 땅 위에는 신전이나 신전의 연장으로서 신전을 간직한 도시가 특별히 성스러운 곳으로 인정되지만, 성경에서는 온 피조의 세계가 신성한 하나님의 나라이다."[21] 성서의 하나님은 우주의 삼라만상을 지으신 분이므로 어떤 특정 장소나 성전에 국한되지 않은 무소부재한 신으로 고백된다.

4) 바벨론 창조신화에는 신들 사이의 갈등과 전쟁이 큰 줄거리로 등장한다. 태초에 존재한 신들의 아버지 압수와 신들의 어머니 티아맛이 그 자손 신들 에아와 마르둑에게 살해된다. 신바빌론 제국의 마르둑 사제들의 목적은 제국의 왕권신학을 정립하는 것이었다. 이처럼 신들이 서로 미워하고 질투하여 전쟁을 일으키고, 죽이고 죽기도 하는 것은 성서의 신관으로 볼 때 아주 낯선 것이다.

고대 근동지역의 평균적 신관은 리빙스턴의 분석처럼 '신적인 것, 자연적인 것, 인간적인 것' 사이의 경계가 모호하다는 것이 가장 큰 특징이다. 걸프만으로 흘러 들어가는 짠물(Tiamat)과 단물(Apsu)이

259.

20 K. C. Davis, 『세계의 모든 신화』, 97.

21 John H. Stek, 『구약신학』, 241.

최초의 신으로 등장하고 신들도 인간처럼 행동하기 때문이다. "신적인 것이 자연 대상물일 수도 있고 그 역도 가능하다. 인간적인 존재가 신적인 존재가 될 수 있고 그 역도 성립한다."[22]

이에 비추어 볼 때 창세기가 하나님이 천지만물을 창조하였다고 한 것은 전향적인 신관의 등장을 의미한다. "야웨는 전적으로 다른 유형의 신이었다. 그는 어떠한 자연력과도 동일시되지 않았고, 또 하늘에서나 지상에서나 어떠한 지점에 국한되지도 않았다."[23]

그런데 하나님께서는 인간은 친히 흙으로 빚어 그 코에 하나님의 생기를 부어 창조하시고, 남녀 모두에게 '하나님의 형상'을 주시고, 서로 돕는 배필로 살게 하셨다. 천지만물은 엿새 동안 말씀으로 창조하였지만, 인간에게는 생육하고 번성하라는 말씀과 '선악을 알게 하는 실과'를 따 먹지 말라는 말씀을 위임하였다.

하나님의 말씀이 인간에게만 위임되었다는 것은 인간은 하나님께서 하라는 것은 하고, 하지 말라는 것은 하지 말아야 한다는 것을 의미한다. 최초의 범죄는 하나님의 이러한 명령에 불복종한 데서 출발한다. 죄가 하나님의 말씀에 대한 불순종이라면 의는 하나님의 말씀에 순종하는 것이 된다. 말씀을 통해 명령하거나, 이 말씀을 듣고 이에 순종하는 것은 인격적인 존재에게만 가능한 일이다. 말을 통해 우리는 지식과 감정과 의지를 전달하는 것이다.

말을 주고받을 수 있는 존재만이 지정의를 지닌 인격적인 존재가 되는 것이다. 인격이라는 것은 지정의를 갖추는 것을 뜻하기 때문이다. 우리는 무지하고 어리석은 자를 인격자고 부르지 않는다. 어느

---

22 G. H. Livingston, 『모세 오경의 문화적 배경』 (서울: 기독교문서선교회, 1990), 179.
23 J. Bright, 『이스라엘 역사』 상(왜관: 분도출판사, 1978), 242.

정도 지식과 지혜를 갖춘 자를 인격자라 칭하는 것이다. 그리고 몰인정하고 매정한 사람을 가리켜 인격자라 하지 않는다. 인정이 많고 감정이 풍부한 사람을 인격자라 부르는 것이다. 마찬가지로 악하고 불의한 자를 인격자라 하지 않고 의롭고 선한 사람을 인격자라 하는 것이다. 따라서 인격을 지녔다는 것은 지정의를 골고루 갖춘 사람을 말한다.

성서의 하나님이 인격적인 신인 이유가 바로 여기에 있다. 말씀으로 천지를 창조하시고, 말씀을 인간에게 위임하시는 하나님은 말씀으로 존재하시는 하나님이시다. 따라서 인간은 이 말씀을 들을 마음과 알아들음과 듣고 행함으로 통해서만 하나님과 바른 관계를 맺을 수 있는 존재이다.

하나님만이 창조(bara')하실 수 있는 존재이다. 즉, 존재하지 않는 것에 명령하여 존재하도록 하실 수 있다. 그분은 말씀을 통해 "없는 것을 있는 것 같이 부르시는 이"(롬 4:17)시므로 "모든 세계가 하나님의 말씀으로 지어진 줄을 우리가 아는 것"(히 11:3)이다. "하나님을 알만한 일이 사람에게 환히 드러나 있으니… 사람이 그 지으신 만물을 보고서 깨닫게 되어 있다"(롬 1:19-20). 따라서 인간은 마땅히 하나님을 알고 그에게 감사와 영광을 돌려드리는 삶(롬 1:21)을 살아야 한다. 교리문답 1조에서 말한 것처럼 "사람의 제일 되는 목적은 하나님을 영화롭게 하고 영원토록 그를 즐거워하는 것"(고전 10:31; 롬 11:36; 시 73:24-26; 요 17:22)이기 때문이다.

인간은 하나님의 형상과 하나님의 생기로 창조되고 하나님의 말씀이 위임된 존재이므로 인간은 하나님을 떠나서는 참으로 인간다울 수 없다는 것이 창세기의 창조설화가 직관적으로 우리에게 가르쳐 주는 교훈이다.

2. 창조의 인간관

창세기에는 하나님이 인간을 하나님의 형상으로, 하나님의 생기로, 돕는 남녀로 창조하였다고 한다. 그 전향적인 의미를 살펴보자.

1) 하나님의 형상으로 창조된 인간

창세기는 인간 창조에 대하여 "하나님이 자기 형상, 곧 하나님의 형상대로 사람을 창조하시되 남자와 여자를 창조"(창 1:27)하였다고 한다. 신의 형상이란 무엇인가? 놀랍게도 십계명의 제2계명은 신의 형상을 만들지 못하게 금하고 있다. 위로 하늘에 있는 것이나 아래로 땅에 있는 것이나 땅 아래 물속에 있는 것의 아무 형상이든지 만들지 못하게 한 것이다(출 20:4). 그럼에도 불구하고 인간에게만 하나님의 형상이 부여되었다고 한다.[24]

그렇다면 도대체 신의 형상(Imago Dei)이 무엇인가? 일찍이 이레네우스(Irenaeus) 이래로 "우리의 형상을 따라 우리의 모양대로 우리가 사람을 만들고"(창 1:26)라는 구절에 근거하여 '형상'(zalem)과 '모습'(demuth)을 각각 라틴어로 '이마고'(imago)와 '시밀리투도'(similitudo)로 번역하였다. 그리고 양자의 의미를 구분하여 형상은 이성과 인격과 같은 인간의 자연적 특질을 말하며, 모습은 초자연적 은총을 통해 주

---

24 이 주제에 관한 자세한 내용은 이 책 제2장 "하나님의 형상론의 관계론적 이해와 천지인신학"을 참고할 것.

어지는 영적 차원을 말한다고 하였다.[25] 그러나 최근의 성서학자들은 형상과 모습은 동의어의 반복을 나타내는 히브리 어법이지 내용적으로 다른 특징이라고 볼 수 없다고 한다.[26]

어떤 신학자들은 하나님의 형상은 인간에게만 주어진 이성과 양심과 같은 내적·정신적·영적 특징을 나타낸다고 하였으나, 인간의 외형적·신체적인 유사성까지 포함한다는 반론도 제기되었다. 최근에는 구약성서 시대에는 인간의 육체적인 영역과 영적인 영역을 이처럼 날카롭게 구분하지 않았으므로 하나님의 형상은 영육을 포함하는 인간의 전인성全人性을 표상하는 것으로 보아야 한다는 것으로 뜻이 모아지고 있다.[27]

형상으로 번역한 히브리어 첼렘(צלם)의 사례와 용법에 대한 고고학적 연구결과, 이 단어는 현대적 의미인 이미지image와는 전혀 다른 의미를 함축하고 있음이 밝혀졌다. 베스트만C. Westermann은 이집트의 궁정문서에는 왕을 '태양신 레의 형상'(image of Re)이라 표현한 것이 빈번히 등장한다고 하였다.[28] 슈미트W. H. Schmidt에 의하면 이집트 제4왕조(서기전 2600-2450경)부터 왕은 태어나면서부터 신의 아들로 임명되어 왕으로 즉위함으로써 신성을 획득하고, 죽는 순간 완전한 신이 된다고 믿었다고 한다. 이처럼 왕은 신의 형상으로 표현되었다.[29]

---

25 J. Moltmann, 『창조 안에 계신 하나님』 (서울: 한국신학연구소, 1986), 273.

26 G. von Rad, 『창세기』 (서울: 한국신학연구소, 1981), 60.

27 G. J. Wenham, *Genesis 1-15*, WBC Vol. 1 (Waco, Texas: Word Books, 1987), 27.

28 C. Westermann, *Genesis 1-11*, tr. J. J. Scullion (Mineapolis: Augsburg Pub., 1984), 152-153.

29 W. H. Schmidt, 『역사로 본 구약성서』 (서울: 나눔사, 1988), 272-273.

그래서 신이 된 왕을 위해 미이라와 피라미드를 건축하기 시작하였다.

그리고 왕들이 몸소 행차할 수 없는 지방에는 그들의 통치권에 대한 상징으로서 왕의 초상을 세웠는데, 이를 '왕의 형상'이라고 하였다. 변방 지역에 그의 통치의 대리자인 봉신을 임명할 때에도 왕의 형상을 그곳에 보내어 그 지역이 왕의 통치영역이며, 봉신은 그의 통치의 대리자임을 표상하게 하였다. 이러한 이집트 왕조신학적인 배경에서 볼 때 신의 형상을 지닌 자는 "신의 통치를 대리하는 자이며, 동시에 신의 영광을 반사하는 자"를 의미하는 것이 분명하다.[30]

성서가 말하는 하나님의 형상도 통치의 위임과 관련되어 있음을 알 수 있다. 하나님이 인간을 자신의 형상으로 창조하시고 "그들에게 복을 주시며 생육하고 번성하여 땅에 충만하라 땅을 정복하라. … 모든 생물을 다스리라"(창 1:28)고 명하였다. 따라서 몰트만은 "하나님의 형상으로서의 사람은 땅 위에서 하나님을 대리하며, 그를 닮음으로 하나님을 반사한다"[31]고 하였다.

이런 배경에서 폰 라트는 "인간은 존귀하신 하나님의 표징으로서 하나님의 모습을 가지고 지상에 세워졌다. 인간은 참으로 지상에 대한 하나님의 통치권을 보존하고 강화하도록 촉구받은 하나님의 대리자다"[32]라고 하였다. 하나님의 형상은 인간의 정신적 본질과 육체적 형태의 우아함을 포함하며, 통치의 대리뿐만 아니라 하나님이 인간에게 부여한 영광을 지칭한다고 하였다.

---

30 W. H. Schmidt, *Die Schöpfungsgeschichte der Priesterschrift*, 2 Aufl. (Neukirche Verlag, 1967) 139.

31 J. Moltmann, 『창조 안에 계신 하나님』, 261.

32 G. von Rad, 『창세기』, 62-63.

저를 천사보다 조금 못하게 하시고 영화와 존귀로 관을 씌우셨나이다(시 8:5).

이집트의 파라오처럼 왕만이 신의 형상을 독점한 자라는 의식이 평균적인 시대에 창세기는 남녀 모든 인간이 하나님의 형상으로 창조되었다고 선언한다. 하나님의 형상으로 지음받은 남녀 인간이라는 성서의 메시지는 전향적인 인간관을 함축하고 있다.

이집트와 바벨론에서 신의 형상을 독점한 한 사람의 절대군주에 의해 생존이 위협받는 상황에서 이스라엘 백성들은 억압과 착취의 노예로 살면서 하나님이 모든 인간을 하나님의 형상으로 창조하였다고 선언하였다. 이는 사람이 사람을 지배할 수 없으며, 모두가 평등하게 창조되었음을 의미한다. 어거스틴은 하나님이 인간을 자기 형상으로 창조한 후 모든 동물을 다스리게 한 것은 인간에 대한 인간의 지배 금지를 포함한다고 하였다.

사람이 비이성적인 피조물 이외의 것을 다스리는 것은 하나님의 뜻이 아니었다. 즉, 사람은 사람을 다스리지 말고 짐승들을 다스리라고 하셨다. 그래서 원시시대의 의인들은 인간을 사회의 왕으로 만들지 않고 양치는 목자로 만들었다.[33]

당시의 일반적인 형상론은 왕만이 신의 형상으로 창조되었고, 신의 대리 통치자로서 절대 권력과 영광을 누린다는 제정일치제에 입

---

33 Augustine, *City of God*, V. xix, 15.

각한 절대군주제의 엄격한 지배 이념을 반영하는 신화이다. 그러나 성서는 이러한 반민주적이고 불평등한 왕정 이념을 거부한다. 왕만이 아니라 모든 인간, 심지어 남자뿐 아니라 당시에는 인구수에도 포함되지 않았던 여자도 하나님의 형상으로 창조되었다는 선언이다.

따라서 왕들만이 특권과 기득권, 존귀와 영광을 누리는 것이 아니다. 하나님의 형상을 지닌 모든 인간이 동등한 권한과 영광을 누리며, 억압과 착취의 위협 없이 평등하고 민주적인 생명의 새 질서들 속에서 살도록 창조된 것이다.

플라톤은 인간의 근원적인 차별을 신의 창조 원리라고 주장하였다. 신神이 사람을 만들 때 어떤 사람에게는 금을 혼합하였고, 그 밖에 다른 사람에게는 은을 혼합하였고, 장인匠人이나 농부가 될 나머지 사람에게는 청동과 쇠를 넣었다.[34] 모든 남자와 여자가 하나님의 형상으로 평등하고 존엄하게 창조되었다는 창세기의 인간 창조 이해와 달리 플라톤은 인간의 원천적인 차별성을 창조론적으로 정당화한 것이다. 플라톤조차도 당시의 관습에 따라 남녀를 차별하고, 야만인은 인간 취급도 하지 않았고, 무식한 민중을 무시하고, 노예를 착취하는 것을 당연히 여긴 것은 그 역시 당대의 평균적인 생각을 뛰어넘지 못했다는 사실을 분명히 보여준다.

이처럼 고대 근동신화들에서는 신들의 대리인으로서 신들의 영역에 참여하는 왕들을 제외한 모든 인간은 신들의 도시를 섬기는 노예로 창조되었다고 묘사되지만, 창세기에서는 남녀 모든 인간은 피조물 중에 유일하게 하나님의 형상을 간직한, 그래서 온 창조물을 창

34 Aristoteles, 『정치학/시학』 (서울: 삼성출판사, 1995), 82.

조주의 뜻에 따라 다스리는 통치의 대리자로 인정된다.[35]

성서에서는 하나님과 왕과의 관계보다 하나님과 국가 전체와의 관계를 훨씬 더 강조한다. 신의 형상이나 신의 아들이라는 칭호는 백성 전체에게 적용된다.[36] 특정한 개인에게만 신의 형상이 주어져 절대적 왕권을 향유한다는 천자天子사상을 거부한다. 남녀를 포함한 모든 인간이 신의 형상으로 지음받은 존귀한 자들이며, 그들이 바로 택함받은 하나님의 백성들의 계약공동체라는 의미에서 천민天民사상과 선민選民사상을 천명한다. 모든 사람이 하나님의 형상을 공유함으로써 서로를 돕고 더불어 살도록 창조되었다는 것이다.

하나님의 형상으로 창조되었다는 것은 인간의 인권과 그 존엄성의 신적인 기원을 표상한다. 사람이 사람을 지배할 수 없는 것은 하나님이 모든 인간에게 동등하게 자신의 형상을 부여하였기 때문이다.

따라서 인간에게는 자기 자신의 생명을 파괴할 권리나 다른 사람의 생명을 함부로 해칠 권리가 없다는 것도 거듭 강조되고 있다(창 4:10; 9:6; 출 20:13; 신 5:17). 약한 자를 학대하고 가난한 자를 착취하거나 무고한 사람의 피를 흘리는 것은 하나님에 대한 반역이요, 그것 자체가 신성모독임을 선언한 것이다.

> **가난한 사람을 학대하는 자는 그를 지으신 이를 멸시하는 자요, 궁핍한 사람을 불쌍히 여기는 자는 주를 존경하는 자니라**(잠 14:31).
> **무릇 사람의 피를 흘리면 사람이 그 피를 흘릴 것이니 이는 하나님이 자기 형상대로 사람을 지었음이니라**(창 9:6).

---

35 John. H. Steck, 『구약신학』, 241.
36 W. H. Schmidt, 『역사로 본 구약성서』, 282.

하나님의 형상은 또한 하나님과의 관계를 맺을 수 있는 능력이기도 하다. 인간이 하나님의 형상을 지녔다는 것은 인간이 하나님과의 인격적 관계를 맺을 수 있는 존재로 창조되었다는 의미이다. 바르트 K. Barth는 하나님의 형상을 관계의 유비(analogia relationis)로 해석하였다.[37] 특히 본회퍼는 하나님의 형상을 자유와 관계의 개념으로 설정하였다. 본회퍼의 자유 관계의 형상론에 의하면 하나님의 형상으로 주어진 관계마저도 인간 자신의 능력이나 가능성이 아니며, 오히려 그것은 '선물로 주어진 관계'이다.

하나님의 축복으로 주어진 은사인 하나님의 형상을 통해 인간은 하나님과의 수직적 사귐, 인간과의 수평적인 사귐, 세계와의 순환적 사귐을 얻게 되었다.[38] 하나의 관계가 단절되면 다른 관계도 단절된다. 하나님을 잃으면 형제를 잃고, 형제를 잃으면 인간은 대지(자연)를 잃는다. 역으로 인간이 대지를 상실하면 하나님과 형제를 상실한다.

> 인간이 하나님을 잃으면 필연적으로 다른 하나도 잃게 된다. 하나님이 없고 형제가 없으면 인간은 대지를 잃는다. 그러나 인간은 대지에 대한 통치권을 감상적으로 두려워하다가 하나님과 형제를 상실하여 버렸다. 하나님과 형제와 대지는 모두 하나님에 속한 것이다. 그러나 한 번 땅을 상실한 자에게는, 한가운데 살고 있는 우리 인간에게는 하나님과 형제에게로 가는 길 외에는 대지를 향해 돌아갈 수 있는 다른 길은 전혀 없다. 인간이 대지를 향하여 가는 길은 실로 근원에서부터 하나님이 인간에게로 오는 길로서만 가능한 것이다. 하나님과 형제가

---

37 K. Barth, *Church Dogmatics*, Vol. III.1, 183-187.

38 J. Moltmann, 『창조 안에 계시는 하나님』, 272-287.

인간에게로 오는 곳에서만 인간은 대지로 돌아가는 길을 찾을 수 있다. 하나님과 타인을 위하여 자유롭게 되는 것과 세계에 대한 인간의 통치권에서 인간이 피조물로부터 자유롭게 되는 것은 최초의 인간이 지닌 하나님의 모습이다.[39]

하나님의 형상을 가진 인간은 마음과 뜻과 정성을 다하여 하나님을 사랑하고, 이웃을 자신의 몸과 같이 사랑하고 그리고 세계를 다스리고 돌보는 과제를 수행하여야 한다. 하나님은 인간에게 자기 형상을 주심으로 하나님의 영광의 드러내는 자로 축복해 주시고 하나님의 통치의 대리자로서의 과제를 주신 것이기 때문이다.

2) 하나님의 생기로 창조된 인간

창세기에서는 "여호와 하나님이 흙으로 사람을 지으시고 생기를 그 코에 불어넣으시니 사람이 생령이 된지라"(창 2:7)고 하였다. 인간이 흙으로 창조되었다는 것은 동서양을 막론하고 널리 퍼져 있는 인간 창조설화의 평균적인 의식이다. 중국의 창조설화인 '여와설화'에도 흙으로 인간을 빚었다는 기록이 나온다. 흙으로 인간을 빚었다는 신화는 주로 토기를 빚어 생활한 신석기시대의 문화적 배경에서 비롯된 것이다.[40]

「에누마 엘리쉬」의 여섯째 서판에서는 노동에 종사하는 하급신들이 반역을 일으키자 반역자 킨구Kingu의 피로 인간을 창조하여 그

---

39 D. Bonhöffer, 『창조·타락·유혹』 (서울: 대한기독교서회, 1981), 56.
40 성서와함께, 『보시니 참 좋았다』 (서울: 성서와함께사, 1988), 79-10.

노동을 대신하게 한 것을 묘사하고 있다.[41] 신들의 왕 마르둑은 지혜의 신 에아에게 "사람을 만들어 신들의 노역을 감당시키고 그들을 쉬게 합시다" 하고 상의한 후, 신들의 어머니 티아맛의 아들 킨구가 전쟁을 선동한 반역자라 하여 그의 피로 사람을 만들었다고 한다.

"싸움을 시작한 이는 킨구입니다.
티아맛을 선동하고 전쟁을 일으킨 이입니다."
그들은 그를 묶어 에아에게 데려왔다.
그에게 처벌을 내려, 그의 피를 흘렸다.
그의 피로 사람을 만들었다.
신들의 노역을 감당시키고, 신들을 쉬게 했다.[42]

또 다른 바벨론의 서사시인 「길가메쉬 서사시」Gilgamesh Epic라고도 불리는 「아트라하시스 이야기」[43]에 따르면 이기기Igigi라는 하급신들이 강제노동에 시달리다 못해 바람의 신 엔릴Enlil 집 앞에서 연장을 태우고 항의를 하였다. 산파신인 닌투로 하여금 반역을 주도한 하급신들의 우두머리 웨일라를 죽이고, 그 살과 피와 흙을 섞어 인간을 만들고 인간에게 하급신의 노동을 대신 담당하게 하였다는 것이다.

---

41 엄원식, 『히브리 성서와 고대 근동문학의 비교연구』, 203-204.

42 안성림·조철수, 『사람이 없었다 신도 없었다』 (서울: 서운관, 1995), 133. 여섯째 토판 29-30행.

43 우트나피쉬팀 또는 지우수드라로도 불린다. 길가메시가 불로초를 구하기 위해 아트라하시스를 찾아간 홍수설화를 비롯하여 인간과 동물의 창조 그리고 첫 도시 에리두, 바드티비라, 라락, 시파르와 슈루팍의 생성에 관한 내용을 전하고 있다. 서기전 2600년으로 수메르어로 점토판에 쓰인 최고의 문헌이다. 1914년 아르노 리벨에 의해 출판되었다.

그녀(벨레트-일리)가 인간적인 사람을 만들어서
그 사람이 이 멍에를 지게 합시다.
그가 멍에를 지고, 신들의 노역을 맡게 합시다. …
그들의 모임에서 지능이 있는
신 웨일라(We-ila)를 잡아 죽였다.
닌투는 그의 살과 피에 찰흙을 섞었다. …
그녀는 열네 개의 찰흙 덩어리를 떼어냈다. …
일곱으로 남자를 만들고
일곱으로 여자를 만들었다.[44]

그러나 성서는 다르다. 바벨론의 창조신화와 비교해 볼 때 반역자의 피로 만들어졌다는 평균적인 인간관을 뛰어넘어 인간은 하나님의 입김으로 만들어졌다는 전향적 인간관을 담고 있다.

성서는 인간에게 반역자의 피가 흐르는 것이 아니라, 하나님의 영적 생명의 기운이 넘쳐 나는 존재라는 점을 고백한다. 본회퍼는 "하나님은 자신의 말씀으로 인간 이외의 다른 생명을 창조하시지만, 인간의 경우에는 자신의 생명을 나누어 주고 자신의 영을 나누어 준다"[45]고 하였다. 인간이 하나님과 영적 생명적인 관계를 바르게 정립할 때 인간은 비로소 생령(living spirit), 즉 새롭고 풍성하고 영원한 생명력이 넘치는 영적 존재가 되는 것이다.

인간은 하급신들의 강제 노역을 대신하기 위하여 창조된 것이 아니라, 하나님의 참된 안식을 누리며 살아가는 존재로 창조되었다. 이

---

44 안성림·조철수, 『사람이 없었다 신도 없었다』, 160-163, 첫째 토판 222-262행.
45 D. Bonhöffer, 『창조 타락 유혹』, 68.

러한 '안식의 창조'는 하나님의 창조의 목적이자 '안식일을 거룩히 지키라'는 제4계명으로 명시되고 안식년과 희년으로 발전하였다.

인간이 흙과 하나님의 입김으로 창조되었다는 것은 흙이라는 육신과 하나님의 입김이라는 영혼으로 만들어졌다는 의미를 함축한다. 인간은 단순히 흙으로 이루어진 육체적인 존재가 아니다. 하나님의 기운이라는 영성적인 것과 육체가 합쳐 이루어진 통전적 존재로 이해해야 한다. 육체와 영혼이 조화를 이룰 때 인간은 생령, 즉 참으로 살아 있는 존재(living spirit)가 되는 것이다.

창세기에는 인간이 죽으면 그 육신은 흙이므로 흙으로 돌아간다(창 3:19)는 점을 겸허하게 받아들인다. 이는 당시 이집트의 절대군주들이 영원불사의 신성에 도달하기 위해 육신을 방부제 처리하여 '미라'로 만드는 관습에 대한 비판의 뜻을 담고 있다. 범죄한 인간이 죽어 흙으로 돌아가지 아니하려는 오만에 대한 비난이기도 하다.

인간이 하나님의 생기에 따라 생령이 되었다는 것은 인간의 생명의 궁극적 근원은 하나님이라는 신앙고백이다. 하나님의 생기로 창조된 인간은 하나님이 그 생기를 거두어 가시면 더 이상 생존할 수 없다. 인간의 생명이 그 호흡에 달려 있기 때문이다(사 2:22; 시 104:29). 인간의 생명뿐만 아니라 영적인 존재로서 인간의 삶의 궁극적 가치도 전적으로 하나님에게 달려 있다. 하나님을 떠나서는 인간은 자신의 고유한 영성을 유지하지 못한다. 하나님만이 인간에게 생명의 영원한 가치를 부여하여 주신 것이기 때문이다.

하나님께서 인간을 창조했다는 것을 나의 삶의 중심은 내가 아니라 나의 삶을 창조하신 하나님이라는 것을 의미한다. 따라서 장로교의 교리문답 제1조는 인생의 제일 되는 목적을 "하나님을 영화롭게 하며 영원토록 그를 즐거워하는 것"이라고 하였다. 하나님이 생명을 주셨기 때문에 하나님을 떠난 상태, 하나님과 무관한 삶을 사는 것이 생명의 죽음으로 상징된다. 선악과 이야기가 이러한 사실을 웅변적으로 고백한다. 하나님의 창조의 말씀을 거역하면 반드시 죽는다고 하였다.

3) 돕는 남녀와 동등한 남녀로 창조된 인간

창세기 2장에는 하나님이 먼저 남자를 만들었지만 그가 혼자 있는 것을 좋지 않게 보시고 돕는 배필인 여자를 만들었다고 한다.

> **사람의 독처하는 것이 좋지 못하니 내가 그를 위하여 돕는 배필을 지으리라. … 여호와 하나님이 아담에게서 취하신 그 갈빗대로 여자를 만드시고(창 2:18, 22).**

사람이 홀로 있는 것이 좋지 않다고(전 4:9-12) 하신 것은 인간은 서로 돕고 더불어 사는 사귐의 존재로 창조되었음을 뜻한다. 인간은 하나님의 형상으로 지음받은 유일한 피조물로서 하나님 앞에서 존재(Vor Gott-Sein)하도록 부름을 받은 것과 마찬가지로 다른 인간과 더불어 존재(Mit Menschen-Sein)하도록 부름받은 것이다.

하나님은 남자와 여자를 만드셨을 뿐만 아니라 그들 사이의 특수한 배필의 관계 자체를 창조하였다. 남녀가 서로 돕고 의지하도록 창조한 것이다. 본회퍼는 "인간이 다른 사람에게 의존하고 있다는 점에 인간의 피조성의 근거가 있다"[46]고 하였다.

여기서 '돕다'라는 단어 '에제르'ezer는 구약성서의 특수한 용어로 '하나님이 나를 돕는다'(시 54:4; 121:1-2)는 의미로 사용되었다.

사무엘이 돌을 취하여 미스바와 센 사이에 세워 이르되 여호와께서 여기까지 우리를 도우셨다 하고 그 이름을 에벤에셀이라 하니라(삼상 7:12).

"에벤 에셀eben ezer의 하나님"이라는 복합 신명이 사용될 정도로 이스라엘 백성에 대한 하나님의 도우심을 표현하는 용어는 자주 사용되었다. 하나님의 도우심은 무조건적이며 끝까지 온전하게 돕는 것이다. 인간이 동료 인간인 배우자를 하나님이 이스라엘 백성을 도우시듯 무조건적으로 끝까지 온전하게 도움으로써 더불어 사는 책임을 완수해야 하는 것이다.

이런 관점에서 하나님은 가인이 아벨을 죽였을 때 "네 아우 아벨이 어디 있느냐?"고 물으셨고, 이에 대해 가인은 "내가 내 아우를 지키는 자니이까?"(창 4:9)라고 반문하였는데, 이는 역설적으로 인간은 동료 인간을 돕고 지키는 자임을 드러내는 것이다. "이웃 사랑하기를 네 몸과 같이 하라"(레 19:18)는 말씀도 이런 배경에서 이해되어야 한다.

칸트는 인간을 수단으로 삼지 말고 목적으로 삼으라고 하였다. 결혼을 비롯한 모든 인간관계의 비극은 인간이 동료 인간을 자신의 이기적인 욕구를 충족시키는 도구로 여기는 데서 비롯된다. 돕고 보살피고 협력하는 대상으로 보지 않고, 경쟁하고 억압하고 착취하는 대상으로 보기 때문이다. 창세기는 인간이 '만인을 위한 만인의 투쟁'

---

46 D. Bonhöffer, 『창조 타락 유혹』, 53.

을 위하여 창조된 것이 아니라 모든 인류가 서로 돕고 더불어 살도록 창조한 것임을 선포한 것이다.

하나님은 남자를 깊은 잠에 들게 하고 그의 배필로서 여자를 남자의 갈빗대로 만들었다고 한다. 남자의 갈빗대로 여자가 만들어졌다는 구절은 남녀 불평등의 창조론적 근거로 제시되기도 한다. 그러나 그것은 잘못된 해석이다. 갈빗대는 여자를 만든 재료를 가리키는 것이 아니다. 그렇다면 흙으로 만들어진 남자는 갈빗대로 만든 여자보다 더 천한 존재가 되고 만다.

왜 하필 갈빗대인가? 아랍인들에게 '갈빗대'는 절친한 친구를 뜻하고, 수메르어로 갈빗대(ti)는 '생명'(til)이라는 뜻이 들어 있다. 갈빗대는 심장을 보호하는 주요한 기능을 하기 때문에 그 돕는 배필의 표상일 수도 있다. 오히려 여자가 남자를 보호하고 도와주는 위치에 있는 것으로도 해석할 수 있다.

남녀를 돕는 배필의 관계로 창조하였는데 여기서 배필은 '짝'이라는 뜻으로 대등한 위치의 파트너를 말한다. 남자와 여자는 서로 동등한 위치에서 서로 돕는 보완의 관계로 창조된 것이다.

아퀴나스는 아담이 갈비뼈로 창조된 의미를 다음과 같이 설명한 바 있다.

> 첫 여인 하와는 실제로 첫 인간 아담의 '갈비뼈'로 구성되었는데, 이것은 매우 상징적인 의미를 지니고 있다. 여자는 남자에게 '동료'가 되어야 했기 때문이다. 그러므로 '머리'에서 나오지 않았다. 남자를 지배해서는 안 되기 때문이다. '발'(足)에서 나오지도 않았다. 종이 되어서는 안 되기 때문이다.[47]

그리고 잠이 깬 아담이 하와를 보고 "내 뼈에서 나온 뼈요, 내 살에서 나온 살이로구나!"(창 2:23, 공동번역)라고 환호한 것과 관련하여 보면 갈빗대가 표상하는 것은 남녀가 살을 섞는 생명의 사귐을 함축하는 것이지, 남녀 차별을 의미하는 것이 아님이 분명하다.

남자만 하나님의 형상으로 창조된 것으로 여기지만, 창세기 1장에는 남자와 여자가 동등하게 하나님의 형상으로 창조되었음을 선언한다(창 1:27). 앞서 고대 이집트에서는 신의 형상이 왕에게만 적용되었다는 것을 살펴보았다. 그러나 성서는 남자와 여자 모든 인간이 동등하게 하나님의 형상으로 창조되었다고 선언한다.

남자와 여자가 성은 다르지만 상하 관계가 아닌 수평적인 관계로 지음받았다. 여자를 남자의 소유물로 여기던 당시로서는 전향적인 남녀관이 아닐 수 없다. 중세기까지 여자에게도 영혼이 있는가 하는 질문이 제기되었던 것으로 보아 남녀가 모두 하나님의 형상으로 창조되었다는 것은 남녀 평등의 신학적 근거가 되는 것이다.

3. 창조의 자연관

1) 자연은 하나님의 피조물이다

하나님이 천지를 창조하였다는 것은 창조주 하나님과 피조물인 자연 사이에는 무한한 질적 차이가 있음을 선포한 것이다.

고대 근동에서는 하늘을 인격화 또는 신격화하여 하늘에 제물을

---

47 가톨릭대학교출판부 편, 『신학대전요약』 (서울: 바오로딸, 2001), 112.

바치거나 하늘에 대고 맹세하는 민간신앙이 생겨났다. 서기전 30-28세기 수메르에서는 자연현상이 신격화되어 주요한 일곱 신으로 등장한다. 수메르 사람들은 이 일곱 신의 이름에 따라 날의 이름을 지었다. '태양신의 날', '달신의 날' 하는 식으로 부른 것이다. 그래서 일곱 날이 한 주기가 되어 큰 신들의 이름이 반복되는 시스템을 만들어 날짜 수를 헤아리게 하였다. 이 일곱 신의 이름은 시대에 따라 조금씩 바뀌지만, 그 지위는 바빌론과 아시리아 시대에도 변하지 않았다.[48] 로마는 로마식으로 이 체계를 '토착화'했다. '일, 월, 화, 수, 목, 금, 토'(Sun, Moon, Mars, Mercury, Jupiter, Venus, Saturn)의 '로마식 일주일 체계'를 사용했다. 오랜 역사를 거치며 이 신들의 순서는 조금씩 바뀌어 유럽에서 정착되었고, 일본인들의 번역을 거쳐 우리나라도 '월화수목금토일' 체계를 사용한다.[49] 오늘날 우리는 이렇게 고대 근동 신들의 이름으로 날을 지칭하며 살고 있다.[50]

창세기 1장에서는 신명을 따른 일주일의 체계를 거부한다. '월요일(달 신의 날)', '화요일(화성 신의 날)'이 아니라 '첫째 날', '둘째 날' 식으로 부르고 제칠일을 안식일로 부른다. 유대교과 이슬람교도 이런 체계를 사용한다. 초기 기독교도 신명 요일을 거부했다. 일곱째 날은 '주의 날'로 불렀다.[51]

---

48 조철수, 『수메르 신화 1』 (서울: 서해문집, 1996), 39; 주원준, 『구약성경과 신들: 고대 근동신화와 고대 이스라엘의 영성』 (서울: 한님성서연구소, 2012), 88-89.

49 조철수, 『수메르 신화 1』, 47.

50 주원준, 『구약성경과 신들: 고대 근동신화와 고대 이스라엘의 영성』, 89.

51 같은 책, 90.

2) 자연의 탈신성화: 자연은 인간의 숭배의 대상이 아니다

이처럼 고대 근동 문명권에서는 예외 없이 천체天體를 숭배하여 신격화하였다. 이집트에서는 최고신으로서 태양신 레Re와 달신 나나Nana를 숭배하였다. 수메르의 최고신 아누Anu도 태양신이며, 신이라는 보통명사 딩기르Dingir는 '밝은 또는 빛나는'이라는 뜻이다. 제우스Zeus, Dios, Deos 역시 '밝은, 낮(dies), 비추다(div)'를 의미한다.[52] 가나안에서는 일월성신뿐만 아니라 목석을 숭배하기도 하였다. "나무를 향하여 너는 나의 아비라 하며 돌을 향하여 너는 나를 낳았다"(렘 2:27)고 하였던 것이다. 므낫세 시대(서기전 687-642)에는 여호와의 성전 두 마당에 하늘의 일월성신(日月星辰)의 단을 쌓고 숭배하며 섬긴 것에 대하여 하나님이 진노하셨다는 기록(왕하 17:16, 참조 대하 33:3-6; 렘 8:2; 단 8:10)으로 보아, 이러한 천체숭배는 야웨 신앙의 큰 위협이 되었다.[53]

구약성경의 저자들이 하늘을 비롯한 해와 달과 별 등의 천체나 자연현상에 대한 '의식적인 탈신화화'를 수행했던 것이다.[54] 창세기의 창조신앙은 단호하게 "하나님이 두 큰 광명을 만드사 큰 광명으로 낮을 주관하게 하시고 작은 광명으로 밤을 주관하게 하시며 또 별을 만드셨다"(창 1:16)고 선포하였다. 태양신 레Re와 월신 나나Nana)의 신격神格은 탈락되고 의도적으로 인간을 비추는 '큰 빛과 작은 빛'이라

---

52 M. Eliade, 『종교형태론』 (서울: 한길사, 1996), 129, 145, 162. 엘리아데는 최초의 신은 천신이었다고 한다.

53 황성일, "구약의 신들", 「광신논단」 15집 (2006), 36.

54 주원준, 『구약성경과 신들: 고대 근동신화와 고대 이스라엘의 영성』, 49

고 표현함으로써 천체숭배의 성격을 배제한 것이다.[55] 무엇보다도 해와 달뿐 아니라 "하늘 위의 하늘"도 하나님의 피조물로서 하나님의 영광을 드러내고 찬양하기 위해 창조되었다(시 148:3-5). 그리고 해와 달을 사람들의 숭배를 받기 위한 존재가 아니라 사람들에게 시간을 알려 주고 방향을 알려 주기를 위한 도구로서 하늘에 매달려 있을 뿐이라고 하였다(시 104:19).

3) 자연의 비마성화: 자연이 인간의 운명을 지배하는 것이 아니다

셈족들은 태양은 신이고, 별들이 인간의 운명을 지배한다고 여겼다. 그러나 성서는 해, 달, 별이 더 이상 신성을 지닌 신적 존재가 아니며, 인간 운명의 주관자가 될 수 없음을 선언한다.[56] 달, 별은 수메르 시대부터 대제국의 주신主神들이었다. 해와 달과 별이 인간의 생사화복의 운명을 주관한다고 믿어 왔다. 그러나 성서는 하나님께서 섭리하시는 한, 해도 달도 우리를 해칠 수 없다고 선언한다.

> **주님은 너를 지키시는 분 주님은 너의 그늘 네 오른쪽에 계시다.**
> **낮에는 해도, 밤에는 달도 너를 해치지 않으리라(시 121:5-6).**

특히 천체 중에서 시시때때로 변하는 별자리가 인간의 운명뿐 아니라 집단이나 국가의 운명을 결정한다는 천체숭배 사상에서 점성술

---

55 성서와함께, 『보시니 참 좋았다』, 53

56 일월성신 숭배에 대한 비판은 신명기(41:9), 예레미야 (10:2), 욥기(3:26-17)를 참고할 것.

이라는 민간신앙이 생겨나게 되었다.[57] 점성술은 우주에서 인간의 위치를 격하시키는 것이요 인간이 자연의 위협 앞에 무력하게 무릎을 꿇게 만드는 것이다.

점성술에 대한 신학적 비판은 어거스틴의 『고백론』 제4권에서 잘 나타나 있다. 어거스틴 자신이 9년 동안 마니교와 점성술에 유혹되어 속고 속이는 생활을 하였음을 고백한다.

> 점성가들은 나에게 이렇게 말하였습니다. '네가 죄를 짓게 된 것도 하늘이 준 운명적인 일이기 때문에 별 수 없다.' 그리고 이런 말도 하였습니다. '금성 아니면 토성이나 화성이 시킨 일이다.' 그러므로 피와 살밖에 없는 인간에게는 아무 책임도 없고 하늘과 별을 지은 조물주에게 있다는 것입니다.[58]

결국 이러한 숙명론과 점성술의 모순과 문제점을 별자리가 같았던 야곱과 에서의 운명이 완전히 달랐다는 사례를 포함하여 세 가지 사례를 들어 거부하였다.[59]

하비 콕스H. Cox는 『세속도시』에서 "히브리의 창조관은 하나님으로부터 자연을 분리시키고, 자연으로부터 인간을 구분한다. 이것은 마력을 풀어놓는 시작이다"[60]라고 하였다. 자연은 더 이상 인간의 생명을 위협하는 마력을 지닌 신적인 존재가 될 수 없다. 인간은 최근

---

57 John. H. Steck, 『구약신학』 (서울: 솔로몬, 2000), 241.

58 Augustine, *The Confessions*, IV, 3.

59 허호익, 『야웨 하나님』 (서울: 동연, 2014), 128-129. 자세한 내용 참조.

60 H. Cox, 『세속도시』 (서울: 대한기독교서회, 1971), 33.

까지 자연의 엄청난 위력 앞에 원시적 공포와 두려움을 느껴 왔다. 특히 성서시대의 평균적인 의식을 반영하는 원시 자연종교는 홍수와 가뭄, 비와 바람과 같은 자연의 위력을 두려워하며, 자연의 위대한 마성적인 힘이 인간의 생명을 위협하고 인간의 운명을 좌우한다고 믿었다.

몰트만J. Moltmann 역시 "자연을 하나님의 창조로 이해하는 것은 자연을 신적인 것으로 보지 않고 악마적인 것으로도 보지 않고 오히려 '세계'로 파악함을 뜻한다"[61]라고 하였다. 자연현상은 단지 하나님의 피조세계에 지나지 않는다. 그러므로 인간은 더 이상 하나님의 피조물인 자연을 경배하거나 두려워해야 할 이유가 없다. 그리고 창세기는 세계가 인간을 위하여 창조되었다는 인상을 주기 때문에 인간은 비신화화된 세계 그 자체를 자유롭게 자연을 탐구할 수 있게 된 것이다.

> 성서의 창조신앙은 적어도 세계를 '비신격화시키고 비악마화시켰으며, 이방세계의 타부를 깨트리고' 그럼으로써 세계를 인간에게 맡기지 않았는가? 하나님과 '그의 손의 사역'으로 창조된 세계, 이 둘을 엄격히 구분함으로써 세계는 속화되었으며, 세계에 대한 인간의 연구가 자유로운 연구가 가능하지 않았는가?[62]

이러한 기독교의 자연관을 배경으로 서구에서는 자연과학이 발전하여 오늘날과 같은 물질문명을 이룩하게 되었다. 아울러 인간 역시 피조물로 여겨졌기 때문에 인간에 대한 과학적 탐구와 해부학이

---

61 J. Moltmann, 『창조 안에 계신 하나님』, 56.
62 같은 책, 46-47.

가능하였고 그리하여 현대의학으로 발전하게 된 것이다.

4) 인간이 자연을 관리하고 돌보아야 한다

창세기는 자연이 인간을 지배하던 원시 자연종교의 질서를 인간이 자연을 다스리고 지배하는 창조적인 새 질서로 바꾸어 놓았다. 하나님이 천지만물을 창조한 다음, 마지막으로 하나님의 형상으로 인간을 지으시고 그리고 인간에게 천지만물을 다스리도록 위임하였기 때문이다.

> 하나님이 그들에게 복을 주시며 그들에게 이르시되 생육하고 번성하여 땅에 충만하라, 땅을 정복하라, 바다의 고기와 공중의 새와 땅에 움직이는 모든 생물을 다스리라(창 1:28).

인간은 자연의 마성적 위협에서 해방되었을 뿐만 아니라 자연을 다스리고 정복함으로써 자연을 통해 인간의 삶을 풍요롭게 할 수 있는 새 질서가 생겨나게 되었다. 인간은 비인격적인 자연을 숭배하는 대신 인격적인 창조주 하나님만을 섬기게 되었고, 그 대신 비인격적인 자연은 인간의 지배와 관리와 돌봄의 대상이 된 것이다. 우주 안에서 자연과 인간의 위상이 전환된 것이다. 창세기에 기초한 자연의 비신성화로 인하여 인류는 자연과 인체의 원시적 마성을 제거하고 그것을 거리낌 없는 탐구의 대상으로 삼게 되었다. 그리하여 자연을 신성시 여긴 동양문화보다 자연을 비신성화한 서양 기독교문화에서 자연과학과 의학이 발달하게 되었다.

동양에서는 자연뿐만 아니라 인체도 신성시하여 사체의 해부를 금기시하였다. 결과적으로 해부학에 기초한 의학의 발전이 저조하게 된 것이 사실이다. 현대문명의 풍요로움은 이처럼 서구의 물질문명과 의학의 발전이 가져다 준 가장 큰 혜택이다. 이러한 혜택은 기독교 창조신앙에 기초한 자연의 비신성화로 인해 가능하게 된 것임을 부정할 수 없을 것이다.

5) 자연정복의 재해석과 자연친화 및 창조보전의 책임

창세기가 기록될 당시에는 홍수와 가뭄과 같은 자연의 위력과, 인간의 운명을 지배한다고 여겨진 자연의 마력이 초래한 온갖 생명의 위협이 문제 상황이었다. 그러나 오늘날은 문명의 발전을 위해 자연을 무절제하게 파괴하고 오염시켜 생태계의 위기를 초래한 것이 생명을 위협하는 심각한 문제 상황으로 새롭게 대두되었다. 생태계의 위기로 하나님이 창조한 인간을 포함한 무수한 생명들이 생존의 위기와 함께 멸종의 위협에 놓이게 된 것이다. "피조물이 다 이제까지 함께 탄식하며 함께 고통하는 것"(롬 8:22)이 눈앞의 현실로 다가온 것을 직시하게 된 것이다. 그리하여 신학자들은 자연을 정복하고 다스리라는 창조의 명령을 다시 검토하게 되었다.[63]

생태계 위기의 신학적 원인은 "생육하고 번성하여 땅에 충만하라. 땅을 정복하라. … 모든 생물을 다스리라"(창 1:28)는 명령을 인간 중심적으로 일방적으로 해석한 데에서 기인한다.[64]

---

63 같은 책, 35-71.

64 김균진, 『생태학의 위기와 신학』 (서울: 대한기독교서회, 1991), 100-107.

(1) 하나님이 천지를 창조하고 이를 인간에게 위임하였다는 것은 자연에 대한 인간의 권리와 동시에 자연에 대한 인간의 책임을 선언한 것이다. 그러나 기독교에 기초한 서구문명은 자연에 대한 인간의 권리만 강조하고 그 책임을 약화시켰다. "땅을 정복하고 다스리라"는 말을 일방적으로 해석하여 인간이 자연을 이용하기 위하여 자연을 착취하고 파괴하는 것마저 정당화하는 방향으로 나아가게 되었다. 그리하여 자연의 마성적 지배로부터 해방된 인간이 이제는 자연의 폭군적 지배자가 되어버린 것이다.

(2) "정복하고 다스리라"는 명령이 "생육하고 번성하여 땅에 충만하라"는 명령 다음에 주어진 것이라는 점을 착안하여야 한다. 생육과 번성을 위하여 자연을 적절히 이용하라는 명령이다. 자연을 정복하고 다스려서 인간의 번영은 고사하고 인간의 생존조차 위협할 정도로 자연을 파괴하거나 착취하는 것이 "자연을 정복하고 다스리라"는 하나님의 명령의 본의가 아님이 분명하다.

(3) 자연의 정복과 통치는 인간에게 주어진 하나님의 축복인데, 자연의 정복과 통치의 결과가 자연생태계를 파괴하고 그 안에 거하는 인간의 생존을 위협한다면 그것은 축복이 아니라 오히려 저주가 될 것이다. 따라서 자연을 파괴하는 것은 하나님의 창조의 선한 의지와도 위배되는 것이다.

(4) "정복하고 다스리라"에 해당하는 히브리어 '카바쉬(kabash)와 라다(radah)'는 '관리와 돌봄'의 뜻으로 해석되어야 한다는 주장이 제기되었다.[65] 정복하고 다스리라는 말씀은 착취와 파괴하여 자연

---

65 J. Moltmann, 『창조 안에 계시는 하나님』, 46-47. 특히 창세기 2:15과 관련하여 지배의 명령이 아니라 "돌보고 유지하라"는 관리의 명령으로 이해해야 한다.

을 훼손하라는 하나님의 명령이 아니라 에덴동산을 잘 관리하고 돌봄을 통해 자연을 적절히 활용하고 새로운 생명의 창조질서를 보존하라는 하나님의 위임으로 해석해야 한다는 것이다. 하나님이 천지를 창조하시고 인간에게 그 통치를 위임한 것은 인간이 자연을 하나님의 선한 의지에 따라 선하게 활용하라는 것이며, 하나님이 보시기에 참 좋은 창조질서로 계속 보존하라는 명령인 것이다.

이처럼 최근의 세계 신학계는 하나님이 태초에 인간에게 자연의 관리권을 위임한 것을 새롭게 이해하게 되었다. 그리하여 창조의 보존을 기독교인들이 지향하여야 할 최고의 규범으로 제시하고 있다. 개인적으로 예수를 영접하는 신앙의 결단을 통해 복음화를 이루는 '개인구원'이나, 삶의 질을 향상하기 위해 사회의 구조적 모순을 혁파하고 인간화를 지향하는 '사회구원'보다도, 생태계의 위기를 극복하고 창조의 보존을 지향하는 '생태구원'의 필요성이 더 강조되고 있다.[66]

창세기가 기록될 당시에는 자연정복 사상이 자연숭배의 평균적 의식을 극복할 수 있는 대안으로서 그 시대의 앞선 생각이었다. 구약성서 시대에는 자연의 마성화와 신성화로 인해 자연의 위력을 두려워하고 천체가 인간의 운명을 지배한다고 믿었기 때문에 인간의 생존과 자유로운 삶이 위협받았다. 그래서 창세기에서는 '인간에 대한 자연의 지배'를 거부하고 '자연에 대한 지배를 인간'에게 위탁한 것이다.

여기서 자연에 대한 세 가지 관계가 설정된다. 자연숭배와 자연정복 그리고 자연 친화의 관계이다. 성서는 자연숭배 사상(humanity

66 서남동, "생태학적 신학 서설", 「기독교사상」 1970년 11월호, 84.

innature)을 배격하고 자연친화 사상(humanity with nature)을 설정하였으나 전통적인 서양 신학은 이를 자연정복 사상(humanity over nature)으로 해석한 것이다. 따라서 최근 신학계에서는 자연은 숭배나 정복의 대상이 아니라 돌봄과 관리의 대상으로 보아야 한다는 자연친화의 생태신학이 주장되고 있는 것이다.[67]

---

67 장도곤, 『예수 중심의 생태신학』 (서울: 대한기독교서회, 2002), 17-18.

III. 타락과 원죄에 관한 천지인신학적 해석

성서는 인간이 해야 할 일과 해서는 안 되는 일의 새롭고 전향적인 기준을 제시한다. 인간은 하나님의 피조물이므로 "하나님이 하라는 것은 하고, 하나님이 하지 말라는 것은 하지 않아야 된다"는 것이다. 하나님의 명령이 인간 행위의 유일한 규범이 되는 것이다.

창세기에 의하면 하나님이 천지는 말씀으로 창조하였으나, 인간에게는 그의 말씀이 위임된 것으로 기록한다. 하나님이 손수 흙을 빚어 인간을 지으시고 그 코에 생기를 불어넣어 창조하신 다음, 그의 말씀을 인간에게 위탁한 것이다. 하나님이 인간에게 위임한 말씀은 두 가지였다. 하나는 하라는 허락의 말씀이고, 하나는 하지 말라는 금지의 말씀이다. 하나는 축복의 약속이고, 다른 하나는 저주의 경고였다.

> 하라(作爲): 그들에게 복을 주시며… 생육하고 번성하여 땅에 충만하라. 땅을 정복하라.… 모든 생물을 다스리라(창 1:28).
> 말라(不作爲): 선악을 알게 하는 나무의 실과는 먹지 말라. … 정녕 죽으리라 하시니라(창 2:17).

하나님이 선악과를 먹지 말라고 하였는데 왜 인간은 선악과를 따 먹었는가? 하나님이 하지 말라고 한 것을 행한 것은 명령 불이행이다. 선악과를 따먹은 행위의 본질은 선악과를 따먹으면 죽는다는 하나님의 명령에 대한 불복종이다.

왜 인간은 하나님께 불복종하게 되었는가? 이 불복종은 외적으로는 선악과를 따먹어도 죽지 않는다는 사단의 거짓된 유혹에 미혹되어서 저지른 행동이다. 진리와 거짓 사이에서 거짓을 택한 것이다. 그리고 모든 죄와 악은 이 거짓에서 비롯된 것이다.

하나님의 말씀대로 하면 축복이 있고, 하나님의 말씀대로 하지 않으면 저주가 있을 뿐이다. 하라는 것을 하지 않으면 태만의 죄(omission)가 되고, 하지 말라는 것을 하면 범행의 죄(commission)가 된다. 따라서 인간이 하나님의 명령을 어기고 어떤 유형의 죄를 짓든 불복종의 죄로 인해 가해자나 피해자는 모두 무의미한 고통과 생명의 위협 상황에 처하게 되는 것이다.

인간이 하나님의 명령을 거역함으로써 아담과 하와가 범죄한 결과 저주를 받아 모든 관계가 불편해진다. 창조질서 안에 주어진 생명의 삼중적 관계가 훼손되고, 하나님이 축복으로 주신 모든 것은 저주로 바뀌고 만다.

1) 무엇보다도 인간의 범죄로 하나님과 인간의 관계가 단절된다. 아담과 하와는 하나님을 피하여 숨게 된다. 하나님과의 관계가 불편하여 진 것이다. 하나님과의 거리가 생긴 것이다. 그리하여 마침내 아담과 하와는 하나님의 동산에서 추방된다.

2) 아담과 하와 사이도 불편하고 불순한 관계가 된다. 범죄하기 전에는 "아담과 그 아내 두 사람이 벌거벗었으나 부끄러워 아니하는"(창 2:25) 사이였으나 이제는 자기들의 벗은 몸이 부끄러워 무화과나무 잎으로 수치를 가리기에 급급한 사이가 된 것이다. 서로 수치

를 느끼는 만큼 관계에 거리가 생긴 것이다.

3) 인간과 자연 사이의 관계도 불편하여졌다. 인간의 범죄로 땅마저 저주를 받아 가시덤불과 엉겅퀴를 내고 인간은 필요 이상의 수고를 하고 땀을 흘려야 식물을 먹을 수 있게 된 것이다(창 3:17-18).

범죄의 결과로 가장 치명적인 것은 하나님의 모든 축복이 저주로 변하였다는 것이다. 범죄 이전 에덴에서의 자발적이고 정직한 노동은 하나님에 의해 위임된 신성한 것으로 자아를 실현하고, 자연을 돌보고 관리하며, 자연과 순환적인 관계를 맺고, 동료 인간과 협력적인 관계를 실현하는 축복이다. 그러나 탐욕과 교만이라는 죄의 결과로 노동은 생존을 위해 피할 수 없는 노역의 수고가 되어버렸으며, 자연을 파괴하는 투쟁이 되고, 동료 인간의 노동을 착취하는 경쟁의 장이 되어 버린 것이다. 새 생명의 창조질서가 송두리째 훼손되고 만 것이다.

아담과 하와도 범죄한 결과 저주를 받아 모든 관계가 불편하여진다. 창조질서 안에 주어진 생명의 삼중적 관계가 훼손되고, 하나님이 축복으로 주신 모든 것은 저주로 바뀌고 만다.

서남동도 통전적 생태신학을 지향하면서 신의 상실과 인간 상실뿐만 아니라, 인간 상실과 자연 상실을 동전의 양면처럼 통전적으로 파악하였고, 신·인간·자연을 하나의 통전적인 생태계라고 보았다.

> 神을 거역하고 神을 피하여 숨은 아담과 이브에게 神의 음성은 '아담아, 네가 어디 있느냐' 곧 자기 상실의 반성으로 神을 심방한다. 그와 마찬가지로 自然을 상실한 사람은 神을 상실하게 되고 神을 상실한 사람은 自然을 상실하게 된다. 그리고 또 人間과 自然도 하나의 生態

系(ecosystem)로 짜여져 있어서 인간상실은 자연상실이고, 자연상실은 인간상실이다. 이렇게 神·人間·自然은 하나의 生態系를 이루고 있다.[68]

창조의 목적이 안식의 창조라는 것도 널리 인정되는 주장이다. 안식일은 자연의 저주에 의해 땀 흘려 수고했던 인간이 그 수고로부터 쉬며, 상호 소외된 인간이 한 자리에 모여 멀리했던 하나님을 다시 섬기라고 가르친 것이다. 안식은 바로 삼중적 삼중관계의 회복과 지속과 강화를 가르친 것이다.

창조는 하나님과 인간, 인간과 인간, 인간과 자연 사이의 생명의 새로운 관계의 창조이다.[69] 하나님의 생기로 하나님의 형상으로 창조된 인간은 하나님과의 수직적인 관계의 창조를 의미하며, 남녀가 돕는 배필로 창조된 것은 이웃과의 바른 관계의 창조이며, 인간이 자연을 돌보고 관리하도록 위임된 것은 자연과의 바른 관계의 창조이다. 타락은 이러한 삼중적 삼중관계의 단절이며 구원의 창조로서 하나님의 안식에 참여하는 것은 이러한 삼중적 관계의 회복이다. 창조의 삼중적 관계론적 해석은 천지인신학의 성서적 근거가 된다.

이에 비해 단군신화에 나타나는 "하늘과 땅과 인간의 창조적 관계구조"[70]에는 타락과 그 회복의 모티브가 배제되어 있다. 이 점에 있어서 성서의 천지인의 관계구조는 더욱 실존적이고 구원론적 성

---

68 서남동, "생태학적 윤리를 지향하며", 「기독교사상」 1972년 5월호, 294; 허호익, "죽재 서남동의 통전적 자연신학", 한국기독교학회 편, 『창조보전과 한국신학』 (서울: 대한기독교서회, 1993), 176-206.

69 허호익, 『성서의 앞선 생각』 (서울: 서울: 한국장로교출판사, 1998), 25-86.

70 유동식, 『풍류도와 한국의 종교사상』 (서울: 연세대학교출판부, 1990), 34.

격을 띠게 된다. 천지인의 창조적 관계의 원래적 조화와 그 원래적 조화의 붕괴와 그리고 그 붕괴의 회복이라는 천지인의 관계의 세 계기를 전제하기 때문이다.

이스라엘의 신앙에서 하늘과 땅과 사람은 셋이 아니라 하나이다. 하늘과 땅과 사람은 상호의존적이며 서로 연결되어 있다. 땅이 상하면 하늘이 노하고, 하늘이 망가지면 땅이 결단 난다. 땅에 비가 내리지 않아 황무지가 도는 것도, 땅에 비가 너무 내려 불어난 물이 땅을 뒤덮어 버리는 것도 하늘과 땅이 서로 연결되어 있음을 나타낸다. 들녘의 모든 풀이 말라죽거나 짐승이나 새의 씨가 마르게 되는 것도, 땅이 더럽혀지고 통곡하게 되자 하늘이 놀라 질려 버리는 것도 땅의 일이 곧장 하늘로 파급됨을 보여준다(창 6:1-7; 신 28:20-24. 참조. 렘 3:2-3; 12:4, 10-11. 비교. 창 8:21). 땅이 문제가 되어서 이런 일이 일어나는 것이 아니다. 땅에 사는 사람들의 짓거리가 악하기에 이런 일이 생겨난다. 땅에 내린 가뭄과 기근과 재앙과 염병이나 열풍과 메뚜기 재앙과 흑암 등은 모두 땅의 사람을 징계하는 도구가 되기도 하고 구원하는 수단이 되기도 한다. 창조의 하늘과 땅과 사람은 이처럼 서로 연결되어 있다. 하벨Norman Habel의 말대로 구약성서에서 '하나님과 사람과 땅은 서로 공생 관계(symbiosis)'를 지닌다.[71]

창세기에 의하면 죄는 인간과 하나님, 인간과 인간(남자와 여자, 형제, 부모와 자녀), 인간과 자연 세계(가시와 엉겅퀴) 그리고 자신 안에(부끄러움) 부조화를 일으킨다. 죄는 가족과 일터(창 3:14-19; 9:20-27), 문화와 공동체(창 4:17-24), 민족들(창 10-11장), 보다 큰 창조질서(홍수)에

71 기독교환경운동연대 편, 『녹색의 눈으로 읽는 성서』, 22.

악영향을 끼치며, 심지어 하늘의 영역까지 침범한다(창 6:1-4).[72] 하나님은 혼돈에서 새 질서를 창조하였으나, 인간은 범죄하여 다시 하나님께서 창조한 질서를 혼돈으로 만드는 것이다. 하지만 인간의 이러한 죄에도 불구하고 하나님께서는 그때마다 새로운 구원의 질서를 창조하신다.[73]

---

72 차준희, 『구약입문』 (서울: 프리칭아카데미, 2007), 62.

73 허호익, 『야웨 하나님』 (서울: 동연, 2014), 247-264.

IV. 시내산 계약의 천지인신학적 해석

십계명은 하나님과 이스라엘 백성 사이에, 모세의 중재로 체결된 역사적이고 쌍무적인 계약조문이다. 이 계약을 통해서 이집트의 노예살이에서 해방된 히브리 노예들이 주축이 된 초기 이스라엘 계약 공동체가 형성된 것이다. 이 계약의 배경에 관해서는 『야웨 하나님』 "제9장 출애급과 노예들의 하나님"과 "제10장 이스라엘 백성과 계약을 채결하신 하나님"에서 자세히 다루었다.

계약 조문은 계약의 정신과 취지를 명시하기 위하여 작성된 것이기 때문에 조문의 문자적 의미보다 중요하고 본질적인 것이 그 조문의 정신인 것이다. 법조문보다 입법정신이 우선하는 것과 같은 이치이다. 따라서 십계명은 문자적 조문들의 배후에 있는 계약의 정신을 살펴보아야 한다. 전통적으로 십계명이 두 돌판에 기록되었다는 것에 착안하여 이중적 구조로 해석되어 왔다. 1-4계명까지는 하나님과의 관계에 대한 계명이고, 5-10계명은 인간과의 관계에 대한 계명이라는 것이다.[74] 그러나 이는 서구의 이원론적 시각에서 본 것이고, 오히려 삼중적 관계로 볼 수 있다.[75] 그러므로 십계명의 구조와

---

74 십계명의 두 돌판을 내용적으로 구분하였으나, 최근에는 계약신학적 관점에서 똑같은 내용을 두 판으로 만들어 계약 쌍방이 보관한 것으로 주장하는 학자들이 있다.

75 한태동, "기독교의 역사", 『현대인과 기독교』 (서울: 연세대학교출판부, 1985), 291.

그 법정신이 스텐달이 말한 것처럼 "오늘날 우리에게 무엇을 의미하는지"[76]에 대한 새로운 해석의 시도가 필요한 것이다.

계약조문인 십계명의 구조 역시 천지인의 조화라는 삼중적 관계로 해석될 수 있다. 한태동은 십계명을 천지인의 조화라는 삼중적 관계로 해석한 바 있다.

> 십계명은 세 부분으로 되어 있다. 처음 세 계명에서는 하나님 외에 다른 신을 만들지 말고 섬기지도 말며, 하나님의 이름을 망녕되게 일컫지 말라고 했다. 이 세 계명의 요점은 사람이 하나님을 어떻게 섬겨야 하느냐 하는 것이다. 다시 말하면 하나님과 사람 사이에 바른 관계를 가르쳐 준 것이다.
>
> 다음 5, 6, 7 계명은 사람과 사람 사이에 관한 것으로 자기를 낳아 준 보모를 공경하는 것과 대인관계에 있어서 상대방을 죽여서도 안 되고 정욕으로 더렵혀도 안 된다고 가르친 것이다.
>
> 마지막 세 계명은 사람과 물질 혹은 자연과의 관계를 말한 것이다. 물질에 대하여 탐내지 말며 나아가 도적질하지 말며, 법정에 나가 이해관계를 따져 거짓 증거를 하지 말라고 가르친 것이다. 다시 말하면 십계명은 사람과 하나님, 사람과 사람 그리고 사람과 자연 사이의 바른 관계에 관한 계명이다.[77]

1-3계명은 하나님과 바른 관계를 가지라는 계명이고, 5-7계명

---

76 Krister Stendahl, "Biblical Theology, Contemporary," *Interpreters Dictionary of the Bible*, Vol. 1 (New York and Nashville: Abingdon, 1962), 419.

77 한태동, "기독교의 역사", 291.

은 동료 인간과 바른 관계를 가지라는 계명이고, 8-10계명은 물질 또는 자연과의 바른 관계를 가지라는 계명이다. 그리고 안식일은 천지인의 조화를 통해 이 삼중적 관계를 지속하고 회복하고 강화하는 날이다.

> 그중의 제4 계명은 안식일에 관한 것이다. 이날에는 자연의 저주에 의해 땀흘려 수고했던 인간이 그 수고로부터 쉬며, 상호 소외된 인간이 한 자리에 모여 멀리했던 하나님을 다시 섬기라고 가르친 것이다. 다시 말하면 제4 계명은 세 대목으로 요약된 아홉 계명을 다시 하나로 묶어 천·지·인의 조화를 말한 것이다.[78]

따라서 안식일은 다음과 같은 천지인의 삼중적 삼중관계의 회복과 강화와 지속으로 해석된다.

첫째, 우선 하나님의 안식에 참여하는 날이다. 하나님 앞에 나와 하나님께 예배드림으로써 하나님과 바르고 편한 사랑의 관계를 맺는 날이다.

둘째, 안식일은 모든 사람이 함께 모여 예배를 드리는 날이다. 남녀노소 할 것 없이 주인이나 종이나 손님들도 함께하는 날이다. 그래서 예수님께서는 "예물을 제단 앞에 두고 먼저 가서 형제와 화해하고 그 후에 와서 예물을 드려라"(마 5:23-24)고 하였다. 이웃과 바른 관계를 가진 후에 하나님과 바른 관계를 가져야 한다는 뜻이다.

셋째, 모든 인간이 예외 없이 노동으로부터 편히 쉬는 날이다. 이

78 한태동, 『성서로 본 신학』 (서울: 연세대출판부, 2003), 38.

날에는 가축도 쉬는 날이며, 땅도 쉬어야 한다. 자연과 바른 관계를 맺는 날인 것이다.

넷째, 이날은 하나님께 예물을 바치는 날이다. 이를 통해 우리는 물질이 많거나 적으나 하나님께서 주신 것으로 여기고 감사하는, 물질에 대한 바른 관계를 맺는 날인 것이다. 또한 인간이 빵을 위한 노동으로부터 휴식을 통해 물질에 대한 바른 관계를 맺는 날이다.

이러한 안식일 정신에서 생겨난 것이 안식년과 희년(출 23:10, 11; 레 25:1-17; 신 15:1-12; 31:10-13)이다. 매 7년마다 돌아오는 안식년에는 땅도 쉬어 안식하게 하고, 씨 뿌리는 일이라든가, 열매를 거두는 일도 쉬고, 만일 휴식 중인 경작지에 자생自生의 열매가 생기면 그 땅의 주인이 아니라 빈민의 식물食物로 할 것이 규정되었다. 본래 토지는 하나님의 소유이므로 토지도 하나님의 안식에 참여해야 한다는 신앙에서 유래한 것이다.

매 일곱 번째 안식년 다음 해인 희년(레 25:10-13; 27:18a, 21; 민 36:4)에는 팔렸던 토지나 가옥은 원소유주에게로 무상으로 돌아가고, 채무 탕감도 행해졌다. 팔려간 노예들도 무조건 해방되었다.

이처럼 안식일의 본래적 의미는 하나님과 바른 관계, 이웃과 바른 관계, 자연 및 물질과 바른 관계를 맺으면 나와 나 자신이 바른 관계를 맺을 수 있다는 것이다. 그렇게 사는 것이 복되고 거룩한 삶이라는 것이다. 그렇게 살면 편할 수 있고, 세상이 알지도 못하고 세상이 주지도 못하는 참된 평화와 안식을 누릴 수 있다는 것이다.

십계명의 삼중적 구조(출 20:1-17; 신 6-21)

1. 대신관계의 계명(하나님과의 바른 수직적 영성적 관계)

1계명: 다른 신 예배금지는 다른 신을 섬기지 못하며, 다른 신이 이스라엘 백성에게 요구할 권리가 없다는 것이다.

2계명: 신의 형상 제조금지는 야웨를 표상하는 것이나 다른 신을 나타내기 위한 두 경우를 모두 말한다.

3계명: 야웨 이름 오용금지는 경솔하게 또는 주술적으로 야웨의 이름을 사용하지 말라는 것이다.

2. 대인관계의 계명(이웃과 바른 수평적 연대적 관계)

5계명: 부모에 대한 저주금지는 부모의 이름을 더럽히거나 노부모를 돌보지 않는 것을 뜻한다.

6계명: 살인금지는 원한에 의한 살인이나 적절한 법적 절차 없이 살인자를 처형해서는 안 된다는 것이다.

7계명: 간통금지는 레위기(18:6-18)에 언급된 각종 인간 사이의 비정상적인 성관계를 금지한 것이다.

3. 대물관계의 계명(물질과 바른 순환적 친화적 관계)

8계명: 절도금지는 모든 종류의 개인 소유물을 훔치는 것과 사람을 유괴하는 것을 못하게 한 것이다.

9계명: 거짓증거 금지는 공정한 재판을 위해 위증을 금한 것뿐만 아니라, 상업상의 거래에서 문서 위조나 거짓 저울(호 12:7; 미 6:11; 암 8:5)을 사용하거나 이웃을 속여 재산을 빼앗는 것(겔

22:12; 45:9) 등으로 부당 이익을 취할 수 없다는 뜻이다.

10계명: 탐욕금지는 다른 이의 재산을 탈취하려는 내적 욕망뿐 아니라 타인의 재산을 제멋대로 빼앗은 탈취금지를 의미한다.

4. 삼중적 삼중관계의 지속과 회복과 강화에 관한 계명

4계명: 안식일은 노동금지뿐 아니라 모든 인간과 동물과 자연이 다 함께 하나님의 안식에 참여하는 날이다.

1) 하나님의 안식에 참여하기 위해 하나님께 경배함.

2) 온 집안 모든 사람과 함께 모여 하나님께 경배하고 함께 쉼.

3) 모든 일에서 쉬고, 육축과 땅도 쉼.

서양 신학이 십계명을 이중적으로 해석한 것이 "하나님을 사랑하고 이웃을 사랑하는 것이 율법과 선지자의 골자"(마 22:4)라는 예수의 가르침을 반영한 것일 수도 있다. 그러나 십계명을 이중적으로 해석할 경우 물질과의 바른 관계 또는 자연과의 바른 관계에 대한 십계명을 비롯한 성서의 여러 다른 가르침과 계명을 배제하게 된다. 따라서 몰트만은 하나님을 사랑하고 이웃을 사랑하라는 이중 계명에 피조물에 대한 사랑을 포함하여 삼중 계명으로 보완하여야 한다고 보았다.

땅을 너 자신처럼 사랑하라. 너 자신을 이 땅처럼 사랑하라! 너는 온 마음과 영혼과 너의 온 힘을 다하여 하나님과 이 땅을 너의 모든 이웃 피조물들과 함께 사랑하라![79]

---

79 J. Moltmann/김균진 역, 『생명의 영』(서울: 대한기독교서회, 1992), 234.

브루지만은 "성서는 하나님의 백성과 하나님의 땅 사이의 관계에 대한 이야기"라고 하였다.[80] 스텍은 "하나님, 인간, 땅의 셋은 성경의 위대한 삼중적 조화를 이룬다"[81]라고 하였다. 십계명을 이중적으로만 해석할 때 땅과 자연의 문제가 배재된다. 무엇보다도 "남지도 모자라지도 않게"(출 16:17-18) 만나를 주시고 땅을 골고루 분배해 주신 '땅의 하나님'이라는 신관이 지닌 '평등한 경제 신학'을 살려내지 못하며, 자연과 육축에게도 안식을 허락하신 안식을 창조하신 하나님이라는 앞선 신관이 지닌 '자연친화적 생태신학'을 묻히게 하는 것이 된다.

물론 8-10계명이 물질에 대한 관계로만 되어 있지만 물질은 자연과 상응 관계에 있는 것이 사실이다. 인간만이 하나님의 구원 대상이 아니고 자연도 마찬가지로 구원의 대상이다. 레위기는 계약신앙에 근거하여 이스라엘 백성이 이 모든 계약을 지키면 자연을 통한 축복이 주어질 것임을 단언하였다.

> **너희가, 내가 세운 규례를 따르고, 내가 명한 계명을 그대로 받들어 지키면, 나는 철 따라 너희에게 비를 내리겠다. 땅은 소출을 내고, 들의 나무들은 열매를 맺을 것이다**(레 26:3-4).

예언자들은 하나님과 인간 사이의 계약뿐만 아니라 하나님과 자연 사이의 계약이라는 창조신앙을 새롭게 설파한다. 특히 호세아는 종말의 새 날에는 들짐승과 공중의 새와 땅의 곤충까지도 하나님과

---

80 W. Brueggemann, 『성서로 본 땅』 (서울: 나눔사, 1992), 24.
81 John H. Steck, 『구약신학』 (서울: 솔로몬, 2000), 169.

더불어 계약을 맺게 될 것이고 따라서 땅에서 전쟁이 그칠 것이라고 선언한다.

> **그 날에는 내가 저희를 위하여 들짐승과 공중의 새와 땅의 곤충으로 더불어 언약을 세우며 또 이 땅에서 활과 칼을 꺾어 전쟁을 없이 하고 저희로 평안히 눕게 하리라(호 2:18).**

노아의 홍수 이후에 하나님이 노아와 맺은 언약이 사람과 단독적으로 맺은 언약이 아니고 '숨쉬는 모든 짐승들'을 포함한 생태학적 언약(ecological covenant)이라는 사실을 상기할 필요가 있다.[82]

> **내가 다시는 사람으로 인하여 땅을 저주하지 아니하리니 이는 사람의 마음의 계획하는 바가 어려서부터 악함이라 내가 전에 행한 것같이 모든 생물을 멸하지 아니하리니 땅이 있을 동안에는 심음과 거둠과 추위와 더위와 여름과 겨울과 낮과 밤이 쉬지 아니하리라(창 8:21- 22).**

성서 전체를 조망해 볼 때 계약신앙은 사람과 하나님, 사람과 사람, 사람과 자연(물질) 사이의 삼중적 삼중 계약관계로 보아야 할 것이다.

칼빈이 『기독교강요』에서 십계명을 이중적인 구조,[83] 즉 하나님에 대한 경배의 종교적 의무와 사람을 상대로 한 사랑의 의무로 구분한 전례를 따름으로써 서구의 신학은 역사상 두 가지 큰 위기에 직면

---

82 기독교환경운동연대 편, 『녹색의 눈으로 읽는 성서』, 84.

83 J. Calvin/ 김종흡 외 공역, 『기독교강요』 상 (서울: 생명의 말씀사, 1995), 537.

하게 된 것이다.

하나는 물질에 대한 관계의 문제가 극단으로 치달은 위기이다. 산업혁명 이후 생산의 효율성만을 극대화한 자본주의의 이기주의적 물질관과, 이에 관한 반발로 러시아 혁명 이후 분배의 정당성만을 강조한 공산주의의 강요된 이타주의 물질관이라고 할 수 있다.

다른 하나는 근대의 인구증가와 산업발달과 더불어 자연을 정복의 대상으로 여겨온 기독교의 잘못된 자연관으로 인한 자연 생태계의 위기인 것이다. 따라서 십계명의 삼중적 삼중관계론은 서양 신학의 이러한 물질관과 자연관의 약점을 보완할 수 있는 새로운 신학적 대안이라고 할 수 있다.

특히 현대와 와서 분배의 문제와 생태계의 위기가 초래되었으므로 십계명에 대한 새로운 해석이 불가피하다고 여겨진다. 서양 신학은 그동안 물질에 대한 바른 신앙적 관계를 성서적으로나 신학적으로 정립하지 못해서 자본주의의 모순이 극대화되었고 그 반발로 공산주의가 생겨나게 된 것이다. 그리고 자연에 대한 바른 관계를 정립하지 못한 채 자연정복을 부추겨 온 결과 환경오염과 생태계의 파괴를 초래했다는 비판을 면치 못하고 있는 것이다. 따라서 서양 신학의 이러한 약점을 보완하고 새로운 대안을 제시하기 위해서 십계명의 삼중적 해석이 요청되는 것이다.

십계명과 여러 종교의 계명을 비교해 보면 십계명의 전향적인 의식이 더 잘 드러난다. 모든 종교는 저마다의 계율을 지니고 있다. 십계명의 전향적인 의미는 타종교 계명과의 비교를 통해 더욱 분명해진다.

(1) 기독교의 세례의식처럼 불교에서도 귀의하면 계를 받는 의

식을 치른다. 승려들은 더 많은 계를 받지만, 일반 평신도들은 기본 계명으로 살생하지 말라(不殺生), 도적질하지 말라(不偸盜), 음란하지 말라(不邪淫), 거짓말하지 말라(不妄言), 술과 고기를 먹지 말라(不飮酒食肉)는 오계五戒를 받는다. 처음 넷은 십계명에도 포함된 것이다. 그러나 오계에는 신과의 관계는 전혀 언급되어 있지 않고 인간관계에 있어서도 부모자식 간의 관계에 대한 계율이 빠져 있다. 물질과의 관계도 포괄적이지 못하다.

(2) 유교는 계율이라는 표현을 쓰지는 않지만 삼강오륜을 종지宗指로 삼고 있다. 삼강은 군위신강, 부위부강, 부위자강이고, 오륜은 부자유친, 군신유의, 부부유별, 장유유서, 붕우유신이다. 유교는 인간관계에 대하여 포괄적인 가르침을 제시하지만 물질과의 관계, 신과의 관계에 대한 가르침은 부족하다. '천지인' 삼재(三才) 중에 '천'과 '지'에 관한 내용이 빠진 것이다.

최병헌이 『성산명경』에서 "천지간에 三大倫이 있으니 天倫과 人倫과 物倫"[84]이라고 하였고, 『만종일련』에서는 이 삼대륜은 하나님께서 창조한 것이라고 한 사실이다. 그가 한국문화와 종교의 근간으로 전승되어 온 천지인 삼재론에 착안하여 삼륜론의 유무를 통해 참된 종교를 가늠하는 비교종교학의 방법론적 기준을 제시한 것은 천지인신학의 한 전형으로 평가된다.[85]

(3) 이슬람교는 구약성서를 수용하였지만 그들의 종지를 다섯(五柱)으로 재규정하였다. 첫째는 천사, 경전(코란), 예언자 무함마드, 최후의 날을 믿는 것이고, 둘째는 하루 5회 기도하는 것, 셋째는

84 최병헌, 『성산명경』 (서울: 한국고등신학연구원, 2010), 136.

85 자세한 내용은 이 책 2장 2절 "최병헌은 종교신학과 삼륜론"을 참고할 것.

구빈세(zakat), 넷째는 단식, 다섯째는 메카 순례이다. 이슬람교의 다섯 기둥도 인간관계나 물질과의 관계에 대한 포괄적인 가르침이라 할 수 없다.

(4) 유사종교라고 할 수 있는 그리스의 유신론적(형이상학적) 철학에서도 인간의 기본적인 네 가지 덕목을 가르쳤다. 플라톤은 당시의 도시국가 구성원이 지켜야 할 덕목을 네 가지로 보았다. 먼저 정치가는 지혜가 있어야 하고,[86] 상인들은 절제해야 하며, 군인들은 용감해야 한다. 정치가가 정치가답게 지혜롭고, 상인들은 상인답게 절제하며, 군인들은 군인답게 용감하여 저마다 저다울 때 정의가 실현된다고 하였다. 그러므로 네 주덕은 인간관계만 다루고 있을 뿐이다.

주요 종교의 주요한 계율과 이러한 비교를 통해 십계명의 삼중적 삼중관계의 깊은 뜻과 전향적인 의미가 더욱 돋보이는 것을 알 수 있다.

십계명과 주기도문의 상응관계는 칼빈과 칼 바르트를 비롯한 서구의 여러 신학자들에 의해 이미 주장된 바이다. 그러나 이들의 주장은 십계명을 이중구조로 보듯이 주기도문도 이중구조로 본다. 최근의 크로산 역시 주기도문에 대해 "처음의 세 가지 기도는 처음의 네 가지 계명과 일치하고, 나중의 세 가지 기도는 다섯째부터 마지막까지의 계명과 일치"[87]하는 것으로 파악한다. 처음 세 간구는 인간과 하나님 사이의 수직적 관계를 말하는 것이고 다음 네 간구는 인간과 인간 사이의 수평적인 관계를 말한다. 그러나 예수가 가르친 주기도문 역시 십계명과 마찬가지로 삼중적 삼중구조로 해석될 수 있다. 한

---

86 플라톤의 철인(哲人)정치의 이상이 여기서도 드러난다.

87 J. D. Crossan, 『역사적 예수』 (서울: 한국기독교연구소, 2000), 474.

태동은 구약의 십계명과 더불어 신약의 주기도문의 간구도 천지인의 조화의 간구로 해석하였다. 이에 대한 자세한 내용은 이 책 3장 8절에서 다룬다.

V. 초기 이스라엘 계약공동체의 세 가지 상징의 천지인신학적 해석

1. 법궤의 계약조문과 계약공동체의 종교제도

출애굽기에 의하면 이집트에서 400여 년간 이스라엘 백성이 당한 노예생활의 정치적 억압, 강제노동으로 인한 경제적 착취, 산아 제한의 민족적 차별, 하나님께 드리는 제사조차 허용하지 않은 종교 말살의 암울한 상황에서 하나님은 그의 종 모세를 세워 이스라엘 백성들을 이집트에서 해방시켜 광야로 인도하도록 하셨다. 그리고 노예근성에 젖어 있는 이들을 광야에서 다 죽게 하시고 새로 태어난 신세대들로 하여금 가나안에 진입하여 이스라엘을 건국하게 하셨다.

하나님은 왜 이스라엘 백성을 이집트에서 탈출시켰을까? 이스라엘을 '제사장 나라로 삼아 그들을 거룩한 백성'(출 19:6)으로 삼기 위해서이다. 새 나라 새 백성을 건설하기 위해서인 것이다. 새 나라 새 백성이 되기 위해서는 그 당시 이스라엘 백성들이 노예살이한 이집트는 물론이고 가나안에 거주하던 6부족과 같은 나라가 되어서는 안 된다. 새 나라 새 백성이 되려면 적어도 세 가지 제도 즉, 종교제도, 정치제도, 경제제도가 다른 나라와는 혁명적으로 달라야 했다.

따라서 초기 이스라엘 계약공동체는 고대 근동의 다른 종교처럼 대성전이나 제사장 제도가 없었다. 광야 방랑 40년과 사사시대 200여 년 동안 그들의 종교적 표상은 이동식 천막인 성막聖幕에 집중되어 있었다. 히브리서의 전승에 의하면 성막에서 가장 중요한 것은 지성소에 계약공동체의 가장 중요한 종교적 상징물 셋을 넣어두었는데, 십계명 두 돌판을 담은 언약궤(출 25:16)와 만나 항아리(출 16:33)와 아론의 싹난 지팡이(민 17:4)라고 한다. 히브리서도 이 사실을 증거한다. 성막에서 가장 중요한 것은 지성소에 안치되어 있는 세 가지 중요한 상징물이었다.

> **금향로와 사면을 금으로 싼 언약궤가 있고 그 안에 만나를 담은 금항아리와 아론의 싹 난 지팡이와 언약의 비석들이 있고 그 위에 속죄소를 덮는 영광의 그룹들이 있으니**(히 9:4, **공동번역**).

성막 지성소에 세 가지 상징물을 두게 한 것은 종교사적으로 일대 혁명적인 사건이라고 할 수 있다. 당시의 다른 모든 종교의 성전에도 지성소가 있었지만 그 지성소에는 그들이 만든 신상神像을 두었다는 것과는 너무나 대조되기 때문이다. 성막 지성소의 이 세 가지 상징물은 이제까지 서양 신학자들이 별로 주목하지 않았지만, 이스라엘 초기 계약공동체가 지향하여야 할 종교적 · 정치적 · 경제적 이상을 의미한다.

첫 번째 상징은 십계명을 새긴 두 장의 돌판(언약의 돌판)을 넣은 법궤(민 10:33)이다. 증거궤(출 25:21, 22), 언약궤(수 6:6), 하나님의 궤(삼상 4:11)로도 불렸다.[88] 이 증거궤를 지성소에 두게 하였으며(출

88 법궤의 자세한 양식에 대해서는, 출애굽기 25장 10-22절에 기록되어 있다. 법궤는 조각목 목재로 만들고, 전면(全面)을 금으로 씌우고 그 위에는 순금의 덮개를 놓았

25:22; 26:34) 후에는 율법책도 법궤(증거궤) 곁에 두었다(신 31:26).

십계명 두 돌판을 지성소에 둔 것은 이스라엘 백성들을 이집트의 노예생활에서 해방하여 주시고 그들을 하나님의 백성으로 삼아 주신 것에 감사하여 하나님의 계약의 말씀을 이스라엘 백성 모두에게 가르치고 목숨을 다해 지키도록 하기 위한 것이었다.

새 나라 새 백성은 우선 그들이 섬기는 신이 달라야 한다. 다른 나라에는 무수한 신들을 섬기지만 이스라엘은 오직 하나님만을 섬기는 나라, 종교제도가 혁명적으로 다른 나라를 만들어야 하는 것이다. 그래서 하나님은 이스라엘 백성과 친히 계약을 맺으시고 "나는 너희 하나님이 되고 너희는 내 백성이 되리라"고 하였다. 모세를 중재로 시내 산에서 계약을 맺고 그 계약 조문인 십계명을 두 돌판에 새겨 주시고 성막 지성소 언약궤 안에 보관하도록 하였다.

따라서 야웨종교는 율법의 종교라 할 수 있다. 가나안의 자연 종교와 달리 풍요와 다산을 기복하는 '제사 행위'보다 야웨의 사랑과 공의의 계약의 말씀을 가르치고 지키는 '순종의 행위'에 우선을 두었던 것이다. 사람과 하나님과의 올바른 관계를 말씀 중심의 종교제도로 확립한 것이다. 그래서 예언자들은 "순종이 제사보다 낫고 듣는 것이 수양의 기름보다 낫다"(삼상 15:22)는 초기 이스라엘 종교제도의 이상을 제시한 것이다.

존 캅은 "야웨는 보여지는 분이 아니라, 들려지는 분"[89]이라고 하

다. 그리고 금고리 넷을 달아, 채를 궤의 고리에 꿰어 메고서 이동할 수 있도록 되어 있었다. 크기는 길이 2규빗 반(1.1m), 높이와 넓이 각 1규빗 반(67cm)이고 장방형(長方形)으로 된 궤였다.

89 J. Cobb/ 김상일 역, 『존재구조의 비교연구 - 과정 신학의 기독교 이해』 (서울: 전망사, 1980), 134.

였다. 야웨가 시각적으로 보여지는 경우가 전무하며, 야웨를 보면 죽지만 그의 말씀을 듣고 순종하면 산다고 하였다. 신을 제사의 대상으로 보느냐 순종의 대상으로 믿느냐에 따라서 종교제도가 달라진다. 야웨와의 관계는 그의 명령과 약속에 복종하는 것으로 이루어진다. 가나안의 자연종교와 달리 신전 중심의 제사행위보다 야웨의 계약의 말씀을 지키는 것에 우선을 두었던 것이다. 순종이 제사보다 낫기 때문이다(삼상 15:22).

존 캅은 보여주는 종교로서 제사 종교와 들려주는 종교로서 말씀 종교를 각각 '눈의 종교'와 '귀의 종교'로 구분하였다.[90] 초기 이스라엘 계약공동체의 종교적 지향은 신전 중심의 제사가 아니고 말씀에 대한 순종이라는 계약종교의 이상을 담은 것이다. 자연종교에서처럼 신의 편애를 받는 특출한 개인이 신에게 순응하는 개인적 의존관계가 아니라, 이스라엘 백성과 후손 전체와의 공동체적인 계약관계인 것이다. 이처럼 이스라엘 백성은 하나님의 말씀을 가르치고 지키는 것을 중요하게 여겨 왔기 때문에 오늘날에 와서도 유대인들의 교육의 관한 열정과 방식이 특출한 것으로 평가받는 것이다.

시내산 계약으로 이스라엘 자손과 함께 탈출한 '여러 민족'(출 12:38, 공동번역)들이 모두 하나의 계약공동체로 결속된 계기가 되었다. 그리고 세겜에서의 지파동맹과 가나안에서의 토지분배를 통한 계약공동체는 더욱 분명한 정치적, 경제적 성격을 띤 야웨 하나님의 백성으로 등장하게 된다. 이런 의미에서 이스라엘 백성을 가리켜 '계약공동체'라고 부른다.

---

90 같은 책, 134.

시내산 계약은 하나님과의 조건적이며 쌍무적인 관계이다. 이스라엘이 하나님의 백성이 되었기 때문에 하나님의 백성답게 살아야 하는 의무가 주어진다. 많은 종주권 조약의 사례처럼 하나님이 이스라엘 백성을 이집트의 종살이에서 해방시켜 구원하여 주신 무한한 은혜가 베풀어졌기 때문에 그 은혜(Gabe)에 응답하기 위해서는 하나님의 계명을 준수하여야 할 과제(Auf-gabe)가 주어진 것이다.

> **오늘날 네가 네 하나님 여호와의 백성이 되었으니,**
> **그런즉 네 하나님 여호와의 말씀을 복종하여**
> **내가 오늘날 네게 명하는 그 명령과 규례를 행할지니라**(신 27:9-10).

'계약의 피'가 표상하듯이 하나님께서 노예로 죽을 목숨을 살려주셨기 때문에 이제는 목숨을 바쳐 하나님의 백성답게 살아야 한다는 것이다. 시내산 계약은 생존이 위협받을 때마다 "광야에서 죽을 바에야 이집트로 돌아가자"고 외쳤던 노예들을 위한 자유혼의 계시였다. 따라서 이제는 "노예로 살기보다는 자유인으로 죽겠다"는 결단이 요청된다. 계약의 의무를 준수하여 이러한 조건을 충족시켜야 하나님과 이스라엘 사이의 독특한 관계가 존속된다.

이런 의미에서 시내산 계약은 원시 자연종교의 주술을 매개로 하여 풍요와 다산을 기복(祈福)하는 무제약적 신인관계의 평균적 의식을 극복한 것이다. 하나님과 이스라엘 계약공동체 사이의 이러한 특수한 계약적 신인관계는 풍요와 다산을 기원하는 가나안 자연종교나 신성에의 참여를 갈구하는 그리스철학의 신인관계에서는 찾아볼 수 없는 계약공동체의 삶을 지향하는 전향적인 신인관계라고 할 수 있

다. 고대근동의 원시 자연종교와 이스라엘의 계약종교의 차이를 도식화하면 다음과 같다.[91]

자연종교와 계약신앙의 신인관계

자연종교의 신인관계	계약신앙의 신인관계
제사와 보여주는 눈의 종교	계약의 말씀을 청종하는 귀의 종교
자연적 순응관계	역사적 소명과 배타적 계약관계
일방적 주종관계	은혜와 복종의 조건적 쌍무관계
개인적 의존관계	공동체적 계약관계
풍요와 다산의 주술적 기복관계	사랑과 정의의 인격적 계약관계

2. 아론의 지팡이와 계약공동체의 정치제도

둘째 상징은 아론의 싹이 난 지팡이이다(민 16:17–28). 이는 이스라엘은 하나님이 택한 모세와 아론 같은 종교적 지도자들에 의해 다스려지고 인도되어야 한다는 계약공동체의 신정정치의 이상을 드러낸 것이다.

고라와 다단과 아비람의 무리들이 모세와 아론이 이스라엘의 지도자가 된 것에 반기를 들었었다. 다단과 아비람은 모세가 "스스로 우리 위의 왕이 되려고 한다"(민 16:12)고 비난하였다. 결국 이들 무리들이 야웨의 진노로 모두 죽음을 당한 뒤, 모세는 12지파의 족장에게 각자의 이름을 쓴 지팡이를 하나씩 가져오게 하고 그것을 회막 증

91 허호익, 『야웨 하나님』 (서울: 동연, 2014), 411-482. 제10장 참고.

거궤 앞에 두었더니, 얼마 후 아론의 지팡이에만 움이 돋고 순이 나고 꽃이 피어서 살구열매가 열렸다(민 17:1-13). 야웨께서 "택한 자의 지팡이에는 싹이 났다"(민 17:5)는 것이다. 그래서 그 아론의 지팡이를 증거궤 앞에 하나의 상징으로 두도록 하였다.

> **여호와께서 또 모세에게 이르시되 아론의 지팡이는 증거궤 앞으로 도로 가져다가 거기 간직하여 패역한 자에 대한 표징이 되게 하여 그들로 내게 대한 원망을 그치고 죽지 않게 할지니라**…(민 17:10).

이스라엘은 하나님이 택한 모세와 아론 같은 종교적 지도자들에 의해 다스려지고 인도되어야 한다는 계약공동체의 신정정치의 이상을 가지고 있었다. 다른 11지파도 하나님께서 모세와 아론의 레위 지파에게 제사장 직분을 주어 이스라엘의 백성 가운데서 하나님의 통치의 대리자로 삼은 것을 인정하여야 한다는 것이다. '하나님께서 세운 자가 백성을 섬기는 통치자'(왕상 12:7)가 되어야 한다는 정치적 이상을 담은 것이다.

초기 이스라엘 계약공동체가 가나안에 정착할 즈음에는 대체로 세 종류의 정치체제가 존재하고 있었다. 이집트와 메소포타미아의 절대군주제와 가나안 도시국가의 봉건군주제와 블레셋과 같은 군사독재 체제이다. 제사장 나라의 거룩한 백성이 되려면 종교제도뿐 아니라 정치제도도 달라야 한다. 당시의 평균적인 정치제도였던 이집트의 절대군주제나 가나안 도시국가의 봉건군주제나 블레셋의 군사동맹체의 모순을 잘 알고 있었던 이스라엘 계약공동체는 전혀 새로운 정치제도를 선택하여야 했던 것이다.

12지파 중에 모세와 아론의 레위지파에게 하나님이 제사장 직분을 주어 이스라엘의 백성 가운데서 하나님의 통치의 대리자로 삼게 한 것이다. 이러한 초기 이스라엘 계약공동체의 정치적인 이상을 실현하기 위해 그들이 가나안에 정착하였을 때 다른 국가와 같은 군주제를 도입하지 않았다. 초기 이스라엘 계약공동체는 200여 년 동안 왕을 세우지 않았으며 그때 필요에 따라 하나님이 택하여 세우는 사사師士라는 비세습적이고 한시적인 지도체제를 이어나갔다.

통치자가 백성들을 지배의 대상으로 보느냐 섬김의 대상으로 보느냐에 따라 정치제도가 달라진다. 사사제도의 이상은 왕은 백성을 종으로 삼는 '지배하는 통치자'(ruling king)가 아니라, 왕이 백성의 종이 되어 목자와 같이 백성을 '섬기는 통치자'(servant king)가 되어야 한다는 것이었다. 인간은 지배의 대상이 아니라 섬김의 대상이라는 전향적 인간관은 정치제도의 혁명적인 변화를 가져왔다. '인간과 인간 사이의 올바른 관계로서 섬김의 통치'라는 이상을 실현하기 위해 왕정제도 대신 사사제도를 도입한 것이다.

초기 이스라엘 계약공동체가 도입한 사사제도의 전형적인 특징은 중앙집권적인 정치 권력의 부재에서 찾을 수 있다. 12지파 동맹은 는 어떠한 중앙제도의 통제도 받지 않는 자발성의 원리에 의해서 결성된 지방분권적인 느슨한 부족연합체제였다.[92]

반면에 이집트 제국은 군주제 국가의 조세권과 징집권과 부역권을 나라 안뿐만 아니라 밖에서도 행사하였다. 막강한 상설 군사력으로 인근 약소부족과 많은 군주제 국가를 속국으로 삼아 조공을 거두

92 Albertz Rainer, 『이스라엘종교사』 1 (서울: 크리스챤다이제스트, 2003), 156.

어들이고 때로는 강제노동과 강제징집에 동원시켰다. 모세 시대에 히브리 노예들의 강제 산아제한을 명하였던 이집트의 파라오 람세스 2세(1290-1224)는 이러한 절대군주의 전형이었다.

가나안 도시국가들 역시 중앙집권적인 군주제를 채택하고 상비군을 두었으며, 모든 백성을 강력하게 통제하였다. 그러나 사사제도 하에서는 중앙정부와 상비군이 존재하지 않았으며, 외침이 있을 경우 자원하는 자들을 모아 응전應戰을 하였던 것이다. 이러한 사사제도는 "가나안 도시국가들에 맞서는 모델"로 규정될 수 있다.93

이스라엘 12지파의 계약동맹은 유목생활의 연장이거나 단순한 종교적 동맹이라 할 수 없다. 당시의 절대군주제나 봉건군주제의 중앙집권적인 국가체제에 대응하여 의식적으로 고안된 새로운 '대체국가'(substitute state)이며, 주변의 도시국가와는 대립되며 명실상부한 '반국가'(anti-state)로서의 전향적인 정치체제였다. 갓월드는 이를 이집트제국, 가나안의 도시국가들, 소수의 군사독재국가들이 행사하였던 "조공국가체제의 징병권과 과세권에 맞서서 억압당해 왔던 농촌과 촌락의 독립을 조직적으로 되찾기 위한" 혁명적인 정치제도였다고 설명한다.94

이스라엘의 지파동맹체에는 군주인 군왕도, 상비군도 없고, 강제징집과 조세도 없었다. 다만 유사시 사사士師라는 지도자를 중심으로 상호협력할 것을 계약한 지방분권적인 정치제도였다. 가나안 도시국가와 같은 중앙집권적인 군주제의 군사적, 정치적 지배권을 완전히 배제하였다.

---

93 같은 책, 156.

94 N. K. Gottwald, 『히브리성서 1』, 342.

갓월드는 이를 고대 근동의 중앙집권의 '절대군주제'와 전향적으로 다른 지방 분권의 '느슨한 지파연합'이라고 하였다.[95] 이러한 지파연합은 정치적으로는 군주제적 도시국가의 지배를 배제했을 뿐만 아니라 경제적으로 도시국가의 공납제 생산양식을 축출하고, 자유농민 농업제로 대치하게 한 전향적인 사회조직이었다. 이 양자를 도식화하면 다음과 같다.[96]

초기 계약공동체와 고대 근동국가의 정체제도

초기 계약공동체의 정치제도	고대 근동국가의 정치제도
하나님의 신정통치의 대리자	왕이 곧 신으로서 통치
한시적 비세습 사사	세습적 종신제 군주
징세권, 징집권, 부역권 없음	징세권, 징집권, 부역권 있음
수도 중앙정부 상비군 없음	수도 중앙정부 상비군 있음
느슨한 지파연합의 사사제	중앙집권적 군주제

3. 만나 항아리와 계약공동체의 경제제도

셋째 상징은 만나 한 호멜(약 230리터)을 담은 항아리이다. 이는 일용할 양식은 하나님이 주시는 것이며, 온 백성에게 골고루 균등하게 분배해야 한다는 계약공동체의 경제 정의 구현의 이상을 담은 것이다.

---

95 같은 책, 329.

96 허호익, 『야웨 하나님』, 551-626. 제12장 "초기 계약공동체의 정치 제도와 왕이신 하나님"을 참고할 것.

야웨는 광야에서 만나를 주신 뒤 "아론에게 이르되 항아리를 가져다가 그 속에 만나 한 호멜을 담아 여호와 앞에 두어 너희 대대로 간수하라"(출 16:33)고 하였다. 만나 항아리는 불모의 땅 광야에서 하나님께서 일용할 양식으로 공급하여 "많이 거둔 자도 남지 않고 적게 거둔 자로 모자라지 않았던"(출 16:17-18) 만나의 경제신학과 계약공동체의 경제제도의 지침이다.

계약공동체는 가나안에 정착하여 이 만나의 신학을 구현하기 위해 토지분배와 같은 전향적인 경제제도를 실현한 것이다. 물질을 공유의 대상으로 보느냐 독점의 대상으로 보느냐에 따라 경제제도가 달라진다. 고대 근동국가는 예외 없이 성전의 토지만을 제외하고서는 대부분의 토지가 왕에게 속하였고 대부분의 시민들도 소작농에 지나지 않았다. 그러나 이 점이 이스라엘의 사정과는 정반대되는 것이었다.

볼프는 고대 근동 지방의 토지의 대부분은 세 가지 방식의 영지(領地)로 수용되었다고 한다. 봉건군주들이 군사력을 통해 차지하여 세습시킨 봉건세습 영지(patrimonial domain), 군주들이 사제에게 하사한 성직자 영지(prebendal domain), 귀족이나 지주 계급 소유의 매매 영지(merchantile domain)이다.[97] 군주들은 자기 땅을 소유한 농민과 일반 대중에게 현물세와 강제 부역 및 징병 등의 무거운 부담을 부과하였다. 결과적으로 농민들은 채무로 인해 토지 소유의 이동이 생겨나고 독립적인 생산 수단을 박탈당한 후 대토지의 경작자로 고용되거나 혹은 소작농으로 전락하고 말았다. 더 이상 땅을 소유하지 못한

---

97 Eric R. Wolf, *Peasants* (Englewood Cliffs, N. J: Prentice-Hall, 1966), 50–54.

채 소작한 많은 부분이 공납을 강요당함으로 자유농민들이 감소하게 된 것이다.

이스라엘 백성들은 가나안 땅에 들어가자 여호수아가 중심이 되어 여리고 성, 아이 성, 기브온 성의 온 땅과 고센의 온 땅과 평지 그리고 아라바와 이스르엘의 산지와 평지를 취한다(수 11:16, 21). 땅의 점령이 완수되자 여호수아는 12지파의 대표들을 모아 토지를 분배한다.

> 각 사람의 몫을 제비뽑아 얻었고, 그 땅을 측량하여 그들에게 나누어 주신 분은 야웨이시다(사 34:17).

제비를 뽑아 12지파에게 토지를 분배하고, 지파는 확대가족의 보호 연합체인 미슈파하 별로, 미슈파하는 확대가족 별로 토지를 분배한 것이다. 이스라엘 백성들은 토지배분을 통해 지파, 족속(미슈파하), 가족(확대가족)으로 이뤄진 새로운 사회구성체를 구성하였다.[98] 이제는 모든 백성이 자기 땅에서 자유롭게 농사를 지을 수 있는 자기 땅을 분배받은 것이다. 토지의 분배에 따라 자신의 땅에서 자유롭게 농사를 지을 수 있는 토지사용권의 원칙이 고수되었기 때문이다.[99]

초기 이스라엘 계약공동체는 토지의 독점을 부추기는 주변나라의 영지제도領地制度를 완전히 철폐한다. 이는 인류 역사 최초로 기록되는 토지혁명이다. 이러한 혁명적 토지관은 '땅은 여호와의 것'(레

---

98 N. K. Gottwald, *The Tribes of Yahweh* (New York: Orbis, 1979), 323-328, 697-700.

99 R. de Vaux, 『구약시대의 생활풍속』(서울: 대한기독교출판사. 1983), 255.

25:23)이라는 철저한 야웨 신앙에 근거해 있었다. '땅은 여호와의 것'이라는 이스라엘의 '땅의 신학'은 '땅은 군주의 것'이라는 군주제 국가의 경제제도와는 판이한 것이었다.

한 걸음 더 나아가서 이스라엘 계약공동체는 토지 매매를 금지하였다.

토지를 영영히 팔지 말 것은 토지는 다 내 것임이라(레 25:23).

토지매매를 금지한 것은 그 땅이 하나님께서 그들의 믿음의 조상 아브라함을 통해 오래전에 허락하신 '약속의 땅'(창 12:1-2)이며, 그들에게 값없이 주신 '선물의 땅'[100]이요 '영원한 야웨의 소유'이기 때문이었지만, 다른 한편으로는 토지매매로 인한 토지 소유의 이동을 통해 소유의 불균형을 원천적으로 막기 위한 것이기도 하였다. 따라서 야웨 하나님의 '약속의 땅'이요, '선물의 땅'은 야웨 하나님의 소유이므로 임의를 매매할 수 없도록 한 것이다.

이스라엘 제사장 계급의 토지 분배 배제(신 18:1)는, 이집트의 절대군주제나 가나안의 봉건군주제의 제사장 계급이 토지를 독점하고 있었던 당시의 상황에 비추어 볼 때 파격을 넘어 혁명적인 사건이었다. 이는 당시 군주제의 근본 모순 중의 하나가 땅의 독점을 통한 경제적 불평등 구조인 것을 알고 이를 혁명적으로 극복하려 했던 하나님의 명령이요, 계약공동체의 의지였던 것이다.

갓월드는 이스라엘의 토지분배에 근거한 경제제도를 당시의 평

---

100 W. Brueggemann, 『성서로 본 땅』, 85-95.

균적인 '공납제 생산양식'과 다른 '자유농민 농업제'라고 하였다.[101] 군주제 국가는 부국강병의 국가발전을 최우선으로 여겼기 때문에 권력과 부의 독점을 추구하였고, 반면에 이스라엘 지파연합은 자유로운 노동과 평등한 분배라는 새로운 대안을 모색하였다. 두 제도를 비교해 보면 그 차별성과 전향성이 잘 드러난다.[102]

초기 이스라엘과 고대 근동의 경제제도

초기 이스라엘의 경제제도	고대 근동의 경제제도
자유농민 농업제	공납제 생산양식
백성에게 토지분배	군주와 귀족의 영지 독점
레위 지파 토지소유 금지	지배계층 토지 과다소유
토지매매 금지	토지매매 가능
남지도 모자라지도 않게	빈익빈 부익부
자유로운 노동과 평등한 분배	부국강병의 국가발전

그러나 사사시대가 내우외환으로 위기를 겪자 '다른 나라처럼' 왕정이 도입되고 사울이 왕(BC. 1020-1000)으로 제비 뽑힌다. 그러나 사울의 뒤를 이어 왕으로 뽑힌 다윗의 아들 솔로몬이 혁명을 일으켜 왕권을 세습한 후 왕권 강화를 위해 중앙집권적 통치가 도입되고 지방분권의 정치적 이상을 사라지게 된다. 그리고 솔로몬의 아들 여로보암은 '백성을 섬기는 왕'이라는 정치적 이상과 달리 '백성을 종으로

101 N. K. Gottwald, *The Tribes of Yahweh*, 191 ff; N. K. Gottwald, 『히브리성서 1』 (서울: 한국신학연구소. 1987), 329.

102 허호익, 『야웨 하나님』, 483-550. 제11장 "약속의 땅을 분배하신 하나님" 참고.

삼는 폭군'으로 변질되고 그 여파로 남북이 분열되고 만다. 그리고 북왕국의 멸망에 이어 남왕국의 멸망으로 바벨론 포로기를 맞게 된다. 포로 후기의 에스라와 느헤미야의 종교개혁은 이러한 초기 이스라엘 계약공동체의 이상을 회복하려는 몸부림이었다.[103]

고대 근동이나 중동의 다른 모든 종교의 신전 지성소에는 신상을 안치하였으나 이스라엘 계약공동체의 이동식 성막의 지성소에는 세 가지 성물을 안치하도록 한 것은 양자 사이의 신관과 종교제도, 인간관과 정치제도, 물질관과 경제제도가 혁명적으로 달랐다는 사실을 보여준다. 하나님을 어떤 분으로 믿느냐에 따라 종교제도가 달라지고, 인간을 지배의 대상으로 보느냐 섬김의 대상으로 보느냐에 따라 정치제도가 달라지고, 물질을 독점할 것인가 분배할 것인가에 따라 경제제도가 달라지기 때문이다

십계명 두 돌판은 하나님과의 바른 관계와 말씀 순종의 종교제도를 상징하고, 만나 항아리는 물질과의 바른 관계와 공유의 경제제도를 상징하고, 아론의 지팡이는 인간과의 바른 관계와 섬김의 정치제도를 상징하는 것이다.

지성소 안치된 세 가지 성물에 대해 일부 구약학자들은 후대의 해석이라고 여기고 주목하지 않았지만, 초기 이스라엘 계약공동체가 지향하여야 할 이상, 즉 하나님과의 바른 관계, 사람과의 바른 관계 그리고 물질 또는 자연과의 바른 관계와 이상적인 종교제도, 정치제도, 경제제도를 제시한 것으로 구약성서의 주요한 가르침인 십계명에 함축된 천지인 조화의 정신을 가장 잘 표상한 것이다. 따라서

---

103 같은 책, 336-338.

이 세 가지의 성물은 천지인 조화의 삼중적 삼중 관계에 대한 상징이며, 천지인신학의 든든한 성서적 기초라 할 수 있다.[104]

104 같은 책, 195-196.

VI. 예언자들의 천지인 신앙

계약공동체의 군주제 도입으로 등장한 아주 독특한 종교적인 지도자는 예언자이다. 구약성서의 예언자(nabi)는 단순히 앞으로 일어날 일을 미리 말하는 자(foreteller)가 아니다. 예언자는 지파 동맹체의 계약의 중재자이거나 율법 선포자로서 하나님의 입이며, 그런 의미에서 '하나님의 대언자(Messenger)'이다.[105]

예언자들이 대언자代言者라는 것은 그들의 소명체험, 파송, 메신저 양식을 통해서 보다 분명히 드러난다.[106] 그들은 하나님의 소명을 받아 황홀경 가운데서 하나님의 말씀에 사로잡혀, 하나님의 명령에 따라 이스라엘의 왕이나 백성들에게 가서 "야웨께서 이렇게 말씀하였다"에서 시작하여 "이는 야웨의 말씀이라"고 대언하였다.

이스라엘의 예언자는 하나님의 말씀을 받은 자이다. 자신의 망상이나 꿈이나 생각을 떠들어대는 자가 아니라 야웨에게서 받은 말씀

---

105 G. von Rad/ 허혁 역, 『구약성서신학 』 II (서울: 대한기독교서회, 1977), 57; J. F. Ross, "The Prophet as Yahweh's Messenger," *Israel's Prophetic Heritage, Essay in honor of James Muilenburg*, ed. by B. W. Anderson and W. Harrelson (New York: Harper & Brothers, 1962); J. Muilenburg, "The office of the Prophet in Acient Israel," *The Bible in Modern Scholarship*, ed. P. Hyatt (Nashville: Abindon Press, 1965), 97.

106 허호익, 『성서의 앞선 생각 I』, 320.

을 성실하게 전하여야 하는 자이다(렘 23:28).

따라서 성서 예언預言은 미리 예豫가 아니라 맡길 예預이다. 하나님이 맡긴 말씀을 대언한다는 뜻이다.

따라서 예언자들은 야웨의 말씀을 독특하게 이해하였다. 하나님의 말씀은 단지 말뿐인 것이 아니라 '구체적이고 실제적이며 적극적인 생동하는 사건(Sache)'으로 이루어진다고 믿었다.

> **내 입에서 나가는 말도 헛되이 내게로 돌아오지 아니하고 나의 뜻을 이루며 나의 명하여 보낸 일에 형통하리라**(사 55:11).

예언자들의 이러한 이해는 말씀을 뜻하는 히브리어 'dabar'의 독특한 의미에서도 분명히 드러난다. "dabar는 말뿐만 아니라 행위도 뜻(창 24:66; 왕상 11:41)한다."[107] 하나님의 말씀은 말과 행위를 포함하는 언행일치의 특수한 개념이었으며, 더군다나 사회적인 신앙 실천과 밀접하게 관련되어 있음을 간과할 수 없을 것이다.

예언자는 이스라엘 공동체가 처한 사회적, 정치적인 문제에 깊숙이 개입하지 않을 수 없었다. 심판자요, 해방자요, 구속자이신 하나님의 뜻에 따라 이스라엘의 현실적인 삶에 비추어 하나님께서 그의 왕 또는 백성들에게 요구하시는 말씀만을 선포하여야 했기 때문이다. 이스라엘의 예언활동이 왕정의 출현과 함께 나타났고, 그 붕괴와 더불어 사라졌다는 것은 결코 우연한 일이 아니다. 이처럼 예언자들은 이스라엘 신앙의 수호자로서 구약성서에서 아주 중요한 역할을

---

107 T. Bomann/ 허혁 역, 『히브리적 시유와 그리스적 사유의 비교』 (서울: 분도출판사, 1975), 78.

수행하여 왔다. 예언자들의 예언의 기본적인 형태는 이스라엘이 야웨와의 계약을 위반하고 계약의 의무를 저버린 것을 계약소송의 양식을 빌려 규탄한 것이다.[108]

> 이스라엘은 내 계약을 깨뜨리고 내가 준 법을 어겼다.
> 이스라엘은 저희 하나님을 안다고 나에게 외치면서도,
> 나에게서 받은 좋은 것을 뿌리쳤으니 적에게 쫓기는 신세가 되리라.
> 내가 세우지도 않은 것을 왕이라고 모시고
> 내가 알지도 못하는 것을 대신이라고 받들며
> 은과 금으로 우상을 만들어 제 발로 죽을 땅에 걸어 들어가는구나
> (호 8:1-4, 공동번역).

예언자들의 가르침은 계약소송의 형태로 이루어져 있는데, 하나님에 대한 바른 신앙이 사라지고, 사람이 사람을 정치적으로 억압하고 경제적으로 착취하고 종교적으로 차별하는 모든 범죄를 규탄하였고, 그러한 죄로 인해 자연마저 황폐하게 된 것을 탄식하였다. 그리고 하나님의 구원의 새 날이 도래하여 이 모든 관계가 원상태로 회복되기를 고대하였다.

호세아는 이스라엘의 죄악된 상황이 삼중적 삼중관계의 붕괴라고 탄식한다.[109] 하나님을 알아주는 자도 없고, 이웃에게 해를 끼치지 않는 자도 없고, 이 땅을 사랑하는 신실한 자도 없다고 하였다.

---

108 I. McCarthy/ 장일선 역, 『구약의 계약사상』 (서울: 대한기독교서회, 1979), 68.
109 기독교환경운동연대 편, 『녹색의 눈으로 읽는 성서』, 82.

이 땅에는 사랑하는 자도 신실한 자도 없고 이 하나님을 알아주는 자 또한 없어 맹세하고도 지키지 않고 살인과 강도질은 꼬리를 물고 가는 데마다 간음과 강간이요, 유혈 참극이 그치지 않는다. 때문에 땅은 메마르고 주민은 모두 찌들어 나다. 들짐승과 공중의 새도 함께 여위고 바다의 고기는 씨가 말라 간다(호 4:1-3).

예레미야는 인간이 하나님의 계명을 저버렸기 때문에 땅이 재난을 당한다고 호소하였다.

땅을 내려다보니 끝없이 거칠고 하늘을 쳐다보니 깜깜합니다. 산을 바라보니 사뭇 뒤흔들리고 모든 언덕은 떨고 있습니다. 아무리 돌아봐도 사람 하나 없고 하늘에 나는 새도 모두 날아 갔습니다. 아무리 둘러봐도 옥토는 사막이 되었고 모든 성읍은 허물어져 야웨의 노여움에 불타 모조리 사라졌습니다(렘 4:23-26, 공동번역).

에스겔은 하나님에 대한 범죄는 사람의 죽음뿐만 아니라 땅의 기근과 땅의 황폐로 나타날 것이라고 하였다.

사람아, 만약 어떤 나라가 가장 불성실하여 나에게 죄를 지으므로, 내가 그 나라 위에 손을 펴서 그들이 의지하는 양식을 끊어 버리고, 그 나라에 기근을 보내며, 그 나라에서 사람과 짐승을 사라지게 한다(겔 14:13).

그들이 크게 배신하였기 때문에, 내가 그 땅을 황무지가 되게 하겠다. 나 주 하나님의 말이다(겔 15:7).

구원의 새날이 오면 황폐한 땅 황무지가 에덴동산이 될 것이라고 예언하였다. 이전에는 지나가는 사람들이 황폐한 땅을 보며 지나다녔으나, 이제는 그곳이 묵어 있지 않고, 오히려 잘 경작된 밭이 될 것이다. 사람들이 말하기를, "황폐하던 바로 그 땅이 이제는 에덴동산처럼 되었고 무너져서 폐허와 황무지가 되었던 성읍마다 성벽이 쌓여 올라가서 사람이 사는 땅이 되었다고 할 것이다"(겔 36:34-35)라고 하였다. 따라서 "하나님의 구원을 협소하게 인간의 존재 이해에 국한시키는 것은 성서의 창조 신앙을 하나의 희화(戱畵)"로 만드는 것이다.[110]

보통 하나님의 영은 사람에게만 임하는 것이 상식이다. 그러나 이러한 상식은 이사야의 다음의 메시지에서 무너진다.[111] 구원의 날이 임하면 하나님의 영이 황무한 땅에 임하여 그 땅이 기름진 땅이 될 것이라고 하였다(사 32:15-18, 20).

시편에서는 하나님의 영은 사람뿐 아니라 땅을 새롭게 하는 영이라는 사실을 분명하게 고백한다. "주님께서 주님의 영을 불어넣으시면, 그들이 다시 창조됩니다. 주님께서는 땅의 모습을 다시 새롭게 하십니다"(시 104:30)고 하였다.

그때가 되면, 동물도 동물의 야만성(barbarism)이 사라지고 본래의 모습을 회복한다. 모든 동물들의 식량은 본디 육식이 아니라 채식이었다(창 1:30). 낙원에서는 인간들과 동물들 사이에 평화가 지배하였던 것이다. 이사야는 낙원에서의 상태, 즉 동물들로 인한 상처와 위협이 없고 상호 평화롭게 공존했던 상태의 회복을 노래하고 있다.

---

110 W. Eichrodt, 『에제키엘』, 국제성서 주석 (서울: 한국신학연구소, 1991), 592.
111 기독교환경운동연대 편, 『녹색의 눈으로 읽는 성서』, 99.

이 노래는 유토피아적인 망상이 아니다. 이는 오늘의 인간들이 식물과 동물과 함께 합창해야 할 전 피조물의 우주적 교향곡이 되었다(사 11:5-9, 참조. 사 65:25).

무엇보다도 "나는 하늘에 응하고 하늘은 땅에 응하고 땅은 곡식과 포도주와 기름에 응하고 또 이것들은 이스르엘에 응답한다"(호 2:21)는 호세아의 '천지인 상호 감응 신앙' 선언은 예언자들을 통해 계승된 시내산 계약의 천지인의 삼중적 삼중관계를 가장 잘 요약하여 전승한 것으로 주목하여야 할 것이다. 이 구절의 공동번역은 이렇게 묘사한다

내가 하늘의 청을 들어주면

하늘은 땅의 청을 들어주고

땅은 곡식과 포도주와 기름의 청을 들어주고

이 모든 것은 이즈르엘의 청을 들어주리라"(호 2:21, 공동번역).

호세아는 하나님과 자연이 호응하고 그것이 다시 인간 사회를 풍요롭고 안정되게 하늘·땅·인간이 상호 호응하는 장면을 꿈꾼다.[112] 호세아는 인류 사회의 생존을 위해 필연적으로 요구되는 것이 하나님과 사람과 자연 사이에서 서로 응답하는 조화로운 삼중적 삼중관계라고 본 것이다.

이러한 천지인 계약의 신앙은 서양 신학사에서는 비주류였던 것이 분명하다. 성 프란시스와 같은 소수에 의해 이러한 자연신앙이 이

112 같은 책, 109.

따끔씩 등장했을 뿐이다. 이제는 서양 신학도 프란시스의 다음의 노래를 강조해야 할 때가 온 것이 아닐까?

나의 주님, 당신은 형제인 바람과 공기,
흐리거나 맑은 모든 날씨를 통해 찬미를 받으소서.
당신은 이것들을 통해 당신의 피조물들을 번성하게 합니다.
나의 주님,
당신은 자매인 물을 통해 찬미를 받으소서.
물은 아주 유익하고 겸허하며 지극히 순결합니다.

나의 주님,
당신은 자매이며 어머니인
땅을 통해 찬미를 받으소서.
땅은 우리를 먹여 주고 부양해 주며
온갖 열매를 맺고 다채로운 꽃들과 풀들을 냅니다.

VII. 최초의 신자 마리아의 신앙고백과 천지인신학

예수는 헤롯왕 재위 말년에 태어났다. 헤롯은 유대인들이 꿈꾸어 온 이상적인 왕과는 반대의 길을 치달았다. 헤롯의 포악한 정치와 경제적 착취와 우상 숭배 정책에 시달린 많은 유대인들은 새로운 구세주를 처절하고 절박하게 고대할 수밖에 없었다. 그 처절함과 절박함이 하늘에 닿은 것일까? 이스라엘 역사상 가장 암울한 시대에 예수께서 태어나신 것이다.

마태는 천사가 마리아의 성령 잉태를 요셉에게 고지한 내용은 다음과 같다. 주의 사자 즉 천사는 요셉에게 "처녀가 잉태하여 아들을 낳을 것이니 그의 이름은 임마누엘이라 하리라"(마 1:23, 참조 사 7:14)고 하였다. 임마누엘은 '하나님이 우리와 함께하신다'는 뜻이다. 그러나 누가는 천사가 마리아를 먼저 찾아와서 성령 잉태를 고지한 것으로 묘사한다. 누가에 의하면 그때까지 마리아는 자신의 수태를 모르고 있었던 것처럼 보인다.

요셉과 마리아에게 천사가 각각 찾아가 마리아의 수태를 알리고 그 수태는 성령으로 잉태된 것임을 확인시킨다. 천사의 '성령 잉태 고지'[113]는 정혼 관계에 있던 요셉과 마리아에겐 엄청나게 충격적인

113 천사의 통보를 전통적으로 '수태고지'로 표현하지만 더 정확하게 표현하여 '성령 잉태 고지'라고 해야 할 것이다.

통고가 아닐 수 없었다.

마리아 자신은 성령으로 잉태된 것을 처음에는 믿을 수 없었지만, 마침내 하나님께서 자기 백성을 죄와 도탄에서 구원하실 예수를 이 땅에 보내어 '하나님의 큰일'을 행하시기 위해 비천한 자신을 은총의 통로로 사용하신다는 것을 확신하게 된다. 그리고 예수께서 이 땅에 오셔서 하시게 될 '하나님의 큰일'을 분명하게 최초로 고백한다.

> **그는 그 팔로 권능을 행하시고 마음이 교만한 사람들을 흩으셨으니, 제왕들을 왕좌에서 끌어내리시고 비천한 사람을 높이셨습니다. 주린 사람들을 좋은 것으로 배부르게 하시고, 부한 사람들을 빈손으로 떠나보내셨습니다**(눅 1:52-53, 표준새번역).

이 마리아 찬가는 학자들에 의하면 "나사렛 예수에 관한 가장 옛 전승"이라고 한다. 따라서 우리가 잘 아는 "당신은 그리스도요 살아 계시는 하나님의 아들"(마 16:16)이라는 베드로의 신앙고백에 앞서는 최초의 신앙고백이라고 할 수 있다.

"마음이 교만한 자"는 누구일까? 당시 유대 종교 지도자들이다. 그들은 자신들이 가장 율법을 아는 거룩한 자라고 생각하고 율법을 모르는 가난하고 무지한 사람들과 할례를 받지 않은 이방인들과 여성들을 차별하였다.

"제왕들을 왕좌에서 끌어 내리시고"라는 말씀이 헤롯왕에게는 나쁜 소식이었다. 그래서는 그가 훗날 메시아가 태어났다는 소식을 동방박사에게 전해 듣고 분노하여, 그 시기를 가름하여 두 살 아래 남자 아이들을 다 죽이도록 명한 것이다.

"주린 자는 좋은 것으로 배부르게 하시고 부자는 빈손으로 보내신다"는 것은 부자들에게는 아주 두려운 소식이었다. 실제로 러시아에서는 황제들이 이 성경구절을 읽지 못하도록 마리아 찬가를 성서에서 아예 삭제하도록 명령하였다.[114] "제왕들을 왕좌에서 끌어 내리시고"라는 구절도 개역성경에는 "권세 있는 자를 그 위에서 내리치셨으며"라고 순화하여 번역되었다. 따라서 마리아의 이 최초의 신앙고백은 베드로의 신앙고백보다 과격하고 혁명적이다.

마리아의 찬가는 개인이 성령을 경험하는 심령 상의 변화에 대하여 말하는 것이 아니라, 하나님을 두려워하지 않는 교만한 종교인들를 흩어지고, 권세를 부리는 자를 내리치고 비천한 자를 끌어 올리시고, 주린 자는 좋은 것으로 배부르게 하시고 부자는 빈손으로 보내신다는 것이다. 예수의 출현으로 '사회적 운명이 변화되리라는 묵시적 희망'이 약속되어 있다.[115]

마리아는 예수께서 오시면 헤롯의 통치하에 도탄에 빠져 있는 백성들에게 종교적, 정치적, 경제적으로 혁명적인 역전逆轉이 일어나 하찮은 자들과 비천한 사람들과 가난한 사람들이 존중받는 자유와 해방의 새 시대가 올 것이라는 확신에 찬 최초의 신앙고백을 남긴 것이다. 이러한 사회적 약자에 대한 구원의 약속은 동시에 잘못된 사회와 제도의 기득권자들에 대한 심판의 약속이기도 하다.[116] 메시아이신 예수를 통해 이루어질 구원은 잘못된 종교제도, 경제제도, 정

---

114 박순경, "교회의 어머니 성모 마리아의 민족사적 의의", 「기독교사상」 1993년 5월호, 576.

115 L. Schottroff, 『유대인의 옷을 입은 예수』 (서울: 스탭스톤, 2009), 629.

116 서중석, "마리아의 찬양과 성탄의 의미", 「기독교사상」 1995년 12월호, 252.

치제도의 대한 심판이요, 변혁을 의미한다. 따라서 현실적으로 종교적, 정치적, 경제적 문제와 무관한 것은 메시아적 구원 자체와 무관한 것이 된다. 제왕들을 불안하게 한 것은 마리아의 찬가가 지배자의 종교와 정치와 경제 체제에 대한 혁명적인 변혁을 부추기는 자유와 해방의 선포로 여겨졌기 때문이다.

마리아는 당시의 유대인들의 배타적인 율법주의의 차별적 종교에서 하나님을 두려워하는 모든 자들에게 자비를 베푸는 '자비와 은혜의 종교'로, 강자의 억압의 정치에서 보잘것없는 약자가 존중받는 '섬김의 정치'로, 부자의 착취의 경제에서 배고픈 가난한 자가 배불리 먹는 '평등의 경제'로 일대 변혁이 일어나는 종말론적 구속사의 약속이 이루어질 것으로 고백하고 찬양한다. 이는 초기 이스라엘 계약공동체가 지성소에 세 가지 성물을 안치하고 십계명을 통해 하나님과 바른 관계와 말씀 순종의 종교, 이웃과 바른 관계와 섬김의 통치, 물질과 바른 관계와 공유의 경제라는 천지인 삼중적 삼중 관계의 조화를 표상한 것에 상응하기 때문에 천지인신학의 또 다른 성서적 기초라고 생각된다.

VIII. 주기도문과 팔복의 천지인신학적 해석

1. 십계명에 관한 천지인신학적 해석

주의 기도는 예수 자신의 생애 동안 가르친 모든 교훈의 강조점과 주제를 요약한 매우 초기의 것임에 틀림없으며, 하나님 아버지와 하나님의 나라에 대한 예수의 가르침의 강조점들이 잘 요약되어 있다. 그래서 슈낙켄베르크는 "주님이 가르치신 기도를 통해 새로운 기도 공동체가 탄생하였다"고 하였다.[117]

먼저 주기도문을 전체적으로 살펴보면 이 기도의 구조가 어떤 의미에서는 십계명의 구조와 일치한다는 사실이 널리 인정되고 있다. 크로산은 "처음의 세 가지 기도는 [십계명의] 처음의 네 가지 계명과 일치하고, 나중의 세 가지 기도는 다섯 번째부터 마지막까지의 계명과 일치"[118]하는 것으로 파악한다. 처음 세 간구는 인간과 하나님 사이의 수직적 관계를 말하는 것이고 다음 네 간구는 인간과 인간 사이의 수평적 관계를 말한다. 그리고 이 둘은 이중관계를 취하고 있다는 것이다. 하나님이 우리에게 하시는 것처럼 우리도 다른 사람에게 해

---

117 R. Schnackenberg/ 이병학 역, 『복음서의 예수 그리스도』 (서울: 분도출판사, 2009), 275.

118 J. D. Crossan/ 김준우 역, 『역사적 예수』 (서울: 한국기독교연구소, 2000), 474.

야 하며, 우리가 다른 사람에게 하는 방식대로 하나님도 우리에게 하신다고 주장한다. 그러고 이러한 관계는 연속관계 혹은 인과관계가 아니라 동시성과 상호성의 관계라고 하였다.

십계명과 주기도문의 상응관계는 칼빈과 칼 바르트를 비롯한 서구의 여러 신학자들에 의해 이미 주장된 바 있다. 이들은 십계명을 이중 구조로 보듯이 주기도문도 이중구조로 보지만, 예수가 가르친 주기도문 역시 십계명과 마찬가지로 삼중적 삼중구조로 해석될 수 있다.

그래서 한태동은 구약의 십계명과 더불어 신약의 주기도문의 간구도 천지인의 조화의 간구로 해석하였다. 먼저 주기도문을 전체적으로 살펴보면 이 기도의 구조가 어떤 의미에서는 십계명의 구조와 일치한다는 것을 우리는 알게 된다. 처음의 세 가지 간구와 나중의 네 가지 간구 사이에는 매우 분명한 차이가 존재한다.

예수가 말한 '하나님의 나라' 관념은 그가 가르친 기도(주기도문) 속에 잘 요약되어 있다. 주기도문을 보면 '이름이 거룩히 여김을 받으시오며'라고 했다. 이는 십계명에 있는 '이름을 망녕되이 일컫지 말라'는 말씀에 대한 상응하는 표현이다. 십계명의 부정적 표현이 주기도문에서는 긍정적으로 하나님과 올바른 관계를 맺고 살 것을 간구한 것이다.

'우리가 우리에게 죄 지은 자를 사해 준 것같이 우리의 죄를 사하여 주옵시고'라고 한 것은 소외된 사람과 사람 사이의 관계를 다시 회복하게 해 달라는 간구이다. '일용할 양식을 주옵시고'라고 한 것은 물질에 대한 저주로 궁핍하게 되었으니 물질과 바른 관계를 해결해 달라고 간구이다.

한태동에 의하면 이 세 가지 간구는 천 · 지 · 인의 조화를 간구한 것인데, 이것이 '하나님의 뜻'으로 '하늘에서 이룬 것같이 땅에서도 이루어질' 것을 요청했다는 것이다. 하나님의 뜻은 하나님의 의가 이루어지는 것인데, '의'라는 것은 본래 뜻이 "하나님과 사람, 사람과 사람, 사람과 자연이 올바르게 된 것, 그것을 이야기한 것"이라고 하였다. [119] 반면에 이 하나님의 뜻을 마귀가 쉬지 않고 시험하고 있으므로 '다만 악에서 구하옵소서'라고 기원해야 한다는 것이다.[120] 그는 시험과 악 역시 천지인의 삼중적 관계의 불화로 해석하였다. 이 세 가지 시험에서 마귀는 하나님, 사람 그리고 자연의 조화적인 관계를 끊어보려고 했으나 처음 아담이 실패한 것과 달리 예수는 이를 이겼다는 것이다.

예수는 로마의 식민지 통치가 한창이었으며 이에 항거하는 무장 독립운동이 곳곳에서 일어나던 정치적 혼란기에 3년 동안 공적 활동을 전개하였으며, 그의 주요한 메시지 역시 민중들에게는 정치적 의미를 함축하는 '하나님의 나라' 선포였다.

예수 시대의 이스라엘 백성들은 잔악한 헤롯 왕이나 로마 총독의 지배를 받았기 때문에 이상적인 유대인의 왕을 고대하였다. 그래서 예수의 나심을 새로운 유대인의 왕의 나심으로 보았다. 그러나 예수는 '유대인의 왕'이 백성 위에 군림하는 전통적인 제왕적인 통치를 뜻하는 '유대인의 나라'가 아니요, '이방인 왕'이 백성들을 억압하고 수탈하는 제국주의의 식민지 통치를 뜻하는 '이방인의 나라'도 아닌 야웨 하나님이 아바Abba 아버지로서 다스리는 '하나님 아버지의 나라'

---

119 같은 책, 104.

120 한태동, 『성서로 본 신학』 (서울: 연세대출판사, 2003), 297.

를 선포하신 것이다.[121] 예수는 당시의 유대인들과 달리 하나님을 '우리의 왕'으로 호칭하지 않고 '우리의 아버지'라고 호칭하였다. 하나님이 유대인의 왕으로 다스린다는 것은 구약성서에도 종종 등장하는 개념이다. 이 경우 하나님은 유대인의 민족 신으로 축소되고, 하나님과 이스라엘 백성들 사의 관계는 군신 간의 주종관계가 된다. 그러나 하나님이 만민의 아버지로 고백되는 순간 하나님은 유대 민족의 한계를 초월하는 유대인의 하나님인 동시에 이방인의 하나님이 되시는 것이다. 그리고 하나님과 그의 자녀들 사이는 주종관계가 아니라 부자 관계로 격상되는 것이다.

하나님을 어떻게 보느냐는 신관에 따라 종교제도가 달라지고, 인간을 지배의 대상으로 보느냐 섬김의 대상으로 보느냐에 따라 정치제도가 달라지고, 물질과 자연을 독점과 착취의 대상으로 보느냐 공유와 친화의 대상으로 보느냐에 따라 물질관과 자연관이 달라진다. 따라서 하나님이 아버지로 다스리는 하나님의 나라에서 하나님의 뜻이 하늘에서와 같이 이 땅에서도 실현되기 위해서는 새로운 종교제도와 정치제도와 경제제도가 이루어져 한다. 제왕적 통치나 식민지 통치에서 기대할 수 없었던 새로운 삶의 근원적인 질서로서 하나님이 아버지로 다스리는 나라의 도래를 선언한 것이다.

이에 관한 자세한 내용은 『예수 그리스도 1』의 하나님 나라와 유대교 종교제도(7장), 하나님의 나라와 로마의 정치제도(8장), 하나님의 나라와 대안적 경제제도(9장)에서 자세히 다루었다.

이처럼 구약성서의 핵심인 십계명과 신약성서의 핵심인 주기도

121 허호익, 『예수 그리스도』 1, 298.

문을 삼중적 삼중관계로 해석함으로써 천지인신학의 성서적 근거를 분명히 마련할 수 있게 되는 것이다.

주기도문과 십계명의 천지인신학적 해석

	주 기 도 문	십 계 명
서언	하늘에 계신 우리 아버지시여	나는 … 너희 하나님 여호와로라
대신 관계	1. 이름이 거룩히 여김을 받으시오며 2. 나라이 임하옵시며(하나님의 통치) 3. 뜻이 하늘과 땅에서도 이루어지소서	3. 이름을 망령되이 일컫지 말라 1. 다른 신을 네게 두지 말라 2. 우상을 섬기지 말라
대물 관계	4. 일용할 양식을 주옵시며	8. 도적질 말라 9. 거짓증거 말라 10. 탐내지 말라
대인 관계	5. 우리에게 죄지은 자를 사해준 것처럼 우리 죄를 사해주시오며	5. 부모를 공경하라 6. 살인하지 말라 7. 간음하지 말라
삼중 관계	6. 우리를 시험에 들게 하지 마옵시며 7. 우리를 악에서 구하소서 1) 돌로 떡이 되게 하라: 물질 관계 2) 성전에서 뛰어내리라: 하나님 관계 3) 내게 절하라: 이웃 관계	4. 안식일을 거룩히 지키라 1) 하나님 공경: 하나님 관계 2) 일을 쉬며 육축과 땅도 쉼: 자연관계 3) 온 집안 사람이 쉼: 이웃 관계

2. 복음과 팔복에 관한 천지인신학적 해석

예수가 공생애를 시작하면서 처음 선포한 자신의 메시지는 "때가 찼고 하나님 나라가 가까왔으니 회개하고 복음을 믿으라"(막 1:15)는 것이었다. 복음은 '기쁜 소식'을 뜻하는 그리스어 '유앙겔리온'의 번역이다. 기독교가 중국에 전래되면서 '기쁜 소식'을 동아시인들에게 익숙한 세속적 오복五福을 연상시키는 복된 소식 즉, 복음福音으로 번역되었다. 그리하여 "예수 믿으면 축복받는다"는 의미로 수용되고 말았다.

유대인들의 관점에서 보면 가장 기쁜 소식으로 여긴 것은 희년이다. 희년이 되면 전국 모든 거민에게 자유가 선포되고 각자 상속받은 땅으로 돌아가게 된다.

> 너희는 오십 년이 시작되는 이 해를 거룩한 해로 정하고, 전국의 모든 거민에게 자유를 선포하여라. 이 해는 너희가 희년으로 누릴 해이다. 이 해는 너희가 유산, 곧 분배받은 땅으로 돌아가는 해이며, 저마다 가족에게로 돌아가는 해이다(레 25:10).

희년이 되면 모든 유대인 노예들은 해방된다.

> 너의 곁에 사는 동족 가운데서, 누군가가 가난하게 되어서 너에게 종으로 팔려 왔어도, 너는 그를 종 부리듯 해서는 안 된다. 너는 그를, 품꾼이나 임시 거주자처럼, 너의 곁에서 살도록 하여야 한다. 너는 희년이 될 때까지만 그에게 일을 시키다가, 희년이 되면, 그가 자식들과 함께 너를 떠나, 자기 가족이 있는 조상에게서 받은 유산의 땅으로 돌아가도록 하여야 한다(레 25:39-41).

예수가 공생을 시작하면서 요한의 세례를 받고 광야의 시험을 거친 후 처음으로 가버나움 회당에서 전한 기쁜 소식은 이사야서(61:1-2)에 기록된 '주의 은혜의 해' 즉 '희년'에 관한 말씀을 낭독한 것이었다.

> 주의 성령이 내게 임하셨으니 이는 가난한 자에게 복음을 전하게 하시려고 내

게 기름을 부으시고 나를 보내사 포로 된 자에게 자유를, 눈 먼 자에게 다시 보게 함을 전파하며 눌린 자를 자유롭게 하고 주의 은혜의 해를 전파하게 하려 하심이라 하였더라(4:18-19).

희년은 주의 은혜로 치유함을 받아 종교적으로 하나님과 바른 관계가 회복되고, 가난한 자가 자기 땅을 도로 찾아 경제적으로 물질과의 바른 관계가 회복되고, 포로 된 자와 눌린 자가 자유를 도로 찾아 정치적으로 이웃과의 바른 관계를 회복하는 삼중적 관계의 회복이 실현되는 것을 의미한다.

예수가 공생애를 시작하면서 '희년'의 말씀을 낭독한 다음 처음으로 선포한 자신의 메시지는 "때가 찼고 하나님 나라가 가까왔으니 회개하고 복음을 믿으라"는 것이었다. 예수는 구약성서의 '희년이 가까왔다'는 기쁜 소식을 '하나님의 나라가 가까웠다'는 것으로 대체하였다. 하나님의 나라의 도래에 관한 기쁜 소식이 복음이라는 것이다.[122]

복음의 구체적인 내용은 저 유명한 팔복의 가르침으로 전승되었는데, 이는 하나님 나라의 도래로 인해 누리게 될 가지 여덟 가지 지복至福(Superem Happiness)이라 할 수 있다(마 5:1-13).[123]

① 심령이 가난한 자는 복이 있나니 천국이 저희 것임이요,

② 애통하는 자는 복이 있나니 저희가 위로를 받을 것임이요,

---

122 김대옥, "하나님 나라 도래 현실로서 예수가 선포한 희년의 특징 고찰", 「신학사상」 174(2016).

123 13절을 포함하면 구복이 되지만 팔복으로 알려져 있다.

③ 온유한 자는 복이 있나니 저희가 땅을 기업으로 받을 것임이요,

④ 의에 주리고 목마른 자는 복이 있나니 저희가 배부를 것임이요,

⑤ 긍휼히 여기는 자는 복이 있나니 저희가 긍휼히 여김을 받을 것이요,

⑥ 마음이 청결한 자는 복이 있나니 저희가 하나님을 볼 것임이요,

⑦ 화평케 하는 자는 복이 있나니 저희가 하나님의 아들이라 일컬음 받을 것임이요,

⑧ 의를 위하여 핍박을 받은 자는 복이 있나니 천국이 저희 것임이라.

이 팔복의 표현 양식은 "…하는 자는 복이 있나니, …할 것이다"라는 조건과 결과의 구조로 되어 있다. 결과적으로 주어질 팔복을 내용을 중심으로 나눠 보면 다음은 천지인의 삼중관계의 지복인 것으로 분석할 수 있다.[124]

하나님을 보게 되는 것과 하나님의 아들이라 일컬음을 받을 것은 하나님과의 바른 관계의 복이요, 긍휼히 여김과 위로를 받는 것은 인간관계의 복이요, 땅을 기업으로 받고 배부르게 되는 것은 자연과 물질 관계의 복이다. 그리고 팔복의 처음과 마지막에 주어지는 것은 "천국을 차지하는 것"이다. 천국의 하나님의 나라를 에둘러 표현한 것으로 하나님의 통치 하에서 하나님과의 수직적 바른 관계, 이웃과의 수평적 바른 관계, 자연 또는 물질과의 순환적 바른 관계의 복을 누릴 수 있다는 의미로 해석할 수 있다.

---

124 한태동, 『성서로 본 신학』, 101-106. 한태동은 팔복에 나타나는 애통과 의와 평화를 천지인 삼중관계의 애통과 의와 평화로 해석한다.

1. 하나님과 바른 관계의 지복

⑥ 저희가 하나님을 볼 것임이요

⑦ 저희가 하나님의 아들이라 일컬음을 받을 것임이요

2. 인간과 바른 관계의 지복

② 저희가 긍휼히 여김을 받을 것임이요

⑤ 저희가 위로를 받을 것임이요

3. 자연 또는 물질과 바른 관계의 지복

③ 저희가 땅을 기업으로 받을 것임이요

④ 저희가 배부를 것임이요

4. 삼중적 삼중관계의 지복

① 천국이 저희 것임이요

⑧ 천국이 저희 것임이라

그리고 이 팔복은 천지인의 삼중적 삼중관계를 드러내 보인다. 사람들에게 온유한 자(이웃과 바른 관계)가 땅을 차지하고(물질과 바른 관계), 하나님의 의에 대하여 주리고 목마른 자(하나님과 바른 관계)가 배부를 것이요(물질과 바른 관계), 사람들 사이에 평화를 위하여 일하는 자(이웃과 바른 관계)가 하나님의 아들(하나님과 바른 관계)이라 일컬음 받게 될 것이라고 하였다. 이러한 해석 역시 천지인신학의 성서적 기초가 될 수 있다.

IX. 예수의 3대 비유와 천지인신학

예수의 3대 비유 즉, 탕자(아버지와 두 아들)의 비유 · 선한 사마리아인의 비유 · 포도원 품꾼의 비유를 각각 하나님 아버지와의 바른 관계 · 이웃과의 바른 관계 · 물질과의 바른 관계의 비유로 해석함으로써 천지인신학의 성서적 근거로 제시하고자 한다.

1. 아버지와 두 아들의 비유: 하나님과 바른 관계

예수가 가르친 이 예화가 일반적으로 '탕자(눅 15:11-32)의 비유'로 알려져 왔다.[125] 2천 년 기독교 역사상 수많은 성도들이 사랑한 '비유 중의 비유'이다. 수많은 목회자의 설교 소재였고, 문학가들과 미술가들의 작품 속 모티브가 됐으며, 다양한 해석이 덧붙기도 하였다.[126]

이 비유는 전통적으로 하나님을 떠난 죄인이 자기 뜻대로 세상을 살다가 삶의 비참함을 깨닫고 결국 하나님께 돌아왔을 때 하나님은 그러한 죄인을 무조건 용서해주신다는 감동스러운 구원의 사건으로

---

125 N. T. Wright/ 박문재 역, 『예수와 하나님의 승리』 (서울: 크리스챤다이제스트, 2004), 411.

126 미야타 미츠오/ 양현혜 역, 『탕자의 정신사』 (서울: 홍성사, 2014).

이해되어 왔다. 한편으로 이 비유는 첫째 아들은 유대인을 상징하고 둘째 아들은 이방인을 상징하는데 하나님의 나라의 유산을 받지 못한다고 여겼던 이방인도 구원을 받을 수 있다는 교훈으로도 해석되었다. 심지어 둘째 아들은 무의식을 상징하고 첫째 아들은 의식을 상징한다는 정신분석적 해석도 제시되었다.[127]

"어떤 사람에게 두 아들이 있었다"(11절)로 시작되는 이 비유의 등장인물은 셋이다. 그동안 탕자로 불리는 둘째 아들에게 이 비유의 초점이 맞추어져 왔지만, 세 명의 등장인물과 그 관계를 포괄적으로 조명하기 위해 "아버지와 두 아들 비유"라는 명칭도 사용된다.[128]

예수는 하나님을 '아버지, 아바 아버지, 나의 아버지, 너희 아버지, 우리 아버지, 하늘에 계신 아버지(天父)' 등으로 표현하였다.[129] 이처럼 복음서는 하나님을 '아버지'로 지칭하는 단어가 120회 정도 등장한다. 이 중에서도 예수가 하나님을 '아버지'라는 상징적 명칭(designation)이 아니라, 구체적 호칭(address)으로 부른 사례가 모두 16번이다.[130] 공관복음서에는 예수의 기도가 다섯 번 기록되어 있는데, 이 모든 기도 가운데 이 아버지라는 호칭을 일관되게 사용한 것이다. 유일한 예외는 '나의 하나님, 나의 하나님'이라는 십자가 상에서의 외침(막

---

127 박노권, "탕자의 비유에 나타난 전인성 회복의 길: 심층심리학적 관점에서 분석", 「신학논단」 60 (2010.6), 37-62.

128 송창현, "자비로운 아버지와 잃어버린 두 아들의 비유", 「가톨릭 일꾼」 2016.10.25.

129 허호익, 『예수 그리스도』 2 (서울: 동연, 2010), "제6장 하나님 아버지의 나라에 관한 가르침" 참고.

130 J. Jeremias/ 김경신 역, 『신약성서의 중심 메시지』 (서울: 은성, 1987), 103. 복음서에는 이 칭호가 21회(병행 사례를 제외하면 16회) 등장한다. 막 14:36; 마 6:9(눅 11:2); 11:25 이하(병행 눅 10:21, 2회 나타남); 눅 23:34, 46; 마 26:42; 요 11:41; 12:27 이하; 17:1, 5, 11, 21, 24 이하.

15:34 병행)인데, 이는 시편 22편 2절의 인용이기 때문이다.[131] 예레미아스는 신을 아버지로 상징한 사례는 많지만, 신을 아버지로 호칭한 사례는 전무후무하며, 예수의 가르침의 전적으로 새로운 점이라고 하였다. 예수는 하나님과 자신의 이 특수하고 친밀한 부자 관계를 일평생 유지하면서 자신의 뜻이 아니라 하나님의 뜻대로 사는 것을 자신의 존재 이유이자, 자신의 삶의 궁극적인 사명이요 목적으로 삼았던 것이다.

예수 시대에 유대인들은 하나님의 이름 야웨를 함부로 부를 수 없어서, 나의 주(Adonay)로 대체하여 사용하였다. 주(lord)라는 단어는 종이 주인을, 신하와 군주를, 제자가 스승을, 아내가 남편을 부를 때에도 사용하였다. 따라서 하나님을 주로 부를 때에는 가부장적인 주종관계가 그대로 반영된다.

그런데 예수는 하나님을 '나의 왕'이나 '나의 주'로 부르지 않고 '우리 아버지'로 부르라고 가르친 것이다. 예수는 제자들에게 나의 아버지는 너희 아버지이니 너희는 '하늘에 계신 우리 아버지'라고 부르도록 하였다. 하나님과 제자들 관계가 군신 관계나 주종관계가 아니라, 친밀한 부자 관계라는 것을 천명한 것이다. 그리고 당시의 가부장적 군주적 아버지와 전적으로 다른 아버지 상을 보여 줌으로써 '아버지로서의 하나님'이라는 전향적인 신관을 새롭게 가르친 것이다. 따라서 본문은 탕자의 비유가 아니라 '전적으로 다른 아버지'의 비유이다.

최근 성서학자들은 이 비유에서 당시의 가부장적 아버지와 전적으로 다른 아버지 상에 주목하는 연구하는 경향이 있다. 둘째 아들처

131 같은 책, 103.

럼 아버지의 재산을 가지고 가출하여 탕진하는 아들이나 첫째 아들처럼 집 나간 동생을 환대하는 아버지를 비난하는 못난 아들들은 그 당시에도 지금도 흔하고 흔하다는 것이다.

그동안 이 비유에 등장하는 아버지는 그 당시나 지금이나 가부장적인 아버지와는 다른 특별한 아버지였다는 점에 주목하지 못했다. 이 비유는 "돌아온 탕자"의 비유가 아니라 "이런 아버지는 없었다"라는 비유로 재해석되어야 한다. 둘째 아들과 아버지 사이의 관계와 첫째 아들과 아버지 사이의 관계에서 아버지가 보여준 모습을 통해 못난 아들들이 어떻게 아버지의 심정을 이해하고 아버지와 바른 관계를 회복해야 하는지를 교훈하고 있다.

예수는 이 비유를 통해 두 아들을 대하는 아버지의 구체적인 모습을 예로 들면서 당시의 가부장적 아버지 상과는 전적으로 다른 아버지 상을 제시한다. 아버지를 불편하게 만드는 두 아들에 대해 부자관계를 포기하지 않고 회복하고 강화하려는 아버지의 세심하고도 필사적인 모습을 보여준다. 이를 통해 예수는 제자들로 하여금 '아버지 되시는 하나님'이라는 새로운 신관과 하나님 아버지의 자녀로서 아버지와의 바른 관계를 회복하고 강화하여야 한다는 신앙의 근원적인 모습을 교훈하고 있는 것이다.

1) 둘째 아들과 아버지의 관계

둘째 아들을 대하는 아버지의 모습은 당시의 가부장적인 아버지와는 달라도 너무 달랐다. 둘째 아들은 아버지에게 "재산 중에서 내게 돌아올 분깃(유산)"을 미리 달라고 요구한다. 당시 관습으로 아버지는 자신이 살아 있는 동안에 자식에게 유산을 나눠줄 수 있지만(Tob. 8:21), 그것은 어리석은 행동으로 여겨졌다(Sir. 33:19-23).[132] 아들이 아버지의 재산을 처분할 수 있는 권리를 갖는 것은, 오직 아버지가 죽은 이후이다. 아들이 살아계신 아버지에게 먼저 유산을 요구하는 것은 아버지가 죽기를 바라는 무례한 행위였다.[133] 그러나 아버지는 둘째 아들의 요구를 거절하지 않고 기꺼이 유산을 미리 나누어준다. 아버지가 매우 관대한 존재라는 것을 보여준다. 이러한 아버지의 모습은 당시로서는 상상하기 어려웠을 것이다.

폴 베인Paul Veyne에 따르면, 본래 그리스-로마 세계의 가부장家父長인 아버지는 재산의 소유자이며, 노예의 주인이며, 가신의 보호자로서 경제적, 도덕적, 종교적 힘을 발휘하였다.[134] 이 같은 군주적 가부장제의 정황은 큰아들의 항변, 즉 "저는 이렇게 여러 해 동안 아버지를 위해서 종이나 다름없이 일하며 아버지의 명령을 어긴 일이 한 번도 없었습니다"(29절)에서 잘 드러난다.[135]

아버지가 무례하고 방탕한 아들을 징계하거나 의절하는 것은 당시 사회에서는 생소한 일이 아니었다. 헤롯의 경우 두 아들이 반란을 꾀한다는 고자질을 듣고 두 아들 알렉산더와 아리스토불루스를 살해할 정도였다. 그래서 당시에는 "헤롯의 아들이 되는 것보다 돼지가 되는 것이 낫다"라는 말까지 생겨났다. 그러나 비유 속의 아버지는 작은 아들에게 어떠한 부권도 행사하지 않을 뿐 아니라, 가부장으로서의

---

132 양재훈, "탕자와 어머니", 「신약논단」 18/2 (2011년 여름), 460.

133 김규섭, 「누가복음 강의안」 5 (www.daeshin.ac.kr/upfile/board), 8.

134 박노훈, "경계의 통섭(通涉)으로서 누가의 살림 이해 —탕자의 비유를 중심으로", 「신약논단」 18/3 (2011년 가을), 758.

135 같은 글, 760-761.

모든 권위를 완전히 내려놓는다.[136]

이 예화에 등장하는 아버지는 분명히 당대의 아버지상, 특히 권위적인 아버지의 이미지와 상당한 차이가 있다.[137] 아버지는 아들의 부당하고 무례한 요구를 거절하지 않았다. 다른 아버지처럼 강제적으로 순종을 요구하지 않았다. 아들의 불순종을 허용(permission)한 것이다.

아버지가 아들의 불복종마저 허용한 것은 아버지가 폭군이 아니기 때문이다. 인격적이고 자유로운 아버지는 아들이 자발적이고 기쁜 마음으로 아버지의 뜻을 헤아려 따르기를 원한 것이다. 아들의 거역마저 허용한 것은 '강압적인 복종'보다 차라리 '자발적인 불복종'이 오히려 아버지와 인격적 관계를 회복하기 위한 지름길이 될 수 있기 때문이다. 재산 분할을 거부할 경우 아들은 아버지를 돈밖에 모르는 늙은이라고 매도하고 부자 관계는 돌이킬 수 없는 상태로 단절될 것이고 관계회복의 기회마저 차단될지도 모른다는 것을 아버지는 염려하였던 것이다. 남은 방법은 아들에게 불복종을 허용함으로써 스스로 돌이켜 자신의 잘못을 깨닫고 아버지와의 관계를 자발적으로 회복할 수 있는 여지를 남겨 두는 것이었다. 자발적인 복종을 기대할 수 없는 상황에서 강제적인 복종 대신 불복종의 허용을 선택한 것은 아버지로서는 아들을 사랑하는 최선의 선택이었다.

둘째 아들은 아버지가 순순히 내어준 재산을 가지고는 아버지를 떠나 먼 나라로 가버린다. 그리고 아버지의 재산을 탕진해버린다(13절). "아버지의 살림을 창녀들과 함께 삼켜 버린"(30절) 것이다. 그는

136 같은 글, 762.

137 김규섭, 「누가복음 강의안 5」, 10-11.

'그 나라 백성' 즉 이방인들에게 빌붙어 살면서 돼지를 치면서, 돼지 먹이인 쥐엄 열매로 배를 채운다. 유대인들은 "돼지를 치는 자는 저주가 있을" 것으로 여겼다(레 11:7). 그들은 부정한 동물로 여긴 돼지를 키우지도 먹지도 않았기 때문이다.

당시 유대 인근 나라에는 400만 명이나 되는 유대인들이 디아스포라로 퍼져 있었다. 그들은 아주 지독한 민족주의자들이었기 때문에 자기들이 거주하던 이방나라에서 유대인들이 어려움을 당하게 되면, 너나 할 것 없이 힘을 모아 자기 동족을 도와주곤 했다. 그런데 이 둘째 아들은 어찌된 일인지, 동족의 도움도 못 받고 이방인의 돼지치기가 된 것이니, 유대교의 입장에서는 배교나 다름없는 짓이었다. 그의 방탕한 생활과 배교로 인해 동족인 유대인들로부터 철저히 배척을 받은 것으로 보인다.

둘째 아들은 글자 그대로 불효자요, 재산을 탕진한 자요, 방탕한 자요, 배교자요, 부정한 자가 되고 만 것이다. 둘째 아들은 경제적으로나 율법적으로나 종교적으로 가장 밑바닥으로 떨어진다. 가문과 민족을 욕되게 한 자로 전락한 것이다. 이러한 절체절명의 상황에서 잊고 지내던 아버지의 집을 떠올린다. 일어나 아버지께로 가서 "내가 하늘과 아버지께 죄를 지었다"고 고백할 결심을 한다. 그리고 자신은 더 이상 아들 될 자격이 없다는 사실을 깨닫고, 아들이기를 포기한다. 아버지 집의 '풍족한 품꾼 중 한 사람'으로 아버지가 받아 줄 것을 기대하며 '스스로 돌이켜'(17절) 귀향의 길에 오른다.

둘째 아들은 아무런 생각 없이 아버지에게 무례하게 재산을 요구하고 그것을 가지고 가출한 후 성적 쾌락을 추구하고, 아무런 계획도 없이 재산을 탕진하고, 종교적 금기도 무시한다. 마침내 먹고 살기가 힘들어지자 그가 정신을 차리고 귀향을 결심한 것은 단순한 생활고 때문이었다. 둘째 아들은 자존심 따위도 생각하지 않았다. 본가로 돌아가 다른 품꾼처럼 살 생각을 했을 정도로 생각이라고 없는 인간이라는 사실이 적나라하게 드러난다.

아들이기를 포기한 아들을 아버지는 포기하지 않고, 그가 돌아오기만을 기다린다.[138] 아버지는 이런 아들이 돌아오기를 날마다 기다린 것으로 보인다. 따라서 아버지는 저 멀리서 아들이 오는 것을 먼저 알아 볼 수 있었다. 아버지는 "측은히 여겨 달려가 목을 안고 입을 맞춘다(20절). '측은히 여기다'라는 동사의 그리스어 원어는 스플랑크니조마이(splangknizomai)인데 '애간장이 탄다'는 뜻이다. 집을 나간 아들이 돌아오기를 노심초사 기다리는 아버지의 애간장이 타는 사랑의 심정을 묘사한 것이다.

저 멀리서 아들이 오는 것을 아버지가 먼저 알아보고 달려간다. 당시 유대인들은 아무리 급할 때라도 나이 많은 노인이 뛰는 것은 경망스럽게 여겼다고 한다. 자신의 체면이나 품위는 아랑곳하지 않고 아들에게 달려가는 아버지의 모습도 당시에는 아주 낯설었을 것이다. 애간장이 타는 심정으로 달려가는 노인의 모습에서 하나님 아버지의 모습을 표상한 것이다.

아버지가 둘째 아들의 불순종을 허용한 것은 재산의 손실보다 부자 관계의 회복이 더 중요하다고 여겼기 때문이다. 아버지는 상속을 요구하였을 때 아들이 그 돈을 다 탕진할 것이라는 사실을 충분히 예

---

138 한문의 부자유친(父子有親)의 親을 파자 풀이하면 '나무(木) 위에 서서(立) 바라본다(見)'는 뜻이라고 한다. 집 나간 아들이 돌아오기를 기다리는 이 비유의 아버지의 모습을 연상시킨다.

상하였을 것이다. 둘째 아들은 아버지의 허용 하에 재산을 물려받았고, 그 재산을 다 탕진한 후 자신의 잘못을 깨닫게 된다. 아버지께서 결국 이렇게 될 것을 알았음에도 불구하고 재산을 물려준 것은 재산보다 아들을 더 소중하게 여겼기 때문이라는 사실을 깨달았기 때문에 스스로 귀향을 결심한 것이다. 만약에 아버지가 아들의 파산을 정확히 예측하고 아들을 위한다는 명분으로 아들의 상속 요구를 강제로 거부했더라면, 아들은 아버지는 재산밖에 모른다고 생각하고 부자간의 인격적 관계는 더욱 악화되어 다시는 돌이킬 수 없게 되었을 것이다. 아버지는 '재산의 손실'보다 아들과의 '관계의 회복 기회의 상실'을 더 우려했던 것이다.

여기에서 '스스로 돌이켜'라고 번역이 된 그리스어 어구를 직역하면 '자기 자신에게로 왔다, 자기 자신을 되돌아보았다, 자기 자신을 거울로 비추어 보았다'는 뜻이다. 둘째 아들을 스스로 돌이키게 한 원동력은 자신의 의지라기보다, 사실은 아버지의 남다른 부성에 대한 확신 때문이었다. 무례한 상속 요구를 거절하지 않고 들어 준 아버지라면, 자신을 내치지 않고 품꾼으로라도 다시 받아 줄 것이라는 믿음이 있었기 때문에, 둘째 아들은 자신의 처지를 '떨치고 일어나'(anastasis) 귀향을 결단한 것이다.

아버지를 만난 아들은 "내가 하늘과 아버지께 죄를 지었으니 지금부터는 아버지의 아들이라 일컬음을 감당하지 못하겠나이다"(19절)라고 고백한다. 이어서 아들이 자신의 계획대로 "나를 품꾼의 하나로 보소서"(19절)라는 말을 하기도 전에, 아버지는 모든 것을 탕진하고 돌아온 아들을 마치 금의환향한 아들인 것처럼 성대하게 영접한다. 아버지는 아들이 사과할 기회조차 주지 않는다. 아버지는 아무 질문도 책망도 하지 않았다.

아버지는 초라한 몰골로 신발도 없이 돌아온 아들이 이웃의 비난의 대상이 되기를 원치 않았다. 아들에게 좋은 옷을 입히고, 반지를 끼우고, 신발을 신겨 주었다. 신발은 그가 자유인으로서의 지위를 가진다는 것을 의미하며, 아들은 더 이상 노예처럼 맨발로 다닐 수 없다는 뜻이다. 행여나 아들이 하인이나 종으로 취급되는 것을 원하지 않았다. "제일 좋은 옷"이란 고대 사회에서 큰 영예를 의미한다. 이것은 아들의 명예가 회복되었다는 것을 암시한다. 인장 반지가 주어졌다는 것은 둘째 아들이 가문의 일원으로 지위가 회복되었다는 것을 의미한다.

아버지는 살찐 송아지를 잡아 잔치를 준비한다. 이것은 집으로 돌아온 아들을 성대히 영접하겠다는 뜻이다. 이러한 절차를 통해 아버지는 아들의 지위와 명예를 모든 사람들이 보는 앞에서 공식적으로 회복시킨 것이다.[139]

아버지에게 가장 중요한 사실은 아들이 재산을 탕진한 것도, 그가 먼 나라에서 방탕하게 산 것도, 이교도들의 돼지치기를 한 종교적 배교 행위도 아니다. 단지 아들이 살아서 돌아왔고 "내가 잃었다가 도로 찾았다"(24절)는 사실만 중요하였다. 아버지는 이 사실을 마음껏 즐거워하기 위해 마을 사람들을 불러 모아 잔치를 벌이고 노래하고 춤을 췄던 것이다. 과연 "이렇게 좋은 아버지가 세상에 어디 있을까?"라는 의문에 공감대를 형성하게 한다. 허랑방탕하게 지내다 알거지가 되어 돌아온 불효막심한 아들을 조건 없이 받아주는 아버지는 거의

139 김규섭, 「누가복음 강의안」 5, 9.

없기 때문이다.

예수는 이런 세상에 둘도 없는 아버지가 바로 하늘에 계신 우리 아버지라고 암시한다. 세상에 아버지 하나님과 같은 신이 없다는 사실을 가르치신 것이다.

2) 첫째 아들과 아버지

아버지는 둘째 아들의 무례한 재산 분배 요구를 들어주면서 둘째 아들뿐 아니라 첫째 아들에게도 재산을 분배한다. "아버지가 그 살림을 각각 나눠 준"(12절) 것이다. 이는 첫째 아들에 대한 배려이기도 하다. 재산 분배를 요구하는 둘째 아들의 요구만 들어주고, 아무런 요구를 하지 않았다고 해서 첫째 아들에게는 재산을 분배하지 않는 것은 불공평한 처사이기 때문이다. 당시의 관습대로 큰아들이 아버지 재산의 3분의 2를 상속받고, 둘째가 아버지 재산의 3분의 1을 받았을 것이다.

첫째 아들은 밭에 돌아오다가 동생이 돌아왔고, 아버지가 살찐 송아지를 잡고 잔치를 벌이고 있다는 것을 전해 듣고, 분노하여 집에 들어가기를 거절하였다. 둘째가 돌아온 것을 이웃에게 알리는 잔치로 분주한 상황에서도 아버지의 마음엔 첫째 아들의 대응에 온통 신경이 곤두서 있다. 첫째를 배려하는 마음이 고스란히 드러난다. 아버지는 잔치 자리를 떠나 밖에 나가 첫째를 만나고 그의 표정이 밝지 못한 것을 살피고 집에 들어가자고 '권했다'(28절). '권하다'라는 단어로 번역된 '팔라칼레인'이라는 그리스어 원어는 '탄원하다, 부탁하다'는 뜻이다. 가부장적인 권위로 강요한 것이 아니라, 친절한 말투로 설득했다는 의미이다. 잔치의 주빈인 아버지가 직접 밖으로 나와 큰아들의 마음이 다치지 않도록 설득하며 집으로 들어가자고 권하는 장면 역시 가부장적인 문화가 당연하던 그 시대의 아버지에게서 찾아볼 수 없는 모습이다.

첫째 아들은 아버지를 아버지라 부르지 않고, 동생을 동생이라 말하지 않은 채 "당신의 이 아들"이 "창녀와 함께 지내느라고 아버지의 재산을 다 먹어버린 아들"(30절)이라고 비난한다.[140] 그는 다른 이들 앞에서 아버지를 모욕하는 '다른 종류의 탕자'의 행위를 서슴지 않는다. 더 나아가 "내가 여러 해 아버지를 섬겨('종노릇하다')"라고 표현함으로써, 첫째 아들임에도 불구하고 자신을 '종'으로 비하한다. 아버지를 맏아들인 자신을 종으로 부리는 못된 아버지로 규정한다. 둘째가 아버지 집에 돌아가 품꾼이나 되려고 돌이켰지만, 첫째는 자신을 아들이 아니라 아버지의 집의 품꾼이라고 자조한다. 두 아들은 모두 아버지와 부자 관계를 주종관계로 전도시키는 불효를 저지른 것이다. 아들됨의 자의식이 결여되어 있음을 보여준다.

가산을 탕진하고 가문의 명예를 더럽힌 동생에게는 살찐 송아지로 잔치를 베풀고, 종처럼 열심히 일한 자기에게는 염소 새끼 한 마리도 내어주지 않은 아버지의 불공평한 처사라고 노골적으로 비난한다. 맏아들의 불평과 분노와 비난에도 불구하고 아버지는 그에게로 "나가서"(28절), "아들"이라고 부르면서(31절) "내 것이 다 네 것이로되 이 네 동생은 죽었다가 살았으며 내가 잃었다가 얻었기로 우리가 즐거워하고 기뻐하는 것이 마땅하다"(31-32절)고 말한다.

---

140 김득중, "탕자이야기", 「새가정」 1993년 3월호, 66.

실제로 이 비유에서 아버지는 항상 신실한 아버지로 중심을 잡고 그 자리를 지킴으로써 아들들로 인해 깨어진 부자 관계를 아들이 자발적으로 회복하도록 돕는다. '집을 나갔던' 둘째 아들의 가산 탕진을 질책하지 않은 것처럼 '집 안에 들어오지 않고 있는' 첫째 아들의 분노도 책망하지 않는다. 둘째 아들의 귀향을 기다리다 그를 만나기 위해 뛰어나갔듯이, 첫째 아들의 귀가를 종용하기 위해 뛰어나간다. 둘째 아들에게 집을 나가지 말라고 명령하거나 첫째 아들에게 집으로 들어오라고 강권하지 않는다. 사실 두 아들들의 무례하고 부당한 요구에 자신의 의지를 꺾고 허용한 것은 아버지였다.

아버지의 이런 약한 모습 속에 그의 궁극적인 힘이 드러난다. 그가 아들들의 요구를 허용하였기 때문에 아들들과의 관계가 회복될 수 있었다. 만일 당시의 일반적인 가부장적인 아버지들처럼 강압적으로 아들들을 통제하고 무조건적 복종을 "부모에 대한 효도"라는 율법에 빗대어 요구했다면, 부자 관계의 친밀함의 회복은 영원히 물 건너갔을지도 모른다. 아버지는 두 아들 모두를 있는 모습 그대로 수용했고 어떤 상황에서도 여전히 아들로서 대해준다. 아버지가 부자 관계 회복의 중심 역할을 하고 있는 것이다.

'방탕한' 자녀와 '스스로 의롭다'는 자녀 모두를 아우르며 가족의 혼전한 화목을 위해 아버지는 두 아들을 모두 잔치에 참여하도록 설득한다.[141] 부자 관계의 회복을 통해 형제 관계를 온전히 회복하려는 뜻이 담겨 있다. 어느 시대 어디든지 집 나간 탕자들은 흔했다. 아버지와 한 집에 사는 아들이라고 해도 별 수 없었다. 아버지의 심

---

141 박노훈, "경계의 통섭(通涉)으로서 누가의 살림 이해—탕자의 비유를 중심으로", 774.

정을 알지 못하기는 마찬가지이다. 그러나 이 비유에 등장하는 아버지처럼 아들들을 대하는 아버지는 없었다. 이 비유는 초점은 "이런 못난 아들들이 있었다"는 것이 아니다. 여지껏 "이런 아버지는 없었다"는 메시지를 담고 있다.

3) 누가 탕자인가?

탕자를 예수를 믿지 않는 불신자라고 오해하여 왔다. 예수를 믿는 우리는 탕자가 아니라고 착각하기도 한다. 그러나 이 비유에 나오는 두 아들은 모두 아버지와 함께 살면서도 아버지를 아버지로 인정하지 않는 자들이다. 둘째 아들이 살아 계신 아버지에게 상속을 요구하는 것은 부자 관계에 있어서 아버지를 두 번 죽이는 것이다. 아버지가 어서 죽기를 바라는 것이요, 아버지의 재산을 강탈하는 것이기도 하다. 아버지는 안중에 없고, 오직 아버지의 재산만 차지하면 그만이었다. 아버지가 안중에 없기는 첫째 아들도 마찬가지이다. 재산을 허비한 동생을 환대하는 아버지를 참지 못했다. "당신의 이 아들"이라는 비난 속에는 부자 관계와 가족관계의 친밀함이 들어설 여지가 없다.

소위 탕자의 비유를 우리는 하나님을 모른 채 세상에서 허랑방탕하게 살다가 예수를 믿고 하나님께로 돌아온 회심의 사건으로 오해한다. 그러나 이 두 아들은 아버지와 이미 함께 살던 아들이다. 다시 말하면 하나님 아버지를 전혀 알지 못한 불신자가 아니었다. 두 아들은 하나님 아버지의 집에서 하나님 아버지와 살면서도 하나님을 하나님으로 섬기지 않은 당시의 유대인들을 상징한다. 예수는 하나님 앞에서 하나님 없이 사는 두 아들의 불신앙을 지적한 것이다. 둘째 아들은 하나님보다 재물을 더 중히 여겨서 그 재산을 가지고 하나님을 떠나 허랑방탕하게 이방인처럼 살고 있는 유대인들의 모습을 드러낸다. 첫째 아들 역시 하나님 앞에서 하나님 없이 살기는 마찬가지이다.

실천적 무신론이라는 말이 있다. 유신론자와 무신론자뿐 아니라 실천적 무신론자가 있다는 뜻이다. 무신론자 즉, 불신자가 하나님의 뜻을 저버리는 것과 유신론자 즉, 신자가 하나님의 뜻을 저버리는 것 중이 어느 것이 더 무신론에 가까울까? 무신론자가 하나님을 뜻으로 따르지 않는 것은 당연하고 그래서 무신론자고 불리지만, 유신론자가 하나님을 뜻을 저버리면 유신론자인가 무신론자인가 하는 질문이다. 유신론자가 하나님을 믿노라고 하면서 하나님의 뜻대로 살지 않고 오히려 하나님의 영광을 가리는 경우, 이는 실천적 무신론자라는 것이다. 예수께서 "나더러 주여 주여 하는 자마다 천국 가는 것이 아니라. 하늘에 계신 내 아버지의 뜻대로 행해야 천국 간다"(마 7:11)고 하였다. '주여 주여' 하는 자는 명목적 유신론자이고, '주여 주여' 하면서 아버지 뜻대로 하지 않는 자는 실천적 무신론자인 것이다. 따라서 탕자의 비유는 무신론자가 아니라 유신론자라 자처하면서 실제로는 하나님 아버지의 뜻을 거역한 실천적 무신론자가 바로 탕자라는 교훈을 담고 있다. 그리고 실천적 무신론자인 온갖 탕자들에게 경고하고 다시 돌이켜 하나님 아버지께 돌아오라는 것이 탕자의 비유에 담긴 예수의 가르침의 핵심이다.

1960년대에 하이데거의 영향을 받은 '새로운 해석학'이라는 신학사조가 있었다. 그동안 우리가 성경을 이렇게 저렇게 해석해 왔는데, 성경 본문이 중요한가, 그것을 해석하는 해석자가 중요한가 하는 해석해야 할 본문과 본문을 해석하는 해석자 사이의 주도권의 문제를 제기한 것이다. 성경 해석에 있어서 해석의 주도권은 해석자가 아니라 하나님의 말씀인 성경 본문 자체에 있다는 것이 '새로운 해석학'의 핵심 주장이다. 그래서 둘째 아들은 이래서 탕자고 첫째 아들은 저래서 탕자라고 해석해서는 안 되고, 탕자의 비유를 읽으면서 본문이 우리를 해석하게 해야 한다는 것이다. 예수 안 믿는 사람이 탕자가 아니라, 예수 믿는다 하면서 하나님을 아버지라고 고백하면서도 하나님의 뜻대로 살지 못하면, 우리가 탕자요 우리가 실천적 무신론자가 될 수 있다는 것이다.

누가복음 비유에서 아버지는 일반적인 가부장적 아버지의 이미지와는 거리가 먼 모습을 지닌, 남성성과 여성성이 공존하는 아버지이다. 드뷔시는 이 비유에서 따스하고 부드러운 어머니 상을 발견했다.[142] 에릭슨E. Ericson과 나우엔H. Nauen 역시 이 비유에서 아버지가 행동하는 방식은 당시의 가부장적인 아버지상과 달리 거의 어머니처럼 행동한다고 분석하였다.[143]

예수께서는 당대의 유대인들이 생각한 엄격한 자기 중심의 가부장적 아버지상과 전적으로 다른 아버지의 모습을 제시한다. 이 비유를 통해 예수는 유대인들이 전통적으로 생각해온 율법의 조문이나 따지는 '각박한 하나님'이 아니라, 어떻게 해서든지 못난 아들들과 친해지려고 노심초사하는 '섬세하게 배려하는 후덕한 하나님의 심

---

142 양재훈, "탕자와 어머니", 470. 렘브란트의 유명한 그림, 〈탕자의 귀환〉(1662-1669)에서 아버지의 두 손을 각각 거친 아버지의 손과 부드럽게 감싸는 어머니의 손으로 흔히 해석해 왔다.

143 박노권, "탕자의 비유에 나타난 전인성 회복의 길: 심층심리학적 관점에서 분석", 50.

정'을 조금이라도 느껴보라고 재촉한다.

탕자의 비유는 하나님과의 관계에 있어서 더 이상 '가부장적 엄격한 주종 관계'에 머물지 말고 '사랑의 친밀한 부자 관계'로 회복하라는 가르침인 것이다.[144] 이 비유는 스스로 죄인이라고 생각하든 스스로 의인이라 생각하든 유신론자이든 무신론자이든 실천적 무신론자이든 '하나님과 바른 관계를 진정으로 회복'하도록 일깨우는 예화인 것이다.

2. 선한 사마리아인의 비유: 이웃과 바른 관계

예수는 이웃과 바른 관계에 대한 예화로 저 유명한 "선한 사마리아 사람의 비유"를 가르쳤다.[145] 그러나 선한 사마리아인 비유는 오랫동안 알레고리로 해석되어 왔기 때문에, 그 본래의 이웃 사랑의 참뜻이 피상적으로 이해되었다. 어거스틴의 해석은 이러한 피상적 이해의 전형을 보여준다.

- 여리고로 내려가는 사람 = 아담

---

144 다른 관점이지만, 키에르케고르는 이 비유에 나오는 세 인물을 세 종류의 삶의 방식으로 설명했다. 둘째 아들은 도덕적 관습과 원칙을 아랑곳하지 않고 쾌락과 재미를 좇아 살다가 허무와 절망에 빠지게 되는 심미적 인간의 모습을 보인다. 큰 아들은 자신의 의무를 다하며 엄격한 도덕적 기준을 가지고 살아가는 윤리적 인간의 모습을 보인다. 반면에, 아버지는 신 앞에서 인간은 언제나 불의한 존재라는 것을 알고, 인간 사회의 규범을 준수하는 수준을 넘어서 신의 뜻을 구현하려고 하는 종교적 인간의 모습을 보인다. 이 세 번째 단계의 개인은 신과의 관계에 초점을 두고 살아간다.

145 허호익, "선한 사마리아인의 비유해석", Sitz im Leben 창간호 (2002), 13-25.

- 예루살렘 = 평화스러운 하늘의 도시
- 여리고 = 우리의 주려야 할 운명을 상징하는 달(달과 여리고를 가리키는 히브리어로 된 희곡이 있다.)
- 강도들 = 마귀와 그의 천사들
- 옷을 벗기는 것 = 그의 불멸성을 빼앗는 것
- 그를 때리는 것 = 죄를 짓도록 그를 설득하는 것
- 그를 거의 죽게 한 후 내버린 것 = 죄를 짓게 하여 영적으로 죽게 만들었으나 하나님을 아는 지식 때문에 아직 반쯤 살아 있는 것을 가리킨다.
- 제사장 = 구약의 제사장 제도(율법)
- 레위 사람들 = 구약의 사역자들(예언자들)
- 선한 사마리아 사람 = 그리스도
- 상처를 싸매는 것 = 죄를 억제하는 것
- 기름 = 선한 소망의 위로
- 포도주 = 활발히 일하라는 권고
- 짐승 = 그리스도의 몸
- 주막 = 교회
- 두 데나리온 = 사랑의 두 계명
- 주막 주인 = 사도 바울
- 선한 사마리아 사람의 돌아옴 = 그리스도의 부활[146]

율리히A. Jülich는 예수의 비유를 알레고리로 해석해 온 것을 방법론

146 Augustine, *Quaestions Evangeliorum* 2.19.

적으로 비판하여 비유해석의 새로운 장을 열었다. 그는 예수가 사용한 무수한 비유는 알레고리(유비 또는 풍유로 번역된다)가 아니라, "단 하나의 비교할 점(tertium comparationis)을 갖고 있는 직유(similitude)라고 정의하였다. 그러므로 하나하나의 비유는 단 하나의 목적 또는 실재를 표현해 주고자 하는 '단 하나의 그림'이다. 하나의 비유에는 여러 초점이 있는 것이 아니라, 하나의 중심점만이 있다는 점을 강조하였다.[147]

1) 이웃 개념의 혁명 : 이웃이 되어주어라

예수의 비유는 그 당시 교육 수준이 낮은 평민들에게 복음의 진리를 쉽게 전달하기 위하여 사용된 예화이다. 비유의 문자적인 배후에 어거스틴이 해설한 것과 같은 심오하고 다양한 교리적인 의미가 내포되었다고 해석할 수 없다. 선한 사마리아인의 비유는 하나의 단순한 예화로서 다음과 같이 해석되어야 한다.

첫째, 이 비유의 핵심적인 요점은 어거스틴이 제시한 것과 같은 구원사의 복잡하고 심오한 과정을 전하려는 것이 아니다. 이 비유의 서론과 결론에서 하나의 주요한 핵심적인 내용으로 등장하는 것은 '누가 나의 이웃인가? 누가 이웃으로 입증되었는가?' 하는 점이다. 본문의 구조를 분석하여 볼 때 이러한 사실은 더욱 분명하게 제시된다. 이 비유는 두 개의 평행본문으로 구성된 논쟁설화이다. 이 두 부분은 각각 네 개의 요소로 구성되어 있다.

---

147 R. Stein/ 이희숙 역, 『예수의 비유 연구』 (서울: 컨콜디아사, 1988), 59.

A. 25-28절

1) 율법사의 질문(25절): "제가 무엇을 하여야 영생을 얻겠습니까?"

2) 예수의 반문(26절): "율법에 무어라 기록되어 있느냐?"

3) 율법사의 대답(27절): "하나님을 사랑하고, 이웃을 사랑하라."

4) 예수의 명령(28절): "그것을 행하라 그리하면 살 것이다."

B. 29-37절

1) 율법사의 질문(29절): "내 이웃이 누구입니까?"

2) 예수의 반문(30-36절): "이 세 사람 중 누가 이웃이 되었느냐?"

3) 율법사의 대답(37상반절): "자비를 베푼 사람입니다."

4) 예수의 명령(37하반절): "너도 가서 이와 같이 행하라."

이 두 부분을 연결하는 핵심적인 주제는 이웃 사랑과 이웃이 누군가 하는 것이다. 첫 번째 부분은 도움이 필요한 미지의 사람에게 '이웃이 되어주라'고 제시하고, 두 번째 부분에서는 이웃 사랑의 실천 방식을 보여준다.[148]

둘째, 이 비유의 배경이 되는 '삶의 자리'를 따져 보면 단순히 이웃을 도우라는 일반적인 도덕적 인도주의에 대한 교훈으로 해석할 수 없다. 불트만이 '자비롭지 못한 유대인과 자비로운 사마리아인과 대조'로 해석한 이래로, 융엘은 '생명을 살리는 복음과 생명을 죽이는 율법'에 대한 대조로 해석하였다.[149]

---

148 김득중, "선한 사마리아인의 비유 연구", 「신학과 세계」 15 (1987), 246.

149 김판임, "선한 사마리아인의 비유(눅 10:30-35) 연구", 「신약논단」 14/4 (2007), 1038-1039.

한편으로 이 비유는 일반적인 사랑의 교훈으로도 해석되지만,[150] 제사장과 레위인은 '이웃을 사랑하라'(레 19:18)는 율법을 이미 알고 있는 것으로 전제하여야 한다. 비유의 초점을 '누가 이웃인가? 이웃의 범위를 어떻게 한정하는가?' 하는 보다 근원적인 질문에 근거하여 해석하여야 한다.

1세기의 유대인들은 부정하고 불결하거나 "율법을 모르는 족속들"에 속하는 세리나 창녀나 사마리아인이나 로마인들과는 상종하지 아니하였다. 사마리아인을 배제한 것은 역사적 배경이 있었다.

사마리아가 기원전 8세기 아시리아에 점령당했을 때 인종말살 정책의 하나로 타민족과 혼인, 즉 혼종混種정책을 썼다. 북이스라엘 왕국 특히 사마리아에는 순수한 혈통의 유대인들은 자취를 감추었다. 예수 시대에도 혼혈민족인 사마리아인들은 이방인 취급받았다.

서로 다른 종교나 인종이나 계층에 속하는 집단 간의 신분의 장벽이 두터운 사회에서는 그 장벽이 사교적社交的 터부에 의해 유지된다. 유대인의 최고의 종교적 의무는 그들이 적대시하는 집단이나 죄인과의 사교적 접촉을 피하는 것이었다.[151]

중동지역에서는 다른 집단에 속한 사람과는 식사나 잔치나 축제에 참여하지 않는 것을 철칙으로 여겼다. 낮은 신분의 사람이나 못마땅하게 여기는 사람들과는 비록 예의상으로도 함께 먹고 마시는 일이 없었다. 히브리인들 역시 가족, 부족, 민족을 일종의 집단 인격으로 생각하였다. 자신이 속한 집단만이 자신의 이웃이라고 여긴 것이다. 자신의 이웃에 대한 절대적인 애착과 충성심은 엄격한 배타성으로 표

---

150 같은 글, 1043-1044.

151 A. Nolan, *Christ before Christianity* (New York: Orbis, 1987), 181.

출되었다.

이러한 이웃 개념은 인종적, 성적, 문화적, 계층적인 차별을 극대화하는 요소로 작용하였다. 이웃과 원수의 구별도 현저하였다. 이웃을 사랑하고 원수를 미워하라는 것(레 19:18)은 이러한 사회적 현상을 명백하게 반영하는 계명이었다. 예수가 이웃뿐 아니라 원수라도 사랑하라고 명한 것(마 5:44)도 바로 이러한 배경에서 이해되어야 한다.[152] 쿰란 종파는 공공연히 "빛의 아들은 사랑하고 어둠의 아들을 미워하라고 가르쳤다." 그만큼 집단 간의 증오가 심각하였다.

이방인과 혼혈이 되어 이방인의 피가 섞였다는 이유로 사마리아인들은 이웃에 포함될 수 없었다. 북쪽 갈릴리에서 남쪽 유대 지역으로 가는데 사마리아 땅을 통과하면 사흘밖에 걸리지 않지만, 유대들은 사마리아 땅을 밟지 않고, 요르단강을 건너 두 배나 먼 길을 돌아서 갔다. 당시 유대인들은 사마리아 사람들과 접촉하거나 대화하는 것까지 금기시하였다.

그런데 비유에 등장하는 한 사마리아인은 수백 년 동안 자신들을 적대하고 차별하고 이방인으로 간주한 유대인이 강도를 만나 쓰러져 있는 것을 보고, 그냥 지나가지 않고 그에게 가까이 가서 그를 끝까지 도왔다. 반면에 같은 유대인인 레위인과 제사장은 단지 자신의 잘 알고 있는 이웃이 아니라는 이유로 그들을 피하여 가버렸다. 이 상황에서 누가 강도 만난 자의 진정한 이웃이었는가 하는 것이 예수의 마지막 질문이다. 긍휼과 자비를 베풀라는 교훈보다도 이웃에 대한 편견과 배제를 철저히 부수는 혁명적인 이웃 개념과 무차별적 이

---

152 김득중, "선한 사마리아인의 비유 연구", 103.

웃 사랑이 새로운 대안적 지혜로 절실히 필요하였던 것이다.[153]

누가 이웃인가? 가족이나 친지나 동족만이 이웃이라는 고정관념이 율법으로 고착된 유대인들에게 사마리아인은 이웃이 아니었다. 이 비유에 등장하는 레위인은 강도 만난 자가 흘린 피나 상처를 부정한 것으로 여기는 율법적인 생각 때문에 거리를 두고 피하여 지나갔고, 제사장은 제사 업무를 수행하는 것이 우선이라는 의무감 때문에 얼른 피하여 갔다는 흔한 해석 역시 적절치 않다.[154] 그들이 상처 입은 사람을 보고도 왜 멀리 피해 갔을까? 만일 강도 만난 자가 친지이거나, 잘 아는 이웃이었다면, "이웃을 사랑하라"(레 19:18)는 계명을 너무나 잘 지켜온 레위인과 제사장이 그냥 지나갔을까? 절대 그럴 수 없었을 것이다. 그들은 단지 당시의 다른 유대인들처럼 '이웃을 사랑하라'는 계명에서 말하는 이웃을, 문자적으로 해석해서 '알지 못하는 낯선' 사람에게는 적용하지 않았던 것이다. 강도 만난 사람은 이웃이 아니니까 도와줄 필요가 없다는 것을 당연히 여긴 것이다.

예수는 단지 율법의 틀 안에서 친척이나 잘 아는 이웃만이 이웃이 아니라는, 새롭고 대안적 이웃 개념을 제시하였다. 이웃 개념에 대한 혁명적인 발상의 전환이었다. 예수는 "이 세 사람 중 누가 이웃이 되어 주었는가"라고 질문한다. 청중들은 "자비를 베푼 자"라고 대답한다. 율법에서 가르치는 이웃 사랑은 동일 집단의 범주를 벗어나지 못하는 집단이기주의에 지나지 않았다. 예수는 이러한 차별을 타파하기 위해 이 비유를 통해 이웃의 개념을 확장한 것이다. "누가 나의 이

---

153 박수암, "선한 사마리아 삶 비유 해석에 대한 재고", 「기독교사상」 279 (1981. 9), 147.

154 J. Nolland/ 김경진 역, 『누가복음』 중 (서울: 솔로몬, 2005), 308.

웃인가"라고 묻지 않고, "누가 강도 만난 자의 이웃이 되어주었느냐"고 질문한 것이다. 이 질문은 다음과 같은 교훈을 함축하고 있다.

- 안면이 있거나 친지이거나 동족이든 아니든 간에
- 지금 재난을 당하여서 스스로 자신의 문제를 해결할 수 없는 상황이고
- 누군가의 도움이 절실히 필요한 자라면 모두 너의 이웃이다.
- 지금 당장 그의 이웃이 되어서 그를 도와주라

2) 이웃 사랑의 구체적 방법: 애간장이 타는 마음으로

예수는 단지 "이웃 되어 주기"라는 새로운 이웃 개념을 제시한 것으로 그치지 않고, 이웃 사랑의 구체적인 방식을 하나의 그림 언어로 가르친 것이다.

- 그들의 이웃이 되어 그들의 고통에 연민을 느끼고
- 그들 가까이 가서 우선적인 조치로서 구체적으로 도움을 주고(기름과 포도주로 상처에 붓고 싸매고)
- 스스로 자립할 수 있도록 끝까지 철저하고 온전하게 도와주라(주막에 데려가 비용을 모두 지불하고 돌아갈 때까지 돌보라 지시)

(1) 이웃의 고난에 대해 '불쌍히 여기는 마음을 갖는 것'이다. 놀란A. Nolan에 의하면 "불쌍히 여겼다"155거나 "민망히 여겼다"156는 단

---

155 막 5:19; 10:48; 마 9:27; 17:15; 20:31-32; 눅 18:38.
156 마 20:34; 막 1:41; 참조. 마 9:36.

어는 예수의 병자 치유 기사의 여러 병행구에서 나타난다고 한다. 여기에 사용된 '스프랑크니조마이'(σπλαγχνιζομαι)라는 동사는 '스플랑크논'(σπλαγχνον)이라는 명사에서 파생한 것인데, 이 말은 애, 창자, 내장을 뜻한다. 예수는 병자들의 고통을 자신의 고통처럼 여기는 '애간장이 타는 듯한 사랑의 심정'에서 병자들에게 가까이 가고 그들을 치유한 것이다.[157] 강도를 만나 쓰러진 병자에게도 이 단어가 사용된 것이다. 고난당하는 이웃에 대하여 애간장이 타는 마음이 있어야 한다는 교훈이다.

(2) 이웃에게 가까이 다가가는 것이다. 본문에 의하면 제사장, 레위인과 사마리아인이 똑같이 그 길로 '내려가다가' 강도 만난 자를 똑 같이 '보았다.' 그러나 제사장과 레위인은 그 사람을 보고는 피해서 지나가 버렸다(눅 10:31-32, 공동번역). 그런데 어떤 사마리아 사람은 그의 옆을 지나다가 그를 보고 가엾은 마음이 들어 가까이 간다. '피하여 지나가는 것'(antiparerxomai)과 '가까이 다가가는 것'(erxomai)이 분명한 대조를 이룬다.[158] 안티파렐센이라는 동사에서 파라(para)는 '지나간 것'을 암시하고 안티(anti)는 '반대편 길'로 간 것을 암시한다. 사랑은 도움이 필요한 사람들을 피해서 돌아가는 것이 아니다. 가까이 다가가는 것이고 함께 있어 주는 것이다.

(3) 이웃 사랑은 이웃을 돕는 구체적인 수단을 제공하는 것이다. 사랑은 말로만 하는 것이 아니다. 사마리아인은 자신이 가진 것 중에 기름과 포도주로 상처에 붓고 싸매어 주었다. 자신의 나귀에 태워 주막까지 데려가면서 필요한 것까지 아낌없이 주었던 것이다.

---

157 A. Nolan, *Jesus before Christianty*, 28.

158 J. Nolland/ 김경진 역, 『누가복음』 중, 309.

(4) 이웃이 스스로 자기 문제를 해결할 수 있도록 돌보아 주는 것이다. 강도 만난 자를 주막으로 데려가서 온전히 치료받을 수 있도록 하고 그리하여 자신의 문제를 자기 스스로 해결할 수 있도록 돕는 것이 사랑의 구체적인 실현이다.

(5) 남은 과제는 개인적인 이웃 사랑의 실천을 어떻게 사회화·제도화할 것인가 하는 문제이다. 선한 사마리아인처럼 우연히 길을 가다가 강도 만난 자를 보고 불쌍히 여기고 가까이 가서 응급조치하고 끝까지 온전히 도와주는 것도 중요하지만, 이 이웃 사랑의 가르침을 오늘날 사회 속에서 실천하기 위해서는 새로운 관점이 요청되기 때문이다.

3) 한국을 찾아 온 난민들: 우리 시대의 강도 만난 이웃

"2018 난민인권센터 통계자료집"[159]에 의하면 2017까지 한국에 난민 자격을 신청한 사람은 4만 명 정도라고 한다. 1992년 난민협약 가입 이후 1994년부터 한국정부가 난민 신청을 받았다. 그 가운데 약 2만 명이 심사 종료자이다. 그중 839명이 난민으로 인정되어 인정률은 4.1퍼센트 정도이다. 여기에 난민 인정은 아니지만 본국에 돌아가면 위험에 처할 수 있다고 보아 '인도적 체류' 자격을 받은 7.6퍼센트를 합하면 11.7퍼센트 이다. 세계적으로 난민 인정 평균은 37퍼센트 정도 된다. 한국은 엄청나게 까다롭게 심사해서 인정률 자체가 극히 낮다.[160]

---

159 난민인권센터 편, "2018 난민인권센터 통계자료집", https://nancen.org/1762.
160 이준혁, "난민 혐오, 인종 차별 … 우리는 함께 살아갈 수 있을까", 「오늘 보다」

한국의 경우 2013년부터 난민법이 시행되었다. 난민 인권단체들을 외에 일반인들의 관심이 적었다. 2018년에 제주에 온 예멘 난민 수용 문제가 대두되자 찬반 여론이 분출하였다. 예멘 난민 대부분이 무슬림이고, 유럽 등 다른 국가에서 난민 수용 후 치안이 크게 나빠진 점을 들어, 이들을 수용하면 범죄에 무방비하게 노출될 것이라고 난민 수용을 반대 여론이 생겨났다. 2018년 6월에는 '난민신청허가 폐지' 청원에 70만 명 넘게 참여하였다. 일부 제주도 지역에서는 '국민이 먼저다', '난민법을 개정하라', '무비자를 폐지하라' 등 피켓을 들고 난민법 개정과 무사증폐지를 촉구하는 난민 반대 집회가 수차례 열렸다.[161]

한편으로 난민 신청자들을 모두 잠재적 범죄자로 취급하는 것은 성급한 일반화의 오류이며, 우리나라도 이제 난민을 포용하고 인도적 조치를 강화할 필요가 있다는 주장도 제기되었다.

박상기 법무장관은 국민 청원에 대해 "서양사회에서 대규모 난민 수용 후 나타난 부작용을 반면교사로 삼아 우리 실정에 맞고 국제적 책무도 이행할 수 있는 현실적이고 합리적인 난민 정책이 필요하다. 시민사회, 종교계, 지방정부, 법조계 의견을 수렴하겠다"고 답했다.[162]

난민 문제와 더불어 "국회 헌법개정특별위원회(개헌특위)"가 제시한 헌법 개정안에서 기본권 주체를 '국민'에서 '사람'으로 바꾸자는

---

43 (2018.08). http://todayboda.net/article/7637.

161 "범죄노출 우려 vs 인도적 차원…'제주 예멘난민 수용' ", 「매일경제」 2018.07.19.

162 김도균, "난민 수용 반대' 국민청원에 청와대가 내놓은 답변", 「SBS뉴스」 2018.08.01.

것이 포함된 것이 알려지자, 국가가 우선적으로 보호해야 할 대상의 내국인이므로, 난민을 여기에 포함시켜서는 안 된다는 반대 주장이 제기되었기 때문이다.

난민 수용 반대와 기본권 주체를 '사람'으로 개정하는 것을 반대하는 사람들 중에 유독 기독교인들과 기독교단체가 다수 있었다. 한국교회를 대표하는 21개 교단이 참여한 한국교회교단장회의는 2018년 8월 1일 오전 청와대 앞 분수광장에서 긴급기자회견을 열고, "동성애와 동성혼을 합법화 반대"와 더불어 기본권을 '사람'으로 바꾸는 것도 반대하는 성명을 발표했다.

> 기본권의 주체를 국민에서 사람으로 변경하는 것은 자국민보다 난민을 비롯한 외국인으로 우선하는 정책이다. 난민 등에게 기본권을 허용할 경우 난민이 몰려와서 일자리를 빼앗고 잠재적으로 사회 혼란의 요인이 될 수 있다. 테러 등으로 사회혼란을 겪는 유럽을 교훈 삼아 신중한 접근이 필요하다.[163]

한국교회의 일부 지도자들이 강도 만난 자처럼 난민이 되어 우리나라를 찾아 온 외국인들을 '내국인'이 아니라는 이유로 반대할 뿐 아니라, 이들을 잠재적 범죄자로 여겨 난민신청반대 청원과 반대 시위를 하는 실정이다. 일제 강점기에는 외국에서 임시정부를 만들고 독립운동을 하던 이들은 모두 그 시대의 난민이었다. 그러나 중국, 러시아, 미국 등 여러 나라에서 독립 운동에 헌신하는 낯선 조선인 난민을

163 정원희, "'성평등', 동성애 합법화 단초 되는 위험한 용어", 「기독교타임즈」 2018. 08.01.

이웃으로 여겨 기꺼이 도와주었다는 것도 기억해야 할 것이다. 그리고 지금 대한민국의 국민으로서 외국의 영주권을 취득한 자 또는 영주할 목적으로 외국에 거주하고 있는 재외 국민과 외국국적 동포의 수가 800만 명에 가깝다는 것도 잊지 말아야 한다.

누가 강도 만난자의 진정한 "이웃이 되어 주었는가"라는 예수의 마지막 질문을 기억해야 할 것이다. 예수가 가르친 선한 사마리아 비유는 "이웃에 대한 바른 개념과 이웃과의 사랑의 구체적인 과제를 제시함으로써, '스스로 돕지 못하는 자의 이웃의 되기를 기꺼이 자처하고, 자기에게 있는 것 중에 도울 수 있을 모든 수단을 제공하여 온전히 회복될 있도록 돕는 것'이 이웃 사랑의 구체적이고 과제라고 가르친다. 선한 사마리아인의 비유는 한 마디로 '이웃과의 바른 관계'에 대한 새롭고 혁명적인 교훈인 것이다.

3. 포도원 품삯의 비유: 물질과 바른 관계

예수의 하나님의 나라 비유 중에 일자리와 임금 체계에 대한 전향적인 방식을 다룬 것이 포도원 주인의 비유 또는 포도원 품꾼의 비유로도 알려진 포도원 품삯의 비유(마 20:1-16)이다. 예수는 "천국은 마치 품꾼을 얻어 포도원에 들여보내려고 이른 아침에 나간 집 주인과 같다"(마 20:1)고 하였다. 포도원 주인이 직접 장터에 나가 일자리를 얻지 못한 사람을 데려왔는데, 품꾼 중에는 이른 아침, 제삼 시(9시), 제육 시(정오 12시), 제구 시(오후 3시) 그리고 제십일 시(오후 5시)에 온 사람들이 있었다.

이른 아침을 오전 6시로 보면 그들의 노동 시간은 최대 11시간이나 차이가 났다. 그럼에도 불구하고 포도원 주인은 모든 품꾼에게 똑같이 하루의 품삯에 해당하는 한 데나리온씩을 주었다. 나중 온 사람들은 한 시간밖에 일하지 않았으므로, 먼저 온 자들이 우리는 종일 수고했다고 불평하는 것이 당연하였다. 그러나 주인은 "나중 온 이 사람에게 너와 같이 주는 것이 내 뜻이니라"(마 20:14)고 하였다.

1) 구원에 관한 알레고리적 해석인가

이 비유는 전통적으로 구원에 관한 알레고리로 해석되어 본문의 중요한 주제를 비켜가고 주변적인 주제를 부각하여 현저히 왜곡하여 왔다.

(1) 초대교회는 고용시간이 서로 다른 것에 초점을 두어 본문을 구원받은 시기로 해석했다. 또한 포도원 주인은 하나님이고 한 데나리온은 영생, 구원, 칭의, 은혜 등이고, 일꾼으로 부름받은 시간은 각각 다른 시대에 부름받은 신자라고 해석하였다.

이레네우스(130-202)는 포도원 주인이신 하나님이 창세로부터 말세에 이르기까지 각 시대의 사람들을 부르시고 자신의 성령을 통해서 각 사람들에게 한 데나리온 즉, "하나님의 아들을 아는 지식"인 영생(immortality)을 주신다고 해석했다.

오리게네스(185-254) 역시 포도원 주인은 하나님을, 데나리온은 구원을 상징으로, 품꾼은 하나님의 부르심을 받은 사람으로 보았다. 일을 시작한 시간의 차이에 착안하여 아침 일찍 고용된 일꾼은 아담부터 노아 시대의 사람들, 제삼 시(9시)에 고용된 일꾼들은 노아 시대부터 아브라함 시대까지 부름을 받은 사람들, 제육 시(12시)에 고용된 일꾼들은 예수 시대에 부름받은 사람들, 제구 시(오후 3시)에 고용된 일꾼들은 초대교회 시대에 부름받은 사람들 그리고 제십일 시(오후 5시)에 고용된 일꾼들은 종말의 때에 부름받은 사람들을 각각 가리킨다고 보았다.[164] 그는 또한 다섯 차례의 고용 시간이 사람 일생의 다섯 단계라고 보았다. 이른 아침(6시 추정)에 고용되었다는 것은 유년기에, 9시는 청소년기에, 12시는 청년기에, 오후 3시는 장년기에, 오후 5시 노년기에 예수를 믿은 것으로 각각 해석하였다.[165] 오리겐의 알레고리적 해석은 아우구스티누스(354-430)와 크리소스톰(347-407)도 이어받았다.[166]

(2) 종교개혁자들은 칭의론적으로 해석하였다. 루터는 포도원 주인이 "내 것을 가지고 내 뜻대로 하는 것"(15절)이라 말한 것에 초점을 두고, 포도원 주인이 일꾼들에게 노동 시간과 상관없이 자기가 주고 싶은 만큼 품삯을 준 것을, 오직 은혜라는 칭의론적 원리로 해석하였다. 구원은 인간의 업적에 따라 취득하는 것이 아니라, 하나님의 주권적인 결정에 따른 선물이며, 따라서 "자신이 남들보다 더 낫다고 자랑하지 못하게 된다"는 것을 보여주는 비유라는 것이다.[167]

버나드 스캇B. B. Scott은 "내 것 가지고 내 멋대로 하는" 포도원 주인

---

164 Origen, *Commentary on the Gospel of Matthew*, 15.32.

165 같은 책, 15.36.

166 양재훈, "그들은 왜 투덜거렸는가 - 하나님 나라의 가치관으로 다시 읽는 포도원 품꾼의 비유(마 20:1-16)", 「신약논단」 23/2 (2016.6), 298-299; 김판임, "포도원 주인의 비유(마 20:1-15)를 통해서 본 경제 정의에 대한 예수의 이해", 「신학사상」 154 (2011, 가을), 150 주 10 참조.

167 M. Luther, "Sermon for Septuagesima Sunday: Matthew 20:1-16," in J. Nicholas Lenker (ed.), *The Complete Sermons of Martin Luther*, volume II (Grand Rapids, MI: Baker Book House, 2000), 85-90.

이신 하나님의 은혜로 구원을 받는 것이라고 가르치는 전통적인 해석의 문제점을 지적한다. 한 시간 일하고 한 데나리온을 받은 것은 하루종일 일하고 한 데나리온을 받은 것에 비할 때, 주인의 은혜라고 할 수는 있지만, 하루 품삯으로 한 데나리온을 받는 것이 은혜라고 할 수는 없다. 그것은 당시의 일용노동자의 하루 품삯에 해당하는 금액이기 때문이다.[168] 그리고 "내 것을 가지고 내 뜻대로 하는 것이 거슬리냐"(15절)고 물은 것도 모두 이 비유에 대한 마태복음서의 편집 작업으로 보아야 한다.[169]

(3) 현대에 와서 예수의 비유에 대한 이러한 알레고리적 해석의 문제점이 제기된 이후에도, 다드와 예레미아스를 비롯하여 많은 학자들은 "내 것을 가지고 내 뜻대로 하는 것"(15절)과 "먼저 된 자와 나중 된 자"의 순서의 바뀜(16절)에 관한 말씀에 초점을 두어 이 비유의 핵심을 "죄인에 대한 하나님의 관대한 사랑"으로 해석하였다.[170] 바리새인들과 예수의 논쟁상황을 이 비유의 '삶의 자리'로 보아, 처음 고용된 일꾼이 바리새인과 동일시되고, 마지막에 고용된 일꾼은 이방인과 동일시된다고 해석하기도 하였다. 이들에 의하면 '나중 된 자가 먼저 되는 종말론적 역전'을 칭의론적으로 해석하여, 하나님은 인간의 업적이나 공로에 따라 평가하는 것이 아니라 '하나님의 뜻에 따라' 죄인일지라도 용서하시는 무한한 사랑의 소유자라는 것이

---

168 김판임, "포도원 주인의 비유(마 20:1-15)를 통해서 본 경제정의에 대한 예수의 이해", 153.

169 같은 글, 147-148.

170 D. H. Dodd, *The Parables of the Kingdom* (New York: Charles Scribner Sons, 1936), 94-95; J. Jeremias/ 허혁 역, 『예수의비유』(왜관: 분도출판사, 1974), 136.

다.[171]

스캇Bernard B. Scott은 '나중 된 자가 먼저 된다'는 주인의 말을 바리새인이나 유대인보다 이방인이 먼저 구원을 받는다는 종말론적 역전의 교훈으로 해석하는 것도 비판한다. "이 비유의 어디에서도 늦게 참가한 품꾼이 조금이라도 도덕적인 결함이 있는 것으로 그려지지 않는다"고 하였다.[172]

이 비유의 결구로 나오는 "먼저 된 자와 나중 된 자의 순서 바뀜"(16절)에 관한 말씀은 예수의 원래 비유와 상관없고, 마태의 편집 어구라고 불트만이 지적한 이래로 대부분의 학자들이 이에 동의하고 있다. 먼저 된 자와 나중 된 자의 순서 바뀜에 관한 격언은 독립적으로 전승되어 오다가, 마태공동체 안에서 먼저 교인 된 자들이 교만해져서 신입교인들을 경홀히 여길 것을 우려하여 마태가 특별히 종말심판과 관련된 메시지에 붙여 사용한 것으로 보인다.

(4) 한편으로 하루종일 일하고도 몇 시간 일하지 않은 일꾼과 같은 품삯을 받은 일꾼의 항의에 초점을 두고 윤리적 교훈으로 설교되기도 한다.[173] 이웃에 대한 쓸데없는 관심이 그리고 그 이웃과 자신을 비교하는 잘못된 생각이 흔히 우리를 불만과 불평의 속에 빠지게 한다. 그래서 네 품삯이나 네 보수에 만족하며 살지 남의 보수나 품삯에 관심 갖지 말라고 교훈했다는 것이다. 품삯을 노동의 대가로만 생각하지 말며, 인간에게 있어서 일, 노동 그리고 생활은 그 자체가

---

171 J. Jeremias/ 허혁 역, 『예수의 비유』 (왜관: 분도출판사, 1974), 134.

172 김경희, "예수의 하나님나라 선포를 통해 본 평등의 비전", 「신학사상」 150 (2010. 가을), 71.

173 김득중, 『복음서의 해석과 설교』 (서울: 성서연구사, 1999), 179-181.

목적이고 신성한 것이지 그것이 돈벌이를 위한 수단, 유일한 생계 수단이 되어서는 안 되고 일과 보수는 서로 다른 차원의 것으로 구별되어야 한다는 것이다. 고용된 사실에 만족했다면 하루 품삯으로 약속된 한 데나리온을 받았을 때 불평이 아니라 기쁨이 컸을 것이라는 해석이다.

(5) 최근의 성서학자들은 이 비유에 대한 위의 해석들을 모두 거부한다. "하늘나라가 포도원 주인과 같다"(마 20:1)라는 말로 시작하는 이 비유의 핵심은 포도원 주인이 '일하고 싶은 사람에게 일자리를 주고 모든 일꾼들에게 똑같이 하루 품삯을 지불하였다는 것'이다. 이는 하나님 나라의 경제 제도의 두 가지 원리, 즉 일자리와 최저 생계비를 보장하여 최소한의 생존권을 보장하라는 것이고, 이를 통해 일용할 양식을 날마다 구해야 하는 가장 가난한 일용 노동자인 품꾼까지도 '무엇을 먹을까 염려하지 않아도 되는 그러한 하나님의 나라를 이 땅에 이루라'는 예수의 놀랍고 전향적이고 혁명적인 가르침이다. 이것이 바로 일자리와 최저 생계비를 보장하지 않는 '로마 식민지의 경제 질서'와 전적으로 다른 '하나님의 나라의 경제 질서'의 본질이라는 것이다.

2) 일자리가 필요한 모든 품꾼에게 일자리를 주어라

예수는 "하늘나라가 포도원 주인과 같다"(마 20:1)라는 말로 시작한다. 이 비유에는 포도원 주인, 청지기 그리고 일용노동자라는 세 부류의 인물이 등장한다. 주인은 청지기가 있고 포도원을 소유한 자로 등장한다. 당시 포도원을 소유한 자는 도시 엘리트로 상당한

부를 축적한 사람이다.31)

포도원 주인은 자신이 직접 수시로 여러 차례 장터에 나가 놀고 있는 사람을 데려와 일자리를 주었다는 사실을 강조한다. 당시의 포도원 주인과는 전혀 다른 모습을 보여준다. 포도원 주인은 대부분 청지기가 있었고(20:8), 청지기는 포도원 주인을 대신하여 일꾼을 고용, 관리, 감독한다. 품꾼들의 원성과 불만도 주인이 아니라 청지기에게 돌아가도록 한다. 그러나 예수의 비유에서는 주인은 직접 품꾼을 고용을 했고(20:2, 3, 5-7), 품꾼들의 원성도 직접 듣고 응대한다(20:11-15).[174]

주인은 한 차례가 아니라 다섯 차례에 걸쳐 품꾼을 고용한다. 포도원 주인이 일꾼들을 고용한 이유는 그들이 '일이 없어' 장터에 서 있었기 때문이다(마 20:3, 6). 포도원 주인은 9시에 나가 일이 없이 서 있는 자들을 고용했고, 12시와 오후 3시에 나가서도 그같이 했다. 또 오후 5시에 나가서도 종일토록 일이 없이 서 있는 자들을 고용했다. 포도원 주인의 고용 동기는 실업 상태에 있는 노동자들에게 일감을 주기 위함이다.[175]

당시 광장이나 장터는 일감을 찾으려는 일일 노동자들로 넘쳐났다. 1세기 지중해 사회는 산업화 이전의 발전된 농업사회였고 당시 전체 인구의 70%를 자유농민들이 차지했다. 자유농민들을 향한 지주들의 토지수탈이 가중되면서, 이들은 자작농에서 소작농으로 전락했다. 소규모 자작농까지도 생계를 위해서는 소수의 대지주의 땅

---

174 김학철, "정의롭고 선한 포도원 주인의 비유 — 정의와 호혜의 관점에서 마태복음 20장 1-16절 읽기", 「신약논단」 23/4 (2016. 12.), 912.

175 전병희, "포도원 주인의 비유와 마태의 의도 — 마태복음 20장 1-16절에 대한 사회학적 해석", 「신약논단」 24/2 (2017. 6), 217.

에서 일용직 노동자 역할을 겸할 수밖에 없었다.[176] 한편 과도한 세를 감당하지 못한 소작농들은 일당 노동자들이나 떠돌이 산적들로 다시 강등되었다.

요세푸스F. Josephus는 성전건축이 완료되자 예루살렘에서만 18,000명의 실업자가 발생했다고 한다(*Ant.* 20. 219). 로마 제국은 대농장주들의 토지수탈을 막기 위한 적절한 조치를 취하지 않고 상황을 방치하였다.[177] 당시의 포도원 주인들에 의해 자행되는 경제적 착취를 헤어조그W. R. Herzog는 다음과 같이 분석했다.

> 고용되지 않은 노동자가 상당수 존재했다는 것은 갈릴리에서 발생한 대지주화 과정을 간접적으로 증거한다. 그들의 임금이 낮은 이유는 그들의 수가 많았기 때문이고, 그들의 수가 증가한 이유는 도시 엘리트들이 소유한 토지의 양과 규모가 늘어났기 때문이다.[178]

예레미아스가 언급했듯이, 당시 일용노동자들은 그 수가 노예들보다 훨씬 많았지만, 일거리를 구할 수 없는 열악한 상황이었다.[179] 품꾼은 노예들과 달리 자유롭기는 하지만 자신의 노동력 외에는 아무것도 가진 것이 없는 사람들이다. 하루하루 품팔이를 하면서 살아가야 했다. 이른 새벽 해뜨기 전에 품꾼들이 거래되는 시장터로 가서

---

176 김학철, "정의롭고 선한 포도원 주인의 비유, 907.

177 전병희, "포도원 주인의 비유와 마태의 의도", 209-210.

178 W. R. Herzog, *Parables as Subversive Speech: Jesus as Pedagogue of the Oppressed* (Louisville: Westminster/ John Knox Press, 1994), 86: 전병희, "포도원 주인의 비유와 마태의 의도", 212에서 재인용

179 J. Jeremias, 『예수시대의 예루살렘』 (천안: 한국신학연구소, 1988), 153.

일을 구해야 했다. 추수기에는 일자리가 많았지만, 평상시에는 특별한 수요가 없는 한 일자리를 구하지 못하는 날이 많았다.[180]

당시의 포도원 주인들은 새벽에 그날의 해야 할 일의 양에 따라 하루종일 일할 일꾼들을 모아 그날 일을 마치는 것이 보통이었고, 수확량이 많아 하루에 일을 끝낼 수 없을 때는 여러 날 동안 매일 하루종일 일할 일꾼을 고용하였다. 일자리를 얻지 못하여 장터에서 서성거리는 가난한 자에게는 관심이 없었다. 로마 식민지 지배 하에서 벌어지는 구조적인 실업 문제에 아무도 관심을 가지지 않았다.

그러나 예수가 비유로 말한 포도원 주인은 전적으로 달랐다. 그는 이른 새벽에 한 번 종일 일할 일꾼들을 부른 것이 아니라, 세 시간마다 한 번씩 나가서 일자리를 못 구한 일꾼들을 불러들였다는 점은 특이하다.[181] 버나드 스캇은 이 비유의 초점이 굳이 일손이 필요 없는데도 불구하고 그들에게 일자리를 제공하는 주인의 남다른 관심에 있다고 말한다.[182]

예수는 "하늘(하나님의) 나라는 마치 이와 같다"고 하면서 로마시대의 대부호들인 포도원 주인과 달리 '일하고 싶어하는 모든 사람에게 일자리를 주는' 낯선 포도원 주인상을 제시한다. 예수는 일자리를 구하지 못해 장터에서 서성이며 가족의 생계를 염려하는 일용노동자들을 애간장이 타는 마음으로 지켜보고 그들에게 일자리를 주는 것이 하나님 나라의 경제질서의 일차적인 과제라고 교훈한 것이다.

---

180 Josephus, 『유대고대사』 2 (서울: 달산, 1991), 219-220.

181 김판임, "포도원 주인의 비유(마 20:1-15)를 통해서 본 경제 정의에 대한 예수의 이해", 165-166.

182 Bernard Brandon Scott, *Hear then the Parable: A Commentary on the Parable of Jesus* (Minneapolis: Fortress Press, 1989), 296-298.

하나님의 뜻을 이 땅에 이루려면 일하고 싶어하는 모든 사람에게 일자리를 주어져야 한다는 의미이다. 그래서 그들이 일용할 양식을 구해 생계를 유지하고 가족을 돌보게 할 뿐만 아니라 일자리를 얻은 자족감과 노동을 통한 자아실현을 이루도록 해야 한다는 것이다.

3) 노동 시간과 관계없이 최저 생계비를 주어라

포도원 주인의 비유의 또 다른 특징은 품삯 지급방식이다. 통상적으로 포도원 일꾼에게 지급하는 방식과 전적으로 달랐다.

예레미아스(J. Jeremias)가 언급했듯이, 당시 일용노동자들은 먹여주는 것 외에 평균 1데나리온을 받았다. 당시 유대 가정이 일 년을 살기 위해 필요한 최소비용은 220데나리온 정도 된다고 하니, 일용노동자들은 일하지 못하는 날이 많았고 하루 벌어 하루나 이틀을 겨우 살았다고 보면 될 것이다.[183]

가난한 자유 노동자들인 소위 품꾼은 노예만도 못한 형편에 처해 있었다. 왜냐하면 노예는 적어도 주인이 먹고 사는 기본적인 문제는 해결해주었기 때문이었다.[184] 탕자의 비유에 나오는 둘째 아들이 외국에서 재산을 탕진하고 극심한 고통을 당하는 중 고향 땅 아버지 집의 품꾼을 부러워하였다는 것도 당시의 떠돌이 일용노동자의 삶을 보여준다.[185]

---

183 김판임, "포도원 주인의 비유(마 20:1-15)를 통해서 본 경제 정의에 대한 예수의 이해", 165.

184 양재훈, "그들은 왜 투덜거렸는가", 309. 주44 참조.

185 누가복음 15:17, 19, 21.

포도원 주인의 품삯 지불 순서도 통상적이지 않다. 일을 먼저 시작한 순으로 품삯을 지불했더라면 먼저 와서 하루종일 일하고 한 데나리온을 받은 일꾼을 그것으로 만족하고 집으로 돌아갔을 것이다. 품삯 지불 순서도 일을 시작한 순서의 반대였는데, 이 역시 일반적인 방식이 아니었다. 포도원 주인은 가장 나중 온 일꾼에서 한 데나리온의 품삯을 제일 먼저 지불했기 때문에 그보다 먼저 온 일꾼들은 더 많은 일을 했으니 더 많은 품삯을 받을 것으로 기대했을 것이다. 그런데 먼저 온 일꾼에게도 똑같이 한 데나리온을 지불하자 그들의 기대가 일거에 무너지면서 '원망'을 쏟아내게 된 것이다.[186] "막판에 와서 한 시간밖에 일하지 않은 저 사람들을 온종일 뙤약볕 밑에서 수고한 우리들과 똑같이 대우하십니까?"(마 20:12, 공동번역) 하고 따졌다. 하루종일 일 한 사람과 한두 시간 일한 사람에게 동일한 품삯을 지불한다는 것은 '동일 노동에 동일 임금'이라는 노동 보상 임금 지급의 정의를 위반하는 것이라는 합리적인 주장일 수 있다.

예루살렘 탈무드에는 소개된 포도원 품꾼에 관한 비슷한 비유에는 "단 두 시간 일한 일꾼은 온종일 일한 일꾼보다 더 많은 일을 했다고 칭찬하고 더 많은 임금을 지불하였다"는 내용이 있다. 이로써 노동의 질에 따른 분배의 정의가 실현된 것으로 해석하였다.[187] 그러나 예수의 비유에서는 적은 시간 일한 일꾼의 노동의 질이 더 우수했다는 평가와 무관하게 일하는 모든 품꾼의 필요를 채워주는 주인과 그것을 보고 불평하는 품꾼들을 대비시킨다. 주인의 처사가 품꾼들의 기대나 당시의 경제 질서와 달랐기에 주인이 강조하는 그의 "뜻"

---

186 김학철, "정의롭고 선한 포도원 주인의 비유", 913.

187 J. Jeremias, *The Parable of Jesus* (London: SCM Press, 1954), 138-139.

은 모두에게 충격으로 다가온다.[188] 하나님의 정의는 "고용주의 이익이나 필요에 의해서가 아니라, 피고용자의 필요에 의해 고용되고 피고용자의 필요에 따라 분배되는 것"이었기 때문이다.[189]

이 비유의 포도원 주인이 일한 시간에 상관없이 동일하게 한 데나리온을 주는 것은 아주 예외적인 지급 방식이다. 포도원 주인은 노동자 편에 서 있다. 이는 당시 대다수의 대지주들이 자신들의 이익을 위해 일꾼들을 고용한 것과 비교에 볼 때 두드러지는 점이다. 또한 당대에 팽배했던 극심한 실업상황을 가정할 때, 당시 일용노동자들에게 자신의 가족을 하루 부양할 수 있는 임금을 보장한 고용 그 자체가 하나님의 나라에서 이루어지는 일이라는 것이다.[190]

이 비유는 하루 품삯이 한 데나리온이라고 해서, 다른 포도원 주인처럼 하루 1시간밖에 일할 수 없었던 노동자에게 1/12의 데나리온을 지불하면 가족의 생계에 위협이 가해지는 문제를 제기한다. 한 시간 일한 사람에게도 당시 최저생계가 가능한 한 데나리온을 부여함으로써 로마 제국 통치하에서 이루어지는 노동 현실의 부당성을 지적하고 그 임금체제를 고발하는 것이다.[191]

이런 전망에서 마태는 포도원 주인의 비유를 통해, 구조적 실업 문제 해결이 절박한 데도 이를 묵인하는 로마의 착취체제를 폭로할 뿐만 아니라, 더 나아가 로마 제국보다 우월한 하나님의 나라의 성격을 부각시킨다.

---

188 정용한, "기본소득 논의를 위한 성서적 제안", 「신학논단」 95 (2019), 273.

189 김경희, "예수의 하나님나라 선포를 통해 본 평등의 비전," 「신학사상」 150 (2010), 74.

190 전병희, "포도원 주인의 비유와 마태의 의도", 218.

191 같은 글, 220.

> 마태는 포도원 주인의 비유를 통해, 구조적 실업 문제 해결이 절박한데도 이를 묵인하는 로마의 착취체제를 폭로할 뿐만 아니라, 더 나아가 로마 제국 후견보다 우월한 하늘나라의 후견을 부각시킨다. 포도원 주인은 로마적 관점으로 보면, '후원자 같지 않은 후원자'(non-like Roman Patron)이다. 포도원 주인의 행동과 기준으로 하늘나라의 후견이 드러나는데, 누구든지 포도원 안에서 일할 수 있게 만드는 것, 누구든지 쓰임 받게 만드는 것, 그것이 바로 하늘나라의 후견이다.[192]

예수는 포도원 주인 비유를 통해 로마 제국의 착취적 경제체제에 비판을 가한다.[193] 헤이조그는 이 비유의 성격을 다음과 같이 분석한다.

> 예수의 비유는 억압의 구조를 부호화하여(codify) 그 구조를 제시하고, 억압의 희생자들과 억압자들의 정체를 가시적으로 드러낸다. 그리고 예수는 착취의 근원을 폭로하기 위해 매우 가시적인 엘리트 한 명을 등장시킨다.[194]

이 비유의 교훈은 노동 시간과 관계없이 생존에 필요한 품삯을 주는 것이 하나님의 나라 경제학의 제2원리라는 것이다. 그리고 이러한 임금 지급 방식에 대하여 품꾼들이 원망하지 말라는 교훈도 포함되어

---

192 같은 글, 230.
193 같은 글, 210.
194 같은 글, 213.

있다.

구약성서에도 임금 지불에 관하여 품삯을 당일에 주고 해가 진 후까지 끌지 말 것(신 24:15)과 이웃을 고용하고 그 품삯을 주지 않는 자에게 화가 있을 것이라고 하였다(렘 22:13). 이것은 임금 체불과 임금착복을 금지한 가르침이지, 적게 일한 자나 많이 일한 자나 동일한 일당을 주라는 것은 아니다.

진정한 분배의 정의는 노동의 양과 질에 비례하는 것인가? 그렇다면 노동력이 없는 이들은 굶어 죽어도 좋단 말인가? 이러한 문제에 대해서 예수는 노동의 양과 질에 따른 '소득의 분배'보다, 빈부의 격차를 해소하기 위한 '소유의 분배'라는 전향적인 대안을 제시한다. 노동시간이나 노동의 양과 관계없이 생계에 필요한 임금을 모든 노동자에게 지불하라는 것은 당시의 통상적인 임금체계를 혁명적으로 뒤바꾼 것임에 틀림없다. 포도원주인이 "모든 일꾼들에게 똑같이 하루 품삯을 지불하였다는 것과 그것이 그들의 생존권을 보장한다는 사실"이 이를 뒷받침한다.[195]

"하늘나라는 자기 포도원에서 일할 일꾼을 고용하려고 이른 아침에 집을 나선 어떤 포도원 주인(주인의 사정)과 같다"고 하였다. 특히 한국 기독교인들에게는 하늘나라는 즉 천국은 죽어가 가는 곳인 줄 알려져 있는데, 포도원 주인이 행한 것처럼 모든 사람에게 일자리가 주어주고 모든 사람에게 최저 생계비를 보장하는 것이 하나님의 나라의 실현이라는 것이다. 예수의 이 하나님의 나라의 비유는 "염려하여 이르기를 무엇을 먹을까 무엇을 마실까 무엇을 입을까 하지 말라.

---

195 김판임, "포도원주인의 비유(마 20:1-15)를 통해서 본 경제 정의에 대한 예수의 이해", 170.

이는 다 이방인들이 구하는 것이라. 너희 하늘 아버지께서 이 모든 것이 너희에게 있어야 할 줄을 아시느니라. 그런즉 너희는 먼저 그의 나라와 그의 의를 구하라 그리하면 이 모든 것을 너희에게 더하시리라"(마 25:31-33)는 말씀과 이어진다. 포도원 주인의 비유에서처럼 모든 사람이 일자리고 갖게 되고, 모든 사람에게 최저 생계비가 주어지면 '하나님의 나라와 하나님의 경제적 정의'가 이루어질 것이고, 그렇게 되면 자연히 무엇을 먹을까 무엇을 마실까 염려하지 않아도 되는 것이다.

4) 4차 혁명 시대의 일자리 감소와 기본소득제

인간은 일자리를 통해 가치를 창출하고 재화를 분배하여 왔다. 일자리는 생존과도 직결되는 문제였다. 19세기 산업혁명기에 대량생산 기계 도입으로 갑자기 일자리를 잃은 많은 노동자들이 기계를 파괴하는 운동이 일어나기도 하였다.[196]

> 기계들이 우리 노동자들의 일을 대신해버린다. 기계가 많아질수록 노동자들의 일자리는 사라지고 생존은 위협을 받게 된다. 그러니 저 기계들을 부숴버리자! 그래야만 우리 노동자들이 잘살 수 있다.[197]

러다이트Luddite운동(기계파괴운동)을 주도했던 전설적인 인물 영

196 허재준, "4차 산업혁명이 일자리에 미치는 변화와 대응", 「노동리뷰」 2017.3, 64.
197 "기계가 일자리 뺏는다?…역사적 해프닝으로 끝난 기계파괴운동", 「한국경제」 2013.11.22.

국의 네드 러드가 운집한 노동자들을 향해 외쳤던 말이다.

농경사회를 거쳐 산업사회에서 와서는 기계화로 인해 단순 노동을 제공하는 일자리가 축소되기도 하였다. 그러나 산업발전과 소득 증대로 인간의 다양한 욕구가 증폭되고, 이러한 욕구에 상응하는 새로운 일자들이 무수히 창출되기도 하였다.

2016년 열린 다보스 세계경제포럼(WEF)에서는 이제 막 시작되는 인공지능(AI), 사물인터넷(IoT), 빅데이터 등을 통한 4차 산업혁명은 19세기의 기계화를 통한 산업혁명의 속도보다 10배 증가했으며, 그 충격은 300배에서 최대 3000배에 달할 수 있다고 발표했다. 당시 발표된 "미래고용보고서"에서 4차 산업혁명이 가져올 자동화, 소비자와 생산자 직거래 등으로 인하여 2020년까지 세계 고용의 65%를 차지하는 주요 15개국에서 약 510만 개의 일자리가 사라질 것이라고 전망했다.[198] 첨단기술 발전으로 716만 개의 일자리가 사라지는 대신 202만 개의 새로운 일자리가 생겨날 것이라고 추정했다.

시장조사기관 가트너(Gartner, Inc.)는 2023년에 이르면 의사, 변호사, 교수 등 전문직 일자리의 3분의 1 이상이 인공지능과 로봇으로 대체될 것이며, 2030년에는 현재 일자리의 90%가 자동화될 것이라고 예측했다.[199]

4차 산업혁명이 가속화될수록 일자리 감소는 증폭될 것이라는 주장이 설득력을 얻고 있다. 일자리가 무수하게 사라지고 새로운 일자리가 창출되겠지만, 사라지는 수만큼의 일자리가 대체될 가능성은

---

198 고희진, "다보스포럼, 제4차 산업혁명을 논하다", 「경향신문」, 2016.01.20.

199 "AI가 전문직도 대체?… 5년간 일자리 510만개 사라진다", 「한국경제」 2018.03.09.

적을 것으로 전망된다. 산업 전반에서 노동 인력이 감축되고 같은 비율로 실업률이 점차 증가하는 것을 피할 수 없게 되었다. 일자리가 줄어들고 실업률이 증가하는 것이 세계적인 추세가 될 것이다.

이제는 국가 주도의 대규모 토목건설사업을 하더라도 인공지능과 자동화의 발전으로 더 이상의 일자리 창출이 어렵게 되었다. 모든 산업 분야에서 일자리는 소수의 숙련된 엘리트들을 중심으로 주어지고, 기술발전으로 인해 향상된 생산성에 따른 이득은 다시 엘리트 계층에게만 집중된다. 4차 산업시대에는 전문적인 기술격차에 따른 기술습득속도의 차이와 자본투자의 차이에 따른 소득격차의 효과의 폭은 날로 커질 것이라 예상되고 있다.

4차 산업혁명으로 인해 일자리 창출을 통해 생계를 보장해 온 기존의 경제체제의 근간이 흔들리게 되면, 일자리가 없어 소득 자체를 기대할 수 없는 인구가 기하급수적으로 늘어날 것으로 예측된다.[200]

기술의 혁신에 따른 구조적 실업 문제를 해결하기 위해서는 국가나 사회가 나서서 기본적인 생계를 보장해 주어야 한다. 그러나 기존의 사회보장제도로는 근본적인 한계가 있기 때문에 기본소득제도를 도입해야 한다는 사회적 공감대가 형성되면서, 이를 시행하는 나라들도 생겨나게 되었다.[201]

기본소득제도는 재산이나 소득의 유무, 노동 여부나 노동 의사와 관계없이 사회 구성원 모두에게 최소생활비를 지급하는 제도이다.

---

200 유종성, "기본소득의 재정적 실현가능성과 재분배효과에 대한 고찰", 「한국사회정책」 25/3 (2018), 3.

201 곽노완, "노동에 대한 보상적 정의와 기본소득의 정의 개념", 「서강인문논총」 49 (2019), 113-114.

그러나 "일하기 싫은 자는 먹지도 말라"는 말이 있듯이, 소득의 대가를 치르지 않은 자에게 기본소득을 제공하는 것은 불로소득을 조장하는 일이며, '동일 노동에 대한 동일 임금으로 보상한다'는 '보상적 정의(compensatory justice)'의 개념에 위배되고 사회적 보편적 정의가 무너진다는 비판도 없지 않다.

그러나 무한경쟁의 자본주의가 가속되고 기술 혁신이 증폭될수록 소득의 양극화가 심화되는 상황에서는 '단순한 보상적 정의'로는 '사회적 정의'를 실현할 수 없기 때문에, '보상적 정의'를 실현하려면 몇 가지 조건들이 충족되어야 한다는 반론이 제기된다.

그로트(L. Groot)는 현실 자본주의에서 노동에 대한 보상으로 주어지는 임금이 보상적 정의를 충족하기 위한 여러 조건을 제시한다. 그에 따르면 자유로운 직업 선택, 비자발적 실업이 없는 완전고용, 모두에게 보장되는 최소한의 소득 등 세 가지 조건이 충족되어야 한다. 다시 말하면, 누구나 일할 수 있는 일자리가 보장되고, 임금에 대한 착취가 없는 상태에서 노동에 따르는 공정한 임금이 시행되어야 하고, 직업군과 직위에 따르는 임금 격차가 최소화되어야 하고, 지대(rent)를 포함한 불로소득에 대한 환수와 공정한 분배가 이루어져야 한다.[202] 그러나 이러한 조건이 완전히 충족되기를 기대하기가 어려운 실정이라는 것이다.

직업의 미래가 소수에게만 밝게 전망되는 현실을 감안할 때 대다수

202 Loek Groot, *Basic Income, Unemploymenet and Compensatory Justice* (Boston-London: Kluwer Academic Publishers, 2004), 43; 곽노완, "노동에 대한 보상적 정의와 기본소득의 정의 개념", 217에서 재인용.

> 노동자들이 공정한 보상적 정의를 충족하는 노동소득을 받기는 더욱 힘들어졌다. 뿐만 아니라 자유노동이 연합하여 생산한 사회적 생산물에 대한 자본의 사적 전유가 새로운 자본주의적 착취의 핵심요소로 부상한 시대에, 노동소득은 더더욱 보상적 정의에 못 미친다고 볼 수 있다.[203]

이와 같은 상황에서는 노동에 대한 보상적 정의 자체도 구조적으로 시행될 수 없도록 만드는 다양한 제도적 약탈이 도처에 보이지 않게 작동하기 때문에 사회적 정의는 공중누각이 되고 만다.

기본소득제도는 전세계가 당면한 경제적 양극화로 인해 임금 노동에 따르는 보상이라는 '양적 정의'로서는 모든 사람의 삶의 질을 보편적으로 높여 주는 '질적 정의'를 실현할 수 없다는 문제에서 출발한다. 따라서 자본주의에서 '충분한' 기본소득제도가 도입되더라도 노동착취를 최소화하기 위해서 최저임금제도를 강화하여 분배의 정의를 실현할 필요성이 제기되는 것이다. 최저 임금제도를 통해 노동임금의 기준을 높이고 이에 추가하여 모든 사람들에게 기본소득을 분배하여야 사회적 경제적 '질적 정의'를 실현할 수 있기 때문이다.

기본소득의 분배는 불로소득을 제도화하는 것이라는 비판에 대해서 기본소득은 사회의 공유자원인 토지, 공유자본, 사회신용화폐의 수익에 대한 모든 사회성원들의 평등한 청구권이라는 반론이 제기되기도 한다. 예를 들면 4차 산업혁명의 핵심이 되는 빅데이터에는 모든 사람의 정보가 제공되어 있는 공유자산이므로 빅데이터로

---

203 같은 글, 213.

창출한 이익은 공동분배해야 한다는 것이다. 기본소득은 공짜가 아니라 개인의 정보를 무료로 활용한 대가이다. 따라서 공동체의 일부 구성원이 아니라 모든 구성원이 기본소득에 대해 평등한 권리를 갖는다. 이런 점에서 기본소득은 정당한 분배이며, 시혜적인 재분배의 문제가 아니다.[204]

일제 시대와 해방 그리고 6.25전란과 근대화 과정을 거치면서 우리나라는 민주화와 경제발전 둘 다 성공한 나라로 꼽힌다. 그러나 우리나라는 압축 성장 과정에서 빈부격차가 가장 심한 나라로 전락하고 말았다. 1980년대를 전후한 급속한 경제 성장, 1990년대 전후의 외환 위기 등으로 성장이 둔화되면서 노동시장에 갑과 을, 정규직과 비정규직이라는 새로운 계층 구조가 고착되었다. 이런 사회적인 현상은 비단 우리나라만의 문제는 아니다. 통제 없는 무한경쟁을 부추긴 신자유주의의 모순으로 야기된 전세계적인 현상이다.

2004년경에는 신자유주의 시대의 특징과 그로 인해 탄생한 '새로운 위험한 계급'으로 저임금, 저숙련 노동에 시달리는 불안정 노동계급 지칭하는 "프레카리아트"라는 용어까지 생겨났다. 이탈리아어로 '불안정한'이라는 의미의 프레카리오(precario)와 노동 계급을 뜻하는 프롤레타리아트(proletariat)의 합성어이다.

가이 스텐딩은 프레카리아트를 ① 대량 실업으로 소득의 기회가 없고, ② 해고당하기 쉬우며, ③ 명시된 직무 기술이 없고, ④노동법의 보호를 받지 못하며, ⑤ 진급의 기회가 없고, ⑥ 임금 인상을 보장받지 못하며, ⑦ 집단적 의사 표현의 수단이 없는 계층이라고 정의했

---

204 곽노완, "노동에 대한 보상적 정의와 기본소득의 정의 개념", 216.

다.[205] 이런 양상이 심화되는 상황에서 우리 시대의 모든 사회구성원이 임금 노동에서 벗어나 '일'과 '여가'를 찾고 사회활동에 참여할 수 있도록 기본소득을 제공해야 한다. 이것이 인간이 물질과의 바른 관계를 맺기 위한 필수적인 조건이기 때문이다.

변형된 형태이기는 하나 기본소득 제도를 시행한 사례는 미국 알래스카의 '영구기금배당금', 나미비아의 기본소득 시범사업, 인도의 마디아프라데시의 기본소득 시범사업, 브라질의 볼사 파밀리아, 우간다와 케냐의 민간자선단체의 기브다이렉트리 등이 있다. 2016년 스위스는 기본소득 실현에 관한 국민투표를 실시하였고, 이탈리아의 리보르노 시정부가 기본소득 실험을 시작하였다. 2017년에는 핀란드와 네덜란드, 캐나다, 영국의 스코틀랜드가 시범사업을 통해 기본소득제도를 실험하기 시작하였다.[206]

국내에서는 기본소득한국네트워크가 2014년 봄에 우리나라에서도 1인 당 연간 360만 원의 기본소득을 지급하자고 제안하였다.

> 1인당 연간 360만 원을 지급하고자 하는 이 모델에 따르면 필요한 재원이 181조 5000억 원이다. 이를 위해 소득세 범주에 포함할 수 있는 것으로 근로소득 및 종합소득 27조 1000억 원, 배당 또는 이자소득 종합과세 15조 원, 증권양도소득 종합과세 30조 원 등을 추가로 걷어야 하며, 자산세라 할 수 있는 토지세는 공시지가의 1% 징수 원칙에 따라 39조 원을 걷게 된다. 이외에 생태세 40조 원, 지하경제

---

205 Guy Standing/ 김태호 역, 『프레카리아트 - 새로운 위험한 계급』 (서울: 박종철출판사, 2014).

206 "기본소득의 국가별 실험", 「참여연대」, https://www.peoplepower21.org.

과세 20조 원, 기본 사회복지 지출 전환금 13조 1000억 원 등이 있다. 그리고 이 모델을 시뮬레이션해 본 결과, 소득세 증가에도 불구하고 순수 세금 납부액이 기본소득으로 받는 돈보다 많아서 '손해'를 보는 경우는 소득 구간 85%(연소득 7957만 원) 이상이다. 따라서 상당한 재분배 효과가 있는 것으로 볼 수 있다.[207]

최근 전 세계적으로 확산된 코로나19의 영향으로 많은 일자리와 소득이 줄어들자 재난기본소득을 지급하는 국가들이 늘어나고 있다. 우리나라도 2020년 5월부터 4인 가구 기준으로 100만 원의 재난기본소득을 지급하기로 하였다. 우리 시대의 저임금, 저숙련, 임시직 노동자는 예수 시대의 일용 노동자인 품꾼과 다름없다. 2000년 전 예수는 포도원 주인의 비유를 통해 일자리가 없어 생계의 위협을 받는 사람들에게 일자리를 주고 그리고 모든 사람에게 최저 생계비를 주어야 한다는 '하나님의 나라'의 새로운 경제원리를 가르쳤다. 포도원 주인의 비유는 이처럼 "인간과 물질과 바른 관계에 대한 전향적인 가르침"을 담고 있다.

207 "기본소득이란", 「기본소득한국네트워크」, https://basicincomekorea.org.

제4장

구약성서의 영 이해와 천지인 영성

I. 영성에 대한 일반적 이해

영성에 대한 개념정의에 있어서 무엇보다 먼저 고려해야 할 것은 영성이 자연적인 인간의 내재적이고 주체적인 본성인가 하는 질문이다. 그렇다면 인간의 영성이 인간의 육체성과 정신성과는 어떠한 관계가 있는가 하는 질문이 추가로 제기된다. 철학과 심리학에서는 이 문제를 어떻게 성명했는가를 살펴보고 이어서 성서의 가르침과 신학자들의 해석의 일단을 제시하려고 한다.

영성이라는 용어는 철학, 종교학, 심리학에서 각각 다른 개념으로 사용된다. 그리스철학에서는 인간의 정신성을 영성으로 이해하고 있다. 피쉬케psyche(soul), 누우스nous(mind), 로고스logos(reason) 등의 용어로 정신을 표상한다.[1] 플라톤(BC. 427-?)은 인간은 실체적으로 육체soma(body)와 영혼psyche(soul)을 지닌 존재라 하여 이분법적으로 이해하였다. 플라톤에게 있어서 영혼은 육체와 다른 정신적 실체로서 세 가지 요소, 즉 이성logos의 작용인 정신의 영혼logistikon, 의지ethos의 작용인 고귀하고 용감한 영혼thumoeidēs, 감정pathos의 작용인 충동적 정욕의 영혼epithumētikon으로 이루어져 있다고 하였다.[2] 영혼은 정신적인 실체이며 또한 스스로 움직이는 자기운동을 지닌 생명이다. 그리고

---

1 P. Tillich, *Systematic Theology*, vol III (University of Chicago, 1963), 24.

2 J. Hirschberger/ 강성위 역, 『서양철학사』 상권 (서울: 이문출판사, 1987), 166.

자기 운동과 생명은 영혼과 동일시되었다.

플라톤은 이러한 영혼이 육체와 결합하는 방식을 말과 수레, 빛과 그림자, 육체의 감옥에 갇힌 영혼 등의 유비로 설명하였다. 육체는 현상 세계에 속하는 것이고, 영혼은 절대 동일하고 영원하고 불변한 이데아의 세계에 속하는 것이다. 영혼은 영원한 이데아의 세계에 대한 선천적인 지식을 지니고 있으므로, 육체와 분리된 후에도 계속해서 존재한다는 의미에서 불멸하다.[3] 인간의 영혼은 이데아 세계에서 나와서 이데아 세계로 돌아감으로써 인간의 완성을 이룬다고 하였다.

아리스토텔레스(BC. 384-322)는 영혼은 세 종류가 있는데, 식물의 생장적 영혼과 동물의 감각적 영혼 그리고 인간의 정신적 영혼이 있다고 하였다. 이를 각각 생혼生魂, 각혼覺魂, 영혼靈魂이라 한다.[4] 그는 식물은 유기체적 생혼뿐이고, 동물은 식물에는 없는 감각과 운동이 가능한 각혼을 지녔고, 인간은 동물에게는 없는 사유하는 정신을 지녔다고 하였다. 사고하는 정신과 활동하는 유기체적 생명이 인간 영혼의 본질이다.[5] 그리고 인간의 영혼과 육체의 관계를 형상形相과 질료質料의 관계로 설명하였다. 이러한 영혼은 몸을 떠나 존재할 수도 없으며 그 자체로 존재하지 않는다. 따라서 영혼이 없는 몸도 몸이 아니며, 사물 즉 시체에 지나지 않는다.[6] 이런 점에서 그는 플라톤과 달리 이분법적인 사고를 지양하려고 하였다. 아리스토텔레스에 의하면 신은 형상이 없는 순수 질료이며, 질료가 없는 순수 형상이다.

---

3 같은 책, 175.

4 같은 책, 267.

5 같은 책, 169.

6 C. A. Van Person/ 손봉호 · 강영안 역, 『몸 · 영혼 · 정신』 (서울: 서광사, 1985), 115-117.

신은 형상이 없는 순수질료이므로 부동의 원동자이며, 질료가 없는 순수 형상이므로 순수한 정신인 누우스nous로서 영원불멸한 존재라고 하였다. 이처럼 플라톤과 아리스토테레스는 인간의 영혼을 이성logos에 해당하는 정신적인 요소로 이해하였다. 인간은 이 이성을 통해 신적인 이성에 참여할 수 있다고 가르쳤다.

신플라토주의자 플로티누스는(BC. 204-269)는 인간을 삼분법적으로 이해하는 기틀을 마련하였다. 그는 우주는 신적인 일자一者로부터 신적인 이성인 예지nous와 인간의 정신의 작용인 영혼psyche과 유기체의 감각작용인 물질matter의 단계로 유출되었다고 가르쳤다.[7] 누우스는 신 자체는 아니고 신적인 이성logos과 같은 것으로 인간의 이성이 여기에 참여할 수 있다고 하였다. 신적인 이성은 인간을 초월하는 것이지만, 그것은 '로고스의 씨앗logoi spermatikoi'의 형태로 인간에게 내재하는 것이라고 보았다.[8] 그러므로 인간은 주체적인 노력으로 이 로고스의 씨앗을 키워 신적인 것에 합일할 수 있다고 생각하였다. 따라서 신비주의자들은 이러한 이상을 실현하려고 노력하였다.

오리겐(185-254)은 인간에게 작용하는 신적인 예지nous를 성서적인 표현으로 바꾸어 영pneuma이라고 하였다. 그리하여 인간은 물질적인 육체soma와 정신적인 혼Psyche과 신적인 예지에 참여하는 영pneuma의 세 요소로 이루어졌다고 가르쳤다. 따라서 육적인 인간, 혼적인 인간, 영적인 인간이 있다고 하였다.

서양 철학의 전통은 그것이 이분법이든 삼분법이든 기본적으로 인간의 영성을 인간의 사유하는 이성의 활동인 정신성으로 이해한다.

---

7 J. Hirschberg/ 강성위 역, 『서양철학사』 상권 (서울: 이문출판사, 1984), 366-369.
8 같은 책, 367.

데카르트와 헤겔이 이 전통을 근대적으로 체계화하였다. 데카르트는 신과 인간과 자연을 실체론적으로 구분하였다. 그는 영혼은 사유하는 실체로, 물질의 본질은 공간을 점유하는 '연장extension'으로 정의하였다. 신은 전적으로 사유로서 존재하는 영혼이며, 인간은 사유하는 정신과 연장으로서의 육신을 지닌 실체이며, 물질은 사유하지 못하며 연장만을 지닌 실체로 이해하였다.

인간의 영성을 정신성으로 이해한 현대의 대표적인 철학자는 헤겔이다. 그는 『정신현상학Phaenomenologie des Geistes』이라는 대저를 통해 성서의 영Geist, spirit을 이성reason 또는 정신mind으로 이해하였다. 하나님의 영 역시 정신현상으로 이해하였다. 그는 '하나님은 영이시고, 하나님이 천지와 인간을 창조하시고, 하나님은 살아계신다'는 성서의 표상은 상징적 언어이므로 이를 철학적 개념으로 설명하려고 하였다. 영으로 존재하는 하나님을 '절대정신'으로 개념화하고, 하나님이 천지를 창조한 것은 '절대정신의 자기 대상화 또는 외화外化'이며, 살아계시는 하나님은 '절대정신의 현재적 자기전개'로 개념화하였다. 따라서 정신으로서 존재하는 하나님의 영은 인간의 각종 정신 활동을 통해 전개되므로 하나님의 절대정신과 인간의 정신 사이에 질적 차이가 사라진다. 하나님의 영은 인간의 정신 속에 내재하기 때문에, 모든 인간에게 내재하는 창조적인 정신성이 곧 영성으로 이해된다.

이처럼 서양철학사에서는 인간의 정신성을 영성으로 이해하고 있다. 누우스, 로고스, 퓌시케 등의 용어는 모든 인간의 정신을 표상한다. 이러한 인간의 정신성을 인간의 자기초월이고 신적인 이성에 참여할 수 있는 내재적인 요소로 이해한다.[9]

인간의 영성에 대한 관심을 현대적인 형태로 제시한 것이 과정철학과 현대의 심층심리학이다. 화이트헤드는 『사고의 모험』에서 '인간 본성의 원초적 삼분할'을 제안하였다. 인간의 정신은 본능, 지성, 지혜로 되어있다는 것이다. 본능instinct은 인간의 유전적인 것에서 직접 생겨나는 우리들의 체험의 형태이며, 지성intelligence은 본능적인 체험이라는 최우선적인 사실에서 유래된 관념들을 논리적 체계로 조정하는 것이며, 지혜wisdom는 본능과 지성을 통합하는 것이며, 일상성을 뛰어넘는 최종적이고 전인적이며 자발적인 판단이라고 하였다.[10] 그러나 그는 서양철학사를 통해 면면히 이어져온 유기체적 육체의 본능, 정신적인 영혼의 지성 그리고 양자를 통합하고 초월하는 '영적인 지혜'라는 도식에서 크게 벗어나지 못하고 있다.

정신은 의식적 차원과 무의식적 차원으로 이루어져 있다는 것이 프로이드 이후의 현대 심층심리학의 위대한 발견이다. 칼 융(1875-1961)은 인간의 자아self 또는 인격person을 정신psyche이라고 하였다. 그런 의미에서 심리학psychology은 정신의 과학인 것이다.[11] 정신은 다른 말로 의식으로 이해된다. 융에 의하면 의식은 사고, 감정, 감관, 직관으로 불리는 네 가지 심적 기능을 지니며, 이 네 기능은 각각 내향성과 외향성이라는 의식의 방향을 지닌다. 그리고 의식은 현재의식과 무의식으로 나누어진다. 무의식은 다시 개인적인 무의식과 집단적인 무의식으로 구분된다. 오늘날 집단무의식의 발견은 융의 결정적인 공헌으로 평가되고 있다.

---

9 P. Tillich, *Systematic Theology* III, 24.

10 A. N. Whitehead, *Adventures of Ideas* (Macmillan, 1933), 59-60; A. B. Come/ 김성민 역, 『인간의 영과 성령』 (서울: 대한기독교출판사, 1984), 14-16.

11 Calvin S. Hall/ 최현 역, 『융 심리학 입문』 (서울: 범우사, 1998), 41.

융은 정신의 자기초월적인 특성을 강조하였다. 인간의 정신은 개인적으로 이제까지 경험하지 못한 것을 꿈과 상징을 통해 의식할 수 있다는 것이다. 이런 의미에서 꿈과 상징은 현재의 억압된 욕구의 위장된 표현이라는 프로이드의 기본적인 견해에 반대한다. 꿈은 과거뿐 아니라, 미래도 가리킨다. 꿈은 해독해야 할 계시이며, 따라야 할 길잡이이다. 꿈은 "미래의 의식적 성과의 무의식적인 선취"라는 점에서 미래지향적인 기능을 지닌다고 하였다.[12]

그리고 인간은 자신의 직접 경험과 학습을 통해 얻게 되는 획득형질인 개인적인 정신뿐 아니라, 유전적으로 물려받는 배형질胚形質에 내재하는 집단무의식을 통해 개인의 경험을 초월하는 '인간 정신의 태고적 원형archytype'을 공유할 수 있다고 주장하였다.[13]

융은 정신과 육체의 통전을 주장하면서, 현대물리학의 열역학법칙을 응용한 자신의 심리학을 정신역학이라고 하였다. 정신에너지libido와 육체 에너지가 대응관계에 있다는 것을 과학적으로 증명하는 것은 불가능하다. 다만 열에너지가 위치에너지로 전환되듯이 "정신에너지가 신체에너지로 바뀌고 신체에너지가 정신에너지로 바뀌어진다."[14] 이러한 정신에너지는 가치를 지향하기도 하고 전진과 퇴행을 하기도 한다.

서양철학사에 등장하는 영에 대한 이해를 살펴보면 영성을 인간의 정신적 내적 자질로 파악하려는 경향이 있는 것을 알 수 있다.

12 같은 책, 159.

13 같은 책, 52-54.

14 같은 책, 78.

II. 구약성서의 루아흐의 다양한 용례

영성에 대한 신학적 이해를 위해 먼저 성령에 대한 성서적인 이해를 살펴보아야 한다. 구약성서에 나오는 '영'靈이라는 단어는 히브리어 '루아흐'רוח이고, 헬라어 칠십인역에서는 '프뉴마'πνευμα라는 낱말로 사용되었다. 이 두 단어는 라틴어 '스피리투스'spiritus, 영어의 스피릿spirit으로 번역된다. 루아흐는 어원론적으로 '바람이 불다', '숨을 쉬다'라는 뜻에서 유래한다.[15] 그래서 철학적 의미로는 동양철학에서 말하는 기氣에 상응하는 것으로 이해하기 쉽지만, 성서의 루아흐는 동양의 이理와 대칭되는 기의 개념보다는 훨씬 다양한 용도로 사용되고 있다.

『구약성서의 히브리어와 영어 사전』(1953)에는 루아흐라는 단어가 378회 사용된 것으로 나타나며, 민영진은 이를 아홉 가지 범주로 나눌 수 있다고 하였다.

---

15 민영진, "구약성서의 영(루아흐) 이해", 「신학사상」 31 (1980), 617-637; 박동현, "야웨 하나님의 영과 그의 백성", 『예언과 목회』 IV (서울: 장로교출판사, 1996), 11-65; 차준희, "구약의 영 이해", 「성경과 신학」 20 (1996), 359-380; 김희성, "구약의 성령", 「교수논총」 8 (서울신학대학교, 1997), 5-36; 구덕관, "구약의 성령 이해", 「신학과 세계」 20 (1990); 김이곤, "구약성서에서 '본 하나님의 영'", 「말씀과 교회」 27 (기장신학연구소, 2001).

1. 입김이나 콧김 같은 단순한 '숨'으로 33회, 2. 자연계의 기류현상인 '바람'으로 117회, 3. '생기나 활력과 관련된 정신'으로 76회, 4. '육체 속에 살아 있는 생명체의 정신'으로 25회, 5. '정신적 활동의 자리 혹은 기의 자리'로 9회, 6. '정서의 자리'로 3회, 7. '인간의 의지'로, 3회, 8. '도덕적 성품'으로 18회, 9. '하나님의 영'으로 94회.[16]

『구약의 히브리어와 아람어 사전』(1999)에는 히브리어 루아흐의 의미를 다음과 같이 15가지로 세분하였다.

1. 숨, 2. 공허한 것으로서 숨, 하나님과 관련된 바람, 3. 바람, 4. 방위, 5. 바람과 하나님, 하나님과 관련된 바람, 6. 동물과 사람의 호흡, 생명을 가진 것, 7. 사람의 본성적인 정신과 같은 마음, 성향, 기질, 8. 야웨의 영, 9. 하나님의 영, 10. 거룩한 영, 11. 하나님에 대하여 독자성을 가진 영, 12. 주어진 재능, 13. 특별한 종류의 영들, 14. 육체에 대조되는 루아흐, 15. 그 외.[17]

이처럼 루아흐는 전후 문맥에 따라서 더욱 다양한 의미로 번역될 수밖에 없다. 민영진의 분석에 의하면 루아흐는 우리 말 개역 성경에서는 다음과 같이 더욱 다양하게 번역되었다. 개역 성경에서 전후 문맥에 따라 루아흐를 다르게 번역한 낱말이 모두 29개이며, 그 빈도

---

16 *Hebrew and English Lexicon of the Old Testament* (Oxford, 1952), 924-926, 민영진, "구약성서의 영 이해", 621-622.

17 *Hebräisches und Aramäisches Lexikon zum Alten Testament* (1990), 1117-1121, 차준희, "구약의 영 이해", 364-365.

수는 다음과 같다.

광풍(1번), 기세(1번), 기식(4번), 기운(8번), 김(6번), 노(忽, 2번), 마음(43번), 바람(67번), 서늘할 때(1번), 분(忿, 1번), 사면(四面, 2번), 사방(四方, 5번), 생기(12번), 생명(2번), 성신(4번), 성품(2번), 숨(2번), 신(神, 91번), 심령(4번), 영(靈, 27번), 영감(靈感,2번), 영혼(1번), 정신(7번), 중심(中心, 1번), 풍세(風勢, 1번), 허망(2번), 헛된 것(1번), 호흡(6번), 혼(塊, 2번).[18]

이처럼 다양한 단어로 번역된 루아흐의 의미 체계 분류에 대한 견해도 다양한다. 알베르츠R. Alberts와 베스트만C. Westmann은 루아흐의 의미를 단지 영으로 번역하는 것으로 만족하였다. 텡스트룀S. Tengtröm은 두 가지 의미로 구분하여 바람이라는 의미의 루아흐와 숨, 영, 생명이라는 의미의 루아흐가 있다고 하였다. 까젤H. Cazelles은 한 가지 의미를 더 보태어 루아흐의 의미를 네 가지, 즉 우주론적 측면, 물리적 측면, 심리학적 측면, 인격적이고도 신격적인 측면으로 분류하였다.

루아흐의 기본적인 의미는 우주론적 측면에서 '생명공간, 생기의 분위기'이다. 두 번째 의미는 물리적 측면에서 바람이고, 세 번째는 심리학적 측면에서 인간의 정신적 상태나 행위이며, 마지막으로 네 번째 의미는 부분적으로 인격화되기도 하고 더 나아가서 신격화되기도 하는 야웨의 영이란 의미를 쓰인 것이다.[19]

---

18 민영진, "구약성서의 영(ruah) 이해," 617-637.

19 차준희, "구약의 영 이해", 366-367.

바움게르텔F. Baumgärtel은 키텔G. Kittel이 편집한 『신약신학사전』(1959)에 기고한 "구약성서의 영"에서 루아흐의 다양한 용례를 크게 세 가지 의미로 나누었다. "첫째 숨, 바람으로서 루아흐, 둘째 사람 안에 나타나는 루아흐, 셋째 하나님의 루아흐"라 하였다.[20]

볼프H. W. Wolff는 구약성서 히브리어 본문에는 루아흐라는 단어가 모두 389회 사용되었지만, 다니엘서에 주로 나오는 아람어 본문에서도 "루아흐"가 11회 사용되었고,[21] 이를 합하면 389회가 되며, 이 389회의 용례를 전통적인 분류에 따라 자연 세력과 관련된 것, 인간과 관련된 것 그리고 하나님과 관련된 것으로 분류하였다.

> 구약에 영을 의미하는 낱말 ruach(ruha)는 약 389회 가량 나오는데, 그중 113회 정도가 "바람" 같은 자연세력을 의미하고, 129회 가량은 인간이나, 동물이나, 거짓 신들에 적용하여 사용되었고, 138회 정도는 하나님과 관련된 의미를 가지고 사용되었다.[22]

민영진 역시 전통적인 구분에 따라 구약성서의 루아흐의 용례를 크게 세 가지로 대별한다.

> 포괄적으로 자연계에서 움직이는 기상학적 현상으로서의 바람, 즉 기상학적 형상으로 루아흐 그리고 사람 안에 작용하는 각종 능력, 기

---

20 같은 책, 365.

21 천사무엘, "구약과 외경에 나오는 하나님의 영 이해", 「한국기독교신학논총」 106 (2017.10), 39.

22 H. W. Wolff, *Anthropology of the Old Testament* (Augsburg Fortress, Publishers, 1974), 32: 구덕관, "구약의 성령이해", 9.

> 분, 정서 이런 것과 관련된 루아흐 그리고 세 번째로 하나님과 관련된 루아흐이다. 이렇게 영은 자연, 사람, 하나님과 관련된 면을 생각해서 나누어 볼 때 크게 셋으로 나누어졌다.[23]

차준희도 구약성경에 총 378회 나오는 루아흐를 전통적인 방식에 따라 세 가지로 분류하고 이 세 가지 용례는 양적으로 비슷한 크기의 의미 그룹으로 형성된다고 한다.

> 루아흐는 구약의 1/3에 달하는 본문에서 하나님과 관련을 맺고 있다(136번). 또한 1/3에 해당하는 본문에서 바람 혹은 폭풍을 뜻하며(113회), 나머지 1/3에 속하는 본문은 사람의 루아흐, 즉 생명력, 숨, 영, 정서를 가리키고 있다(129회).[24]

대체적으로 구약학자들이 구약의 루아흐의 용례를 세 가지로 분류하였는데 그 내용을 좀 더 살펴볼 필요가 있다.

---

23 민영진, "구약의 영(ruah) 이해", 「연세대학교 연신원 목회자 하기 신학세미나 강의집」 4(1984), 155-156.

24 차준희, "구약의 영 이해", 367-368.

III. 구약성서의 루아흐 용례의 세 가지 의미

구약성서의 영을 삼위일체론의 성령과 동일시하거나, 하나님의 영을 인간의 영과 엄밀히 구분하거나, 하나님의 영을 육적이고 물질적인 것과 분리된 추상적이고 초월적이 실체로 잘못 이해하기도 한다.[25] 히브리어 '루아흐'는 구약 히브리어 본문에서 94회 정도는 하나님 혹은 야웨의 '영'을 의미한다. 그 대표적인 표현이 '하나님의 영', '주의 영', '성령'이다.

1. 하나님의 루아흐

하나님의 루아흐는 때로는 하나님 자체를 지칭할 때도 있고(사 40, 13; 63, 10), 하나님의 현존을 위한 동의어로 사용되기도 한다(시 139:7). 히브리어 본문에는 '성령'(holy spirit)이라는 단어가 3회 사용되고(시 51:13, 사 63:10, 11) 있다. 한글 개역개정판 구약에는 "성령"이란 단어가 7회 나오고,[26] 표준새번역에는 2회 나온다(대상 12:18, 28:12).[27]

---

25 천사무엘, "구약과 외경에 나오는 하나님의 영 이해", 42-43.
26 왕하 2:9, 15, 16; 대상 12:18; 시 51:11; 사 63:10, 11.
27 같은 책, 44. 주 9 참조.

이런 배경에서 구약에 나오는 하나님의 영을 삼위일체론의 제삼위인 성령Holy Spirit과 동일시하기도 한다. 그러나 구약에 나오는 하나님의 영이나 '거룩한 영'은 그리스철학의 영향을 받아 교리적으로 확장된 삼위일체론의 성령 개념과 완전히 다르다. 구약의 히브리적 사유와 그리스철학의 존재론적 사유는 그 발상이 다르기 때문이다. 구약성서에서는 그리스철학의 위격hypostasis개념으로 하나님의 영이나 성령이라는 단어가 사용된 것은 아니다. 구약에 기록된 하나님의 루아흐는 신의 존재론적 본질이나 성부와 성자의 관계에서 위격적 의미로 언급하지 않는다. 이해의 영(출 28:30), 지혜의 영(신 31, 3; 34, 9; 35, 31), 모략과 재능의 영, 지식과 여호와를 경외하는 영(사 11:2), 질투의 영(민 5, 14) 등처럼 '거룩한 영' 역시 하나님의 영에 대한 다양한 수식 중 하나로 보아야 한다.

구약성서에서의 하나님의 영은 그 주요한 작용과 활동과 역할에서 실상이 드러난다.

(1) 창조의 영이다. 하나님의 루아흐는 하나님의 "말씀"과 함께 태초의 창조에 관여한다. 창세기 1장 2절 이하에는 땅이 공허하고 혼돈하며 흑암이 깊음 위에 있는 상황에서 '수면 위에 운행하시는 하나님의 신(루아흐)'이 임재하여 말씀으로 천지와 인간을 창조한다. 이러한 사상은 시편 33편 6절의 "여호와의 말씀(다바르)으로 하늘이 지음이 되었으며 그 만상이 그 입기운(루아흐)으로 이루었도다"는 말씀에 잘 반영되어 있다.

노아의 홍수 사건에도 이런 이미지의 새 창조가 나타난다. 홍수로 인해 천하가 물에 잠기고 오직 방주만 물 위에 떠 있다. 이것은 마치 수면 위에 운행하시는 하나님의 신의 이미지를 연상시킨다. 하나님은 그 물 위로 바람을 불게 하며 물을 감하게 하신다(창 8:10). 이처럼 이처럼 하나님의 루아흐(바람)는 홍수로 혼돈된 세계에서 새 창조를 일으키신다.

시편에서는 "하늘은 하나님의 영광을 선포하고, 창공은 그 손으로 하신 일을 알린다"고 하였다(시 19:1). 신약성경에서는 성령을 가리켜 비유적으로 하나님의 "손가락"이라고 한다(눅 11:20; 마 12:28).

(2) 말씀의 영이다. 하나님의 루아흐는 사사들에게 한 것처럼 초기 예언자들을 사로잡아서 황홀경에 들어가 열광적으로 예언하게 한다.

> **여호와께서 구름 가운데 강림하사 모세에게 말씀하시고 그에게 임한 신(루아흐)을 칠십 장로에게도 임하게 하시니 신(루아흐)이 임하신 때에 그들이 예언을 하다가 다시는 하지 아니하였더라(민 11:25).**

여기서 '예언을 하다'는 말은 황홀상태에서 하나님의 말씀을 선포하는 것을 의미한다.[28] 하나님의 루아흐가 임하므로 황홀한 가운데 예언한다는 이야기가 사무엘상(10:5-6, 10; 19:23-24)에도 나타난다. 특히 포로기의 에스겔은 하나님께서 말씀하실 때 그의 루아흐가 임하였다는 것을 증거로 제시한다.

> **그가 내게 이르시되 인자야 일어서라 내가 네게 말하리라 하시며 말씀하실 때에 그 신(루아흐)이 내게 임하사 나를 일으켜 세우시기로 내가 그 말씀하시는**

28 차준희, "구약의 영 이해", 231.

자의 소리를 들으니(겔 2:1-2).[29]

(3) 각종 재능과 능력을 주시는 영이다. 하나님의 루아흐는 인간의 루아흐를 지속적으로 감동시켜 예언 및 재판(민 11:17, 삼상 10:6), 뛰어난 기술 및 지혜(출 31:3; 욥 32:8 전능자의 기운)등을 은사로 주었다. 요셉은 하나님으로부터 오는 루아흐에 감동하여 꿈을 해석하고, 흉년에 대한 대책을 세울 지혜를 가지게 된다(창 41:38-40a).

또한 탁월한 전술능력, 행정 및 경영상의 수완 등도 하나님의 루아흐가 임함으로써 가능하다. 고대의 이스라엘 사사들은 하나님의 루아흐를 받고 전쟁에 나가 승리할 수 있었다.[30]

여호와의 신(루아흐)이 그에게 임하셨으므로 그가 이스라엘의 사사가 되어 나가서 싸울 때에 여호와께서 메소포타미아 왕 구산리사다임을 그 손에 붙이시매 옷니엘의 손이 구산리사다임을 이기니라(삿 3:10).[31]

(4) 회개와 신생의 영이다. 하나님의 신이 하나님의 백성에게 부어지는 때(사 44:13), 그들은 새 영과 새 마음을 받게 되고(겔 36:26), 자기 죄를 위해 애통하게 된다(슥 12:10). 하나님의 영(기운)은 도덕적 생명의 원천이다.[32] 따라서 시편 기자는 "하나님이여 내 속에 정한 마음을 창조하시고 내 안에 정직한 영을 새롭게 하소서"(시 51:10)라

---

29 비교 3:12, 14, 24; 8:3; 11:1, 24; 43:5.

30 민영진, " 구약성서의 영(ruah) 이해", 632.

31 비교. 6:34; 11:29; 13:25; 14:6, 19; 15:14.

32 창 6:3; 욥 27:3; 32:8; 33:4; 34:14; 시 104:30; 사 42:5.

고 간구한다.

(5) 죽은 생명을 살리듯이 이스라엘을 회복하고 갱신하는 영이다. 에스겔서에 나오는 아골 골짜기에서 일어난 사건이어서 하나님의 루아흐(생기)가 임하면 죽은 뼈들이 다시 살아나서 군대를 이루게 한다.

> 나 주 하나님이 이 뼈들에게 말한다. 내가 너희 속에 생기(루아흐)를 불어넣어, 너희가 다시 살아나게 하겠다. 내가 너희에게 힘줄이 뻗치게 하고, 또 너희에게 살을 입히고, 또 너희를 살갗으로 덮고, 너희 속에 생기(루이흐)를 불어넣어, 너희가 다시 살아나게 하겠다. 그때에야 비로소 너희는, 내가 주인 줄 알게 될 것이다. … 내가 바라보고 있으니, 그 뼈들 위에 힘줄이 뻗치고, 살이 오르고, 살 위로 살갗이 덮였다. 그러나 그들 속에 생기(루아흐)가 없었다. 그때에 그가 내게 말씀하셨다. "사람아, 너는 생기(루아흐)에게 대언하여라. 생기(루아흐)에게 대언하여 이렇게 일러라. 나 주 하나님이 너에게 말한다. 너 생기(루아흐)야, 사방에서부터 불어와서 이 살해당한 사람들에게 불어서 그들이 살아나게 하여라." 그래서 내가 명을 받은 대로 대언하였더니, 생기(루아흐)가 그들 속으로 들어갔고, 그래서 그들이 곧 살아나 제 발로 일어나서 서는데, 엄청나게 큰 군대였다(겔 37: 5-10).

인용한 에스겔 본문에는 루아흐라는 단어가 7번이나 반복하여 생기로 번역되어 등장한다. 하나님의 루아흐는 침략자들에 의해 살해당해 죽은 자들을 살리고, 이스라엘 백성들이 바벨론으로 포로로 잡혀 갔으나 하나님의 루아흐가 그들에게 임하게 되면 '한 사람도 이방에 남기지 않고'(겔 39:29), 그들을 모아 고향 땅 이스라엘로 돌아오게 할 것이라는 것도 약속하였다. 루아흐는 포로로 잡혀간 이스라엘들을 귀국시켜 나라를 회복하고 새롭게 만드는 새 창조의 영이다.

(6) 종말의 영이다. 마지막 때의 구원자로 오실 메시아(사 11:2)나 주 여호와의 종(사 42:1)은 특히 하나님의 영으로 채워진다. 그리고 옛 시대에는 지도자나 선지자 등 몇몇 사람에게만 성령이 임하셨지만 종말적인 새로운 시대에는 하나님의 백성 모두가 성령을 충만히 받는다. 이때에는 나이, 성, 사회적 신분의 차별이 없이 이스라엘의 늙은이와 젊은이, 남종과 여종 모두에게 성령이 부어진다. 마지막 날에는 그 신(루아흐)이 모든 육에 속한 자에게 부어진다.

> **그 후에 내가 내 신을 만민에게 부어 주리니 너희 자녀들이 장래 일을 말할 것이며, 너희 늙은이는 꿈을 꾸며 너희 젊은이는 이상을 볼 것이며, 그 때에 내가 또 내 신으로 남종과 여종에게 부어줄 것이며… 누구든지 여호와의 이름을 부르는 자는 구원을 얻으리니**(욜 2:28-32).

그러므로 여기에서 분명히 "여호와께서 그 신을 모든 백성에게 주사 다 선지자 되게 하시기를 원하노라"(민 11:29)는 모세의 오래된 소원이 종말론적인 영의 내림이라는 새로운 약속으로 선포된다.

2. 인간에게 작용하는 루아흐

기독교 교리에서 하나님의 영을 삼위일체 하나님의 위격 중 하나인 성령으로 이해할 경우 인간을 구성하는 "영"과 구별된다. 구약성서에 의하면 인간의 루아흐(영)는 호흡, 생명력, 감정과 인식과 의지

의 자리 등을 표현하는 데 사용된다.[33]

(1) 인간에 작용하는 루아흐는 인간의 호흡과 생명을 뜻한다. 흙으로 빚은 인간의 코에 하나님의 루아흐(생기)를 불어넣어 사람은 호흡이나 생명을 얻게 되었다(창 2:7). "땅위의 백성에게 호흡을 주시며 땅에 행하는 자들에게 루아흐(영)를 주시는 하나님"(사 42:5)은 "사람 안에 그 루아흐를 만들어 주신 분"(슥 12:1)이다. 인간의 루아흐와 하나님의 루아흐 사이에 항상 엄격한 구별만 있는 것은 아니다. 신적인 루아흐와 인간적인 루아흐는 인간 안에 있는 생명력으로서 동일시 된다.[34] 인간의 생명은 창조의 결과이며 전적으로 창조주 하나님께 의존되어 있기 때문이다.

구약에서 "영"으로 번역되는 히브리어 "루아흐"가 인간의 호흡이나 숨 등 생명력을 의미할 경우 하나님의 루아흐와 분리시킬 수 없다. 따라서 "주께서 저희 호흡(루아흐)을 취하신 즉 저희가 죽어 본 흙으로 돌아간다"(시 104: 29). 하나님의 영으로 생기를 이어가지만 하나님께서 그 생기를 거두면 죽음에 이르게 된다(욥 34:14-15; 사 42:5).이것은 루아흐가 인간 속에 존재하는 신적인 생명의 원리principle를 나타낸다는 것을 의미한다.[35] 이처럼 호흡은 생명의 유무를 보여주는 생명의 드러남이라는 뜻을 내포하고 있기 때문에 루아흐는 생명력이라는 의미로도 쓰인다.[36]

(2) 인간의 감정, 인식, 의지의 자리 역시 인간에게 작용하는 루

---

33 민영진," 구약성서의 영(ruah) 이해", 624-633; 차준희, "구약의 영 이해", 225.
34 차준희, "구약의 영 이해", 171.
35 천사무엘, "구약과 외경에 나오는 하나님의 영 이해", 43.
36 차준희, "구약의 영 이해", 224.

아흐이다. 루아흐가 인간의 생명력을 의미하기 때문에 생명력의 표출인 인간의 감정, 인식, 의지의 자리로도 사용된다. 인간의 루아흐는 "분위기, 감정, 열정의 장소"[37]이기도 한 것이다.

첫째로 인간의 루아흐는 흥분, 용기, 내적 불안, 교만, 질투, 절망, 급한 마음 등 인간의 정서를 드러내고 정서적 상호 교감을 가능하게 한다.

둘째로 정신적인 능력을 나타내는 인간의 루아흐는 지혜와 이성, 예술적인 재능을 표현한다. 성막의 성구를 만든 브사렐이 그 작품을 완성할 수 있도록 지혜와 재능을 부여한 것도 루아흐이다(출 31:3 이하). 또 슬기로운 여인도 루아흐(마음)에 감동을 받은 것으로 표현한다(출 35:25, 26). 여기서 하나님의 영은 인간이 지혜와 재능을 지속적으로 발휘할 수 있도록 결정적인 영향을 끼친다.

셋째로 인간의 의지적 활동에 작용하는 루아흐를 통해 인간은 의지와 결단을 보여준다. 하나님은 하나님의 생명력인 루아흐를 통해서 인간의 육체적인 영역에서뿐만 아니라 "의지적"이고 "정신적인" 영역에서도 행동하게 하신다. 하나님께서 고레스의 루아흐(마음)를 감동시킴으로 고레스가 포로가 되었던 유대인들을 해방하도록 했다(대하 36:22-23).[38] 황폐한 고국에 돌아가려는 사람들이 선뜻 나서지 않았으나 하나님께서 루아흐를 감동시킨 사람만이 예루살렘으로 돌아가 성전을 건축하게 되었다(스 1:5). 하나님은 애굽왕 바로의 루아흐(마음)를 강퍅하게 하여 모세의 말을 듣지 않도록 하였다(출 7:13, 22; 8:15; 19, 32).

---

37 W. H. Schmidt, "Geist/ Heiliger Geist/ Geistgaben I", *TRE* 12, 170.
38 박창건, "성서에서 본 성령", 「기독교사상」 1(1991), 11.

이처럼 인간적인 루아흐로 표현되는 감정과 의지와 인식은 서로 날카롭게 구별되어 사용되지는 않는다.[39] 바람이 하나님에게서 온 것처럼 사람의 영인 생명의 호흡도 하나님의 루아흐로부터 왔고 하나님에게 의존되어 있듯이[40], 사람의 영의 표출인 인간의 감정과 의지와 인식이 하나님의 영의 활동에 의존되어 있다.

(3) 고대 이스라엘의 초기 역사에서 이스라엘을 구원할 카리스마적 지도자들에게 하나님의 영이 임할 경우에도 그들에게 지도력을 발휘하는 힘으로 작용했다. 하나님의 영은 사사시대에는 기드온, 옷니엘, 입다와 같은 사사들에게 임했고, 왕정시대에는 사울, 다윗 왕에게도 임하였다. 그리고 미래에 이스라엘을 구원할 메시아 왕(사 11:2 등)에게도 하나님이 임할 것이라고 하였다.[41]

(4) 영의 임재와 세상에 공의를 실현하는 것을 연관시킨다. 포로기 시대에 활동한 제이 이사야 는 야웨의 종의 첫 번째 노래에서 다음처럼 말한다.

> **내가 붙드는 나의 종, 내 마음에 기뻐하는 자를 보라. 내가 나의 영을 그에게 주었은 즉 그가 이방에 공의를 베풀리라. 상한 갈대를 꺾지 아니하며 꺼져가는 등불을 끄지 아니하고 진리로 공의를 베풀 것이며 세상에 공의를 세우기에 이르리니 섬들이 그 교훈을 앙망하리로다(사 42:1-4).**

(5) 하나님의 영으로 기름 부음을 받고 사람은 자유와 해방과 희

39 같은 글 11.

40 차준희, "구약의 영 이해", 225.

41 천사무엘, "구약과 외경에 나오는 하나님의 영 이해", 45.

망을 선포하는 자라라고 한다. 포로에서 귀환한 후에 활동한 제삼 이사야는 '주의 영으로 기름부음을 받은 자는 하나님으로부터 보냄을 받고 구원 메시지를 전하도록 부름 받은 사건'을 보도한다.

> 주 야웨의 영을 내려주시며 야웨께서 나에게 기름을 부어주시고 나를 보내시며 이르셨다. "억눌린 자들에게 복음을 전하여라. 찢긴 마음을 싸매 주고, 포로들에게 해방을 알려라. 옥에 갇힌 자들에게 자유를 선포하여라. 야웨께서 우리를 반겨주실 해, 우리 하나님께서 원수 갚으실 날이 이르렀다고 선포하여라. 슬퍼하는 모든 사람을 위로하여라. 시온에서 슬퍼하는 사람에게 희망을 주어라(사 61:1-3).

"주의 영이 내게 임하셨다"는 어구는 야웨의 종에게 "나는 나의 영을 그에게 주었다"는 이사야 42장 1절과 비교될 수 있다. "기름을 붓다"라는 말은 원래 왕이나 사제의 즉위식의 의식으로 사용되었다. 본문에서는 '주의 영으로 기름을 부어, 그가 나를 보내었다'라는 말이 예언자들의 소명을 의미하였다. 하나님의 영으로 기름 부음을 받고 하나님의 보내심을 받은 사람은 자유와 해방과 희망을 선포하는 자라는 것이다.

3. 자연에 작용하는 루아흐

어원학적으로 루아흐는 "'(바람이) 불다'라는 의미를 가진 아랍어 동사 raha와 어근이 같으며, 이 동사의 명사형 rih는 '바람'을 의미한다."[42] 이 낱말은 서늘한 바람을 가리키기도 하고(창 3:8), 폭풍의 뜻으로도 사용되었고[43], 불을 태우는 바람으로도 쓰였다(시 11:6).

(1) 성경의 오래된 증언에 따르면 고대 이스라엘 사람들은 자연적이고 기상학적인 바람, 폭풍을 신학적으로도 사용한다. 그들은 바람 등의 자연력을 하나님의 루아흐의 외적 작용으로 돌린다. 모세의 승전가를 보면, 물을 움직이게 하는 바람이 하나님의 "콧김"(코의 루아흐)으로 시적으로 묘사된다(출 15:8). 만약에 하나님의 "기운"(루아흐)이 그 위에 분다면, 풀과 꽃은 마른다(사 40:7).[44] 봄의 신록을 말려버리는 열풍이 하나님의 루아흐로 표현된다. 이러한 표현들은 자연력이 하나님에 의해 일어나고 보내졌다고 믿기 때문에 가능한 것이다.[45]

(2) 고대 이스라엘 사람들이 기상학적인 바람과 폭풍을 신학적으로 사용하게 된 이유는 바람의 특성 때문이었다. 바람은 보이지 않는 실재이다. 바람의 길이 어떠한지 아무도 모른다(전 11:5). 바람은 보이지 않게 분다는 점에서 성령의 비가시성을 상징한다. 이것은 하나님의 존재방식과 상응한다. 하나님은 영적 존재이기 때문에 사람들에게 비가시적으로 존재한다. 이러한 이유 때문에 고대 이스라엘 사람들은 바람을 하나님의 호흡 또는 영과 연관시켰다. 이러한 관련성은 "영혼에 관한 신앙에서 발전된 것이 아니라, 자연 관찰에서 발전된 것으로 보인다."[46]

---

42 A. H. J. Gunneweg, "Aspekte des alttestamentlichen Geistverständnisses," in: P. Höffken (Hrg.), *Sola Scriptura Beiträge zu Exegese und Hermeneutik des Alten Testaments* (Göttingen, 1983), 97: 차준희, "구약의 영 이해", 218

43 왕상 19:11; 욥 8:2; 사 27:8; 겔 1:3; 13:11, 13; 호 4:19 등.

44 W. H. Schmidt, "Geist/ Heiliger Geist/ Geistgaben I," 171.

45 창 8:1; 출 10:13, 19; 민 11:31; 암 4:13; 욘 1:4; 겔 37:8 등.

(3) 이사야 선지자는 하나님께서 루아흐를 보내주시면 그것이 자연계에도 작용하여 '황무지가 기름진 땅이 되고, 광야는 곡창지대가 되고, 광야에 공평이 자리 잡고, 기름진 땅에 의가 머물 것'이라 하였다.

> 주님께서 저 높은 곳에서부터 다시 우리에게 영을 보내 주시면, 황무지는 기름진 땅이 되고, 광야는 온갖 곡식을 풍성하게 내는 곡창지대가 될 것이다. 그 때에는 광야에 공평이 자리 잡고, 기름진 땅에 의가 머물 것이다(사 32:15-16, 표준새번역).

하나님의 능력으로 작용하는 성령은 하나님의 백성으로 하여금 순종하도록 하며, 황폐한 땅을 아름답게 만들어 생산력을 증대시킨다. 황무지는 곡창지대가 되고 사막은 과수원으로 바뀌고 과수원은 숲으로 변한다. 성령의 부음을 받은 까닭으로 이스라엘 백성들은 겸손히 하나님을 섬기며 정의롭고 평화로운 공동체를 이룬다. 하나님의 영으로 이루어지는 정의와 평화의 파급효과는 황폐한 자연에도 미쳐 황무지가 기름진 땅으로 변하는 놀라운 일이 일어난다.

---

46 차준희, "구약의 영 이해", 222.

IV. 구약성서의 루아흐의 삼중적 적용과 천지인신학

구약성서의 루아흐의 다양한 용례를 크게 세 가지 의미로 나누었다. "첫째 숨, 바람으로서 자연의 루아흐, 둘째, 사람 안에 나타나는 루아흐, 셋째 하나님의 루아흐"이다. 하나님의 영은 하나님과 바르고 영적 관계를 회복하고 강화한다.

창조 때에 하나님의 영은 수면 위에 운행하시며 창조세계의 평화의 질서를 세운 것이다. 하나님의 루아흐는 모든 관계들 사이에 참된 평화를 이루는 영이다. 창세기 1-2장에 나타나는 창조질서는 천지인 사이에서 이루어지는 평화의 세 가지 의미를 지니기 때문이다.[47]

첫째, 하나님과 인류 사이에 평화가 있었다. 하나님의 생기로 창조된 인간은 하나님으로부터 유리된 독자적 존재도 아니고 자기의 창조주에 맞서는 반역자도 아니다. 인간은 하나님과의 바른 관계 안에 있는 존재이다.

둘째, 피조물로서 모든 인간 사이에 평화가 있었다. 남녀가 모두 하나님의 형상으로 창조된 서로 돕는 존재이며, 형제는 서로 돌보고 서로 '지키는 자'로 창조되었다. 인간은 사람과 사람 사이의 바른 관계 안에서 존재한다.

---

47 세계개혁교회연맹 편, 『정의, 평화, 창조질서의 보전』 (서울: 대한기독교서회, 1989), 53.

셋째, 인간과 자연 사이에도 평화가 있었다. 자연은 하나님의 피조물로 창조되었으므로 자연을 더 이상 숭배하거나 두려워해서는 안 된다. 하나님은 인간으로 하여금 자연 속에서 생육하고 번성하면서 자연을 누리는 향유권과 관리하고 돌보는 관리권을 위임한 것이다.

루아흐는 인간이 지정의를 겸비한 영적으로 충만한 삶을 누리며 인간답게 살면서 억눌리고 가난한 자들에게 자유와 해방과 희망을 선포하게 한다. 그리고 하나님의 영이 임하면 "인간과 인간, 인간과 짐승, 짐승과 짐승이 안전하게 동거하는"[48] 포괄적인 평화가 이루어진다.[49]

구약성서에 나타난 영에 대한 연구 결과들을 종합해 보면 루아흐란 말은 바람이나 살아 있는 존재의 숨결 같은 자연현상에서 기원을 둔 말이지만, 성서에서는 하나님의 영, 인간에게 작용하는 영, 자연에 작용하는 영으로로 대별된다.[50] 반면에 신약성서에서 나타나는 성령은 하나님의 영이요, 그리스도의 영이요, 거룩한 교회 공동체의 영으로 묘사한다. 성령의 삼위일체론적 이해는 일반적 영성이해에서는 낯선 것임에 분명하다. 그러나 신약성서의 영 이해 역사 하나님 중심의 영성, 인간 중심의 영성, 자연 중심의 영성으로 해석될 수 있다.

결론적으로 구약성서의 루아흐는 하나님의 영이면서 인간과 자

48 Otto Kaiser/ 한국신학연구소 학술부 옮김, 『이사야』 II (서울: 한국신학연구소, 1991), 442.

49 참조. 겔 34:25 이하; 신 33:28; 사 11:1-9.

50 S. V. McCasLand, "Spirit," *IDB*, 432-434; R. W. Jensen (ed.), C. E. Braaten and R. W. Jensen (tr.), "The Holy Sprit," *Christian Dogmatics* vol. II, (Philadelphia: Fortress, 1986), 109-124.

연에도 작용하는 천지인의 삼중적 삼중관계의 조화와 평화를 가져오는 하나님의 지혜요 하나님의 능력인 것이다. 이러한 구약성서의 영 이해에서 천지인신학의 성서적 기초를 확인할 수 있다.

제5장

하나님의 형상의 관계론적 해석과 천지인신학

I. 하나님의 형상론의 쟁점*

"우리의 형상에 따라 우리의 모습대로 우리가 사람을 만들자"(창 1:26)는 말씀에 근거한 "하나님의 형상론"은 인간론, 그리스도론, 구원론에 걸친 신학적 논의에서 광범위하게 전개되어 왔다.

먼저 하나님의 형상과 관련되어 제기된 쟁점에 대한 여러 견해들을 살펴보려고 한다. 첫째로 하나님의 형상과 하나님의 모습이 별개의 구분되는 것인가 하는 문제이다. 둘째는 하나님의 형상은 인간의 영적인 특성만을 의미하는지, 아니면 신체적 특성도 포함하는지에 관한 논의이다. 셋째는 하나님의 형상이 인간의 타락 이후 완전히 상실되었는가 하는 논란이다. 넷째는 하나님의 형상과 그리스도의 형상에 관한 쟁점이다. 그리고 마지막으로 하나님의 형상이 내용적으로 무엇을 의미하는가 하는 논쟁이다.

에릭슨은 하나님의 형상에 관한 논의를 실체적 견해, 기능적 견해, 관계적 견해로 나누었다.[1] 몰트만은 이를 확장하여 네 가지 아날로기아analogia로 정리한 바 있지만, 앞에서 제기한 여러 질문들을 포

---

* 이 장은 "하나님의 형상론의 관계론적 이해"(『현대조직신학의 이해』, 서울: 대한기독교서회, 2003)를 재정리한 것이다.

1 M. J. Erickson/ 현재규 역, 『복음주의 조직신학』중 (서울: 크리스찬다이제스트, 1998), 64-74.

괄적으로 다루지는 못하였다.[2]

이 글에서 몰트만이 제시한 네 가지 아날로기아 외에 인권의 아날로기아를 추가하려고 한다. 아울러 각각의 아날로기아가 함축하고 있는 다음과 같은 신학적 쟁점을 살펴보려고 한다.

(1) 실체론적 해석(실체의 아날로기아)에 의하면 '하나님의 형상과 모습은 다른 것인가 같은 것인가'라는 문제와 더불어 '하나님의 형상이 인간의 내재적인 실체인가'하는 것이 쟁점이 되었다. 그리고 '타락 후에도 실체로서의 하나님의 형상이 잔존하는지 또는 상실하였는지'도 논란이 되어 왔다.

(2) 외형론적 해석(외형의 아날로기아)에서는 '하나님의 형상인 인간의 영적 특성만을 의미하는지 아니면 외적 신체적 특성을 포함하는 전인적인 것인지'가 논의되었다.

(3) 인권론적 해석(인권의 아날로기아)은 통치의 아날로기아를 정치신학적으로 해석한 것이다. 하나님의 형상을 인간의 존엄성과 평등성과 인권의 중요성에 대한 근거로 해석한다.

(4) 통치론적 해석(통치의 아날로기아)은 이집트와 바빌론의 고고학적 문서를 통해 확인된 '신의 형상'이라는 용어가 신의 통치를 대리하는 '왕'을 지칭한다는 새로운 연구 결과를 통해 성서의 '하나님의 형상'의 의미를 재조명한다. 이를 근거로 '다스리고 정복하라'는 하나님의 명령을 자연에 대한 인간의 통치와 지배로 해석한다. 그러나 현대에 와서 인간이 자행한 자연에 대한 착취와 생태학적 위기에 직면하여 통치의 아날로기아에 관한 새로운 해석이 제기된다.

---

2 J. Moltmann/ 김균진 역, 『창조 안에 계신 하나님』 (서울: 한국신학연구소, 1986), 261.

(5) 관계론적 해석(관계의 아날로기)은 하나님의 형상을 정적인 상태나 실체가 아니라 오히려 역동적인 관계의 개념으로 이해해야 한다는 것이다.

이 다섯 가지 해석 중 최근에 와서는 실체론적 해석과 외형론적 해석을 통합하여 극복하고, 통치론적 해석과 인권론적 해석을 수렴할 수 있는 관계론적 해석이 하나님 형상의 포괄적 의미를 해석할 수 있는 아날로기아로 주장되고 있다. 따라서 이러한 관계론적 해석이 지니고 있는 쟁점들을 더욱 분명히 제시하고 그 약점을 극복할 수 있는 새로운 대안을 모색하려고 한다.

첫째로 관계론적 해석의 입장에서 바르트와 몰트만은 하나님의 형상을 하나님과 인간의 수직적 관계, 인간과 인간의 수평적 관계라는 이중적 관계로만 보았다. 그러나 본회퍼는 여기에 인관과 자연과의 관계를 포함하여 하나님의 형상을 역동적인 삼중적 관계로 파악하였다. 그러므로 관계의 아날로기아를 수용할 경우, 그 관계가 이중적 관계이냐, 아니면 삼중적 관계이냐는 새로운 논의가 제기된다.

둘째로 관계론적 해석은 하나님의 형상을 관계의 능력이나 자질로 보는 것이 아닌가하는 쟁점이다. 그렇다면 실체의 아날로기아를 완전히 극복한 것이라 할 수 있는가 하는 문제가 제기된다.

셋째로 본회퍼가 제시한 하나님 형상의 삼중적인 관계론을 천지인의 조화라는 삼태극적 구조로 해석함으로써 한국신학적 수용의 가능성을 모색하려고 한다.

II. 실체론적 해석

실체론적 해석은 하나님의 형상을 동물과 구분되는 인간의 정신적 영적 특성에 해당하는 실체로 이해하려는 존재론적 해석이다. 실체론적 해석에서 논쟁이 된 것은 다음 세 가지라고 할 수 있다. 첫째, 하나님의 형상과 하나님의 모습은 서로 다른 것인가 같은 것인가? 둘째, 하나님의 형상은 구체적으로 어떤 실체를 의미하는가? 셋째, 하나님의 형상은 타락 이후에 상실되었는가?

1. 하나님의 형상과 모습은 다른 것인가?

성서에는 '형상'zelem과 '모습'demût이라는 용어가 드물게 등장하고 어원이 불확실하기도 하므로 이 구절에 대한 해석은 큰 논쟁거리이다.[3] 성서 외에 '형상'과 '모습'이 동시에 기록된 아람어 비석이 텔 파

---

3 G. J. Wenham, *Genesis 1-15*, in Word Bible Comentary vol.1 (Waco, Texas: Word Books, 1987), 29; C. Westermann/ J. J. Scullion (tr.), *Genesis 1-11* (Mineapolis: Augsburg Pub., 1984), 146. צלם(zelem)의 어원에 관해서는 두 가지 제안이 있으나 확실하지 않다. 하나는 아랍어와의 유사성에 따라서 'to cut or hew'라는 주장과 아카디아어와 아랍어에 따라 'to become dark'라는 주장이다. 전자는 신체적인 형상이라는 개념과 일치하지만 성서 히브리어에는 이를 어근으로 하는 동사가 없다고 한다. 구약성서에 17번 사용된 것 중에서 10번은 다양한 형태의 물체적인 형상을 지칭하고, 시편의 두 구절(29:7, 73:20)에서는 사람의 그림자와

카리예Tell Fakhariyeh에서 발견되었는데, 9세기경으로 추정되는 하두-위시Haddu-yisi 왕의 초상을 지칭하는 단어이다. 이제까지 알려진 것 중에서 '형상'과 '모습' 두 쌍의 단어가 함께 등장하는 출처로는 가장 오래된 것이다.[4]

본문에는 두 단어가 병행 표기되었기 때문에 형상(צלם, zelem)과 모습(דמות, d^e^mût) 간의 차이에 대한 논쟁이 제기되었다. 그리스어와 라틴어로 형상을 뜻하는 단어(eikon, imago)는 석고상을 가리키고, 모습을 뜻하는 단어(homoiusis, similitudo)는 유사성을 지칭한다. 첫째 개념은 밖을 향하여 대리하는 면을 표현한다면, 둘째 개념은 안을 향하여 반사하는 면을 표현한다.

일찍이 발렌티누스파 영지주의자들은 영육 이원론에 입각하여 형상과 모습을 구분하였다. 육적인 인간은 그의 물질적인 부분은 하나님의 형상(imago)에 따라 지음을 받았으나, 그의 영적인 부분은 하나님의 모습(similitudo)을 따라 형성되었다는 것이다.[5]

영지주의를 반박한 이레네우스도 형상과 모습을 구분하는 문제는 심각하게 생각하지 않은 듯하다. 이레네우스의 전통을 따르면, 형상(imago)은 존재적 공유(methexis)로서 신적인 의식과 이성과 의지 속에 있는 인간의 본성을 뜻하며, 모습(similitudo)은 도덕적 상응

형상을 지칭하고, 창세기의 다섯 구절에서는 하나님의 형상을 지칭한다(1:26, 27, 5:3, 9:6). 반면에 דמות(d^e^mût)의 어원은 분명하다. 추상명사의 어미를 가진 단어로서 동사는 demah(to be like, resemble)와 관련되어 있다. 구약성서에 25번 사용되는데 대부분이 에스겔의 환상에서 나타난다. 명사는 'model or plan'(왕상 16:10)을 나타내는 데 사용되곤 하였다.

4 C. Westermann, *Genesis 1-11*, 29.

5 Otto Weber/ D. L. Goulder (tr.), *Foundation of Dogmatics I* (Grand Rapids, Michgan: Wm. B. Eerdaman, 1981), 565.

(mimesis)으로서 하나님을 경외하고 순종하는 인간의 신앙적 덕목을 뜻한다.[6] 전자는 인간의 정신적 차원이라면, 후자는 영적 차원이라 하였다. 이것은 자연과 은혜의 관계처럼 구분된 것이다.[7] 아타나시우스와 알렉산드리아의 키릴도 이레네우스의 전례를 따랐다. 어거스틴 역시 둘을 구분하여 형상은 본체 안에 존재하는 인간의 본성(human nature)이며, 모습은 우연적으로 주어지는 은총의 선물(gratuitous gift)이라고 구분하였다.[8] 전자는 이성이라는 형이상학적 본성을 통하여 하나님을 파악하고(capax Dei) 자연적 신인식을 통하여 그 불멸성을 인식하나, 후자는 인간의 초자연적인 은사를 통하여 하나님에게 참여(particeps Dei)한다.[9] 칼빈에 의하면 버나드Bernard는 전자를 영혼의 실체, 후자를 영혼의 성질에 적용하였다고 한다.[10]

반면에 알렉산드리아의 클레멘트와 오리겐 그리고 닛사의 그레고리 등은 자연적인 것과 초자연적인 것을 구분하지 않았다. 이들은 하나님의 형상을 초자연적인 것에 대한 동경으로 보았다.

중세 이후로 이러한 구분은 성서적 히브리적인 사유가 아니라는 비판이 제기되었다. 특히 루터와 칼빈은 형상과 모습을 구분하는 것을 반대하였다. 루터는 형상과 모습은 히브리어에서 흔히 나타나는 병행어법의 한 예이며, 타락 전후를 막론하고 하나님의 형상과 모습

---

6 J. Moltmann/ 김균진 역, 『창조 안에 계신 하나님』, 273.

7 김광식, 『조직신학』 1 (서울: 대한기독교출판사, 1988), 355.

8 J. Calvin/ John King (tr.), *Genesis*, in *Calvin's Commentaries*, vol. 1 (Grand Rapids, Mich: Baker, 1979), 93. 그는 아리스토텔레스의 삼분법에 따라 인간의 본성에도 성부, 성자, 성신이라고 말할 수 있는 어떤 것 즉 지식, 기억, 의지가 있다고 하였다.

9 김광식, 『조직신학 1』, 355.

10 J. Calvin, *Institutes,* I. xv.3.

은 구분되지 않는다고 하였다.[11]

칼빈도 양자가 항상 다른 의미로 병행 표기되는 것이 아니라고 하였다. 창세기 1장 27절에 형상을 두 번째로 사용할 때는 모습이라는 단어는 병행하지 않고 형상이라는 단어만 언급하고 있으며, 창세기 5장 1절에는 모습이라는 단어만 사용하고 형상은 언급하고 있지 않기 때문이다. 그리고 히브리어의 관습상 같은 사물을 다른 단어로 반복하여 표현하곤 하였으므로 모습은 형상을 설명하기 위해 추가된 단어일 뿐이라고 하였다.[12] 폰 라드는 형상이란 원형에 일치하고 그것을 닮아야 한다는 단순한 의미이며, 형상은 모습에 의해서 보다 상세히 설명되고 엄밀히 규정되므로 둘은 같은 뜻이라고 하였다.[13]

현대의 해석자들 대부분은 이러한 견해를 수용하는 듯하다. 이처럼 형상과 모습에 대한 전통적인 구분은 성서의 원래 의미를 표현한 것이 아니다. 앞서 설명한 것처럼 형상과 모습이 상호 교체하여 사용되는 용어이므로 그러한 구분은 구약성서에서는 쓰여진 당시로서는 낯선 것이었다. 모습은 형상의 정확한 의미를 부연하기 위하여 병행어법으로 사용된 것이기 때문이다.

에밀 부룬너는 형상과 모습을 구분하지는 않았지만, 하나님의 형상을 '형식적인 것과 내용적인 것'으로 구분함으로써 '사람의 존재와 죄인의 존재'를 동시에 말하고자 하였다는 점에서 예외적이다.[14]

---

11 M. Luther/ J. Pelikan (ed.), *Lectures on Genesis, in Luther's Works* vol. 1 (St. Louis: Concordia, 1958), 60ff.

12 J. Calvin/ John King (tr.), *Genesis*, in *Calvin's Commentaries,* vol. 1, 194.

13 G. von Rad, 『창세기』 (서울: 한국신학연구소, 1981), 60.

14 G. C. Berkouwer, *Man: The Image of God* (Grand Rapids: Wm. B. Eerdmans Publishing Company, 1973), 43, 68. 이 점에 있어서 베르까우어는 히브리어 두

2. 하나님 형상의 실체론적 내용은 무엇인가?

하나님의 형상과 모습을 다르다고 보든 같다고 보든지, 실체론적 해석에서는 하나님의 형상을 동물의 본성과 구분되는 인간의 고유한 특성으로 이해한다. 플라톤은 현실세계는 사유를 통해서만 접근 가능한 본래적인 세계 즉 불가시적 이데아idea의 세계의 가시적 모형이라고 가르쳤다. 그리스 철학에 기초를 둔 알렉산드리아 학파 이후로 신적 이성의 배자(spermatikos)로서 이해된 인간의 이성을 하나님의 형상의 자리로 이해하였던 것이다.[15]

초대교회의 이레네우스는 하나님의 형상과 모습을 구분하였지만, 형상(imago)은 인간이 신에 대한 의식과 신적 이성 및 의지에 존재적으로 공유(methexis)하는 인간의 본성이라 하였다.[16] 어거스틴 역시 형상은 본체론적으로 존재하는 인간의 본성(human nature)으로서 이성이라는 형이상학적 본성이라 하였다. 이 이성을 통하여 인간은 하나님을 파악하고(capax Dei) 그 불멸성을 인식한다.[17] 후기의 어

단어 '형상'과 '모양'은 히브리어 문법상 중첩어로 사용되어, 동일한 의미로 간주될 수 있으므로, 두 단어 사이의 구별을 반대한다. 이 두 단어를 구별하지는 않더라도, 하나님의 '형상'(= 모습) 속에는 자연적 은사와 초자연적 은사가 있었는데, 인간의 타락으로 초자연적 은사는 완전히 상실되고, 자연적 은사만 그대로 보존되어 윤리의 근거를 제공한다는 로마 가톨릭적 입장을 베르까우어는 비판한다.

15 W. Pannenberg/ G. W. Bromily (tr.), *Systematic Theology* (Grand Rapids, Mich: Wm. B. Eerdman, 1994), 206.

16 J. Moltmann, 『창조 안에 계신 하나님』, 273. 이레네우스에 의하면 모습(similitudo)은 도덕적 상응(mimesis)으로서 하나님을 경외하고 순종하는 인간의 신앙적 덕목을 뜻한다. 따라서 인간이 죄인이 됨으로써 하나님에게 불순종하고 그를 거역하는 일은 similitudo의 영역에서 일어나지 imago의 영역에서 일어나지 않는다.

17 김광식, 『조직신학』 I, 355

거스틴은 하나님의 형상을 인간 영혼의 정신적 작용으로 파악하였다. 그는 하나님의 형상을 삼위일체 하나님의 형상으로 보았다. 삼위일체 하나님의 형상은 인간의 영적, 정신적 활동의 삼중적 기능 즉, 기억(memoria), 지성(intellectus), 의지(voluntas)로 파악하고, 이를 삼위일체의 흔적(vestigia trinitatis)이라고도 하였다.

중세의 토마스 아퀴나스 역시 이런 맥락에서 세계를 창조한 신적인 로고스를 반영하는 동시에 거기에 참여하는 인간의 이성이 하나님의 형상이라고 하였다.[18]

칼빈은 어거스틴이 말한 세 가지 기능은 인간 영혼에 내포되어 있는 것이긴 하지만, 그것을 하나님의 형상과 일치시키는 "견해는 건전치 못한 것"으로 비판한다.[19] 인간 영혼이 하나님의 형상이라면 그것은 "인간 영혼의 내적 선"이라고 하였다. 그것은 그리스도를 통해 나타난 완전한 하나님의 형상으로서 "참된 경건, 의, 순결, 지성"이라는 것이다.[20]. 그리고 자연적인 인간의 본성에 영혼이 내적 선을 지향하고 하나님을 알만한 의식(Divinitatis sensum)인 '종교의 씨앗'(a seed of religion)이 있다고 하였다.[21]

현대에 와서 부룬너E. Brunner도 인간이 타락으로 인해 하나님 형상의 내용을 상실하고 그 형식만 남아 있지만, 이 형식적인 하나님의 형상을 통해 "회개하고 복음을 믿으라"는 그리스도의 말씀을 이해할

18 Daniel Miliore, 『기독교조직신학개론』 (서울: 한국장로교출판사, 1995), 183.

19 J. Calvin, *Institutes,* I.xv.4.

20 J. Calvin, *Institutes,* I.xv.6. "그리스도야말로 가장 완전한 하나님의 형상이며, "우리가 그 형상과 같게 될 때에, 우리도 그와 같이 회복되어 참된 경건, 의, 순결, 지성에 이르게 된다"고 하였다.

21 J. Calvin, *Institutes,* I.iv.1.

수 있다고 하였다. 즉 복음을 전하였을 때, 그 말을 알아들을 수 있는 이성적 능력과 회개를 요청하는 전제가 되는 도덕적 책임을 '자연적인 인간이 지닌 하나님의 형상'의 특징으로 보았다. 따라서 '말의 능력과 책임성'을 하나님의 형상에 상응하는 것이라 주장하였다.

한편으로 부룬너는 사람의 '본질'은 하나님에 대한 그의 '관계'라고도 하였다. 이러한 그의 생각은 스콜라주의의 전통과 구분된다. 하지만 그가 하나님의 형상을 영속적인 실체로 보지 않고 관계의 아날로기아로 보았는가 하는 것은 여전히 논쟁이 된다. 그가 '형식'과 '내용'이라는 말을 실체적으로 이해되지 않고 관계적으로 이해하였다 할지라도, 하나님의 형상을 실체적으로 이해한 중세적인 사고를 벗어나지 못하였다는 것이 몰트만의 평가이다.[22] 이처럼 내용과 실체를 이중적인 것으로 구분하는 실체론적 이해에 대해 "내용이 없는 형식은 없다"는 비판이 가능하다.[23]

하나님의 형상을 인간의 내적 존재의 특성으로 보는 사상은 19세기에도 널리 유행하여 인간의 고유한 인간성으로 여겨진 '사유하는 인간'(homosapiens)을 하나님의 형상의 표상으로 주장하기도 하였다.[24] 그래서 하나님의 형상을 인간의 정신적인 특징인 인간의 이성, 인격, 자유 의지, 책임성, 자의식 안에 내재하는 것이라고 해석하여 왔다. 틸리히도 하나님의 형상은 신적 로고스와 같은 것으로 보았다. 신적 로고스가 인간에게 나타날 수 있으며, 이러한 신적 로고스는 인간의 이성과 유사하다고 본 것이다.[25]

---

22 J. Moltmann, 『창조 안에 계신 하나님』, 273-274.

23 Milad J. Erickson/ 현재규 역, 『복음주의조직신학』 중, 79.

24 M. J. Erickson, 『복음주의 조직신학』 중, 65.

그러나 이러한 해석은 구약성서에 근거한 것이라기보다는 인간을 신 또는 동물과 비교하는 존재 유비(analogia entis)를 통해 창조주와 공유하지만, 동물과는 공유하고 있지 않는 어떤 정신적인 특징을 구별하려는 그리스철학의 실체론적 인간학에 근거한 것이라고 보아야 할 것이다.

3. 하나님의 형상은 타락 후 상실하였는가?

하나님의 형상을 실체론적으로 이해하였던 교부들은 아담의 원죄 때문에 하나님의 형상을 상실하였다고 주장하였다. 오리겐이나 아타나시우스나 가이사랴의 바실리우스는 "모든 사람이 범죄하여 하나님의 영광에 이르지 못하나니"(롬 5:8)라는 바울의 주장에 근거하여 하나님의 형상이 인간의 타락 이후 파괴되었다고 하였다.

하나님의 형상과 모습을 구별한 이레네우스도 아담의 타락으로 하나님의 모습은 상실하였으나, 하나님의 형상은 어느 정도까지 잔존한다고 하였다.[26] 양자를 구분하여 이중적인 특성으로 설명한 어거스틴이나 키릴Cyril 또한 둘째 형상인 '모습'은 죄 때문에 상실되었어도 첫째 형상은 그대로 남아 있다고 하였다. 아퀴나스도 하나님의 초자연적인 은총을 표상하는 모습은 죄로 인해 상실되며 그 본성은 파괴되지만, 자연적인 은총을 표상하는 형상은 잔존한다고 보았다. 이러한 구분은 자연신학의 가능성을 열어 놓은 가톨릭의 전 체계에

25 김균진, "하나님의 형상에 대한 현대신학적 해석", 「기독교사상」 1985년 9월호, 162.

26 Irenaeus, *Against Heresies*, V.6.1.

토대가 되었다.

루터와 칼빈은 이러한 가톨릭의 입장에 반대하면서, 이미 언급한 것처럼 형상과 모습을 구분하지 않고 일원론적 형상론을 지지하였다. 루터는 하나님 형상의 모든 양상은 타락하였지만 완전히 상실한 것은 아니며, 일부 파편들이 잔존한다고 보았다. 칼빈은 더욱 분명하게 하나님 형상의 잔재가 타락 후에도 남아 있다고 하였다. 칼빈은 요한복음 1장 5절의 주석에서 "자연적 인간의 본성에 아직도 남아 있는 빛에는 두 가지 요소가 있는 바, 첫째는 모든 인간에게 심겨진 종교의 씨앗이며, 그들 양심 가운데 새겨진 선악에 대한 분별력이다"라고 했다. 이 '종교의 씨앗'(a seed of religion)이 바로 자연적 인간이 본능적으로 타고난 '하나님에 대한 의식'(Divinitatis sensum)이라고 주장하였다.[27] 이러한 '종교의 씨앗' 이 남아있기 때문에 우리 자신에 대하여 알 때 하나님에 대하여도 알게 되는 근거가 되는 것이다. 인간에 관한 지식과 하나님에 관한 지식이 서로 관련되어 있는 까닭이 바로 타락한 인간도 하나님의 형상을 지니고 있기 때문이라는 주장이다.[28]

현대에 와서 부룬너는 '형식적 하나님의 형상과 내용적 하나님의 형상'을 구분하였다. 죄로 인하여 하나님의 형상을 상실하였기 때문에 인간은 "모순 속에 있는 인간"[29]으로 존재하게 된다고 보았다. 그러나 죄인도 이성을 부여받았고 책임적인 존재로 존속하므로 하나님의 형식적인 형상은 그에게도 이그러진 채로 남아 있다는 것이다.

27 J. Calvin, *Institutes,* I. iv.1.

28 J. Calvin, *Institutes,* I. iii.1, 주 2 참조.

29 E. Brunner, *Man in Revolt* (Philadelphia: Westminster, 1947).

하나님의 형상을 실체론적으로 이해할 경우, 타락 후 상실이라는 논의가 촉발된다. 이 문제는 하나님의 형상을 인간의 정신적, 영적 특성뿐만 아니라 인간의 직립 보행과 같은 신체적 외양적 특성까지도 포함한다는 외형의 아날로기아에 의해 심각한 비판을 받게 된다.

III. 외형론적 해석

하나님의 형상은 인간의 내적, 영적 실체만을 의미하는가? 아니면 인간의 외적, 신체적 특성을 의미하는가? 외형론적 해석은 하나님의 형상은 문자 그대로 동물과 비교할 때 드러나는 인간의 외적 형상과 모습을 지칭하며 하나님과 인간의 사이의 신체적인 유사성을 가진다는 입장이다. 인간은 그 외형이 하나님을 닮은 모습으로 창조되었다는 것이다. 클레멘트, 오리겐과 같은 초기 그리스 교부들은 하나님의 형상이 인간의 영혼에서만 발견된다고 하였다. 그러나 터툴리안, 락탄티우스와 같은 라틴 교부들은 인간의 육체까지도 하나님의 형상에 결부시켰다.[30]

개혁자들 중에서는 오시안더Andreas Osiander가 이성과 의지의 정신작용에 해당하는 인간의 영혼뿐 아니라, 인간의 몸도 하나님의 형상이라고 강력하게 주장하였다. 이에 대해 칼빈은 "오시안더는 분별력 없이 하나님의 형상을 영혼과 마찬가지로 육체에까지 확대시켜서 하늘과 땅을 서로서로 혼합시킨다"[31]고 비판하였다. 반면에 칼빈은 다른 저서에서는 "하나님 형상의 최고의 위치가 영과 마음에, 또는

---

30 Otto Weber/ D. L. Goulder (tr.), *Foundation of Dogmatics* I, 563.

31 J. Calvin, *Institutes,* I.xv. 3: 이오갑, "칼빈의 하나님의 형상론", 「조직신학논단」 제3집 (1998), 114-115; G. C. Berkouwer, *Man: The Image of God,* 76 참고.

영혼과 영혼의 능력들 속에 놓여 있다고 하지만, 육체까지도 빛나는 어떤 불꽃을 가지지 않은 부분이란 없다"[32]고 하였다. 그렇기 때문에 칼빈이 실제로 하나님의 형상에서 인간의 육체성을 배제하였는지는 계속적인 논란이 되고 있다.[33]

하나님의 형상이 인간의 외형적 특징을 의미하는가 하는 문제는 성서신학자들에 의해 더욱 활발하게 논의되었다. 성서에 기록된 형상이라는 용어는 대부분이 불가시적이고 추상적인 것이 아니라, 구체적인 모습을 뜻한다는 것이다. 차일즈에 의하면, '형상'을 뜻하는 히브리어 '첼렘'(zelem)은 구약성서에 모두 16회나 나오는데, 대부분 외형적인 모습을 뜻하는 말로 사용된다고 한다.[34] 예를 들면 신상神像과 같은 구체적인 형상(민 33:52; 왕하 11:18; 암 5:26)이나, '독종의 형상'(삼상 6:5, 11)처럼 모양을 본떠서 만든 모사(replica)를 뜻하거나, '벽에 그린 사람의 형상'(겔 23:14)처럼 어떠한 외적이고 구체적 형상을 그대로 모사模寫한 것을 의미하기도 한다.[35]

이에 근거하여 동물과 비교되는 인간의 외형적 신체의 특징적 형

---

32 J. Calvin, *Institutes,* I.v.2: 이오갑, 같은 책, 116.

33 최윤배, "베르까우어의 하나님의 형상론", 「한국기독교신학논총」 제21집 (2001), 145-147. 베르까우어에 의하면, 칼빈은 육체의 중요성을 부인한 것이 아니라, 육체가 하나님의 형상의 한 부분이 될 수 있음을 부인했으며, 칼빈은 육체가 하나님의 힘의 위엄의 자취(vestigia)를 보여주는 것을 부인한 것이 아니라, 몸이 어떤 방법으로도 하나님과 유비될 수 있음을 부인했다고 한다.
이오갑, "칼빈의 하나님의 형상론", 118. 전체적으로 칼빈은 "하나님의 형상은 인간의 영혼뿐 아니라 육체에도, 인간뿐만 아니라 모든 피조물 속에도, 즉 세계의 모든 부분에 빛나고 있다고 보았다"고 주장한다.

34 Brevard S. Childs, *Exodus* (Philadelphia: The Westminster Press, 1974), 405.

35 박준서, "하나님의 형상(Imago Dei)에 관한 성서적 이해", 「기독교사상」 1989년 9월호, 110.

상을 하나님의 형상으로 이해하려는 주장은 여러 형태로 제시되었다. 폰 라드는 하나님의 형상을 일방적으로 인간의 영적 본질에 한정짓거나, 인간의 존엄, 인격 또는 윤리적 결단 능력 등에 관련짓는 해석들은 거부한다. 그는 "인간의 경이로운 신체적인 외관도 하나님의 형상의 영역에서 제외할 수 없다"고 하였다.[36]

궁켈은 창세기 3장 5절에 기초하여, 구약성서가 하나님을 묘사하는 신인동형론적 방법은 하나님의 형상의 외형적 성격을 가리킨다고 하였다. 쾰러L. Köhler는 하나님의 형상이 인간의 직립 보행의 외적 형상을 의미한다고 하였다.[37] 스키너에 의하면, 육체적 닮음(corporeal resemblance)이란 개념은 구약성서에서 거부되지 않은 듯하며, 특히 창세기 5장 3절에서 "아담이 자기 모양 곧 자기 형상과 같은 아들을 낳아 이름을 셋"이라고 한 것은 부자 간 외모의 유사성을 형상으로 표현한 대표적인 구절이라고 한다. 이들 구약성서 학자들은 하나님에게 육체적 부분들을 귀속시켰으며, 하나님의 개념을 형태 없는 영으로 한정시키기는 어려우므로, 히브리 사상의 영역에서 영적인 형상 개념이 있는지에 대한 의문이 생긴다고 하였다.[38]

이에 대한 비판도 없지 않았다. 구약성서는 하나님의 비신체성과 불가시성을 강조하기 때문에 하나님의 형상을 인간의 신체적, 가시적 특징으로 파악하는 것에 의문을 제기하였다.[39] 특히 형상과 관련

---

36 G. von Rad, 『창세기』, 60. "하나님의 형상이란 표상은 본래에는 신체적인 외관에서 비롯되었다. … 후대에도 신체성을 배제하지 않았다는 사실을 에제키엘이 언급한 전승(겔 28:12)이 알려주고 있다."

37 박준서, "하나님의 형상(imago Dei)에 관한 성서적 이해", 110.

38 John Skinner, *Genesis* (Edinbugh: T. & T. Clark Ltd., 1980), 32.

39 신명기(4:15-16)를 참고할 것.

된 성서 본문은 제사장 문서에 속하는 것이며, 하나님의 형상이라는 표현은 포로기 문학의 신인동형론을 투박하게 반영한 것이라고 주장하기도 한다. 그리고 하나님의 형상이라는 개념이 이집트와 메소포타미아의 왕조사상을 반영한다고 볼 때, 왕의 외양이 아니라 왕의 기능과 존재를 묘사하는 것이기 때문에 외형론적 해석은 설득력을 상실한다는 것이다.

이러한 논쟁에 관해 바르트는 구약에서는 물질적인 영역과 영적인 영역을 이처럼 날카롭게 구분하지 않았다는 점에서 하나님의 형상은 인간의 전인성을 표상한다고 주장한다. 하나님의 형상은 단지 인간의 정신과 영혼만을 의미한 것도 아니며, 그 반대로 인간의 신체성만을 뜻하는 것도 아니기 때문이다. 바르트는 "하나님과 만나도록 규정되어 있는 성서의 인간은 어디에서나 전인(der ganze Mensch)"이며,[40] 성서에서 인간의 영과 육은 서로 구분되고 있지만, 영과 육이 인간 속에 서로 하나가 되어 전체 내지 통일성을 가짐으로써 인간은 "신체적인 영leibhafte Seele인 동시에 영을 가진 몸beseelter Leib"이라고 하였다.[41] 그에 의하면 인간은 하나님의 형상으로 창조되었으므로 영혼뿐 아니라, 육체도 하나님의 형상을 닮았다. 전인으로서 인간이 하나님의 형상이므로 영혼과 육체의 사귐 속에 존재하는 것이다.[42]

부룬너도 하나님의 형상을 인간의 영적 본성에 국한시키지 않고 인간의 육체 안에도 그 형상의 표징들이 있다고 보았다. 인간의 직립보행은 하나님의 도덕적 올바름과 의로움을 상징한다고 본 것이다.[43]

---

40 K. Barth, *KD* III.2, 485.

41 K. Barth, *KD* III.2, 421.

42 J. Moltmann, 『창조 안에 계시는 하나님』, 283-284.

이 문제를 가장 광범위하게 다룬 베르까우어는 하나님의 형상에 관해서 성서에는 인간을 영혼과 육체로 분리시키는 어떤 근거도 제공하지 않는다고 강조한다.[44] 또한 그는 하나님의 형상을 영적인 것으로 생각하여 인간의 육체성을 배제하고 무시하는 견해나, 신인동형론자들과 같이 외형적인 육체성 자체를 하나님의 형상으로 간주하는 견해 모두를 거부한다.[45] 성서가 말하는 인간은 전인이기 때문에 하나님의 형상도 전인에 관계된다. 베버도 '하나님의 형상'을 영적인 측면으로만 제한하지 않고 '전인'에 적용시키는 것이 전적으로 옳다고 하였다.[46]

몰트만을 비롯한 대부분의 신학자들은 하나님의 형상을 인간의 영혼에만 작용하는 것이 아니라 인간 육체에도 작용하는 것으로 보기 때문에, 몸과 혼과 영을 가진 전인적 인간이 하나님의 형상이라는 견해를 수용하는 듯하다.[47] 이러한 외형론적 해석을 수용할 경우 아담의 타락 이후 하나님의 형상을 상실하였는가 하는 질문은 자동적으로 해소될 수 있다.

---

43 E. Brunner, *Man in Revolt*, 388.

44 G. C. Berkouwer, *Man, The Image of God*, 77.

45 최윤배, "베르까우어의 하나님의 형상론", 148.

46 Otto Weber/ D. L. Goulder (tr.), *Foundation of Dogmatics* I, 560-561.

47 J. Moltmann, 『창조 안에 계시는 하나님』, 284.

IV. 인권론적 해석

인권론적 해석은 하나님의 형상을 정치신학적으로 해석한 것이다. 고대근동 세계에서는 왕만이 신의 형상으로 여겨졌다. 하나님의 형상이라는 말은 마치 동양에서 왕을 '천자天子'로 칭하듯이 왕을 지칭하던 말이었다. 고대 사회에서 왕은 지상의 인간으로서는 그 이상을 생각할 수 없는 신에 버금가는 최고 지존의 존재였다. 그러나 성서는 모든 인간이 하나님의 형상으로 창조되었음을 주장한다. 고대근동 세계의 왕조신학 전통에서 보면 이는 매우 낯선 개념이다. 따라서 성서가 말하는 '모든 인간이 하나님의 형상으로 창조되었다'는 것은 '모든 인간은 왕과 같은 존재'라는 의미로 해석되어야 한다는 것이 인권론적 해석의 기본 논지이다.[48]

모든 인간이 왕과 같이 존엄한 존재로 창조되었다는 것은 인간의 존엄성과 평등성 그리고 인간의 기본적인 인권을 강조하는 의미를 가진다. 성서에서는 하나님과 왕과의 관계보다 하나님과 백성 전체와의 관계를 더 중시한다. 신의 형상이나 신의 아들이라는 칭호도 특정 개인이 아니라 백성 전체에게 적용된다. 개인으로서 천자天子라는 개념보다는 온 백성이 하나님의 택함을 받았다는 천민天民이라는 개념

---

48 박준서, "하나님의 형상(Imago Dei)에 관한 성서적 이해", 114.

이 더 보편화되었다.[49] 모든 인간은 사회적 지위나 경제적 차이에 관계없이 왕과 같이 존귀한 권위와 권한을 가진 존재라는 뜻이다. 남자뿐 아니라 여자도 하나님이 형상으로 창조되었기 때문에 여자들도 역시 왕과 같이 존엄한 존재로서 남녀가 평등한 인권을 가진 존재임을 천명한다. 당시의 절대군주적 왕조 이데올로기를 극복하고 앞서 민주화한 것이라고 볼 수 있다. 따라서 왕들만이 특권과 기득권, 존귀와 영광을 누리는 것이 아니다. 하나님의 형상을 지닌 모든 인간이 동등한 권한과 영광을 누리며, 억압과 착취의 위협 없이 평등하고 민주적인 생명의 새 질서들 속에서 살도록 창조된 것이다.

이러한 인권론적 해석에서는 "우리의 형상에 따라 우리의 모습대로 우리가 사람을 만들자"(창 1:26)는 구절과 "무릇 사람의 피를 흘리면 사람이 그 피를 흘릴 것이니 이는 하나님이 자기 형상대로 사람을 지었음이니라"(창 9:6)는 구절의 관련성을 강조한다. 사람이 사람을 지배하거나 가해할 수 없는 것은 하나님이 모든 인간에게 동등하게 자신의 형상을 부여하였기 때문이다. 인간에게는 자기 자신의 생명을 파괴할 권리나 다른 사람의 생명을 함부로 해칠 권리가 없다는 것도 거듭 강조되고 있다.[50] 약한 자를 학대하고 가난한 자를 착취하거나 무고한 사람의 피를 흘리게 하는 것은 하나님에 대한 반역이요,

49 허호익, 『성서의 앞선 생각』 1 (서울: 한국장로교출판사, 1998), 66. 특정한 개인에게만 신의 형상이 주어져 절대적 왕권을 향유한다는 천자(天子)사상을 거부한다. 남녀를 포함한 모든 인간이 신의 형상으로 지음받은 존귀한 자들이며, 그들이 바로 택함받은 하나님의 백성들의 계약공동체라는 의미에서 천민(天民)사상과 선민(選民)사상을 천명한다. 모든 사람이 하나님의 형상을 공유함으로써 서로를 돕고 더불어 살도록 창조된 것이다.

50 창 4:10; 9:6; 출 20:13; 신 5:17.

그것 자체가 신성모독임을 선언한 것이다. 이러한 내용은 "가난한 사람을 학대하는 자는 그를 지으신 이를 멸시하는 자요, 궁핍한 사람을 불쌍히 여기는 자는 주를 존경하는 자니라"(잠 14:31)는 구절에서도 잘 드러난다.

이스라엘 백성들은 이집트의 노예생활 430년과 바벨론의 포로생활 70년 동안 신의 형상을 독점한 한 사람의 절대군주에 의해 억압과 착취의 온갖 인권 유린과 생존의 위협을 받았다. 따라서 그들은 왕만이 신의 형상으로 창조되었고, 신의 대리 통치자로서 절대 권력과 영광을 누린다는 절대군주제의 엄격한 신화를 수용하지 않았다. 성서는 이러한 반민주적이고 불평등한 왕정을 거부한다. 쉬미트는 이를 정치권력의 탈신화화 내지 탈신성화의 초석을 놓은 것이라고 해석한다.[51] 그러므로 성서는 왕의 존재나 왕의 권력을 신성화 내지 신격화시키지 않는다. 왕이 백성을 종으로 부리는 것이 아니라 오히려 "왕이 백성이 종이 되어 백성을 섬겨야 한다"(왕상 12:7)는 것이 초기 이스라엘 계약공동체의 정치적 이상이었다.[52]

이런 의미에서 어거스틴은 하나님이 인간을 자기 형상으로 창조한 후 모든 동물을 다스리게 한 것은 인간에 대한 인간의 지배 금지를 포함한다고 하였다.

> 사람이 비이성적인 피조물 이외의 것을 다스리는 것은 하나님의 뜻이

---

51 W. H. Schmidt, 『역사로 본 구약성서』, 139: 김균진, 『생태학의 위기와 신학』, 73에서 재인용.

52 허호익, 『성서의 앞선 생각 』 1, 249-257. 이스라엘 계약 공동체의 반왕조 전승과 정치적 이상에 관한 내용을 참고할 것.

아니었다. 즉, 사람은 사람을 다스리지 말고 짐승들을 다스리라고 하셨다. 그래서 원시시대의 의인들은 인간을 사회의 왕으로 만들지 않고 양치는 목자로 만들었다.[53]

칼빈도 하나님의 형상을 지닌 인간은 자신과 이웃에게 인간적이고 책임적이며 도덕적인 존재가 되어야 한다는 사실을 강조한다. 인간이 스스로 "인간적이고 부드럽고 자비롭게 살아야" 하는 이유가 하나님의 자녀로서 하나님의 형상을 지녔기 때문이라고 하였다.[54] 모든 사람은 하나님의 형상으로 만들어졌으므로 인종, 종교, 이데올로기, 나이, 신분과 상관없이 모두 존귀하고 존중되어야 하며, 경시하거나 가해하는 일은 없어야 한다. "내가 이웃을 모독할 때 그것은 하나님의 형상을 해치는 것과 마찬가지이며, 신성모독의 죄를 범"[55] 하는 것이기 때문이다. 칼빈의 이러한 사상은 하나님의 형상을 지닌 인간은 누구나 존중되어야 하고 기본적인 인권이 보장되어야 한다는 인간의 인권과 그 존엄성의 신적인 기원을 표상하는 천부인권설로 이어진다.

몰트만 역시 "사람이 하나님의 형상이라면 그는 자유할 권리와 자유할 의무를 가진 책임적인 인격의 소유자"라고 주장하였다.[56] 그리고 이것이 바로 인간의 인간성으로서의 인권의 근거라고 하였다.

이러한 인권론적 해석은 절대군주제의 반인권적인 체제에 반대

---

53 Augustine, *City of God,* V. xix. 15.

54 이오갑, "칼빈의 하나님의 형상론", 118-119.

55 *Opera Calvini XXVI,* 204: 이오갑, "칼빈의 하나님의 형상론", 120 재인용

56 J. Moltmann, "인권", 『정치신학』 (서울: 종로서적, 1976), 98.

하여 인간의 존엄성과 인권을 강조하는 장점은 있지만, 하나님의 형상을 철저하게 인간 중심적인 것으로 축소해 버린다. 인간과 인간 사이의 수평적 관계를 일방적으로 강조한 것이므로 인간과 하나님 사이의 수직적 관계는 배제되고 만다. 더 나아가서 인간과 자연의 순환적 관계를 설명할 여지도 남지 않게 된다. 그래서 다음에 다룰 관계의 아날로기아가 그 대안으로 제시되는 것이다.

V. 통치론적 해석

고고학적 연구를 통해 이집트와 바벨론의 고대 문서에도 '신의 형상(zelem)'이라는 단어가 발견되고 그 뜻이 '통치의 대리'를 의미한다는 것이 알려지면서, 하나님의 형상으로 창조된 인간은 지상에서 하나님의 통치의 대리자로서 자연을 다스리고 정복하도록 위임받은 것이라는 견해가 여러 형태로 주장되었다. 이로써 하나님의 형상을 통치의 아날로기아로 이해하는 결정적인 계기가 마련되었다.

베스트만은 이집트의 궁정문서에는 왕을 태양신 레의 형상(image of Re, holy image of Re, like of Re)으로 표현하는 양식이 빈번히 등장한다고 하였다.[57] 쉬미트에 의하면 이집트 제4왕조(주전 2600-2450년경) 때부터 왕은 태어나면서부터 신의 아들로 임명되고, 왕위에 즉위함으로써 신성을 획득하고, 죽는 순간 완전한 신이 된다는 신앙이 생겨났다고 한다. 주전 17세기부터 주후 3세기까지의 기록에서 이집트의 왕 바로Pharaoh는 이집트의 신인 '라Re신' 외에도 '아몬Amon신', '아톰Atum신'의 형상으로 불렀다.[58] 이처럼 신의 형상은 왕을 지칭하는 용어로 사용되었다.

메소포타미아에서 발굴된 자료에도 바벨론 왕은 바벨론 최고의

---

57 C. Westermann, *Genesis I-11*, 152-153.

58 박준서, "하나님의 형상(Imago Dei)에 관한 성서적 이해", 113.

신인 '말둑Marduk 신의 형상'이라고 하였고, 말둑 신의 다른 이름인 '벨 Bel 신의 형상'이라는 기록도 많이 발견된다.[59] 주전 14세기의 한 기록은 당시의 왕인 아메노피스 3세Amenophis III(주전 1403-1364)를 향하여 "너는··· 내가 세상에 세워 준 나의 형상이다. 나는 세상을 평화롭게 통치하기 위하여 너를 세웠다"고 전해준 내용이 등장한다.[60]

아울러 '신의 형상'이라는 용어와 더불어 '왕의 형상'이라는 용어도 빈번히 사용되었다. 폰 라트에 의하면 왕들이 몸소 행차할 수 없는 지방에는 그곳이 왕의 통치권역인 것을 천명하기 위해 왕의 초상을 세웠는데 이를 '왕의 형상'이라고 하였다. 변방 지역에 '통치의 대리자'인 봉신封臣을 임명할 때에도 '왕의 형상'을 그곳에 보내어 그 지역이 왕의 통치영역이며, 봉신은 왕의 '통치의 대리자'임을 표상하게 하였다.

> 세상의 대왕들이 그들이 몸소 행차할 수 없는 그 왕국의 각 지방에 그들의 통치권에 대한 상징으로서 그들 자신의 초상을 세우듯이, 인간도 존귀하신 하나님의 표징으로서 하나님의 모습을 가지고 지상에 세워졌다. 인간은 참으로 지상에 대한 하나님의 통치권을 보존하고 강화하도록 촉구받은 하나님의 대리자다.[61]

베스터만은 하나님을 대리하는 개념이 비성서적이라고 반대하

---

59 같은 글, 112-113. 메소포타미아 지역에서 사용한 아카드어 'salmu'는 히브리어 'zelem'과 같은 자음으로 구성된 형상을 뜻하는 같은 단어이다.

60 W. H. Schmidt, *Die Schöpfungsgeschichte der Preisterschirft* (Neukircherer Verlag, 1984), 136.

61 G. von Rad, 『창세기』, 62-63.

였으나, 웬햄G. J. Wenham은 오히려 성서적 근거가 충분하다고 논박하였다.[62] 형상이라는 단어가 이집트와 바벨론에 사용되었다는 언어학적 배경과 상관없이 성서에는 "하나님이 인간을 자신의 형상으로 창조하시고"(창 1:27) "그들에게 복을 주시며… 땅을 정복하라. … 모든 생물을 다스리라"(창 1:28)는 명령이 등장하기 때문이다.[63] 그리고 이 두 구절과 시편 8편 5-6절[64]을 연관시켜 보면 하나님의 형상은 통치의 대리로 설정하는 근거가 된다. 이처럼 이집트와 바벨론의 왕조신학의 배경과 성서 본문의 분석을 함께 볼 때, 신이나 왕의 형상을 지닌 자는 "신이나 왕의 통치를 대리하는 자이며, 동시에 신이나 왕의 영광을 반사하는 자"를 의미한다.[65] 몰트만도 하나님의 형상은

---

62 G. J. Wenham, *Genesis 1-15*, 31. 베스터만은 모든 인간이 지상에서 하나님의 대리자라는 것은 생소한 것이라고 주장한다. 왕 개인이 하나님의 대리인이라는 것은 수긍이 가지만 인류 전체가 하나님의 대리인일 수 없다는 것이다. 특히 P 문서는 하나님의 영역과 인간의 영역 사이를 날카롭게 구분하였기 때문에 인간이 하나님의 대리라는 주장은 지나친 것이라고 한다. 이에 대해 웬함은 이러한 베스터만의 반대는 성서의 상징의 특징을 이해하지 못한 데서 기인한 것으로 반론을 편다. 희생양을 이스라엘 백성 전체로 여기듯이 구약성서에는 어떤 대상의 전체가 하나의 개체로 대변되는 사례가 빈번하다. 따라서 하나님과 그를 대리하는 인간을 동일시할 수 있으므로, 인간은 다른 피조물과 하나님 사이의 중재자의 위치에 있다는 생각은 성서적 상징과 일치한다는 것이다. 같은 방식으로 대제사장은 하나님 앞에서는 이스라엘을 대리하고 이스라엘 앞에서는 하나님을 대리하는 것이다. 그러므로 구약의 제의는 하나님과 인간 사이에 간격을 두려고 한 것이 아니라 가교를 세우려고 한 것으로 이해된다.

63 같은 책, 158. 왕상 5:4; 시 110:2; 72:8, 사 14:6; 겔 34:4 등; G. von Rad, 『창세기』, 63. '다스리다'라는 말의 히브리어 yārad는 '포도 압착기로 밟다'(욜 3:13) '복종시키다' (민수 24:19, 레위 26:17)라는 뜻이며, 많은 경우가 왕의 지배로 사용되고 있다. 이와 유사한 단어로는 '짓밟다'(kābaš)가 있는데 통치수행에 관한 표현으로서는 특히 강한 표현이라고 폰 라트는 지적하였다.

64 "저를 천사보다 조금 못하게 하시고 영화와 존귀로 관을 씌우셨나이다. 주의 손으로 만드신 것을 다스리게 하시고 모든 것을 그의 발 아래 두셨으니"(시 8:5-6).

'통치의 대리요, 영광의 반사'를 의미한다는 견해를 적극 수용한다.

고대 근동의 자연종교에서는 자연이 신성화되었으며, 해와 달과 별은 신으로 여겨졌다. 뿐만 아니라 자연이 인간의 운명을 지배한다고 보았다. 점성술은 이러한 자연신관에서 자연발생적으로 생겨난 것이다. 그러나 창세기는 해와 달이나 별이 인간의 운명을 지배한다는 당시의 평균적인 의식을 거부한다. 해와 별은 하나님이 창조한 큰 광명과 작은 광명으로 각각 낮과 밤을 주관할 뿐(창 1:14), 인간을 지배하는 신성한 존재가 아닌 것이다. 그러므로 인간이 이러한 자연을 숭배하거나 두려워할 이유가 없게 된다. 콕스는 이러한 "히브리의 창조관은 하나님으로부터 자연을 분리시키고, 자연으로부터 인간을 구분한다. 이것은 마력을 풀어놓는 시작이다"[66]라고 하였다. 그리하여 '자연의 비신성화와 비마성화가' 선언되었다는 것이다.

이러한 통치론적 해석은 자연이 인간의 운명을 지배한다는 고대 근동의 평균적인 의식을 거부하고, 인간이 자연을 지배해야 한다는 전향적인 자연관을 제시한 점에서 중요하게 평가되어야 한다. 그러나 이러한 통치의 아날로기아는 근대에 접어들면서 인간에 의한 온갖 지배의 이데올로기로 전도됨으로써 그 전향적인 의식을 계승하지 못하였다. 그 구체적인 사례로 하나님의 형상을 사실상 '주로서의 형상'으로 이해한 소치니안파와 초기 아르미니안파들에 의해 자연에 대한 지배의 개념으로 광범위하게 수용되기도 하였다.[67]

---

65 W, H. Schmidt, *Die Schöpfungsgeschichte der Priesterschirft*, 139.

66 H. Cox, 『세속도시』 (서울: 대한기독교서회, 1971), 33.

67 M. J. Erickson, 『복음주의 조직신학』 중, 77. 소시니우스파의 라코비아 교리문답에는 "하나님은 모든 피조물의 주이기 때문에 인간은 그 나머지 피조물에 대한 지배권을 행사함으로써 하나님의 형상을 반영한다."

한편 칼빈은 하나님의 형상이나 모습을 인간에게 주어진 지배권에 있다고 주장하는 견해는 개연성이 없다고 비판한다. 하나님의 형상을 지닌 "인간이 만물의 상속자로 소유자로 정해졌다"고 주장하는 것은 하나님 형상의 외적 특징만 강조한 것이며 결과적으로 하나님을 향한 인간의 영혼의 내적 선을 배재시키는 것이기 때문이라고 하였다.[68] 하나님의 형상을 자연과의 관계에 고정시킨 것에 대한 비판이라고 볼 수 있다.

아울러 통치론적 해석은 인간을 다른 피조물과 비교함으로써 다른 모든 피조물에 대한 인간의 우월성을 정당화시키게 된다는 지적도 새롭게 제기되고 있다. 밀리오레는 하나님의 형상을 통치의 개념으로 해석하는 것은 인간이 무분별하게 자연을 훼손하는 것을 정당화할 뿐만 아니라, "하나님은 세계를 다스리고, 영혼은 육체를 다스리고, 남자는 여자의 주인이 되고, 인간은 다른 피조물을 다스린다"는 위계적인 세계관을 조장한다고 비판하였다. 나아가서 "가부장제도, 인종차별, 제국주의 등은 이러한 지배와 복종의 정신구조"[69]로서 또 다른 형태의 지배 이데올로기로 전도되어 버렸다고 보았다.[70]

따라서 '정복하고 다스리라'(창 1:28)는 본문의 히브리어 '카바슈(kabash)와 라다(radah)'는 '지배와 통치'의 개념이 아니라 '관리와 돌봄'의 뜻으로 해석되어야 한다는 주장이 대두되고 있다. 특히 "동산

---

68 J. Calvin, *Institutes,* I. xv. 4

69 D. Miliore, 『기독교조직신학개론』, 183.

70 김균진, "하나님의 형상에 대한 삼위일체론적 해석", 「신학논단」 19집 (1991), 75-76. "이러한 지배의 인간학은 결과적으로 육체에 대한 영혼의 지배, 여자에 대한 남자의 지배, 유색인종에 대한 백인의 지배, 약자에 대한 강자의 지배를 정당화하는 지배 이데올로기가 될 수 있다."

을 다스리고 지켜라"(창 2:15)는 구절과 관련하여 볼 때, 다스림의 명령은 지배의 명령이 아니라, 돌봄과 지킴의 명령으로 보아야 한다.[71] 히브리어 원어로는 다스림(abad)은 '섬긴다'는 뜻이고, 지키는 것(shamar)은 '돌보는 것'을 의미하기 때문이다. 즉, 착취와 파괴로 자연을 훼손하라는 것이 아니라 관리와 돌봄을 통해 자연을 적절히 활용하고 새로운 생명의 창조질서를 보존하라는 명령으로 해석해야 한다. 따라서 문맥상으로 지배는 억압적 통치의 의미가 아니라, '큰 광명으로 낮을 주관하게 하고 작은 광명으로 밤을 주관하게 한'(창 1:16) 것처럼 인간이 자연을 '주관'한다는 뜻인 것이다.[72]

인간이 하나님의 대리자로서 자연을 다스리고 관리하여야 할 책임을 지닌 것이 사실이지만, 단지 자연 위에 군림하는 자연의 지배자가 아니라, 도리어 인간 자신도 하나님의 피조물로서 자연에 포함된다. 인간은 자연을 떠나 살 수 없으며 그 자신이 자연에 속하는 자연의 일부이다. 따라서 인간을 자연으로부터 분리시켜 자연에 대한 인간의 우월권과 지배권에서 하나님의 형상을 발견하는 것은 타당하지 못하다.[73]

하나님이 천지를 창조하시고 인간에게 그 통치를 위임한 것은 인간이 자연을 하나님의 선한 의지에 따라 선하게 활용하라는 것이며, 하나님이 보시기에 참 좋은 창조질서로 계속 보존하라는 명령인 것이다. 따라서 몰트만은 하나님의 형상인 인간에게 사명으로 위임된 '동물의 다스림과 땅의 정복'을 폭압적인 지배의 아날로기아로 보지

71 J. Moltmann, 『창조 안에 계시는 하나님』, 46-47.

72 C. Westermann, *Genesis I-II*, 159-160.

73 김균진, "하나님의 형상에 대한 현대신학적 해석", 76.

않고 '돌봄의 아날로기아'로 보아야 한다고 주장한다.[74]

무엇보다도 통치의 아날로기아는 하나님의 형상을 자연에 대한 인간의 지배에 집중함으로써 결과적으로 하나님과의 바른 관계를 배제하고 동료 인간과의 바른 관계마저 지배와 억압의 수단으로 왜곡하게 된다는 비판을 피할 수 없다.

74 J. Moltmann, 『창조 안에 계시는 하나님』, 285.

VI. 관계론적 해석과 천지인신학

하나님의 형상은 정적인 상태가 아니라 오히려 역동적인 관계의 개념으로 이해해야 하며, 인간과 인간의 관계만이 아니라 인간과 하나님의 관계에 비추어 설명해야 하고, 더 나아가서는 인간과 자연의 관계를 포함하여야 한다는 주장이 관계론적 해석의 요지이다. 마틴 부버는 "태초에 관계가 있었다"고 하였다. 하나님께서 태초에 천지와 인간을 창조하시고, 인간이 하나님과 동료 인간 그리고 같은 피조물인 자연과 창조적인 관계를 맺을 수 있도록 인간에게 자신의 형상을 부여하셨다는 것이다.

크라우스는 하나님의 형상은 정태적이고 존재론적인 자질개념이 아니라 관계개념이라고 하였다.[75] 베스터만도 이러한 견해를 선호하였다. 그는 '우리의 형상으로'라는 구절은 '만들자'(let us make)라는 동사를 수식하는 것이지 '인간'이라는 명사를 수식하는 것이 아니라고 하였다. 인간 창조에 내재된 이러한 특별한 창조방식을 통해 인간은 창조주와 특수한 관계를 갖게 되었으며 창조주께 반응할 수 있게 되었다는 것이다.

---

75 H. J. Kraus/ 박재순 역, 『조직신학』 (서울: 한국신학연구소, 1975), 163.

1. 바르트와 몰트만의 이중 관계론적 해석

인간이 하나님의 형상을 지녔다는 것은 하나님이 인간과 인격적 관계를 맺으시며, 인간에게 말씀하시며, 인간과 계약을 맺으시는 것을 의미한다는 주장은 칼 바르트와 몰트만에 의해 제시되었다. 이들을 하나님의 형상을 하나님과의 수직적 관계성과 동료 인간과의 수평적 관계성의 아날로기아로 보았다

바르트는 하나님과의 관계에서 행동하고 반응하는 진정한 계약의 상대(partner)로서 창조된 인간이 바로 하나님의 형상인 인간이라고 하였다.[76] 하나님의 형상을 인간의 지적이고, 도덕적인 재능과 같이 어떤 특별한 특성이나 태도나 자질이라고 가정하는 것을 거부한 것이다.[77] 인간이 하나님과 관계를 맺을 수 있다는 점에 집중한다.

바르트는 "우리의 형상대로 인간을 만들자"라는 신적인 자기 의논의 말을 하나님 자신 안에 '나와 너의 관계와 구별'이 있음을 지시하는 것으로 보았다. 이 관계와 구별에 상응하도록 하나님이 인간을 만드셨다는 것이다. 하나님과 인간 사이에서 하나님이 부르시는 너와 하나님께 대답하는 나의 관계가 이루어지게 된다. 이처럼 "인간은 하나님의 계약의 파트너로서 하나님과 더불어 산다. 왜냐하면 하나님은 인간이 하나님과 함께 일으키는 역사에 참여하도록 이 공동의 역사에서 이 계약사에서 그의 동반자가 되도록 창조되었기 때문이다."[78]

---

76 K. Barth, *Church Dogmatics,* III.1, 184.

77 K. Barth, *Church Dogmatics,* III.1, 185.

78 K. Barth, *Church Dogmatics,* III.2, 242.

인간이 독처하는 것을 좋지 않게 여기고 돕는 배필을 만든 하나님은 하나님의 형상에 따라 인간을 남자와 여자로 창조하였다. 인간 안에 있는 하나님의 형상은 인간이 남자와 여자로 창조되었다는 사실에서 발견된다. 하나님 안에서와 인간 안에서 남자와 여자, 인간과 인간이 만나게 되는 것이다. 바트르는 남자와 여자의 공존에서 인간의 공생성(co-humanity)과 삶의 공존성을 파악한다. 남자와 여자 그리고 인간과 인간의 상호관련성 안에서 성의 정체성과 인간의 정체성을 발견한다.[79] 남자와 여자의 관계에서 인간은 다른 사람을 너로 부르고 너에 대해 내가 책임을 지는 존재가 된다는 것이다. 따라서 하나님과 인간의 유사성은 양자가 모든 '나-너'의 만남을 경험한다는 점에 있다. 바르트는 창조와 계약의 상호관련성에 기초하여 하나님이 인간을 계약의 파트너로 삼기 위해 하나님의 형상으로 창조했다고 보았다. 그리고 "우리 형상대로 만들자"는 구절에 이어 "그들을 남자와 여자로 창조하였다"는 두 말씀에 근거하여 "하나님의 형상을 하나님과 인간의 사이의 수직적 관계를 구성할 뿐만 아니라 인간과 인간 사이의 수평적 관계를 구성하는"[80] 이중적 관계성으로 파악한다. 하나님의 형상을 하나님과 인간 사이의 존재의 유비가 아니라 관계의 유비(analogia relationis)로 설명한 것이다.

몰트만 역시 하나님의 형상을 관계론적 유비로 해석한다. 그러나 몰트만은 하나님의 형상을 하나님의 삼위일체적 사귐에 상응하는 '하나님과 인간의 사귐' 그리고 '남자와 여자의 사귐'이라는 사회적 관계의 아날로기아로 해석하는 차이를 보인다.[81]

---

79 K. Barth, *Church Dogmatics,* III.4, 149-81.

80 M. J. Erickson, 『복음주의 조직신학』중, 72.

몰트만은 땅 위에 있는 하나님의 형상과 현상으로서의 사람은 하나님과의 세 가지 근본적인 관계 속에 있다. 즉, 다른 피조물에 대한 하나님의 대리 통치자로, 하나님의 말씀에 응답하여야 할 상대로 그리고 하나님이 영광의 반사자로 존재한다는 것이다.[82]

다음으로 하나님의 형상이 나타나는 자리는 사람들의 성적인 차이와 사귐이다. 하나님의 형상은 함께하는 인간 존재의 규정이다. 하나님은 그의 남자와 그의 여자의 형상 속에서 나타난다. 하나님의 형상은 고독할 수 없으며, 오히려 사람들의 사귐 속에서 실천된다. 그러므로 사람은 애초부터 사회적 존재이다. 사람은 서로의 사귐에 의존하며 본질적으로 동료 인간의 도움을 필요로 한다. 돕는 배필이 바로 이러한 의미이다. 사람은 동료적 존재이며 다른 사람들과의 사귐 속에서 자기의 인격성을 발전시킨다. 따라서 그는 다른 사람들이 그와 관계할 때 그리고 관계하는 한에서만 자기 자신과 관계할 수 있다. 개체화된 개인이나 고독한 주체는 사람의 존재의 손상된 방식이다. 왜냐하면 그것은 하나님의 형상을 거스러기 때문이다.[83]

몰트만은 어거스틴이 하나님은 영이므로 인간의 영혼만이 하나님의 형상이라고 주장한 것을 반대한다. 그리고 오시안더와 더불어 몸도 하나님의 형상에 속한다고 주장한다. 하나님의 형상은 인간의 영혼에만 작용하는 것이 아니라 인간 육체에도 작용하는 것이기 때문

---

81 J. Moltmann, 『창조 안에 계시는 하나님』, 272-287.

82 같은 책, 263. "그는 하나님의 '대리자'로서 그리고 하나님의 이름으로 땅의 다른 피조물을 지배한다. 그는 땅 위에 있는 하나님의 '대칭'으로서, 하나님은 그와 함께 말하고자 하며 그는 하나님에게 답변하여야 한다. 그는 하나님의 영광의 '현상'이요 땅 위에 있는 그의 영광이다."

83 같은 책, 276.

이다. 그러므로 몸과 혼과 영을 가진 전인적 인간이 땅 위에서의 하나님의 형상이다. 그러므로 "'전체로서의 사람'이 하나님의 형상으로 규정되어 있다면, 사람의 현실적인 사귐 곧 성의 사귐과 세대 간의 사귐도 하나님의 형상이라고 규정할 수 있다."[84] 전인적인 인간의 사귐은 "하나님과 인간의 사귐"이며 동시 "인간과 인간의 사귐"이라는 것이다.

바르트와 몰트만은 하나님의 형상을 관계의 유비로 해석하여 하나님과 인간의 사귐, 인간과 인간의 사귐을 명시적으로 주장하였지만, 인간과 자연의 사귐은 하나님의 형상과 별개의 것으로 보았다. 몰트만은 하나님의 형상으로 창조된 인간에게 동물을 다스리고, 땅을 지배하라는 사명이 부여되지만, 그러나 "이 사명들은 하나님의 형상과 동일하지 않으며, 오히려 하나님의 형상에 별도로 첨가된"[85]것임을 분명히 하였다.

2. 본회퍼의 삼중관계론적 해석과 천지인신학

본회퍼는 하나님의 형상을 자유와 관계의 개념으로 설정하였다. 인간이 하나님의 형상으로 창조되었다는 것은 인간이 자유롭다는 점에서 창조자와 비슷하다는 뜻이다. 물론 인간은 하나님의 창조를 통해서만, 곧 하나님의 말씀을 통해서만 자유로운 존재이다. 자유는 소질이나 성질이나, 소유의 대상이나 형식이 아니다. 오직 자유는 관계이며, 그 이외에는 아무것도 아니기 때문이다. 자유롭다는 것은

84 같은 책, 286.

85 같은 책, 276.

'타자를 위해서 자유롭다는 것'을 의미한다. 왜냐하면 타자가 나를 자기에게 속박시키기 때문이다. 타자에 관한 관계에서만 나는 자유롭다.[86]

따라서 본회퍼에 의하면 "인간이 하나님과 비슷하다는 이 유사성은 존재의 유비(analogia entis)가 아니고, 관계의 유비(analogia relationis)이다."[87] 그러나 그 관계마저도 인간 자신의 능력이나 가능성이나 인간 존재의 구조가 아니라, 선물로 주어진 관계이다. 다시 말하면 하나님이 창조하고 설정한 관계이다.

하나님이 창조하고 설정한 관계는 삼중적인 것으로 이해된다. 본회퍼가 삼중적 관계라는 용어를 명시하지 않았지만 그의 설명을 살펴보면 하나님의 형상은 하나님과 인간의 관계, 인간과 인간의 관계, 인간과 자연과의 관계라는 삼중적 관계로 되어 있다. 그는 바르트와 몰트만과는 달리 인간과 자연의 관계 역시 하나님의 형상으로 인해 설정된 관계라고 보았다.

(1) 하나님의 말씀이 하나님의 형상으로 창조된 인간에게 위임되었다는 점에서 하나님과 인간의 특수한 관계가 설정된다. 다른 피조물의 창조의 경우와 달리 인간의 창조에는 하나님이 명령만 하고 그의 말씀이 이루어지는 것이 아니라 하나님의 형상과 함께 하나님의 말씀이 인간에게 위임된 것이다. 하나님 자신이 창조된 것 속으로 들어오고, 이렇게 함으로써 자유를 창조하고 있다. 하나님의 말씀이 인간에게 위임되었다는 점에서 인간은 다른 피조물과 전적으로 다른 방식으로 하나님과의 관계를 맺게 되는 것이다. 따라서 하나님의

---

86 D. Bonhöffer/ 문희석 역, 『창조 타락 유혹』 (서울: 대한기독교서회, 1981), 51.
87 같은 책, 53.

형상을 지닌 인간은 하나님과의 살아있는 관계를 맺을 수 있고 그 관계 안에서 자유할 수 있다.

(2) 하나님은 인간을 하나님의 형상으로 창조할 때 남자와 여자를 창조하고 남자와 여자에게 공히 하나님의 형상을 부여하였다. 따라서 인간은 홀로 있는 존재가 아니다. 인간은 본래 복수(Zweiheit)로 창조되었다. 따라서 인간이 다른 사람에게 의존하고 있다는 점에 인간의 피조성의 근거가 있다. 인간의 피조성은 인간이 상대적으로, 공동으로, 연속적으로 의존된 존재라는 것을 의미한다. 그리고 이러한 동료 인간과의 관계 속에서 인간은 타인을 위하여 자유롭게 되며 이런 점에서 타인에 대한 인간의 자유가 성립된다.

(3) 피조물 대 피조물과의 관계도 하나님이 설정한 관계이다. 하나님의 형상을 지닌 존재로서 인간은 피조세계 속에 창조되어 들어온 것이다. 따라서 인간이 타인을 위하여 자유롭게 된다는 점에서 타인에 대한 인간의 자유가 성립되는 것 같이, 다른 피조된 세계에 대한 인간의 자유는 그런 세계로부터 자유롭게 되는 것이다. 곧 인간은 피조된 세계의 주인이며, 그는 이 세계를 지배하고 있다. 인간은 하나님으로부터 통치의 위탁과 능력을 부여받은 자로서 하나님의 피조물을 통치하여야 한다. 따라서 피조물로부터의 자유는 자연으로부터의 정신의 자유를 의미하는 것이 아니다. 오히려 나의 전 존재와 나의 피조성에는 나는 전적으로 이 세계에 속한 사람이라는 의미가 담겨 있다. 자연은 나를 낳아 주고 나를 키워주고 나를 보존해 주기 때문이다.

본회퍼는 인간과 하나님, 인간과 인간, 인간과 자연의 관계를 다음과 같은 독특한 관점으로 보았다.

> 인간이 하나님을 잃으면 필연적으로 다른 하나도 잃게 된다. 하나님이 없고 형제가 없으면 인간은 대지를 잃는다. 그러나 인간은 대지에 대한 통치권을 감상적으로 두려워하다가 하나님과 형제를 상실하여 버렸다. 하나님과 형제와 대지는 모두 하나님에 속한 것이다. 그러나 한 번 땅을 상실한 자에게는, 한 가운데 살고 있는 우리 인간에게는 하나님과 형제에게로 가는 길 외에는 대지를 향해 돌아 갈수 있는 다른 길은 전혀 없다. 인간이 대지를 향하여 가는 길은 실로 근원에서부터 하나님이 인간에게로 오는 길로서만 가능한 것이다. 하나님과 형제가 인간에게로 오는 곳에서만 인간은 대지로 돌아가는 길을 찾을 수 있다. 하나님과 타인을 위하여 자유롭게 되는 것과 세계에 대한 인간의 통치권에서 인간이 피조물로부터 자유롭게 되는 것은 최초의 인간이 지닌 하나님의 모습이다.[88]

위에서 살펴본 본회퍼에 자유 관계의 형상론은 다음과 같은 특징을 지닌다.

첫째로 하나님의 형상으로 주어진 관계마저도 인간 자신의 능력이나 가능성이나 인간 존재의 구조가 아니라, 오롯이 '선물로 주어진 관계'이다.

둘째로 하나님의 형상을 인간과 하나님, 인간과 인간, 인간과 자연의 삼중적 관계의 유비로 해석한다.

셋째로 인간과 하나님, 인간과 인간, 인간과 자연의 상호관련성을 삼중적 삼중관계로 묘사한다. 하나의 관계가 단절되면 다른 관계도

---

88 같은 책, 56.

단절된다. 하나님을 잃으며 형제를 잃고, 하나님이 없고 형제를 잃으며, 인간은 대지(자연)를 잃는다. 그 역으로 인간이 대지를 상실하면 하나님과 형제를 상실한다.

넷째로 삼중적 삼중관계에는 관계의 질서가 있다. 인간에게 가장 우선적인 관계는 인간과 하나님의 관계이다. 하나님과 형제와 대지는 모두 하나님에게 속하여 있기 때문이다.

VII. 하나님의 형상의 삼중적 삼중관계와 천지인신학

하나님의 형상에 관한 여러 견해들을 실체의 아날로기아, 외형의 아날로기아, 통치의 아날로기아, 인권의 아날로기아, 관계의 아날로기아로 구분하여 살펴보았다.

먼저 실체론적 해석은 외형론적 해석의 등장으로 인해 그 한계와 문제점이 제기되었다. 따라서 하나님의 형상과 모습이 구분되는 것이 아니듯이 정신적, 영적 측면뿐 아니라 외형적 신체적 측면을 포함하는 전인(全人)으로서의 인간이 하나님의 형상이라는 주장이 현대에 와서는 주류를 이루고 있다.

통치론적 해석은 하나님의 형상을 자연에 대한 지배에 집중함으로써 결과적으로 하나님과의 바른 관계를 배제하고 이웃이자 동료인 인간과 인간 사이의 바른 관계를 해치게 된다.

인권론적 해석 역시 하나님의 형상을 인간의 존엄과 평등에 국한함으로써 하나님과의 바른 관계가 배제되고 자연과 바른 관계에 무관심하게 된다. 그리하여 관계의 아날로기아가 하나님의 형상의 성서적 의미를 가장 잘 드러낸다고 할 수 있다.

그러나 아직 관계론적 해석에 함축된 다음과 같은 문제점들이 명확하게 해명되지 못했다.

첫째로 하나님의 형상은 이중적인 관계인가 삼중적인 관계인가

하는 점이다. 바르트와 몰트만은 이를 이중적인 관계로 설명하였고, 본회퍼는 삼중적인 관계로 설명하였기 때문이다. 하나님은 남녀 인간을 자기 형상으로 창조하시고 복을 주사, 생육하고 번성하며 땅에 충만하도록 하시고, 세계를 다스리고 돌보도록 위임하셨다. 따라서 창조는 하나님과 인간, 인간과 인간, 인간과 자연 사이 생명의 새로운 관계를 창조하는 것이다[89] 심지어 칼빈은 "하나님의 형상은 인간의 영혼뿐만 아니라 육체에도, 인간뿐만 아니라 모든 피조물 속에도, 즉 세계의 모든 부분에 빛나고 있다"고 보았다.[90] 그러므로 인간과 자연이 하나님의 형상을 공유한다고 하였다. 따라서 하나님의 형상론에 있어서 인간과 자연과의 관계를 배제하는 관계의 아날로기아는 성서적인 것이라 볼 수 없다. 이러한 삼중적 삼중관계의 창조론은 타락과 구원의 이해에도 그대로 적용된다.

최초의 인류 아담과 하와도 범죄한 결과 저주를 받아 모든 관계가 불편하여진다. 창조질서 안에 주어진 생명의 삼중적 관계가 훼손되고, 하나님이 축복으로 주신 모든 것은 저주로 바뀌고 만다.

무엇보다도 인간의 범죄로 하나님과 인간의 관계가 단절된다. 아담과 하와는 하나님을 피하여 숨게 된다. 하나님과의 관계가 불편하여진 것이다. 하나님과의 거리가 생긴 것이다. 그리하여 마침내 아담과 하와는 하나님의 동산에서 추방된다.

아담과 하와 사이도 불편하고 불순한 관계가 된다. 범죄하기 전에는 "아담과 그 아내 두 사람이 벌거벗었으나 부끄러워 아니하는"(창 2:25) 사이였으나 이제는 자기들의 벗은 몸이 부끄러워 무화과나무

---

89 허호익, 『성서의 앞선 생각』 I, 25-86.

90 이오갑, "칼빈의 하나님의 형상론", 118.

잎으로 수치를 가리기에 급급한 사이가 된 것이다. 서로 수치를 느끼는 만큼 서로의 관계에 거리가 생긴 것이다.

인간과 자연 사이의 관계도 불편하여졌다. 인간의 범죄로 땅마저 저주를 받아 가시덤불과 엉겅퀴를 내고 인간은 필요 이상의 수고를 하고 땀을 흘려야 식물을 먹을 수 있게 된 것이다(창 3:17-18).

창조의 목적이 안식의 창조라는 것도 널리 인정되는 주장이다. 안식일은 자연의 저주에 의해 땀 흘려 수고했던 인간이 그 수고로부터 쉬며, 상호 소외된 인간이 한 자리에 모여 멀리했던 하나님을 다시 섬기는 날이다. "안식일은 거룩히 지키라"는 계명은 이러한 삼중적 삼중관계를 회복하고 지속하고 강화하라는 가르침이다.

그리고 안식의 창조는 또한 구원의 창조이다. 구원 역시 이러한 삼중적 삼중관계의 회복과 강화를 의미한다. 개인적으로 예수를 영접하는 신앙의 결단을 통해 복음화를 이루는 '개인구원'은 하나님과 인간 사이의 수직적 관계의 회복과 강화이며, 삶의 질을 향상하기 위해 사회 구조악을 혁파하고 인간화를 지향하는 '사회구원'은 인간과 인간 사이의 수평적 관계의 회복과 강화이며, 생태계의 위기를 극복하고 창조의 보존을 지향하는 '생태구원'은 인간과 자연 사이의 관계의 회복과 강화이다.[91]

따라서 하나님의 형상과 관련된 창조론 타락론 구원론의 기독교 신앙의 전 구조에 비추어 하나님의 형상을 삼중적인 삼중관계로 보아야 할 것이다.

둘째로 관계론적 해석이 실체론적 해석을 완전히 극복하였는가

91 허호익, "구원론의 통전적 이해", 「신학논단」 제21집 (1994), 401-436.

하는 문제이다. 실체론적 입장에서 하나님의 형상을 내용과 형식으로 구분하고 타락 후에도 잔존한다고 주장한 부룬너조차도 하나님의 형상을 하나님과의 관계의 개념으로 설명하려고 하였다. 관계론적 해석은 실체론적 해석의 약점을 극복하기 위하여 제시된 것이긴 하지만, 결과적으로 인간이 하나님 또는 동료 인간과 관계성을 맺을 수 있는 실체로서 내적 능력 또는 자질을 하나님의 형상으로 보는 한계를 가진다는 비판을 면하기 어렵다.[92]

그래서 본회퍼는 "하나님의 형상으로 주어진 관계마저도 인간 자신의 능력이나 가능성이나 인간 존재의 구조가 아니라, 오히려 그것은 '선물로 주어진 관계'"[93]라고 하였다. 칼 바르트도 "하나님 보시기에 좋았다"는 말씀은 "모든 피조물이 그처럼 친밀하게 은혜에서 창조되었다."[94]는 것을 의미한다고 하였다. 그러나 인간에게 주어진 하나님의 형상은 하나님의 은총인 동시에 인간의 과제이기도 하다. 이 점을 바르트와 본회퍼는 명확하게 설정하지 않은 것 같다. 그래서 베버는 하나님의 형상은 "인간의 '본성'과 '존재'의 진술이 아니라, '과제'와 '관계'의 진술"이라고 하였다.[95]

그러므로 관계론적 해석이 실체론적 해석으로 오해되는 여지를 막기 위해 이 삼중적 관계성을 은총(Gabe)과 과제(Aufgabe)의 변증법으로 명확하게 설명하여야 할 것이다. 모든 피조물이 하나님의 은총으로 창조되었지만 인간에게는 더 특별한 은총이 부여되었다. 하

---

92 M. J. Erickson, 『복음주의조직신학 중』, 79.

93 D. Bonhöffer/ 문희석 역, 『창조 타락 유혹』, 53.

94 K. Barth, *KD,* III.2, 122.

95 Otto Weber/ D. L. Goulder (tr.), *Foundation of Dogmatics* I, 560.

늘이나 땅이나 물 속에 있는 "아무 형상도 만들지 말라"(출 20:4, 신 27:15)고 형상 제작 금지를 명한 하나님은 오직 인간에게만 그의 형상을 부여하였다. 그리고 이러한 하나님의 형상으로 창조된 "그들에게 복을 주시며, 그들에게 이르시되 축복하사 생육하고 번성하고 땅에 충만하고 땅을 정복하고 모든 생물을 다스리라"(창 1:28)고 하였다. 그리고 선악과를 제외한 "동산 각종 나무의 실과를 임의로 먹도록"(창 2:16) 축복한 것이다.

이처럼 하나님의 형상은 하나님이 인간에게 베푸신 특별한 은총인 동시에 또한 인간이 이루어야 할 특별한 과제이기도 하다. 인간을 비롯한 모든 피조물이 하나님의 은혜로 창조된 것이 사실이다. 그러나 인간의 창조와 다른 피조물의 창조는 엄격히 구분된다. 다른 피조물은 하나님의 말씀으로 창조되었다. '빛이 있으라' 하니 그대로 된 것이다. 그러나 인간은 하나님의 형상으로 창조되었고 말씀은 그에게 약속과 명령으로 위임되었다. 인간에게 위임된 약속과 명령은 두 가지이다. "생육하고 번성하고 땅에 충만하고, 땅을 정복하고 모든 생물을 다스리라"(창 1:28)는 작위作爲의 명령과 "선악을 알게 하는 나무의 실과는 먹지 말라"(창 2:17)는 부작위不作爲의 명령이다. 그리고 이 두 약속과 명령은 축복과 함께 과제로 주어졌다. 하나님의 은총으로 창조된 다른 피조물에게는 이러한 과제가 주어지지 않았다. 인간에게만 하나님의 형상이 주어졌으므로 하나님의 말씀을 들을 수 있는 은총과 순종해야 할 과제가 있는 것이다. 그리고 하나님의 형상을 공유한 인간은 서로 '돕는 배필'(창 2:18)로서 서로 '지키는 자'(창 4:9)로서 '서로 피를 흘려서는 안 되며'(창 9:6), 더불어 '생육하고 번성하여야 할'(창 1:28) 과제가 주어진 것이다.

나아가 근대 이전의 자연을 두려워하였던 '자연숭배'나, 근대의 자연을 착취하려는 '자연지배'를 극복하고 새로운 대안으로 자연을 돌보고 지킬 '창조 보전'의 '자연 친화'의 특권과 과제도 주어졌다. 따라서 하나님과의 바른 수직적 관계, 인간과의 바른 수평적 관계, 자연과의 바른 순환적 관계를 맺을 수 있는 은총과 그러한 삼중적 삼중관계를 지속하고 회복하고 강화하여야 할 과제로서의 하나님의 형상이 인간에게 주어진 것이다.

셋째로 하나님의 형상을 삼중적 삼중관계로 해석할 경우, 이는 천지인의 조화라는 한국문화의 구성원리와도 상응한다.[96] 전통적인 서양의 신학은 하나님의 형상을 실체적 이원론으로 이해하였다. 그리하여 하나님의 형상을 정신적, 영적인 것인지 아니면 외적, 육체적인 것인지 등의 논란이 제기된 것이다. 그리고 현대에 와서 비로소 하나님의 형상을 관계적으로 해석하였으나, 대부분이 이중적 관계로 해석함으로써 인간과 자연과의 관계를 배제시켰다. 이러한 서양 신학의 전통은 신과 인간, 자연과 인간, 몸과 마음, 정신과 물질을 대립적인 실체로 분열시켰고, 결과적으로 신성神聖의 포기와 자연의 파괴와 인격의 파탄이라는 심각한 결과를 초래하였다.

그러므로 수직적 대신관계, 수평적 대인관계, 순환적 대물관계라는 천지인의 조화의 원리를 회복하는 것만이 그 대안이 될 수 있다. 왜냐하면 신과 인간의 바른 관계를 회복하고 마음과 몸의 바른 관계와 나아가서 물질과 정신의 균형적인 발전을 지향하는 영성신학, 사람과 사람 사이의 바른 관계를 지향하는 정의와 평화의 상생신학이

96 우실하, 『전통문화의 구성원리』 (서울: 소나무, 1999).

나, 남성과 여성의 바른 관계를 지향하는 여성신학, 자연과 인간의 바른 관계를 지향하는 창조의 보전과 생태학적 신학을 모두 아우르는 해석학적 원리가 바로 천지인의 조화의 신학이기 때문이다.[97]

나아가 하나님의 형상을 삼중적 삼중관계로 해석하는 것은 삼태극의 원리와 상응하는 것이므로 천지인 신학으로 수용할 가능성이 아주 높은 신학적 주제라고 할 수 있다.

---

97 허호익, "단군신화에 대한 기독교신학적 이해", 「한국기독교신학논총」 제20집 (2001), 347-379; 허호익, "한국신학의 해석학적 원리로서 천지인의 조화와 삼태극", 박준서교수헌정논문편찬위원회 편, 『구약과 신학의 세계』 (서울: 한들, 2001), 337-363.

제6장

샤르뎅의 삼성론과 천지인신학의 기독론

I. 현대 기독론의 새로운 과제*

전통적인 그리스도론의 핵심적인 두 주제는 '그리스도가 누구인가'라는 그리스도의 인격(the person of Christ)에 대한 질문과 '그리스도께서 무엇을 하셨는가'라는 그리스도의 사역(the work of Christ)에 관한 질문이다. 전자는 성육신론과 양성론(two natures of Christ)으로 전개되어 왔고, 후자는 다양한 속죄론 또는 구원론으로 논의되어 왔다.[1]

그리스도의 인격론은 니케아회의(325년)와 칼케돈회의(451년)를 거치면서 교리적으로 분명한 발전 단계를 밟아 왔다. 그리하여 예수 그리스도는 참 인간이요 참 신이시며, 이 두 본성의 관계는 '혼합됨이 없으시며 변화됨이 없으시며 분리됨이 없으시며 분할됨이 없으시다'는 교리에 도달하였다. 이러한 두 본성에 대한 현대적 재검토가 있었지만 전통적인 양성론의 큰 틀을 벗어나지 못했다.

양성론과 달리 구원론은 그 쟁점이 크게 부각되었다. 대속의 그리스도를 통한 개인구원과 해방자 그리스도를 통한 사회구원을 넘어서서 우주적 그리스도를 통한 생태적인 구원이 그리스도론과 구원론의

---

* 이 장은 "떼이야르 드 샤르뎅의 그리스도의 우주성과 삼성론"(「한국기독교신학논총」 38 [2005.4])을 재정리한 것이다.

1 허호익, 『그리스도의 삼직무론』 (서울: 한국장로교출판사, 1999), 189-203.

새로운 과제로 등장하였다.[2] 개인의 회심을 통해 복음을 받아들이게 하는 '복음화'와 사회 구조악을 일소하고 정의와 평화를 이루어 인간의 삶의 질을 높이는 '인간화' 못지 않게, 파괴되어가는 생태계를 회복하여 하나님이 창조하신 생태계를 잘 돌보고 관리하여 '창조의 보전'을 이루는 것이 중요한 신학적 과제로 등장한 것이다.[3] "정의·평화·창조의 보전"은 이러한 현대신학의 흐름을 가장 명확하게 반영한 것이다.[4] 따라서 예수 그리스도의 구원사역을 생태구원으로 확장하고 예수의 존재를 우주적 차원으로 확장하는 '우주적 그리스도론'의 재검토가 불가피하게 되었다.

우주적 그리스도를 통한 생태학적 구원에의 열망은 성서 특히 골로새서(1:15-17) 등에 나타나는 창조의 근거요, 중재자 및 유지자요 그리고 창조의 궁극적인 목적인 우주적 그리스도에 대한 재발견으로 이어진다.[5]

---

2 생태학적 구원에 관해서는 다음을 참고 할 것. 서남동, "생태학적 신학서설", 「기독교사상」 1970년 10월호; J. Sittler, "생태학의 신학", 「기독교사상」 1970년 10월호; 서남동, "생태학적 윤리를 지향하여", 「기독교사상」 1972년 5월호; F. Buri, "생태학적 신학의 시도", 「기독교사상」 1974년 4월호; 세계개혁교회연맹 편, 『정의 · 평화 · 창조의 보전 -WARC 서울대회 보고서』 (서울: 대한기독교서회. 1989); 한국기독교사회문제연구원 편, 『정의 · 평화 · 창조질서의 보전 세계대회 자료집』 (서울: 민중사, 1990); 김균진, 『생태학의 위기와 신학』 (서울: 대한기독교서회, 1991); Leonard Boff/ 김항섭 역 『생태신학』 (서울: 가톨릭출판사 1996); 이상성, "생태신학: 동양사상을 통한 새로운 가능성의 모색", 「신학사상」 105 (1999년 여름); 장도곤, 『예수 중심의 생태신학』 (서울: 대한기독교서회, 2002); 조용훈(2002), 『동서양의 자연관과 기독교 환경윤리』 (서울: 대한기독교서회, 2002).

3 허호익, "구원론의 통전적 이해", 『현대조직신학의 이해』 (서울: 대한기독교서회, 2003), 297-348.

4 세계개혁교회연맹 편, 『정의, 평화, 창조질서의 보존』; 한국기독교사회문제연구원 편, 『정의, 평화, 창조질서의 보존 세계대회』.

만물이 다 그로 말미암고 그를 위하여 창조되었고, 또한 그가 만물보다 먼저 계시고 만물이 그 안에 함께 섰느니라(골 1:17-18).

칼 바르트는 골로새서의 찬양과 관련하여 하나님 안에 있는 그리스도의 존재와 공동체 안에 있는 그의 존재 외에 우주 안에 존재하는 "예수 그리스도의 제3의 실존방식"에 대하여 생각할 수 없는가 하는 질문을 제기하였지만 논의를 더 이상의 전개하지 않았다.[6]

(1) 그분 안에서 창조되었다.
(2) 그분을 통해서 창조되었다.
(3) 그분을 위해서 창조되었다.

본회퍼는 '나를 위한' 그리스도의 현존의 방식과 현존의 장소를 삼중적으로 설명하면서[7] 그리스도의 삼중적 현존의 방식은 말씀, 성례, 교회이고, 그리스도의 삼중적 현존의 장소는 인간의 중심, 역사의 중심, 자연의 중심이라고 하였다.

오트H. Ott는 본회퍼가 제시한 그리스도의 현존의 방식인 말씀, 성례, 교회와 그리스도의 현존의 장소인 인간의 중심, 역사의 중심, 자연의 중심은 각각 예언자직, 제사장직, 왕직에 해당된다고 하여 삼직무론과 관련시켜 해석하였다.[8] 에벨링G. Ebeling 역시 세계의 주로서

---

5 김균진, 『생태학의 위기와 신학』, 142-148.

6 J. Moltmann/ 김균진 · 김명용 역, 『예수 그리스도의 길』 (서울: 대한기독교서회, 1991), 390.

7 D. Bonhoeffer/ 이종성 역, 『그리스도론』 (서울: 대한기독교서회, 1966), 64-91.

8 H. Ott/ 김광식 역, 『신학해제』 (서울: 한국신학연구소, 1976), 265.

그리스도의 우주성을 삼직무론으로 해석하였다.[9] 그는 하나님과의 관계에 있어서 하나님의 말씀하신 예수는 예언자이며, 인간과의 관계에 있어서 인간의 형제인 예수는 제사장이며, 세계와의 관계에 있어서 세계의 주이신 예수는 왕이라고 하였다.

예수 그리스도가 인성과 신성을 지녔다는 전통적인 양성론兩性論에서 한 걸음 더 나아가 그리스도는 신성 및 인성과 더불어 우주성이라는 제3의 본성을 지녔다는 뜻에서 그리스도의 삼성론三性論을 명시적으로 주장한 이는 샤르뎅이다. 그는 "그리스도의 세 번째 본성(인간의 본성도 신성의 본성도 아닌 우주의 본성)은 신앙인들이나 신학자들이 별로 주목하지 않았다"[10]고 지적하였다. 그리스도의 삼성론에 대한 샤르뎅의 주장은 기독론 역사의 한 획기적인 사례로 평가된다.

최근 가톨릭 신학자 폭스M. Fox 역시 바울서신뿐 아니라 복음서의 역사적 예수에게서도 우주성이 발견된다고 주장하였다.[11] 그리고

---

9 G. Ebeling, *Wort und Glauben* III (Tübingen: Mohr, 1975), 260-261.

10 M. Fox/ 송형만 역, 『우주 그리스도의 도래』 (서울: 분도출판사, 2002), 123 재인용.

11 같은 책, 156-171. 복음서의 예수의 탄생과 세례와 시험 이야기가 우주적 사건으로 묘사되었다고 분석한다. 예수의 시험과 공생애 동안의 활동도 우주적 사건이다. 예수의 치유와 귀신 축출 그리고 여러 번의 자연 기적 등 모두 우주적 사건으로 해석된다. 예수의 십자가 처형도 우주적 사건으로 제시된다. "온 땅이 어둠에 덮여" (막 15:33), 태양마저 빛을 잃었던 것이다(눅 23:44). "땅이 흔들리며 바위가 갈라지고 무덤이 열리면서 잠들었던 많은 옛 성인들이 다시 살아났다"(마 27:52-53). 마가 복음서에는 예수가 죽자 "성전 휘장이 위에서 아래까지 두 폭으로 찢어졌다"(15:39)고 기록되어 있다. 이것은 우주가 둘로 갈라짐을 상징한다. 성령강림과 성령파견 역시 우주론적 사건이다. 성령을 상징하는 바람(공기), 불(불의 혀), 땅(땅 위의 모든 민족들), 물(세례), 이 우주의 네 가지 원소 모두가 자기의 역할을 하고 있다. 폭스에 의하면 공관복음서들이 보여주고 있는 예수는 만유재신론자이다. 마태복음서가 예수를 임마누엘, 곧 "하나님이 우리와 함께 계시다"고 강조하는 것은 예수 안에서, 예수의 현존을 통해서, 세계에 내재하는 신의 현존을 강조하는 것이라고 한다.

그리스도의 우주성을 배제한 현대 서양문화는 갈등과 분열을 증폭시키지만, 그리스도의 우주성은 총괄갱신이 뜻하는 바와 같이 만물의 통일과 완성을 목표로 하는 '우주적 조화'를 표상한다는 것이다. 그런 의미에서 우주 그리스도는 조화의 조성자라고 하였다. 이런 관점에서 볼 때 샤르뎅이 말한 그리스도가 신성과 인성뿐 아니라, 제3의 본성으로서 우주성을 지닌다는 '그리스도의 삼성론'은 그리스도 안에서 나타난 신성을 통한 하나님과의 관계, 인성을 통한 인간과의 관계 그리고 우주성을 통한 자연(또는 물질)과의 관계를 개인구원, 사회구원, 생태구원의 통전으로 해석하는 천지인신학과 상응한다.

II. 우주적 그리스도와 그리스도의 세 실존양식

샤르뎅이 우주적 그리스도를 통해 주장한 그리스도의 삼성론이 지니는 신학적 의미를 밝히고, 우주적 그리스도를 조화의 조성자요 모든 갈등을 '통합하는 틀'로 제시한 폭스의 견해를 빌어 천지인의 삼중적 삼중관계의 조화를 지향하는 천지인신학의 신학적 근거를 제시하려고 한다.

현대 그리스도론의 우선적인 과제는 현대적인 상황에서 그리스도론을 변증하고 정립하기 위해 그리스도에 관한 질문의 성격을 현대적으로 재정립하는 것이다. 현대에 와서 예수 그리스도는 칼케돈 신조가 말한 하나님과 동일본질이신 참 하나님이요, 죄가 없으신 것 외에는 인간과 동일하신 참 인간일 뿐 아니라, '만유의 만유이신 그리스도의 우주성'을 가져셨다는 성서적 사실을 재인식하게 된 것이다.

칼 바르트는 골로새서의 찬양과 관련하여 하나님 안에 있는 그리스도의 존재와 공동체 안에 있는 그의 존재 외에 "예수 그리스도의 제3의 실존방식"에 대하여는 생각할 수 없는가를 질문하였다.

그는 이미 지금 만유의 통치자로, 모든 것에 대한 머리로서, 처음으로 또 마지막으로 홀로 권능 있는 자로서 비록 우주 안에 은폐되어 있고, 그의 공동체가 그를 인식하는 것처럼 그를-아직!-인식하지 못하지만 우주 안에서, 또한 최고의 실재성 속에서 우주 안에서 실존하며 작용하며 창조하며 활동하지 않는가?[12]

여기에서 바르트는 칼빈이 말한 "온 우주 안에서 다스리는 삶의 원리"로서의 성령에 관한 이론을 적용하였다. 나아가서 그리스도의 재림 즉, 그의 "하나님의 숨어계심으로부터 나타남"은 "세계의 사건 속에 그의 숨어계심으로부터의 나타남"이기도 하다. 그래서 몰트만은 만일 바르트가 이러한 생각을 계속 발전시켰다면, 창조와 계약, 자연과 은혜, 신체와 영혼을 바르트가 그렇게 엄격하게 구분하지 않았을 것이며 계약과 은혜와 영혼에 일방적으로 치우치지 않았을 것이라고 평가한다.

몰트만에 의하면 "우주적 그리스도론"에 대한 최근의 신학적 논의는 생태학적 위기가 의식화되기 훨씬 이전인 1961년 인도 뉴델리의 세계교회대회에서 루터교회 신학자 요셉 지틀러Joseph Sittler를 통해 제시되었다고 한다.[13] 그러나 몰트만은 지틀러가 구원에 비하여 창조를 너무 강조하였으며, 장차 올 하나님의 나라에 대한 종말론적 증언을 간과했으며, 죄인의 칭의를 이해할 수 있는 여지를 남겨두지 않았다고 비판한다.[14]

따라서 몰트만은 그리스도의 우주성과 삼중적 창조론과 그리스도의 삼중적 통치 및 삼중적 화해의 자리인 그리스도의 삼중적 실존양식을 주장하였다. 창조의 지혜인 그리스도는 우주 역사의 끝없는 창조의

---

12 J. Moltmann, 『예수 그리스도의 길』, 390 재인용.

13 같은 책, 386-387.

14 같은 책, 388-389.

근거이며, 창조의 중재자일 뿐 아니라 창조의 유지자이다. 전통적 창조론은 창조의 이러한 다면성을 밝히지 못했다. "창조"를 단지 태초의 창조(creatio originalis)로만 이해했으며 계속되는 창조(creatio continua)와 모든 것을 완성하는 창조(creatio nova)는 간과하였다. 이러한 경우에는 창조와 구원은 분리된다. 창조가 구원의 준비로 격하되거나 아니면 구원이 태초의 창조로 회귀되는 것으로 위축된다. 따라서 창조를 그리스도론적으로 재조명할 때, 태초의 창조와 함께 시작하여 창조의 역사 속에서 지속되며 모든 것의 새 창조로 완성되는 그리스도가 지닌 창조의 중재자로서 역할을 세 단계로 설명할 수 있게 된다는 것이다.[15]

(1) 모든 것의 창조(creatio originalis)의 근거로서의 그리스도
(2) 창조의 진화(creatio continua)의 원동력으로서의 그리스도
(3) 창조의 모든 과정(creatio nova)의 구원자로서의 그리스도

몰트만은 나아가서 그리스도의 왕적 직분을 삼중적 통치로 주장해 온 개신교 정통주의 신학의 관점을 오늘의 상황 속에서 새롭게 전개한다. 그리스도의 삼중적 통치는 그리스도께서 자연의 왕국(regnum naturae)과 은혜의 왕국(regnum gratiae)과 영광의 왕국(regnum gloriae)에서 다스린다는 교리이다. 몰트만은 이와 같이 그리스도의 통치를 통합적으로 생각할 때 우주적 그리스도론이 지니고 있는 일면성을 피할 수 있다고 보았다.[16]

---

15 J. Moltmann/ 김균진 역, 『창조 안에 계시는 하나님』 (서울: 대한기독교서회, 1986), 75, 250.

무엇보다도 자연을 무자비하게 착취하는 인간이 사려 깊게 자연과 화해하기 위한 영적 기초는 우주적 그리스도론에 의해 마련된다. 우주적 그리스도론은 구원의 우주적 차원을 재검토할 수 있게 한다는 점에서 신학적 의미를 지니는 것이다. 몰트만에 의하면 구원론적 의미에서 그리스도의 평화는 다차원적인 성격을 지닌다. 그리스도에 대한 인격적 신앙을 통하여 자신의 마음 깊은 데에서 인지되는 하나님과 영혼의 내적 평화는 중요하다. 그러나 영혼의 평화를 넘어서서 인간과 인간, 인간과 자연의 모든 적대 관계를 넘어서는 그리스도 안에서 누리는 우주적 평화가 요청된다.

> 그리스도께서 그의 십자가 죽음을 통하여 '적대관계'를 '죽였기' 때문이다: 인간이 자기 자신과의 적대관계, 인간상호 간의 적대관계, 인간과 자연의 적대관계, 자연 자체의 힘들 사이의 적대관계. 그리스도의 평화는 우주적이며 모든 창조를 침투한다. 만일 그렇지 않다면 그리스도는 하나님의 그리스도가 아닐 것이다.[17]

인간이 하나님과 사이에서 그리고 인간 상호 간에서 경험하는 화해는 자신과 세계를 넘어서 우주를 보게 한다. "하나님은 하늘에 있는 것이든 땅에 있는 것이든 모든 것을 그분을 통해 자기와 화해"(골 1:20)하셨기 때문이다. 모든 피조물이 화해되지 않는다면, 그리스도는 하나님의 그리스도일 수 없을 것이며 모든 것의 근거일 수 없을 것이다.[18] 그런 의미에서 몰트만은 예수는 역사적 실존(인간)이며,

---

16 J. Moltmann/ 김균진·김명용 역, 『예수 그리스도의 길』, 400.

17 같은 책, 426-427

교회공동체로 실존(하나님의 아들)하며, 우주로 실존(만유)한다고 하였다.

> 예수는 새로운 인류의 장자이다- 예수는 백성들의 사람의 아들이다- 예수는 화해된 우주의 머리이다. 그리스도의 몸은 십자가에 못 박혔고 부활한 예수의 몸이다- 그리스도의 몸은 교회이다- 그리스도의 몸은 온 우주이다. 첫째의 경우 그리스도는 나사렛 예수로 실존하였고, 둘째의 경우 그리스도는 공동체로서 실존하며, 셋째의 경우 그리스도는 우주로서 실존한다. 그리스도는 언제나 더 크시다(Christus semper major).[19]

몰트만이 우주적 그리스도의 구원론적인 측면을 강조하고 그리스도의 우주적 실존이 '그리스도의 삼중적 실존양식' 중 하나라는 사실을 구체적으로 주장하였으나, 이는 본회퍼와 오트(H. Ott)가 이미 제시한 교회의 중심, 역사의 중심, 세계의 중심이신 '그리스도의 세 가지 실존양식'과 유사하다.[20]

나아가서 몰트만이 주장한 역사적 실존은 그리스도의 인성으로, 교회적 실존은 그의 신성으로 그리고 우주적 실존은 그의 우주성으로 유비할 수는 있지만, 엄격한 의미해서 예수의 세 실존 양식을 '그리스도의 삼성론'이라고 명시적으로 주장하지는 않았다.

---

18 같은 책, 427

19 같은 책, 385.

20 D. Bonhoeffer, 『그리스도론』, 64-91; H. Ott, 『신학해제』, 265.

III. 샤르뎅의 그리스도의 우주성과 그리스도의 삼성론

1961년 지틀러가 '우주적 그리스도'에 관한 강의를 하기 이전에 이미 그리스도의 우주성을 현대신학의 주제로 제시한 이는 떼이야르 드 샤르뎅이다. 샤르뎅은 1955년 저술한 『그리스도』라는 책에서 그리스도의 우주성을 그의 신성과 인성에 이은 '제삼의 본성'이라고 명시적으로 주장하고, 이를 '신-니케아 신조'에 상응하는 것으로 밝혔다.[21] 이는 기독론의 역사상 주목할 만한 최초의 사례가 되었다.

(1) 샤르뎅은 말년에 쓴 『물질의 심장』(1950)에서 여섯 살 내지 일곱 살 때 이미 "물질의 핵심 속에서 무언가 '빛나는 것'에 이끌리기 시작했다"고 회상하였다.[22] "물질과 정신은 결코 두 가지 다른 실체가 아니고, 같은 우주적 재료가 보는 방식에 따라 달리 나타나는 두 '상태', 두 측면"[23]이며, "엄밀히 말해서, 무생명체에 비해 생명체가, 육체에 비해 정신이 절대적으로 우위에 있다고 말할 수는 없다"는 확신에 이르게 되었다는 것이다.[24] 그 시절 그는 기도하면 할수록 "하나님께서 정신적이고 영적이며 동시에 만져지는 현실 속에 더욱 깊

---

21 P. Teilhard de Chardin/ 이병호 역, 『그리스도』 (왜관: 분도출판사, 2003), 39, 60.
22 P. Teilhard de Chardin/ 이병호 역, 『물질의 심장』 (왜관: 분도출판사, 2003), 27.
23 같은 책, 44.
24 같은 책, 45.

이 '물질화'하셨다"[25]는 사실과 "신이 어디든 파고들고, 무엇으로나 변모할 수 있게 된 다음부터는 '보편화, 우주화할 수 있는 특성'을 띠게 되었다"[26]는 사실을 깨달았다고 한다.

물질과 육체로 구체화되는 자연과 우주가 정신과 영혼처럼 신비한 까닭은 성육신의 새로운 해석을 통해 확인된다. 샤르뎅에 의하면 그리스도의 성육신은 단지 하나님이 '육신의 몸'으로 인간이 되신 사건에 제한되지 않는다. 성육신의 의미는 우주로 확장된다. 그는 그리스도가 성육신을 통해 인류의 일부분만이 아니라 우주의 일부분이 되었다고 주장한다. 그러 의미에서 그리스도는 '우주의 몸'(a cosmic body)으로 성육신하신 것이다. 이러한 그리스도의 우주성은 '우주의 충만'(the plenitude of the Universe)이요, 전 우주를 채우는 '우주의 몸'으로 표현된다.[27] 그리스도가 우주의 몸이라는 주장은 그의 초기 저서 『우주적 그리스도론』(1920)과 『범신론과 그리스도교』(1923)에서도 등장한다.[28]

우주가 그리스도의 몸이라면 인간도 우주의 일부로서 그리스도의 몸이라고 할 수 있다. 샤르뎅은 우주만이 거대한 신비이고 따라서 신비주의의 원천인 것이 아니라, 우리의 몸도 그러하다고 설명한다.[29] 이런 의미에서 샤르뎅은 인간의 몸은 제3의 무한 즉 무한복잡

---

25 같은 책, 84.

26 같은 책, 85.

27 R. L. Faricy/ 이홍근 역, 『떼이야르 드 샤르뎅의 신학사상』(왜관: 분도출판사, 1990), 119.

28 같은 책, 120.

29 M. Fox/ 송형만 역, 『우주 그리스도의 도래』(왜관: 분도출판사, 2002), 67. 사람의 뇌는 세상에 존재하는 모든 전자 회로들을 합한 것보다도 복잡하다. 사람의 심장이 하루에 하는 일은 1톤의 물을 지상에서 5층 건물 꼭 대기까지 올리는 것과 같은

의 세계라고 하였다. 우주가 무한대의 세계라면 미립자는 무한소의 세계이고 인체는 무한복잡의 세계라는 것이다. 샤르뎅에 의하면 이처럼 무한대, 무한소, 무한 복잡이라는 3대 무한이 존재한다. 우주와 마찬가지로 무한복잡성을 띤 인간의 육체 역시 경외심의 대상이며 따라서 신비주의의 근원이 된다.

(2) 샤르뎅에 의하면 우주에 충만한 우주의 몸인 그리스도는 우주에 편재하는 우주성을 지니는 우주적 존재이다. 만물을 하나로 연결시키는 우주적 존재로서 그리스도는 우주 속에 편재하는 존재이다. 하나님의 편재는 만물의 힘을 하나로 엮는 그리스도로 표현된다.[30] 따라서 하나님의 편재遍在는 바로 그리스도의 편재遍在라는 정식에 도달한다.[31]

그리스도의 우주적 힘이 만물에게 미친다는 개념은 샤르뎅이 초기에 쓴 논문에도 잘 나타나 있다. 그가 『신의 영역』(1917)을 쓰기 수년 전부터, 이 우주적 힘을 그리스도의 편재(a universal presence)라고 표현하여 왔다. 그는 "강생된 말씀은 마치 우주의 구성요소처럼 만물 안에 깊숙이 현존하고 있다. 그것은 우주의 구성을 속속들이 비추고 있다"[32]고 하였다. 이 '범 그리스도 사상pan-christism'은 만물이 신과 동일

양의 일이다. 과학자 기 뮈르시에 의하면 사람의 몸은 100개의 기관과 200개의 뼈와 600개의 근육과 수 조 개의 세포와 100의 10제곱 개의 원자들이 하나의 온전한 몸을 만들기 위해 협동하여 일하고 있는 기업이라고 이해할 수 있다. 경외심에까지 이르는 존경심 없이 그것을 비판적으로 조사할 수 있는 사람은 아무도 없다.

30 이금만, "떼이야르 드 샤르댕의 영성과 통전의 영성교육 연구", 「한국기독교신학논총」 27집 (2003), 333-334.

31 P. Teilhard de Chardin, *The Divine Milieu* (New York: Harper & Row, 1965), 137.

32 R. L. Faricy/ 이홍근 역, 『떼이야르 드 샤르뎅의 신학사상』, 114. 떼이야르는 그리

하고 신과 융합되어 그 본질을 상실한다는 그릇된 범신론과는 전혀 다르다. 그리스도의 우주적 힘을 "사물을 분리하기는커녕 결속하고, 사물을 혼동하기는커녕 개별화한다"고 주장한다.[33] 따라서 그리스도의 편재라는 신앙은 모든 것이 '그리스도 안으로 수렴' 된다는 우주적 원리가 된다.[34]

샤르뎅은 그리스도의 몸의 우주적 편재의 원리를 성찬의 신학적 의미에서 새롭게 발견한다.[35] 『물질 세계의 그리스도』에는 '성체聖體'는 널리 전 우주를 포용하고 변화시키며 생동하게 한다고 묘사되어 있다.[36] 『사제』는 전선에서 쓴 것인데 묵상 기도의 형식으로 다음과 같이 표현하였다.

> 주여, 당신의 사제인 나에게는 지금 면병麵餠도 포도주도 제단도 없나이다. 그러므로 나는 내 손을 이 넓은 우주에 펴서 이것을 송두리째 당신께 제물로 바치나이다. 당신이 변화시키고자 하시는 최후의 면병은 무한한 조물계가 아니니이까.[37]

스도의 편재(omnipresence)와 신의 영역을 동일시하고 있다.

33 같은 책, 114.

34 P. Teilhard de Chardin, *The Divine Milieu,* 137.

35 같은 책, 138-139.

36 R. L. Faricy/ 이홍근 역, 『떼이야르 드 샤르뎅의 신학사상』, 124.

37 같은 책, 124-125. 『세계에 드리는 미사』(the Mass on the World)에서 샤르뎅은 "주여! 비록 여기는 어느 숲속이 아니고 아시아의 초원 지대입니다만, 이곳 역시 면병도 포도주도 제단도 없나이다. 나는 이제 이와 같은 상징적인 것을 떠나 실재 자체의 순수한 존엄성을 바라보나이다. 당신의 사제인 나는 온 세계를 제대로 삼아 그 위에서 현세의 모든 수고와 고통을 당신께 제물로 바치겠나이다"라고 하였다.

이와 같이 샤르뎅은 전우주를 제물로 삼는다. 전우주는 성체의 신비한 힘으로 그리스도의 몸과 피가 된다. 성찬에서의 그리스도의 축성은 '우주적 축성'(the universal consecration)이 되며, "우주의 축성祝聖은 그침 없는 우주의 성찬 의식"으로 조명된다.[38] 샤르뎅은 『신의 영역』(1917)에서 다음과 같이 말한 바 있다.

> 주여! 당신은 '이는 내 몸이니라'라고 하였으므로 제대상祭臺床의 빵만이 아니라 어느 정도 영성 생활 및 은총 생활을 위해 영혼을 길러 주는 우주의 만물도 당신의 것이 되고 거룩해졌나이다. 다시 말하면 우주 만물이 신화되고 신화하며 신화할 수 있는 것이니이다.[39]

넓은 의미로 그러나 실재적인 의미로 말하면 "그리스도가 속속들이 침투하여 활기를 불어넣는 우주가 바로 하나의 성체聖體"[40]라는 것이다. 샤르뎅은 그리스도의 구속 활동과 통일 활동이 성찬을 통하여 연장되었으며, 또 "그리스도의 우주적 힘도 바로 성찬을 통하여 인간에게 도달되고", 이에 따라 성찬은 우주적 능력과 실재성을 지닌다고 보았다. '우주의 축성'의 대상은 정적인 우주가 아니라 진화 발전하는 동적인 우주다. 그러므로 인간의 활동도 우주의 축성과 함께 성화된다고 주장한 것이다.[41]

---

38 같은 책, 124.

39 같은 책, 125

40 같은 책, 127.

41 같은 책, 127, 129. "인간과 물질이 동화하고 성체와 인간이 동화하기 때문에 성찬 의식은 제대상의 빵의 실체 변화를 초월하고 완성한다. 이리하여 성체 변화는 차츰차츰 온 우주에 침투하고 — 제2차적이고 보편화된 의미에서, 그러나 참된 의미

(3) 샤르뎅은 그리스도가 우주의 몸일 뿐 아니라 '우주의 머리'라는 사실을 강조한다. 그리스도는 성육신과 부활을 통해 우주의 일부가 아니라 바로 우주의 지배 원리가 되었다는 것이다. 따라서 성육신은 우주의 모든 물리력과 정신력을 갱신하고 복구하는'[42] 능력이요, '부활은 우주의 중심적인 능력'이다.[43]

샤르뎅은 우주적 그리스도에 관한 바울의 가르침을 요약하면, 두 가지를 긍정할 수 있다고 한다. 즉, "만물은 그분(그리스도)으로 말미암아 존재한다"(골 1:17)는 긍정과 "그분 안에서 만물은 완성된다"(골 2:10; 엡 4:9)는 긍정이다. 따라서 이 두 긍정은 "그리스도는 모든 것이며, 모든 것 위에 군림한다"(골 3:11)는 말로 줄일 수도 있다고 하였다.[44] 그러므로 "그리스도는 만물의 으뜸이요, 머리다. 만물은 그분 안에서 시작되고, 통일되고 마침내 완성된다."[45] 따라서 우주의 머리요, 우주의 중심이신 그리스도에 관한 샤르뎅 자신의 견해가 "그리스도의 물리적인 우주 통치권"(Christ's physical supremacy over the universe)에 관한 바울의 증언에 근거해 있음을 밝혔다.

우주는 그리스도에 의해 창조되었을 뿐 아니라, 그리스도 안에서 계속 창조된다. 그리스도는 만물을 갱신하고 복구하고, 활기차게 하며 성화하고, 통일하고 완성하신다. 만물의 근원인 그리스도 안에서 만물이 창조되었고, 만물의 통치자인 그리스도 안에서 만물의 창조

에서 전세계가 성사聖事의 형상이 되고, 또한 창조의 지속은 우주를 성화하는 데 필요한 시간이 되고 있다."

42 같은 책, 109.

43 P. Teilhard de Chardin/ 이병호 역, 『그리스도』, 33.

44 R. L. Faricy/ 이홍근 역, 『떼이야르 드 샤르뎅의 신학사상』, 94.

45 같은 책, 109.

가 지속되고, 만물의 완성자인 그리스도 안에서 만물이 완성되는 것이다. 따라서 샤르뎅의 우주적 그리스론은 창조의 세 측면 즉 태초의 원 창조(creatio originalis), 역사의 계속적인 창조(creatio contiua), 종말의 새 창조의 완성(creatio nova)을 포함하는 체계를 형성하였다.

샤르뎅의 창조론은 태초의 원창조라는 창조의 일면만을 강조해 온 전통적인 창조론의 폐쇄적인 구조가 '계속적인 창조'의 개방적인 구조로 바뀌어 창조적 진화론의 근거를 마련하였다. 그리하여 '종말의 새 창조의 완성'이라는 가르침을 통해 우주적 구원론의 확충과 오메가 포인트omega point를 향한 종말론적 지향점을 신학적으로 확보할 수 있게 된 것이다.

(4) 샤르뎅의 삼중적 창조론은 그의 창조적 진화론의 근거가 되었다. 그리스도는 원 창조의 근원이면서 동시에 만물을 다스리는 계속적인 창조의 머리라는 것이다. 따라서 우주를 창조하시고, 다스리시고, 완성하시는 그리스도는 우주의 통치자로서 '우주의 알파와 오메가'가 되신다. 샤르뎅은 그리스도를 '알파요 오메가'(계 1:8)로 표상한 성서의 가르침을 근거로 하여 그리스도는 만물의 시작인 우주 창조의 근원인 동시에 만물의 마지막인 우주 진화의 궁극적인 목표요, 완성자가 된다고 하였다. 우주적 그리스도는 창조의 근원인 동시의 진화의 오메가 포인트Omega Point가 된다는 점에서 '창조와 진화를 불연속적 연속'으로 보는 창조적 진화론을 독창적으로 주장한 것이다.

샤르뎅의 창조적 진화론에 따르면 무기체인 물질현상이 생기고, 물질현상의 임계점에서 유기체인 생명현상이 생기고, 생명현상의 임계점에서 인간의 정신현상이 생긴 것을 창조의 단계로 설명한다.[46] 그리고 한 걸음 더 나아가서 현존하는 인간의 정신현상이 그 임계점에서 다음 단계로 창조적으로 이행하여 '공동 정신현상'co-reflection에 도달해야 한다는 창조적 진화의 목표를 제시하였다. 인간의 정신은 자아 중심성을 벗어나지 못했기 때문에 그 임계점에서 예수 그리스도의 정신, 즉 온 인류를 한 형제로 사랑하는 공동정신을 지닌 존재로 나아가야 한다는 것이다. 따라서 예수 그리스도는 공동정신을 실현한 전적으로 새로운 인간이며, 진화의 궁극적 정점omega point을 표상한다는 의미에서 우주적 그리스도(cosmic Christ)라는 것이다.

이러한 그리스도와 오메가의 동일성은 샤르뎅 사상의 출발점이다. 샤르뎅은 진화 물리학에서 말하는 오메가와 그리스도교 계시에서 말하는 그리스도는 동일한 존재다. 우주에 의미가 있고, 인간이 목적을 가지고 노력하는 것은 바로 그리스도가 우주의 궁극적 목표를 표상하기 때문이라는 것이다.[47]

이런 의미에서 성육신은 "그리스도 예수께서(육체적 탄생을 통해) 진화의 과정 속에 역사적으로 끼어 들어오심"[48]으로 이해된다. 성육신을 통해 단지 그리스도와 물질 사이에 합치가 이루어지는 것만이 아니고, 확실히 그리스도와 진화의 궁극적 목표 사이에도 그런 합치가 이루어지게 될 것이라고 하였다.[49]

진화가 의식의 상승을 의미하는 만큼 반성의식을 지닌 인간은 우주 진화에서 중추 역할을 한다. 하나님은 창조 마지막에 인간을 만드셨다. 인간을 자연의 정상에 세우고, 만물의 영장으로서 피조계를 다

---

46 샤르뎅의 창조론적 진화론은 진화론의 우연성을 비판하고, 창조적 진화의 궁극적 목표를 제시했다는 데 의미가 있다.

47 같은 책, 90.

48 P. Teilhard de Chardin/ 이병호 역, 『그리스도』, 33.

49 P. Teilhard de Chardin/ 이병호 역, 『물질의 심장』, 93.

스리게 한다(창 1:28). 하나님이 인간에게 우주를 위탁했다면 인간은 하나님 앞에서, 자신에게 맡겨진 과업을 위해 역량을 발휘하여 세계를 완성해야 할 과업을 요청받는다.

인간은 사회적 존재이다. 따라서 타인과 유기적 인격적 관계없이는 이러한 과업을 효과적으로 수행을 할 수 없다(창 1:27). 개인의 발전은 인격적 친교로 보완되고, 사회발전은 개체의 인격 성장과 상호 섬김으로 보완된다. 모든 피조물은 인간을 위해, 인간은 그리스도를 위해, 그리스도는 하나님을 위해 존재한다. 우주는 진화의 걸작품이자 절정이며, 하나님께 가장 가까운 존재인 인간을 향해 진화해오다 인간출현 이후 그것은 인간 안에서 인간을 통해 계속된다. 샤르뎅은 "그리스도는 그의 신비한 몸 외에도 우주 전체로 퍼져가는 우주적인 몸을 가지고 있다. 그리고 신비의 그리스도가 아직도 완전을 위해 더 성장해야 하듯이 우주 그리스도도 그렇다"고 믿었다.[50] 그리고 그리스도께서 당신의 몸이신 교회 안에서, 우주적인 당신의 몸 안에서 계속 커져갈 뿐 아니라, "당신이 오실 때까지 우주가 하나님 성삼위의 완전무결 안에서 그리스도화를 향해 계속 진행한다"[51]고 하였다. 성육신의 우주적 그리스도론을 우주적 진화론으로 전개한 것이다.

(5) 샤르뎅은 성육신과 성찬의 우주적 축성을 통해 우주의 몸으로서 우주에 편재해 있는 우주적 그리스도와 알파 및 오메가로서 만물을 창조하시고 다스리고 완성하시는 그리스도의 우주적 본성(Cosmic Christ)을 그의 '제3의 본성'이라고 부른다. 우주적 그리스도

---

50 M. Fox, 『우주 그리스도의 도래』, 214.

51 P. Teilhard de Chardin/ 최영인 역, 『떼이야르 신부가 장따 여사에게』 (왜관: 분도출판사, 2002), 96.

론은 4세기 니케아 공의회에서 정의된 참 하나님이며 참 인간이라는 '그리스도의 양성론'에서 신성과 인성뿐 아니라 우주적 본성이라는 제3의 영역으로 확장하게 해준다.[52] 그가 죽기 직전 쓴 마지막 책인 『그리스도』(1955)에서 우주적 그리스도론의 최종적인 체계로서 '그리스도의 삼성론'을 주장한 것이다.

> 전체 그리스도 안에는 (이 점에 관해 그리스도교 전통은 견해를 같이 하는데) 인간과 하나님만 있는 것이 아니다. 거기에는 그 '신인神人적' 존재 속에 창조계 전체를 끌어모으는 분이 또 있다. 'in quo omnia constant'(만물은 그분으로 말미암아 존속한다)(골 1:17). 바울 사도가 자기 세계관 속에서 그리스도의 이 제3 측면 혹은 기능—혹은 한술 더 떠서, 어떤 의미로는 제3의 본성(인간성도 아니고 신성도 아니라 '우주적'인 본성인데)이라고까지 말할 수도 있겠다—에 아주 지배적인 위치를 배정하고 있음에도 불구하고, 지금까지는 신자들이나 신학자들이 이 점에 별 다른 관심을 기울이지 않았다.[53]

샤르뎅이 죽기 사흘 전에 남긴 일기에 의하면 우주적 그리스도를 통해 니케아Nicea 신조의 양성론에서 '신 그리스도교는 신니케아 신조의 삼성론'으로 나아가야 한다고 믿고 있었다.

내가 믿는 것

(1) 중심을 지니고 거기로 향하고 있는 우주 - 제3의 무한 속에서→

---

52 M. Fox, 『우주 그리스도의 도래』, 133.

53 P. Teilhard de Chardin/ 이병호 역, 『그리스도』, 39.

신-인간주의(월-인간)[54]

(2) 그리스도는 우주의 중심이다(정신발생 = 그리스도발생) → 신-그리스도교(신-니케아)[55]

무엇보다도 샤르뎅이 삼성론을 주장한 까닭은 예수를 신과 인간 사이에 위치시킨 양성론이 현대인들에게 신에 대한 경배의 욕구를 더 이상 충족시키지 못하며 오히려 감퇴시키고 있다는 현실에서 출발한다고 밝혔다.

> 예수를 인간과 신 사이에 위치시킴으로써, 신 관념이 더 이상 발전을 하지 못하고 정지되었을 뿐 아니라 말하자면 위축되고 말았다는 것이, 비신자들로부터 그리스도인들에게 던져지는 가장 흔한 비판이었다. 이런 면에서 그리스도교는 현대인들에게 신 경배의 욕구를 더 이상 충족시켜 주지 못하고 오히려 감퇴시킨다는 것이다. 그런데 나 자신이 얼마나 자주 똑같이 생각했던가. 그리고 사람들이 얼마나 자주 내게 그렇게 말했던가.[56]

그리하여 샤르뎅은 우주적 그리스도론이 지니는 구원론적인 차원을 성서에서 재발견한 것이다. 그는 우주적 그리스도를 통해 모든 대립이 사라지는 구원의 새 차원이 드러난다고 보았다.

---

54 '월-인간'으로 번역된 인용문은 '인간을 초월하여', '인간을 넘어서'를 의미한다.
55 P. Teilhard de Chardin/ 이병호 역, 『그리스도』, 60.
56 같은 책, 105

참으로 묘하고 놀라운 지점이다. 우주·인간·그리스도, 이 셋이 만나 "중심"이라는 새로운 영역이 나타나고, 거기에서는 우리 실존의 불행이나 고뇌의 원인이 되었던 온갖 대립들이 사라져 간다.[57]

샤르뎅에 있어서 그리스도에 대한 사랑은 이웃에 대한 사랑에서 만물에 대한 사랑으로 확장된다. 그의 고백에서 하나님 사랑과 이웃 사랑과 자연 사랑의 일치를 발견할 수 있다. "그리스도에 예수께 대한 나의 사랑과 만물에 대한 나의 사랑, 이 둘을 연결하여 다리를 놓아 줄 수 있는 이 극히 그리스도교적인 자세에 대해서 처음에는 별 뚜렷한 의식이 없었다. 그러나 수도생활 초기부터 나는 우주를 가로질러 하나님과 일치한다고 하는 이 적극적 감정에 전적으로 몸을 맡겼다."[58]

그러나 샤르뎅이 지적한 것처럼 "그리스도의 세 번째 본성(인간의 본성도 신성의 본성도 아닌 우주의 본성)은 신앙인들이나 신학자들이 별로 주목하지 않았다."[59] 뿐만 아니라 샤르뎅이 주장한 그리스도의 삼성론은 니케아 신조 이상으로 기독론의 역사상 아주 중요한 교리적 주장이요 새로운 전환점이 분명하지만, 이 역시 신학적으로 큰 주목을 받지 못했다.

---

57 P. Teilhard de Chardin, 『물질의 심정』, 96.

58 같은 책, 91. 샤르뎅은 "이것이 '범-그리스도적' 신비주의의 결정적 출현이고, 그것은 아시아와 전쟁의 거대한 숨결을 거치면서 결정적으로 성숙했다. 나는 그것을 각각 1924년과 1927년에 『세계 위에서 드리는 미사』 그리고 『신의 영역』을 통해 정리하고 표현하였다"라고 고백한다.

59 M. Fox, 『우주 그리스도의 미래』, 123 재인용.

IV. 그리스도의 삼성론과 천지인신학의 통전적 기독론

기독교의 전통적인 칭의론과 화해론은 하나님의 구원을 개인주의화, 영성화시키는 데에 결정적 공헌을 하였다. 그 결과 구원관에 있어서도 인간의 육체와 물질의 세계, 자연의 세계는 제외되어 있거나 이차적인 것으로 간주된다.

폭스는 근대에 들어오면서 그리스도의 우주성이 기독론 논의에서 철저하게 배제된 몇 가지 역사적 원인들을 분석한 여러 주장을 제시한다. 그는 "계몽주의 철학이 우주적 그리스도를 끌어내렸다"는 지적과 루터파 신학자 죠셉 지틀러가 "17세기부터 그리스도교에 쓰며들기 시작한 합리주의와 경건주의 역시 우주적 그리스도에 대한 비전을 약화시켰다"고 주장한 것을 인용한다.[60] 이 시대의 이성주의와 부권주의적 사고방식이 신비주의와 직관과 상상력 그리고 무엇보다도 우주론을 몰아내게 되었으며, 자연히 우주적 그리스도도 사라지게 된 것으로 분석한다. 인간이 우주론 없이도 살아갈 수 있다면 왜 구태여 우주적 그리스도가 필요하겠는가? 인간중심의 문화와 종교의 시대에는 우주적 그리스도가 필요치 않게 되었다는 것이다.

무엇보다도 계몽주의 시대 이래로 지난 2000년을 지배해 온 역사

---

60 같은 책, 123-124.

적 예수를 추구하면서 예수의 우주성은 더욱 관심 밖으로 밀려났다고 분석한다. 그런 의미에서 신학자 그리스테 스탕달은 불트만의 인간 중심적인 실존신학의 영향으로 "하나님이나 그분이 창조한 피조물의 운명보다 우리 자신에 대해 더 많은 관심을 가지게 하였다"고 지적하고, 이것은 "불트만의 신학활동의 커다란 실수"라고 비판하였다.[61]

폭스는 우주적 그리스도의 약화는 인간과 자연, 정신과 육체, 남자와 여자 등의 갈등을 부추기는 계기 중의 하나라고 보았다.[62] 사회학자 로버트 벨라Robert Bellah는 서양의 문화가 얼마나 "분열의 문화"가 되었는지를 설명한다.[63] 몰트만 역시 개신교가 현대세계의 이분법을 받아들여 율법과 복음, 인격과 사역, 정신적 왕국과 세속적 왕국의 종교개혁적 구분을 계승하여 왔다고 분석한다. 현대에 와서 고가르텐, 불트만, 브룬너에 의해 인격과 자연을 분리되었기 때문에 인격적 인식과 자연적 인식이 서로 무관하다고 여겨졌다는 것이다.[64]

살아 있는 우주론이 없는 사회는 신비주의가 없는 시대, 분리와 이원론이 지배하는 시대로 귀결된다. 우주적 그리스도는 분열의 시대에서 일치의 시대로 안내한다. 우주적 그리스도는 이처럼 정신과 우주를 다시 결합시킨다. 그러므로 신학자 라이트푸트가 그리스도가 '우주 안의 결합원리'라고 주장한 것은 타당하다.

---

61 같은 책, 124.

62 같은 책, 212. 심지어 북반구 국가들(선진 공업국들)과 남반구 국가들(소위 제삼세계의 가난한 국가들), 부자와 가난한 자, 취업자와 실업자, 남자와 여자, 이성애자와 동성애자들 사이에 가로놓인 상상할 수 없이 깊은 골은 우리 문명에 조화가 결여되어 있다는 효시이며, 혼돈의 문명이라는 표시라고 분석한다.

63 같은 책, 212. 그는 서양의 병을 절절하게 적어놓은 시인 존 돈의 시를 인용한다. "모든 것은 조각나고, 모든 연관성은 사라졌도다."

64 J. Moltmann/ 김균진 역, 『창조 안에 계시는 하나님』, 52-53.

> 그리스도는 우주 안의 결합원리다. 그는 피조물들의 단일성과 연대성을 강조한다. 이것은 창조를 혼돈이 아닌 [조화로운] 우주로 만들어 준다. 그러므로, 예를 들어 사물들을 제자리에 고정시켜 주고 움직이는 사물들의 운동에 질서를 부여하는 만유인력의 작용은 그분 마음을 표현한다.[65]

폭스에 의하면 조화의 반대는 혼돈이다. 우주적 그리스도는 우리를 혼돈에서 구제한다. 성서에서는 혼돈의 반대는 창조이고, 창조에 내재하고 있는 것은 정의다. 따라서 언제나 불의는 혼돈으로 돌아간다. 우주적 그리스도가 우리를 혼돈에서 조화로 옮겨주는 것은 우주적 조화에 대한 희망을 되살려주기 때문이다. 그러므로 "조화의 시대로 안내하는 우주적 그리스도를 끌어안으려면 근본적 변화가 필요하다. 차이점이 아닌 일치점들을 추구해야 한다."[66] 무엇보다 우주 그리스도론과 관련하여 에베소서에 나오는 만물을 통일하고 완성한다는 총괄갱신(recapitulation)이라는 주제는 "흩어지고 갈라졌던 부분들을 함께 모은다"는 의미이며, "평화를 이룬다"는 뜻이다.[67] 성서에서 평화는 관계의 개념이고 관계는 하나님과 바른 관계, 이웃과 바른 관계, 자연과 바른 관계를 모두 포함하는 것이다.

이런 의미에서 그리스도는 자신 안에 "하늘과 땅위와 땅 아래 있는 모든 것"(빌 2:9)을 '결합시키는 틀'이다.[68] 다시 말하면 신과 인간과 우주를 '결합시키는 틀'이다. 폭스는 "(성서의) 영적 전통은 우주

---

65 M. Fox, 『우주 그리스도의 미래』, 212

66 같은 책, 212.

67 같은 책, 213.

68 같은 책, 210.

적 그리스도가 '결합시키는 틀'이라고 말한다."[69]는 사실을 거듭 강조한다. 그러므로 예수가 '평화를 위하여 일하라'고 한 명령은 분열된 사회를 "결합시키는 틀"과 "조화의 조성자"가 되라는 부름이라고 해석한다.[70] 에베소서는 우주적 그리스도의 역사적이고 예언자적인 차원을 강조하며, 교회를 향해 평화와 화해의 장이 되어야 할 임무에 충실하라고 권고한다.[71]

폭스는 계몽주의 이래로 역사적 예수를 추구해온 것과 동일한 열정으로 우주적 그리스도를 추구할 것을 제안한다. 조화의 조성자인 우주적 그리스도를 따르기 위해 '회개'에 해당하는 새로운 패러다임의 전환을 요청한다. 이 전환은 '세계관의 혁명'으로 묘사된다.[72] 폭스는 우주적 그리스도의 개념을 좀더 상세하게 설명하기 위해 전통적인 개념을 버리고 우주적 그리스도를 수용할 때 발생하는 패러다임의 변화를 위한 구체적인 과제를 다음과 같이 설명한다.[73]

인간중심주의에서	우주중심주의로
뉴톤에서	아인슈타인으로
분리적 사고에서	전체성으로
합리주의에서	신비주의로
최상의 덕성인 복종에서	최상의 덕성인 창조성으로
개인구원에서	공동치유로

---

69 같은 책, 208.

70 같은 책, 215.

71 같은 책, 146

72 같은 책, 129.

73 장도곤, 『예수 중심의 생태신학』 (서울: 대한기독교서회, 2002), 77-78.

유신론에서	만유재신론으로
타락 구속의 종교에서	창조중심의 영성으로
고행에서	심미로[74]

폭스는 '조화의 조성자'인 우주적 그리스도를 따르기 위해 '패러다임의 전환'을 주장하지만, 실제로 조화를 조성하기 위해서는 '패러다임의 통전'이 요청된다. 그러나 전통적인 서양의 이원론적 실체론으로 인해 신과 인간, 자연과 인간, 몸과 마음, 정신과 물질이 대립적인 실체로 이해되었다고 해서 그 반대 방향으로 패러다임을 전환하는 것은 문제의 극본적인 해결이 아니다. 이런 식의 패러다임 전환적인 사고야 말로 서구사상과 신학의 근원적인 한계인 것이다. 그러므로 패러다임을 전환했으나 갈등은 여전히 존재하는 서구식 '패러다임 전환'에 대한 대안으로 '패러다임의 조화'가 요청된다.[75]

앞서 인용한 것처럼 샤르뎅은 "우주·인간·그리스도, 이 셋이 만나 "중심"이라는 새로운 영역이 나타나고, 거기에서는 우리 실존의 불행이나 고뇌의 원인이 되었던 온갖 대립들이 사라져 간다"고 하였다.[76] 우주적 그리스도론의 재발견을 통해 제시되는 그리스도의 삼성론은 세 본성은 셋이면서 동시에 하나라는 삼중적 관계의 조화를 의미한다. 그리스도는 그의 참된 신성을 통해 하나님과의 바른 관계

---

74 M. Fox, 『우주 그리스도의 미래』, 210-211.

75 허호익, 『단군신화와 기독교-단군신화의 문화사적 해석과 천지인신학 서설』 (서울: 대한기독교서회, 2003). 동서문화의 구분의 한 척도인 비본체론과 비시원론 및 기층문화와 표층 문화의 통전론에 관해서 이 책 제1장 "한국문화의 고유성과 구성원리의 모색"을 참고할 것.

76 P. Teilhard de Chardin, 『물질의 심장』, 96.

를 알려주고, 그의 참된 인성을 통해 인간과 바른 관계를 보여주며, 그의 참된 우주성을 통해 자연(또는 물질)과의 바른 관계를 제시한다. 그리스도 안에서의 이러한 세 본성은 천지인의 삼중적 관계의 조화로 연결된다. 폭스M. Fox가 그토록 강조한 것처럼 우주적 그리스도는 '조화의 조성자'요, 모든 갈등과 분열을 '통합하는 틀'이기 때문이다.

그러므로 샤르뎅이 명시적으로 주장한 '신 그리스도교의 신니케아 신조'에 해당하는 '그리스도의 삼성론'은 만유의 만유이신 그리스도 안에서 신성, 인성, 우주성 사이의 대립이 해소되고 삼중적 삼중 관계의 조화와 통합이 성취되는 것을 함축한다.

전통적인 양성론은 그리스도의 신성과 인성의 관계만은 논의해 왔기 때문에 예수 그리스도를 참 하나님인 동시에 참 인간이라는 정식에 도달하였다. 이러한 양성론은 참 하나님인 그리스도를 통한 하나님과의 바른 관계와 참 인간이신 예수를 통한 이웃과 바른 관계에 대한 기독론적 근거를 제시하였으나, 자연과 바른 관계에 대한 기독론적 근거는 제시하지 못하였다. 이런 점에서 샤르뎅의 그리스도 삼성론은 그리스도의 제3의 본성인 참 우주성을 통해 자연과의 바른 관계에 대한 기독론적 근거를 확실히 제시하는 신학적 통찰로 높이 평가된다. 아울러 샤르뎅의 삼성론은 하나님과 바른관계, 인간과 바른 관계, 자연 또는 물질과 바른 관계를 통전적으로 지향하는 천지인 신학의 기독론적 근거를 제시해 준다.

제7장

영성신학의 세 차원과 천지인 영성

I. 영성신학의 등장

1980년대부터 세계 신학계에서 영성신학에 대해 관심이 높아졌다. 한국신학계도 이런 점에서 예외는 아니다. 1960년대에는 토착화신학이 복음 선교과정에서 부딪히는 '문화적 충격'을 해소하기 위한 한국적 신학의 이론을 정립하려고 하였다. 이어서 등장한 1970년대의 민중신학은 복음의 실천과정에서 야기되는 '정치적 갈등'의 문제를 극복하기 위해 신앙의 바른 실천을 지향하였다. 1980년대에는 복음의 '문화적 토착화와 정치적 토착화'의 병행을 통해 토착화신학과 민중신학을 통전하려는 문제 의식이 제기되었다.[1] 복음을 한국적인 상황에서 바르게 이해하고 힘차게 실천하기 위해 한국적 영성에 대한 신학적 관심이 새로워진 것이다. 그리하여 한국기독교학회에서도 1987과 1988년에 영성을 주제로 학술대회를 개최한 바 있다.[2]

영성spiritualitas이란 말은 원죄나 삼위일체처럼 성서 본문에는 없는 용어이다. 영성은 라틴어 spiritus에서 유래한 것인데, 5세기 초 파우스투스에 의해 '성령에 의한 삶'을 가리키는 말로 사용되었으나,

1 김경재, "복음의 문화적 토착화와 정치적 토착화", 『한국의 신학사상』 (서울: 대한기독교서회, 1985), 304-314.

2 한국기독교학회 편, 『한국교회와 영성』 (서울: 양서각, 1987); 한국기독교학회 편, 『오늘의 영성신학』 (서울: 양서각, 1988).

때로는 육체나 물질에 대립되는 개념으로 사용되기도 하였다.

전통적인 가톨릭의 수도원 영성사에서는 영성은 단지 개인적이고 내면적인 수덕修德을 통해 성덕性德을 함양하고, 성성聖性의 신비를 지향하는 것으로 이해되었다. 해방신학자들은 개인적 초월적 영성과 사회적 해방을 통전하는 사회적 영성에 대한 논의를 제기하였다.[3] 구티에레즈G. Gutierrez는 가톨릭교회의 전통적인 영성은 특수 폐쇄집단의 엘리트적 경향과 내면적 완덕을 지향하는 개인주의적인 경향을 지니고 있다고 비판하였다. 그리고 그 대안으로 평신도의 영성과 영성의 사회적 역사적 차원을 강조하였다.[4]

1980년대에는 창조의 영성이 영성신학의 새로운 주제로 제기되었다. 수도원을 중심으로 성덕性德과 성성聖性의 개인적이고 내면적인 영성과 사회적으로 '자유와 해방'를 실천하려는 '해방의 영성'뿐 아니라, '창조의 보존(JPIC)'의 영성도 영성신학의 새로운 과제로 드러났다. 하나님의 형상으로 지음받은 인간은 하나님과 이웃과 자연과의 영적 사귐을 가지며, 이러한 삼중적 사귐을 통해 하나님의 영광을 드러내고, 인간에게 위임된 과제를 책임 있게 수행해야 하는 것이기 때문이다.

캅J. Cobb은 기독교의 이상은 전적 개인구원의 복음화나 전적인 사회구원의 인간화가 아니라, 전적인 영성화(full spiritualization)라고 하였다.[5] 참된 영성은 그리스도 안에서 전적인 하나님의 은사로 주어

---

3 J. B. Fuliga, "The Activist Spirituality of Liberation", *AJT* 7:2 (1993), 254-264:J. Sobrino/ R. R. Barr (tr.), *Spirituality of Liberation-Toward Political Holiness* (New York: Orbis, 1985); D. Dorr/ 황종렬 역, 『영성과 정의』 (왜관: 분도, 1990).

4 G. Gutierrez/ 이성배 역, 『해방신학의 영성』 (왜관: 분도출판사, 1987), 34-42.

지는 것이며, 바른 영성은 개인으로 하여금 하나님과의 영적 관계를 심화하는 것이지만, 내면적이고 자기중심적인 차원에 국한되지 않는다. 이웃과의 관계, 세계와의 관계를 배제하는 것이 아니라, 오히려 강화하는 것으로 이해되어야 한다. 이런 점에서 샤르뎅은 '하나님과의 개인적 초월적 관계를 지향하는 수직적 영성(Vertical Spirituality)'과 '이웃과의 사회적 연대적 관계를 지향하는 수평적 영성(Horizon- tal Spirituality)'이 있다고 주장하였다.[6]

메쿼리J. Maquarrie는 "영성은 진정한 인간이 되는 것과 기도, 예배, 영적 삶의 발전과 관계되는 모든 것을 포함한다. 인간은 하나님께 영을 분배받은 영적 존재이므로, 자기 초월을 통해 성령의 역사에 동참하며 그리스도의 성품을 이루고 그리스도의 삶을 따르며, 피조된 전 우주의 회복까지 나아간다"[7]고 하였다. 따라서 기독교의 영성은 개인적 수직적 차원과 사회적 수평적 차원과 우주적 순환적 차원을 통전하는 것으로 논의되었다.

이러한 영성의 세 차원에 관해서 캐나다 온타리오 출신의 뉴웰John Philip Newell은 자신이 저술한 『켈트영성이야기』에서 지역적 특징과 결부하여 다음과 같이 설명하였다.[8]

첫째, 지중해 영성(Mediterranean Spirituality)이다. 이 영성은 인간의 전적 타락을 강조하고 그리스도 예수 안에서 인간의 구속을 강조하는 구속 교리 중심의 영성이다. 인간의 구속 영성의 대표적 인물

---

5 J. Cobb/ 이기춘 역, 『과정신학과 목회신학』 (서울: 대한기독교서회, 1983), 124.
6 Robert Faricy, *The Spiritualrity of Teilhard de Chardin* (Minesota:Winston, 1981), 36-42.
7 J. Maquarrie / 장기천 역, 『영성에의 길』 (서울: 전망사, 1990), 62-79
8 양승훈, "켈트영성과 창조신앙", 「창조론오픈포럼」 8/2 (2014.07), 8-9.

로는 어거스틴과 종교개혁자 마르틴 루터와 요한 칼빈 등을 들 수 있다. 이들은 인간의 전적 타락과 그리스도의 특별한 은총을 통한 인간의 구원을 강조하였으므로 인간 중심적 영성이라고 할 수 있다.

둘째, 동방정교회 영성(Eastern Orthodox spirituality)이다. 이 영성은 기본적으로 인간적인 생각과 감정을 중지하고 하나님의 현존 가운데서 하나님과의 신비적 합일unio mystica을 강조한다. 지중해 영성을 구원을 강조하는 영성이라고 한다면 동방정교회의 영성은 신비주의 영성이라고 할 수 있는 하나님 중심적 영성에 해당한다.

셋째, 켈트영성(Celtic Spirituality)[9]이다. 원래 켈트족들은 유럽 중심부에 있었는데 로마와 게르만에 밀려서 스페인과 프랑스 북부, 영국과 아일랜드로 흩어졌다. 하지만 이들은 후에 앵글로색슨족이 영국으로 건너오면서 다시 웨일즈와 북부 스코틀랜드와 아일랜드로 밀려났다. 켈트영성의 특징은 자신들의 독특한 전통 문화를 기독교 신앙과 접목시켰다는 점이다. 특히 켈트영성은 하나님의 생명이 드러나는 창조의 선함을 강조하였다. 이러한 켈트영성을 달리 표현한다면 창조와 자연 중심적 영성이라고 할 수 있다.

뉴엘J. Philip Newell은 이처럼 지중해 영성, 동방정교회 영성, 켈트영성이 전승되어 왔으며, 각각 인간 중심적 영성, 하나님 중심적 영성, 자연 중심적 영성이라고 설명한다. 이러한 뉴엘의 방법론은 천지인 영성으로 수용하려고 한다.[10]

---

9 켈트영성은 4세기에서 8세기까지 아일랜드, 스코틀랜드, 웨일스, 잉글랜드 등지의 거친 땅에서 융성했던 기독교 신앙과 삶의 격렬한 표현이었다. 패트릭, 브리기드, 브렌던, 콜럼바, 에이든, 쿠스버트, 채드, 케드, 힐다 등 다수 인물들의 전도 열정과 영웅적 위업을 통해 영어권에 복음을 전하였다.

10 양승훈, "켈트영성과 창조신앙", 9

II. 성서의 영 이해, 성령론, 영성신학

영(靈, 라틴어: spiritus, 히브리어: ruah, 그리스어: pneuma)이란 말은 바람이나 살아 있는 존재의 숨결 같은 자연현상에서 기원을 둔 말이다.

구약성서에는 영(ruah)이라는 단어가 389회 사용되고 있다. 루아흐는 하나님의 능력을 뜻하며 그 용례를 분류하면 ① 하나님의 루아흐가 138회, ② 인간의 호흡, 지 · 정 · 의에 작용하는 루아흐가 129회, ③ 자연계의 바람 태풍 등으로 작용하는 루아흐가 113회로 사용되고 있다.[11] 이 책 제4장 "구약성서의 영이해와 천지인신학"에서 자세히 다룬 것처럼, 구약성서의 루아흐는 하나님의 영이면서도 동시에 인간과 자연에도 다양하게 작용하는 인간의 루아흐와 자연의 루아흐이다. 이러한 루아흐의 삼중적 용례는 천지인 영성의 전이해가 될 수 있으며, 천지인신학의 한 성서적 근거가 되기도 한다.

신약성서에 등장하는 영(pneuma)은 주로 하나님은 영(요 4:24 등), 주 예수 그리스도의 영(고후 3:17 등), 거룩한 영 즉 성령으로 묘

---

11 S. V. McCasLand, "Spirit", *IDB*, 432-434; R. W. Jensen/ C. E. Braaten and R. W. Jensen (eds.), "The Holy Sprit", *Christian Dogmatics* vol. II (Philadelphia: Fortress, 1986), 109-124:구덕관, "구약신학에서의 영성이해", 「한국기독교신학논총」 4 (1988), 49.

사된다. 바울은 성령은 존재론적으로 하나님의 영이요 그리스도의 영이라고 하였다. 성경에서 하나님의 영, 그리스도의 영, 성령이 함께 병행 기록된 유일한 본문은 로마서 8장이다.

> 하나님의 영이 여러분 안에 살아 계시면, 여러분은 육신 안에 있지 않고, 성령 안에 있습니다. 누구든지 그리스도의 영이 없으면, 그리스도의 사람이 아닙니다. … 여러분이 성령으로 몸의 행실을 죽이면, 살 것입니다. 하나님의 영으로 인도함을 받는 사람은, 누구나 다 하나님의 자녀입니다(롬 8:9-14, 표준새번역).

신약성서에서 나타나는 하나님의 영과 그리스도의 영과 성령은 전통적인 삼위일체론 논쟁으로 전개되어 왔다. 그러나 신약성경에는 삼위일체 하나님의 영이 인간에게도 작용하는 것으로 묘사되어 있다. '하나님의 영이 모든 육체에 부어지며'(행:2:17), 우리 속에는 하나님의 영이 거하시고(롬 8:9), 그리스도의 영도 거하신다(벧전 1:11). 이처럼 성령이 우리 안에 내주內住(딤후 1:14)하며, 우리의 몸은 성령의 전이 된다(고전 6:19).

> 그리스도 안에서 여러분도 함께 세워져서 하나님의 성령으로 거하실 처소가 되었습니다(엡 2:22).

틸리히는 하나님의 영 자체를 대문자 Spirit으로, 인간에게 작용하는 하나님의 영을 소문자 spirit으로 구분하여 표기하였다. "Spirit과 spirit의 관계에 대한 질문은 대개 인간의 영에 내주하고 작용하는

하나님의 영이라는 은유적인 표현으로 대답된다"고 하였다.[12]

영성신학은 성령론과는 다르다. 성령론은 양성론이나 삼위일체론에 부수되는 교리로 등장하여 성령의 위격(person)과 출원(proceed)에 관한 본체론적 논의와 삼위의 내재적 관계와 경륜적 사역에 관한 논쟁으로 이어져 왔다. 그리하여 세 분 하나님이 상호내재(perichoresis)하여 한 분이 되신다. '주변을 돌아 움직인다', 즉 '회통'이라는 의미를 지닌 페리코레시스는 라틴어로는 '상호 순환'(circumincessio)이라고 번역된다. 말하자면 페리코레시스는 세 분 하나님이 서로 소통하면서도 각자 자신의 본성을 지키고 있는 '공동 본유성'(co-inherence)의 관계 방식을 의미한다.[13]

전통적으로 삼위 하나님의 구원 경륜에 있어서 세계의 창조 사역은 아버지에게, 세계의 화해 사역은 아들에게, 세계의 성화 사역은 성령에게 속한 것이라고 여겨졌다. 그러나 삼위의 사역은 서로 무관하게 순차적으로 수행되는 것이 아니라, 구원사의 전 과정에서 상호 관련성을 가진다. 구원의 경륜적 사역들의 순서에 있어서 삼위의 주체들이 교체되지만, 그 교체는 삼위일체 내에서의 교체이므로 삼위의 공동사역인 것이다. 아버지와 아들과 성령이 순차적으로 자신의 사역을 전유(Appropriation)하지만 다른 두 분이 배제되지 않고 각각 역

---

12 P. Tillich, *Systematic Theology*, vol. III, 111. "The question of relation between Spirit and spirit is usually answered by the metaphorical statement that the divine Spirit dwells and works in the human spirit."

13 김석환, 『교부들의 삼위일체론』 (서울: 기독교문서선교회, 2001), 25. 나지안주스의 그레고리우스는 페리코레시스를 통해 삼위일체를 "관계적 상호성"(réciproque trinitaire)과 "상호 교제"(communion interpersonnelle)로 규정하고 있었지만, 이 같은 삼위일체적 페리코레시스를 니사의 그레고리우스는 "상호내주"(mutual indwelling) 또는 "상호관통"(mutual interpenetration)이라고 부르기도 했다.

동적으로 참여한다.[14] 다시 말하면 성부의 창조 사역은 성자의 화해 사역을 지향하고, 성자의 화해 사역은 성령의 성화 사역을 지향한다.[15]또한 성령의 성화 사역은 성자의 화해의 사역을 전제하고, 두 사역은 성부의 창조의 사역을 전제한다.

따라서 세 분 하나님은 상호 내재하면서 각자의 고유한 사역을 전유하는 방식으로 세 분 하나님이 한 분 하나님으로 사역하신다. 이로써 내재적 삼위일체와 경륜적 삼위일체는 서로 분리되는 것이 아니라 존재와 행위가 하나이듯이 오롯이 통전적 조화를 이룬다. 서양 신학의 본체론과 시원론으로 인해 복잡하게 논의된 삼위일체론을 동양의 비시원적이고 비본체론적인 논리인 '셋이 셋이면서 하나'로 조화를 이루는 삼태극의 구조로 설명할 수 있다.

---

14 같은 책, 395-396.

15 J. Moltmann/ 김균진 역, 『생명의 영』 (서울: 대한기독교서회, 1992), 392-393.

III. 하나님과 교제의 영성: 개인적 수직적 영성

영성신학은 성령론과 별개의 신학적 주제로 등장였다. 몰트만은 "영성이란 말은 글자 그대로 하나님의 영 안에 있는 삶과 하나님의 영과의 살아 있는 교제를 뜻한다"[16]고 정의하였다. 영성은 이러한 수직적 영성에서 출발한다. 칼 바르트는 영은 '인간의 하나님에 대한 관계, 인간의 하나님과의 교제의 원리'라 하였다. 하나님과의 수직적 관계의 원리가 영성이라는 것이다.

> 영(Spirit)은 가장 일반적인 의미로 그의 피조물에 대한 하나님의 작용이며, 특히 인간을 향한 하나님의 움직임이다. 그러므로 영은 인간의 하나님에 대한 관계, 인간의 하나님과의 교제의 원리이다. 이러한 관계와 교제는 인간 자신에게서 유래할 수 있는 것이 아니다. 왜냐하면 하나님은 인간의 창조자고 인간은 그의 피조물이기 때문이다.[17]

전통적으로 영성을 전적으로 영적인 존재인 하나님과의 수직적인 관계에 집중하는 것이라고 오해하여온 경향이 있다. 영성이 신체적인 것의 대립이나 반대 개념으로 사용되기도 한다. 성서에 의하면

---

16 같은 책, 117.

17 K. Barth, *Church Dogmatics* III.4 (Edinburgh: T & T Clark, 1960), 356.

영성적인 삶은 성령에 따라 사는 삶이다. 바울은 육에 속한 사람과 영에 속한 사람(고전 2:14)을 구분하고 대조시켰다. 육체의 소욕은 성령을 거스르고 성령의 소욕은 육체를 거스른다. 성령 안에서 사는 사람, 성령의 인도함을 받는 사람은 구체적으로 '육신 안에 있지 않고', '성령으로 몸의 행실을 죽이며 사는' 사람이라 하였다. 몸의 행실 즉 '육체의 소욕은 성령을 거스르고, 성령의 바라는 것은 육체를 거스르는 것'이므로 양자는 적대 관계에 있다는 내용이 갈라디아서에 자세히 나와 있다.

> 여러분은 성령께서 인도하여 주시는 대로 살아가십시오. 그러면 육체의 욕망을 채우려 하지 않을 것입니다. 육체의 소욕은 성령을 거스르고 성령은 육체를 거스르나니. 이 둘이 서로 대적함으로 너희가 원하는 것을 하지 못하게 하려 함이니라. 육체의 욕망은 성령을 거스르고, 성령이 바라시는 것은 육체를 거스릅니다. 이 둘이 서로 적대관계에 있으므로, 여러분은 자기가 원하는 일을 할 수 없게 됩니다(갈 5:16-17 표준새번역).

바울의 이러한 가르침을 극단화하여 영성적인 것은 온갖 육체적인 것에 대립한다고 오인하기도 하였다. 특히 서양 영성사에 비추어 보면 영성을 전적으로 육체의 욕망에 대립되는 것으로 여겨, 영육이원론을 지향하는 금욕적인 수행과 극단적인 고행을 영성적인 것으로 실천하여 온 것이 사실이다.

현대의 사상가들은 영육이원론이 성서의 전통이 아니라는 이유로 가능한 한 육체의 속박을 벗어버리려고 하였다. 육에 대한 정신의 우월성은 잘못된 영지주의적 이원론에 기초한 편견이라는 자각과 함께 그동안 서양 기독교인들이 정신의 이름으로 육체를 억압하여 온 잘못을 지적하였다. 그래서 육체의 욕구를 억제하는 것은 건강치 않은 정신적인 상태라고 주장하게 되었다. 육체적인 욕구를 무제한 방임함으로써 육체는 정신의 통제에서 벗어나게 되고, 결국은 인간의 정신력은 육체의 욕구를 자제할 수 없을 정도로 약화되어 인간은 자신의 육체적 욕구에 종속된 소시민이 되어버린 것이다. 영육이원론의 또 다른 폐단이다.[18]

바울을 영육이원론자로 여기는 경향이 있지만, 그는 영성적인 삶은 분명이 영육을 통전하는 삶이라고 가르쳤다. 바울은 우리의 몸도 그리스도의 지체이며, 또한 "너희 몸은 너희가 하나님께로부터 받은 바 너희 가운데 계신 성령의 전"(고전 6:19)이라고 하였다. 따라서 그리스도의 지체인 몸을 창기의 지체로 만들 수 없다고 하였다. '몸이 성령의 전'이므로, 몸으로 "하나님이 기뻐하시는 거룩한 산 제사를 드리는 것"이 "너희의 드릴 영적 예배"(롬12:1)라고 하였다. 인간의 영은 인간의 신체성과 대립되는 개념이 아님을 확인할 수 있다. 영성은 통전적이고 전인적인 개념이기 때문이다.

바울은 갈라디아서 5장에서 성령을 거스르는 '육체의 일'에 속하는 15가지를 나열하였다. 이를 분석하면 육체를 따르는 일에는 육체적인 것만이 있는 것이 아니다. 정신적인 것과 영적인 것으로 분류될 만한 항목들도 '육신의 행실'에 포함되어 있다.

---

18 허호익, 『현대조직신학의 이해』(서울: 대한기독교서회, 2003), 235-242.

육체의 행실의 3차원

육체적인 차원(physical): 음행, 더러운 것, 호색, 투기, 술 취함, 방탕함
정신적인 차원(psyche): 원수 맺는 것, 분쟁, 시기, 분 냄, 당 짓는 것
영적인 차원(spiritual): 우상숭배, 주술, 이단(갈 5:19-22)

바울에 따르면 육sarkos을 따르는 삶에도 육적인 육체physical body, 육적인 정신physical mind, 육적인 영physical spirit이 있다. 그렇다면 영을 따르는 삶 역시 영적인 육spiritual body, 영적인 정신spiritual mind, 영적인 영spiritual spirit이 있게 된다. 인간의 영혼과 정신뿐 아니라 육체까지도 성령의 인도함을 따라 거룩하게 사용할 경우 영적인 몸이 될 수 있다.

서양철학 전통에서도 영육이분법의 경향이 있다. 이 경우 영혼은 정신mind과 동일시되며, 개념적으로는 지, 정, 의 세 차원을 지칭한다. 그러나 영혼육 삼분법에 따르면 영spirit은 혼mind과 육체를 아우르는 생명의 차원까지 포함하고 초월하는 것이라고 설명해야 할 것이다. 그러므로 우리가 성령 안에서 성령의 인도를 받아 온전히 거룩하게 되기 위해서는 영과 혼뿐 아니라 육체도 흠 없이 보전하여야 한다.

> **평강의 하나님이 친히 너희로 온전히 거룩하게 하시고 또 너희 온 영과 혼과 몸이 우리 주 예수 그리스도 강림하실 때에 흠 없게 보전되기를 원하노라(살전** 5:23).

구약성서의 영 이해나 신약성서 특히 바울의 인간학에 의하면 하나님의 영이 인간의 영혼뿐 아니라 육체에도 작용한다는 사실이 강조된다. 하나님의 영이 전인全人으로서의 인간에게 현존할 때, 인간

은 영적인 몸spiritual body과 영적인 정신spiritual soul을 지닌 영적인 인간이 되는 것이다. 다시 말하면, 하나님이 부어주신 하나님 영의 현존과 능력 안에서 성령을 따르는 삶을 살게 될 때 인간은 영적인 인간이 된다.[19]

바르트 역시 하나님의 영이 인간의 영혼에게만 작용한다고 이해하지 않았다. "인간은 영혼이요 동시에 육체 즉, 영적인 영혼spiritual soul이며 동시에 그와 마찬가지로 영적인 육체spiritual body인 경우에만 인간이 영이라고 옳게 말할 수 있다"[20]고 하였다.

바르트는 그의 「창조론」에서 인간에게 작용하는 하나님의 영에 관한 신학적인 의미들을 다음과 같이 분명히 제시하였다.

첫째로 하나님의 영 자체와 인간에게 작용하는 하나님의 영을 명확하게 구분하였다. 인간은 육체이고 영혼이지만(Man is the soul of his body), 자연적인 인간 자신이 영인 것은 아니다(Man is not spirit). 하나님만이 영으로 존재하기(God is spirit) 때문이다. 하나님의 영spirit과 인간의 영혼soul 사이의 무한한 질적 차이를 강조한 것이다.

둘째로 영은 하나님을 향한 인간의 움직임이 아니라, 인간을 향한 하나님의 움직임으로서 전적으로 하나님의 선물이요, 은사라고 하였다. 하나님은 자신의 피조물이요, 계약의 상대자인 인간에게 자신의 영을 부어주신다. 그리하여 비로소 하나님과의 영적 관계를 가지게 되는 것이다. 따라서 바르트는 "인간이 영인 것이 아니라, 인간이 영

---

19 A. B. Come/ 김성민 역, 『인간의 영과 성령』, 56-57. 바울에 의하면 인간의 몸은 영혼과 육체를 지닌 하나님의 피조물의 생명이며, 전인적이고 주체적인 인격으로서 하나님을 지향하여 살 때에, 그는 영의 몸(soma pneumatikon) 즉 영적인 인간이 된다고 하였다.

20 K. Barth, *Church Dogmatics*, III.2, 354.

을 가진다"(Man is not spirit. Man have spirit)고 표현하였다.[21] 인간의 영성은 하나님의 무조건적인 은사이므로, 자연적인 인간성의 내재적인 실체나 차원일 수 없다. 그런 의미에서 바르트는 인간성을 몸body, 혼soul과 영spirit으로 나누는 삼분법도 성서적인 것이 아님을 주장하였다.[22]

셋째로 바르트는 하나님의 영이 하나님의 선물임을 강조하였으나, 이 은사와 선물은 하나님에 대한 인간의 소명과 과제이기도 하다는 점도 아울러 역설하였다. 성서의 여러 소명 기사에 따르면 "하나님의 영을 받는 것은 하나님으로부터 사명을 받는 것이며, 그 소명을 수행하기 위해 하나님의 권위와 권능을 받는 것이다. 이러한 사명과 권위와 권능은 철회될 수도 있다. 하나님은 영을 부여했던 사람을 포기할 수도 있기 때문이다."[23] 따라서 참된 영성은 방언과 같은 가시적인 영적 현상 자체를 경험하는 것이 목적일 수 없다. 방언이라는 영적 은사는 전적으로 하나님의 뜻을 따르는 소명과 그 과제 수행의 매개나 도구에 지나지 않기 때문이다.

넷째로 바르트는 하나님의 영이 인간의 영혼에만 작용하는 것이 아니라고 하였다. "인간은 영혼이요 동시에 육체 즉, 영적인 영혼(spiritual soul)이며 동시에 그와 마찬가지로 영적인 육체(spiritual body)인 경우에만 인간이 영이라고 옳게 말할 수 있다"[24]고 하였다.

---

21 같은 책, 354.

22 같은 책, 354-355. 바르트는 데살로니가살 전서 5장 23절의 영(spirit)과 혼(soul)과 몸(body)이라는 표현과 누가복음 1장 46절의 my soul과 my spirit이라는 표현이 등장하지만 여기서 영과 혼은 바꿔 사용할 수 있는 강조를 위한 병행표기일 뿐 세 실체(three entities)를 지칭하는 것은 아니라고 하였다.

23 같은 책, 357.

영은 영육 이원론에 입각한 육의 대립 개념으로 제한 할 수 없는 것이 분명하다. 영성은 전인적인 개념이기 때문이다.

존 캅J. Cobb은 영성을 개인적인 정신생활의 중심으로 "자기 초월적인 자기됨"이라고 하였다.[25] 영에 따라 사는 삶은 자신의 육체적인 욕구와 정신적인 욕구, 나아가서 자아까지도 초월하는 삶이다. 그는 인간은 정신과 육체의 전인적 유기체Psychophysical organism이며, "기독교적 전인성은 튼튼한 육체, 강하고 건전한 이성, 강하고 건전한 상상력, 강하고 건전한 의지뿐만 아니라 강하고 튼튼한 영"을 포함한다고 하였다.[26] 따라서 영혼과 육체 사이에서 전인적인 자아 극복을 통해 삼위일체 하나님과 바른 관계를 맺는 것이 개인적 수직적 영성이라 할 수 있다.

---

24 같은 책, 354.

25 J. B. Cobb, 『과정신학과 목회신학』 (서울: 대한기독교출판사, 1983) 87.

26 같은 책, 110.

IV. 자유와 해방의 영성: 사회적 수평적 영성

영성을 개인적이고 내면적이고 초월적인 것으로만 해석해 온 전통에 대해 베르쟈예프N.A. Berdiaef는 "내가 배고픈 문제는 물질적인 것이고, 다른 사람이 배고픈 문제는 영적인 것"[27]이라고 하였다. 사회적 수평적 영성은 이러한 문제의식에서 출발한다. 구티에레즈는 개인적 수직적 영성의 문제점을 두 가지로 제시하였다.

첫째로 기독교인의 영성은 오랫동안 수도원 중심의 '종교적 엘리트들의 일'로 간주되었다는 것이다. 수도생활을 통해 완덕, 즉 '완전한 삶'을 지향하기 때문에 은연 중에 일반 그리스도인들의 생활은 '불완전한 삶'으로 여겨졌다. 구티에레즈는 세속을 떠나 물질적인 걱정 없이 영적 일에만 전념하는 수도원적 영성과 일상생활의 물질적인 걱정과 함께 가난하고 소외된 사람들을 위한 헌신적인 참여 중에 얻는 대중적인 영적 체험은 서로 대비된다고 하였다. 수도자의 엘리트적 영성에서 가난한 대중의 일상생활 속에서 지향하는 '평신도의 영성'의 필요성을 역설했다.[28]

둘째로 기독교의 영성은 오랫동안 '개인주의적 경향'을 지닌 것으로 여겨졌다는 것이다. 영적 성장의 과정은 흔히 개인적 가치나 교양

27 G. Gutierrez/ 이성배 역, 『해방신학의 영성』, 166 주 24 참조

28 같은 책, 36-37.

의 인격적 완성이라고 여겨져서, 영성 생활을 완덕을 지향하는 내면 생활이라고 이해했다. 특히 가톨릭교회의 경우 평신도들에게도 세상을 잠시 떠나 자신의 내면을 들여다 보는 피세정관(避世靜觀)의 피정을 영성 수련의 필수 과정으로 권하였다. 이러한 '도피의 영성'은 가난한 사람과 부자 사이의 사회적 대립을 겸손한 사람과 교만한 사람의 개인적 내적 대립으로 바꾸었다.[29]

구티에레즈는 이처럼 고립적이고 내향적인 전통적인 영성은 불완전하다고 하였다. 그는 "다른 사람이 배고픈 문제는 영적인 것"이라고 말한 베르쟈예프를 인용하면서 가난한 사람들의 물질적 필요에 대한 관심이 자유와 해방의 영성의 기본요소라고 하였다. 그리고 두 가지 근본적인 대안을 제시한다. 가난한 사람들과 공동 연대성을 맺는 것과 일상생활 속에서 그들의 영적 체험을 공유하는 것이다. 그리스도인이 가난하고 억눌린 이들의 자유와 해방을 위한 투쟁에 연대하고 참여하면서 가난한 민중들의 영적 체험을 공유하는 것이 참된 영성이라고 하였다.[30]

구티에레즈는 라틴 아메리카의 가난한 백성들이 극심한 빈부 격차의 경제적 종속 상황에서 하나님의 현존을 체험하고 예수 그리스도를 만나고 성령 안에 삶을 생생하게 공유하는 것을 '남미의 가난한 사람들이 자신들의 우물에서 마시는 성령의 생수'라고 하였다.[31]

그들은 성서 연구를 통해 성서 시대의 경제적, 사회적, 정치적 이데올로기를 발견하고 그리고 오늘날의 경제적, 사회적, 정치적 조건

---

29 같은 책, 39-41.

30 같은 책, 42-45.

31 같은 책, 9.

들을 상호 조명하면서 자유와 해방을 위한 사회적 정치적 영성을 모색한다.[32] 사회로부터 거절당한 자들이 바닥공동체를 결성하여 상호 협력을 통해 공동투쟁에 참여하면서 연대적 영성 체험을 하는 것이다. 이런 의미에서 해방의 영성은 사회 변혁을 위한 실천에 투신하는 바른 실천(orthopraxis)을 강조한다. 따라서 영성이란 성령의 지배이며, 이 영성은 우리를 자유와 해방의 길로 이끈다. 주의 영이 계신 곳에 자유가 있기 때문이다(고후 3:17).[33]

몰트만은 인간의 영성을 생명의 차원으로 이해하였다. 하나님의 영은 생명의 영이요, 삶의 영이다. 하나님의 영 안에서의 삶은 단순한 생동력이 아니라, 새로운 역동성으로서 '죽음을 대항하는 삶'이다. 그것은 육체에 대항하는 삶이 아니라, 육체의 해방과 변혁을 위한 삶이다. 가난과 굴욕과 전쟁과 온갖 '삶의 부정적인 것에 대해 투쟁하는 삶'이다.[34] 그러므로 영성은 그리스도 안에서의 새로운 삶이 시작되는 것(incipit vita nova)이며, 거룩한 삶을 사는 것이며, 삶으로 해방시키는 것이다. 부활하신 그리스도의 영은 새 생명을 주는 영(life giving spirit)이다. 그 속에서 인간이 '내적 해방과 외적 해방을 새롭게 경험'하는 것이다.[35] 이런 의미에서 출애굽과 부활을 통해 계시된 자유와 해방의 영은 정치적 차원을 지닌다. 정치적 해방의 다섯 차원은 빈곤과 착취의 경제적 억압, 폭력과 압제의 정치적 억압, 인간의 연대성 상실과 문화적 소외, 산업의 발전에 따른 생태학적 파괴 그리고 개인

32 같은 책, 166.

33 G. Gutierrez/ 이성배 역, 『해방신학의 영성』, 149.

34 J. Moltmann, 『생명의 영』, 135-136.

35 같은 책, 166.

의 무감정과 생의 의미 상실이라고 했다.[36]

몰트만은 이러한 다차원적 억압이란 항상 두 측면을 지닌다고 하였다. 즉 한 측면에는 주인이 있고, 다른 측면에서는 노예가 있다. 한 측면에 착취자가 있는가 하면, 다른 측면에는 희생자가 있다. 그러므로 "억압하는 자는 비인간적Unmenschilch이 되고, 억압당하는 자는 비인도적Entmenschlich이게 된다"[37]고 하였다. 억압은 양 측면 모두의 인간성Menschlichkeit을 파괴시키지만, 그 양식에는 차이가 난다고 하였다. 즉, 한 측면에는 악행으로 인하여, 다른 한 측면에서는 고통으로 인하여 인간성이 파괴된다. 압제 받는 자가 현실적 고난으로부터 해방되어야 하듯이, 압제자도 가해의 범죄로부터 해방되어야 한다는 것이다.

한발 더 나아가서 스코틀랜드의 작은 섬 아이오나에서 모인 신학협의회(1987)에서는 적극적으로 모든 참된 기독교 영성은 하나님의 현존 가운데 활동하고 살면서 그리스도를 따르는 무리를 돕는 삶이며, 육체와 마음과 영혼을 지닌 존재로서 이 세계의 고난과 투쟁의 한 복판에서 그리스도를 따라가는 삶이라고 하였다. 영성적인 삶은 "하나님 백성들과 교제하는 삶(communion), 고통당하는 사람들과 연대하는 삶(compassion), 이러한 삶을 부정하는 세력에 대항하고 투쟁하는 삶(combat)을 통합하는 삶이다"[38]라고 하였다.

이처럼 자유와 해방을 위한 연대와 투쟁의 영성을 인정한 것이다.

---

36 J. Moltmann/ 전경연 역, 『희망의 실험과 정치』 (서울: 종로서적, 1977), 141 f.

37 J. Moltmann/ 전경연 편역, 『하나님 체험』 (서울: 한국신학연구소, 1977), 127-129.

38 WCC, *Spiritual Formation in Theological Education -An Invitation to Participation* (Geneva: WCC, 1987), 10.

영성은 초월적이고 내면적이고 자기중심적인 차원에 국한되지 않는다. 영성은 하나님과의 관계에만 집중하는 것이 아니며, 이웃과의 관계와 세계와의 관계를 배제하는 것이 아니다. 오히려 이웃과 바른 관계를 강화하는 사회적 연대적 영성으로 이해되어야 한다.

V. 창조와 자연의 영성: 자연친화의 순환적 영성

영성신학자들은 자유와 해방의 영성과 함께 '창조 영성', '자연의 영성' 그리고 '생태 영성'을 새롭게 주장한다. 성 프란시스의 영성에서처럼 자연과 교감하는 창조의 영성을 새롭게 조명하게 된 것이다. 스코틀랜드의 작은 섬 아이오나에서 모인 신학협의회(1987)에서도 "기독교 영성은 하나님 중심적인 영성이지만 또한 땅에 기초한 영성"이라고 하였다.[39]

6세기경 콜롬바에 의해 아이오나에 설립된 수도원 공동체가 오늘날까지 이어 오면서 형성된 영성적 전통을 창조와 자연 중심의 켈트영성이라 한다. 뉴엘은 켈트영성의 뿌리를 예수에게 사랑받던 제자이며 최후의 만찬 때 예수께 기대어 하나님의 심장박동 소리를 듣던 성 요한의 신비주의 즉, 창조의 본질적 선함과 하나님의 형상으로 지음 받은 인간의 고결함을 강조한 전통에서 찾고 있다.

664년 영국에서 열린 휘트비 종교회의에서는 요한의 전통(켈트영성)과 베드로 전통(로마전통)이 크게 대립했다. 요한의 전통은 "모든 것은 그분을 통해 생겨났고 그분 없이 생겨난 것은 하나도 없다. 그분 안에 생명이 있었으니 그 생명은 사람들의 빛이었다"(요 1:3-4)

39 노영상 편, 『영성과 윤리』 (서울: 한국장로교출판사, 1991), 166.

는 말씀에 나타나 있듯이 우주적 생명을 언급한다. 그러나 베드로 전통은 "다윗의 자손이시며 아브라함의 자손이신 예수 그리스도"(마 1:1)라는 예수의 족보를 통한 구원사의 계보를 다룬다.[40]

요한 전통은 "완전함이란 본래 하나님이 부여하신 선한 본성으로 돌아가는 것"이라고 보았으나, 베드로 전통은 "죄에 대항해 우리 자신을 보호하는 것"이다. 요한은 죄인이 "사랑을 통해 변화"된다고 보았으나, 베드로는 "죄를 경계하고 죄인을 벌주는 것"이 필요하다고 보았다.[41]

요한의 전통은 모든 창조 안에서 하나님의 빛을 감지한다. 전혀 다른 종교전통 안에서도, 심지어 종교와 상관없는 누구에게서라도 그 빛을 감지한다. 그 모든 것 안에 하나님이 현존하시기 때문이다. 그러나 베드로의 전통은 네 벽을 가진 교회 안에서, 전통과 전례 안에서 그 빛을 감지하며, 그런 점에서 협소하지만 안전한 길을 선택한다.[42]

뉴엘은 베드로의 영성은 원죄로 말미암아 인간의 선함이 파괴되었다는 칼타고 출신의 어거스티누스의 전통이고, 요한의 영성은 모든 생명 가운데 본질적인 선이 남아 있다는 켈트 출신의 펠라기우스(c. 390-418)의 전통이라고 설명한다.[43] 그리고 두 전통은 상호배타적

40 J. Philip Newell/ 정미현 옮김, 『켈트영성이야기』(서울: 대한기독교서회, 2001), 133-136.

41 정미현, "상실된 창조의 본래적 선을 찾아서: 켈트영성과의 관련성에서 본 펠라기우스 이해", 「조직신학논총」 6 (2001), 226-227.

42 한상봉, "켈틱 영성 '하나님은 앞에도 뒤에도 위에도 아래에도 계시고'", 「가톨릭 일꾼」 2016.09.05.

43 Timothy J. Joyce/ 채천석 역, 『켈트 기독교』 (서울: 기독교문서선교회, 2003), 136.

인 것이 아님에도 불구하고 펠라기우스와 겔트의 영성을 배제한 서양교회의 영성은 빈약하여졌으므로, 켈트의 영성이 복권되고 회복되어야 한다고 주장한다.[44]

켈트영성에서는 창조에 대한 선함과 아름다움이 강조된다. 자연세계의 모든 피조물이 창조주 하나님의 사랑을 아름답게 표현해준다고 본 데서 비롯되었다. 이 전통은 초기 아일랜드 켈트족에 대한 선교에서 뚜렷이 나타난다. 창조의 선함과 자유의지를 강조했던 펠라기우스로부터 시작한 것이었다.[45] 켈트족 출신 영국인이었던 펠라기우스는 창조의 선함을 믿었기에 다음과 같이 노래할 수 있었다.

> 짐승들이 숲에서는 거니는 것을 보라.
> 하나님의 영이 그들 가운데 머무네.
> 새들이 하늘을 가로지르는 것을 보라.
> 하나님의 영이 그들 가운데 머무네.
> 잔디에서 작은 벌레들이 기어가는 것을 보라.
> 하나님의 영이 그들 가운데 머무네…
> 하나님이 당신의 창조가 좋았다고 말씀하실 때,
> 그 손은 모든 피조물을 만드셨을 뿐 아니라,
> 그분의 숨이 모든 피조물에 생기를 불어넣어 주신 것이다…
> 우리가 하나님의 눈으로 바라본다면,
> 세상의 모든 것 가운데 추한 것은 없으리.[46]

---

44 J. Philip Newell, 『켈트영성이야기』, 144-145.

45 4세기 후반에 태어난 펠라기우스는 켈트 브리튼 인이었다. 전통에 따르면 그는 웨일즈의 음유시인의 아들이었던 것으로 전해진다.

창조의 본질적 선함을 중요하게 생각한 펠라기우스는 창조자로서 하나님은 인간에게 자연의 좋은 은혜, 선의 가능성, 의지의 자유를 주셨다고 믿었다. 이와 같이 인간에게 내재하는 본질적 선을 강조한다고 해서 악의 현존과 능력을 부정한 것은 아니다. 그는 단지 인간의 심연 안에는 창조의 선함이 자리하고 있으며 그것이 잘못된 행위와 악의 작용으로 가려지고 숨겨져 있다고 본 것이다.[47] 측량할 수 없는 창조의 본질적 선함과 인간의 본질적 선함을 강조한 펠라기우스는 하나님이 생명이 있는 만물 가운데 현존하시는 분이라고 보았다. 따라서 하나님에 대한 사랑을 드러내는 이웃 사랑은 모든 생명체에 대한 사랑에도 적용해야 한다고 하였다.

> 그래서 그는 네 이웃을 네 몸과 같이 사랑하라는 예수님의 말씀을 이웃 사랑뿐 아니라 주변에 있는 모든 생명체에 적용하는 것으로 이해하였다. 우리의 사랑이 동물에게, 혹은 나무에게까지 향한 것이라면 우리는 하나님의 사랑의 충만함에 함께 하는 것이라고 하였다.[48]

이러한 펠라기우스의 켈트영성은 이집트 수도원 전통을 유럽에 도입했던 존 카시안(c. 360-435)으로 이어졌고, 6세기 아이오나 공동체를 세운 성 콜롬바와 본격적인 수도원 공동체를 시작했던 성 베네딕트St. Benedict of Nursia에게 영향을 미쳤다. 이어서 에리우게나(c. 810-877)를 거

---

46 한상봉, "켈틱 영성, 하나님은 앞에도 뒤에도 위에도 아래에도 계시고", 「가톨릭 일꾼」 2016.09.05.

47 정미현, "상실된 창조의 본래적 선을 찾아서: 켈트영성과의 관련성에서 본 펠라기우스 이해", 218.

48 J. Philip Newell/ 정미현 옮김, 『켈트영성이야기』, 38.

쳐 조지 맥도날드(1824-1905)와 조지 맥레오드(1895-1991)를 통해 계승된 켈트영성은 다음과 같은 특징을 지니게 되었다.

(1) 켈트영성에서는 창조 가운데서 하나님의 임재를 느끼며 살아가는 것을 강조하였다. 하나님은 분명 '타자'이고 그 끝을 알 수 없는 영원한 신비이다. 그럼에도 불구하고 이 경이롭고 신비로운 하나님이 인간과 가까이 계시는데, 켈트인들은 이것을 '허드hud'라 불렀다. 그것은 '모든 사물 안에 있는 신적인 것의 내주'라는 뜻이다.[49] 이처럼 켈트의 영성은 만물이 신 안에 있고(all-in-God), 신이 만물 안에 있다(God-in-all)는 만유재신론의 경향이 강하다. 하나님은 멀리 떨어져 삶을 조정하는 통제자가 아니라 모든 낱개의 생명 안에 있는 온 생명이라고 보았다.[50] 켈트 그리스도인들은 자연을 찬양하고, 존중하고, 사랑했는데, 그 이유는 바로 이 '허드'에 대한 경이감과 두려움 때문이었다.

그렇기 때문에 켈트영성의 세계에서 인간은 어떤 행동이나 헌신을 통해 하나님에게 도달하려 해서는 안 된다. 왜냐하면 하나님은 "우리의 숨결보다도 더 우리에게 가까이 계시기" 때문이다.[51]

(2) 켈트영성에서는 하나님이 삶의 모든 영역에 열정적으로 임재하신다고 본다. 창조 세계와 모든 물질적 존재의 선함에 대한 켈트

---

49 장윤재, "켈트영성 -창조 안에서 누리는 하나님과의 친교", 「한국기독교신학논총」 71 (2010), 주 35 참조. 허드는 유대교 신학에서 하나님이 세상에 임재하심을 일컫는 '쉐키나'(Shekhina, 히브리어로 '거주' 혹은 '임재'라는 뜻)와도 유사성이 있다.

50 J. Philip Newell/ 정미현 옮김, 『켈트영성이야기』, 99.

51 같은 책, 108.

인의 강한 믿음은 성聖과 속俗을 하나로 보고 일상생활 속에서 하나님의 은총을 발견하도록 이끌었다. 따라서 삶의 현장에서, 일상 가운데서 하나님을 만나고 그분의 은혜를 경험하였다. 그리하여 유럽 대륙의 교회들이 하늘을 찌르는 거대한 인공 건물을 짓느라 여념이 없었지만, 켈트인들은 나무나 돌로 작은 교회를 짓고 예배할 수 있었던 것이다.[52] 이처럼 켈트영성에서는 갈보리 언덕의 십자가에 달린 예수도 중요하지만 가나에서 물을 포도주로 바꾸어 혼인잔치를 계속할 수 있게 하신 예수도 동일하게 중요하다고 보았다.

켈트의 기도문들을 살펴보면 삶의 모든 것이 은혜요, 축복이며, 따라서 매 순간 거룩함의 의식을 가져야 함을 강조한다. 켈트 그리스도인들에게는 양떼를 몰고 갈 때도, 베를 짤 때도, 배를 타고 물고기를 잡으러 갈 때도, 곡식을 수확하고 숲속을 산책할 때에도 하는 각기 다른 기도문이 있었다.

(3) 켈트 전통에서 그리스도는 창조에 '맞서서'(over against) 오시는 분이 아니라, 창조의 '중심으로부터'(from within) 오시는 분이다.[53] 그리스도는 타락한 세계의 흉한 모습을 밝히시러 오시는 게 아니라, 오히려 아름답고 거룩한 세계를 노예상태에서 해방시키기 위해 "창조세계의 치유자"로 오셨다는 것이다. 그러므로 그리스도의 새로운 빛은 피조물의 본래의 영광이 빛나고 발하도록 하는 빛이지, 그것을 대신하는 빛은 아니다.[54]

---

52 E. C. Sellner, 『켈트 성인들 이야기』 (서울: 기독교문서선교회, 2005), 21.

53 J. Philip Newell, *Christ of the Celts: The Healing of Creation* (Glasgow, UK: Wild goose Publications, 2008), 13.

그리스도(Christ)와 창조(Creation)는 서로 분리될 수 없이 하나다. 그리고 그 결합은 켈트의 독특한 십자가 위에 형상화되어 있다. 켈트 십자가들의 독특한 특징은 십자가의 가로 막대와 세로 막대의 접합부를 둘러싸고 있는 원 또는 고리다. 이러한 형태는 단순히 구조적이고 실용적인 차원에서 십자가의 교차점을 보강하는 한 방법일 수 있다. 하지만 켈트인들에게 원은 옛 켈트 예배의 자취인 태양을 나타내거나 우주적 그리스도의 징표일 수 가능성이 있다.[55] 이러한 켈트영성은 기독교신학 사상사의 측면에서도 그동안 '구속의 영성'과 '창조의 영성'으로 분리되어온 신학적 흐름을 반성하고 그 둘의 새로운 통합 가능성을 제안한다.

(4) 켈트영성에서는 하나님이 창조하시고 구원하신 인간성의 선함을 날마다 고백하였다. 켈트 기독교인들은 모든 인간은 하나님의 형상을 지니고 있는 존재이며, 특히 아기들은 하나님의 신성함과 거룩함을 그대로 지니고 있다고 여겼다. 인간의 선한 의지를 강조한 켈트 전통에서는 남녀 간의 사랑이나 인간의 성욕까지도 바르게 표출되는 한 선하고 아름답다. 서방 교회의 전통과는 달리 켈트 전통에서는 창조는 본질적으로 선하며, 출산으로 이어지는 성관계도 하나님이 주신 것임을 강조한다. 또한 켈트영성에서는 몸과 영혼이 분리되어 있다는 이원론을 배격한다. 몸과 영혼의 조화를 추구하는 "성육신적 영성incarnational spirituality"을 제시하며, 영육이원론에 근거한 "영지

---

54 J. Philip Newwell/ 장윤재 옮김, 『켈트 그리스도: 창조세계의 치유』 (서울: 대한기독교서회, 2013); 장윤재, "켈트영성 -창조 안에서 누리는 하나님과의 친교", 10.

55 Timothy J. Joyce/ 채천석 역, 『켈트 기독교』, 104f.

주의적 영성gnostic spirituality"에 반대한다.

(5) 켈트 기독교 영성의 두드러진 특징은 자연을 엄청나게 찬양하고, 존중하며, 사랑한다는 점이다. 켈트인들은 지구와 그 모든 피조물은 인간이 향유하고 기뻐할 아름다움의 원천이고, 선한 것으로 받아들여진다.[56] 켈트 교회에서는 자연을 제오 복음서라 할 정도로 자연에 속에 드러나는 신성을 중시했다. 켈트 전통에서 피조세계는 하나님의 숭고하심이 가득 찬 은총을 입은 처소이다. 이전부터 켈트인들의 신화 속에서 특히 중요한 것은 자연이었다. 그들에게 자연의 거의 모든 요소에는 신성한 의미가 스며들어 있었다. 번개가 일으킨 불은 신성했으며, 모든 산과 나무와 강과 샘은 각각 자신의 정령精靈을 가지고 있었다. 나무는 주기적인 죽음과 부활의 상징으로 숭배되었고, 땅과 하늘을 잇는 다리가 되기도 했다. 켈트인들은 모든 생명체와 사물을 존중하려 했다. 그들의 특유한 예술 양식인 '라텐La Tene 양식'을 살펴보더라도 그들의 예술을 떠받치는 밑바탕에는 모든 자연 안에서 초자연적 의미를 발견하려는, 자연계에 대한 무한하고 깊은 상상력이 내재되어 깔려 있었다.[57]그런 의미에서 켈트 신학은 오늘날 생태신학의 원조라고 할 수 있다.[58] 유럽 대륙에서는 많은 그리스도인들이 자연에 대한 감수성을 잃었을 때에도 켈트 그리스도인들은 창조의 선함, 자연의 아름다움 그리고 모든 창조된 실재 안에 하나님이 내재하심을 예민하게 느끼고 있었다.

---

56 J. Philip Newell/ 정미현 옮김, 『켈트영성이야기』, 79.
57 장윤재, "켈트영성 -창조 안에서 누리는 하나님과의 친교", 4.
58 양승훈, "켈트영성과 창조신앙", 12.

다음에 인용한 '지구헌장'의 정신은 켈트영성의 자연관을 구체적으로 반영한다.

> 우리의 보금자리인 지구는 독특한 생명공동체로 생존하고 있다. 자연의 힘은 불확실한 현상들을 만들어 내지만 지구는 생명의 진화에 기본이 되는 요소들을 제공하고 있다. 생명의 탄력성과 인류의 복지는 생태계, 풍부한 동식물, 비옥한 토양, 맑은 물, 깨끗한 공기를 가진 이 지구를 어떻게 보전하느냐에 달려있다. 한정된 자원을 가진 지구 환경은 우리 모두의 공통 관심사이다. 지구의 생명력과 다양성과 아름다움을 지키는 것이 우리의 신성한 의무이다(지구헌장, 2000).

(6) 켈트인들은 하나님의 피조세계인 자연에 대해 아름다운 심상과 감성을 가지고 있었지만, 그와 동시에 그들이 살고 있던 땅에서 종종 작황이 실패할 때면, 혹독한 궁핍과 기근에 시달려야 했다. 하지만 '그럼에도 불구하고' 여전히 창조는 본질적으로 선한 것으로 간주되었고, 자연이 가진 가혹함과 잠재적 파괴력에도 불구하고 켈트 기독교인들은 창조 안에서 하나님의 은총이 그의 사랑을 통하여 드러난다고 믿었다. 그래서 켈트 그리스도인들은 "바다의 선함은 당신의 것이며, 대지의 선함도 당신의 것이고, 하늘의 선함 역시 당신의 것입니다"라고 기도할 수 있었던 것이다.[59]

리처드 포스터Richard Foster는 켈트의 성인들을 마치 날마다 꽃이 피는 초원을 거닐고 밤마다 따스한 난로 곁에서 맥주를 마셔댄 것처럼

---

59 J. Philip Newell/ 정미현 옮김, 『켈트영성이야기』, 64, 69.

낭만적으로 생각해서는 안 된다고 경고한다. 그들의 영성은 매일 시련과 슬픔에 정면으로 부딪치는 거칠고 험한 영성이었다. "켈트영성은 낭만적인 장밋빛 신앙과 거리가 멀었다. 그것은 삶의 모든 슬픔과 기쁨을 헤쳐 나아간 영성이었다"는 것이다.[60]

(7) 켈트영성의 또 다른 특징은 하나님의 형상인 인간 본성의 선함을 드러내고, 자연과 더불어 친밀한 함을 누리는 삶을 사는 동시에 세상에 정의를 세우는 일에 적극적으로 참여하였다는 것이다.

> 진정한 의미의 해방은 단순히 사회개혁이나 정치적 혁명만을 의미하는 것이 아니라 나 스스로 참 자유로운 존재로서의 해방과 신음하고 있는 피조물의 해방까지도 포함하고 있는 것이다.[61]

켈트 문화를 대표하는 아일랜드는 녹색으로 상징된다. 녹색은 교회력에서 창조절을 의미하기도 한다. 창조세계 속에서 하나님의 선하심과 하나님의 음성을 들으려고 몸부림쳤던 켈트 수도원교회의 영성은 뉴엘의 표현대로 '자연의 신학'이다.[62] 오늘날 산업화와 도시화로 인해 창조세계가 무분별하게 훼손되는 생태위기의 상황에서 이러한 켈트의 자연친화적 '창조의 영성'이 요청된다.

결론적으로 지중해의 개인적 인간 중심의 영성, 동방정교회의 하나님 중심의 영성, 켈트교회의 자연중심의 영성은 통전적으로 이해되어

---

60 리처드 포스터, "켈트영성",「국민일보」 2009년 6월 19

61 김진, "하나님 나라 운동, 해방의 영성", 「뉴스앤조이」 2004.09.15.

62 최성일, "켈트교회의 영성", 「神學硏究」 73 (2018.12), 452.

야 한다. 영성은 전인적이고, 전 공동체적이고, 전 우주적인 것이기 때문이다. 따라서 개인적 수직적 영성Vertical Spirituality, 사회적 수평적 영성Horizontal Spirituality, 자연친화적 순환적 영성Cyclical Spirituality은 통전되어야 한다. 그러므로 인간은 영적 존재로서 하나님과 수직의 영성적 관계를 맺으면서 같은 영성을 지닌 동료 인간들과 수평적인 영적 교제를 나눌 뿐 아니라, 인간 자신이 자연의 일부로 자연 가운데서 살다가 자연으로 돌아가는 존재이므로 자연과 더불어 사는 자연 친화를 지향하는 '창조 영성의 순환적인 차원'을 중요하게 취급할 수밖에 없는 것이다. 이러한 영성의 수직적 · 수평적 · 순환적 차원의 통전은 천지인 조화의 영성에 상응한다. 이러한 영성신학의 3차원은 천지인신학의 신학적 기초가 되는 이유이다.

제8장

구원론의 유형과 천지인신학의 통전적 구원론

I. 구원론의 여러 유형과 그 쟁점*

구약성서뿐 아니라 신약성서에 나타나는 구원에 대한 표상은 아주 다양하다. 죄와 구원을 나타내는 히브리어와 그리스어도 아주 다양하게 사용되어왔음을 알 수 있다. 그만큼 죄와 구원에 대한 이해가 다양하다는 뜻이다.

기독교신학에 있어서 구원론은 기독론에 정초되어 있다. 예수는 '자기 백성을 죄에서 구원할 자'(마 1:22)이며, 초대교회의 케리그마의 핵심인 "너희가 십자가에 못 박은 이 예수를 하나님이 주와 그리스도가 되게 하셨느니라"(행 2:36)는 고백에는 예수가 구세주라는 의미가 함축되어 있기 때문이다.

그리스도의 인격론은 니케아회의(325년)와 칼케돈회의(451년)를 거치면서 교리적으로 분명한 발전 단계를 밟아 왔다. 예수 그리스도는 참 인간이요, 참 신이시며, 이 두 본성의 관계는 '혼합됨이 없으시며 변화됨이 없으시며 분리됨이 없으시며 분할됨이 없으시다'라는 교리에 도달하였다.

그리스도의 사역에 관한 구원론은 그리스도의 인격론처럼 그 교리사적 발전 과정이 분명히 드러나지는 않는다. 구원론은 성육신론

---

* 이 장은 허호익, "구원론의 통전적 이해" (『현대조직신학의 이해』 (서울: 대한기독교서회, 2003)를 재정리한 것이다.

과 양성론에 종속된 교리로 발전되었으며, 어떤 특수한 유형의 구원론을 교리화하지도 않았다. 성서의 그리스도의 구속 사역에 관한 묘사가 너무나 다양하고 풍부하므로 일치된 구원론을 쉽게 도출해내기가 용이하지도 않았던 것이다. 이렇듯 성서 안에도 죄와 구원에 대한 여러 표상들이 존재하기 때문에 2000년 교회의 역사를 통해 다양한 유형의 구원론의 전개되어 왔다.

전통적으로 그리스도의 사역은 죄-구원의 속죄론적 도식으로 정식화되었다. 아울렌은 교리사적으로 다양하게 주장되어 온 속죄를 크게 세 가지 유형으로 나누어 정리한 바 있다. 고전적인 속전설Ransom Theory, 전통적인 객관적 속죄론인 충족설Satisfaction Theory 그리고 주관적 속죄론인 도덕감화설Moral Influence Theory이 그것이다.[1] 아울렌은 종교개혁의 동기가 된 루터의 칭의론은 예수가 이루신 구원의 방식으로 제시된 사탄과의 거래를 사탄에 대한 승리로 해석한 점에서 고전적 속죄론의 새로운 해석이라고 하였다.

현대에 와서는 전통적인 구원론을 새로운 관점에서 전개하고 있다. 현대신학의 선구자라고 불리우는 슐라이어마허는 아벨라드의 속죄 이해를 현대적인 형태로 개념화하였다. 아벨라드가 말한 하나님에 대한 사랑은 슐라이어마허에게서는 '하나님에 대한 의식'으로 바뀌었다.[2] 이어 등장한 리츨은 죄와 구원을 도덕적인 의지의 문제

---

1 G. Aulen/ 전경연 역, 『속죄론 연구』(서울: 종로서적, 1975); E. Brunner/ O. Wyon (tr.), *The Christian Doctrine of Creation and Redemption* (Philadelphia: Westerminster, 1949), 333 ff. 부룬너는 성서에 나타나는 십자가의 속죄론적 표상은 다섯 유형이 있다고 하였는데, 구약의 희생제사, 대리징벌, 채무탕감, 사탄에 대한 속전, 유월절 새 계약의 희생이 그것이다.

2 F. Schleiermacher, *The Cristian Faith* (Philadelphia: Fortress, 1976), 425.

로 파악하였다. 슐라이어마허와 리츨은 구원을 하나님과 사람 사이의 새로운 관계로 이해하였고, 그리스도를 하나님 의식 또는 도덕적 의지의 모범과 이상으로 이해함으로써 전통적인 주관적 속죄론을 현대적으로 재현한 것이라 평가된다.

그리고 구원을 하나님과 사람 사이의 관계로만 이해하려는 자유주의 신학이나 실존주의 신학에 반기를 들고, 하나님과 사람 사이뿐만 아니라 하나님과 세계 사이의 관계도 포함하는 포괄적인 개념으로 파악하려는 시도가 화해론과 해방론으로 전개되었다.

일찍이 바르트가 화해론에서 지적한 것처럼 종교개혁의 칭의론은 개인구원에 머물러 있어 구원의 사회적 정치적 차원뿐 아니라 자연적 생태학적 차원도 설명할 수 없다. 따라서 로흐만은 현대신학의 구원론은 화해론와 해방론으로 재구성되었다고 하였다. 로흐만은 성서적으로 볼 때 화해는 구원의 수직적인 차원을 강조하는 것이며, 반면에 해방은 구원의 수평적인 차원을 강조한 것이라고 하였다.[3] 이런 배경에서 전통적인 구원론에 대한 다양한 재검토가 이루어졌다.

첫째, 전통적인 구원론에서는 그리스도의 십자가를 주로 죄-구원의 도식으로 취급하였다. 따라서 예수 그리스도의 공생애를 통한 사역과 그의 역사적인 언행의 구원론적 의미를 충분히 고려하지 못했다. 그리하여 예수가 십자가에 달리기 이전에 예수가 많은 사람들의 죄를 사하여 준 성서의 언급들을 전통적인 십자가의 중심의 속죄론으로만 설명하는 것에는 한계가 있다는 비판이 제기되었다.[4]

---

3 J. M. Lochmann/ 주재용 역, 『화해와 해방』 (서울: 대한기독교서회, 1996), 32-33.

4 D. M. Baillie, *God was in Christ* (London: Farber & Farber, 1974), 172f. 베일리는 '값없는 용서와 무한한 은혜를 전제할 때 왜 속죄의 제물이 필요한가?'라는 반론

둘째, 예수의 죽음에 대한 속죄론적 해석은 부활의 종말론적 차원을 약화시킨다는 것이다. 예수의 죽음을 속전이나 대리적인 희생이나 보상이나 충족으로만 해석한다면 십자가에서 죽은 예수가 3일 만에 살아난 부활의 정치적 종말론적 구원의 의미를 충분히 설명할 수 없다.[5]

셋째 전통적인 속죄론의 죄-구원의 도식은 현대 그리스도인의 신앙과 삶에 적용하기가 어렵다는 점이다. 아담의 불복종으로 인해 인류가 죄와 죽음과 사탄의 지배 하에 들어가게 되고, 예수가 십자가에 달린 대리적인 형벌을 통해 원죄로부터의 구원이 획득된다는 전통적인 속죄론은 그리스도인들이 현실적으로 경험하는 다양한 의미의 죄와 구원의 체험과 동떨어지기 때문이다.[6] 이런 이유로 죄와 구원에 관한 전통적인 속죄론은 정치신학과 해방신학이 등장하면서 재검토를 요청받게 되었다.

죄와 구원에 대한 전통적인 가르침에 대한 새로운 해석의 모색은 1973년 세계교회협의회가 "오늘의 구원"이라는 주제로 모인 방콕대회의 선언문을 통해 개인구원과 사회구원의 통전의 필요성을 분명히 요청한 데서 잘 드러나 있다.[7]

넷째, 생태학적 위기가 도래하면서 '정의 · 평화'와 함께 '창조의

과 함께 속죄론의 한계를 지적한 Wernle, Busset, Heine의 견해를 소개한다. G. Friedrich/ 박영옥 역, 『예수의 죽음』 (서울: 한국신학연구소, 1988), 8-58. 프리드리히는 중풍병자의 이야기와 잃어버린 아들의 비유에서 십자가의 효력 없이도 죄사함이 가능한 것으로 밝힌다.

5 J. Moltmann, *The Crucified God* (London: SCM, 1967), 245, 241, 239.

6 H. Ott/ 김광식 역, 『신학해제』 (서울: 한국신학연구소, 1976), 171. 오트는 "죄라는 개념이 무엇인지는 간의 경험과 관련시키지 않고서는 전개될 수 없다"고 하였다.

7 E. Sovik/ 박근원 역, 『오늘의 구원』 (서울: 대한기독교출판사, 1984), 86.

보전'(Integrity of Creation)이 신학의 주제로 대두되었고[8], 생태학적 구원자로서 '우주적 그리스도'에 대한 새로운 자각이 생겨났다. 일찍이 샤르뎅은 니케아 신조의 양성론을 비판하고 그리스도가 신성과 인성과 우주성을 지녔다는 '신 니케아의 삼성론'을 주장하였다.[9] 그리고 "우주·인간·그리스도, 이 셋이 만나 '중심'이라는 새로운 영역이 나타나고, 거기에서는 우리 실존의 불행이나 고뇌의 원인이 되었던 온갖 대립들이 사라져 간다"[10]고 하였다.

먼저 고전적 전통적 구원론의 네 가지 유형 즉, 속전설, 충족설(안셀름), 사랑감화설(아벨라드), 칭의론(루터)과 현대적 구원론의 두 가지 유형 즉, 화해론(바르트)과 해방론(몰트만과 구티에레즈) 그리고 한국신학의 구원론의 유형으로 제시된 서남동의 한의 속량론과 생태 구원론을 포함하여 여덟 가지 유형의 구원론을 비교 검토하기 위해 세 가지 검증의 틀을 사용하려고 한다. 기독교의 구원론은 다음 세 가지 질문에 대한 답변에 따라 여러 유형으로 나누어지기 때문이다.

첫째로 기독교의 구원론은 죄-구원의 속죄론적인 도식으로 정형화되어 있다. 따라서 '구원의 내용'은 죄를 어떻게 이해하느냐에 달려 있다. 죄가 어떻게 기원하였으며 죄를 무엇으로 보느냐에 따라서 구원의 내용과 의미가 달라지는 것이다.

둘째로 기독교의 구원 이해는 기독교인들이 구세주로 믿는 예수

---

8 세계개혁교회연맹 편, 『정의 · 평화 · 창조의 보전 -WARC 서울대회 보고서』 (서울: 대한기독교서회, 1989); 한국기독교사회문제연구원 편, 「정의 · 평화 · 창조질서의 보전 세계대회 자료집」 (서울: 민중사, 1990).

9 허호익, "떼이야르 드 샤르뎅의 그리스도의 우주성과 삼성론", 「한국기독교신학논총」 제38집 (2005.4), 65-90.

10 P. Teilhard de Chardin/ 이병호 역, 『물질의 심장』, 96.

그리스도가 이루신 구원을 떠나서는 이해할 수 없다. 그러므로 예수 그리스도께서 어떠한 방식으로 죄를 대속하고 구원을 이루었는가 하는 '예수가 구원을 이룬 방식'이 중요한 쟁점이 된다.

셋째로 인간이 예수 그리스도가 이루신 '구원에 참여하는 방식'에 관한 논의이다. 어떤 방식으로 구원에 참여하는가 하는 문제는 구원론의 또 다른 주요 쟁점이기 때문이다.

구원론의 여덟 가지 유형은 위의 세 가지 관점에서 비교 분석하고 재검토한 후 구원론의 여러 유형을 통전적으로 이해하기 위하여, 하나님과의 바른 관계인 개인구원, 이웃과 바른 관계인 사회구원, 자연과 바른 관계인 생태구원의 세 차원을 다루어야 한다. 아울러 구원의 시간적인 세 가지 계기인 이미 얻은 구원(칭의), 현재 이뤄야 할 구원(성화), 장래에 이루어져야 할 구원(영화)을 통전적으로 이해하기 위하여 천지인신학의 통전적 구원론을 모색하려고 한다.

II. 고전적 속전설

신약성서는 그리스도의 죽음을 '몸값을 받고 종의 신분을 풀어 주어 양민이 되게 하는 것', 즉 인류의 속량贖良 eksgorasen(갈 3:13)을 위한 속전贖錢 antilutron(딤전 2:6, 고전 6:20, 7:23) 또는 대속물代贖物 lutron(막 10:35)로 표현하였다. 이는 모두 대가(ransom)를 치루고 다시 사서 구출한다는 뜻을 담고 있다.

이에 근거한 속전설(Ransom Theory)에서는 죄를 사탄의 노예 상태로, 구원을 노예에서의 구출(redemption)로 이해한다. 그리고 아담과 하와가 죄를 짓게 된 것은 사탄의 미혹 때문이었다는 점을 강조한다. 이 원죄로 인해 인류가 사탄의 노예가 되어 죄와 고난과 영원한 죽음에 처하게 되었다. 그리스도의 죽음은 사탄의 포로가 된 인류를 구출하기 위하여 지불된 속전이라고 설명한다. 속전설에서는 하나님과 인간의 사이에서 벌어진 원죄를 인간과 사탄 사이에서 일어난 일에 비추어 죄의 기원과 죄의 본질을 이해하려고 하였다.

체계적으로 속전설을 전개한 대표적인 인물은 이레네우스와 오리겐이다.[11] 이레네우스는 '무슨 목적으로 그리스도께서 하늘에서 내려오셨는가'라는 질문을 신학의 출발점으로 삼았다.[12]

---

11 A. Harnack/ N. Buchanan (tr.), *History of Dogma* vol. 3 (Gloucester, Mass: Peter Smith, 1976), 304-310.

> 하나님의 말씀이 육신이 된 것은 그가 죽음을 진멸하고 사람을 생명으로 이끌어 가기 위함이었다. 이는 우리가 죄 속에 갇히고 거기에 속박받고 있으며 죄 안에서 나서 죽음의 지배 아래서 살고 있기 때문이다.[13]

그는 아담의 불복종에서 비롯된 원죄로 말미암아 인간이 하나님의 형상을 상실하였고, 그 결과로 죄와 죽음과 사탄의 지배 하에 놓이게 되었다고 한다. 따라서 하나님의 형상을 회복해야 죄와 죽음과 사탄의 지배로부터 하나님이 주시는 영원한 생명을 누릴 수 있다.

이레네우스는 죄와 죽음과 사탄을 인류의 원수라고 하였다. 인류를 노예로 삼은 사탄이라는 원수를 쳐부수어 이기고, 만물을 회복(Recapitulatio)하기 위하여 하나님 자신이신 말씀이 육신이 되어 이 땅에서 오셔서, 사탄의 지배 하에 있는 인류를 '잃은 양을 도로 찾듯이' 건져 내셨다는 것이다. 죄와 죽음과 사탄은 유기적으로 관련되어 있다. 죄는 하나님을 떠난 상태이며 하나님에 대한 불복종으로 나타난다. 하나님께 순종하지 않는 것은 본질적으로 죽음과 같다. 죄는 죽음을 동반한다. 죄와 죽음의 지배자는 사탄이다. 그러므로 죄와 죽음과 사탄의 지배에서 벗어나는 것이 구원이며, 그것은 영원한 생명을 얻어 불사의 하나님의 나라에 들어가는 것이라 하였다.[14]

속전설의 핵심은 사탄의 지배하에 있는 인류를 구원하기 위해 그

---

12 Irenaeus, *Adv. Haereses*, II.14.7.

13 G. Aulen/ 전경연 역, 『속죄론 연구』, 23.

14 Irenaeus, *Adv. Haereses*, V.27.2. "하나님과의 사귐은 생명이고 빛이며 그에게 있는 선한 것을 누리는 것이다. 그러나 고의로 하나님을 배반하는 사람을 하나님은 자기에게서 떼어 버리시며, 하나님에게서 떨어짐이 죽음이다."

리스도께서 자신의 죽음을 사탄에 대한 속전贖錢으로 내어 주었다는 것이다. 이레네우스는 사탄이 인류를 속여서 하나님께 불순종하게 함으로써 인류가 죄와 죽음을 지배하는 사탄에게 팔렸고, 전능하신 말씀을 통해 참된 인간이 되신 그리스도께서 자신의 피로 인간을 이치에 맞게 구원하시려고 포로로 끌려가는 인류의 속전(ransom)으로 자신을 내어 주셨다고 하였다.

이레네우스 등 여럿이 속전설을 주장하였으나, 속전의 방식에 대해 그리스도의 죽음과 희생을 논리적 엄밀성을 가지고 설명한 이는 오리겐이 처음이다.[15] 사탄의 유혹을 당해서 범죄 한 인류는 사탄의 지배하에 들어갔고, 사탄이 인류에 대한 법적인 권한을 획득하게 되었다. 이에 하나님이 사탄과의 거래에서 인류를 구할 속전으로 그리스도를 내어주어 십자가에서 죽게 하였다는 것이다.

이어서 이러한 사탄과의 거래를 어떻게 설명할 것인가 하는 신학적인 문제가 제기되었다. 닛사의 그레고리는 '낚시의 미끼'라는 유비(analogy)를 사용해서 다음과 같이 설명한다.

> 그리스도의 인성은 미끼이며, 그의 신성은 바늘이다. 거대한 바다 괴물 같은 악마는 이 미끼를 낚아채지만, 너무 늦게 그 바늘을 발견한다.… 그 바늘은 상처를 내기 위하여 미끼로 유혹한다. 그러므로 우리 주님도 인간의 구원을 위하여 오셨을 때, 악마의 죽음을 위하여 자신을 바늘로 삼으신 것이다.[16]

---

15 A. Harnack/ N. Buchanan (tr.), *History of Dogma* vol. 3, 307.

16 Irenaeus, *Against Heresies*, V.1, 1.

사탄과의 거래라는 설정 가운데는 '미끼와 바늘'이라는 상징이 사용되었다. '예수가 가지고 있는 인성人性은 미끼를, 그의 신성神性은 바늘'로 상징되었다. 그리고 '예수에 대한 사탄의 월권'이라는 개념도 중요하게 취급되었다. 인성을 지닌 그리스도께서 십자가에서 자신을 내어 주셨으며, 죽음의 세력을 관장하는 사탄이 예수 그리스도를 삼켰으나, 그리스도는 무죄하고 신성을 지니신 분이므로 사탄으로서는 예수를 죽음으로 끌어들이는 것 자체가 월권에 해당한다는 것이다. 사탄이 예수의 신성 속에 감추어진 인성이라는 미끼를 삼켰는데, 보이지 않는 바늘, 즉 그의 신성의 고리에 걸리고 말았다는 것이다. 그리하여 하나님이 무죄한 예수를 죽음으로 끌어들인 '사탄의 월권'에 대한 책임을 물어 예수뿐 아니라 사탄의 유혹을 받아 하나님께 불순종하고 사탄의 노예가 된 모든 인류를 구출하셨다는 것이다. 그러므로 오리겐은 "죽은 자들 가운데서 먼저 자유하게 되어 죽음의 지배를 받는 사람 중 원하는 사람은 모두 그를 따라 음부 곧 죽음의 왕국에서 나올 수 있게 되고, 다시는 죽음이 저들을 지배하지 못하게 되었다"[17]고 설명한다.

이러한 고전적인 속전설에서는 죄를 전적으로 사탄과의 관계에서 설정하였다. 죄를 죽음과 사탄의 세력으로 보고 구원을 불사와 신성에의 참여로 이해한 것이다. 그리스도께서 인간을 구원한 방식에 관해서 '사탄에 대한 미끼와 사탄의 월권'이 라는 표상이 전면에 부각되어 있으므로, '사탄과의 거래'라는 신화적이고 이원론적인 성격을 띤다.

---

17 Origen, *Commentary on the Gospel of Matthew*, xvi, 8.

아울렌은 사탄에게 대가를 지불했다는 속전설 배후에는 인류의 구원을 위해 그리스도께서 죄와 죽음과 사탄의 권세를 무찌르고 승리하셨다는 우주적 투쟁의 극적인 방식이 함축되어 있다고 한다. 그럼에도 불구하고 현대에 와서 대부분의 신학자들은 고전적인 속죄론을 비신화화하여 '승리자 그리스도'라는 표상을 약화시켰다고 평가한다. 그는 "이 썩을 것이 썩지 아니함을 입고 이 죽을 것이 죽지 아니함을 입을 때에는 사망을 삼키고 이기리라"(고전 15:54)는 말씀처럼 예수의 죽음이 사탄과의 거래가 아니라, 사탄의 세력인 죽음의 권세에 대한 승리라고 주장한다. 『속죄론 연구』라고 번역된 저서의 원제가 『승리자 그리스도』(*Christ the Victor*)인 이유이기도 하다.

인류를 구원하기 위해 하나님께서 그리스도를 사탄에게 속량의 대가로 주었다는 고전적 속전설은 그리스도가 모든 예상을 뒤엎고 죽은 지 3일 만에 다시 살아나신 부활에 관해서는 설명할 수 없다는 근본적인 한계가 있다. 바울은 예수 그리스도의 죽음의 의미를 사망의 권세에 대한 승리라고 명시적으로 강조하였기 때문이다.

> **사망아 너의 승리가 어디 있느냐 사망아 네가 쏘는 것이 어디 있느냐… 우리 주 예수 그리스도로 말미암아 우리에게 승리를 주시는 하나님께 감사하노니 (고전 15:55-57).**

개신교 신학의 선구자인 루터의 십자가 신학에서는 이러한 십자가상의 그리스도의 투쟁과 승리가 강조되어 있다. 루터에 의하면 십자가에 달리신 하나님은 죽음의 세력에 굴복한 것 같으나 실상 죽음을 이기신 승리자이며, 이러한 역설을 '감추인 하나님Deus absconditus이

곧 드러난 하나님Deus revelatio'이라는 새로운 개념으로 주장하였다.[18]

예수께서 인간을 구원하기 위해서 인성이라는 미끼와 신성이라는 낚시 바늘로 사탄을 속였다는 속전설의 논지는 결국 '속임수'에 의해 인류가 구원받게 되었다는 결론에 이르게 되는 것이 아닌가 하는 비판을 면치 못했다. 이에 대하여 사탄이 먼저 인류를 속였기 때문에 하나님은 속임수에 대하여 속임수로 대응한 것이라는 빈약한 반론이 제시되기도 하였다.

속전설에서는 그리스도께서 이루신 구원에 인간이 어떻게 참여하는 지에 대해서는 심각하게 고려하지 않았다. 따라서 속전설을 믿음으로 인해 구원을 받는 것으로 보인다.

속전설의 제시된 후 천년이 지나서 등장한 안셀름이 '속임수에 대해 속임수로 대응한다'는 속전설의 신학적 약점과 논리적 한계를 강력하게 비판하고 충족설을 구원론의 새로운 대안으로 제시하였다.

---

18 A. Harnack/ N. Buchanan (tr.), *History of Dogma* vol. 3, 14-16.

III. 전통적 객관적 충족설

충족설은 고전적 속전설의 비판에서 출발하였다. 고전적 속죄론이 죄와 구원이해를 사탄과의 거래에 초점을 둔 것 자체가 방법론적인 오류라고 본 것이다. 죄가 사탄의 유혹에서 시작하였고 결과적으로 사탄의 노예로 전락한 것이지만, 다른 한편으로 성서가 표상하는 죄는 하나님의 명령에 대한 불순종이며, 구원은 하나님의 용서에 의해서 이루어지는 것임을 분명히 하려고 하였다. 충족설은 죄와 구원, 구원을 이루신 방식과 우리가 그 구원에 참여하는 방식을 모두 '하나님의 공의'라는 관점에서 새롭게 전개한다. 그러나 실제로는 예수가 어떤 방식으로 구원을 이루었느냐는 것이 논의의 초점으로 강조되었다.

충족설에 의하면 죄는 그 본질이 하나님에 대한 불순종이다. 이처럼 충족설에서는 속전설과 달리 죄를 사탄과의 관계가 아니라 하나님과의 관계에서 설정한다. 바울은 "모든 사람이 죄를 범하였으매, 하나님의 영광에 이르지 못하더니"(롬 3:23)라고 하였다. 인간의 범죄를 하나님의 관점에서 보면 인간이 하나님에게 불순종하는 것은 하나님의 명예를 실추시키고 그의 영광을 훼손하는 것이다. 따라서 바꾸어 보면 구원은 하나님의 명예와 영광이 회복되는 것이다. 하나님 편에서 보자면 자신의 명예와 영광을 회복하는 방식은 인간의 불순종에 대해 그에 상응하는 영벌을 가하는 것이다. 그러나 영벌은 하나님과 인간의 영원한 관계 단절이므로, 이로서는 불순종한 인간과 명예가 훼손된 하나님의 관계를 영영 회복할 수 없다. 구원은 인간의 불복종으로 훼손된 하나님의 명예와 영광을 회복하고 동시에 인간과 하나님 사이의 화목한 관계도 회복하는 것이기 때문이다. 하나님과 인간 사이의 화해를 충족시킬 수 있는 제3의 방식이 요청되는 이유이다.

속전설이 예수의 죽음을 사탄에 대한 대가 지불을 통한 구원의 방식으로 설명했다면, 충족설은 예수의 죽음을 하나님과의 화해를 충족시키는 구원의 수단으로 제시한다. 구약성서의 화목제에 근거하여 예수의 죽음이 하나님과 인간 사이의 화해를 이룬 희생이라고 보는 관점이다. "저는 우리 죄를 위한 화목 제물이니 우리만 위할 뿐 아니요 온 세상의 죄를 위하심"(요일 2:2)이며, "그의 피로… 화목제물 ιλαστηριον로 세우시고… 전에 지은 죄를 간과하심으로 자기 의로우심(하나님의 공의)을 나타내는 것"(롬 3:25)이다.

안셀름은 『하나님은 왜 사람이 되셨는가?』(*Cur Deus homo*)라는 책에서 충족과 공로의 개념에 기초하여 충족설이라 불리우는 속죄론을 가장 체계적으로 전개하였다.[19] 그 역시 예수께서 십자가의 죽음을 통해 죄와 진노와 지옥과 사탄의 세력으로부터 인류를 구원하셨다고 가르쳤다. 죄와 구원의 내용에 관해서는 고전적인 속전설과 다를 바 없다.[20] 하지만 예수 그리스도께서 수행하신 속죄의 방식에

---

19 Anselm, "Why God Became Man", *A Scholastic Miscellany: Anselm to Ockam,* LCC, X (Philadelphia: Westminster, 1956), 100-183; A. Harnack, *History of Dogma* vol. 6, 54 -78; A. Ritschl, *A Critical History of the Christian Doctrine of Justification and Reconciliation* (Edinburgh: Edmonston and Duglas, 1872), 22-34; P. Tillich, 『그리스도교사상사』 (서울: 한국신학연구소, 1984), 207-218.

대해서는 고전적인 속전설의 견해를 강력하게 비판한다. 인간의 구원을 위해 사탄과의 거래가 필요하고, 사탄의 속전이 되기 위해 하나님이 인간이 되셨다는 주장은 성육신의 참된 목적을 오해한 것이라고 하였다.[21]

인간을 구원하는 방식이 그리스도가 사탄의 미끼가 되어 사탄을 속이고 그 월권을 문책한 것이라는 논리도 비판하였다. 고전적 속죄론의 결정적인 모순인 "사탄의 속임수에 하나님이 속임수로 대응하였다"는 논지도 비판하였다. 예수는 자신을 진리라고 했으며, 따라서 진리는 아무도 속이지 않는다는 것이다. 죄가 하나님에 대한 불복종이라면 구원 역시 하나님과의 관계에서 해명되어야 한다는 것을 강조하였다.

안셀름은 성육신의 기본적인 동기는 하나님 안에서 일어난 갈등을 충족하기 위한 것이라는 관점에서 인류 구원을 위한 합리적 근거를 로마의 배상법 개념에 비추어 제시하였다. 그 골자를 요약하면 다음과 같다.

(1) 인간의 원죄는 하나님에 대한 현저한 불복종이며 이는 하나님의 영예를 심히 훼손하고 그 영광을 가리는 것이다.[22] 하나님은 잃어버린 영예를 회복하기 위해 그에 상응하는 대응을 하지 않으면 안 된다.

(2) 하나님의 대응방식은 두 가지이다. 하나는 죄에 대한 형벌로서 영벌을 내리는 것인데, 이는 하나님과 인간의 영원한 단절이므로

---

20 Anselm, "Why God Became Man", i, 6, *LCC X,* 106-107.

21 같은 책, 108. "인간에 대한 마귀의 어떤 몫에 대해서 그는 전혀 아는 바가 없다."

22 같은 책, 119.

너무 가혹하다. 다른 하나는 당시의 로마법에서 시행된 것처럼 형벌을 대신하여 보상(penalty)으로 충족하는 일이다. 로마법에 따르면 "모든 죄에 대해서 형벌 아니면 보상이 필연적"[23]이었기 때문이다. 안셀름은 하나님이 그의 정의와 자비를 충족하기 위해 후자의 방법을 선택하였다고 보았다.

(3) 인간에게는 보상책임은 있으나 자신의 무한한 죄책을 보상할 수 있는 능력이 없다. 인간의 영벌을 보상할 수 있는 능력을 지는 자는 오직 신뿐이다. 그러나 신은 인간의 죄에 대한 보상 책임이 없다.

(4) 보상 책임과 보상 능력을 동시에 충족시킬 수 있는 분은 신인神人 이외에 없다.[24] 그리하여 하나님이 인간이 되신 그리스도를 이 땅에 보내신 것이다.

(5) 신성과 인성을 지니신 예수 그리스도일지라도 일상적인 행위로서는 인간의 영벌을 보상할 수 없다. 그의 영원하고 존귀한 생명의 자발적인 복종만이 온 세상의 모든 죄에 대한 보상을 충족시킨다.[25] 신인이신 예수 그리스도의 성육신과 자발적인 희생을 통한 대리 보상은 하나님의 영예 회복과 인간의 영벌 면제를 동시에 충족할 수 있는 유일한 방법이 된다.

안셀름은 하나님이 인간이 되신 것은 마귀와의 거래를 위한 것이 아니라, 하나님 자신의 영예를 충족시키기 위해서라고 하였다. 인류를 구원하는 방식이 미끼를 사용한 속임수가 아니라, 신인이신 그리

---

23 같은 책, 124.

24 같은 책, 151. "하나님을 제외한 어느 누구도 그것을 바칠 수 없으며, 인간을 제외한 어느 누구도 그것을 바칠 의무가 없다."

25 같은 책, 163-164.

스도의 영원한 생명의 자발적인 희생이다.

그의 주장은 고전적 속전설의 약점을 보완한 것이긴 하지만, 기본적으로 죄를 지었으면 상응하는 벌을 받아야 한다는 율법주의와 최소한 '대리 보상' 또는 '대리 형벌'이라도 받아야 한다는 로마의 법치 개념에서 벗어나지 못했다. 이로 인해 조건적이고 법률적인 배상의 요구는 하나님의 무조건적인 용서와 조화를 이루기 어렵다는 아벨라드와 소시니우스 등의 비판을 받게 된다.

충족설은 또한 그리스도의 구속사역을 십자가의 죽음으로 귀결시킴으로써 십자가 이전의 공생애의 구속사적 의미를 약화시켰다. 예수의 죽음을 사탄에 대한 속전으로 보거나 대리 처형의 화목제물로 보아서는 죽음에서 다시 살아난 부활의 의미를 명확하게 설명하지 못한다. 충족설 역시 속전설과 마찬가지로 예수 그리스도의 부활이 죽음의 세력과의 투쟁과 승리라는 십자가 신학의 역설을 설명하지 못하는 약점이 있다.

충족설에서는 인간의 속죄가 전적으로 하나님 안에서 이루어진 객관적인 사건으로만 묘사되어 있으므로, 인간이 어떻게 그리스도께서 이루신 구원에 능동적으로 참여해야 하는가에 대해서는 충분히 다루지 않았다고 평가된다.[26] 그리하여 충족설은 하나님과의 예수 사이에 이루어진 객관적인 속죄론이라고 불리기도 한다.

안셀름 이후 중세교회는 그리스도가 이루신 대속의 희생제물로 돌아가심으로써 하나님의 공의를 충족시킨 공로로 인간이 구원을 얻게 되는 것이라고 하였다. 그리고 예수의 공로는 다시 교회에서 사제

---

26 P. Tillich, 『그리스도교사상사』, 217-218; R. Seeberg, 『기독교교리사』 (서울: 엠마오, 1988), 102-103.

들에 의해 집행되는 성례를 통해 신자들에게 분배된다고 가르쳤다. 중세 이후 그리스도인들은 성례전에 참여하는 행위를 통해 그리스도가 이루신 구원에 참여하게 된다.

피터 롬바르트 이후로 체계화된 7성례론과 안셀름의 충족설이 결합되어 예수가 이루신 구원에 참여하는 방식은 성례적 행위로 이해되었다. 교회는 세례는 죄사함을 받는 표시이고, 성찬은 그리스도를 본받아 우리가 제단에서 피흘리지 않고 하나님께 바치는 희생제사이며, 지속적으로 성찬식에 참여하여 희생 제사를 드림으로써 구원이 유지된다고 가르쳤다. 세례 이후에 범한 죄에 대해서는 반듯이 사제 앞에서 고해하여야 용서받을 수 있다고 하였다. 이처럼 중세 가톨릭교회는 교회가 베푸는 7성례에 참여하는 '성례전적 행위'나 그리스도의 삶을 본받는 '도덕적 행위'를 통해 신자들이 구원에 참여하는 것으로 구원론을 체계화하였다. 성례나 선행과 같은 행위로 의롭게 되는 것이 구원에 참여하는 방식이라는 충족설의 가르침은 결과적으로 루터가 반박한 것처럼 행함이 아니라 믿음으로 의롭게 된다는 칭의론을 제기하는 배경이 되었다.

IV. 전통적 주관적 사랑감화설

속전설이 죄와 구원을 '사탄과의 관계'에서 해석하고, 안셀름의 충족설이 '하나님과의 관계'에서 해석한 것이라면 아벨라드(1079-1142)의 사랑감화설은 죄와 구원을 전적으로 '인간과의 관계'라는 관점에서 밝히고자 하였다.[27]

아벨라드가 『로마서 강해』[28]에서 아담과 하와가 하나님의 말씀에 불복종한 것을 '인간의 입장'에서 보면 하나님을 더 이상 사랑하지 않게 되었다는 것을 의미한다. 인간은 누구나 자신이 가장 사랑하는 이의 말을 듣게 되어 있다. 사랑하지 않거나 미워하는 이의 말에 자발적으로 순종하는 경우는 드물다. 따라서 아벨라드는 죄를 하나님에 대한 사랑의 상실로, 구원을 하나님에 대한 사랑의 회복으로 이해하였다.

아벨라드 역시 안셀름처럼 고전적 속전설이 주장하는 '구원의 방

27 아울렌은 아벨라드의 입장을 도덕감화설이라고 하였지만 이는 칸트의 입장에 더 적합한 표현이며 아벨라드의 경우는 사랑모범설이라고 표현하는 것이 더 적합할 것이다.

28 P. Abelard, "Exposition of the Epistle to the Romans," *LCC, X,* 276-287; A. Harnack, *History of Dogma* vol. 6, 79-80; A. Ritschl, *A Critical History of the Christian Doctrine of Justification and Reconciliation*, 35-40; P. Tillich, 『그리스도교사상사』, 218-228.

식'을 비판하였다. 마귀는 하나님이 선택한 자에게 어떠한 권리도 행사할 수 없으며, 인류를 속인 자가 인류를 그 지배 하에 둘 수 있는 권한이 있을 수 없고,[29] 그리스도의 피의 속전도 결코 마귀에게 지불된 것이 아니라고 하였다. 그는 안셀름이 속죄의 방식으로 주장한 충족설에 대해 율법주의적 틀에 짜여 있는 것이라고 반박하였다. 바울이 『로마서』에서 그토록 강조한 것처럼 율법의 행위로 인간이 의롭게 되는 것이 아니다. 율법은 죄를 드러낼 뿐이기 때문이다(롬 3:18-19). 속죄는 율법의 행위가 아니라, 오직 믿음으로 이루어지며, 율법의 행위로 의롭게 되는 것이 아니라, 그리스도 예수 안에 있는 구속으로 말미암아 하나님의 은혜로 값없이 의롭다 하심을 얻는다고 하였다(롬 3:21-24).[30]

아벨라드는 '값없이 의롭다 하신 하나님'이 인류의 범죄를 대속하기 위해 무죄한 그리스도에게 대리 배상의 조건으로 희생적인 죽음을 요구하는 것은 있을 수 없는 일이라고 보았다. "어떤 것의 대가로서 무죄한 자의 피를 요구하는 것은 잔인하고 사악한 일"이기 때문이다.[31]

그는 대리 보상을 통해 하나님의 의가 충족되어야 한다는 안셀름의 주장이 하나님이 아무런 값없이 무조건적인 은총을 통해 의롭다고 인정하신다는 성서의 가르침과 모순된다고 보았다. 무조건적으로 용서하는 사랑은 그 어떤 대리적인 보상도 요구하지 않기 때문이다. 탕자의 비유는 아버지에게 불순종하고 아버지의 재산을 탕진한 아들의 죄에 대해 어떠한 책임도 대리적인 보상도 요구하지 않았다. 아버지

29 P. Abelard, "Exposition of the Epistle to the Romans," *LCC, X*, 280-281.
30 같은 책, 276-277.
31 같은 책, 283.

가 돌아온 아들을 값없이 무조건 용서한 것처럼 하나님의 사랑과 용서도 무조건적이라는 것이다.

아벨라드는 바울이 말한 하나님의 의는 율법적인 개념이 아니라고 역설하였다. 하나님의 의는 하나님의 무조건적인 사랑이며 무한한 은총이다. 예수께서 인간을 구원하기 위해 십자가에 달려 죽으신 것은 하나님이 예수 안에서 인간과 같은 인성과 연합하시고, 고난을 당하심으로 인해 완전한 사랑을 보여 주시기 위함이다.[32] 이런 의미에서 예수의 고난과 십자가는 우리 인간에 대한 사랑의 확증으로 이해할 수 있다. "우리가 아직 죄인 되었을 때 그리스도께서 우리를 위하여 죽으심으로 하나님께서 '우리에게 대한 자기의 사랑을 확증'(롬 5:8)"하신 것이다. 그리스도께서 인간으로 이 땅에 오셔서 많은 고난을 받고 십자가에 달려 죽으신 것은 인간에 대한 하나님의 사랑을 나타내는 증거이다. 아벨라드는 그리스도께서 십자가에서 인류를 구원한 방식이 하나님의 명예와 공의를 충족하기 위한 대리 보상이 아니라, 인류에 대한 하나님의 희생적인 참 사랑을 확증하여 보여준 사건이라고 본 것이다.

아벨라드는 무엇보다도 고전적인 속전설의 기초가 되는 원죄론의 개념을 거부하였다. 죄는 아담으로부터 유전되는 것이 아니라, 개개인의 의지적인 행위라고 하였다. 그에 따르면 아담의 원죄로 인해 인류가 죽음과 사탄의 세력의 지배하에 놓이게 된 것이 아니라, 인간이 개인적으로 하나님에 대하여 불복종하는 구체적인 행위가 죄이다. 하나님에 대한 초월적인 사랑과 이웃에 대한 자기 희생적인 사랑

32 같은 책, 278-279.

을 상실한 것이 바로 죄라고 본 것이다. 따라서 속죄란 인류가 상실한 초월적이고 자기 희생적인 사랑의 회복이다.

그렇다면 예수는 어떠한 방식으로 인간의 구원을 이루신 것인가? 아벨라드에 의하면 예수는 율법과 선지자의 대강령(골자)은 "하나님의 사랑하고 이웃을 사랑하는 것"(마 22:37-39)이라고 가르쳤다. 하나님은 "세상을 이처럼 사랑하사 독생자를 보내주셨"(요 3:16)다. 하나님은 예수를 사랑하여 '이는 내 사랑하는 자'(마 3:17)라고 하였고, 예수는 또한 "친구를 위해 목숨을 버리는 것보다 더 큰 사랑이 없다"(요 15:37)고 가르쳤을 뿐만 아니라, 그가 만난 모든 사람을 애간장이 타는 마음으로 사랑하였고, 마침내 그 사랑을 실천하기 위하여 십자가에 달려 죽으신 것이다.

아벨라드는 예수의 삶과 십자가의 죽음이 온 인류에 대한 하나님의 사랑의 확실한 증거 자체라고 보았다. 이를 통해 하나님에 대한 사랑을 상실한 인간에게 사랑의 모범과 감화를 보여 주시고, 인간이 상실한 사랑을 일깨우고자 하신 것이다.

> **그리스도께서 우리를 위하여 목숨을 버리셨습니다. 이것으로 우리가 사랑을 알게 되었습니다**(요1서 3:16).

그러므로 우리가 하나님을 사랑한 것이 아니라, "하나님이 우리를 사랑하사 우리 죄를 위하여 화목제로 그 아들을 보낸 것이다"(요일 4:10). 따라서 아벨라드는 이러한 역사적 사랑의 모범과 감화를 통해 인간이 상실한 사랑을 회복하도록 가르치기 위하여 하나님이 인간이 되셨다고 주장하였다.

그리고 하나님께서 예수 그리스도를 통해 인간에게 보여준 사랑은 무조건적인 용서의 사랑이며, 하나님 사랑과 이웃 사랑을 상실한 죄에 대한 용서를 일깨우는 사랑이다. 아벨라드에 의하면 '사랑을 많이 받은 자는 용서를 많이 받은 자'가 된다(눅 7:47).[33] 이러한 신의 사랑과 용서는 인간에게 신의 사랑에 대한 응답적인 사랑을 일깨우는 것이다. "그러한 사랑은 우리를 죄의 노예에서 해방시켜 줄 뿐만 아니라 우리가 하나님의 자녀가 되는 참된 자유를 허락하여 준다."[34] 하나님의 사랑에 대한 인격적이고 주관적인 사랑의 감화를 통해 사랑을 회복함으로써 속죄가 이루어진다는 것이다.

아벨라드에 의하면, 속죄란 죽음과 사탄의 지배에서 해방되는 것이 아니라, 잃어버린 하나님 사랑과 이웃 사랑을 회복하는 것이다. 그리고 그리스도께서 십자가에서 이루신 속죄의 행위는 사탄에 대한 속전이나, 하나님과 그리스도 사이의 객관적이고 법률적인 거래도 아니며, 인간에게 사랑을 일깨우는 가장 위대한 참 사랑의 모범과 감화라고 하였다.

따라서 그리스도가 이루신 구원에 참여하는 방법은 십자가를 통해 본을 보여주신 그리스도의 희생적이고 자발적인 사랑에 감화를 받아 그리스도의 사랑의 모범을 본받아 살아가는 것이다. 하나님께서 예수 그리스도를 통해 보여주신 하나님의 참 사랑의 모범에 대한 인격적인 응답을 통해 하나님 사랑과 이웃 사랑을 회복함으로써 구원에 이를 수 있다. 따라서 아벨라드의 견해는 죄와 구원을 인간의 주관적인 관점에서 설명한 것이므로 주관적인 속죄론이며, 도덕감

33 같은 책, 279; G. Aulen/ 전경연 역, 『속죄론 연구』, 91.
34 R. Seeberg, 『기독교교리사』, 105.

화설moral influence theory로 알려져 왔지만 그리스도의 사랑의 감화와 모범을 따라야 한다는 의미에서 사랑감화설이 더 적합한 표현이라고 생각된다.

아벨라드의 사랑감화설은 그리스도가 이룬 구원에 인간이 어떤 방식으로 참여하는가에 초점이 맞추어져 있다. 그리하여 중세교회에서는 그리스도를 본받으려는 수덕신앙을 강조하였고, 이러한 수덕신앙이 공로사상과 결합되어 역설적이게도 고행과 금욕을 강조하는 "행함으로 의롭게 된다"는 율법주의적인 경향을 띠게 되었다.

아벨라드의 주관적인 사랑감화론은 소시니우스F.Socinius에 의해 좀 더 과격하게 전개되었다. 소시니우스는 『예수 그리스도 구세주』(1549)에서 "왜 어떤 방식으로 예수 그리스도는 우리의 구세주인가"라는 부제로 죄와 구원 및 그리스도가 구원을 이루신 방식과 인간이 구원에 참여하는 방식을 서술하였다.[35]

소시니우스는 그리스도의 선재先在와 신성을 거부하였다. 하나님은 예수 그리스도에게 신성(deitas)과는 본성적으로 구분되는 신적 성품(divinitas)을 주셔서, 하나님과 신적인 것에 관한 진리나 교리를 계시하고 확립하도록 하였을 뿐이라는 것이다.[36] 따라서 예수가 인간을 대신하여 십자가에 달려 죽으심으로 하나님의 공의를 충족시키고 인간을 죄에서 구원하였다는 대리 충족설을 신랄하게 비판하였다. 예수가 그의 죽음으로 하나님의 공의를 충족하기 위해 인간의

---

35 Sydney Cave, *The Doctrine of the Work of Christ* (London: Univ. of London Pr., 1937), 170. 소시니우스는 루터보다 에라스무스에 가깝고, 종교개혁에 속하지 않고 르네상스에 속한다. 그는 삼위일체론과 속죄론에 관한 충족설을 비판하였는데 특히 이 책은 칼빈의 속죄론을 비판하기 위해 쓰여졌다.

36 H. J. Malachlan, *Socinianism* (London: Oxford Univ. Pr., 1951), 13.

징벌을 대신하였다면, 인간의 죄에 대한 하나님의 무조건적인 용서가 필요 없고, 인간의 죄가 무조건 용서가 되었다면 충족에 대한 법률적 교리가 불필요하다고 주장하였던 것이다.[37]

소시니우스에 의하면 아담과 하와가 범죄한 결과 인류는 영생을 상실하였다. 따라서 구원은 인간이 상실한 영생을 회복하는 것이다. 예수가 인간의 구원을 위해 하신 일은 "영생을 의미하는 구원에 관한 지식을 계시하는 것"이다. 한마디로 "기독교 종교는 하나님이 그리스도를 통해 제시한 영원한 삶을 얻는 방식이다"[38]라고 하였다.

아벨라드의 사랑모범설은 슐라이어마허와 리츨에 의해 현대적인 형태로 제시되었다. 아벨라드가 말한 '하나님에 대한 사랑'은 슐

---

37 허호익, 『그리스도의 삼직무론』, 110-113. 소시니우스는 충족의 불일치성과 대리의 불가능성을 들어 충족설을 공박하였다. 첫째로 죄의 용서와 관련하여 하나님의 절대적인 정의를 요구하는 것은 상호 불일치한다. 하나님의 절대주권에 비추어 볼 때 하나님은 그가 원하는 대로 행동할 수 있다. 성서에 따르면 하나님은 때로는 진노를, 때로는 자비를 베푸신다. 구약의 하나님은 죄에 대한 대리 충족 없이도 죄를 용서했고, 신약성서는 절대무조건의 자비가 하나님의 행위의 기본 원칙임을 증명한다. 뿐만 아니라 용서와 충족은 상호 배타적이다. 무조건적인 용서에는 보상이 불필요하며 대리적 보상이 요구된다면 용서는 무의미해지기 때문이다. 하나님의 정의를 확립하려는 것이 충족설의 기본개념이라고 간주할지라도, 하나님의 의에 비추어 볼 때 죄인을 대신하여 의로운 자를 벌하는 것 자체가 이미 불의한 일이다. 나아가서 인간의 범죄로 인한 영벌을 완전히 충족시키려면, 영원한 죽음이라는 보상이 필요한데 그리스도의 부활은 예수가 영원한 징벌을 받지 않았음을 보여준다고 하였다. 예수는 영원히 죽은 채로 있지 않고 사흘 만에 부활하셨기 때문이다. 둘째로 무죄한 자의 징벌을 말하면서 동시에 다른 사람의 의가 전가된다는 대리의 개념은 불가능하다고 비판하였다. 벌금의 경우는 다른 사람의 대리 지불이 가능하나, 인격적인 징벌이나 죽음의 징벌은 다른 사람의 대리가 불가능하다. 그리고 의로운 자가 불의한 자의 징벌을 대리한다는 것도 불가능한 일이다. 대리 보상적인 죽음이 가능하다 해도 그 목적을 얻지 못한다. 한 사람의 죽음은 한 사람의 징벌만 대신할 뿐이기 때문이다.

38 A. Harnack/ N. Buchnan (tr.), *History of Dogma* vol.VII., 138.

라이어마허에게서는 '하나님에 대한 의식'으로 바뀌었다.[39] 슐라이어마허는 죄를 '하나님 의식의 붕괴'로, 구원을 '하나님 의식의 회복'으로 보았다. 그리스도의 모범을 통해 인류는 잃어버린 하나님에 대한 의식(consciousness of God)을 회복하게 되었으며, 이로써 하나님의 의식을 상실한 죄에서 구원을 얻게 된다고 하였다. 그리고 이러한 순수한 하나님 의식을 경건이라고 하였다.

> 경건의 자기동일적 본질은 기독교가 신학적 방향을 잡고 있는 경건의 특유한 형태로 그 가운데 속한 모든 개인이 나사렛 예수를 통해 구원의 의식에 관련되는 사실로써 다른 모든 경건의 형태와 구별된다.[40]

이처럼 슐라이어마허는 역사적 '예수 그리스도'를 순수한 하나님의 의식의 '원형(Urbild)과 이상(Ideal)과 모범(Beispiel)'이라고 주장한 것이다. 그에 의하면 '늘 하나님을 의식하고 항상 하나님을 절대 의존하는 경건한 심정'을 가져야 바른 지식과 바른 행위에 이르게 된다. 지식과 행위가 사람을 경건하게 하는 것이 아니라, 반대로 '경건한 심정'을 가진 사람만이 바른 지식과 바른 행위에 이르게 된다는 것이다.

아벨라드의 모범설은 칸트와 헤겔에게도 발견된다. 칸트의 도덕신학에 따르면 신앙의 본래 자리는 인간의 순수한 도덕적 행위(doing)에 있으며, 이런 의미에서 예수 그리스도는 '순수한 도덕적 행위'의 모범이다. 반면에 헤겔은 예수 그리스도는 '순수한 사고'의 모

---

39 F. Schleiermacher, *The Cristian Faith* (Philadelphia: Fortress, 1976), 425.
40 F. Schleiermacher, 『기독교신앙』 (서울: 한길사, 2006), §18, 103.

범이라 하였다.

칸트의 도덕철학을 신학적으로 수용한 리츨은 예수 그리스도가 도덕적으로 최고의 가치 있는 삶의 모범을 역사적 실증을 통해 보여주심으로써 인간에게 구원의 길을 열어 보이신다고 가르쳤다. 그리고 그는 칭의와 화해를 개념적으로 구분하였다. 칭의는 죄책(guilty)으로부터의 구원이라면, 화해는 하나님에 대한 적의(enmity)로부터의 구원이라고 정의하였다. 전자는 속죄의 주관적인 측면이라면 후자는 객관적인 측면이라 보아 양자의 통일을 지향하였다. 그러나 인간의 죄책이나 하나님에 대한 적의는 모두 인간 의지의 문제이며, 따라서 구원은 '하나님과 인간의 의지 사이의 상호관계' 속에서 이루어지는 사건이라고 하였다.[41]

이처럼 사랑의 모범을 통한 감화설에서는 '나를 따르라'는 예수의 가르침에 근거하여 '그리스도를 본받는 것'(Imitatio Christi)이 구원에 이르는 길이라고 강조한다. 따라서 그리스도께서 보여주신 모범에 대해서는 순수한 사랑(아벨라드), 순수한 하나님 의식(슐라이어마허), 순수한 도덕적 행위(칸트, 리츨), 순수한 사유(헤겔)로 다양하게 주장되었다.

41 A. Ritschl, *A Critical History of the Christian Doctrine of Justification and Reconciliation,* 8-9.

V. 종교개혁과 칭의론

종교개혁 신학의 선구자인 루터의 속죄론은 다양한 관점에서 평가되어 왔다. 리츨은 속죄론에 관한 한 루터는 전체적으로 중세기의 도덕주의에 예리하게 대립되는 칭의론을 주장하였으나, 안셀름과 같은 배상과 충족에 기초한 법적인 개념인 공로 사상을 철저하게 극복하지는 못하였다고 평가하였다.[42] 그러나 아울렌은 루터의 속죄론에는 오히려 죄와 죽음과 사탄의 세력으로부터의 구원을 강조하는 고전적인 속전설에 내포되어 있는 승리자 그리스도라는 표상이 특별히 강조된다고 보았다. 그리고 죄와 죽음과 사탄의 세력뿐 아니라, 율법과 하나님의 진노에 초점에 두고 칭의론을 전개한 것이라고 해석하였다.[43]

종교개혁의 두 기수인 루터와 칼빈은 중세기의 대리 보상으로써의 충족satisfactio을 수용하였으나, 그리스도의 대속적인 죽음은 하나님의 명예를 충족하기 위한 유일한 방법이라기보다, 인류의 영벌을 대속하기 위한 유일한 방법이라는 점을 더 강조하였다.

개혁자들은 그리스도가 이루신 '구원에 참여하는 방식'에 대한 새로운 가르침을 제시하였다. 루터는 예수 그리스도의 죽음은 모든 믿

42 G. Aulen/ 전경연 역, 『속죄론 연구』, 95.

43 같은 책, 104-106.

는 자에게 주시는 하나님의 구원의 능력이며, 복음에 나타난 하나님의 의는 죄인을 무조건 용서함으로써 의롭게 하는 하나님의 무한한 은총이라는 바울의 칭의론(롬 1:16-17)을 강조하였다. 그리스도의 십자가의 죽음을 통해 주어지는 하나님의 은총을 믿음으로 받아들이면 구원을 얻게 된다는 것이다.

칼빈 역시 그리스도의 제사장 직분을 충족과 중재로 설명하였다. 그리고 그리스도의 직접적인 중재intercessio를 통해 그가 십자가에서 이루신 구원에 인간이 참여한다고 가르쳤다.[44] 따라서 루터와 칼빈의 속죄론에서 그리스도의 대속적인 죽음은 하나님의 명예에 대한 충족보다도 인간의 영벌을 충족하기 위한 무조건적인 용서와 무한한 은총이라는 점이 더욱 강조된 것이다. 그래서 이들의 속죄론을 징벌대속설penal substitution Theory이라고도 한다.

특히 루터는 칭의론을 통해 그리스도께서 이루신 구원에 우리가 참여하는 방식에 대한 개신교신학의 새로운 가르침을 체험적인 고투를 거쳐 성서적 사실에 입각하여 신학적으로 정립하였다. 루터는 청소년기에 겪은 체벌, 성적인 충동, 미신적인 사탄공포증, 죽음에 대한 불안과 최후의 심판에 대한 공포 등의 '영혼의 고통'(Anfechtung)에서 벗어나기 위해 수도원으로 들어갔다.[45] 그래서 그는 '영적 공항장애'와 같은 이러한 영혼의 고통에서 벗어나기 위해 어엿한 수사로서 로마교회가 가르치는 방식에 따라 구원의 길을 향해 매진하였다.

첫째로 당시 수도원은 전통적인 주관적 속죄론에서 가르친 것처

---

44 허호익, 『그리스도의 삼직무론』, 71-75.

45 전경연, "루터의 '고통의 시련'(Anfechtung)의 연구", 『루터 신학의 제문제』 (서울: 공화출판사, 1978), 133-141.

럼 그리스도의 모범에 따라 완전한 덕목을 실천하면 자신의 영혼을 구원할 수 있다고 가르쳤다. 이러한 로마교회의 가르침에 따라 루터는 사랑, 검소, 자선, 순결, 가난, 순종, 금식, 철야, 육신의 극기 등 인간이 자신을 구원하는 데 있어서 할 수 있는 일이라면 남김없이 실천하기로 했다. 그는 정해진 규칙 이상으로 철야 고행과 기도에 전념하면서도 한편으론 정말 제대로 하고 있는지 늘 조바심에 사로잡혀 있었다.[46] 그러나 '너 자신을 깨끗이 할수록 너는 점점 더 더러워진다'고 말한 바와 같이 금욕적이며 고행에 가까운 선행을 통해 하나님 앞에서 의롭게 서려고 하면 할수록 자신의 더러움이 더욱 노출되는 선행의 근원적인 한계를 깨닫게 되었다. 루터는 다시는 죄를 짓지 아니하려고 고행과 같은 선행에 매진했으나 인간이 죄에서 완전히 벗어나 궁극적인 의에 이를 수 없음을 자각한 것이다.

둘째로 당시의 로마교회에서는 객관적인 충족설(안셀름)과 잉여공로사상에 근거하여 예수께서 십자가에서 이루신 구원이 교회의 성례를 통해 인간에게 주어진다고 가르쳤다. 그리고 구원의 은총이 중재되는 수단으로 7성례를 체계화하였다. 특별히 세례받은 이후에 지은 죄에 대해서는 사제 앞에서의 고해성사를 통해서만 이 땅에서 사죄를 받을 수 있거나 연옥으로 유예될 수 있다고 하였다. 루터는 철저한 수도생활과 더불어 행여나 부지불식간에 지은 죄가 있을까 하여 고해성사를 통해 이 비상한 사죄의 은총을 자신의 것으로 삼으려고 안간힘을 썼다.

그는 시간을 가리지 않고 하루에 몇 차례씩, 어떤 때는 내리 여섯

46 R. H. Bainton/ 이종태 역, 『마틴 루터의 생애』 (서울: 생명의 말씀사, 1982), 46.

시간을 고해했다. 영혼을 샅샅이 뒤지고 기억을 이 잡듯이 털어 자신의 행동의 갖가지 악한 동기를 저울질하였다. 그는 십계명의 조목조목을 차례로 훑어가며 고해하였다. 그리고 당시 고해성사를 용이하게 하기 위한 체계로 고안된 다섯 가지 감각의 죄인 소죄와 일곱 가지 대죄(교만, 탐심, 욕정, 분노, 과식, 시기, 나태)를 범한 것이 있는지 하나씩 따져 가면서 고해하였다. 한번 고해할 때마다 이 죄목 가운데서 하나라도 빠뜨리지 않으려고 자신의 일생을 차례차례 훑어 나갔다. 심지어는 고해 후 그 내용을 수정하고 보충하기까지 하였다.

그는 성인 21명을 수호신으로 정해놓고 세 명씩 교대로 일주일 가운데 하루씩을 맡아달라고 간청할 정도였다. 이처럼 죄를 피하기 위해 엄격하게 고행을 하고 별 것도 아닌 죄를 철저히 고해했음에도 불구하고 루터는 진정한 영혼의 평안과 참다운 구원의 확신을 얻지 못하고 다시금 기억되는 죄들 때문에 소스라치게 놀라는 상황이 반복되었다.

그러나 루터의 비상한 머리로도 자기가 지은 죄 가운데서 잊어버리고 기억이 나지 않은 죄에 대하여서는 더 이상 고해를 할 수 없다는 사실과 인간 편에서는 죄를 저지를 때나 저지른 후에도 그것을 죄로 느끼지 못하고 아무런 양심의 가책을 받지 않아 고해의 필요를 깨닫지 못하는 행위 중에 하나님 보시기에는 명백히 죄로 정죄 받을 행위가 있을 수 있다는 생각을 저버릴 수가 없었다. 생각이 여기에까지 미치게 되자, 그는 고해성사의 근본적인 한계를 통감하게 되었다.[47] 이처럼 루터는 중세교회의 속죄론에서 가르치는 고해의 방법으로는

38) 같은 책, 55.

죄의 문제를 해결하고 그리스도께서 이루신 구원에 참여하고 있다는 확신에 이르지 못한다는 것을 깨달은 것이다.

루터가 수도원 생활과 고해성사의 한계를 느끼고 있을 때, 그의 스승 슈타우비츠Staupitz는 몇 가지 근본적인 통찰을 제공해 주었다. 그는 "참 회개는 형벌하시는 신을 무서워함에서 시작되는 것이 아니라, 신을 사랑함으로 시작된다"[48]고 가르쳤다. 신의 사랑을 기대하기 위해 회개하는 것이 아니라, 회개하는 것 자체가 이미 신의 사랑을 받고 있기 때문이라는 사실로 인해 고행과 고해에 대한 루터의 의심에 급진적인 반전이 일어난다. 슈타우비츠는 루터에게 대학의 설교와 성서 강의를 명하였다. 루터는 시편 강의(1513-14)와 로마서 강의(1515), 갈라디아서 강의(1516-17)를 맡아 성서연구에 몰두함으로써 청소년기의 영혼의 고통Anfechtung에서 잠시나마 벗어날 수 있었다.

루터는 시편 연구를 통해 히브리의 위대한 신앙인들이 자신이 겪은 것과 똑같은 영혼의 처절한 고통을 호소한 '참회시'들을 발견하였다. 영혼의 고통이 자기만의 문제가 아니라는 사실은 그에게 큰 위안을 주었다.

특히 루터는 전통적인 방법에 따라 시편을 기독론적으로 해석하면서, 시편 22편의 '나의 하나님, 나의 하나님, 어찌하여 나를 버리셨나이까'라는 참회시의 대목이 그리스도께서 십자가에서 운명하시면서 부르짖은 말씀(마 27:46 병행)과 일치하는 것을 알게 되었다. 이러한 사실을 통해 그는 히브리의 위대한 신앙인과 마찬가지로 그리스도께서도 분명히 하나님의 버림을 받았고 내팽개침을 받았다는 것을 알게 되

39) W. Walker/ 유형기 역편, 『기독교회사』 (서울: 대한기독교문화원, 1990), 367.

었다. "그렇다. 그리스도께서도 영혼의 고통(Anfechtung: 겟세마네 기도, 채찍, 가시 면류관, 버림받음 등)이 있었다"[49]고 확신하게 된 것이다.

루터는 죄인인 자신이 고통을 당하는 이유는 알 수 있었으나, 죄 없는 예수의 고통에 대한 유일한 대답은 그리스도께서 우리 모든 불의를 짊어지셨다는 사실일 수밖에 없다는 것을 깨달았다. 이로써 그는 후에 그리스도의 고난 속에 하나님의 사랑이 감추어져 있으며, 그리스도 안에서 하나님의 진노가 극복되었음을 발견하게 되었다.[50]

시편 31편 1절의 "주여, 내가 당신께 피하오니 나로 결코 부끄럽게 마시고 당신의 의로 나를 건지소서"라는 구절은 루터에게 새로운 인식을 일깨워 주었다. "이 구절은 '나의 의로'라고 말하지 않고 '당신의 의', 즉 신앙을 통해 그리고 하나님의 은혜와 자비에 의해 우리의 것이 되신 '나의 하나님의 의로'라고 말한다"[51]는 점을 발견하고 크게 놀라게 된 것이다.

루터는 철저한 수도원 생활을 통해 행위로써 흠이 없도록 피나는 노력을 기울였을 뿐 아니라, 털끝만한 죄일지라도 철저히 고해하여 하나님 앞에서의 최후 심판 시에 의로운 자로 인정받아 영원한 구원을 얻기 위해 필사적인 노력을 기울였다. 그런데 '나의 의'가 아니라 '하나님의 의'로써 구원을 얻는다는 시편 31편 1절의 말씀은 구원에 대한 이전까지의 그의 사고를 완전히 뒤집어 놓았다.[52]

---

40) R. H. Bainton/ 이종태 역, 『마틴 루터의 생애』 (서울: 생명의말씀사, 1990), 64.

41) M. Lienhard, *Luther: Witness to Jesus Christ* (Minneapols: Augsburg Public House, 1982), 22.

42) 지원용 편, 『루터선집』 제5권 (서울: 컨콜디아사, 1994), 266.

43) P. S. Watson/ 이장식 역, 『프로테스탄트 신앙원리』 (서울: 컨콜디아사, 1977), 68. 왓슨은 칸트의 『순수이성비판』이 인식론에 있어서 코페르니쿠스적 혁명이듯,

시편에 이어 로마서 연구(1515)를 통해 루터는 "복음에는 하나님의 의가 나타나서 믿음으로 믿음에 이르게 하나니 기록된 바 의인은 믿음으로 말미암아 살리라 함과 같으니라"(롬 1:17)는 말씀을 접하게 된다. 이 구절을 통해 지금까지의 '신앙적 절망과 불안과 공포와 번뇌'Anfechtung가 일시에 사라지고 그리스도 안에서의 새로운 삶의 기쁨을 발견하게 된다.53

무엇보다도 당시 로마교회는 하나님 의가 최후 심판 시에 나타난다고 가르쳐 왔다. 그리하여 청소년기의 루터는 하나님의 최후 심판에 대한 두려움과 그때 나타날 하나님의 엄격한 의의 심판 앞에서 영원한 형벌을 받게 되지 않을까 전전긍긍하며 항상 영혼의 고통에 사로잡혀 있었다. 그런데 '복음에는 하나님의 의가 나타나 있다'는 말씀을 통해 루터는 하나님의 의가 나타나는 시간성에 대한 새로운 사실을 접하게 된다. 하나님의 의가 최후 심판 시가 아니라, 지금 여기, 즉 예수 그리스도의 복음, 곧 예수 그리스도에 대한 믿음 안에서 나타난다는 사실을 어떻게 이해할 것인가를 고심하던 차에 '의인은 믿음으로 살리라'는 말과 '복음에는 하나님의 의가 나타났다'는 두 구절에는 깊은 관련성이 있음을 깨닫게 된다.

> 바울의 로마서를 이해하려고 몹시 애쓰는 나에게 가장 큰 장애물은 하나님의 의였다. 그것은 내가 이 의라는 말을 하나님께서는 의로운

루터의 인의론은 인간 중심적 종교에서 하나님 중심적 종교로의 전환이라는 점에서 종교의 영역에서의 또 하나의 코페르니쿠스적 전환이라고 했다.

44) R. H. Bainton/ 이종태 역, 『마틴 루터의 생애』, 71. 후일 루터는 그때의 체험을 이렇게 회상하였다.

분이요, 따라서 불의한 사람들을 공정하게 처벌하신다는 뜻으로 받아들이고 있었기 때문이다. … 그때 나의 상황으로 말하면 수도사로서는 털끝만치도 흠잡을 데가 없었지만 하나님 앞에서는 여전히 마음이 괴로운 죄인이었기 때문에 도무지 나의 공로를 가지고는 그분을 누그러뜨릴 자신이 없었다. 그러므로 나는 공정하고 성난 하나님을 사랑하지 않았으며 오히려 증오하고 그분에게 투덜댔다. … 밤낮 가리지 않고 곰곰이 생각하던 어느 날 나는 '하나님의 의'와 '의인은 믿음으로 말미암아 살리라'는 말 사이에 관련이 있다는 걸 깨달았다. 그때 나는 하나님의 의란 하나님께서 은혜와 순수한 자비를 발휘하신 나머지 우리의 믿음을 보시고 죄가 없는 것으로 취급하는 수동적인 의(Justitia Passiva)라는 것을 터득했다. 그 순간 나는 새로 태어나서 활짝 열린 문을 통해 낙원에 이른 기분이었다.[54]

'의인은 믿음으로 살리라'는 바울의 표현을 통해 루터는 하나님의 의의 개념이 '의인을 의롭게 심판하는 것'이 아니라, 하나님의 무한한 자비와 은총을 통해 '죄인을 그 죄에도 불구하고 의롭게 인정하는 의인義認 Justification'이라는 의미로 받아들이게 된 것이다.

루터는 "두 종류의 의"[55]라는 논문에서 하나님의 의를 능동적인 의Justitia activa와 수동적인 의Justitia passiva로 구분하였다. 그는 죄인을 죄인으로 심판하는 하나님의 능동적인 의는 최후 심판 시에 나타나는

54 W. A. Scoot/ 김쾌상 역, 『개신교 신학 사상사』 (서울: 대한기독교출판사, 1988), 18. 스코트는 "이 두 구절의 의미에 대한 바울의 이해 속에 루터신학의 정수가 들어 있다"고 하였다.

55 M. Luther, "두 가지 종류의 의", 『루터선집』 제5권 (서울: 컨콜디아사, 1984), 263-276.

것이지만, 죄인을 죄인임에도 불구하고 의롭다고 인정하시는 하나님의 수동적인 의는 예수 그리스도의 십자가와 부활의 은총인 복음 안에 이미 나타난 것이라고 하였다.

루터에게는 '복음에는 하나님의 의가 나타나 믿음에서 믿음에 이르게' 하며, '의인은 믿음으로 살게 된다'는 이 두 말씀이 진정한 구원의 기쁜 소식으로 들린 것이다. 이 복음을 믿는 자에게는 하나님이 그 죄를 무조건 용서하시고, 구원의 은총으로 죄인임에도 불구하고 의롭게 하시기 때문이다.

루터가 말하는 하나님의 의는 복음에 계시된 의로, 인간을 심판하는 의가 아니라 우리를 구원하는 의이다. 루터는 하나님의 '수동적인 의'가 바로 예수 그리스도 안에 감춰진 하나님의 뜻이라는 복음의 핵심을 간파할 수 있게 되었고, 그런 의미에서 하나님의 의는 바로 '그리스도의 의'와도 같다고 보았던 것이다. 이것이 바로 성육신의 패러독스이며, 십자가의 감춰진 뜻이라고 하였다.

루터는 그리스도의 고유한 사역(opus proprium)이 죄와 죽음과 사탄과 그리고 율법으로부터 자유하게 하는 인간의 구원이라고 하였다.[56] 이처럼 그리스도가 이루신 인간 구원의 내용을 죄와 죽음과 사탄과 그리고 율법의 저주로부터의 자유라고 보았다는 점에서 고전적인 속전설의 죄와 구원 이해를 이어받고 있다.

그러나 루터는 그리스도께서 구원을 이루신 방법을 십자가 위에서의 투쟁과 부활의 승리로 이해하였다. 따라서 그리스도께서 우리의 구원을 이루기 위하여 죄와 죽음과 사탄의 세력과 투쟁하여 십자

---

56 M. Luther, *WA* 9.1, 534, 538 f; *WA* 34.1, 303.

가 위에서 궁극적으로 승리하셨다고 가르쳤다. 구스타프 아울렌은 전통적인 객관적 속죄론인 형벌 보상에 의한 만족이나 전통적 주관적 속죄론인 모범설은 신약성서가 강조하는 죄와 죽음의 세력에 대한 최후 승리로서의 부활을 제대로 설명하지 못하는 한계가 있다고 하였다. 이런 의미에서 루터는 그리스도의 업적을 사탄에 대한 속전이나 하나님의 영예의 충족으로 보지 않고 죄와 죽음과 사탄이라는 삼중 세력에 대한 승리라는 바울의 부활신앙을 회복시켰다. 그리스도, 즉 승리자 그리스도가 이 세상의 악한 권세, 즉, 인간을 죄의 고통으로 속박하고 있던 '폭군'과 싸워 승리를 거두었다는 것이다.

> 그러므로 만일 당신이 이분을 우러러 보면 당신은 죄, 죽음, 하나님의 진노, 지옥, 악마와 같은 모든 악의 세력이 패배당하고 죽임을 당하는 것을 보게 될 것이다. … 믿지 않는 자는 이 해택과 승리를 누리지 못한다.[57]

루터에게 있어서 예수께서 이루신 구원은 전통적인 충족설에서 가르친 것처럼 성례를 통해 인간에게 전해지는 것이 아니고, 사랑감화설에서 가르치는 것처럼 그리스도를 본받아 온갖 덕행을 수행함으로써 그 공로로 주어지는 것도 아니다. 그리하여 예수 그리스도께서 이루신 '구원이 중재되는 방식'에 대해 중세 수도원과 로마교회의 가르침과 다른 주장을 제시하였다. 예수 그리스도께서 이루신 구원은 하나님의 무한한 은총을 믿음으로 받아들일 때 주어진다고 가르

57 G. Aulen, 『속죄론 연구』, 99 주 5 참조

친 것이다. 구원은 십자가 위에서 이미 이루신 객관적인 은총의 사건이지만, 이 구원에 참여하는 방식은 참된 회개를 통한 삶의 전적인 전향인 '오직 믿음'을 통해서라고 하였다. 루터에 의해 그리스도가 이루신 구원에 참여하는 방식에 대한 새로운 관심이 구원론의 전면에 부각되었다.

루터 이후의 17세기 개신교 정통주의는 충족설과 사랑감화설을 종합하는 방향으로 나아갔다. 정통주의 신학은 그리스도께서 하나님께 전적으로 복종함으로써 인류의 불복종으로 인한 죄를 대속하신 것으로 가르쳤다. 그리고 하나님의 공의를 온전히 충족시킨 그리스도의 완전하고도 자발적인 복종은 이중적인 것으로 해석하였다. 그리스도께서는 '율법에 속하지 않음에도 불구하고' 하나님의 공의를 충족시키기 위해 인간이 이루지 못한 율법을 완전히 이루셨는데, 이것이 그리스도의 능동적 복종(obedientia activa)이다. 그리고 '자신은 죄가 없음에도 불구하고' 인간이 범한 모든 죄를 보상하기 위해 십자가를 통해 대신 담당하셨는데, 그것은 그리스도의 수동적 복종(obedientia passiva)이라고 하였다.[58]

그리스도의 능동적 복종으로 인간의 의가 회복되고, 그리스도의 수동적 복종으로 영원한 죽음으로부터 완전한 구속을 얻게 된 것이다. 또한 능동적인 복종은 그리스도가 행하신 도덕적 모범으로 그리고 수동적인 복종은 그리스도가 지신 대리 보상으로 이해된다. 따라서 정통주의 신학이 그리스도의 복종을 이중적으로 이해한 것은 구원의 객관적인 측면을 강조한 충족설과 주관적인 측면 강조한 사랑

58 H. Schmid/ C. A. Hay and H. E. Jacobs (tr.), *Doctrinal Theology of the Evangelical Lutheran Church* (Minneapolis: Minneapolis Pr., 1975), 352-360.

감화설을 통합하려는 시도로 평가할 수 있을 것이다.

비록 루터가 믿음으로 의롭게 된 자만이 의로운 행위를 할 수 있다는 것을 주장했지만, 그의 칭의론이 성화론을 약화시킨 것이 아닌가 하는 의문이 끊임없이 제기되었다. 바르트는 칭의가 하나님과 인간 사이의 화해에 국한하는 한계가 있으며, 하나님과 세계와의 화해를 설명할 수 없다는 문제점을 제기하였다. 해방신학자들 역시 칭의론은 복음을 수용한 신자들만이 믿음으로 구원으로 얻는다는 개인구원을 강조하기 때문에 모든 사람들의 삶의 질을 향상시키고 인간화하기 위해 자유와 해방을 추구하는 하는 사회구원을 약화시킨다고 비판하였다. 그리고 루터의 칭의론은 시대적 제한으로 인해 사회구원뿐 현대사회의 새로운 문제로 제기된 생태위기와 생태구원을 보완할 수 있는 신학적 근거가 부족하다는 한계를 벗어나기 어렵다.

VI. 현대신학의 화해론과 해방론

1. 바르트의 화해론

현대신학자 중에서 전통적인 속죄론을 가장 새롭고 방대하게 체계화한 인물은 칼 바르트이다.

바르트는 전통적인 속죄론이 죄론에 근거하여 구원론을 설명하려는 '창조→죄→구원'의 도식을 '창조-화해-죄'의 도식으로 재정립하고, 구원을 속죄나 칭의 대신에 보다 포괄적인 의미에서 하나님과 인간, 하나님과 세계의 화해(Versöhnung, reconciliation)라는 개념을 사용한 화해론을 전개하였다.

첫째로 베버가 설명한 것처럼 바르트가 화해론을 서술하는 데 있어서 가장 새로운 점은 사상의 배열이다.[59] 전통적인 속죄론은 '죄-구원'의 도식에 따라 '창조론→죄론→구원론'의 순서로 전개되어 왔다. 바르트는 이러한 순서를 포기하고 속죄론에 있어서 일종의 코페르니쿠스적인 전환을 시도하였다. 하나님이 인간을 창조하였고, 그 인간이 범죄하였으니 필연적으로 구세주이신 예수 그리스도의 성육신과 십자가의 구속사역이 필요하다는 전통적인 사유는 결과론적인

59 O. Weber/ 김광식 역, 『칼 바르트의 교회 교의학』 (서울: 대한기독교서회, 1976), 270.

논증 방식의 한계를 내포하고 있다. 창조의 필연적인 결과로 원죄의 타락이 있게 되고, 원죄와 타락의 필연적인 결과로 그리스도의 십자가가 요청된다는 설명으로 귀결되기 때문이다.

결과론적 논증으로 인해 '왜 하나님이 선악과를 만들어 인간을 타락하게 했는가?' 하는 질문과 '그리스도의 십자가를 통한 인류의 구원을 위해 가룟 유다의 배반이 필연적인 것이 아닌가?'라는 엉뚱한 질문이 제기된다. 이러한 '죄-구원'의 속죄론적인 도식은 죄가 있기 때문에 구원이 필요하다는 전제에 기초하여 있다. 따라서 구원의 의미는 죄의 내용에 의해 종속되고, 원죄와 십자가에 대한 이해는 '죄-구원'의 속죄론적 도식, 즉 '원연합→분리→재결합'의 소외동기가 내재된 시원적인 도식으로 환원되고 만다.

바르트는 이러한 순서의 한계를 인식하고 구원론의 새로운 도식을 제시하였다. 대부분의 신학자와 신학적 고백이 채택한 '창조론-죄론-구원론'의 순서를 '창조주 하나님-화해자 하나님-죄인인 인간' 순으로 바꾼 것이다.[60] 인간이 죄인이라는 죄론을 기독론 다음에 둔 것이다. 바르트에 의하면 신학은 먼저 하나님을 다루는 학문인데, 인간의 타락과 죄를 하나님의 사역에 포함시켜 설명할 수 없다는 것이다. 그러므로 죄와 타락은 창조의 성부 하나님, 화해의 성자 하나님을 다룬 다음에 '하나님 앞에 있는 인간의 실상'으로 설명되어야 한다고 보았다.

둘째로 바르트에 의하면 화해는 어떤 상태나 사건이 아니라 '하나님이 우리와 함께 계심'을 의미한다. "간단히 말하면 화해는 임마누

---

60 G. W. Bromiley, *An Introduction to the Theology of Karl Barth* (Grand Rapids, Mich: W. B. Eerdmans, 1979), 175.

엘Emmanuel: God with Us을 의미한다."[61] 따라서 화해의 전제는 하나님이 우리와 함께 하시겠다고 선언하신 계약인데, 이 계약은 하나님의 영원한 목적이며, 창조사역에 선행하는 행위이다. 그리고 이 계약 자체가 하나님의 은총이다. 따라서 창조 이후 타락이 일어났고, 그 결과로 은총이 주어진 것이 아니다.

타락 이전에 하나님께서 인간과 함께 하시겠다고 약속하신 화해의 사건이 선행했다. 창조가 하나님이 인간과 함께 하시겠다는 은총의 계약이라는 점에서 볼 때, 죄와 타락은 바로 이 계약의 파기이다. 따라서 그리스도께서 이루신 화해는 창조 시에 세우신 계약을 성취하는 것이다. 그리스도께서 이 땅에 오심으로 인하여 하나님이 인간과 함께 계시게 된 것이기 때문이다.

바르트에 의하면 죄는 '하나님이 우리와 함께 하지 않음'을 의미하며, 구원 즉 화해는 '하나님이 우리와 함께 하심'을 뜻한다. 그러므로 타락은 하나님의 화해의 사역의 빛에서 이해되고 드러난다. 창조의 내적 근거인 화해에 의해서만 계약을 파기한 죄가 드러나는 까닭에 바르트는 창조론과 화해론을 동전의 양면으로 생각하고 창조와 화해의 사건에 비추어 죄의 의미를 밝힌 것이다. 바로 이 점을 강조하기 위해 바르트는 화해론의 순서를 바꾸었다. 그리하여 창조론와 화해론(속죄론) 사이에 죄론이 놓일 수 없게 된 것이다. '창조→원죄→구원'의 시원적인 도식이 '창조→화해→죄'의 비시원적 도식으로 전환되었다.

셋째로 바르트는 죄와 타락을 설명하기 위해 선택론과 무성(das

61 K. Barth, *Church Dogmatics,* IV.1,5.

Nichtige)에 관한 독특한 가르침을 전개하였다.[62] 한마디로 요약하면 타락은 하나님의 예정이 아니라 '돌발적인 사태'라는 것이다. 이 타락과 죄는 우연적이고 돌발적인 사태이므로 하나님의 창조 섭리에 포함되는 것은 아니지만, 하나님이 이를 허용하신 것이다. 그리고 죄에 관해서는 하나님의 피조세계 밖에 있는 무성적인 것이 하나님의 창조 세계 속으로 침입하였다고 설명하였다. 존재하지 않는 것이 존재하는 것처럼 행사하는 것이 무성이다. 무성은 최초의 거짓말로 나타난다. 하나님은 아담와 하와에게 '선악을 알게 하는 실과만을 먹지 말라'고 명하였는데, 뱀을 가장하여 나타난 사탄은 '동산의 모든 실과 먹지 말라고 했느냐'고 묻는다. 사탄의 거짓말은 없는 것이 있는 것처럼 보이게 한다. 이 최초의 거짓말로 행한 유혹이 죄의 기원이라는 것이다.

넷째로 바르트는 예수 그리스도께서 이루신 화해의 방식을 계시의 개념으로 설명하였다. 예수 그리스도는 화해하시는 하나님(reconciling God)인 동시에 화해된 인간(reconciled man)이 되심으로써 인간의 중보자로 계시되었다. 화해는 무한한 은총의 계시이며, 이를 믿음으로 받아들일 때 하나님과 인간 사이에 화해가 이루어진다. 이 계시의 사건에서 그리스도의 인격과 사역은 너무도 밀접하게 연합되어 있어서 피차 분리할 수 없다.[63] 그는 화해론의 체계 안에서 그리스도의 인격론에 관한 양성론과 양위론을 결합시켰다. 그리하여 "신성과 인성, 비천과 존귀 이 네 가지 사항을 바르게 관련시키려면, … 불가피하게 예수 그리스도 안에서 낮아지신 하나님과 예수 그리

62 K. Barth, *Church Dogmatics,* III.3.

63 K. Barth, *Church Dogmatics,* IV.1, 122-123.

스도안에서 높아지신 인간에 관한 논의로 시작해야 할 것"[64]이라고 하였다.

이처럼 두 지위를 두 본성과 결합하여 내용적으로 낮아지심은 그리스도의 신성 안에서의 역사이며, 올리우심은 그의 인성 안에서 일어난 사역이라 했다. 그리스도의 신성은 그의 비하의 상태에서, 예수의 인성은 그의 존귀의 상태에서 계시된 것이라고 이해한 것이다. 이러한 바르트의 견해는 전통적인 사유와 근본적으로 다른 점으로 평가된다.[65]

다섯째로 바르트는 예수 그리스도의 화해 활동의 원리를 온통 하나님의 혁명으로, 화해 사건의 내용을 주와 종의 변증법으로 설명하였다. 그는 『로마서 강해』(1919)에서 레닌이 주도한 러시아의 혁명은 '인간의 혁명'(1917)이며 '하나님의 혁명'[66]에 대립되는 개념으로 설정하였다. 그리고 그리스도를 통한 화해의 사건은 러시아 혁명보다도 더 혁명적인 것이라 하였다.[67]

---

64 같은 책, 135.

65 J. Moltmann/ R. A. Wilson & J. Bowden (tr.), *The Crucified God* (London: SCM, 1974), 209.

66 K. Barth/ E. C. Hoskyns(tr.), *The Epistle of Romans* (London: Oxford, 1972), 485 ff. 바르트는 『로마서 강해』에서 하나님의 혁명은 기존질서를 정당화하는 '인간의 긍정'과 기존질서는 악하므로 혁명을 주장하는 '인간의 부정'을 둘 다 부정하는 '하나님의 부정'이라 하였다. 바르트에게 있어서 하나님의 부정은 인간의 긍정과 인간의 부정을 모두 부정하는 하나님의 심판을 뜻한다. 허호익, "칼 바르트의 「로마서 강해」에 나타난 하나님의 변증법", 「신학과문화」 제9집 (2000.12), 190-219.

67 K. Barth, *Chuurch Dogmatics* IV.1, 528 ff; U. Dannemann/ 이신건 역, 『칼 바르트의 정치신학』 (서울: 한국신학연구소, 1991), 159-171; 김애영, 『K. 바르트신학의 정치 사회적 해석- F. W. 마르쿠바르트를 중심으로』 (이화여자대학교 대학원 박사학위논문, 1990), 134-196 참조.

> 화해는 인간과 세계의 상황의 전적인 변혁이고 실로 혁명적, 급진적, 전체적 및 보편적 변혁이다. 하나님을 '전적으로 다른 자'라고 부른 바르트의 어법은 행위로부터 추론된다는 그의 원칙과 일치하고, 하나님은 '전적으로 다르게 하는 자'라는 뜻을 지닌다.[68]

화해Versöhnung, reconciliation는 그 내용에 있어서 인간의 죄성뿐 아니라 세계의 모순도 폭로하고 제거한다는 점에서 구원의 실존적인 차원뿐만 아니라 정치적인 차원까지 포함된다. 이런 점에서 바르트는 칭의와 화해를 구분하였다.

칭의Rechtfertigung, Justification는 하나님의 은총에 대한 믿음을 통해 죄인된 인간이 전적으로 다른 인간 즉, 의로운 인간으로 인정받는 것을 의미한다. 따라서 칭의의 원리는 인간의 죄성과 모순이 변혁되는 것으로 제한된다. 반면에 화해의 원리는 하나님의 혁명을 통해 인간뿐 아니라 '세계의 전적인 변혁'으로 확장된다.

한편, 화해 사건의 내용으로 설명된 '주와 종의 변증법' 역시 정치적 차원을 지닌다. 예수 그리스도는 화해 사건 안에서 존귀한 자로서 낮아지고, 낮아진 자로서 높아지셨다. 인간과 하나님 사이에 '교환과 자리바꿈'이 일어난 것이다. 이러한 '교환과 자리바꿈' 역시 인간과 세계의 상황에 대한 철저한 변혁을 의미하므로, 화해는 내용적으로도 실존적인 차원과 더불어 정치적 차원을 지닌다.[69]

바르트는 화해론을 통해 전통적인 죄-구원의 속죄론적 도식을 전환시켰으며, 구원을 하나님과 인간과 함께 하는 관계론적인 의미

---

68 U. Dannemann/ 이신건 역, 『칼 바르트의 정치신학』, 161.

63) K. Barth, *Church Dogmatics* IV.1, 164.

로 이해하였다. 그리고 그리스도께서 구원을 이루신 방법을 화해하시는 하나님이 화해하는 인간이 되신 화해 사건의 계시로 설명하였다.

바르트는 마귀에 대한 속전이나 하나님의 공의에 대한 충족이 아니라, 하나님이 인간이 되신 계시의 사건 자체를 통해 하나님이 인간과 함께 하시는 화해의 사건을 구원이라고 하였다. 이 화해에 참여하는 방식은 루터의 경우처럼 은총으로 주어지는 믿음을 통해서만 가능하다. 그리고 화해는 내용적으로 인간과 세계의 변혁을 모두 포함한다고 했으니, 구원에 있어서 개인적인 차원과 세계적인 차원의 조화를 추구하려는 시도를 엿볼 수 있다.

그럼에도 불구하고 바르트는 구원의 정치적인 차원을 원리적으로만 천명하였으나 구체적으로는 해명하지 못하였다. 이어 등장한 정치신학과 해방신학은 구원의 사회적 정치적인 차원이 보다 엄밀하고 구체적으로 전개되는 방향으로 나아갔다.

2. 몰트만의 해방론

아담의 불복종으로 인해 인류가 죄와 죽음과 사탄의 지배하에 들어가게 되고, 예수의 대리적인 죽음을 통해 원죄로부터의 구원이 획득된다는 전통적인 가르침은 죄와 구원을 존재론적이며 내면적인 것으로만 이해했다. 따라서 성서의 다양한 죄와 구원의 표상을 충분히 다루지 못했고, 그리스도인들이 현실적으로 경험하는 다양한 의미의 죄와 구원의 체험과도 동떨어진다는 것 비판이 제기되었다.[70]

70 H. Ott/ 김광식 역, 『신학해제』 (서울: 한국신학연구소, 1976), 171. 오트는 "죄라는 개념이 무엇인지는 인간의 경험과 관련시키지 않고서는 전개될 수 없다"고 하였다.

이런 이유로 현대에 와서 죄와 구원에 관한 전통적인 속죄론은 정치신학과 해방신학에 의해 재검토되었다.

정치신학은 바르트와 본회퍼의 '십자가와 복음의 정치적 해석'을 이어받아 죄와 구원을 정치적으로 포괄적인 개념으로 이해한다. 특히 몰트만은 예수의 죽음을 '우리를 위한' 인격적인 대리의 개념으로 이해하거나, '우리 죄를 위한' 속죄론적 의미로 이해할 때, 구원의 세계사적 지평을 설명할 수 없게 된다고 하였다. 그는 예수 죽음의 의미를 개인적 영적 속죄의 표상을 넘어서서 부활의 빛에서 종말론적으로 그리고 정치적으로 해석해야 한다고 주장하였다.[71] 구원의 공동체적인 의미와 미래적인 의미를 새롭게 부각한 것이다.

첫째로 몰트만은 그리스도의 십자가와 부활을 사탄과의 투쟁과 승리로 이해한 속전설의 표상을 정치신학적으로 수용하여, 십자가를 고난의 표상으로 부활을 고난에의 항거의 표상으로 해석하였다.[72] 그리고 성부수난설patripassianism을 수용하여 십자가를 삼위일체 하나님 자신의 죽음으로 해석하였다. 삼위일체 하나님이 십자가에서 고난받는 인간과 함께 고난당하셨다는 것이다. 그리스도의 죽음은 사탄에 대한 속전이나 하나님의 공의를 회복하기 위한 대리 보상이 아니라, '하나님 자신의 죽음'이라고 설명하였다.

둘째로 고전적 속전설과 전통적인 충족설은 철저히 율법적인 틀

71 J. Moltmann, *Politsche Theologie-Politische Ethik* (Kaizer, Grünewalt, 1994), 158. 몰트만은 "구원은 사사로운 일이 아니고 공적인 일이며, 영적 구원만이 아니고 육체가 구원받는 일이며, 순수 종교적인 구원만이 아니고 정치적인 구원도 된다"고 하였다.

72 J. Moltmann/ 전경연·김균진 역, 『신학의 미래 I』 (서울: 대한기독교서회, 1973), 157.

에 속한 것으로서 구원의 미래적인 차원을 다루지 못한다고 보았다. 몰트만은 "죄를 위한 속죄는 언제나 과거로 소급하는 성격을 가지고 있다. 속죄의 동기는 원상태의 회복restitutio in integrum에 있으며 하나의 새로운 삶의 시작을 의미하지 않는다"[73]고 지적하였다. 그러므로 '창조-원죄-구원'의 환원주의적 도식은 그리스도 안에서 옛것이 지나가고 새 사람이 되는 구원의 미래적 전향적인 차원을 약화시킨다.

셋째로 법적 보상 개념에 기초한 대리 충족설 역시 하나님의 아들이 부활하신 것과 조화를 이루기 어렵다고 하였다. 죄를 위한 속죄제물을 의미하는 여러 전통적 표상은 부활의 케리그마와의 아무런 내적 신학적 관련성을 제시할 수 없기 때문이다.[74] 희생제물은 그의 피흘림과 죽음으로만 효력이 발생하므로 속죄제물로 죽으신 그리스도께서 3일 만에 다시 살아났다는 부활은 대속적, 제의적 표상을 뛰어넘는 개념이다. 따라서 몰트만은 예수 그리스도의 부활을 통해 선취된 구원의 희망에 대한 미래적 종말론적 차원을 강조하였다.

넷째로 이제까지의 신학은 죄와 죽음과 악의 문제를 원죄론에 기초하여 우주론이나 자연신학을 바탕으로 한 신정론神正論으로 질문하였다는 것이다. '선한 하나님이 만드신 세계가 왜 악한가?'라고 하는 신정론적인 질문을 몰트만은 사회적 정치적 영역 안에서 생겨지는 현실적인 고난의 문제로 취급한다.[75]

사회적 정치적 고난의 문제를 진지하게 취급하는 정치신학은 복음의 신화적 해석이나, 제의적 해석뿐만 아니라, 이를 비신화화한 실

---

73 J. Moltmann/ R. A. Wilson & J. Bowden (tr.), *The Crucified God,* 183.

74 같은 책, 183.

75 J. Moltmann/ 전경연·김균진 역, 『신학의 미래』 I, 162.

존론적인 해석을 거부하고, 복음의 정치적 해석의 근거를 십자가의 정치적인 의미에서 찾는다.[76]

십자가의 원인을 외적 역사적으로 살펴보면, 예수는 유대인에 의해 율법과 성전을 모독한 자로 재판받은 다음 빌라도의 법정에서 로마의 평화를 교란한 정치적인 모반자로 재판을 받아 정치적 사형도구인 십자가형으로 죽은 것이다. 그러나 십자가의 내적 신학적 의미는 삼위일체 하나님 자신의 죽음이다. 하나님 자신이 십자가에 달려 고난당함으로서 고난을 이긴 것이다. 따라서 "그리스도의 십자가는 인간의 비참한 현실의 표현이며, 그리스도의 부활은 인간의 비참한 상황에 대한 참다운 항거를 뜻한다."[77] 하나님이 직접 고난당함으로써 인간이 겪을 수 있는 여러 차원의 모든 고난이 철저히 극복되었다. 고난당하는 신이 아니고서는 고난에 대한 궁극적인 극복이 되지 않기 때문이다.

그러므로 예수 그리스도의 고난과 죽음을 통한 구원의 방식이 속전이나 대리 배상을 통한 충족이나 희생적인 사랑의 모범으로 해석되어 왔지만, 몰트만은 이를 고난의 연대성(solidarity)과 일치성(identity)의 개념으로 해석되어야 한다고 주장하였다.[78] 예수는 고통당하는

---

76 J. Moltmann/ R. A. Wilson & J. Bowden (tr.), *The Crucified God* (London: SCM, 1967), 128-153.

77 J. Moltmann/ 전경연·김균진 역, 『신학의 미래』 I, 157

78 허호익, 『그리스도의 삼직무론』, 132-235. 대리 속죄의 개념은 가장 많은 비판의 대상이 되어왔다. 그리하여 슐라이어마허는 대리 충족설 대신에 대표 충족설을 주장하였다. 본회퍼는 대리의 개념을 위타성(爲他性)의 개념으로 해석하여 십자가의 고난을 '타자를 위한 고난'으로, 예수의 삶을 전적으로 타자를 위한 삶으로 이해하였다. 죌레는 대리의 개념을 비신화화하여 그리스도는 우리의 대표자로서 참된 스승이요 모범이라고 하였다. 예수의 제사장직의 대리의 개념의 비신화화를 주장

'죄인과 더불어' 고난당하시고 동시에 '죄인들을 위해서' 고난을 당하셨다. 고난받는 민중들과 연대하실 뿐만 아니라 그들과 자신을 일치시키신 것이다. 그리하여 예수는 버림받은 죄수의 모습으로 온 인류를 위해서 뿐만 아니라, 인류와 더불어 고통을 당하면서 가장 비천하고 가장 무서운 형태의 죽임을 당하였다.[79] 따라서 그리스도의 고난이 고난당하는 인간의 고난을 극복하는 구원의 유일한 방식이라는 것이다.

정치신학에서는 죄를 인간의 죄책감이나, 율법의 저주나, 죽음의 세력이나, 사탄의 지배로 이해하지 않는다. 현실적인 삶의 모든 영역에서 차원을 달리하는 구체적인 고난과 삶의 온갖 악순환의 굴레를 죄의 여러 차원으로 이해하고 이를 다섯으로 설명하였다.[80]

① 빈곤과 착취의 경제적 억압
② 폭력과 압제의 정치적 억압
③ 인간의 연대성 상실과 문화적 소외
④ 산업의 발전에 따른 생태학적 파괴
⑤ 개인의 무감정과 생의 의미 상실

몰트만은 위와 같은 여러 차원의 고난과 악순환이 현대적 의미에서 죄라고 이해하고 이를 투쟁과 항거로 극복하는 것을 구원이라고 이해한 것이다.[81] 그가 제시하는 정치신학적 의미의 다섯 가지 죄의

한 오트는 예수의 대리적인 죽음은 본래적 인간의 연대성의 원형이요 근원이라고 실존론적으로 해석하였다.

79 O. E. Costad/ 김승환 역, 『성문 밖의 그리스도』 (서울: 한국신학연구소, 1997), 41.

80 J. Moltmann/ 전경연 역, 『희망의 실험과 정치』 (서울: 종로서적, 1977), 141 f.

항목에는 정치, 경제, 문화적인 고난과 같은 사회구원적 차원, 생태학적 파괴와 같은 생태구원적 차원, 삶의 의미 상실과 같은 개인구원의 차원이 모두 포함되어 있다고 평가된다.

마지막으로 몰트만은 그리스도인들은 그리스도의 고난에 동참함으로써, 말하자면 자기 십자가를 지고 현실적인 고난에 참여하는 정치적인 실천을 통해 그리스도께서 이루신 구원에 동참할 수 있다고 하였다. 부활에 참여하기 위해서는 먼저 그리스도의 고난에도 참여하여야 한다는 것이다.

3. 구티에레즈의 해방론

남미 해방신학에서도 죄를 존재론적으로 이해하지 않고 사회적인 죄의 상황(harmartiosphere)으로 파악한다. 죄에 대한 이러한 이해의 전거로 출애굽 사건과 누가복음(4:18-19)을 제시한다. 먼저 출애굽 사건에서 경험한 구원은 노예 생활의 정치적 억압과 강제노동의 경제적 착취와 강제산아제한의 인종적 차별로부터의 해방이라고 주장한다. 그리고 누가복음에서 예수가 선포한 '가난한 자에 대한 복음'은 내용적으로는 '묶인 사람들에게는 해방을 억눌린 사람들에게는 자유'를 선포하고 '주의 은총의 해'를 선언한다는 것이다.

희년을 지칭하는 '주의 은총의 해'는 가난한 자와 압제자들에게 참된 해방과 자유의 기쁨을 가져다주는 정치적인 사건을 함축하고 있다

---

81 D. Sölle/ 오청자 역, "사죄에 대한 정치적 해석", 『환상과 복종』 (서울: 대한기독교서회, 1990), 111-158. 메츠와 죌레도 같은 관점에서 죄를 단순히 개인적인 문제로 보지 않고 근본적으로 정치적이고 사회적인 개념으로 이해할 것을 주창하였다.

는 것이다. 이러한 성서적인 전거에 따라 1968년 제2차 라틴 아메리카 주교회의에서 채택한 메데인Medellin문서는 "성자는 죄가 인간을 굴복시킨 모든 종속 상태에서 만민을 구원하러 오신 것이다. 그 종속이란 기아와 비참, 압제와 무지, 불안과 증오들을 말하며, 이 모든 것은 인간의 이기심에 근원을 두고 있다"[82]고 천명하였다. '죄-구원'의 전통적인 구원론의 도식을 '종속-해방'이라는 보다 포괄적이며 현대적인 사회집단적 도식으로 재해석한 것이다.

특히 구티에레즈에 의하면 죄는 하나님을 떠난 상태인데, 이를 구체적으로 설명하면 하나님을 사랑하지 않는 상태를 말한다. 나아가 하나님을 사랑하지 않는 것은 이웃을 사랑하지 않는 것이다.

> **보는 바 그 형제를 사랑하지 아니하는 자는 보지 못하는 바 하나님을 사랑할 수 없느니라(요일 4:20).**

다시 말하면 이웃을 사랑하지 않는 인간의 이기심이 곧 죄라고 하였다. 인간의 이기심을 이미 인류의 절반을 파멸시킨 엄청난 죄의 구체적인 현실이라고 파악한 것이다. 이기심에 의해 빈곤의 악순환이 가중되고 그로 인한 경제적인 종속이 정치적, 군사적, 외교적, 문화적 종속을 다시 가속화시킨다고 분석하였다. 따라서 이러한 이기심이라는 죄가 구축해 놓은 종속 구조를 해체하는 '종속으로부터의 해방'을 포괄적인 구원의 개념으로 설명하였다.[83]

---

82 G. Gutierrez/ S. C. Inda & J. Fagleson (tr.), *A Theology of Liberation* (New York: Orbis, 1990), 100.

83 J. Moltmann/ 전경연 편역, 『하나님 체험』 (서울: 한국신학연구소, 1977), 127-

구티에레즈는 해방의 삼중적 의미와 세 가지 차원을 제시하였다. 첫째로 해방은 넓은 의미에서 압제받는 대중과 사회계층의 염원인 정치적 해방을 의미한다. 둘째로 해방은 역사를 통해 달성되는 인간화로서 인간 해방이다. 셋째로 죄로부터의 해방과 하나님과의 친교라는 신앙적인 차원을 지닌다.[84]

물론 구티에레즈도 구원의 정치경제적 차원만 강조하고 구원의 개인적·실존적 차원을 무시한 것은 아니지만 그 강조점을 전자에 둔 것은 확실하다. 그 결정적인 논거로 구티에레즈가 구원을 양적 구원과 질적 구원으로 구분하고 후자를 강조한 것에서 찾아볼 수 있다. 그에 의하면 양적 구원이 비기독교인을 복음화하여 개종시키는 전통적인 의미의 개인구원이라면, 질적 구원은 사회의 모든 구성원의 삶의 질을 높여 인간화하는 사회구원이라고 설명하였다.[85]

이러한 정치신학과 해방신학의 영향을 받아 해방론적인 의미로 죄와 구원을 이해하려는 시도는 1973년 세계기독교협의회가 "오늘의 구원"이라는 주제로 모인 방콕대회의 선언문에도 분명히 나타나고 있다.

죄는 개인적이고 동시에 집단적이기 때문에 하나님은 우리를 죄로부

---

129. 몰트만은 해방신학이 압제의 양면을 충분히 고려하지 못한 것을 비판하였다. 압제받는 자가 현실적 고난에서 해방되어야 하듯이, 압제자도 가해의 범죄에서 해방되어야 한다는 것이다.

84 G. Gutierrez, *A Theology of Liberation*, 228; A. Sovik/ 박근원 역, 『오늘의 구원』, 65 ff. 소빅은 해방의 세 가지 차원을 구원의 세 개념 즉 자유, 해방, 동일성으로 분석하였다.

85 G. Gutierrz, 같은 책, 83-84.

터 해방하기 위해 개인과 구조의 변혁을 이룩하신다. 이와 같이 구원은 모든 역사를 통한 보편적인 사건이기 때문에 짓밟히고 억눌린 사람들이 해방을 받을 때 하나님의 구원은 가까이 온다.[86]

이처럼 해방론은 죄를 사회적·정치적인 고난과 억압의 차원으로 이해하고, 구원을 사회정치적인 해방으로 파악한다. 십자가의 죽음과 부활을 정치적으로 해석하여, 그의 정치적인 삶을 따라 그리스도인의 정치적 책임을 다하는 바른 실천(orthopraxis)이 바로 그리스도인이 예수가 이루신 구원에 참여하는 길이라고 가르친다.

4. 서남동의 한의 속량론

1970년대의 민중신학은 한국적 정치상황에 대한 한국기독교의 신학적 응답으로 전개된 일종의 정치신학이다.[87] 대표적으로 서남동은 민중신학을 전개하면서 '恨의 사제직'과 '한의 속량적 성격'이라는 독특한 구원론을 제시하였다.[88] 그는 민중신학의 핵심을 '고난받는 민중의 메시아성'과 '한의 속량적 성격'이라고 하였다.[89] 김지하의 단상에 나타나는 한의 개념을 신학적으로 수용하여 '한의 신학'을 발

---

86 A. Sovik/ 박근원 역, 『오늘의 구원』, 86.

87 NCC 신학연구위원회 편, 『민중신학과 한국신학』 (서울: 한국신학연구소, 1982); 서남동, 『민중신학의 탐구』 (서울: 한국신학연구소, 1983); 민영진 외, 『한국민중신학의 조명』 (서울: 대화출판사, 1983); 한국신학연구소 편, 『1980년대 한국민중신학의 전개』 (서울: 한국신학연구소, 1990).

88 허호익, 『그리스도의 삼직무론』, 171-176.

89 NCC 신학연구위원회 편, 『민중신학과 한국신학』, 108, 110, 119.

전시키고 민중의 소리를 한 맺힌 호소라고 해석한 것이다.

> 한이란 눌린 자, 약한 자가 불의를 당하고 그 권리가 짓밟혀서 참으로 억울하다고 생각할 때, 그 호소를 들어주는 자도 없고 풀어주겠다는 자도 없는 경우에 생기는 감정상태이다. 그렇기에 한은 하늘에 호소되는 억울함의 소리, 무명의 무고(無告)의 민중의 소리 바로 그것이다.[90]

한에 대한 이러한 이해를 바탕으로 서남동은 죄의 개념을 한의 개념으로 대체하였다.[91] 속죄론과 관련하여 볼 때, 고대사회에서는 죽음과 불사의 문제로, 중세와 근세에는 죄책감의 문제로, 현대 서구사회에서는 소외의 문제로 인식되었다. 그렇다면 한국신학에서 주목해야 할 죄의 주제는 한이라고 파악하고, 죄를 가해의 죄와 피해의 한으로 구분하였다. [92]

> '죄', '정죄'는 사회학적으로 볼때 흔히 지배자가 약자 반대자에게 붙이는 딱지(label)에 불과하기 때문에 '죄'의 사회학적인 분석 없이 신학적인 이론 전개란 오히려 성서적인 근본 의도를 배반하고 역기능을 하게 된다. 그러므로 죄론에 앞서서 한, 곧 '범죄당한 경우'(sin against)가 문제되어야 할 것이다. 소위 죄인들이란 '범죄를 당한 자들'(those who are sinned aginst), 곧 억울한 자들이다. 말하자면 '죄'란 지배

---

90 서남동, "恨의 사제", 『민중신학의 탐구』 (서울: 한국신학연구소, 1983), 44.
91 김진, "무속신앙과 恨의 신학", 「신학사상」 67 (1989), 1006.
92 김경재, "죽재 서남동의 신학사상", 「신학사상」 46 (1984), 512.

자의 언어이고 '한'은 민중의 언어라고 할 수 있다.[93]

죄를 가해의 죄와 피해의 한으로 구분할 때, 한이라는 개념은 죄론적인 의미를 함축할 뿐만 아니라, 한을 푼다는 의미에서 속량적인 성격을 지닌다.[94] 서남동은 한을 지배자의 가렴주구와 억압에 대한 증오의 감정이 축척된 '맺힌 한'과 이를 반체제적 사상과 행동으로 승화하여 한을 단절하는 '푸는 한'으로 구분한 김지하의 '恨한과 斷단의 변증법'을 신학적으로 수용한다. 그리하여 한의 속량적인 성격을 한의 사제직과 관련시켰다.[95]

서남동에 의하면 민중의 한을 풀어주는 '恨의 사제'는 서양 신학에서 의미하는, 회개를 강요하고 스스로를 속죄의 매체로 자처하는 사제직과는 그 성격을 달리한다.[96] 그러므로 한의 사제는 죄로부터의 구원을 말하지 않고 한의 절대 해체를 복음으로 선포한다.

> 지배계층, 부유계층의 횡포를 축복하고 눌린자들의 자기 생존을 위한 항거를 마취시키고 거세하는 사제직이 아니고, 진정으로 저들의 상처를 싸매주고 비굴해진 저들의 주체성을 되찾는 데 함께하고, 저

---

93 서남동, "恨의 형상화와 그 신학적 성찰", 『민중신학의 탐구』, 106-107.

94 서남동, "민중신학의 성서적 전거", 『민중신학의 탐구』, 243. "민중도 밖에서 보면 민중이고 안에서 보면 그의 혼에 해당하는 한이다. 민중신학의 과제는 한을 풀자는 것이다. 이제까지 우리가 다룬 그리스도교 신학의 문제는 죄의 문제였다. 그러나 앞으로의 민중신학 즉 한국에 전개되는 민중신학의 핵심문제는 죄의 문제보다 한의 문제인 것이다. 교회의 역할은 민중의 한을 푸는 것이다. 이는 죄를 용서받는 것 이상의 의미를 지닌다."

95 서남동, 『민중신학의 탐구』, 100.

96 같은 책, 43.

들의 역사적 갈망에 호응하고 저들의 가슴 속에 쌓이고 쌓인 한을 풀어주고 위로하는 '恨의 사제'가 될 것을 권한다.[97]

한의 사제는 현실에 눌린 자, 잃어버린 자, 저주받고 추방당한 자, '죄인과 세리들'의 한 맺힌 '소리의 매체'이다.[98] 따라서 교회는 '민중의 소리를 듣고 민중의 소리를 대변하는 예언자적 교회'가 되어야 한다고 보았다.[99]

서남동은 민중신학에서 출발하여 죄를 가해의 죄와 피해의 한으로 구분하고 한을 푸는 것을 구원으로 이해함으로써 한의 속량적인 성격을 주장하였다. 전통적인 서양 신학에서 예수의 죽음을 무죄한 예수가 죄 많은 인류를 위한 대속적인 죽음으로 해석되어 왔으나, 서남동은 예수의 죽음 자체가 피해의 한이 절정이며, 예수는 그 한을 풀어버렸기 때문에 부활에 이르게 되었다는 것이다. 따라서 가해자들로 인해 고난을 당하고 피해의 한이 맺힌 그리스도인들은 예수가 이루신 구원 즉, '한을 푸는 것'을 통해 자유와 구원을 이룰 수 있다고 본 것이다.

한의 신학은 죄를 인간 사이의 정치적인 죄로 보고 가해자의 죄와 피해자의 한을 구분함으로써 죄와 구원에 대한 새로운 측면을 제시하였다고 평가할 수 있다.

---

97 김진, "무속신앙과 恨의 신학", 1006.

98 서남동, 『민중신학의 탐구』, 43-44.

99 같은 책, 23.

VII. 구원론의 통전적 이해

1. 개인 · 사회 · 생태구원의 통전성과 천지인신학

죄와 구원에 대한 이해는 시대에 따라서 다양하게 전개되어 왔다. 속죄론과 관련하여 구원의 내용과 구원의 방식에 관해서도 여러 설명이 제시되어 왔다. 죄와 구원의 내용에 관해서 고대사회는 죽음과 불사의 문제로, 중세와 근세는 죄책감의 문제로, 현대 서양사회는 실존적으로는 인간의 소외의 문제로 그리고 정치적으로는 고난으로부터의 해방의 문제로 파악하여 왔다.

구원의 방식에 관한 고전적인 속전설이나 전통적인 충족설의 가르침은 신화론적인 세계관을 반영하고 있다는 비판이 현대에 와서 여러 형태로 제기되었다. 특히 불트만은 '그리스도의 죽음이 이른바 영지주의적 신화의 규범들로 해석'되었다는 전제에서 전통적인 속죄론을 비신화화하여 그 실존론적 의미를 찾으려고 하였다.[100] 초대교회는 유대교의 속죄제물의 범주와 그리스의 보상법의 개념과 그리고 밀의 종교 및 영지주의의 종말론적 구원신화를 도입하여 예수의 죽음의 의미를 다양하게 해석하였다.[101] 그러나 요한과 바울은 예수

100 R. Bultmann/ 허혁 역, 『신약성서신학』 (서울: 대한기독교서회, 1976), 301.
101 같은 책, 303.

의 죽음에 대한 신화적 표상을 비신화화하여 그 실존적 의미를 케리그마로 선포하였다.

바울은 예수의 죽음을 죄에 대하여 죽고 하나님에 대하여 사는 것(롬 6:10)이라 하였다. 또한 죄와 죽음과 율법과 사탄의 세력으로부터의 해방이라는 신화적 표상의 실존적인 의미는 옛 사람을 벗어 버리고 그리스도 안에서 새 사람이 되는 것이라 하였다.[102] 예수 그리스도의 십자가의 구원론적 의미를 예수 그리스도를 통해서 계시된 새로운 삶의 실존적 가능성으로 이해하였다. 이러한 논리에 따라 죄와 구원을 실존의 비본래성과 본래성의 개념으로 설명하였다. 그러나 이러한 십자가의 실존론적 해석은 구원의 방식에 대한 신화적인 세계관을 비신화화한 것이긴 하지만, 구원의 내용에 있어서는 전통적인 속죄론처럼 여전히 개인적이고 내면적인 차원만을 부각시킬 뿐이라는 비판을 피하지 못했다.

현대의 구원론 역시 예수께서 십자가에서 이루신 구원의 방식과 내용 그리고 인간이 그러한 구원에 참여하는 방식에 관한 논의로 집중된다. 전통적인 속죄론은 구원의 내용을 죄와 죽음과 사탄의 세력과 율법의 저주로부터의 해방이라고 이해했으나, 현대 화해론 또는 해방론은 구원을 인간과 세계의 전적 변혁이나 각종 사회적 정치적 고난의 악순환으로부터의 해방의 개념으로 설정하고 있다. 특히 그리스도가 구원을 이루신 방식에 대해 바르트는 화해하시는 하나님이 화해된 인간이 되신 계시의 사건을 통해 이루셨다고 하였으나, 몰트만은 하나님 자신의 죽음을 통해 이루신 것으로 설명하고, 이러한 구

102 같은 책, 300.

원에 참여하는 방식은 자기 십자가를 지고 고난의 현장에서 사회적 정치적 실천을 다하는 것이라고 강조하였다.

교회사적으로 보면 산업혁명으로 인해 산업사회가 도래하고, 프랑스혁명의 결과 시민사회가 도래하고, 러시아혁명으로 공산사회가 출현함으로써 콘스탄틴 이후 계속되어 온 '교회와 사회의 옛 조화'[103]는 붕괴되었다. 이어서 1, 2차 세계대전의 참상은 서양기독교 국가들 사이의 형제애적 연대감을 와해시켜 버렸다. 교회를 분열시키고 적대감을 부추기는 엄청난 전쟁의 참화 앞에 교회의 사회적 지도력과 영향력은 급속히 퇴락하였다. 독일의 경우 히틀러의 통치 이념은 교회의 존립 자체에 대한 위협으로 다가와 치명적인 타격을 가하였다. 이러한 정치적 상황에서 바르트와 본회퍼가 주도한 바르멘 선언(1935)[104]과 독일고백교회 운동을 통해 그리스도인의 사회 변혁의 정치적 책임과 실천이 구체적으로 요청되었다.

그러나 정치적인 무관심에서 벗어나려는 열정에서 정치적 참여를 지나치게 강조할 경우에 그리스도인은 '정치개혁에 참여하는 세력'으로, 교회는 '사회비판의 단체'로 이해되거나 급진적인 맑스주의나 과격한 사회 혁명론에 흡수될 여지가 농후해진다. 이로 인해 기독교 신앙의 자기 동일성을 상실할 위험에 직면할 수 있게 된다. 반면에 교회가 자기 동일성 만을 주장하여 급변하는 사회의 여러 모순과 고난의 상황을 외면한다면, 기독교 신앙은 '행함이 없는 죽은 믿음'으

---

103 J. Moltmann, *Theology of Hope* (New York: Harper & Row, 1965), 307.

104 1935년 독일 바르멘에서 하나님의 말씀인 예수 그리스도만이 복종의 대상이요, 하나님의 계시라는 내용의 〈바르멘 선언〉을 발표하여 히틀러에 대한 불복종을 선언하였다.

로 화석화되고, 교회는 사회 속의 게토ghetto로 전락하고 만다. 현대의 교회가 직면하고 있는 이러한 이중의 위기, 즉 '기독교 신앙의 통전성의 위기'를 몰트만은 '동일성과 참여의 갈등'(identity-involvement dilemma)이라고 하였다.[105]

'동일성과 참여의 갈등'으로 야기된 구원론에 관한 가장 큰 쟁점은 '개인구원'과 '사회구원'에 관한 구원론 논쟁이다. 전통적인 속죄론의 입장에서 회심을 통해 개인의 영혼을 구원하고 세계 복음화를 이루는 것이 교회의 지상과제라고 여기는 입장과 사회의 구조적인 모순을 변혁하는 정치적인 실천을 통해 인간화를 이루는 사회구원이 그리스도를 따르는 과제라고 보는 관점 사이의 대립은 세계교회의 일반적인 현상으로 자리 잡았다.

한국교회의 경우도 예외는 아니다. 대부분의 보수적인 기독교인들은 정교분리를 주장하면서 교회의 정치적 비판을 정치참여라는 이름으로 금기시하였다. 그리하여 그리스도인들이 어떻게 기독교 신앙의 자기 동일성을 잃지 않고 사회적 실천과 정치적인 변혁에 책임 있게 참여할 수 있는가 하는 문제를 방법론적으로 새롭게 제시한 것이 '새로운 정치신학'(New Political Theology)이다.

여기에서 말하는 정치는 권모술수를 통해 정권을 차지하려는 마키아벨리식의 정치참여가 아니라, 아리스토텔레스에게서 유래한 개념이다. 아리스토텔레스에 의하면 도시국가에서는 모든 구성원이 삶의 모든 영역에서 사회적·정치적 영향을 받을 수밖에 없으며, 따라서 모든 구성원들은 사회적·정치적 책임을 지닌다는 의미에서 '인간

---

105 J. Moltmann, *The Crucified God* (London: SCM, 1976), 13.

은 사회적 정치적 동물'이라고 정의하였다. 정치(politics)라는 말은 도시국가(polis)에서 파생한 개념으로, '삶의 포괄적인 영역'을 뜻한다. 정치신학이라는 용어가 가끔 정치 참여라는 좁은 의미로 잘 못 해석되어 논쟁을 야기하기도 한다.

엄격하게 말하면 좁은 의미의 정치 참여는 지지적인 참여와 비판적인 참여로 구분된다. 교회가 정치적 지배권을 획득하기 위해 기존 정치세력과 결탁하는 권력지향적인 정치참여도 문제이지만, 기존 정치세력의 불의와 횡포에 저항하는 비판적인 정치참여를 정교분리라는 명분으로 금기시하는 것도 문제가 아닐 수 없다. 새로운 정치신학은 좁은 의미의 정치참여를 지향하는 것이 아니라, 넓은 의미에서 삶의 포괄적인 영역에서 제기되는 신앙 실천의 문제를 비판적으로 고찰한다.

몰트만이나 메츠 등이 주장한 정치신학이나, 양적 구원과 질적 구원을 구분한 남미의 해방신학이나, 제삼세계의 신학 그리고 한국의 민중신학에서도 넓은 의미에서 이러한 사회구조악의 철폐를 통해 인간화를 지향하는 사회구원을 강조하고 있다.

이런 배경에서 1989년 서울에서 '정의 평화 창조의 보전'(JPIC)이라는 주제로 개최된 세계개혁교회연맹(WARC)의 제22차 총회에서 동일한 개인구원과 사회구원의 문제를 '회심주의와 행동주의의 갈등'이라는 방식으로 제기하였다.

> 실제로 교회에 대한 상이한 두 견해가 널리 퍼져 있으며, 이 두 견해는 종교개혁 전통을 제한하지 않는다 할지라도 종교개혁 전통 안에서 재현되고 있다. 하나는 행동주의적이요 다른 하나는 회심주의적이라

부를 수 있겠다. 사회적-행동주의는 우선 부정한 사회 및 경제구조를 변화시키는 데 교회의 역사적 의미를 찾는다. 이 교회는 하나님의 지배를 실제로 얘기하지 않는 교회는 이 세상 안에서 이 세상을 위해 하나님의 선교를 하는 도구라 할 수 없다고 생각한다. 궁극적인 문제는 더 나은 사회를 건설하거나 나쁜 사회를 개조하는 것이다. 사회구조는 보다 크신 하나님의 영광을 위하여 인간화되어야 하며, 이 하나님은 사회 변화를 위한 일을 정당하다 인정하고 고무하며 평가하는 데 주로 힘 주신다. 그러므로 행동주의적 교회는 역사의 잘못을 바르게 하고, 이 세속도시를 하나님의 성이 되게 하는 일에 전념한다.

이와 달리, 개인-회심주의적 교회(認義論도 이야기 하지만)는 인간의 죄의 결과는 단순히 사회 구조를 바꾸는 것으로 씻어질 수 없다고 논한다. 내적인 죄의 요소와 하나님과의 개인적인 화해가 무시되어서는 안 된다고 생각하며, 따라서 외적인 것보다 내적인 것에서, 사회구조보다는 개인의 영혼에서 교회의 역사적 의미를 추구한다. 사회의 구조와 교회의 구조는 그대로 놓아둔다. 궁극적인 문제는 내적인 마음의 갱신이다.

교회는 세속적인 목적의 도구여서는 안 되며, 다른 세상적인 구원을 위한 도구이어야 한다. 이 교회는 대안적인 사회 윤리를 제시하지 않는다. 이 교회는 세상을 종교적으로 영화롭게 만들기 보다는 내적인 정신을 영화롭게 만들기 원하며, 이는 종종 사회의 불행에 무심하다는 것을 의미한다.[106]

---

106 세계개혁교회연맹 편, 『정의 · 평화 · 창조질서의 보전』 (서울: 대한기독교서회, 1989), 278.

이 보고서는 행동주의가 지나치게 세속주의로 나아가고 회심주의가 지나치게 개인주의로 흐르는 것을 문제 삼고 교회의 양극화와 기형화를 극복할 수 있는 새로운 대안의 필요성을 역설하였다.

1980년대를 전후하여 인구 폭증과 산업혁명에 따른 대량생산과 대량 소비의 부작용으로 다양한 생물들의 서식지가 파괴되는 지구 생태계의 위기가 도래하였다. 그리하여 일부 동식물의 멸종뿐 아니라 인류의 생존과 직결된 문제로 부각되기 시작하였다.

생태계의 파괴의 가장 큰 원인은 인구의 증가와 산업화와 도시화 과정에서 인간이 자연의 착취자가 되어 생태계 파괴와 오염을 확산시킨 결과이다. 결과적으로 엠페도클레스(B.C. 492-432)가 주장한 만물의 4원소인 물(수자원 고갈과 수질 오염), 불(핵연료 폐기물), 흙(토양 오염), 공기(대기 오염)의 오염으로 인해 지구 온난화, 해수면 상승, 열대 산림의 파괴와 사막화 그리고 오존층 파괴와 엘니뇨 현상 등의 재난이 현실로 다가왔다. 그리하여 신학계에서도 이러한 생태계의 위기를 창조질서의 보전이라는 신학적인 관점에서 조명하기 시작했다.

> 창조질서 전체가 회복되어야 한다는 요구가 이렇게 긴박한 때는 없었다. 공기, 물, 흙, 불(에너지) 등의 환경이 생명 자체를 유지시켜 주며 성장시킨다. 환경이 나빠지면 우리 모든 생명은 위태롭게 된다. 생명을 유지시켜 주는 자연이 나빠지고 침식되고 고갈되면, 생명은 위험에 빠져 죽게 된다.[107]

107 세계개혁교회연맹 편, 『정의 · 평화 · 창조질서의 보전』, 288.

1980년에 접어들면서 개인구원과 사회구원을 넘어서는 생태구원이 구원의 새로운 요소로 등장하였다. 개인의 회심을 통해 복음을 받아들이게 하는 복음화와 사회구조악을 일소하여 '정의와 평화'를 이루어 인간의 삶의 질을 높이는 인간화 못지 않게 수질 오염, 대기 오염, 토양 오염, 방사능 오염 등으로 파괴되어가는 생태계 회복의 중요성이 긴급하여졌다. 그리하여 하나님이 창조하신 생태계를 잘 돌보고 관리하여 '창조의 보전'을 이루는 것이 '정의 평화 창조의 보전'(JPIC) 신학이 새로운 과제로 등장한 것이다.

1983년부터 세계교회협의회WCC에서는 현대에 와서 새롭게 부각된 생태계 파괴와 멸종의 문제를 신학적으로 수용하여 '창조의 보전'을 주요한 신학적 주제로 삼아 논의하기 시작하였다. 그리하여 1989년 서울에서 '정의, 평화, 창조의 보전JPIC'이라는 주제로 세계개혁교회연맹WARC의 제22차 총회[108]가 열렸는데 이때만 하여도 '매일 하나씩 종이 멸종한다'[109]고 하였다. 이어 세계교회협의회가 주관으로 서울에서 개최된 '1990년 정의 평화 창조의 보전 세계대회'에서도 종 다양성의 문제와 멸종의 문제가 시급한 신학적 과제임을 선언하였다. 생태계의 파괴와 오염으로 생태계의 위기로 하나님이 창조한 인간을 포함한 무수한 생명들이 생존의 위기와 함께 멸종의 위협에 놓이게 되었기 때문이다. '피조물이 탄식하며 함께 고통하는 것'이 눈앞의 현실로 다가온 것을 직시하게 된 것이다.

성경에서는 누구보다도 바울이 피조물의 탄식과 생태구원의 우

---

108 한국기독교사회문제연구원 편, 『정의 · 평화 · 창조질서의 보전 세계대회자료집』 (서울: 민중사, 1990).

109 세계개혁교회연맹 편, 『정의 · 평화 · 창조질서의 보전』, 213.

주적 차원을 분명하게 선포하였다.

> **모든 피조물은 하나님의 자녀가 나타나기를 간절히 기다리고 있습니다. … 우리는 모든 피조물이 오늘날까지 다 함께 신음하며 진통을 겪고 있다는 것을 알고 있습니다. 피조물만이 아니라 성령을 하나님의 첫 선물로 받은 우리도 신음하고 있습니다**(롬 8:14-39).

바울의 선포는 인간사에 관한 것만이 아니라 전체 우주와 관련된 구원의 기쁜 소식이었다.[110]

틸리히에 의하면, 인간의 근본적인 문제는 '존재의 근거'(the Ground of Being)로부터의 소외, 다른 존재들로부터의 소외, 자기 자신으로부터의 소외이다. 이 소외 내지 분열은 하나의 역사적 타락으로부터 결과된 것이 아니라, 피조된 세상 그 자체로서는 피할 수 없는 부수물이다. 따라서 "구원은 소외되었던 것과 재결합하는 것, 분열된 것에 중심을 주는 것, 하나님과 인간, 인간과 그의 세계, 인간과 인간 사이의 분열을 극복하는 것"이라고 하였다.[111]

본회퍼는 특이하게 인간과 하나님, 인간과 인간, 인간과 자연의 관계를 다음과 같이 독특한 관점으로 설정한다.

> 인간이 하나님을 잃으면 필연적으로 다른 하나도 잃게 된다. 하나님이 없고 형제가 없으면 인간은 대지를 잃는다. 그러나 인간은 대지에 대한

---

110 M. Fox/ 송형만 역, 『우주 그리스도의 도래』 (왜관: 분도, 2002), 142.

111 P. Tillich, *Systematic Theology*, II (Chicago: University of Chicago, 1951-1963). 166.

통치권을 감상적으로 두려워하다가 하나님과 형제를 상실하여 버렸다. 하나님과 형제와 대지는 모두 하나님에 속한 것이다. 그러나 한 번 땅을 상실한 자에게는, 한 가운데 살고 있는 우리 인간에게는 하나님과 형제에게로 가는 길에는 외에는 대지를 향해 돌아갈 수 있는 다른 길은 전혀 없다. 인간이 대지를 향하여 가는 길은 실로 근원에서부터 하나님이 인간에게로 오는 길로서만 가능한 것이다. 하나님과 형제가 인간에게로 오는 곳에서만 인간은 대지로 돌아가는 길을 찾을 수 있다. 하나님과 타인을 위하여 자유롭게 되는 것과 세계에 대한 인간의 통치권에서 인간이 피조물로부터 자유롭게 되는 것은 최초의 인간이 지닌 하나님의 모습이다.[112]

본회퍼는 인간과 하나님, 인간과 인간, 인간과 자연의 상호관련성을 삼중적 삼중관계로 묘사한다. 하나의 관계가 단절되면 다른 관계도 단절된다. 하나님을 잃으면 형제를 잃고, 하나님이 없고 형제를 잃으면, 인간은 대지(자연)를 잃는다. 그 역으로 인간이 대지를 상실하면 하나님과 형제를 상실한다. 이러한 삼중적 삼중 관계에는 관계의 질서가 있다. 가장 우선적인 관계는 인간과 하나님의 관계이다. 하나님과 형제와 대지는 모두 하나님에게 속하여 있기 때문이다.

서남동은 생태학적인 위기의 관점에서 죄와 구원을 새롭게 파악하다. 죄는 개인적 사회적 차원 외에도 생태학적 차원을 지닌다는 것이다. 생태학적 측면에서 보면 죄는 생태계의 파괴이며 구원의 파괴된 생태계의 회복이 된다.[113] 생태학적 위기를 극복할 수 있는 새로

112 같은 책, 56.

113 서남동, "생태학적 윤리를 지향하여", 「기독교사상」 16-5 (1972.5), 253. 생태학

운 신학적 윤리로서 생태학적 윤리를 제시하였다.[114] 전통사회에서는 개인의 "양심의 소리"가 윤리적 규범이었으며, 사회적 관계가 점차 복잡해짐으로서 제2의 윤리규범으로 "사회정의"가 요청된다. 그러나 앞으로의 지구촌의 기술 사회에서는 새로운 제3의 규범이 요청되는 데 그것은 곧 "생명의 보존"(Survival of the Species)이라고 역설하였다. 특히 창세기 6장을 생태학적 관점에서 새롭게 읽는다.

> 의인 노아는 이 생태학적 위기에 처하여 생명의 보존이라는 지상명령, 윤리적 규범을 듣게 된다(19절). 그래서 모든 생물—정결하거나 부정한 것을 불문하고(7:2)— 곧 지금까지의 인간중심주의적인 가치관을 넘어서 "생명의 보존"(Survival of the Species)에 나선다. 모든 생물학적 종을 한 쌍씩 그의 방주에 불러들인다(20절).[115]

이처럼 일찍이 "창조의 보전"이라는 명제에 상응하는 "생명의 보전"이라는 새로운 윤리적 규범을 서남동이 주창했다는 사실을 높이 평가하여야 할 것이다.[116] 개인윤리, 사회윤리, 생태학적 윤리는 각

은 좁은 의미로는 '생체와 그 환경과의 상호작용을 연구'하는 생물학의 한 분과이지만 넓은 의미로는 '포괄적인 세계관'이다. 생태학은 "모든 것을—자연과학적, 사회과학적, 정신과학적인 모든 측면, 나아가서 종교적 측면까지를 하나의 유기체적인 것으로, 통전적인 것(holistic)으로 보려는 종합적인(Synoptic) 관점을 의미한다."

114 같은 책, 283-284.

115 서남동, "생태학적 윤리를 지향하여", 283.

116 한국기독교사회문제연구원 편, 『정의 · 평화 · 창조질서의 보전 세계대회 자료집』, 70-71. JPIC세계대회 2차 초안문서는 매 시간 1,500명의 어린이가 굶주림과 영양실조로 죽어가고, 매일 한 종류의 종이 멸종되고,매년 한반도의 3/4정도 크기에 달하는 열대 삼림이 황폐화된다고 생태계의 위기 상황을 서술하고 있다. 따라서

각 개인구원, 사회구원, 생태구원에 상응한다.

> 종교적 구원이란 개인의 영혼의 구원—어떤 분자는 천당에 가고 어떤 분자는 지옥에 간다는—에 제약되지 아니하고 인류 전체가 죽느냐 사느냐의 사회적 전체적 구원을 말하는데 나아가 우주 전체의 속량까지 의미한다.117

서남동은 신의 상실과 인간상실 뿐만 아니라, 인간상실과 자연상실을 동전의 양면처럼 통전적으로 파악하였고, 신·인간·자연을 하나의 통전적인 생태계라고 본 것이다.

> 신을 거역하고 신을 피하여 숨은 아담과 이브에게 신의 음성은 '아담아, 너가 어디 있느냐' 곧 자기 상실의 반성으로 신을 심방한다. 그와 마찬가지로 자연을 상실한 사람은 신을 상실하게 되고 신을 상실한 사람은 자연을 상실하게 된다. 그리고 또 인간과 자연도 하나의 생태계(ecosystem)로 짜여 있어서 인간상실은 자연상실이고, 자연상실은 인간상실이다. 이렇게 신, 인간, 자연은 하나의 생태계를 이루고 있다. 하나의 유기체적 현상을 증시呈示한다. 그러기에 신은 우주의 마음이고, 우주는 신의 몸이라는 은유는 더욱 적절한 것 같다. 여기에 성육신의 종교, 싸그라멘트의 자연이 알려진다.118

수질, 대기, 토양 오염의 문제가 심각한 것은 생명의 파괴에 있기 때문에 '창조질서의 보존'의 핵심은 '생명의 보존'이라고 할 수 있다.

117 서남동, "생태학적 신학서설", 「기독교사상」 14 (1970.10), 87.

118 같은 글, 294.

이러한 통전적 구원론은 몰트만의 구원론에서도 두드러지게 나타난다. 그는 여러 형태의 적대관계의 해소를 구원의 근간으로 제시하였다.

> 그리스도께서 그의 십자가 죽음을 통하여 '적대관계'를 '죽였기' 때문이다. 인간이 자기 자신과의 적대관계, 인간 상호 간의 적대관계, 인간과 자연의 적대관계, 자연 자체의 힘들 사이의 적대관계, 그리스도의 평화는 우주적이며 모든 창조를 침투한다. 만일 그렇지 않다면 그리스도는 하나님의 그리스도가 아닐 것이다.[119]

몰트만에게서 죄는 영적·개인적 차원만이 아니라 전인적·사회구조적 차원을 포함하며 공동체적·생태적 차원을 내포한다.

> 그는 전통적인 기독교신학이 지나치게 죄를 내면화하고 영적인 차원으로 축소해왔다고 지적한다. 또한 사회적 죄나 공동체가 지닌 구조적 죄의 측면을 간과해왔다고 비판한다. 그에 의하면, 죄는 하나님의 형상 자체를 파괴하는 것은 아니며 인간의 하나님에 대한 관계성에 영향을 미치는 것이다. 죄는 기본적으로 관계성의 전도·왜곡·손상·파괴이다. 즉 삼위일체 하나님과의 사랑의 사귐에서 벗어나 자기 자신과 이웃과 자연과의 건강한 관계성이 훼손됨으로써 우상숭배와 증오와 불안과 절망뿐 아니라 정치적 억압과 경제적 불의와 사회적(인종적, 성적, 계급적) 차별과 문화적 소외로 나타난다. 특히 몰트만은 인간

119 J. Moltmann/ 김균진 · 김명용 역, 『예수 그리스도의 길』 (서울: 대한기독교서회, 1991), 389.

이 자연을 향한 위협과 폭력을 행함으로써 환경오염과 생태계 파괴의 결과를 낳는 생태학적 차원의 죄를 역설한다.[120]

따라서 그는 성령은 믿음을 불러일으켜 영혼이 구원받도록 하며, 인간 사회의 삶을 새롭게 회복시키고, 대지를 모든 생명체의 모태로 새롭게 회복시키는 사역을 한다고 주장하였다. 더불어 성령을 통해 치유 받은 영혼만이 사회와 자연, 질병을 치유할 수 있다고 강조했다.

그러므로 현대신학적인 관점에서 구원의 내용을 포괄적으로 이해하기 위해서는 구원의 내용을 이루는 이러한 세 요소인 하나님과의 화해로서의 개인구원, 이웃과의 화해로서 사회구원, 자연과의 화해로서 생태구원의 삼중적인 화해를 통전적으로 설정하여야 한다. 따라서 수직적인 영성적 개인구원, 수평적인 연대적 사회구원, 순환적인 자연친화적 생태구원의 삼중적 삼중관계의 통전적 구원론은 천지인의 조화라는 삼태극의 구조와 상응하는 천지인신학을 통해 전개될 수 있을 것이다.

2. 칭의 · 성화 · 영화의 통전성과 천지인신학

종교개혁 이후 기독교의 구원론의 주류를 이룬 칭의 교리에 있어서 개혁자들이 주장한 바와 같이 믿음으로 의롭게 되었을 때 하나님의 의가 인간에게 법정적 선언처럼 '전가imputed righteousness'되는 것인지 아니면, 하나님의 의가 존재론적으로 '주입infused righteousness'되는

120 신옥수, "몰트만의 통전적 구원론", 「한국기독교신학논총」 95 (2015), 130-131.

것인지에 대한 논의가 있어 왔다. 그리고 '은혜로 말미암아 믿음으로 의롭게 되었다는 것'과 '행함이 없는 믿음을 죽은 믿음'이라는 것 사이에서 칭의와 성화의 관계에 대한 논쟁도 병행되었다. 칭의와 성화가 동시적인 것인지 선후 관계가 있는 것인지에 대한 논쟁으로 이어졌다.[121]

이제까지의 구원론이 간과한 것은 구원의 시간적인 차원이다. 2000년 전 예수께서 골고다 십자가에서 이루신 구원사건을 통해 죄와 죽음과 사탄의 세력과 율법의 저주를 비롯해서 온갖 사회적 정치적 고난의 악순환(구조악)도 완전히 해결되었는가 하는 문제이다. 예수 그리스도께서 십자가에서 이루신 구원의 은총을 믿음으로 받아 누리는 우리에게는 여전히 개인적으로 그리고 정치적으로도 해결해야 할 죄와 악의 문제는 남아 있기 때문이다. 이미 얻어 누리는 구원과 현재 이루어야 할 구원과 장차 완전히 이루어질 구원에 대한 우리의 소망에 관한 논의는 전통적인 속죄론에서 충분히 다루어지지 않았다.[122]

바울은 칭의, 성화, 영생(영화)으로 이어지는 구원의 시간적인 세 차원들을 분명히 언급하였다.

> **그러나 이제는 너희가 죄로부터 해방되고 하나님께 종이 되어 거룩함에 이르는 열매를 맺었으니 그 마지막은 영생이라(롬 6:22).**

---

121 송성진, "기독교적 구원론과 돈오 점수 - 길희성의 종교 신학을 비판적으로 재고하며", 「한국조직신학논총」 2 (1996), 57-80. 길희성은 칭의와 성화의 관계를 불교에서의 돈오頓悟와 점수漸修의 선후 관계에 대한 논쟁과 유사한 것으로 분석하였다

122 도상순, 『얻는 구원, 이루는 구원, 이르는 구원』 (서울: 킹덤 북스, 2015), 159-168.

웨스트민스턴 신앙고백 제14장 "구원에 이르는 믿음에 관하여" 제2절에는 구원을 칭의, 성화, 영생(영화)라고 하였으며, 예수를 영접하고(믿고), 예수를 받아들이고(따르고), 예수 안에서 쉬는 것(영원한 안식)이라고 하였다.

> 구원에 이르는 믿음의 주요 역할은 신자로 하여금 은혜의 약속의 힘으로 의인과 성화와 영생을 얻기 위하여 그리스도만 영접하고 받아들이고 그의 안에 쉬게 하는 것이다.[123]

첫째로 '과거의 죄에서 해방되는' 이미 얻은 구원은 칭의justification이다. 이는 하나님의 택한 백성이 믿음으로 이미 얻은 구원이다. 예수께서도 "네 믿음이 너를 구원하였느니라"(막 10:52)고 하셨다. 바울은 "하나님께서 그를 죽은 자 가운데서 살리신 것을 네 마음에 믿으면 구원을 얻으리니"(롬 10:9)라고 했으며, 아주 분명하게 "너희가 그 은혜를 인하여 믿음으로 말미암아 구원을 얻었나니"(엡 2:8)라고 선언하였다. 그리스도의 십자가를 믿음으로써 우리는 이미 구원을 얻은 것이다. 고전적 속전설과 전통적인 충족설과 칭의론은 이미 얻은 개인구원만을 강조하였으며, 이미 얻은 구원의 확신에 이르는 방법에만 초점을 두었다.

둘째는 '거룩함에 이르는 열매를 맺는' 현재 이루어야 할 구원인 성화sanctification이다. 과거의 죄에서 해방되고 믿음으로 의롭게 된 그리스도인이라면, 의로운 삶을 살아 있는 동안 지속하여야 한다. 그리

123 총회헌법개정위원회 편, 『헌법』 (서울: 대한예수교장로회총회출판국, 1992), 98.

스도께서는 '자기 십자가를 지고 나를 따르라'(마 16:24)고 하였다. 그러나 십자가를 믿음으로써 이미 구원을 얻은 신자가 아니고서는 그리스도의 남은 고난에 동참하기 위해 자기 십자가를 지고 그리스도를 따르는 일이 쉽지 않다. 그리하여 바울 "항상 복종하여 두렵고 떨림으로 너희 구원을 이루라"(빌 2:12)라고 하였다.

전통적인 사랑감화설이나 현대의 정치신학, 해방신학, 민중신학을 비롯한 제삼세계 신학은 그리스도의 모범에 따라 그리스도인이 현세에서 이루어야 할 수덕과 실천하여야 할 사회구원으로서의 성화를 강조한다. 현재 이루어야 할 구원은 성화의 삶을 사는 것인데 값없는 은총Gabe으로 이미 믿음으로 의롭게 되고 구원을 얻은 자에게 주어진 과제Aufgabe라고 할 수 있다.

셋째로 '영원한 생명'에 참여하는 "마지막으로 나타나기로 되어 있는 구원"(벧전 1:5)인 영화榮化, glorification이다. 누구든지 지상생활에서 완전한 성화의 단계에 도달했다거나 완전히 의인이 되었다고 해서는 안 된다(롬 3:10; 시 14:1-4; 53:1-3).

구원의 완성은 "우리 생명이신 그리스도께서 나타나실 그때"에 "그와 함께 영광 중에 나타나"(골 3:4) 그의 영광에 참여하는 것이다. 예수께서도 "그러나 끝까지 견디는 자는 구원을 얻으리라"(마 19:25)고 하셨다.

이런 의미에서 바울은 "우리의 몸이 구속을 기다리며, 우리가 소망으로 구원을 얻었으며"(롬 8:23-24), "우리의 구원이 처음 믿을 때보다 가까왔음이니라"(롬 13:11)고 하였다. 따라서 구원의 완성은 마지막 날에 '영원한 영광'에 이르는 것이다.

이미 구원을 얻었고, 그 구원의 은총에 보답하기 위해 날마다 이루어 나간다 할지라도, 인간이 이 땅에서 이룰 수 있는 구원은 미미한 것이다. 구원받은 자들이 져야 할 십자가의 짐은 여전히 무거운 채로 남아 있다. 그러나 "현재의 고난은 장차 우리에게 나타날 영광과 비교할 수 없는 것"(롬 8:18)이므로, 장차 구원의 완성이 이루어질 '영광의 십자가'에 대한 소망 가운데 인내하면서 자기의 십자가를 질 수 있는 것이다.

몰트만은 구원의 과정에 대한 기독론적 사고를 확장하여 성령의 사역으로서의 칭의와 성화와 영화를 서술한다. 그리고 전통적인 칭의론과 성화론과 영화론을 수정·보완하여 각각이 지닌 개인구원적 차원과 사회구원적 차원과 생태구원적 차원을 통전적으로 통합하여 서술하였다.

(1) 몰트만은 바울의 칭의론에 근거한 종교개혁의 칭의론을 수정·보완한다. 바울의 칭의론은 "한 사람이 죄를 지어 모든 사람이 유죄판결을 받은 것과 달리 한 사람의 의로 삶의 칭의가 모든 사람에게 왔다(롬 5:18)는 죄의 추상성과 보편성에서 출발한다. 보편적 죄(원죄)의 개념은 구체적(사회적) 죄를 보지 못하게 하며 죄를 변명하고 자신의 죄를 정당화하는 도구가 될 수 있다.

공관복음서는 세리와 창녀, 율법학자와 바리새인, 가해의 범법자와 피해의 희생자 등 다양한 죄인들에 대해 구체적으로 언급한다.[124] 인간은 피해자인 동시에 가해자인 상황에 처할 수도 있다. 칭의는 피해의 희생자들뿐 아니라, 가해의 불의한 자들에게도 동시에 적용되어

124 J. Moltmann/ 김균진 역, 『생명의 영』 (서울: 대한기독교서회, 1992), 171-172.

야 한다. 희생자들의 권리를 세워주고 범법자들로 하여금 회개토록 하는 것이 보편적 하나님의 의라는 주장이다.

> 하나님은 일반적으로 모든 죄인을 불쌍히 여기시기 때문에, 구체적으로 권리 없는 사람들에게 그들의 권리를 가져오게 하며 불의한 사람들은 회개하도록 한다.[125]

하나님의 의를 이루기 위해서는 불의한 범법자들만이 아니라, 권리가 없는 희생자들이 모두 함께 의롭게 되어야 한다. 하나님은 모든 죄인을 의롭게 함으로써, 자신을 의로운 자로 입증한다. 권리 없는 피해자들의 권리를 세우는 것은 하나님의 의의 총괄 개념에 포함되며, 그것이 바로 '의롭게 하는 의'(justitia justificans)이다.[126]

가해자와 피해자가 모두 의롭게 되기 위해서는 가난한 자를 더욱 가난하게 하고 부자는 더욱 부유하게 하는 '구조적인 죄를 바로 세우는 의'가 요청된다. 종교개혁의 칭의론은 인간의 보편적이고 형이상학적 죄에 대한 용서에 초점을 두었다. 그러나 죄는 범법이나 가해의 죄로 구체화된다. 따라서 칭의론에 따라 가해자들의 죄가 무조건 용서받는다고 할 경우 피해자와 희생자들이 당한 구체적이고 정치적인 고난은 간과하게 된다.

몰트만은 칭의론에 대한 보편적 해석과 구체적인 해석 혹은 형이상학적 해석과 정치적 해석이 서로를 배제해서는 안 된다고 주장한다.[127] 구원은 정의를 창조하는 성령의 능력을 통하여 죄의 우주적

---

125 같은 책, 176.

126 같은 책, 177.

세력으로부터의 해방, 경제적 불의로부터의 해방, 정치적 억압으로부터의 해방, 문화적 소외로부터의 해방, 개인적인 용기의 박탈로부터의 해방을 포함하기 때문이다.

몰트만은 전통적 칭의론이 강조해 온 개인구원론적 차원을 수정하고 보완하여 사회적 구조적 해방과 모든 피조물의 우주적 해방을 포함하는 삶의 모든 영역에서 이루어지는 포괄적 삶의 칭의를 주창하였다. 이로써 성령 안에서 하나님의 의가 이루어지며 하나님과 이웃과 자연과의 지속적인 사랑의 사귐이 가능해진다는 것이다.

또한 전통적인 의미의 칭의는 법적이고 선언적이며 과거의 시제에 초점이 맞추어져 있다고 비판한다. 칭의는 과거의 죄를 사함 받는 것에서 끝나는 것이 아니라, 그리스도 안에서 새 사람이 되는 것이며, '새로운 삶의 시작'(incipit vita nova)이다.[128] 몰트만은 죄의 용서가 과거를 지향하는 행위인 반면에, 미래를 지향하는 칭의의 행위는 삶의 새 창조와 살아있는 희망으로 거듭나는 것이라고 하였다. 칭의는 단지 기독론적으로만 아니라, '성령의 체험'으로 성령론적이고 종말론적으로 설명되어야 한다는 것이다. 칭의에는 과거의 죄가 용서받아 의롭게 되는 것뿐 아니라, 성령 안에서 영원한 삶에 대한 희망으로 새롭게 다시 태어나는 것도 포함된다는 것이다.[129]

(2) 몰트만은 전통적인 성화론도 수정·보완한다. 정통적으로 신자들의 삶의 성화는 개인적 인격적인 성화로서 하나님께 일치하는

127 J. Moltmann , 『삼위일체와 하나님의 역사』 (서울: 대한기독교서회, 1998), 106.
128 J. Moltmann/ 김균진 역, 『생명의 영』, 209.
129 같은 책, 207.

삶이며, 성화의 목적은 하나님의 형상의 회복이다.

몰트만의 성화 이해의 가장 큰 특징 중 하나는 그가 성화를 치유로 본다는 점이다. 예수 그리스도의 하나님 나라 사역의 핵심적인 부분이 바로 병자의 치유 사역이었다. 따라서 인간은 영혼과 육체의 심신 통일체이므로 치유는 전인적으로 온전하게 됨(Ganzwerden)을 뜻한다. 치유는 파괴된 사귐의 회복이며 생명의 나눔이다. 성화는 하나님과의 사귐의 회복일 뿐 아니라 영혼과 육체의 사귐의 회복과 파괴된 사회적 관계의 회복도 포함한다.[130] 이런 의미에서 사회적 성화의 개념이 강조된다.

몰트만은 그리스도의 뒤를 따라서 그리스도인은 세계의 고난에 참여하고 정치적·경제적·사회적 약자들과 연대해야 한다고 주장한다. 성령 안에서 믿음과 희망과 사랑의 힘으로 정의와 평화와 창조의 보존을 위하여 구조적 불의에 대항하며 이 땅에 하나님 나라를 이루어 가야 한다는 것이다. 하나님 나라의 전위대인 교회공동체를 비롯하여 자발적 운동단체들이 협력하고 연대하여 사회적·생태학적 위기에 맞서 하나님 나라 운동에 참여하는 것이 사회적 성화라고 강조한다.[131]

한편으로 성화는 먼저 "생명의 거룩함"과 "창조의 신적 비밀"을 회복하는 것이다. 생명은 거룩하기 때문에 거룩하여야 한다. 알버트 슈바이쳐가 "생명에 대한 경외"라고 부른 삶의 원리가 성화이다. 이는 자신의 생명과 이웃 피조물의 생명에 대한 경외를 포함한다. 따라서 하나님을 사랑하고 이웃을 사랑하라는 이중 계명에 피조물에 대한

---

130 같은 책, 74-75, 92.

131 같은 책, 321-326.

사랑을 포함하여 삼중 계명으로 보완하여야 한다고 보았다.

> 땅을 너 자신처럼 사랑하라. 너 자신을 이 땅처럼 사랑하라! 너는 온 마음과 영혼과 너의 온 힘을 다하여 하나님과 이 땅을 너의 모든 이웃 피조물들과 함께 사랑하라![132]

오늘날과 같은 산업사회에서의 성화는 더 많이 생산하고 더 많이 소비하기 위하여 인간들이 자행한 착취와 파괴로부터 하나님의 창조를 지키는 것이다. 생명을 경외하는 것은 생명에 대한 '폭력을 포기하는 것'이며, '생명의 일치와 조화'를 뜻한다. 결과적으로 오늘의 성화는 생명의 치유를 포함할 뿐 아니라, 생명을 사랑함으로써 죽음의 세력에 저항하고 대적하는 것이다.[133] 이는 사회적이고 정치적인 차원을 포함하는 생태학적 정의를 실현하는 것이다.

몰트만은 성화의 근거가 오직 삼위일체 하나님에게 있음을 강조한다. 도덕적인 성숙이나 성품의 변화가 인간으로부터 비롯되는 것이 아니라는 것이다. 죄인은 하나님에 의하여, 은혜로 말미암아, 그리스도 때문에 거룩하다고 선언되며 거룩하게 된다. 이 성화는 선물로서의 성화와 과제로서의 성화의 두 측면을 갖는다. 하나님의 형상이 은사(Gabe)요 과제(Aufgabe)이며, 직설법(indicative)이요 명령법(imperative)이듯이 하나님 형상 회복의 과정인 성화는 하나님의 은총의 선물이면서 동시에 인간의 헌신과 책임이 포함된다.[134]

---

132 같은 책, 234.

133 같은 책, 235-236.

134 같은 책, 247-248.

(3) 몰트만은 전통적인 영화론도 수정·보완한다. 창조의 마지막 목적과 구원의 궁극적 완성은 "하나님을 영광스럽게 하고 그를 영원히 누리는 것"이다.

> 하나님을 영광스럽게 하는 것은 모든 사물의 목적이요, 하나님은 모든 열락의 궁극 원천으로 신자들 가운데 자기를 영광스럽게 하고자 하기 때문에, 이들은 그리스도의 은혜를 누릴 뿐 아니라 그리스도의 영광을 누리기 위하여 하나님의 부르심을 받았다. 그러나 그 모든 완전성 안에 있는 그리스도의 영광은 선택받은 자들에게 죽음 후에야 베풀어진다.[135]

몰트만은 영화로운 몸의 신체성을 강조한다. 그는 영혼이 육체보다 우위에 있다는 그리스적 사고나 영혼과 육체를 대립시키는 근대의 이원론을 배격한다. "신체성은 하나님의 모든 사역의 종점"이기 때문에 기독교 신앙에서는 인간의 신체성이 배제되지 않는다.[136] 그는 또한 인간의 육체적 죽음과 신령한 몸의 부활 사이에 이루어지는 긴장이 포함된 구원의 과정을 서술한다. 죽은 자들의 첫 열매인 예수 그리스도의 부활을 힘입어 하나님의 자녀들은 육체의 부활이 이루어질 때 영화롭게 된 몸(spiritualized body)으로 하나님 앞에서 살게 된다고 하였다.

뿐만 아니라 인간의 영화는 모든 피조물의 회복 및 구원(롬 8:21)과 함께 이루어진다고 보았다. 세계와 모든 피조물은 폐기되는 것이

---

135 J. Moltmann/ 김균진 역, 『오시는 하나님』 (서울: 대한기독교서회, 1997), 543.
136 J. Moltmann/ 김균진 역, 『창조 안에 계신 하나님』, 288-291.

아니라 새롭게 변화(Verwandlung)되고 변용(Verklaerung)될 것이다(계 21:5).[137] 이처럼 몰트만은 전통적인 영화 개념에 개인적·전인적 구원뿐 아니라 사회적·우주적 구원을 포함시켰다.[138]

몰트만은 바울에게 있어서 성령 안에서의 새 삶은 종말론적 지향성을 가진다고 하였다. 성령은 미래를 가지고 현재를 규정하며, 현재 속에 미래를 기다리게 하며 현재 속에 미래를 약속한다는 것이다.[139] 따라서 현재 이루어야 할 성화는 미래의 이루어질 영화의 시작이 되고, 영화는 성화의 완성이 된다.[140] 영화롭게 되는 것은 영원한 생명으로 다시 태어남이요, 그리스도의 형상을 닮아 영광스럽게 변화하는(빌 3:21; 요일 3:2) 것이다. 영화는 삼위일체 하나님을 얼굴과 얼굴로 맞대어 뵙는 것으로(고전 13:12) 실현된다.

(4) 몰트만은 칭의와 성화와 영화라는 세 가지 구원의 역사적 계기의 상호 관계를 새롭게 설정한다. 칭의론은 믿음으로 의롭게 되었지만 신자들은 '의인인 동시에 죄인'이며, 현실에서는 죄인이요 희망에 있어서는 의인이며, 부분적으로 죄인이며 부분적으로 의인이라는 것을 의미한다. 따라서 성령 안에서 새롭게 태어난 삶은 믿음의 성장을 내포한다. 의롭게 된 삶을 시작하는 것과 의로운 삶을 지속하는 것과 의로운 삶을 성숙시키는 것은 모두 성화와 결합된다.[141] 성

137 J. Moltmann/ 이신건 역, 『오늘 우리에게 그리스도는 누구인가?』 (서울: 대한기독교서회, 1997), 110.

138 신옥수, "몰트만의 통전적 구원론", 140.

139 J. Moltmann/ 김균진 역, 『생명의 영』, 221.

140 같은 책, 222.

141 같은 책, 223.

화는 중생한 신자의 인격적인 성숙과 성장과 진보를 가져온다. 성화는 '신앙 안에서 지속적인 성장'으로 나타나며 종말론적 선취의 경험을 낳는다. 즉 성령 안에서 아직 도래하지 않은 구원의 완성의 상태인 영화를 부분적으로 미리 맛보며 영원한 삶에 참여하는 것이다. 따라서 몰트만은 '죄 없는 완성'(sinless perfection)의 형태로 죽음 이전에 이루어질 구원의 성취라는 완전 성화를 긍정하지 않는다.[142]

몰트만은 구원의 과정에 대해 설명하면서 칭의·성화·영화의 관계를 다음과 같이 설명했다.

> 칭의는 영화의 현재적 시작이요 영화는 칭의의 미래적 완성이다. 양자는 하나님의 은혜의 선택에 기초하며 인간을 향한 하나님의 신실한 관계성에 근거하여 일어난다. 성화는 칭의를 전제하며 칭의와 영화의 사이에 놓여 있다. 영화는 칭의의 희망이요 미래이다.[143]

몰트만은 전통적인 칭의 – 성화 – 영화의 역사적 순차를 수정·보완하여 칭의 – 성화 – 영화의 시간적 계기를 통전적으로 파악하였다. 그는 『희망의 신학』에서 제시한 '약속과 선취'라는 종말론적 역사이해의 방법론을 적용하여 미래에 완성될 영화에 대한 약속이 현재 속에 칭의로 선취(anticipication)되고, 그 약속이 칭의와 영화 사이에서 성화에 이르도록 사명을 고취하는 것으로 해석한다.

(5) 바울은 기독교 신앙의 핵심은 믿음, 소망, 사랑이라고 하였다.

---

142 같은 책, 222.

143 J. Moltmann, 『창조 안에 계신 하나님』, 269.

‘믿음의 역사와 사랑의 수고와 소망의 인내’(살전 1:3)는 각각 칭의, 성화, 영화에 상응하는 것으로 해석되어 왔다. 전통적으로 믿음으로 이미 얻은 구원인 칭의justification, 사랑으로 날마다 이루어야 할 구원인 성화sanctification, 소망으로 바라야 할 구원인 영화glorification가 그것이다. 믿음으로 하나님과 바른 관계를 맺는 칭의는 개인구원의 내용이며, 사랑의 실천을 통해 이웃과 바른 관계를 실천하는 성화는 사회구원의 과제이며, 인간과 자연 사이의 바른 관계가 완성될 영화는 피조물들을 포함하는 종말론적 생태구원의 완성으로 설명된다.

구원은 관계의 개념이다. 구원의 하나님의 바른 관계(天), 이웃과 바른 관계(人), 자연과 바른 관계(地)는 회복하고(칭의), 강화하고(성화), 완성하는(영화) 것이다. 그리고 칭의, 성화, 영화에는 또한 개인구원, 사회구원, 생태구원이 통전적으로 함축되어 있다. 이러한 삼중적 삼중관계의 조화와 통전의 원리는 천지인의 조화의 원리에 상응한다.

구원의 세 차원: 칭의 – 성화 – 영화

칭의	성화	영화
이미 얻은 구원	현재 이루어야 할 구원	장차 이루어질 구원
믿어야 할 십자가	져야 할 십자가	부활과 영광의 십자가
믿음의 역사	사랑의 수고	소망의 인내
개인구원	사회구원	생태구원
구원의 회복	구원의 강화	구원의 완성

VIII. 천지인신학의 통전적 구원론

고전적인 속전설, 전통적인 충족설과 모범설, 종교개혁의 칭의론 그리고 현대의 화해론과 해방론조차도 '죄와 구원' 도식이라는 소외론적 동기에 기초하여 있어 구원을 죄를 지은 이전의 상태로 환원하는 과거지향적이고 소급적인 것으로 제한하였다. 아울러 개인구원과 사회구원과 생태구원을 모두 통전하여 아우르지 못한 한계가 없지 않다.

한국인들에게는 천지인조화라는 원초적인 사유가 집단무의식 속에 흐르기 때문에 다수의 한국신학자들도 의식적으로나 무의식적으로 천지인의 조화를 구원론적으로 언급하여 왔다.[144]

(1) 길선주는 마지막 날 이 땅에 이뤄질 참된 평화의 세계는 '만물 평화 이상국'으로서 하나님과 사람, 사람과 사람, 사람과 자연의 삼중적 관계 즉 '천지인 조화의 세계'라 하였다. 그래서 "예수로 말미암아 하나님과 사람이 화목하고 사람과 사람이 화목하며 동물계도 화목하여져서 이사야가 예언한 것과 같이 어린아이가 사자와 독사로 유희하는 만물평화 이상국이 될 수 있다"[145]고 하였다.

---

144 허호익, "천지인신학의 성서적 신학적 근거 모색: 한국신학은 한국적이고 신학적인가?" 「문화와 신학」 3 (2008), 11-40.

(2) 최병헌은 유불선 3대 종교와 기독교의 본질을 비교 분석하는 해석학적 기준으로 천륜, 인륜, 물륜의 삼륜(三倫)을 제시하였다. 그리고 기독교는 삼륜을 다 갖추고 있으나 유교와 도교는 삼륜을 골고루 갖추지 못하였고, 불교는 아예 삼륜을 알지 못한다고 하였다.

> 천지간에 삼대륜이 있으니 천륜과 인륜과 물륜이다. 불교인은 삼대륜을 알지 못하고 분별할 줄 모르니 어찌 가련치 아니하며 종교라 하리요.[146]

그래서 변선환은 "신과 인간과 자연, 이 세 범주 가운데서 신과 인간과의 관계만을 중요시하며 신학화하였던 서양(프로테스탄트) 신학의 좁은 틀은 동양의 지혜와 만남에서 새로운 전개를 펼쳐 나갈 수 있을 것"[147]이며 최병헌의 신학에서 그러한 가능성을 볼 수 있다고 평가하였다.

(3) 이용도 역시 "하나님과 격이 날 때 사람 사이에 격이 생기고 금수와 사람 사이에 또 만물과 삶 사이에 격이 생기었나이다. 하나님과 합하면 사람끼리와 만물끼리가 다 합할 것입니다. 오, 주여, 합하게 하옵소서"[148]라고 하였다. 따라서 「예수교회 창립선언」(1934)의 첫 부분에서 우주와 사회와 개인, 하늘과 땅과 인간 즉 천지인이 예

---

145 허호익, 『길선주의 목사의 목회와 신학사상』 (서울: 대한기독교서회, 2009), 330.

146 최병헌/ 박혜선 역, 『만종일련』 (서울: 성광문화사, 1985), 36.

147 변선환, "탁사 최병헌과 동양사상", 「신학과 세계」 6집 (1980), 340.

148 변종호 편, 『이용도 목사 서간집』 (서울: 초석출판사, 1986), 105-106. 1930년 4월 4일 일기.

수로써 새 질서로 혁신되는 것을 구원으로 이해하였다.

> 만유가 혁신되리라는 것이 인생의 공통된 이상이다. 그래서 우주가 새로워지고 사회가 새로워지고 個性(개성)이 새로워지기를 어제도 오늘도 내일도 間斷(간단)없이 바라고 기다린다. 예수로써 만유가 혁신되리라는 것은 예수人의 이상이다. 그래서 예수로써 하늘도, 예수로써 땅도, 예수로써 인간도 새로워지기 바라는 것이다.[149]

그래서 성백걸은 이용도 신학의 본질은 "구원세계의 삼일체적인 혹은 삼재(三才)일체적인 구조"[150]라고 하였다. 이외에도 부흥사들도 신통·인통·물통의 삼중적 만사형통을 설교하고 하였다.

(4) 앞에서 살펴 본 것처럼 서남동은 생태학적 신학을 통해 신·인간·자연을 하나의 통전적인 생태계라고 보고, 개인윤리와 사회윤리와 생태윤리의 삼중적 윤리를 제시하며, "신·인간·자연은 하나의 생태계를 이루고 있다"[151]고 하였다. 그래서 김경재는 서남동의 신학은 생태학적 신학과 민중신학이 종합 수렴 완성되어 삼태극적인 구조의 통전된 것으로 해석하였다.[152]

이처럼 한국신학자들이 다양하게 제시한 천지인의 조화의 구원론은 역시 서양 중심의 여러 유형의 구원론의 약점을 보완하고 통전하는 대안적인 구원론이 될 수 있을 것이다.

---

149 이덕주·조이제, 『한국 그리스도인들의 신앙고백』 (서울: 한들, 1997), 95.
150 성백걸, "영원 향유: 이동도의 생애와 사상", 「문화신학」 제5집 (2001), 47.
151 서남동, 『전환시대의 신학』 (서울: 한국신학연구소, 1976), 294.
152 김경재, "서남동의 신학사상", 「신학사상」 제46호 (1984), 495.

제9장

파니카의 '우주신인론적 영성'과 천지인신학

I. 파니카의 생애와 다양한 종교체험

인도 출신의 가톨릭 종교신학자인 파니카(Raimundo Panikkar, 1918-2010)는 다양한 종교 체험과 여러 분야의 학위와 다수의 언어를 습득하고, 수많은 저술과 강연을 한 두드러지는 경력의 소유자이다.[1] 그의 사상을 이해하기 위해서는 그가 다양한 종교체험을 통해 구도자적인 자세로 여러 학문 분야를 순례한 것에 대한 전이해가 요청된다.

첫째로 파니카의 아버지는 영국의 식민지 지배에 항거한 인도의 독립 운동 지도자로 활약하였던 힌두교인이었다. 그는 영국으로 도피하였다가 스페인 출신의 독실한 가톨릭 신자였던 파니카의 어머니와 결혼하였다. 부모로부터 힌두교 신앙과 가톨릭 신앙을 모두 물려 받은 파니카는 1946년 가톨릭 사제로 서품을 받고 마드리드 대학의 철학교수가 되었다. 1954년에는 인도로 가서 미소레 대학과 바나라시 힌두 대학에서 인도 철학을 공부하면서 힌두교인이 되었다. 그리고 25년 동안 인도에서 생활하는 동안 다시 불교를 공부하다가 불교인이 되었다. 그는 나중에 자신이 그리스도인이요, 동시에 힌두교

---

1 김진, "파니카의 삶", 『피할 수 없는 만남, 종교간의 대화 - 파니카의 종교신학』 (서울: 한들출판사, 1999), 50-58; 한숭홍, "약전", 『라이몬 파니카』 (서울: 북코리아, 2011), 13-28:https://en.wikipedia.org/wiki/Raimon_Panikkar.

도이요, 동시에 불교인이라고 고백하였다.

> 나는 그리스도인으로 유럽을 떠났고, (인도에서) 내가 힌두교인임을 발견하게 되었고, (유럽으로) 돌아올 때는 불교인이 되어 있었는데, 그러면서도 그리스도인 되기를 그친 일이 없었다.[2]

파니카는 서품받은 가톨릭 사제였으며 인도에 가서는 바라니시 교구의 사제로 활동하였지만, 일반 교구 사제에 비해 가톨릭교회의 전통이나 교리나 규범으로부터 비교적 자유롭게 활동하였다. 그에게 서품을 준 5명의 동료 사제들은 그를 '멜기세덱 제사장'이라는 별명으로 불렀다. "아버지도 없고 어머니도 없고 족보도 없고 시작한 날도 없고 생명의 끝도 없었다"(히 7:3)는 멜기세덱과 같이 전통에 얽매이지 않는 자유분방한 사제라는 뜻이었다.[3]

둘째로 파니카는 철학과 신학뿐 아니라 자연과학 분야에서 학위를 받았고 여러 대학에서 가르쳤다. 인문과학과 자연과학을 두루 섭렵하면서 진리를 추구하는 구도자의 삶을 살았던 것이다. 그는 독일 본 대학과 스페인 바르셀로나 대학에서 철학을 공부하였다. 2차 세계대전이 발발하여 독일로 돌아갔으나, 학위를 마치기 어려워지자 마드리드 대학에서 철학박사 학위를 받았다(1946). 12년 후에 그는 같은 대학에서 물리학과 화학을 공부한 후 화학전공으로 박사 학위를 취득하였다(1958). 이어서 로마에 있는 교황청 라테란 대학교에서 토마

---

2 R. Panikkar, *Trinitaet* (München, 1991), 77.

3 R. Panikkar, "진리를 향한 여정", 김진, 『함석헌과 파니카와의 대화』 (서울: 한들, 1998), 68: 한숭홍, "약전", 20.

스 아퀴나스 철학과 8세기 힌두 철학자 샹카라의 브라마 슈트라Brahma Sutras 해석을 비교하는 논문으로 신학박사 학위를 받았다(1961). 그는 1966년부터 하버드대학에서 5년간 방문교수로 재직했으며, 1972년부터 캘리포니아대학에서 18년 동안 종교학 교수로 재임하였고, 로마 사회과학원 대학, 인도 방갈로 연합 신학교, 마드리드 신학교 등에서 교수로 강의하고 연구했다.

셋째로 파니카는 남다른 언어 능력을 지녔으며 방대한 저술활동을 펼쳤다. 그는 11가지 언어로 자유롭게 대화할 수 있으며, 6가지 언어로 그의 사상을 정확하게 집필할 수 있는 남다른 어학적 천재성을 발휘하였다. 그는 30여 권의 단행본을 써냈고 300여 편의 논문을 집필했으며 백과사전 등에 특별 기고하였다. 그의 학문적 활동과 지금까지 남긴 저작은 그 질과 양에 있어서 학문적인 탁월함과 비범함을 보여준다.

II. 종교의 공통체험으로서 우주신인론적 영성

파니카는 '종교 간의 대화'(inter-Religious Dialogue)에 앞서 '종교 안에서의 대화'(intra-Religious Dialogue)를 주장하였다. 종교 전통에 대한 진지한 체험과 심오한 이해가 선행되어야 타종교와의 '대화다운 대화'(The Dialogical Dialogue)가 가능하다고 본 것이다.[4] 그는 자신이 기독교와 힌두교와 불교를 진지하게 체험하고 깊이 이해한 결과, 이 세 종교의 전통 속에 공통적으로 내재해 있는 것이 바로 불이론적不二論的인 우주신인론적 세계관이라는 결론에 도달했다.

파니카는 인간의 자의식이 지구상에 출현한 이래로 줄곧, 사실상 만물은 우주, 신, 인간의 세 차원으로 구성되어 있으며, 이 셋은 상호 연관되어 있다는 '우주신인론적 비전'을 인류가 어렴풋이나마 자각하고 있었다고 보았다. 그는 '우주신인론적 비전'은 의식의 "근원적이고 원초적인 형태"라고 하였다.[5]

> 우주신인론적 비전은 아마 최초의 본원적인 의식 상태로 간주될 수 있을 것이다. 실제로 그것은 인간의 의식이 생성되던 맨 처음부터 나

---

4 R. Panikkar, "종교 내 대화(intrareligious Dialogue)", 252.

5 R. Panikkar, *Cosmotheandric Experience -emerging religious consciousness* (Maryknoll, N.Y: Orbis Books, 1993), 55.

누어지지 않은 전체에 대한 비전으로 암시되어 있다. 6

파니카는 신·인간·우주는 서로 연관되어 있는 삼중적 관계라는 인류의 시원적인 의식을 '우주신인론적 비전' 또는 '우주신인론적 직관'이라고 하였다.

> 우주신인론적 비전은 신이나, 인간이나, 세계 가운데서 독보적인 어느 하나의 주위를 돌고 있지 않으며, 그런 의미에서 그것은 중심과 무관하다. 이 세 차원은 동시에 있으며, 서로 연관되어 있지만, 존재론적 선재성들이 존재하는 방식처럼 위계적으로 배열될 수도 있고 서로 대등하게 배치될 수 도 있다. 하지만 이들은 서로 고립되어 존재할 수 없다. 그렇게 하는 것은 이 셋의 연관성을 끊는 것이다.[7]

> 우주신인론적 직관이 강조하는 바는, 이 실재의 세 차원들은 전혀 차이가 없는 실재의 세 가지 존재 상태도 아니고, 다원적 체계의 세 원소도 아니라는 것이다. 이것은 오히려 실재의 궁극적 구성을 나타내는, 그러나 필요불가결한 일종의 삼중관계이다. 존재하는 모든 것, 각각의 실제의 본질은 새 차원으로 표출된 이 삼위일체 구성을 연출한다.[8]

---

6 R. Panikkar, *Gott, Mensch und Welt* (Verlag Via Nova, Petersberg, 1999), 70: 한숭홍, 『라이몬 파니카』, 75 재인용.

7 R. Panikkar, *Gott, Mensch und Welt,* 101: 한숭홍, 『라이몬 파니카』, 78 재인용.

8 R. Panikkar, *Gott, Mensch und Welt,* 77: 한숭홍, 『라이몬 파니카』, 77 재인용.

파니카는 자신이 서술하려는 우주신인론적 비전이나 직관은 공시적으로 인간의 시원적인 자의식을 표상하는 동시에, 통시적으로 "우리 시대의 발전된 종교 의식를 대변하는 것"[9]이라고 주장한다. 이를 우리 시대의 철학적 표현 방식으로 개념화하면 "실재는 형이상학적 측면(초월적인 측면)과 지적 요소(의식, 사유)와 경험적(물리적, 물질적) 요소라는 세 차원"을 지니고 있다는 것이다.[10]

> 우주신인론적 원리를 가장 간략하게 설명하면 다음과 같다: 신적이고 우주적이며 인간적인 —그것들을 무엇이라 이름하건— 그것은 존재-하는 모든 실재를 구성하고 있는 엄연한 세 가지 차원이다. 존재하는 모든 것이 이 세 가지 차원으로 표현되는 것이다. 나는 만물이 다른 사물과 직간접적으로 연관되어 있다는 것만을 말하는 것이 아니라, 이러한 상호연관성이 전체를 구성하고 있으며 실재를 또한 비추고 있다는 사실을 강조하고자 한다. 우주에 가득 찬 이런 관련성은 모든 존재의 가장 깊은 곳까지도 뚫고 지나간다. 우주신인론적 인식이란 존재를 삼등분(三等分)하는 것이 아니라 그 존재들이 지니고 있는 세 가지 차원의 핵심을 통찰하는 것이다.[11]

파니카에 의하면 우주신인론이 주장하는 바는 전 실재가 신적인 것, 우주적인 것 그리고 인간적인 것의 삼중적 상호관계성을 지니고 있는 대표적인 사례가 기독교의 삼위일체라는 모델이다.

---

9 R. Panikkar, *Gott, Mensch und Welt,* 101: 한숭홍, 『라이몬 파니카』, 78 재인용.
10 R. Panikkar, "우주신인론적 직관", 127.
11 같은 글, 127.

> 모든 것은 관계이다. 이 관계는 하나님, 세계 그리고 인간을 포함하고 있다. 바로 내가 그동안 심화시켰고, 확대시켰던 기독교의 삼위일체 모델이 우주신인론적 전망을 갖게 된 것이다.[12]

기독교뿐 아니라 여러 종교의 천지 시원 설화에는 하늘·땅·인간이나 천상·지상·지하에 관한 신화적 비전이 공통적으로 등장한다. 표현 방법은 여러 가지이지만 이러한 기본적인 직관이나 비전은 인류 문화 속에 한결같다는 것이다.[13]

파니카는 '우주신인론적 비전'을 '우주신인론적 직관', '우주신인론적 원리', '우주신인론적 차원' 등 다양한 용서로 서술하였다. 그리고 이를 영성신학적으로 구체화하여 '지구의 영(Anima Mundi), 인간의 영(Vita Hominus), 하나님의 영(Spritus Dei)'이라는 우주신인론적 영성으로도 설명하였다.[14] 이러한 영 이해는 구약성서에 나타나는 하나님의 영(루아흐), 자연과 인간에게 작용하는 영(루아흐)의 이해에 상응한다.[15]

---

12 R. Panikkar, "진리를 향한 여정", 77.

13 R. Panikkar, "우주신인론적 직관", 125.

14 R. Panikkar, "Anima Mundi - Vita Hominus - Spritus Dei. some aspects of a cosmotheandric spirituality," *Actualitas omnimum actum* (Frankfurt: Verlag Peter Lanf, 1989), 341-356; 김진 편, "우주신인론적 영성",『피할 수 없는 만남, 종교간의 대화 - 파니카의 종교신학』, 134-154.

15 자세한 내용은 이 책 제4장 "구약성서의 영 이해와 천지인 영성"을 참고할 것.

III. 우주신인론의 배경으로서 불이론과 삼위일체론

1. 일원론 및 이원론의 극복과 힌두교의 불이론

파니카의 우주신인론이나 종교 간의 '대화적 대화'의 철학적 배경은 '하나와 다수'라는 근원적 문제에 대한 미심쩍은 일원론과 이원론을 극복하는 데에 있다.16

> 만일 어떤 것이 둘이라면, 그것은 다소 '동질적인 단위인 둘'일 것이다. 둘 사이에는 다리가 있다. 우리가 다원주의라고 부르는 것은 삼위일체 혹은 아드바이타advaita라고 불리는 편이 더 나을 것이다. 이것은 일원도 이원론도 아니다. 다원주의라는 말은 물론 애매한 단어이다. 다원주의는 일종의 원자론이나 우주의 궁극적 요소의 다원성을 의미

16 R. Panikkar, "대화적 대화(The Dialogical Dialogue)", 김진 편저, 『피할 수 없는 만남, 종교 간의 대화 - 파니카의 종교신학』, 258. 실재에 대한 이분법적 사고의 극복을 위해 파니카는 새로운 개념의 신조어를 만들었다. 그 대표적인 사례는 바로 자율(Autonomie)과 신율(Heteronomie)의 극복으로서의 "존재율" (Ontonomie), 인식론적인 영역과 존재론적인 영역에서 주체와 객체의 이분법의 극복으로서의 "상징적 차이"(symbolic difference), 현상학적 판단 중지(epoche)와 사물에 대한 순수한 기술(the noema)의 극복으로서의 "피스테마"(Pistema), 형태론적 해석학과 통시적 해석학의 극복으로서의 "통간적 해석학"(Diatopische Hermeneutics), 시간과 영원의 분리를 극복하려는 "시원성"(時遠性, Tempitem)이다.

> 하지는 않는다. 이런 차원에서 나는 '비이원론'이라는 표현을 선호하는데, 대부분의 전통적인 세상 지혜의 기초가 된다.[17]

그는 힌두교의 우파니샤드에 나타나는 '아드바이타'Advaita 사상 즉 일원론과 이원론을 동시에 극복한 불이론不二論을 발견한다. 힌두어 아드바이타라는 말은 불이不二 즉, '둘이 아니라'는 뜻이다. 평면적 논리로 말하면 둘이 아니면 하나가 되어야 한다. 그러나 둘이 아니라고 해서 하나가 되는 것은 아니라는 의미 즉, '브라만과 아트만이 둘도 아니요 하나도 아니다'라는 묘한 논리를 설명하기 위해 아드바이타라는 불이론의 개념을 제시한다.[18]

아드바이타는 둘이 둘이면서 하나라는 역설이기 때문에 언어로 명확하게 표현할 수 없다. 우파니샤드의 위대한 언급인 "저것이 너다"'라는 화두는 "'저것(브라만)은 네 안에 있다"라는 뜻이므로 너와 나, 주체와 객체의 이원론의 극복이 드러난다.

> 그러므로 '너가 브라만이다'라고 말하지 않고 '브라만이 너다'라고 계시한다. 그 말을 삼인칭으로 바꾸어 보면, '저것(브라만)이 네 안에 있는 너이다.' 왜냐하면 저것이란 지금 너이기 때문이다. … 나는 단지 '그것'이라는 객관 세계 외에 분명히 '나'라는 주관적 영역이 있으며, '그것(It)'도 아니고 자아自我라는 주관 세계를 가리키는 말도 아닌

---

17 R. Panikkar, "종교다원주의: 그 형이상학적 도전", 김진 편저, 『피할 수 없는 만남, 종교간의 대화 - 파니카의 종교신학』, 118.

18 노영찬, "라이몬 파니카(1918-2010)의 우주론과 삼위일체적 사고 방식", *Korea-monitor*, 2011년 7월 1일.

'너(thou)'가 분명히 있다는 점을 강조하는 것이다.[19]

우파니샤드에서 브라만과 아트만을 불이론적으로 설명하는 것은, 불교에서 말하는 일체개공一切皆空의 교리에서 공허Sunyata와 열반Nirvana을 둘이 아닌 하나라고 말하는 것과도 상응한다. 모든 만물이 상호의존해서 생겨난다는 연기설緣起說 역시 모든 존재는 반드시 다른 존재와 상호의존할 수밖에 없다는 사상이다. 파니카는 전통적인 이원론을 극복하고 총체적 실재의 '급진적인 상대성'을 표현한 것으로, 힌두교 불이론과 불교의 연기설뿐 아니라 기독교의 삼위일체도 함께 제시하였다.[20]

파니카에 의하면 대부분의 종교적 철학적 사유는 궁극적으로 실재에 대한 일원론과 이원론에 빠져서 결국 양극성을 강조하다 보니, 양자의 불일치 원인을 찾아내어 불일치하는 부분을 포용하는 일에 실패했다고 본다. 그의 구도자적 여정에서 자각한 가장 중요한 인식은 실재의 궁극적인 성격에 대한 이분법적 사고의 극복이었다. 그리하여 양극성 극복의 대안으로 비이원적 접근을 시도한다. 비이원적 방식은 단순한 상대주의가 아니다. 우선은 진리의 상대성을 받아들이고, 진리는 사물의 총체적 관계성으로 구성되어 있다는 입장을 견지하는 것이다.

---

19 R. Panikkar, "대화적 대화(The Dialogical Dialogue)", 260.

20 R. Panikkar, "우주신인론적 직관", 126.

2. 불이론과 삼위일체론

'일원론적 유혹'을 극복하고 '이원론적 태도'에서 벗어나기 위해 파니카는 우주와 신과 인간이라는 세 가지 궁극적 존재 사이의 본질적인 상호관련성을 중시하는 삼원론을 제시한다. 이러한 실재의 세 차원이야말로 모든 실재의 총체적 영역을 구성하고 있다고 보았기 때문이다. 우주신인론적 비전은 전 실재를 양극성(a tensible polarity)으로 규정하지 않고, 우주, 신, 인간의 상호 작용이라는 '삼종三重의 극성極性'으로 본다.[21] 그의 종교 사상의 가장 중요한 인식틀인 실재에 대한 비이원론적 인식론은 자연스럽게 실재를 삼중적 차원으로 보는 '우주신인간론'으로 이어진다.[22] 이는 음양 이태극론보다도 천지인 삼태극을 더 강조하는 한국문화의 삼수분화의 세계관에 상응하는 논리이다.

파니카에 의하면 기독교에서 말하는 삼위일체론이야말로 이원론의 극복과 실재의 삼차원을 총체적 관계성에서 파악한 대표적인 사례이며, 이는 여러 종교에서 동시에 나타나는 공통된 직관이다.

> 삼위일체는 모든 종교의 확실한 영적인 차원들이 만나는 정합점이 된다. 삼위일체는 이미 하나님이 그 자신을 인간에게 알리셨던 모든 것과 인간 사고의 신비적 경험 안에서 하나님을 알고 성취하려고 했던 모든 것의 완성, 곧 시간의 충만 안에서의 자기계시이다. 삼위일체 안에서 모든 종교들의 만남은 각자 안에 포함되어 있는 모든 종교적,

---

21 R. Panikkar, "대화적 대화(The Dialogical Dialogue)", 258-259.

22 김진 편저, 『피할 수 없는 만남, 종교 간의 대화 - 파니카의 종교신학』, 57-58.

문화적 요소들의 신뢰성을 높임으로 일어난다.[23]

파니카는 여러 종교 중에서 기독교가 다른 어떤 종교보다도 삼위일체론적인 직관이 강한 전통에 서 있는 것으로 파악하였다. 그는 기독교의 삼위일체 교리의 논쟁사에 나타나는 여러 가지 오류들을 지적한다. 기독교의 삼위일체는 신이 셋이라는 삼신론三神論도 아니고, 신은 하나이고 그 역할이 셋(一神三役論)이라는 일신론一神論도 아니라는 것이다.

첫째로 종속주의자들처럼 성부와 성자와 성령의 신성이 본질적으로 동일하지 않으며 세 분의 신성에는 '성부〉성자〉성령'이라는 위계가 있다고 주장하면 오류이다. 유사본질론을 주장하면 삼위의 본질적 일체성이 약화되고 신이 셋이라는 삼신론에 빠진다.

둘째로 양태론자들처럼 하나님이 때에 따라 성부와 성자와 성령이라는 세 가지 역할을 한다고 주장하면, 하나님이 한 분이라는 것은 확보되지만 성부, 성자, 성령이 각각 독자적이고 고유한 인격성을 지닌다는 삼위성이 부정되는 일신론이 되고 만다.

파니카에 의하면 이 세상의 그 어떤 존재도 완전히 자기 자신의 힘으로 존재할 수 없다. 마찬가지로 성부가 성부가 되기 위해서는 성자가 필요하고 성령이 필요하다. 그리고 성자가 성자되기 위해서는 성부와 성령이 필요한 것이다. 성자와 성령이 없이는 성부 역할을 할 수 없으며, 성부와 성령 없이는 성자로 될 수 없는 것이다. 이렇게 셋이 상호 얽히고설킨 관계가 바로 삼위일체의 관계다. 이런 관계는 외적

23 R. Panikkar, *The Unknown Christ*, Revised and Enlarged (Maryknoll. Orbis Books. 1981), 23-24.

인 연계(external connection)가 아니고 내적인 관계(intrinsic relation)이다. 내적인 관계는 한 존재가 존재하기 위한 구성적 필수 요건이기 때문이다.[24]

파니카 역시 '성부, 성자, 성령이 세 하나님인 동시에 한 하나님'이라는 정통적인 삼위일체 교리에 따라 세 분 하나님의 상호내재 perichoresis와 상호순환 circumincessio과 같은 계기를 가장 중요한 것으로 간주한다. 다시 말하면 세 분 하나님이면 한 분 하나님이며, 한 분 하나님이 곧 세 분 하나님이라는 역설을 수용한 것이다.[25]

파니카는 에베소서 4장 6절의 "하나님도 하나이시니, 곧 만유의 아버지시라, 만유 위(above all)에 계시고, 만유를 통일(through all)하시고, 만유 가운데(in all) 계시도다"라는 말씀은 기독교적 삼위일체론을 존재론적으로 이해할 수 있는 성서적 기초라고 주장한다.

> 만물 위에 (super omnes) - 존재의 근원 : 존재가 아니며 존재 자체라고 한다면 그것은 근원일 수 없을 것이다.
> 만물을 통하여 (per omnia) - 아들 : 그가 창조한 모든 것을 위해서 그리고 통해서 존재 안에 참여하시는 존재, 그리스도.
> 만물 안에(in omnibus) - 성령 : 존재의 목적(귀환), 신의 내재.[26]

이러한 삼위일체론의 공식을 근거로 파니카는 특이하게도 삼위

---

24 노영찬, "라이몬 파니카(1918-2010)의 우주론과 삼위일체적 사고 방식", *Koreamonitor*, 2011년 7월 1일.

25 R. Panikkar, *A Dwelling Place for Wisdom* (Westminster: John Knox Press, 1977), 151.

26 R. Panikkar, *Trinity and World Religion* (CLS, Madeas, 1970), 65.

일체론을 '존재론적으로 이원론을 극복한' 불이론의 관점에서 해석한다.

첫째로 파니카는 하나님이 인간이 되셔서 십자가에 달려 죽으신 것과 하나님의 아들 그리스도가 "하나님과 동등됨을 취할 것으로 여기지 않고 자기를 비운 것"(빌 2:6-7)을 존재의 무화無化로 해석한다. "삼위일체 안에 있는 하나님의 십자가"는 "하나님의 완전한 희생"이라고 부르는 아버지 안에서의 존재의 자기비움(apophatism)이다. 왜냐하면 절대자 아버지 하나님은 모든 것을 아들에게 주었기 때문에 그는 더 이상 존재라고 불릴 수 없으며. 또 실제적으로 존재가 없고, 다만 존재의 근원일 뿐이다.[27] 파니카에 의하면 "하나님이 자신을 완전히 소진해버린 그 말씀이 곧 아들이며, 그를 전적으로 표현한 행위가 성령이다. 아버지는 존재가 없으며, 그의 아들이 그의 존재이다. 바로 존재의 원천은 무존재이다. 존재의 근원은 존재가 아니다."[28]이러한 삼위일체론적 직관을 통해 '신의 존재의 유무에 대한 이원론적인 견해인 유신론과 무신론의 양극성'이 극복된다고 본 것이다.

둘째로 파니카는 기독교가 말하는 "삼위일체"의 진리를 기독교의 독점물처럼 볼 것이 아니라, 모든 만물이 존재하는 존재의 구성적 요소로 보려고 한다. 삼위일체야말로 여러 종교의 영성의 기본적인 형태들을 화해시키고 종합시킬 수 있는 가르침이라는 것이다. 그의 실제적 관심은 삼위일체 교리의 내용을 새롭게 해석하기보다는 삼위일체적 직관이 다른 종교에서는 어떻게 드러나 있는지를 밝히는 데 있었다. 그는 전통적인 힌두교 영성의 세 가지 형태인 성상숭배적인

27 같은 책, 46.

28 같은 책, 47.

'업보의 길'(Karmamârga)과 인격적인 '신애信愛의 길'(Bhaktimârga)과 불이적인 '지혜의 길'(Jñânamârga)을 각각 행위와 사랑과 지식에 상응하는 것으로 보아 이를 삼위일체의 형식이라고 설명한다.[29] 이런 이유로 업보의 길, 지혜의 길, 신애의 길을 삼위일체의 초월적인 하나님, 아들, 성령에 상응하는 것으로 무리하게 해석한다.[30]

셋째로 파니카에 의하면 삼위일체론적 직관은 모든 존재가 삼위일체적인 관계를 유지할 때 참다운 존재가 된다는 뜻이다. 참 인간이 되기 위해서도 인간만으로는 부족하고, 신과 우주가 있어야 한다는 것이다. 또한 참 신이 되기 위해서는 인간과 우주가 있어야 한다. 참 우주가 되기 위해서는 그 안에 신과 인간이 있어야 한다.[31] 이런 의미에서 전통적인 삼위일체론을 인간의 근본적인 속성으로 이해하였다.

> 인간은 삼위일체에 속한 불가사의한 존재입니다. 신이 인간이고, 인간이 신이기 때문입니다. 또 인간은 물질이고, 인간이란 물질은 지적이기 때문입니다. 신과 인간과 물질은 구분되어야 하지만, 그 셋을 분리해서 생각해서는 안 됩니다. 그것이 현실 세계를 분해하는 경향을 이겨내고 우리가 이루어야 할 마지막 단계입니다. 삼위일체는 종교적 속성이 아니라 인간의 근본적인 속성입니다.[32]

---

29 Bhagawan Sri, Sathya Sai Baba, "Karma Marga, Jnana Marga, Bhakthi Marga: All Lead To The Same Destination," *Summers In Brindavan, 1974,* 240-256.

30 R. Panikkar, *The Trinity and the Religious Experience of Man: Icon-person-mystery* (Nwe York: Orbis Book, 2009), 9-40

31 노영찬, "라이몬 파니카(1918-2010)의 우주론과 삼위일체적 사고 방식", *Korea-monitor*, 2011년 7월 1일.

32 C. von Barloewen/ 강주헌 역, 『휴머니스트를 위하여』 (서울: 사계절출판사,

이러한 우주신인론적 통찰은 모든 종교에서 지향하는 근본방향이지만 현상적으로는 다르게 나타날 수 있다. 기독교인들이 중재자로서의 그리스도를 강조하는 것과는 달리 힌두교인들은 영혼 존재를 강조하고 불교인들은 언표 불가능한 것을 내세우기 때문이다.[33]

2010), 24: 한숭홍, 『라이몬 파니카』, 97 재인용.

33 Raimon Panikkar, *Der unbekannte Christus im Hinduismus,* 45f., 54, 76: 김진, "라이문도 파니카와 우주신인론적 진리", 189.

Ⅳ. 우주신인론적 영성의 세 차원

파니카는 "우주신인론적 인식이란 존재를 삼등분三等分하는 것이 아니라 그 존재들이 지니고 있는 세 가지 차원의 핵심을 통찰하는 것이다"[34]라고 한 바 있다. 그는 우주신인론적 영성의 세 차원을 각각 다음과 같이 구체적으로 제시한다. 이를 통해 그가 통찰한 독특한 신관, 인간관, 자연관을 이해할 수 있다.

1. 신적 차원

파니카는 모든 존재가 초월성과 내재성과 무한계성을 가지고 있다는 점에서 신적인 차원을 지닌다고 주장한다.

> 모든 존재는 초월적이면서 동시에 내재적인 차원이다. 모든 존재는 만물을 초월한다. 한계가 없는 '그 자체'이다. 그리고 모든 존재는 무한히 내재적이다. 즉 소진되어버릴 수 없으며 헤아려질 수 없는 존재이다.[35]

34 R. Panikkar, "우주신인론적 직관", 127.
35 같은 글, 127.

모든 존재는 만물을 초월하면서 동시에 무한한 깊이의 차원이 잠재해 있으므로 현존하는 모든 존재에 한계를 설정하는 것은 곧 그것을 파괴하는 것이 된다. 그는 "이러한 모든 것—초월적이고 내재적이며 한계지을 수 없는 것을 신적 차원이라고 부른다."[36] 신은 초월적이고 내재적이다. 그리고 한계 지을 수 없는 존재이다. 이러한 신관에 따라 인간관과 우주관도 달라질 수밖에 없다.

> 신은 인간만의 신이 아니라 세상을 위한 신이기도 하다. 우주적이지 않거나 우주적인 기능을 하지 않는 신이란 결코 신이 아니라 단지 유령일 따름이다. 신은 인간을 위하듯이 세상을 위해서도 동일한 차원으로 존재한다. 인간뿐만 아니라 우주도 미완성이고 미완료이고 무한하다. 우주는 고립된 물질이 아니라 에너지이다. 즉 살아 있으며 움직이고 팽창한다.[37]

신은 단순히 인간의 신만이 아니고 세계의 신이기도 하다. 파니카의 신 개념은 단순한 일원론, 원자론, 이신론理神論, 의인擬人신론과는 전적으로 다른 것이다. 신적 차원은 전통 신학의 초월론적 유신론 모델과도 첨예하게 구별된다.[38] 그가 이해하는 신은 초기의 칼 바르트가 강조한 것처럼 피조물과 무한한 질적 차이가 드러나는 '절대초월'로서의 '절대 타자'가 아니다. 파니카에 의하면 "신은 최고의 유일

---

36 같은 글, 128.

37 같은 글, 129.

38 김경재, "파나카의 우주신인론적 체험과 최재우의 시천주 체험의 비교연구", 「한국기독교신학논총」 15집 (1993), 459.

한 '나'이며, 우리는 하나님의 '너'이다."[39] 그는 이러한 관계가 인격적이고 삼위일체적이며 비이원론적이라고 한다. 그리고 실재를 실재이게 하는 '신적인 것'(the divine)이란 반드시 그리스도교적인 창조주 하나님일 필요는 없다고 보았다. 파니카에 의하면 '신적인 것'이란 모든 진정한 실재의 중심 속에 현전하는 무한한 무궁성, 그 신비한 깊이, 자기 초월적인 초월성, 자유, 일체의 규정을 거부하는 비규정적 개방성과 창발성, 새로움을 가능하게 하는 계기, 존재자들을 구체적 존재자로 드러나게 하는 구체성의 원리 등을 의미한다.[40]

2. 인간적 차원

인간은 개인이 아니라 인격이며, 모든 실존은 의식과 연결되어 있어 사유를 통해 앎으로 나아간다. 파니카에 의하면 각각의 존재자들은 의식의 영역 안에서 움직이고, 이것은 자연스럽게 인간의 의식과 연결된다. 이러한 의식의 차원이 바로 인간적 차원이다.

> 모든 실재의 장場들이 인간 안에서 '인간화'되어서 살아 있는 것이다. 이처럼 투명한 속성을 가진 의식은 의식을 알고 있는 주체인 사람뿐 아니라 그 대상 속에서도 존재한다. 우리는 그것을 의식의 차원이라고 부른다. 그러나 그것은 인간을 통해서, 인간 속에 나타나기 때문에 인간적 차원이라고 불리울 수 있다.[41]

---

39 김진, "라이문도 파니카와 우주신인론적 진리", 201.
40 김경재, "파니카의 우주신인론적 체험과 최재우의 시천주 체험의 비교 연구", 457.
41 R. Panikkar, "우주신인론적 직관", 130.

인간은 의식을 통하여 신이나 세계와 온전한 관계를 갖게 된다. 그러므로 의식은 인간 주체뿐 아니라 인간 외부에 존재하는 객체 속에도 존재한다. 인간 속에서, 사물과 세계 속에서 그리고 동시에 신과의 관계 속에서 존재하는 의식은 실재를 인식할 수 있다. 그러므로 고립된 개인은 생각할 수 없으며 생존할 수도 없다. 인간은 위로는 하늘과 아래로는 땅과, 자기 동료들과 함께 있을 때에만 참된 가치를 발하게 된다. 우주신인론적 통찰은 하나님과 세상 없이는 인간도 없으며, 모든 참된 존재는 의식과 연결되어 있다는 사실을 밝혀준다. 그러므로 신 · 인간 · 우주는 각각 분리된 초점을 가지고 있는 것이 아니라, 세 개의 차원에 공통되는 하나의 초점을 가지고 있는 것이다.[42] 파니카는 인간이란 개인이 아니라 인격이기 때문에 '나(I) – 너(Thou) – 그것(It)' 사이의 '관계' 덩어리인 인격이 인간에게 가장 근본적이라고 하였다.[43]

3. 우주적 차원

파니카는 우주적 차원이 다른 두 차원 즉 신적 차원과 인간적 차원의 부록이 아니라 "두 차원과 마찬가지로 실재의 본질적 차원"이라고 하였다. 신이나 인간 없이는 세계도 없기 때문이다.

> 모든 존재는 결국 세계 안에서 발견되며 그 세계성을 공유한다. 세계와 일단 관련됨 없이 인간의 의식 안에 들어오는 것은 없다. … 아무

---

42 R. Panikkar, *Der Dreiklang der Wirklichkeit*, 98; 김진, "라이문도 파니카와 우주신인론적 진리", 204.

43 R. Panikkar, "대화적 대화(The Dialogical Dialogue)", 259.

리 세속성을 초월하거나 세속성과 상관없는 것이라 해도 일단 세속성을 언급하고 시작하는 한 그것은 세속적인 면을 가지고 있는 것이다. 그러면 하나님이라는 존재가 세상적이라고 말하며, 자연과 문화의 차이를 없애고 있는 것인가? 아니다. 나는 이러한 구별을 없애려는 것이 아니다. 나는 단지 세상 없이는 진정한 신이 없다는 것을 말하려는 것뿐이다.[44]

우주는 단순한 물질이거나 전환 가능한 에너지가 아니다. 우주에는 인간과 마찬가지로 생명이 있으며 신적 역동성이 분배되어 있다. 세계와 나는 다르지만 그 둘은 궁극적으로 분리된 실체가 아니다. 이처럼 우주적 차원은 모든 존재가 세계 속에 있으며, 세계와 관계를 갖고 있지 않은 존재는 없다는 사실을 드러낸다. 이는 신의 존재가 세속적이라는 것을 뜻하지 않는다. 세계가 존재하지 않는다면 그리고 인간의 의식이 존재하지 않는다면, 진정한 의미에서의 신도 존재할 수 없다는 것을 말하는 것이다. 세계가 없는 신은 실재적인 신이 아니며 또한 존재할 수도 없다는 사실을 의미한다. 신적 차원이나 인간적 차원이 없는 물질이나 에너지나 시공의 세계는 없는 것이나 같다. 마찬가지로 신은 물질, 시간과 공간, 몸 등이 없이는 존재하지 않는다. 그런 의미에서 신도 우리 인간과 같이 하나의 몸을 가지고 있다.

파니카에 의하면 신과 인간뿐 아니라 우주 역시 아직 목적에 도달하지 않았으며, 완성되지 않았으며, 종국에 이르지 않았다(un-endlich). 우주는 기계적으로 확장되는 것이 아니라 자발적으로 전개되

44 R. Panikkar, "우주신인론적 직관", 131,

며, 그것은 언제나 새로운 우주로 발전되고 움직이며 성장한다.[45]

신적 차원 역시 우주적 차원 없이는 존재할 수 없다. 따라서 파니카는 영지주의의 영육이원론을 거부한다. 영지주의자들은 세계와 실재를 부정하고 신과 영혼으로 환원하고자 시도하였다. 영혼의 구제가 인간과 우주의 정신적·영적인 부분을 강조하는 것만으로 성취될 수 있다고 믿었다. 물질을 과소평가하는 것은 결국 세계를 전적으로 배제하는 것이 되므로, 그들에게는 "새 하늘과 새 땅"이 들어설 자리가 존재하지 않게 되기 때문이다.[46]

파니카에 의하면 '육신이 없는 영혼'(disembodied soul)이나, '탈육화적인 신'(disincarnated God)을 생각할 수 없듯이, 신적이고 의식적 차원을 지니지 않는 '시공세계'(spatio-temporal world)도 존재하는 것이 아니다.[47]

45 R. Panikkar, *Der Dreiklang der Wirklichkeit,* 98f: 김진, "라이문도 파니카와 우주신인론적 진리", 204.

46 김진, "다석의 종교다원주의와 파니카의 우주신인론, 「철학논총」 52 (2008), 124.

47 R. Panikkar, *Der Dreiklang der Wirklichkeit,* 87: 김진, "라이문도 파니카와 우주신인론적 진리", 202.

V. 우주신인론적 영성의 세 차원의 삼중적 관계

"신적이고 우주적이며 인간적인 것은 모든 실재를 구성하고 있는 세 가지 차원"이라는 것이 이른바 파니카가 거듭 주장하는 우주신인론적 원리이다.[48] 이 세 차원은 각기 고립되지 않은 채 서로서로 침투한다. 신적인 것(Theos)과 하나님의 영(Spiritus Dei), 인간적인 것(Anthropos)과 인간의 생명(Vita Hominis) 그리고 우주적인 것(Kosmos)과 땅의 생기(Anima Mundi)는 그것이 실재하는 한 필연적으로 '삼중적 삼중관계'를 이루고 있는 세 가지 차원들이다.[49]

> 땅은 살아있으며, 어머니이다. 그리고 이 세계의 도처에는 신들로 가득 차 있다. 하늘과 땅의 합일은 세계의 모든 피조물을 만든다. 전체 우주는 그 생명력이 전 우주로 확장되는 신적인 생명의 창조이자 후예이다. 생명은 인간에게만 있는 것이 아니며, 인간은 우주의 생명을 나누고 있다. 그러므로 분명히 인간이 없는 세상은 없으며, 세상이 없는 인간도 존재하지 않는다. 신은 인간의 신만이 아니라 세계의 신이기도 하다. 신과 세계가 없다면 인간 역시 존재할 수 없다.[50]

---

48 김진, "라이문도 파니카와 우주신인론적 진리", 200.

49 김진, "다석(多夕)의 종교다원주의와 파니카의 우주신인론", 109

50 Raimon Panikkar, *Aspekte einer kosmotheandrischen Spritualität: Anima*

각 차원은 다른 두 차원을 전제로 존재 가능하다. 다시 말하면 인간적인 지평과 우주적 지평이 없는 신적인 지평, 혹은 인간적인 지평이나 신적인 지평이 배제된 우주적 지평, 나아가서 신적인 지평과 우주적 지평이 없는 인간적인 지평은 존재할 수 없다.

따라서 파니카는 실재를 구성하는 세 차원은 서로 고립될 수 없는 삼중적 관계(dreifaeltige Relation)가 필수적이라는 사실을 거듭 강조한다.[51]

> 이 실재의 세 차원들은 전혀 차이가 없는 실재의 세 가지 존재 상태도 아니고, 다원적 체계의 세 원소도 아니라는 것이다. 이것은 오히려 실재의 궁극적 구성을 나타내는, 그러나 필요불가결한 일종의 삼중관계이다. 존재하는 모든 것, 각각의 실재의 본질은 세 차원으로 표출되어 이 삼위일체 구성을 연출한다.[52]

이 세 차원은 동시에 있으며, 서로 연관되어 있지만, 존재론적 선재성들이 존재하는 방식처럼 위계적으로 배열될 수도 있고 서로 대등하게 배치될 수도 있다. 하지만 이들은 서로 고립되어 존재할 수 없다. 그렇게 하는 것은 이 셋의 연관성을 끊는 것이기 때문이다.[53]

Mundi - Vita Hominis - Spiritus Dei, Der Dreiklang der Wirklichkeit (Salzburg, 1995), 169: 김진, "다석(多夕)의 종교다원주의와 파니카의 우주신인론", 109

51 R. Panikkar, "The Cosmotheandric Intuition", *Jeevadhara* 14 (1984), 28; 김진 편저, 『피할 수 없는 만남, 종교 간의 대화 - 파니카의 종교신학』, 138.

52 R. Panikkar, *Gott, Mensch und Welt,* 77: 한숭홍, 『라이몬 파니카』, 77 재인용.

53 R. Panikkar, *Gott, Mensch und Welt,* 101: 한숭홍, 『라이몬 파니카』, 78 재인용.

파니카가 말하는 차원(Dimension)은 실재 세계의 다양한 변화 및 상호연관 구조를 드러내고 있다. 이를 통하여 그는 고립된 일원론적 우주관이나 상호소통이 불가능한 이원론적 세계관을 동시에 극복하고자 하였다.[54] 그는 실재를 삼중적 차원(dreifältige Dimension)의 관계성으로 파악할 경우에만 모든 영역의 총체적 진상에 다가설 수 있다고 여겼다. 이를 위해서는 다음의 세 가지 인식론적 전제가 요청된다.

첫째, 실재의 철저한 상대성(Relativität)을 인정해야만 한다. 이 상대성은 상대주의(Relativismus)와는 구별되는 개념이다. 파니카가 말하는 상대성이란 '실재의 영역 안에서의 상호교통의 순환의 개방성'을 의미한다. 한 마디로 그에게 있어서 종교란 상대적이고 상관적이고 다원적일 뿐 결코 절대적인 것이 아니었다.

둘째, 인식의 비(非, nicht)개체적인 측면과 초(超, über)개체적인 주체들의 경험이 이 우주신인론 형성의 출발점이다. 우리의 지식은 객체적인 대상에 대한 상호작용에서뿐 아니라, 주체와 주체 사이의 관계 속에서 발생한다. 따라서 전체와 개체의 상호 본질적인 연관성을 인정할 때 비로소 이 우주신인론적 관점이 형성된다.

셋째, 신과 인간과의 관계 속에 있는 역설에 대한 인식이다. 즉, 유한한 인간이 무한한 신과 연합될 수 있는 가능성을 가지고 있다는 사실을 인정해야 한다.[55]

지금까지의 세계문명사는 인간중심적, 우주중심적, 신중심적 관

54 R. Panikkar, *Der Dreiklang der Wirklichkeit,* 95: 김진, "라이문도 파니카와 우주신인론적 진리", 200.

55 김진 편저, 『피할 수 없는 만남, 종교 간의 대화 - 파니카의 종교신학』, 140.

점이 이동하는 차원에 머물렀다. 그러나 우주신인론적 통찰은 어떤 중심도 갖지 않으며, 서로 대등하고 상호연관된 방식으로 존재한다는 사실을 중시한다. 그러므로 실재를 이원적으로 파악하지 않고 총체적으로 바라보게 한다. 인간은 물질이나 신적 운명에 제약되는 것이 아니라, 신적 경험과의 일치 그리고 우주와의 개방적 연대를 바탕으로 새로운 삶을 열어갈 수 있는 것이다.

우주신인론적 영성은 기독교에서처럼 초월자에 대한 일방적 의존에서 비롯되는 것이 아니다. 그것은 인간의 세계 밖에 존재하는 절대 타자에 대한 의존감정이 아니라 인간 지평 속에 내재하는 신적 차원과의 내적 합일이며, 따라서 타율에 의하여 성취되는 것이 아니라 존재의 심연으로부터 자연스럽게 성취된다.

우주신인론적 영성은 더 이상 개인주의적 차원에 머무르지 않는다. 유럽인들이 생각하는 것처럼 '개인주의적 영혼individualitische Seele'은 존재하지 않는다. "우리 모두는 서로서로 연결되어 있고, 이 입장에서 구원은 전 우주와 관련되어 있다는 사실을 통해서만 도달할 수 있다."[56] 공동체적 영성은 인간과 인간의 관계 속에서 발현되는 영성으로서, 인간의 신적이고 우주적인 차원이 서로의 삶의 만남을 통해 영성으로 폭발될 때 형성되는 것이다.

우주신인론적 영성은 우주와 인간의 비이원론적 관계 속에서 전 우주적 구원을 추구하며, 따라서 미래만을 지향하는 것이 아니라 과거와 현재 그리고 미래 모두를 포함하는 전 존재적 차원을 지향한다. 그리하여 우주신인론적 영성은 물질과 영혼, 초월과 내재, 성과 속,

---

56 R. Panikkar, *Der Dreiklang der Wirklichkeit,* 187: 김진, "라이문도 파니카와 우주신인론적 진리", 198.

외부와 내부, 시간과 영원 사이에 존재하는 모든 간극을 해소할 수 있는 능동적이고 실천적인 힘을 가지고 있다.

파니카는 바로 이 같은 우주신인론적 직관을 통하여 인간의 초월적인 경향성과 우주의 무한한 창조적 생산 능력과 신의 인격화를 설명하였던 것이다. 따라서 그리스도 안에서는 실재의 세 차원이 역동적으로 상호작용하는 지평과 만나게 된다. 그리스도 안에서 신적인 것은 인간과 우주를 품고 있으며, 인간은 신과 우주를 품고 있고, 우주 역시 신과 인간을 품고 있는 것이다. 그 세 가지 차원이 하나로 통합되는 지평이 다름 아닌 그리스도이다. 우주신인론적 그리스도야말로 진정한 의미에서의 종교 간의 대화가 성립할 수 있는 근거라는 것이다.[57]

57 김진, "라이문도 파니카와 우주신인론적 진리", 205.

VI. 파니카의 우주신인론과 천지인신학

한국의 몇몇 신학자들이 파니카의 우주신인론적 신학을 소개하면서 삼태극적 삼재론과 관련하여 설명하였다. 김경재는 파니카의 우주 신인론적 체험과 최재우의 시천주 체험의 비교 연구하였는데 양자의 공통점으로 네 가지를 제시한 바 있다. 그중에 주목해야 할 것은 파니카와 최재우가 절대자로서 궁극적 실재와 우주 자연을 통전시키되 그 매개고리로서 인간의 의식 및 역할을 매우 중요시하는 '삼태극적 사유구조'라고 하였다.

> 그들의 실재관은 그러므로 이원론二原論, Dualism적이라기보다는 불이론不二論, Advaita적이요 양극적 사유 구조(dipolar structure of thought)라기보다는 삼태극적 사고 구조(bipolar structure of thought)를 지니되, 실재를 구성하는 세 가지 차원의 실재들이 각각 불상잡不相雜, 불상리不相離하면서 상호 의존, 상혼 침투, 상호 순환, 상호 인대相互 因待, 상호 충만하는 관계라는 것이다.[58]

김경재는 파니카의 삼위일체론적 구조론은 동양에서 말하는 삼

58 김경재, "파니카의 우주 신인론적 체험과 최재우의 시천주 체험의 비교 연구", 445-456.

태극적 구조론와 유사하다고 주장한다. 천지인 삼재의 역동적 관계 구조, 법신·응신·보신의 불교 삼신불三身佛 사상, 혜계정慧戒靜 등 삼학三學, 태극 이기太極 理氣라는 신유학의 우주론, 믿음·소망·사랑이라는 기독교 신앙의 삼덕목 등은 모두 실재가 본질적으로 지닌 삼위일체론적 존재 구조의 표현이라고 본 것이다. 파니카는 "존재의 삼위일체론적 구조를 강조하는 것은 실재에 대한 일원론적 이해나 이원론적 대립 구조를 극복"하기 위함이라고 하였다.[59]

김진은 다석 유영모의 사상에서도 우주신인론적 영성이 추구된다고 보았다. 유영모의 출발점은 "하늘과 땅과 나, 즉 천지인 삼재天地人三才가 나란히 생겨나므로 나와 만물이 일체라는 사상을 담고 있는 장자의 제물론齊物論이다"라고 하였다.[60] 유영모는 "님一하나二둘三셈이옵기"(「다석일지」 1962.08.02)라고 한 바 있다. 그는 인생을 포함한 모든 존재는 하나님으로부터 와서, 하나님을 이고 살다가, 하나님에게 돌아간다고 하였다.

> 하늘과 땅과 나, 천지인 삼재天地人三才는 본시 같은 데서 생겨났으며, 따라서 나와 만물과 하늘은 일체一体인 것이다. 하나의 종자種子에서 우주宇宙가 나오고, 하늘과 내가 존재하게 된 것이다. 이는 다석이 파니카에 앞서서 이미 우주신인론적 시각으로 존재를 파악했다는 결정적인 근거가 된다. 말씀이나 씨로부터 나온 우주 만물은 신비 그 자체이다. 이러한 생각은 다석의 기독교 해석에 그대로 적용되고 있다.[61]

59 같은 글, 452.

60 같은 글, 110.

61 김진, "다석의 종교다원주의와 파니카의 우주신인론", 110.

1. 파니카의 불이론과 원효의 불이론 및 해월의 삼경론

파니카의 불이론과 우주신론적인 신학은 한국종교사상에 나타나는 원효의 불이론과 해월 최시형의 삼경론과 비교할 수 있는 점이 많은 것으로 여겨진다.

불교의 불이론은 1-2세기경의 저술로 추정되는 대승불교의 경전인 『유마경』의 '둘 아닌 진리에 들어가는 품'(入不二法門品)에서 더욱 심도 있게 다루어졌다.

> '둘 아닌 진리에 들어간다'는 말의 의미를 말해 보라는 유마힐 거사의 요구에, 생과 멸을 둘로 보지 않는 것(법자재보살), 아我와 아소我所를 둘로 나누지 않는 것(덕수보살), 더러움과 깨끗함을 둘로 분별하지 않는 것(덕정보살) 등 여러 보살들의 대답이 이어지고 난 후, 문수사리보살은 '모든 언어적 문답을 여는 것'이 '둘 아닌 진리에 들어가는 것'으로 생각한다고 하면서 유마힐 거사의 견해는 어떠한지를 묻는다. 이에 대해 유마힐은 묵묵히 아무 말도 안 하는 것으로 응답하였고, 이러한 유마힐의 '말없는 대답'이야말로 진정 '둘 아닌 법문'에 들어가는 것이라는 문수사리보살의 찬탄이 이어진다.[62]

이러한 불이 사상과 논리를 가장 적극적으로 전개하고 실천한 이는 원효이다. 그는 불이의 존재론과 불이의 실천론을 펼쳤다. 먼저 존재론적으로 유와 무, 진과 속, 생멸과 진멸이 '둘이 아니면서 하나이

---

62 『유마경』「입불이법문품」, 신수대장경 14권, 550중-551하: 박태원, "원효의 불이(不二) 사상", 「철학논총」 제46집 (2006), 156.

고, 하나가 아니면서 둘을 융합한 것이고, 둘을 융합하였으면서도 하나가 아니라'고 하였다.

> 저 일심의 근원은 유와 무를 떠나서 홀로 맑으며, 삼공三空의 바다는 진眞과 속俗을 융합하여 깊고 고요하다. 깊고 고요하게 둘을 융합하였으나 하나가 아니며, 홀로 맑아서 양변을 떠나 있으나 중간도 아니다. 중간이 아니면서 양변을 떠났으므로 유가 아닌 법이 무에 나아가 머물지 아니하며, 무가 아닌 상相이 유에 나아가 머물지 아니한다. 하나가 아니면서 둘을 융합하였으므로 진이 아닌 사事가 애초에 속이 된 적이 없으며, 속이 아닌 이理가 애초에 진 된 적이 없다. 둘을 융합하였으면서도 하나가 아니기 때문에 진과 속의 자성이 세워지지 않는 것이 없고, 염染과 정淨의 상相이 갖추어지지 않는 것이 없으며, 양변을 떠났으면서도 중간이 아니기 때문에 유와 무의 법이 만들어지지 않는 바가 없고, 옳고 그름의 뜻이 두루 하지 아니함이 없다. 이와 같이 깨뜨림이 없되 깨뜨리지 않음이 없으며, 세움이 없되 세우지 않음이 없으니, 가히 이치가 없는 지극한 이치요 그렇지 않으면서도 크게 그러한 것이라 할 수 있다. 이것이 이 경의 대의大意이다.[63]

원효는 불교의 실천론인 보살행도 불이론으로 설명한다. 세속(俗)과 세속의 초월(眞)을 '둘이 아닌 것'으로 보아, 중생 구제의 염원(願)과 실천(行)도 '둘 아닌 것'이라 하였다.[64]

불이란 둘이 둘이면서 하나라는 역설적인 의미이다. 나와 네가

---

63 『금강삼매경론』 한불, 1-605 중: 박태원, "원효의 불이(不二) 사상", 158.

64 『금강삼매경론』 무상법품, 659상-중: 박태원, "원효의 불이(不二) 사상", 166.

양산 통도사 불이문

둘이 아니요, 생과 사가 둘이 아니며, 부처와 중생, 생사와 열반, 번뇌와 보리, 세간과 출세 간, 선과 악, 색과 공, 만남과 이별 역시 그 근원은 모두 하나이며, 모든 상대적인 것이 둘이 아님을 천명한 것이다. 그 근거는 법계의 실상이 항상 여여평등하다는 데 있다.[65]

원효의 불이론은 한국의 화엄불교 전통으로 이어져 고찰의 불이문으로 표상되었다. 불이문은 절로 들어가는 삼문三門 중 절의 본전에 이르는 마지막 문이다. 양산 통도사(646년 창건)를 비롯한 무수한 사찰에 불이문不二門을 세운 이유는 이곳을 통과해야만 진리의 세계인 불국토에 들어갈 수 있음을 상징적으로 보여주기 위해서였다. 통도사의 불이문은 1305년 고려 충렬왕 때 창건된 후 조선 중기 이후에 중수된 것으로 보인다. 정면 3칸, 측면 2칸으로 다포식 팔작집이다. 판문에는 태극문양을 그려넣었다. 태극문양이야말로 존재론적으로나 생성론적으로 '둘이 둘이면서 하나'라는 사상을 가장 잘 드려내는 상징이기 때문일 것이다. 그리고 양산 통도사는 이태극 및 삼태극문

65 "불이문(不二門)", 「네이버 지식백과」 (한국민족문화대백과, 한국학중앙연구원).

양이 가장 많이 그려져 있는 사찰 중 하나이다. 불이문이란 현판 아래에 불교의 종가라는 뜻의 '원종제일대가람源宗第一大伽藍'이란 글귀가 적혀 있다.

김경재는 해월 최시형의 삼경사상三敬思想이 "현대 가톨릭 영성신학자 라이몬드 파니카의 '우주신인론적 영성체험'(Experience of the Cosmotheandric Spirituality)을 앞당겨 말"한 것이라고 언급한 바 있다.[66] 동학의 2대 교주 해월 최시형은 경천과 경인과 경물의 삼경은 삼중적 삼중관계에 있음을 자세히 설법한 바 있다.

> 사람이 혹 天을 敬할 줄은 알되 人을 敬할 줄은 알지 못하며 人을 敬할 줄은 알되 物을 敬할 줄은 알지 못하나니 物을 敬치 못하는 자 人을 敬한다 함이 아직 道에 達하지 못한 것이다.[67]

(1) 경천론은 하나님과의 관계에 대한 도리인데, 양천주養天主와 십무천十毋天으로 구체화되었음을 밝힌다. 전자는 내 속의 한울을 키우는 것이고, 후자는 내 속에 한울이 아닌 것을 배제하는 것이다. 전자는 적극적이고 긍정적인 경천의 실천이라면, 후자는 소극적이고 부정적인 의미의 경천의 실천 강목이다.

(2) 경인론은 나와 나 자신과의 관계의 원리인 '아심아경 향아설위我心我敬 向我設位'와 부부관계의 원리인 '부부화순夫婦和順' 그리고 대인관계의 척도인 '인오동포 사인여천人吾同胞 事人如天'으로 전개되었다.

---

66 김경재, "[13] 율곡(栗谷), 수운(水雲), 해월(海月)", http://soombat.org/publication/soul-truth/text/2-13.html.

67 이돈화, 『천도교창건사』(경성: 천도교 종리원, 1933), 18.

(3) 경물론은 만물이 한울이며 만사가 한울이라는 '물오동포 물물천 사사천'物吾同胞 物物天 事事天'의 가르침과 만물이 천이므로 '이천식천以天食天'하라는 가르침으로 이루어졌다.

경천, 경인 경물이라는 삼경의 상호 관계를 더 구체적으로 설명하면 천지인은 상호 '感應遂通감응수통의 순환적 관계'이며 '천지만불의 融和相通융화상통의 관계'인 것이다.

> 사람의 일동일정이 어찌 한울님의 시키는 바가 아니겠는가. 부지런하고 부지런하여 힘써 행하면 한울님이 감동하고 땅이 응하여 감히 통하게 되는 것은 한울님이 아니고 무엇이리오."[68]

> 고로 천은 인에 의하고 인은 食식에 의하니, 이 以天食天이천식천의 하에 立입한 吾人오인은 心告심고로써 천지만물의 融和相通융화상통을 得득함이 어찌 可가치 아니하랴.[69]

그리고 천도교의 경전 『삼일신고』에는 경천, 경인, 경물 이 셋의 관계를 더욱 심도 있게 해설한다. 이 셋이 하나라는 표현이 나오고, 셋이 하나 되는 이 전리야말로 가장 으뜸 되는 이치, 즉 대종지리大倧之理라고 한다.

> 하나를 잡으면 셋을 포함하고, 셋이 모이면 하나로 돌아 간다(執一含

---

68 『海月神師法說·道訣』 12. 人之一動一靜豈非天地之所使乎 孜孜力行則 天感地應 敢以遂通者非天而何 孰慮詳察焉.

69 『海月神師法說-其他』 8.

三 會三歸一)… 하나만 있고 셋이 없으면 이것은 쓰임이 없는 것이요, 셋만 있고 하나가 없으면 이것은 몸이 없는 것이다(有一無三 是無其用, 有三無一 是無其体). 그러므로 하나는 셋의 몸이 되고 셋은 하나 쓰임이 된다(故一位三体. 三位一用).[70]

파니카의 우주신론적 원리가 해월의 삼경론과 삼일신고에 더욱 정밀하게 서술되어 있음을 알 수 있다.

2. 파니카의 우주신인론적 영성과 천지인신학

해월의 삼경론은 아시아 신학으로서 파니카의 우주신인론적 영성과 신학적 대화가 구체적으로 가능한 한국신학적 주제라고 할 수 있다. 파니카의 우주신인론적 신학은 존재론적 불이론에 더 비중을 두었고 그리고 형이상학적 관점에서 자신의 독특한 신관, 인간관, 자연관을 제시하였다. 이에 반해 해월의 삼경론은 보다 실천적인 관계로서 경천, 경인, 경물의 삼중적 삼중관계를 강조하였다.

그러나 파니카의 우주신인론적 영성이나 최시형의 삼경론에 나타나는 천지인의 삼중적 삼중관계에 대한 이해에서 한 걸음 더 나아가 이를 사회적으로 제도화하는 문제는 간과하였다. 신관이 종교제도로, 인간관이 정치제도로, 자연관이 경제제도로 제도화되고 역사적으로 적용되어 전개된 사항들로 보충되어야 할 것이다. 이스라엘 계약동동체의 종교제도, 정치제도, 경제제도는 천지인조화론의 제

70 임승국 역주, 『환단고기』 (서울: 정신세계사, 1987), 235-236.

도적 구현과 역사적 실천의 앞선 사례라는 것을 고찰할 필요가 있다.[71]

파니카의 우주신인론적 원리는 서양의 이원론을 극복하기 위해 힌두교의 불이론不二論을 삼위일체의 원리로 동일시하였다. 그의 우주신인론적 원리는 '자연 - 신 - 인간'의 순서로 전개되었다. 그러나 천지인신학에서는 자연의 정점을 인간으로 보는 서양 신학의 오랜 전통인 '신 – 인간 - 자연'의 순서를 따르지 않고, 인간도 자연의 일부라는 동양적 자연관에 따라 '신 – 자연 - 인간'의 순서를 따른다.

아울러 천지인신학은 파니카의 우주신인론의 여러 약점을 보완하기 위해 한국문화의 구성원리인 천지인 조화론과의 대화를 통해 그 신학적 방법론과 해석학적 원리를 세우고, 신학적 타당성을 공고히 하려고 한다. 하나님, 땅, 인간이 성서의 주요한 주제라는 것을 밝혀 천지인신학의 성서적 기초를 제시한다. 그리고 신론(하나님의 형상론), 기독론, 구원론, 영성신학 등 기독교신학의 기본적인 주제들에 대한 천지인신학적 해석을 모색한다.

71 이에 대한 자세한 내용은 제3장 4절 "초기 이스라엘 계약공동체의 세 가지 상징의 천지인신학적 해석"을 참고할 것.

통일 이후의 통일신학의 과제
— 대한민국 임시정부의 좌우합작의 삼균제도와 이스라엘 계약공동체의 대안국가의 이상

I. 머리말

이명박·박근혜 정부는 북한의 붕괴를 전제로 한 독일식 흡수통일 정책을 제시하였기 때문에 남북관계는 극도로 경색되었다. 문재인 정부가 들어선 이후 세 차례의 남북정상회담과 두 차례의 북미정상회담을 통해 남북이 적대관계를 청산하고, 평화를 조성하려는 협상이 진행되었다. 흡수통일만 통일이라고 생각하는 사람들은 현 정부의 남북대화 주도에 불안해하고 있다. 문재인 정부가 나라를 통째로 북한에 넘겨주려는 것이 아닌지, 북한의 기획에 속아 남한이 북한에 흡수통일 되는 것이 아닌지, 우려하는 이들도 없지 않다.

해방 이후 북한은 적화통일을 내세웠고, 남한은 북진통일로 맞섰다. 1972년에 비로소 남북은 평화통일의 원칙을 합의한 7.4 공동성명을 발표하였다. 노태우 정부에 이르러 '민족공동체통일방안'(1989)으로 '남북교류→남북연합→완전통일'의 3단계 통일 방안이 정부의 공식적인 통일 정책으로 제시되었다. 이러한 3단계 통일 방안은 김영삼 정부를 통해 계승되었다. 김대중 대통령은 제1차 남북정상회담(2000.6.15.)을 통해 흡수통일을 하지 않겠다고 했으며, 3단계 통일 정책을 제시했다. 1단계로 적대관계 청산하고 종전을 선언한 후, 2단계로 평화선언을 통해 화해협력과 삼통三通, 즉 통행, 통상, 통신을 확대하고, 3단계로 2체제 1국가로 통일을 하자는 방안이었다. 물론 북한 정부와 남한 정부가 어떻게 구체적으로 중앙 연방 정부를 구성하느냐 하는 것은 어려운 난제일 것이다.[1]

구소련은 6.25 전쟁의 배후 세력이었지만 1990년 한러수교조약을 맺었고, 중국 역시 6.25 전쟁의 참전국으로 압록강까지 진군한 국군과 유엔군을 패퇴시킨 당사자였지만 1992년 한중 수교를 하였다. 이처럼 한때는 적성 국가였던 러시아와 중국과는 수교 이후 삼통이 활발하여졌다. 그러나 남북 관계는 이명박·박근혜 정부 동안에는 오히려 후퇴하였다.

남북 통일統一은 단순한 제도적 통합統合이 아니라 남북이 하나로 소통疏通하는 것이라는 뜻에서 '통일通一'이 되어야 한다.[2] 남북이 이념 · 사상· 체제의 장벽을 극복하고 통일을 이루기 위해서는 우선적으로 남북 간의 다방면의 실제적인 '소통'이 이루어질 수 있도록 구체적인 실천과제로서 '3통三通 확산'을 통한 '사회통합운동'을 전개해야 할 것이다. 금강산, 백두산 등 북한지역을 자유롭게 여행을 하고通行, 개성공단을 재개하고 남북한 상품을 서로 구매하고通商, 이산가족도 상시 만

1 허호익, 『통일을 위한 기독교 신학』 개정증보판 (서울: 동연, 2020), 234-242.

2 이재정, "남북 경제 합의 다 버렸다. 그게 무슨 실용이냐", 「경향신문」 2008.6.12.

나고 북한 주민과 편지와 전화도 주고받고 철도도 연결되면通信 반쯤은 통일이 된 것으로 보아야 할 것이다.

삼통이 확대되어 연방제 통일이 이루어지면 통일 한국은 어떤 나라가 되어야 할까? 이제부터라도 이에 대한 논의가 이루어져야 할 것이다. 70여 년간의 분단으로 생겨난 남·북한의 이질적인 체제로 인해 남·북이 지향하여야 할 통일한국의 이상에 대한 그림이 막연한 것으로 보인다. 그러나 앞길을 잃었거나 앞길이 막막할 때에는 원점으로 돌아가 다시 출발하는 것이 최선이다. 분단 이전인 1940년대에 독립운동에 헌신 한 지도자들이 좌우합작으로 마련한 대한민국임시정부의 강령에 나타난 삼균제도는 남북이 통합적 통일로 나아가기 위한 통일의 지침이 될 수 있을 것이다.[3]

그리고 이러한 삼균제도는 이집트에서 탈출한 초기 이스라엘 계약 공동체가 새로운 대안 국가를 세우기 위해서 도입한 종교제도, 정치제도, 경제제도와 상응하는 점들을 고찰함으로써 통일 이후의 통일신학의 실마리를 찾아보려고 한다.

II. 대한민국 임시정부의 건국강령과 좌우합작의 삼균제도

러일 전쟁(1895)에서 승리한 일본은 1905년 을사늑약을 채결한 후 철권통치를 강화하였다. 우리 민족은 마치 이집트에서 노예살이 하던 이스라엘 백성들처럼 일제에 의해 정치적 억압, 경제적 착취, 민족적 차별 그리고 종교적 박해를 당하였다. 이에 항거하여 여러 방

---

3 허호익, "4·19혁명과 이스라엘 및 대한민국의 건국이념", 한남대 기독교문화연구소 편, 『국가기념주일설교』 (서울: 한들출판사, 2009), 44-57.

식의 독립운동이 있었고 임시정부를 세우려는 시도가 있었다. 1919년 삼일운동 이후 임시정부 수립을 주도해온 단체들이 통합되어 대한민국임시정부가 수립되었다.

중일전쟁(1937)의 승기를 잡은 일본이 1939년 진주만을 급습하였고 미국을 상대로 태평양 전쟁을 일으켰다. 일부 국내외 지도층들은 일본의 막강한 군사력에 압도되어 일본으로부터의 독립은 불가능한 환상이라고 생각하고 친일로 돌아서기도 하였다. 이즈음 대한민국임시정부를 이끌었던 김구(1876-1949)와 조소앙(1887-1958) 등은 일본이 아무리 막강한 군사력을 가지고 있지만, 침략을 일삼는 나라는 언젠가는 패망할 수밖에 없다는 신념으로, 언젠가는 조국이 독립되고 새 나라를 건설하리라는 희망을 버리지 않았다.

그러나 해외 독립운동가들 사이에서 독립국가의 이상에 대한 좌우 이념논쟁으로 큰 갈등을 겪었다.[4] 다행히도 조소앙이 삼균주의를 주장함으로써 좌우합작의 가능성이 열렸다.[5] 삼균주의는 조소앙에 의해 1920년대 말에 기본 구상이 세워졌고, 1931년 임시정부의 '대외선언'에서 체계가 정립되었다. 1941년 10월 28일 대한민국 임시정부는 좌우합작의 이념적 통합을 실질적으로 보여주는 삼균제도에 입각한 '대한민국건국강령'을 제정 공포했다.[6] 총강 6조에 다음과 같

4 정학습, "일제하 해외 민족 운동의 좌우합작과 삼균주의", 「사회와 역사」 1 (1986), 161-203. 민족혁명당, 한국국민당, 한국독립당의 정책 노선과 삼균주의를 기초로 좌우합작 과정에 대한 연구 참고 할 것.

5 정영훈, "민족고유사상에서 도출된 통일민족주의 -삼균주의와 신민족주의를 중심으로-", 「단군학」 40 (2019), 145-155. 정영훈은 조소앙의 삼균주의가 민족 고유의 홍익인간사상·균평흥방론·삼일사상에 기초해 있다고 분석하였다.

6 한시준, "대한민국임시정부와 삼균주의", 「사학지」 9 (단국대학교, 2014), 209-318.

이 삼균제도의 이상이 잘 드러나 있다.

> 제6조 임시정부는 13년[1931년] 4월에 대외선언을 발표하고 삼균제도의 건국원칙을 천명하였으니, 이른바 '보통선거 제도'를 실시하여 정권을 균히 하고 국유제도를 채용하여 이권을 균히 하고 공비公費교육으로써 학권을 균히 하며, 국내외에 대하여 민족자결의 권리를 보장하여서 민족과 국가의 불평등을 혁제革除할지니. 이로써 국내에 실현하면 특권계급이 곧 소망消亡하고 소수민족의 침몰을 면하고, 정치와 경제와 교육의 권리를 헌지軒輊[7]가 없게하고 동족과 이족異族에 대하여 또한 이렇게 한다.[8]

이어서 "임시정부는 이상에 근거하여 혁명적 삼균제도로서 복국復國하고, 건국을 통하여 일관한 최고 공리인 정치, 경제, 교육의 균등과 독립, 민주, 균치의 삼종 방식을 동시에 실시할 것"(제7조)임을 만방에 천명하였다. 특히 제3장 건국 제2조는 삼균제도의 구체적 시행지침을 자세히 제시하고 있다.[9] 새로운 대한민국 건국의 이상으로 채택된 삼균제도의 이념은 '정치의 균등'(참정권), '경제의 균등'(수익권), '교육의 균등'(수학권)으로 구성되어 있다. "삼균제도라는 것은 정치적으로 인민이 균등히 참정권을 가지는 일이며, 경제적으로는 인민이 균등히 수익권을 가지는 일이며, 교육적으로는 인민이 균등

---

7 '헌지(軒輊)'는 수레가 앞이 높고 뒤가 낮은 것을 '헌(軒)'이라 하고, 앞이 낮고 뒤가 높은 것을 '지(輊)'라 하는데, 여기서는 고저와 우열을 비유하는 것이다.

8 신우철, "건국강령(1941.10.28) 연구 - '조소앙 헌법사상'의 헌법사적 의미를 되새기며", 「중앙법학」 10/1 (2008), 76-87.

9 같은 글, 76-87.

히 수학권을 가지는 일"이라고 하였다.[10] 그리고 삼균의 각 항목을 하나의 축으로 삼고 개인과 개인 사이의 평등, 민족과 민족 간의 평등, 국가와 국가 간의 균등을 다른 축으로 삼아 두 가지 이상의 차원에서의 삼균을 강조하였다. 즉, 정치·경제·교육에 있어서의 균권均權·균부均富·균학均學이라는 축과 인균人均·족균族均·국균國均이라는 축을 통합한 이중적 삼균사상이 반영된 것이 '대한민국건국강령'이었다.

'대한민국건국강령'은 삼균주의를 제도화하여 조선왕조의 봉건주의와 일제의 제국주의적 통치를 종식시키고, 동시에 독립운동 주체들이 좌우대립을 극복하려고 하였다. 다시 말하면 삼균제도는 봉건주의, 식민주의, 자본주의, 공산주의가 존재하는 국제사회에서 내부적으로 모든 특권을 없애고 한민족의 동질적 발전을 도모하고, 외적으로 한민족이 인류의 공헌체로 존재할 가치를 이론화한 것이었다.[11]

(1) 삼균제도는 일본제국의 식민지 통치와 달리 정치적 억압과 경제적 착취와 교육적 차별이 없는 그러한 새로운 나라를 건설하려는 더 높은 이상을 담은 것이었다. 조소앙이 삼균제도를 최초로 전면에 내세운 「한국독립당 근상近象」(1931)을 살펴보면, 일제식민지 지배로 인해 민족과 민족이 균등하지 못한 약소민족의 피압박과 피통치의 상황을 타개하기 위한 식민지 침탈의 종식과 민족독립의 이상을 담고 있었다.[12]

---

10 "대한민국건국강령", http://www.gcomin.co.kr/static/426/F425392.html.

11 정용대, "조소앙의 삼균주의와 민족통일노선", 「정신문화연구」 27/4 (2004. 12), 76.

12 조소앙은 1940년 민족주의자들의 단일정당조직으로 조선혁명당·한국독립당·한국국민당 등 3당을 한국독립당의 이름 아래 통합하여 집행위원장에 추대되었으며, 임시정부 국무회의의 주석으로 선출되었다.

독립당이 표방하는 주의는 과연 어떤 것인가. 그것은 개인과 개인(人與人), 민족과 민족(族與族), 국가와 국가(國與國)가 균등한 생활을 하게 하는 주의이다. … 무엇으로 민족과 민족이 균등을 이룰 것인가? 민족자결을 자타 민족에게 적용하여 소수민족과 약소민족이 피압박·피통치의 지위로 빠지지 않게 하는 것이다. 무엇으로 국가와 국가가 균등을 도모할 것인가? 식민정책과 자본제국주의를 무너뜨리고, 약소국을 겸병하거나 공격하는 전쟁행위를 근절시켜 모든 국가로 하여금 서로 간섭하거나 침탈할 수 없도록 함으로써 국제생활에 있어서 평등한 지위를 갖게 하는 것이다. 나아가 사해일가四海一家·세계일원世界一元을 궁극적인 목적으로 한다.[13]

1940년경에 발표된 「한국독립당 당의해석黨議解釋」에서는 일본의 제국주의적 지배에 대한 대안으로 "현 단계의 우리의 임무는 민족 전체가 단결하여 우리의 원수 일본을 우리 강토에서 내쫓고 우리 국토를 완전히 광복"[14]하는 것이라고 하였다.

한걸음 더 나아가서 삼균을 시행함에 있어 "동족과 이족異族"(제6조)의 차별이 없어야 하며, "모든 국가로 하여금 서로 간섭하거나 침탈할 수 없도록 함으로써 국제생활에 있어서 평등한 지위를 갖게 하는 것"을 천명하였다.[15]

---

13 조소앙, 『소앙집』(1932), 84-85; 강만길 편, 『한국근대사상가선집 6: 趙素昻』(서울: 한길사, 1982), 311-312.

14 강만길 편, 『한국근대사상가선집 6: 趙素昻』, 199-200.

15 그러나 2018년 국가인권정책의 방향 중 기본권의 주체를 '국민'에서 '사람'으로 개정하려는 것에 대해 한국교회교단장회의는 외국인보다 자국민의 기본권을 우선해야 한다고 반대 성명을 발표하였다. 70년 전 대한민국임시정부의 "인균人均·족균族

(2) 삼균제도는 자본주의 체제의 근본 모순을 지적하고, 그 대안으로써 계획경제와 경제적 균등을 주장하고 토지와 대생산기관의 국유화를 실천과제로 제시하였다. 「한국독립당 당의해석」에는 현재 자본주의 국가 내에는 두 가지 대모순이 있다고 했으니, 곧 '생산의 집체적 무정부 상태와 분배의 불합리·불균등성'이라고 하였다. 이러한 모순의 원인이 '생산과 분배의 불합리함'에 있으므로, 이를 제거하는 방법으로 '토지와 대생산기관을 국유로 하여 국민의 생활권을 균등'하게 할 것을 대안으로 주장하였다.

> 이와 같은 사회적 모순은 오직 경제상의 생산과 분배의 불합리함에 원인한 것이다. 불합리하다는 것은 경제생산성의 무계획성과 분배의 불균등을 의미하는 것이다. 본당은 이에 감鑑하여 인민생활과 국가존재의 기석基石인 경제제도를 합리화하기 위하여 생산의 국가 사회적 지도 및 계획조정과 분배의 민족적 합리성을 구하는 경제의 균등을 주장한다. … 간단히 말하며 그 요점은 토지와 대생산기관을 국유로 하여 국민의 생활권을 균등화함에 있다.[16]

(3) 삼균제도는 봉건주의와 사회주의처럼 양반이나 노동자 농민과 같은 특정 계급이 권력을 독점하는 비민주적인 제도에 대한 대안으로 정치권력의 균등을 제시하였다. 한국이 일본에 의해 침탈당한 원인은 복잡하지만, 중대한 원인은 "이조 500년을 통하여 존재하였던 소위 양반·당인 간의 정치적 불균등" 때문이라고 전제하고 '정치

均·국균國均"의 정신을 크게 벗어난 처사가 아닐 수 없다.

16 같은 책, 202-203.

균등'을 새로운 대안으로 제시한 것이다.

> 본당[한국독립당]은 이족異族의 손으로부터 우리의 정권을 완전히 광복한 후에는 어떠한 계급으로 하여금 정권을 전람專攬케 하려 하지 아니하고, 다시 말하면 이조시대의 양반과 같은 새 특권계층을 만들어 내지 아니하고 광복한 정권을 국민전체에게 돌리어 균등히 향유케 하려한다. … 사회주의 소련에서는 노농전정勞農專政을 실시하고 있다. 본당이 주장하는 정치적 균등은 어떠한 계급의 독재전정專政을 요구하지 아니하고 오직 진정한 전민적全民的 정치균등을 요구하는 것이다.[17]

그리고 사회주의 역시 소련의 경우처럼 노동자 농민을 중심으로 한 무산계급이 독재를 통해 정치적 균등을 저해하는 요소임을 분명히 지적하였다.

(4) 삼균제도는 당시의 독립운동 세력 사이의 좌우 대립을 극복하고 좌우합작을 모색하여 '서구적 민주주의와 사회적 시장경제'라는 '제3의 길'을 통한 새로운 대한민국을 건설하려고 한 것이었다.[18]

1920년대 후반부터 독립운동 진영은 중국의 장개석 정부와 협력한 우파와 모택동이나 소련과 협력한 좌파로 나누어져 있었다. 삼균제도는 좌우로 나눠진 독립운동 세력을 하나로 모으려는 대안으로

---

17 같은 책, 202.

18 주봉호, "조봉암과 진보당: 제3의 길", 「동아시아문화학회 2009년도 추계국제학술대회 자료집」, 501-509.

제시된 것이었다. 자본주의와 사회주의 각각의 단점을 극복하고 장점을 극대화하기 위한 대안으로 삼민주의를 제시한 것이었다. 서구식 자본주의의 경제적·교육적 불평등과 공산주의의 정치적인 반민주 독재에 대한 대안이 필요했기 때문이다. 조소앙은 정치적 평등의 주요 수단은 보통선거제를 통한 자유민주주의 방식을 제시하였고, 경제적 평등을 위해 '토지와 대생산기관의 국유제' 실시를 제안하였다.[19] 삼균제도는 일본제국주의의 식민지 지배를 종식하기 위해 일체의 계급과 당파를 떠나 "좌우익의 사상적 대립을 극복해 보고자 하는 시도"로 평가된다.[20]

(5) 조소앙의 삼균주의는 쑨원(孫文)의 민족·민주·민생의 삼민주의의 영향을 받은 것으로 보는 이들도 있지만,[21] '대한민국건국강령'을 총강 제2조에는 홍익인간과 이화세계라는 민족의 최고의 공리를 역사적으로 계승한 것이 삼균제도라는 것을 분명히 밝혔다.

> 제2조 우리나라의 건국정신은 삼균제도에 역사적 근거를 두고 있으니… 수미균평위首尾均平位라야 흥방보태평興邦保泰平하리라 하였다. 이는 사회 각층의 지력과 권력과 부력의 가짐을 고르게 하여 국가를 진

19 당시에는 좌우대립을 해소하기 위한 민족유일당운동이 전개되다가 좌절되어 가는 시기였다. 조소앙은 좌·우익의 극심한 대립상황을 겪으면서 중국 쑨원(孫文)의 삼민주의(三民主義)와 캉유웨이(康有爲)의 대동사상(大同思想)·무정부주의·사회주의 등 여러 사상들을 참고하여 좌우 절충적 정치사상을 제시함으로써 그 대립을 타개하고자 한 것이다.

20 정학습, "일제하 해외 민족 운동의 *左右* 합작과 三均主義", 159-203.

21 중화민국(1912) 헌법 제1조는 "중화민국은 삼민주의에 기초한 민유(民有), 민치(民治), 민향(民享)의 민주공화국이다"로 되어 있다.

홍하며 태평을 보전, 유지하려 함이니 홍익인간과 이화세계하자는 우리 민족의 지킬 바 최고의 공리이다.[22]

정영훈은 조소앙의 삼균주의가 민족 고유의 홍익인간사상·균평흥방론·삼일사상에 기초해 있다고 분석하였다.[23] 삼균주의를 주장한 조소앙은 1913년 상해에 망명한 이래 대종교인들과 깊이 교유하였으며, 「대동단결선언」(1917)과 「대한독립선언서」(1919)를 기초하기도 하였다. 젊은 시절부터 그는 국수보전론國粹保全論을 주창했다. 민족의 고유하고 순수한 정신이 보전되어야만 민족적 생존발전이 가능하다고 보았던 것이다. 그는 단군의 건국을 실재했던 역사적 사실로 여겼으며, 단군시대에 이미 영토·주권·어문·경제와 민족정기를 갖춘 독자적 민족으로 출발하였다고 주장하였다. 해방 후 환국해서는 '단군성적호유회聖蹟護維會'를 결성(1949)하여 단군의 유적을 보존하는 운동에 나서기도 하였다.[24]

조소앙은 고조선의 건국정신 역시 평등을 기조로 하였다고 보았다. 이에 대한 두 가지의 근거가 단군신화에 나오는 홍익인간론과 「신지비사」에 나오는 균평흥방론均平興邦論이라고 하였다.[25] 그는 '홍弘'이라는 한자어에는 '널리' 또는 '균등'이라는 뜻이며, '홍익인간'을 인간세상(국가)을 균등하게 운영하라는 의미로 이해하였다. 홍익인간은 '우

22 신우철, "건국강령(1941.10.28) 연구 – '조소앙 헌법사상'의 헌법사적 의미를 되새기며", 「중앙법학」 10/1 (2008), 76-87.

23 정영훈, "민족고유사상에서 도출된 통일민족주의 – 삼균주의와 신민족주의를 중심으로-", 145-155.

24 같은 글, 145-146.

25 같은 글, 147.

리 민족이 지킬 바 최고 공리'로서 세상을 균등하게 다스리라는 명제로 받아들였던 것이다.[26] 그는 「신지비사」에 나오는 '균평흥방론'은 서경, 중경, 남경 세 수도(三京)가 "저울의 머리와 꼬리처럼 수평을 이루어야" 한다는 뜻이며, 신분·계층·지역을 초월한 균등을 촉구한 것이라고 해석하였다.[27]

한편 정영훈은 조소앙의 정치·경제·교육의 삼균론의 연원은 대종교의 삼일사상이라고 한다. 대종교의 영향을 받은 안호상이 대종교에서 말하는 삼일신三一神 신앙 즉, 조화주·교화주·치화주를 이미 정치·교육·경제 영역으로 해석한 바 있으므로 그 영향을 받았을 것이라는 주장이다.[28]

해월 최시형이 우리 문화의 구성원리인 천지인 삼재론을 되살려 경천, 경물, 경인의 개인적 영성적 종교적 삶의 지표로 제시했다면, 대한민국 임시정부의 균권, 균부, 균학의 삼균제도는 천지인조화의 정신을 계승하여 이를 새로운 대한민국 정치, 경제, 교육 분야에서 제도적으로 시행하려고 했다는 점에서 높이 평가하여야 할 것이다.

III. 해방 직후 민족 통일 이상과 삼균제도

삼균제도에 입각한 건국강령은 해방 이후 자본주의 이념과 사회주의 이념의 대립으로 분단된 조국의 통일 이상으로 새롭게 제시되었다. 그러나 해방된 조국이 외세의 분점으로 인해 국토가 분단되고 대

26 같은 글, 145.

27 같은 글, 149-150.

28 같은 글, 150-152.

내적으로 좌우 대립의 이념적 갈등을 겪게 되었다. 조소앙은 반탁운동, 남한단독정부 반대운동, 남북협상운동 그리고 사회당 활동 및 국회의원 활동을 통해 대한민국 임시정부의 강령에 따라 독립된 조국에서도 좌우를 아우르는 삼균제도를 정착시키려고 노력하였다.[29]

조소앙은 "해방 1주년과 삼천만의 진로"(1946)라는 글에서 "국토의 통일로서 민족의 단결을 완성하게 될 것이며, 민족의 통일로 조국의 독립을 완성할 수 있을 것"이라고 주장하였다. 38선과 미군정으로 인해 국토의 통일도 민족의 독립도 이루지 못한 것이 '이중적 모순의 표현'이라고 하였다.[30]

조소앙은 '삼균주의 청년동맹선언'(1946.12)을 통해 "삼균주의에 근거한 청년 자결 노선을 밟아 좌·우익을 지양·통일하여 민족의 위기를 바로잡아 나가자"며 다음과 같이 다짐하였다.[31]

1. 반의타反依他 민족자결의 독립국가, 민주정부, 균등사회를 건설·보위하겠으며 과학적 노동문화勞農文化를 신 건설함에 분투하겠다.
2. 균학균교均學均教의 국비의무적 균학교육제 건설에 분투하면서 빈민학회貧民學會 조직을 통하여 무식한 노농청년을 유식하게 혁명하겠다.
3. 균선균치均選均治의 전민공화적 균권정치제 건설에 분투하면서 빈민연맹조직을 통하여 무력한 노동청년을 유력하게 혁명하겠다.
4. 균식균로均食均勞의 국유계획적 균부경제제 건설에 분투하면서 빈

---

29 강만길, "민족운동·삼균제도·조소앙", 『한국근대사상가선집 6: 趙素昂』, 326.
30 같은 책, 257.
31 정용대, "조소앙의 삼균주의와 민족통일노선", 88.

민조합 조직을 통하여 무산한 노농청년을 유산하게 혁명하겠다.

5. 인여인人如人, 족여족族如族, 국여국國如國이 균영호조均營互助할 수 있는 세계의 화평과 안전에 적극적으로 노력하겠다.[32]

1948년 3월 7일에 발표한 '삼균주의 학생동맹선언'에서도 비슷한 주장을 통해 "삼균주의를 통한 민족통일"을 염원하였다. 그리고 해방 후 미소 양군이 분점하고 있는 과도기에서 독립된 통일국가를 건설하는 노력으로 "양방의 내재적 모순, 즉 교육·정치·경제의 대립된 이념을 삼균주의로써 통일간계에 추진시켜서, 토지·인민·주권의 불가분의 원칙을 충실히 집행하여, 독립국가·민주정부·균등사회를 정식정권의 형태로 전변케 하는 방면으로 투쟁하여야 한다"[33]고 주장하였다.

1948년에 발표한 "남북협상 안에 대하여"라는 글에서 조소앙은 조국의 통일을 위하여 "내부의 대립을 해소함으로써 외부의 모순을 극복하여 영토불가분의 원칙과 민족과 주권의 비의타적인 독립운동을 철저히 집행"하자고 제안하였다. 따라서 남북이 통일되고 외세로부터 독립된 "신정부의 형식은 과학상 지력을 경제상 부력과 함께 각 층급에 골고루 배급주기 위하여 선결 문제로 정치상의 권력은 어느 한 계급에 독점되지 않고 공민 각개의 기본적 균형을 완성"하는 방안으로 추진되어야 한다고 주장하였다.[34]

"통일과업의 전망"이라는 글에서 "남북분열이 외군분점이란 외부

---

32 강만길 편, 『한국근대사상가선집 6: 趙素昻』, 243.

33 같은 책, 247.

34 조소앙, "남북협상안에 대하여", 「서울신문」 1948. 4. 20.

적 원인에서 개시되어 사상대립의 내부적 모순을 조장한 결과로 소위 양단 분열 형태를 3, 4년 계속하게 된 것"이라고 분석하였고, 삼균주의를 통해 사상적·이념적 대립을 극복하고 통일 방식에 대해서는 무력통일이나 의타적인 외교통일론이 아니라 남북의 모든 정당 사회단체들이 통합하는 자주적인 '화평통일론'을 주장하였다.[35]

조소앙은 1950년 5월 30일 선거에 출마하여 전국 최다득표로 국회의원에 당선되어 그의 삼균주의를 실현해 볼 기회를 가졌으나 6·25전쟁으로 그 뜻을 펴지도 못하고 9월에 납북되었다. 그는 납북 후에도 삼균주의에 입각한 민족통일을 위해 활동한 것으로 전해진다. 그는 북한 노동당 가입을 거부하고 안재홍과 함께 '재북평화통일촉진협의회'에 참가하여 민족통일을 위한 활동을 전개하였고 그 실현을 유언으로 당부하였다.[36]

조소앙의 삼균주의는 민족독립운동 전선뿐 아니라 해방 이후 좌우노선 대립을 지양하고 민족통일운동의 새로운 방향을 제시한 것으로 평가된다. 그는 노농독재정권과 자본가의 전횡을 모두 비판하고 민족 전체 구성원의 정치·경제·교육상의 균등을 실현하려고 하였던 것이다.[37] 자본주의와 사회주의 각각의 단점을 극복하고 장점을 극대화하기 위한 대안으로 삼균주의를 제시한 것이었다. 서구식 자본주의의 경제적 교육적 불평등과 공산주의의 정치적인 반민주 독재에 대한 대안이 필요했기 때문이었다. 정치적 평등의 주요수단으로 보통선거제를 통한 자유민주주의 방식을 제시하고, 경제적 평등을

35 강만길 편, 『한국근대사상가선집 6: 趙素昂』, 261-262.

36 정용대, "조소앙의 삼균주의와 민족통일노선", 91.

37 강만길, "민족운동·삼균주의·조소앙", 332.

이루기 위한 '토지 및 주요 산업의 국유제'의 실시를 제안하였다. 이처럼 자본주의와 사회주의의 이데올로기가 첨예하게 대립되어가는 세계정세를 간파하고 양 이데올로기를 수렴하는 새로운 대안으로서 삼균주의를 분단된 대한민국의 통일 지침으로 제시한 것이다.

해방 직후 국가형성 초기에 어떤 대안보다 치열하게 사회적 민주주의, 사회주의적 시장 경제, 평화통일을 결합하여 '제3의 길'을 모색한 죽산 조봉암(1898-1959)의 평화통일정책도 내용적으로는 조소앙의 삼균주의를 계승한 것이었다.[38] 조봉암은 1948년 농림부 장관으로 재임하면서 농지개혁을 주도하여 소수의 대지주들에게 집중된 농지들을 농민들에게 유상 분배하였다. 삼균제도의 균부를 실현하기 위한 것이었다. 농민이 아닌 자의 토지와 자경하지 않는 자의 토지와 3정보 이상 소유한 토지분에 대해서 지주에게 토지평가액의 1.5배에 상당하는 금액을 연간 30%씩 5년 분할상환하는 조건으로 유상몰수·유상분배한 것이다.[39] 토지개혁으로 조그만 땅뙈기를 갖게 된 수많은 자영 농민들의 자발적 중노동과 창의력 그리고 그 말릴 수 없는 교육열이 오늘날 대한민국의 자본주의 경제 발전의 기적을 만든 에너지의 원천이 되었다는 평가를 받고 있다. 북한은 1946년 3월 5일 토지개혁에 대한 법령을 공포하여 "무상몰수, 무상분배"하였으나 농민은 사실상 토지의 소유권토지의 소유권 아닌 경작권만 받았다. 이

---

38 박명림, "한국민주주의와 제3의 길: 민주주의, 사회적 시장경제, 그리고 평화통일의 결합 - 조봉암 사례연구", 『죽산 조봉암 전집 6』 (서울: 세명서관, 1999), 109-118; 주봉호, "조봉암과 진보당: 제3의 길", 501-509.

39 황한식, "미군정하 농업과 토지개혁정책", 『해방전후사의 인식 2』 (서울: 한길사, 1985); 장상환, "농지개혁에 관한 실증적 연구", 『해방전후사의 인식 2』 (서울: 한길사, 1985).

처럼 남북이 모두 경제적 균부를 토지개혁으로 시행한 것이었다.

IV. 초기 이스라엘 계약공동체의 건국 이상의 통일신학적 이해

출애굽기에 의하면 이집트에서 400여 년간 이스라엘 백성이 당한 노예생활의 정치적 억압, 강제노동으로 인한 경제적 착취, 산아 제한의 민족적 차별, 하나님께 드리는 제사조차 허용하지 않은 종교 말살의 암울한 상황에서 하나님은 그의 종 모세를 세워 이스라엘 백성들을 이집트에서 해방시켜 광야로 인도하도록 하셨다. 그리고 노예근성에 젖어 있는 이들을 광야에서 다 죽게 하시고 새로 태어난 신세대들로 하여금 가나안에 진입하여 이스라엘을 건국하게 하셨다.

하나님은 왜 이스라엘 백성을 이집트에서 탈출시켰을까? 이스라엘을 '제사장 나라로 삼아 그들을 거룩한 백성'(출 19:6)으로 삼기 위해서이다. 새 나라 새 백성을 건설하기 위해서인 것이다. 새 나라 새 백성이 되기 위해서는 그 당시 이스라엘 백성들이 노예살이를 했던 이집트는 물론이고 가나안에 거주하던 여섯 부족과 같은 나라가 되어서는 안 된다. 새 나라 새 백성이 되려면 적어도 세 가지 제도, 즉 종교제도, 정치제도, 경제제도가 다른 나라와는 혁명적으로 달라야 했다.

따라서 초기 이스라엘 계약공동체는 고대 근동의 다른 종교처럼 대성전이나 제사장 제도가 없었다. 광야 방랑 40년과 사사시대 200여 년 동안 그들의 종교적 표상은 이동식 천막인 성막聖幕에 집중되어 있었다. 구약성서에 의하면 성막에서 가장 중요한 장소인 지성소에 계약공동체의 가장 중요한 종교적 상징물 셋을 넣어두었는데, 십계명 두 돌판을 담은 언약궤(출 25:16)와 만나 항아리(출 16:33)와 아론의 싹난 지팡이(민 17:4)라고 한다. 히브리서도 이 사실을 증거한다(히 9:4).

성막 지성소에 세 가지 상징물을 두게 한 것은 종교사적으로 일대 혁명적인 사건이라고 할 수 있다. 당시의 다른 모든 종교의 성전에도 지성소가 있었지만 그 지성소에는 그들이 만든 신상神像을 두었다는 것과는 너무나 대조되기 때문이다. 성막 지성소의 이 세 가지 상징물은 이제까지 서양 신학자들이 별로 주목하지 않았지만, 이스라엘 초기 계약공동체가 지향하여야 할 종교적·정치적·경제적 이상을 의미한다.

(1) 첫 번째 상징은 십계명을 새긴 두 장의 돌판(언약의 돌판)을 넣은 법궤(민 10:33)이다. 십계명 두 돌판을 지성소에 둔 것은 이스라엘 백성들을 이집트의 노예생활에서 해방하여 주시고 그들을 하나님의 백성으로 삼아 주신 것에 감사하여 하나님의 계약의 말씀을 이스라엘 백성 모두에게 가르치고 목숨을 다해 지키도록 하기 위한 것이었다.

새 나라 새 백성은 우선 그들이 섬기는 신이 달라야 한다. 다른 나라에는 무수한 신들을 섬기지만 이스라엘은 오직 하나님만을 섬기는 나라, 종교제도가 혁명적으로 다른 나라를 만들어야 하는 것이다. 그래서 하나님은 이스라엘 백성과 친히 계약을 맺으시고 "나는 너희 하나님이 되고 너희는 내 백성이 되리라"고 하였다. 모세를 중재로 시내 산에서 계약을 맺고 그 계약 조문인 십계명을 두 돌판에 새겨 주시고 성막 지성소 언약궤 안에 보관하도록 하였다.

따라서 야웨종교는 율법의 종교라 할 수 있다. 가나안의 자연 종교와 달리 풍요와 다산을 기복하는 '제사 행위'보다 야웨의 사랑과 공의의 계약의 말씀을 가르치고 지키는 '순종의 행위'에 우선을 두었던 것이다. 사람과 하나님과의 올바른 관계를 말씀 중심의 종교제도로 확립한 것이다. 그래서 예언자들은 "순종이 제사보다 낫고 듣는 것이 수양의 기름 보다 낫다"(삼상 15:22)는 초기 이스라엘 종교제도의 이상을 제시한 것이다.

존 캅은 "야웨는 보여지는 분이 아니라, 들려지는 분"[40]이라고 하였다. 야웨가 시각적으로 보여지는 경우가 전무하며, 야웨를 보면 죽지만 그의 말씀을 듣고 순종하면 산다고 하였다. 신을 제사의 대상으로 보느냐 순종의 대상으로 믿느냐에 따라서 종교제도가 달라진다. 야웨와의 관계는 그의 명령과 약속에 복종하는 것으로 이루어진다. 가나안의 자연종교와 달리 신전 중심의 제사행위보다 야웨의 계약의 말씀을 지키는 것에 우선을 두었던 것이다. 순종이 제사보다 낫기 때문이다(삼상 15:22).

존 캅은 보여주는 종교로서 제사 종교와 들려주는 종교로서 말씀 종교를 각각 '눈의 종교'와 '귀의 종교'로 구분하였다.[41] 초기 이스라엘 계약공동체의 종교적 지향은 신전 중심의 제사가 아니고 말씀에 대한 순종이라는 계약종교의 이상을 담은 것이다. 자연종교에서처럼 신의 편애를 받는 특출한 개인이 신에게 순응하는 개인적 의존관계가 아니라, 이스라엘 백성과 후손 전체와의 공동체적인 계약관계인 것이다. 이처럼 이스라엘 백성은 하나님의 말씀을 가르치고 지키

---

40 J. Cobb/ 김상일 역, 『존재구조의 비교연구 - 과정 신학의 기독교 이해』 (서울: 전망사, 1980), 134.

41 같은 책, 134.

는 것을 중요하게 여겨 왔기 때문에 오늘날에 와서도 유대인들의 교육의 관한 열정과 방식이 특출한 것으로 평가받는 것이다.

시내산 계약은 하나님과의 조건적이며 쌍무적인 관계이다. 이스라엘이 하나님의 백성이 되었기 때문에 하나님의 백성답게 살아야 하는 의무가 주어진다. 많은 종주권 조약의 사례처럼 하나님이 이스라엘 백성을 이집트의 종살이에서 해방시켜 구원하여 주신 무한한 은혜가 베풀어졌기 때문에 그 은혜(Gabe)에 응답하기 위해서는 하나님의 주야로 묵상하고 자녀들에게 가르치며 준수하여야 할 과제(Auf-gabe)가 주어진 것이다.

(2) 둘째 상징은 아론의 싹이 난 지팡이이다(민 16:17–28). 이는 이스라엘은 하나님이 택한 모세와 아론 같은 종교적 지도자들에 의해 다스려지고 인도되어야 한다는 계약공동체의 신정정치의 이상을 드러낸 것이다. 이스라엘은 하나님이 택한 모세와 아론 같은 종교적 지도자들에 의해 다스려지고 인도되어야 한다는 계약공동체의 신정정치의 이상을 가지고 있었다. 다른 11지파도 하나님께서 모세와 아론의 레위 지파에게 제사장 직분을 주어 이스라엘의 백성 가운데서 하나님의 통치의 대리자로 삼은 것을 인정하여야 한다는 것이다. '하나님께서 세운 자가 백성을 섬기는 통치자'(왕상 12:7)가 되어야 한다는 정치적 이상을 담은 것이다.

초기 이스라엘 계약공동체가 가나안에 정착할 즈음에는 대체로 세 종류의 정치체제가 존재하고 있었다. 이집트와 메소포타미아의 절대군주제와 가나안 도시국가의 봉건군주제와 블레셋과 같은 군사독재 체제이다. 제사장 나라의 거룩한 백성이 되려면 종교제도뿐 아니라 정치제도도 달라야 한다. 당시의 평균적인 정치제도였던 이집트의 절대군주제나 가나안 도시국가의 봉건군주제나 블레셋의 군사 동맹체의 모순을 잘 알고 있었던 이스라엘 계약공동체는 전혀 새로운 정치제도를 선택하여야 했던 것이다.

12지파 중에 모세와 아론의 레위지파에게 하나님이 제사장 직분을 주어 이스라엘의 백성 가운데서 하나님의 통치의 대리자로 삼게 한 것이다. 이러한 초기 이스라엘 계약공동체의 정치적인 이상을 실현하기 위해 그들이 가나안에 정착하였을 때 다른 국가와 같은 군주제를 도입하지 않았다. 초기 이스라엘 계약공동체는 200여 년 동안 왕을 세우지 않았으며 그때 필요에 따라 하나님이 택하여 세우는 사사士師라는 비세습적이고 한시적이 지도체제를 이어나갔다.

통치자가 백성들을 지배의 대상으로 보느냐 섬김의 대상으로 보느냐에 따라 정치제도가 달라진다. 사사제도의 이상은 왕은 백성을 종으로 삼는 '지배하는 통치자'(ruling king)가 아니라, 왕이 백성의 종이 되어 목자와 같이 백성을 '섬기는 통치자'(servant king)가 되어야 한다는 것이었다. 인간은 지배의 대상이 아니라 섬김의 대상이라는 전향적 인간관은 정치제도의 혁명적인 변화를 가져왔다. '인간과 인간 사이의 올바른 관계로서 섬김의 통치'라는 이상을 실현하기 위해 왕정제도 대신 사사제도를 도입한 것이다.

초기 이스라엘 계약공동체가 도입한 사사제도의 전형적인 특징은 중앙집권적인 정치 권력의 부재에서 찾을 수 있다. 12지파 동맹은는 어떠한 중앙제도의 통제도 받지 않는 자발성의 원리에 의해서 결성된 지방분권적인 느슨한 부족연합체제였다.[42]

---

42 Albertz Rainer, 『이스라엘종교사』 1 (서울: 크리스챤다이제스트, 2003), 156.

이스라엘의 지파동맹체에는 군주인 군왕도, 상비군도 없고, 강제 징집과 조세도 없었다. 다만 유사시 사사士師라는 지도자를 중심으로 상호협력할 것을 계약한 지방분권적인 정치제도였다. 가나안 도시국가와 같은 중앙집권적인 군주제의 군사적, 정치적 지배권을 완전히 배제하였다. 갓월드는 이를 고대 근동의 중앙집권의 '절대군주제'와 전향적으로 다른 지방 분권의 '느슨한 지파연합'이라고 하였다.[43] 이러한 지파연합은 정치적으로는 군주제적 도시국가의 지배를 배제했을 뿐만 아니라 경제적으로 도시국가의 공납제 생산양식을 축출하고, 자유농민 농업제로 대치하게 한 전향적인 사회조직이었다.[44]

(3) 셋째 상징은 만나 한 호멜(약 230리터)을 담은 항아리이다. 만나 항아리는 불모의 땅 광야에서 하나님께서 일용할 양식으로 공급하여 "많이 거둔 자도 남지 않고 적게 거둔 자로 모자라지 않았던"(출 16:17-18) 만나의 경제신학과 계약공동체의 경제제도의 지침이다.

볼프는 고대 근동 지방의 토지의 대부분은 세 가지 방식의 영지(領地)로 수용되었다고 한다. 봉건군주들이 군사력을 통해 차지하여 세습시킨 봉건세습 영지(patrimonial domain), 군주들이 사제에게 하사한 성직자 영지(prebendal domain), 귀족이나 지주 계급 소유의 매매영지(merchantile domain)이다.[45] 군주들은 자기 땅을 소유한 농민과 일반 대중에게 현물세와 강제 부역 및 징병 등의 무거운 부담을 부과하였다. 결과적으로 농민들은 채무로 인해 토지 소유의 이동이 생겨

---

43 같은 책, 329.

44 허호익, 『야웨 하나님』, (서울: 동연, 2014), 551-626. 제12장 "초기 계약공동체의 정치 제도와 왕이신 하나님"을 참고할 것.

45 Eric R. Wolf, *Peasants* (Englewood Cliffs, N. J: Prentice-Hall, 1966), 50-54.

나고 독립적인 생산 수단을 박탈당한 후 대토지의 경작자로 고용되거나 혹은 소작농으로 전락하고 말았다. 더 이상 땅을 소유하지 못한 채 소작한 많은 부분이 공납을 강요당함으로 자유농민들이 감소하게 된 것이다.

이스라엘 백성들은 가나안 땅에 들어가서 땅의 점령이 완수되자 여호수아는 12지파의 대표들을 모아 토지를 분배한다. 이스라엘 백성들은 토지배분을 통해 지파, 족속(미슈파하), 가족(확대가족)으로 이뤄진 새로운 사회구성체를 구성하였다.[46] 이제는 모든 백성이 자기 땅에서 자유롭게 농사를 지을 수 있는 자기 땅을 분배받은 것이다. 토지의 분배에 따라 자신의 땅에서 자유롭게 농사를 지을 수 있는 토지사용권의 원칙이 고수되었기 때문이다.[47]

갓월드는 이스라엘의 토지분배에 근거한 경제제도를 당시의 평균적인 '공납제 생산양식'과 다른 '자유농민 농업제'라고 하였다.[48] 군주제 국가는 부국강병의 국가발전을 최우선으로 여겼기 때문에 권력과 부의 독점을 추구하였고, 반면에 이스라엘 지파연합은 자유로운 노동과 평등한 분배라는 새로운 대안을 모색하였다.[49]

고대 근동이나 중동의 다른 모든 종교의 신전 지성소에는 신상을 안치하였으나 이스라엘 계약공동체의 이동식 성막의 지성소에는 세 가지 성물을 안치하도록 한 것은 양자 사이의 신관과 종교제도, 인간

---

46 N. K. Gottwald, *The Tribes of Yahweh* (New York: Orbis, 1979), 323-328, 697-700.

47 R. de Vaux, 『구약시대의 생활풍속』 (서울: 대한기독교출판사. 1983), 255.

48 N. K. Gottwald, *The Tribes of Yahweh*, 191 ff; N. K. Gottwald, 『히브리성서 1』 (서울: 한국신학연구소. 1987), 329.

49 허호익, 『야웨 하나님』, 483-550. 제11장 "약속의 땅을 분배하신 하나님" 참고.

관과 정치제도, 물질관과 경제제도가 혁명적으로 달랐다는 사실을 보여준다.

이처럼 성막 지성소의 계약의 궤 안에 보관된 이 세 가지 상징 중 십계명 두 돌판은 하나님과의 바른 관계를 상징하고, 만나 항아리는 물질과의 바른 관계를 상징하고, 아론의 지팡이는 인간과의 바른 관계를 상징하는 것으로 볼 수 있다.[50] 따라서 하나님을 어떤 분으로 믿느냐에 따라 종교제도가 달라지고, 인간을 지배의 대상으로 보느냐 섬김의 대상으로 보느냐에 따라 정치제도가 달라지고, 물질을 독점할 것인가 분배할 것인가에 따라 경제제도가 달라지기 때문에 이 세 가지 상징을 통해 이러한 계약공동체의 종교적·정치적·경제적 이상을 표상한 것이다.[51]

구약의 약속을 성취하러 오신 예수의 가르침의 핵심도 이러한 내용을 담고 있다. 예수는 공생애를 시작하면서 가버나움 회당에서 읽은 이사야 61장 1절의 내용을 통해 자신의 사역의 목표를 다음과 같이 제시하였다.

> 주님의 성령이 나에게 내리셨다. 주께서 나에게 기름을 부으시어 가난한 이들에게 복음을 전하게 하셨다. 주께서 나를 보내시어 묶인 사람들에게는 해방을 알려주고 눈먼 사람들은 보게 하고, 억눌린 사람들에게는 자유를 주며 주님의

---

50 허호익, "천지인신학의 성서적 신학적 근거 모색: 한국신학은 한국적이고 신학적인가?", 「문화와신학」 3 (2008), 11-40.

51 허호익, 『성서의 앞선 생각』 (서울: 한국장로교출판사, 1998), 195-196. 이 세 가지 상징은 이제까지 서양 신학자들이 별로 주목하지 않았지만, 이스라엘 초기 계약공동체가 지향하여야 할 이상 즉, 하나님과의 바른 관계, 사람과의 바른 관계 그리고 물질 또는 자연과의 바른 관계에 대한 중요한 상징이라고 생각한다.

은총의 해를 선포하게 하셨다(눅 4:18, 공동번역).

이 구절의 핵심적인 내용은 마리아 찬가(눅 1:45-55)와 누가복음 6장 20-21절의 말씀 자료에도 드러나 있다. 예수의 전향적인 가르침은 율법주의적인 외식하는 종교에서 주님을 두려워하는 자들에게 자비를 베푸는 '자비와 은혜의 종교'로, 강자의 억압의 정치에서 보잘것없는 약자가 존중받는 '섬김의 정치'로, 부자의 착취의 경제에서 배고픈 가난한 자가 배불리 먹는 '평등의 경제'로 일대 변혁이 일어나는 종말론적 구속사의 대안이라고 할 수 있다.

예수께서 선포한 '하나님의 나라'도 이러한 하나님의 뜻이 그대로 드러나 있다. 우리가 교회를 통해 이 땅에 하나님의 나라를 확장하려는 것도 하나님의 뜻에 따라 전쟁과 정치적인 억압이 없는 세계, 현저한 빈부 격차와 경제적인 착취가 없는 세계, 문화적으로 차별과 적대가 없는 세계를 이루려는 것이다.[52] 이처럼 초기 이스라엘의 계약공동체가 성정의 지성소에 안치한 세 가지 상징물이 표상하였던 세 가지 건국정신이나 예수 그리스도의 가르침의 핵심도 대한민국 임시정부의 건국 이상인 삼균제도와 상응하는 것으로 볼 수 있다.

V. 통일 이후의 통일신학의 과제

한국기독교교회협의회가 채택한 '평화와 통일의 희년선언'(1995)

---

52 허호익, 『예수 그리스도』 1, 2 (서울: 동연, 2014). 하나님의 나라와 유대교 성전체제(1권 7장), 하나님의 나라와 로마의 식민지 정치제도(1권 8장), 하나님의 나라와 대안적 경제제도(2권 9장)에서 그 구체적인 내용을 자세히 다룬 것을 참고할 것.

5항은 "한(조선)반도 통일의 바람직한 방향"을 제시하고 있는데, 원칙과 방향이 없는 무조건적인 통일을 조급히 서두르는 것도 민족의 삶과 장래를 위해 바람직하지 않으므로 남북의 현 체제가 지니고 있는 "단점과 문제점들을 보완하는 것"이어야 한다고 밝혔다. 민족통일이 나아가야 할 세 가지 방향을 제시하였는데 이를 요약하면 다음과 같다.

> ① 함께 사는 통일(共生的 統一)
>
> 체제의 연합이든 연방국가이든, 결코 어느 한 쪽이 지배자로 군림하거나 다른 한 쪽이 열등국민으로, 식민지로, 죄인으로 추락하는 통일이 되지 않도록, 공생의 원칙과 구조를 철저히 지켜야 한다.
>
> ② 서로 배우며 닮는 통일(收斂的 統一)
>
> 남과 북은 이제까지는 자본주의와 사회주의, 자유와 평등, 개방성과 주체성을 이분법적으로 나누어 대결해 왔으나, 이제는 민족공동체를 이루어 가는 과정에서 양자의 장점을 변증법적으로 종합하면, 단점은 지양하고 극복해서 서로를 비슷하게 만드는 수렴적인 통합을 이루어 내야 한다.
>
> ③ 새롭게 만드는 통일(創造的 統一)
>
> 남과 북은 모두 현행의 사회체제가 가진 문제들을 직시하고 반성해야 하며, 민족과 민중의 삶의 요구에 부응하기 위해서도 그 체제와 구조를 과감히 수정하고 개혁하지 않으면 안 된다.

좌우대립을 극복하고 좌우합작을 염원하여 삼균제도를 주장하였던 선현들의 뜻과 '평화와 통일의 희년선언'(1995)의 통일 방향은 관련성이 있어 보인다. 특히 평화와 통일의 희년선언에서 "남한의 자유민주주의, 자본주의적 경제발전, 개방적 세계화와 북조선의 인민민주주의, 사회주의적 경제체제, 민족적 주체사상이 서로 영향과 가르침을 주고받으며, 교류와 대화를 통해 배우며 닮아 간다면, 다른 민족이 이루어 내지 못한 발전적이며 수렴적인 통일을 우리 민족이 이루어 낼 수도 있을 것"이라고 밝혔다. 이는 좌우 이념을 수렴하려고 하였던 삼균제도와 그 지향점이 같다고 여겨진다. 그것은 또한 초기 이스라엘 계약공동체의 이상이기도 하다.

초기 이스라엘 계약공동체의 이상과 삼균제도의 건국 정신에 비추어 공생적 통일, 수렴 통일, 창조적 통일을 이루기 위해서는 남북의 실체를 그대로 인정하면서 남북이 각기 정치적으로 기본적인 자유와 인권을 누리는 사회로 나아가고, 경제적으로 '모두가 못살거나' 아니면 '누구는 잘살고 누구는 못사는 사회'가 아니라 '모두가 잘사는 사회'로 나갈 수 있도록 경제적 성장과 부의 분배가 균형 있게 실현되는 복지사회가 되어야 하는 것이다.[53]

안병무는 하나님의 나라의 실현이라는 관점에서 볼 때 "자본주의 체제도 맞지 않고, 공산주의 체제도 안 된다고 생각한다. 제3의 체제가 이룩되어야 한다. 그것은 경제와 권력이 평등하게 최대한으로 잘 분배되는 사회체제일 것이다"[54]고 하였다. 박순경 역시 기독교는 제3의 입장에 서야 한다고 주장한다. 자본주의의 병폐와 공산주의 병

---

53 허호익, "좌파와 우파를 넘어서 '모두가 잘 사는 사회'", 「목회자신문」 2005. 7. 27.

54 안병무, "한국적 그리스도인 상의 모색", 『민중신학을 말한다』 (서울: 한길사, 1993), 302; 이신건, "이데올로기와 민족희년의 과제 - 한국신학의 자본주의 이해와 통일비전", 「한국기독교신학논총」 12 (1995), 158에서 재인용.

폐를 모두 극복할 수 있는 제3의 길이 아니고서는 분단을 극복하고 통일에 이르기 어렵기 때문이라고 하였다.[55]

통합적 통일의 과제는 남북한이 모두 삼균제도의 이상을 실현하는 것이라고 할 수 있다. 현재 남북한의 정치, 경제, 교육 상황을 삼균제도라는 관점에서 검토하고 삼균제도 이상에 비추어 통일 이후의 통일신학을 위한 구체적인 과제라고 할 수 있다.[56] 그것이 대한민국 임시정부가 꿈꾸었던 삼균제도의 이상이었고, 성서의 초기 이스라엘 계약공동체의 건국 이상이었기 때문이다.

---

55 박순경, "한민족의 신학", 『민중신학을 말한다』 (서울: 한길사, 1993), 181; 이신건, "이데올로기와 민족희년의 과제 - 한국신학의 자본주의 이해와 통일비전", 160에서 재인용.

56 강정인·권도혁, "조소앙의 삼균제도의 재해석", 「한국정치학회보」 52/1 (2018); 김용호, "조소앙과 삼균제도에 대한 재조명", 「한국 정치 연구」 15/1 (2006).

참고문헌

"기본소득의 국가별 실험." 「참여연대」, https://www.peoplepower21.org.
"기본소득이란." 「기본소득한국네트워크」, https://basicincomekorea.org.
"심포지움: 서남동 박사와 민중신학." 「신학사상」 46 (1984).
가톨릭대학교출판부 편. 『신학대전요약』. 서울: 바오로딸, 2001.
강만길 편. 『한국근대사상가선집』 6 趙素昻. 서울: 한길사, 1982.
강정인·권도혁. "조소앙의 삼균제도의 재해석." 「한국정치학회보」 52/1 (2018).
고희진. "다보스포럼, 제4차 산업혁명을 논하다." 「경향신문」 2016.01.20.
곽노완. "노동에 대한 보상적 정의와 기본소득의 정의 개념." 「서강인문논총」 49 (2019).
구덕관. "구약의 성령 이해." 「신학과 세계」 20 (1990).
기독교환경운동연대 편. 『녹색의 눈으로 읽는 성서』. 서울: 대한기독교서회, 2002.
길선주. "말세학 1." 「신앙생활」 1935년 7월호.
______. "말세학 14." 「신앙생활」 1936년 11월호.
______. 『길선주 설교 및 약전집: 한국신앙저작집 1』. 서울: 혜문사, 1969.
______. 『만ᄉ셩취』, 한국기독교고전시리즈 1. 서울: 한국고등신학연구원, 2008.
______. 『영계 길선주 유고 선집』. 서울: 대한기독교서회, 1968.
길진경. 『영계 길선주』. 서울: 종로서적, 1980.
김경재. "과정사상의 신론에 관하여 - 화잇트헤드와 떼이야르 샤르뎅을 중심으로." 「신학연구」 제16호 (1975).
______. "복음의 문화적 정치적 토착화." 「기독교사상」 1979년 9월호.
______. "죽재 서남동의 신학사상." 「신학사상」 46(1984).
______. "우주적 그리스도의 현존 - 떼이야르 드 샤르뎅을 중심으로." 「현존」 제84호 (1977).
______. "생명현상에 있어서 인간의 영적 차원과 성령 - P. Tillich의 성령론." 「신학연구」 13 (1972. 4).
______. 『해석학과 종교신학』. 서울: 한국신학연구소, 1994.
______. "전환기에 선 한국기독교신학." 「신학사상」 제28집 (1980).
김경희. "예수의 하나님 나라 선포를 통해 본 평등의 비전." 「신학사상」 150 (2010. 가을).
김광식. "기독교와 한국문화의 만남 - 최병헌과 전덕기를 중심으로." 「신학논단」 18 (1989).

______. 『선교와 토착화: 언행일치의 신학』. 서울: 한국신학연구소 출판부, 1975.
______. "기독교와 한국문화의 만남 - 최병헌과 전덕기를 중심으로." 「신학논단」 18 (1989).
______. "기독론 토착화 시안." 「기독교사상」 1973년 2월호.
______. "分析綜合과 調和展開 사이에 선 神學의 課題." 「조직신학논총」 1 (1995).
______. "샤머니즘과 풍류신학." 「신학논단」 21집 (1993).
______. "토착화 재론." 「신학사상」 45집 (1984).
______. "토착화신학의 해석학적 국면에 대한 연구." 「성곡논총」 16 (1985).
______. "토착화의 모델로서 교파유형." 『현대와 신학』 22 (1997).
______. 『언행일치의 신학』. 서울: 종로서적, 2000.
______. 『조직신학』 I. 서울: 대한기독교출판사, 1988.
______. 『조직신학』 II. 서울: 대한기독교서회, 1990.
______. 『조직신학』 IV. 서울: 대한기독교서회, 1997.
______. 『土着化와 解釋學』. 서울: 대한기독교출판사, 1987.
김규섭. 「누가복음 강의안」 5. www.daeshin.ac.kr>upfile>board.
김균진. "하나님의 형상에 대한 현대신학적 해석." 「기독교사상」 1985년 9월호.
______. 『생태학의 위기와 신학』. 서울: 대한기독교서회, 1991.
김기홍. 『프린스톤 신학과 근본주의』. 서울: 창조성, 1988.
김득중. "선한 사마리아인의 비유 연구." 「신학과 세계」 15 (1987).
______. "탕자이야기." 「새가정」 1993년 3월호.
______. 『복음서의 해석과 설교』. 서울: 성서연구사, 1999.
김민수. "떼이야르 드 샤르뎅의 思想에 따른 神學과 커뮤니케이션의 關係." 「신학전망」 124호 (1999).
김상일. 『뫼비우스 고리와 한복바지』. 서울: 새글사, 1974.
______. 『한 철학』. 서울: 전망사, 1983.
김석환. 『교부들의 삼위일체론』. 서울: 기독교문서선교회, 2001.
김애영. 『K. 바르트신학의 정치 사회적 해석 - F. W. 마르쿠바르트를 중심으로』. 이화여자대학교 대학원 박사학위논문, 1990.
김용복. 『지구화시대 민주의 사회전기: 하나님의 정치경제와 디아코니아 선교』. 서울: 한국신학연구소, 1998.
______. 『한국 민중과 기독교』. 서울: 형성사, 1981
______. 『한국민중의 사회전기: 민족의 현실과 기독교운동』. 서울: 한길사, 1987.

김용옥. "아시아 신학 속의 한국신학." 「기독교사상」 1971년 9월호.
______. 『동양학 어떻게 할 것인가』. 서울: 민음사, 1985.
김용호. "조소앙과 삼균제도에 대한 재조명." 「한국 정치 연구」 5/1 (2006).
김윤옥. "서남동의 생태학적 신학과 생태학적 여성신학." 서남동목사기념논문집편집위 편. 『전환기의 민중신학』. 서울: 한국신학연구소, 1992.
김이곤. "구약성서에서 '본 하나님의 영.'" 「말씀과 교회」 27, 기장신학연구소, 2001.
김인서. "마드래스 회의의 정통적 결안(決案)을 환영함." 「신앙생활」 1939년 12월호.
______. "영계선생 소전" 속1. 「신앙생활」 1936년 1월호.
______. "영계선생소전" 상. 「신학지남」 1931년 11월호.
______. "영계선생의 말세학." 「신앙생활」 1935년 7월호.
______. "龍道教會의 내막 조사 발표." 「신앙생활」 1934년 3월호.
김인수. "길선주의 '나라사랑' 정신에 대한 고찰." 『한국교회사논총: 솔내 민경배교수화갑기념』. 서울: 민경배교수화갑기념논문집 간행위원회, 1994.
김지하. 『생명학』 1, 2. 서울: 도서출판 화남, 2003.
김진 편저. 『피할 수 없는 만남, 종교간의 대화–파니카의 종교신학』. 서울: 한들출판사, 1999.
______. "다석의 종교다원주의와 파니카의 우주신인론." 「철학논총」 52 (2008).
______. "하나님 나라 운동, 해방의 영성." 「뉴스앤조이」 2004.09.15.
김판임. "선한 사마리아인의 비유(눅 10:30-35) 연구." 「신약논단」 14/4 (2007).
______. "포도원 주인의 비유(마 20:1-15)를 통해서 본 경제 정의에 대한 예수의 이해." 「신학사상」 154 (2011 가을).
김학철. "정의롭고 선한 포도원 주인의 비유- 정의와 호혜의 관점에서 마태복음 20장 1-16절 읽기." 「신약논단」 23/4 (2016.12).
김흡영. "신·인간·우주: 신학, 유학 그리고 생태학." 『도의 신학』, 서울: 다산글방, 2000.
______. 『道의 신학』. 서울: 다산글방, 2001.
______. 『道의 신학』 2. 서울: 동연, 2012.
김희성. "구약의 성령." 「교수논총」 8 (서울신학대학교, 1997).
난민인권센터 편. "2018 난민인권센터 통계자료집." https://nancen.org/1762.
노세영·박종수. 『고대 근동의 역사와 종교』. 서울: 대한기독교서회, 2000.
노영상 편. 『영성과 윤리』. 서울: 한국장로교출판사, 1991.
도상순. 『얻는 구원, 이루는 구원, 이르는 구원』. 서울: 킹덤 북스, 2015.
문백란. "길선주의 종말론 연구." 「교회와 역사」 4 (2000).

미야타 미츠오/ 양현혜 역. 『탕자의 정신사』. 서울: 홍성사, 2014.
민경배. 『한국기독교회사』. 서울: 대한기독교출판사, 1982.
민영진. "구약성서의 영(ruah) 이해." 「신학사상」 31 (1980).
민영진 외. 『한국민중신학의 조명』. 서울: 대화출판사, 1983.
박노권. "탕자의 비유에 나타난 전인성 회복의 길: 심층심리학적 관점에서 분석." 「신학논단」 60 (2010.6).
박노훈. "경계의 통섭(通涉)으로서 누가의 살림 이해 - 탕자의 비유를 중심으로." 「신약논단」 18/3 (2011년 가을).
박동현. "야웨 하나님의 영과 그의 백성." 『예언과 목회』 IV. 서울: 장로교출판사, 1996.
박명림. "한국민주주의와 제3의 길: 민주주의, 사회적 시장경제, 그리고 평화통일의 결합 -조봉암 사례연구." 『죽산 조봉암 전집』 6. 서울: 세명서관, 1999.
박봉랑. 『교의학 방법론』(II). 서울: 대한기독교출판사, 1986.
박수암. "선한 사마리아 삶 비유 해석에 대한 재고." 「기독교사상」 1981년 9월호.
박순경. "교회의 어머니 성모 마리아의 민족사적 의의." 「기독교사상」 1993년 5월호.
______. "한국신학을 회고하고 미래를 전망하면서." 『한국기독교학회 30년사』. 서울: 대한기독교서회, 2002.
______. "한민족의 신학." 『민중신학을 말한다』. 서울: 한길사, 1993.
박영호 엮음. 『다석 유영모 어록』. 서울: 두레, 2002.
박영효. 『다석 유영모의 생애와 사상』. 서울: 홍익재, 1985.
박종천. 『상생의 신학』. 서울: 한국신학연구소, 1991.
박준서. "하나님의 형상(Imago Dei)에 관한 성서적 이해." 「기독교사상」 1989년 9월호.
박창건. "성서에서 본 성령." 「기독교사상」 1991년 1월호.
박태원. "원효의 불이(不二) 사상." 「철학논총」 제46집 (2006).
변선환. 『한국적 신학의 모색』 3집. 천안: 한국신학연구소, 1997.
변종호 편. 『이용도 목사 서간집』. 서울: 초석출판사, 1986.
서남동. "그리스도론적 무신론." 「기독교사상」 9/10 (1970).
______. "생태학적 신학 서설." 「기독교사상」 1970년 11월호,
______. "생태학적 윤리를 지향하여." 「기독교사상」 1972년 5월호,
______. "신을 아는 길." 「현대와 신학」 2(1976).
______. "자연에 관한 신학." 「신학논단」 11 (1972.6).
______. 『전환시대의 신학』. 서울: 한국신학연구소, 1976.
______. 『민중신학의 탐구』. 서울: 한국신학연구소, 1983.

서중석. "마리아의 찬양과 성탄의 의미." 「기독교사상」 1995년 12월호.
성백걸. "영원 향유: 이용도의 생애와 사상." 「문화신학」 제5집 (2001).
성서와함께 편. 『보시니 참 좋았다』. 서울: 성서와함께사, 1988.
세계개혁교회연맹 편. 『정의·평화·창조질서의 보전』. 서울: 대한기독교서회, 1989.
세계신학연구원 편. 『상생신학 - 한국신학의 새 패러다임』. 서울: 세계신학연구원, 1992.
송길섭. 『한국신학사상사』. 서울: 대한기독교출판사, 1987.
송성진. "기독교적 구원론과 돈오 점수 - 희성의 종교 신학을 비판적으로 재고하며." 「한국조직신학논총」 2 (1996).
송창현. "자비로운 아버지와 잃어버린 두 아들의 비유." 「가톨릭 일꾼」 2016.10.25.
송호수 엮음. 『겨레얼 3대 원전』. 서울: 가람출판사, 1983.
신옥수. "몰트만의 통전적 구원론." 「한국기독교신학논총」 95 (2015).
신우철. "건국강령(1941.10.28) 연구 - '조소앙 헌법사상'의 헌법사적 의미를 되새기며." 「중앙법학」 10/1 (2008).
신은경. 『風流: 동아시아 美學의 근원』. 서울: 보고사, 1999.
심광섭. "탁사 최병헌의 유교적 기독교신학." 「세계의 신학」 23 (2003).
심일섭. "한국신학 형성사 서설" 上中下. 「기독교사상」 1972년 10-11월호.
______. 『한국민족운동과 기독교 수용사고』. 서울: 아세아문화사, 1982.
안병렬. "초기 한국 기독교 지도자 - 탁사 최병헌 목사의 이교관." 「민속연구」 8 (1998).
안병무. "예수 사건의 전승 모체." 「神學 思想」 47 (1984).
______. "한국적 그리스도인 상의 모색." 『민중신학을 말한다』. 서울: 한길사, 1993.
안성림·조철수. 『사람이 없었다 신도 없었다』. 서울: 서운관, 1995.
안성림. 『수메르 신화』 I. 서울: 서문해집, 1996.
안창범. 『천지인사상과 한국본원사상의 탄생』. 서울: 삼진출판사, 2008.
양승훈. "켈트영성과 창조신앙." 「창조론오픈포럼」 8/2 (2014.07).
양재훈. "그들은 왜 투덜거렸는가 - 하나님 나라의 가치관으로 다시 읽는 포도원 품꾼의 비유(마 20:1-16)." 「신약논단」 23/2 (2016.6).
______. "탕자와 어머니." 「신약논단」 18/2 (2011년 여름).
엄원식. 『히브리 성서와 고대 근동문학의 비교연구』. 서울: 한들, 2000.
오정숙. 『다석 유영모의 한국적 기독교』. 서울: 미스바, 2005.
오창선. "우주적 진화의 유일무이한 패러다임으로서의 인간의 물음: 테야르 드 샤르뎅의 우주론적 인간학의 전망과 그 의미." 「가톨릭신학과사상」 34 (2000).
우실하. "최초의 태극관념은 음양태극이 아니라 삼태극/삼원태극이다." 「동양사회사상」

8 (2004).
______. 『전통문화의 구성원리』. 서울: 소나무, 1999.
유동식. 『素琴 柳東植 全集』. 서울: 한들, 2009.
______. 『풍류도와 한국신학』. 서울: 전망사, 1992.
______. 『풍류도와 한국의 종교사상』. 서울: 연세대학교출판부, 1990.
______. 『풍류신학으로의 여로』. 서울: 전망사, 1988.
______. 『한국신학의 광맥 - 한국신학사상사 서설』. 서울: 전망사, 1982.
______. "한국문화와 신학사상: 풍류신학의 의미." 「신학사상」 47집 (1984, 가을).
______. 『한국무교의 역사와 구조』. 서울: 연세대학교출판부, 1975.
______. 『한국종교와 기독교』. 서울: 대한기독교서회, 1965.
유종성. "기본소득의 재정적 실현가능성과 재분배효과에 대한 고찰." 「한국사회정책」 25/3 (2018).
윤성범. "단군신화는 Vestigium Trinitatis이다." 「사상계」 1963년 7월호.
______. "예수는 모름지기 효자다." 「기독교사상」 1976년 7월호.
______. "환인, 환웅, 환검은 곧 하나님이다." 「사상계」 1963년 5월호.
______. 『윤성범전집』 3. 서울: 감신대 출판부, 1998.
______. 『한국적 신학 - 성의 해석학』. 서울: 선명문화사, 1972.
______. 『효』. 서울: 서울문화사, 1982.
______. 『기독교와 한국사상』. 서울: 대한기독교서회, 1964.
이금만. "떼이야르 드 샤르댕의 영성과 통전의 영성교육 연구." 「한국기독교신학논총」 27 (2003).
이능화. 『조선도교사』. 서울: 영신아카데미 한국학연구소, 1986.
이덕주. 『한국 토착교회 형성사 연구』. 서울: 한국기독교역사연구소, 2000.
이돈화. 『천도교창건사』. 경성: 천도교 중리원, 1933.
이상성. "생태신학: 동양사상을 통한 새로운 가능성의 모색." 「신학사상」 105 (1999년 여름).
이상웅. 『박형룡 박사와 개혁신학』. 서울: 목양, 2013.
이세형. 『道의 신학』. 서울: 한들출판사, 2002.
이신건. "이데올로기와 민족희년의 과제 - 한국신학의 자본주의 이해와 통일비전", 「한국기독교신학논총」 12 (1995).
이오갑. "칼빈의 하나님의 형상론." 「조직신학논단」 제3집 (1998).
이은봉. 『한국고대종교사상 - 천신, 지신, 인신의 구조』. 서울: 집문당, 2002.

이은선. 『한국 여성조직신학 탐구 - 聖·性·誠의 여성신학』. 서울: 대한기독교서회, 2004.

이정배. "창조보존의 과제와 생태학적 노동신학." 「신학사상」 70 (1990).

이정용. 『易의 신학: 동양의 관점에서 본 하나님에 대한 기독교적 개념』. 서울: 대한기독교서회, 2001.

이준혁. "난민 혐오, 인종 차별 … 우리는 함께 살아갈 수 있을까." 「오늘 보다」 43 (2018.08).

임승국 역주. 『환단고기』. 서울: 정신세계사, 1987.

장공김재준목사기념사업회. 『장공 김재준의 신학세계』. 서울: 한신대학교출판부, 2006.

장도곤. 『예수 중심의 생태신학』. 서울: 대한기독교서회, 2002.

장동민. 『박형룡 : 한국 보수신앙의 수호자』. 서울: 살림, 2006.

장상환. "농지개혁에 관한 실증적 연구." 『해방전후사의 인식 2』. 서울: 한길사, 1985.

장윤재. "길선주의 목사의 '말세삼계설'의 한국신학적 특징에 대한 논찬." 「제2차 한국조직신학자대회 논찬 자료」 (2007.4.28).

______. "켈트영성 - 창조 안에서 누리는 하나님과의 친교." 「한국기독교신학논총」 71 (2010).

전경연. "소위 전이해와 단군신화." 「기독교 사상」 1963년 8-9월호.

전병희. "포도원 주인의 비유와 마태의 의도 -마태복음 20장 1-16절에 대한 사회학적 해석." 「신약논단」 24/2 (2017.6).

정미현. "상실된 창조의 본래적 선을 찾아서: 켈트영성과의 관련성에서 본 펠라기우스 이해." 「조직신학논총」 6 (2001).

정영훈. "민족고유사상에서 도출된 통일민족주의 - 삼균주의와 신민족주의를 중심으로 -." 「단군학」 40 (2019).

정용대. "조소앙의 삼균주의와 민족통일노선." 「정신문화연구」 27/4 (2004. 12).

정용한. "기본소득 논의를 위한 성서적 제안." 「신학논단」 95 (2019).

정원희. "'성평등', 동성애 합법화 단초 되는 위험한 용어." 「기독교타임즈」 2018.08.01.

정학습. "일제하 해외 민족 운동의 좌우합작과 삼균주의." 『사회와 역사』 1 (1986).

조용훈. 『동서양의 자연관과 기독교 환경윤리』. 서울: 대한기독교서회, 2002.

조자룡. 『삼신민고』. 서울: 가나아트, 1995.

조철수. 『수메르 신화』 1. 서울: 서해문집, 1996.

주봉호. "조봉암과 진보당: 제3의 길." 「동아시아문화학회 2009년도 추계국제학술대회 자료집」.

주원준. 『구약성경과 신들 :고대 근동 신화와 고대 이스라엘의 영성』. 서울: 한님성서연구소, 2012.

죽재 서남동 목사 기념논문집 편집위원회편. "대토론: 변화된 현실 속에서 민중신학이 나갈 길." 『전환기의 민중신학』. 서울: 한국신학연구소, 1992.

지원용 편. 『루터선집 제5권』. 서울: 컨콜디아사, 1994.

차봉준. "탁사 최병헌의 '萬宗一臠' 사상과 기독교 변증 -「聖山明鏡」에 나타난 대 유교 논쟁을 중심으로 -." 「어문연구」 39 (2011).

______. "최병헌의 불교 인식과 기독교 변증 -「성산명경」의 불교 논쟁을 중심으로." 「대한무용학회논문집」 35 (2003).

차종순. "최홍종 목사의 버림의 삶을 통한 사회적 실천신앙." 「농촌과 목회」 2013년 봄호.

차준희. "구약의 영 이해." 「성경과 신학」 20 (1996).

______. 『구약입문』. 서울: 프리칭아카데미, 2007.

천사무엘. "구약과 외경에 나오는 하나님의 영 이해." 「한국기독교신학논총」 106 (2017.10).

______. 『김재준』. 천안: 살림, 2003.

최병헌. 『萬宗一臠』. 경성: 조선예수교서회, 1922.

______. 『聖山明鏡』. 경성: 정동황화제, 1909.

______. 『성산명경』. 서울: 한국고등신학연구원, 2010.

최병헌/박혜선 역. 『만종일련』. 서울: 성광문화사, 1985.

차종순. "최홍종 목사의 버림의 삶을 통한 사회적 실천신앙." 「농촌과 목회」 2013년 봄호.

최성일. "켈트교회의 영성." 「神學硏究」 73 (2018.12).

최영성. 『최치원의 철학사상』. 서울: 아세아문화사, 2001.

최윤배. "베르까우어의 하나님의 형상론." 「한국기독교신학논총」 21 (2001).

최홍석. "현대 교의학에서의 천년왕국과 종말." 「신학지남」 1992년 12월호.

총회헌법개정위원회 편. 『헌법』. 서울: 대한예수교장로회총회출판국, 1992.

"하나님은 사람만이 아닌 모든 생태계 구원하신다." 「크리스천투데이」 2010.06.22.

한국바르트학회 편. 『바르트 신학 연구』. 서울: 대한기독교서회, 1968.

한국기독교학회 편. 『오늘의 영성신학』. 서울: 양서각, 1988.

______. 『한국교회와 영성』. 서울: 양서각, 1987.

한국기독교사회문제연구원 편. 『정의·평화·창조질서의 보전 세계대회자료집』. 서울: 민중사, 1990.

한국문화신학회 편. 『유동식의 풍류신학』. 서울: 한들출판사, 2007.

______. 『한국문화와 풍류신학: 유동식 신학의 조감도』. 서울: 한들출판사, 2002.

한국신학연구소 편. 『1980년대 한국민중신학의 전개』. 서울: 한국신학연구소, 1990.
한상봉. "켈틱 영성, 하나님은 앞에도 뒤에도 위에도 아래에도 계시고." 「가톨릭 일꾼」 2016.09.05.
한숭홍. 『신토불이 신학의 본질과 현상』. 서울: 북코리아, 2014.
______. 『라이몬 파니카』. 서울: 북코리아, 2011.
______. 『한국신학사사의 흐름』 I-II. 서울: 한국신학사상연구원, 1991-93.
한시준. "대한민국임시정부와 삼균주의." 「사학지」 9 (단국대학교, 2014).
한영숙. "예수는 모름지기 효자인가?" 「기독교사상」 제218호 (1976. 8), 136-139.
한철하. "신정통주의란?" 상, 중, 하. 「크리스찬신문」 1979년 10월 6일-11월 3일.
한태동. "기독교의 역사." 『현대인과 기독교』. 서울: 연세대학교출판부, 1985.
______. 『성서로 본 신학』. 서울: 연세대출판사, 2003.
허재준. "4차 산업혁명이 일자리에 미치는 변화와 대응." 「노동리뷰」 2017.3,
허호익. "4·19혁명과 이스라엘 및 대한민국의 건국이념." 한남대 기독교문화연구소 편. 『국가기념주일설교』. 서울: 한들출판사, 2009.
______. "한국신학의 해석학적 원리로서의 천지인조화와 삼태극." 박준서교수헌정논문출판위원회편. 『구약신학의 세계』. 서울: 한들, 2001.
______. "훈민정음의 천지인 조화의 원리와 천지인신학 가능성 모색." 「신학과 문화」 13 (2004).
______. "구원론의 통전적 이해." 『현대조직신학의 이해』. 서울: 대한기독교서회, 2003.
______. "김광식의 해석학적 토착화론과 언행일치의 신학." 『해석학과 토착화』. 서울: 한들, 1999.
______. "단군신화에 대한 기독교신학적 이해." 「한국기독교신학논총」 20 (2001).
______. "떼이야르 드 샤르뎅의 그리스도의 우주성과 삼성론." 「한국기독교신학논총」 38 (2005).
______. "선한 사마리아인의 비유해석." *Sitz im Leben* 창간호 (2002).
______. "죽재 서남동의 통전적 자연신학." 한국기독교학회 편. 『창조보전과 한국신학』. 서울: 대한기독교서회, 1992.
______. "천지인신학의 성서적 신학적 근거 모색: 한국신학은 한국적이고 신학적인가?" 「문화와신학」 12 (2008).
______. "최치원의 「난랑비서」의 해석의 여러 쟁점: 풍류의 현묘지도(玄妙之道)와 천지인 묘합의 삼재지도(三才之道)." 「조직신학논총」 31 (2011).
______. "천당, 천국 그리고 하나님의 나라." 「한국기독교신학논총」 제41집(2005.10).

______. "한국신학사 방법론서설." 「한국교회사학회지」 2 (1985).
______. "해월 최시형의 삼경론과 천지인신학." 「한국기독교신학논총」 제27집 (2003).
______. "해월 최시형의 삼경론의 구조와 천지인 신관." 「한국기독교신학논총」 제28집 (2003).
______. "화이트헤드의 유기체적 세계관과 단군신화의 천지인 조화론." 정행업 명예총장 고희기념논문 기념논문집편집위원회 편. 『정행업 명예총장 고희기념논문 기념논문집』. 서울: 장로교출판사, 2005.
______. 『그리스도의 삼직무론』. 서울: 한국장로교출판사, 1999.
______. 『길선주 목사의 목회와 신학 사상』. 서울: 대한기독교서회, 2009.
______. 『단군신화와 기독교-단군신화의 문화전승사적 해석과 천지인신학 서설』. 서울: 대한기독교서회, 2003.
______. 『성서의 앞선 생각 1』. 서울: 한국장로교출판사, 1998.
______. 『야웨 하나님』. 서울: 동연, 2014.
______. 『예수 그리스도』 1-2. 서울: 동연, 2010.
______. 『이자익 목사의 영성과 리더쉽』. 서울: 동연, 2014.
______. "칼 바르트의 「로마서 강해」에 나타난 하나님의 변증법." 「신학과문화」 제9집 (2000.12), 190-219.
______. 『통일을 위한 기독교신학』, 개정증보판. 서울: 동연, 2019.
______. 『한국문화와 천지인 조화론』. 서울: 동연, 2020.
______. 『한국의 이단기독교』, 개정증보판. 서울: 동연, 2020.
______. 『현대조직신학의 이해』. 서울: 대한기독교서회, 2000.
황성일. "구약의 신들." 「광신논단」 15 (2006).
황한식. "미군정하 농업과 토지개혁정책." 『해방전후사의 인식 2』. 서울: 한길사, 1985.

Anderson, B. W. 『구약신학』. 서울: 한들출판사, 2001.
Aristoteles. 『정치학 · 시학』. 서울: 삼성출판사, 1995.
Berkouwer, G. C. *Man: The Image of God*. Grand Rapids: Wm. B. Eerdmans Publishing Company, 1973.
Barloewen, C. von/ 강주헌 역. 『휴머니스트를 위하여』. 서울: 사계절출판사, 2010.
Barth, K. *Church Dogmatics*. Edinburgh: T & T Clark, 1960.
______. *The Epistle of Romans.* London: Oxford, 1972.
______. 『성서 안의 새로운 세계』. 서울: 향린사, 1974.

Blicher, J./ 권순홍 역, 『현대해석학: 방법·철학·비판으로서의 해석학』. 서울: 한마당, 1993.
Boff, Leonard/ 김항섭 역. 『생태신학』. 서울: 가톨릭출판사, 1996.
Bomann, T./ 허혁 역. 『히브리적 시유와 그리스적 사유의 비교』. 서울: 분도출판사, 1975.

Bonhöffer, D./ 문희석 역. 『창조 타락 유혹』. 서울: 대한기독교서회, 1981.
Bonino, J. M. *Doing Theology in a Revolutionary Situation*. Philadelphia: Oribis Press, 1975.
Bright, J. 『이스라엘 역사 상』. 왜관: 분도출판사, 1978.
Bromiley, G. W. *An Introduction to the Theology of Karl Barth*. Grand Rapids, Mich: W. B. Eerdmans, 1979.
Brueggemann, W. 『성서로 본 땅』. 서울: 나눔사, 1992.
Brunner, E. *Man in Revolt*. Philadelphia: Westminster, 1947.
Buri, F. "생태학적 신학의 시도." 「기독교사상」 1974년 4월호.
Calvin, J. 『기독교강요 상』. 서울: 생명의 말씀사, 1995.
______. *Genesis*, in Calvin's Commentaries, vol. 1. Grand Rapids, Mich: Baker, 1979.
Chardin, P. Teilhrd de. "混亂이냐 發生이냐: 자연에서의 인간의 위치와 사회화의 의미." 「기독교사상」 1974년 7월호.
______. *Christianity and Evolution*. Harvest Book, 2002.
______. *Hymn of the Universe*. New York: Collins Fontana Books, 1973.
______. *Science and Christ*. New York: Harper & Row, 1968.
______. *The Christianity and Evolution*. New York: Harcourt Brace Jovanovich, 1971.
______. *The Divine Milieu*. New York: Harper & Row, 1965.
______. *The Future of Man*. New York: Collins & Harper, 1964.
______. *The Heart of Matter*. Harvest Books, 2002.
______. *The Phenomenon of Man*. New York: Collins & Harper, 1965.
______. 『자연 안에서의 인간의 위치』. 서울: 삼성출판사, 1971.
______. *Activation of Energy*. Harvest Books, 2002.
______. *Toward the Future*. Harvest Books, 2002.
______. 『그리스도』. 분도출판사, 2003.
______. 『물질의 심장』. 왜관: 분도출판사, 2003.
______. 『신의 영역』. 서울: 삼성출판사, 1971.
______. 『우주찬가』. 서울: 삼성출판사, 1971.
______. 『인간의 미래』. 서울: 삼성출판사, 1971.

______. 『인간의 현상』. 서울: 삼성출판사, 1971.

______. 『떼이야르 신부가 장따 여사에게』. 왜관: 분도출판사, 2002.

______ & Lucile Swan. *The Letters of Teilhard de Chardin & Lucile Swan.* Georgetown University Press, 1993.

Childs, Brevard S. *Exodus*. Philadelphia: The Westminster Press, 1974.

Cobb, J./ 이기춘 역. 『과정신학과 목회신학』. 서울: 대한기독교서회, 1983.

Come, A. B./ 김성민 역. 『인간의 영과 성령』. 서울: 대한기독교출판사, 1984.

Cox, H. 『세속도시』. 서울: 대한기독교서회, 1971.

Crossan, J. D./ 김준우 역. 『역사적 예수』. 서울: 한국기독교연구소, 2000.

Cummings, C. *Eco-Spirituality*. Paulist Press, 1991.

Dannemann, U./ 이신건 역. 『칼 바르트의 정치신학』. 서울: 한국신학연구소, 1991.

David, D. *Gathering for Life-Official Report VI Assembly World Council of Churches, Vancouver, 1983*. London: SPCK; Grand Rapids: Wm.B. Eerdmans, 1983.

Davis, K. C. 『세계의 모든 신화』. 서울: 푸른숲, 2005.

Dodd, D. H. *The Parables of the Kingdom*. New York: Charles Scribner Sons, 1936.

Dorr, D./ 황종렬 역. 『영성과 정의』. 왜관: 분도, 1990.

Dunn, J. D. G. *Jesus and the Spirit*. London: SCM, 1975.

______. 『신약성서의 통일성과 다양성』. 서울: 솔로몬, 1991.

Eichrodt, W. 『에제키엘』, 국제성서 주석. 서울: 한국신학연구소, 1991.

Eliade, M. 『종교형태론』. 서울: 한길사, 1996.

Erickson, M. J./ 현재규 역. 『복음주의 조직신학 중』. 서울: 크리스찬다이제스트, 1998.

Faricy, R. L./ 이홍근 역. 『떼이야르 드 샤르뎅의 신학사상』. 왜관 : 분도출판사, 1990.

Fitzpatrick, James K. *Dead Sea Conspiracy: Teilhard de Chardin and the New American Church*. Wine Press Publishing, 2002.

Fox, M./ 송형만 역. 『우주 그리스도의 도래』. 왜관: 분도출판사, 2002.

Fuliga, J. B. "The Activist Spirituality of Liberation." *AJT* 7/2 (1993), 254-264.

Gottwald, N. K. 『히브리성서』 1. 서울: 한국신학연구소. 1987.

______. *The Tribes of Yahweh.* New York: Orbis, 1979.

Groot, Loek. *Basic Income, Unemploymenet and Compensatory Justice*. Boston-London: Kluwer Academic Publishers, 2004.

Gutierrez, G./ 이성배 역. 『해방신학의 영성』. 왜관: 분도, 1987.

Hall, Calvin S./ 최현 역. 『융 심리학 입문』. 서울: 범우사, 1998.

Harnack, A./ 윤성범 역. 『기독교의 본질』. 서울: 삼성문화재단출판부, 1975.

Hebräisches und Aramäisches Lexikon zum Alten Testament. 1990.

Hebrew and English Lexicon of the Old Testament. Oxford, 1952.

Hemleben, J. 『떼이야르 드 샤르댕』. 서울: 한국신학연구소, 1977.

Herzog, W. R. *Parables as Subversive Speech: Jesus as Pedagogue of the Oppressed.* Louisville: Westminster / John Knox Press, 1994.

Hirschberg, J./ 강성위 역. 『서양철학사』 상권. 서울: 이문출판사, 1987.

Irenaeus, *Against Heresies,* V.

Jensen, R. W./ C. E. Braaten and R. W. Jensen, trs. "The Holy Sprit." *Christian Dogmatics* vol. II. Philadelphia: Fortress, 1986.

Jeremias, J. *The Parable of Jesus*. London: SCM Press, 1954.

______. 『신약성서의 중심 메시지』. 서울: 은성, 1987.

______. 『예수의 비유』. 왜관: 분도출판사, 1974.

Kaiser, Otto/ 한국신학연구소 학술부 옮김. 『이사야』 II. 서울: 한국신학연구소, 1991.

King, Ursula. *Pierre Teilhard de Chardin: Writings- Modern Spiritual Masters*. Orbis Books, 1999.

______. *Spirit of Fire: The Life and Vision of Teilhard de Chardin*. Orbis Books, 1998.

Livingston, G. H. 『모세 오경의 문화적 배경』. 서울: 기독교문서선교회, 1990.

Luther, M. "Sermon for Septuagesima Sunday: Matthew 20:1-16." in J. Nicholas Lenker, ed. *The Complete Sermons of Martin Luther*, volume II. Grand Rapids, MI: Baker Book House, 2000.

______. *Lectures on Genesis*, in Luther's Works. St. Louis: Concordia, 1958. vol. 1.

______. "두 가지 종류의 의." 『루터선집』 5. 서울: 컨콜디아사, 1984.

Maalouf, Jean. *Teilhard de Chardin: Reconciliation in Christ,* Spirituality Through the Ages Series. New City Press, 2002.

Maquarrie, J./ 장기천 역. 『영성에의 길』. 서울: 전망사, 1990.

McCarthy, I./ 장일선 역. 『구약의 계약사상』. 서울: 대한기독교서회, 1979.

McCasLand, S. V. "Spirit." *IDB.*

Miliore, Daniel. 『기독교조직신학개론』. 서울: 한국장로교출판사, 1995.

Moltmann, J. "인권." 『정치신학』. 서울: 종로서적, 1976.

______. 『삼위일체와 하나님의 역사』. 서울: 대한기독교서회, 1998.

______. 『생명의 영』. 서울: 대한기독교서회, 1992.

______. 『신학의 미래』. 서울: 대한기독교서회, 1973.
______. 『예수 그리스도의 길』. 서울: 대한기독교출판사, 1991.
______. 『오시는 하나님』. 서울: 대한기독교서회, 1997.
______. 『창조 안에 계신 하나님』. 서울: 한국신학연구소, 1986.
______. 『하나님 체험』. 서울: 한국신학연구소, 1977.
______. 『희망의 실험과 정치』. 서울: 종로서적, 1977.
______. *The Crucified God*. London: SCM, 1974.
______. *Politsche Theologie - Politische Ethik*. Kaizer: Grünewalt, 1984.
Muilenburg, J. "The office of the Prophet in Acient Israel." *The Bible in Mordern Scholarship*. ed. P. Hyatt. Nashville: Abindon Press, 1965.
NCC신학연구위원회 편. 『민중과 한국신학』. 서울: 한국신학연구소, 1982.
Neve, S. L./ 서남동 역. 『기독교교리사』. 서울: 대한기독교서회, 1976.
Newell, J. *Philip. Christ of the Celts: The Healing of Creation*. Glasgow, UK: Wild goose Publications, 2008.
______. 『켈트영성이야기』. 서울: 대한기독교서회, 2001.
______. 『켈트 그리스도: 창조세계의 치유』. 서울: 대한기독교서회, 2013.
Nolan, A. *Christ before Christianity*. New York: Orbis, 1987.
Nolland, J./ 김경진 역. 『누가복음』 중. 서울: 솔로몬, 2005.
Origen. *Commentary on the Gospel of Matthew*.
Panikka, R. *The Trinity and the Religious Experience of Man: Icon-person-mystery*. Orbis Book, 2009.
______. *Trinity and World Religion*. CLS, Madeas, 1970.
______. "The Cosmotheandric Intuition." *Jeevadhara* 14 (1984).
______. "Anima Mundi-Vita Hominus-Spritus Dei. some aspects of a cosmotheandric spirituality." *Actualitas omnimum actum*. Frankfurt: Verlag Peter Lanf, 1989.
______. "진리를 향한 여정." 김진 편역. 『함석헌과 파니카와의 대화』. 서울: 한들, 1998.
______. *A Dwelling Place for Wisdom*. Westminster: John Knox Press, 1977.
______. *Cosmotheandric Experience: emerging religious consciousness.* Maryknoll, N.Y: Orbis Books, 1993.
______. *Gott, Mensch und Welt.* Verlag Via Nova, Petersberg, 1999.
______. *Trinitaet*. Muenchen, 1991.
______. *The Unknown Christ Revised and Enlarged*. Maryknoll: Orbis Books, 1981.

______. *Aspekte einer kosmotheandrischen Spritualität: Anima Mundi - Vita Hominis - Spiritus Dei, Der Dreiklang der Wirklichkeit.* Salzburg, 1995.

Pannenberg, W. & G. W. Bromily, tr. *Systematic Theology*. Grand Rapids, Mich: Wm. B. Eerdman, 1994.

Person, C. A. Van / 손봉호 · 강영안 역. 『몸 · 영혼 · 정신』. 서울: 서광사, 1985.

Rad, G. von. 『창세기』. 서울: 한국신학연구소, 1981.

______. 『구약성서신학』 2. 서울: 대한기독교서회, 1977.

Rainer, Albertz. 『이스라엘종교사』 1. 서울: 크리스챤다이제스트, 2003.

Rosenberg, Pierre & Chardin, Jean Baptiste Simeon. *Chardin*. Yale University Press, 2000.

Ross, J. F. "The Prophet as Yahweh's Messenger." *Israel's Prophetic Heritage, Essay in honor of James Muilenburg*. ed by B. W. Anderson and W. Harrelson. New York: Harper & Brothers, 1962.

Sang Yil Kim, ed. *Hanism as Korean Mind-Interpretation of Han Philosophy*. Los Angeles, Calif: The Eastern Academy of Human Sciences, c1984.

Segundo, Juan Luis. *The Liberation of Theology*. New York: Orbis Books, 1976.

Schleiermacher, F. 『해석학과 비평: 신약성서와의 특별한 관계를 중심으로』. 서울: 철학과 현실사, 2000.

Schmidt, W. H. 『역사로 본 구약성서』. 서울: 나눔사, 1988.

______. *Aspekte einer kosmotheandrischen Spritualität: Anima Mundi - Vita Hominis -Spiritus Dei, Der Dreiklang der Wirklichkeit.* Salzburg, 1995.

______. "Geist · Heiliger Geist · Geistgaben I." *TRE* 12.

______. *Die Schöpfungsgeschichte der Priesterschrift*. Neukirche, 2 Aufl., 1967.

Schmid, H., C. A. Hay and H. E. Jacobs, trs. *Doctrinal Theology of the Evangelical Lutheran Church.* Minneapolis: Minneapolis Pr., 1975.

Schnackenberg, R./이병학 역. 『복음서의 예수 그리스도』. 서울: 분도출판사, 2009.

Schottroff, L. "마리아 찬가와 나사렛 예수에 관한 가장 옛 전승." 「신학사상」 58 (1987).

Scoot, W. A./ 김쾌상 역. 『개신교 신학 사상사』. 서울: 대한기독교출판사, 1988.

Sellner, E. C. 『켈트 성인들 이야기』. 서울: 기독교문서선교회, 2005.

Sittler, J. "생태학의 신학." 「기독교사상」 1970년 10월호.

Skinner, John. *Genesis*. Edinbugh: T. & T. Clark Ltd., 1980.

Sobrino, J./ R. R. Barr, tr. *Spirituality of Liberation - Toward Political Holiness.* New York: Orbis, 1985.

Standing, Guy/ 김태호 역.『프레카리아트 - 새로운 위험한 계급』. 서울: 박종철출판사, 2014.

Steck, John H.『구약신학』. 서울: 솔로몬, 2000.

Stein, R./ 이희숙 역.『예수의 비유 연구』. 서울: 컨콜디아사, 1988.

Stendahl, Krister. "Biblical Theology, Contemporary." *Interpreters Dictionary of the Bible*, Vol. 1. New York and Nashville: Abingdon, 1962.

Tillich, P. *Systematic Theology,* vol III. University of Chicago, 1963.

Timothy J. Joyce/ 채천석 역.『켈트 기독교』. 서울: 기독교문서선교회, 2003.

Vaux, R. de.『구약시대의 생활풍속』. 서울: 대한기독교출판사. 1983.

Watson, P. S./ 이장식 역.『프로테스탄트 신앙원리』. 서울: 컨콜디아사, 1977.

WCC. *Breaking Barriers - The Official of the Fifth Assembly of the World Council of Churches, Nairobi, 1975*. London: SPCK, Grand Rapids; Wm.B. Eerdmans, 1975.

_____. *Spiritual Formation in Theological Education - An Invitation to Participation*. Geneva: WCC, 1987.

Weber, Otto/ D. L. Goulder, tr. *Foundation of Dogmatics I*. Grand Rapids, Michigan: Wm. B. Eerdaman, 1981.

_____.『칼 바르트의 교회 교의학』. 서울: 대한기독교서회, 1976.

Wenham, G. J. *Genesis 1-15,* Word Biblical Commentary vol.1. Waco, Texas: Word Books, 1987.

Westermann, C. *Genesis 1-11*. Mineapolis: Augsburg Pub, 1984.

Whitehead, A. N. *Adventures of Ideas*. Macmillan, 1933.

Wolf, Eric R. *Peasants*. Englewood Cliffs, N. J: Prentice-Hall, 1966.

Wolff, H. W. *Anthropology of the Old Testament*. Augsburg Fortress, Publishers, 1974.

Wright, N. T./ 박문재 역.『예수와 하나님의 승리』. 서울: 크리스찬다이제스트, 2004.

Wilders, N. M./ 이홍근 역.『떼이야르 드 샤르뎅의 사상입문』. 왜관: 분도출판사, 1971.

찾아보기